ESV

D1724557

Recht der Computer- und Videospiele

The Law of Video and Computer Games

Herausgegeben von

Dr. Alexander Duisberg
Rechtsanwalt

und

Dr. Henriette Picot
Rechtsanwältin

mit Beiträgen von

Catrin Agerhäll

Dr. Stephan Appt

Farid Bouguettaya

Julien Debussche

Berend van der Eijk

Dr. Achim Förster, LL.M.

Verena Grentzenberg

Dr. Florian Kolb, LL.M.

Kari-Matti Lehti

Lorraine Maisnier-Boché

Teresa Mercadal

Dr. Henriette Picot

Dr. Tobias Reker

Manon Rieger-Jansen

Howard Rubin

Per Svanteson

Daniele De Angelis

Benoit Van Asbroeck

Vojtech Chloupek

Dr. Alexander Duisberg

Dr. Friedrich Emmerling

José Ángel García-Zapata

Thijs van den Heuvel

Dr. Markus Körner

Stéphane Leriche

Paul McMahon

Claas Oehler

Fidel Porcuna

Anika von Ribbeck

Gian Marco Rinaldi

Jim Runsten

ERICH SCHMIDT VERLAG

Bibliografische Information der Deutschen Nationalbibliothek
Die Deutsche Nationalbibliothek verzeichnet diese Publikation
in der Deutschen Nationalbibliografie; detaillierte bibliografische Daten
sind im Internet über http://dnb.d-nb.de abrufbar.

Weitere Informationen zu diesem Titel finden Sie im Internet unter
ESV.info/978 3 503 15403 6

Gedrucktes Werk: ISBN 978 3 503 15403 6
eBook: ISBN 978 3 503 15404 3

Dieses Papier erfüllt die Frankfurter Forderungen
der Deutschen Nationalbibliothek und der Gesellschaft
für das Buch bezüglich der Alterungsbeständigkeit und
entspricht sowohl den strengen Bestimmungen der US Norm
Ansi/Niso Z 39.48-1992 als auch der ISO-Norm 9706.

Satz: Peter Wust, Berlin
Druck und Bindung: Hubert & Co, Göttingen

Vorwort

Der Mensch spielt nur,
wo er in voller Bedeutung des Worts Mensch ist,
und er ist nur da ganz Mensch, wo er spielt.

Friedrich von Schiller,
Über die ästhetische Erziehung des Menschen

Die Entwicklung der Spielebranche in Deutschland und Europa ist eine eindrucksvolle Erfolgsgeschichte. Die Verbindung aus Kreativität und Innovationskraft, vorzüglicher Infrastruktur, qualifizierten Fachkräften, moderaten Kosten und einer hohen Binnennachfrage sind die Treiber für eine der bemerkenswertesten Industrieentwicklungen im Technologie- und Mediensektor. Neben den hergebrachten Konsolenspielen hat sich wegen der Verbreitung von Smart Phones, Tablets, Sozialen Netzwerken und anderen offenen Plattformen der Online-Spiele-Markt dynamisch entwickelt und einige sogar im Weltmarkt führende Unternehmen aus Deutschland und Europa hervorgebracht.

Die für Computer- und Videospiele maßgeblichen rechtlichen Rahmenbedingungen ergeben sich aus einer Vielzahl von Rechtsgebieten, insbesondere aus dem Recht des Geistigen Eigentums, dem Medienrecht, dem Vertriebsrecht, dem Wettbewerbsrecht sowie dem Datenschutzrecht. Entsprechend der Dynamik des Technologiesektors und der Verbreitungsgeschwindigkeit gerade im Online-Bereich sind zahlreiche für die Geschäftsmodelle der Spielebranche unmittelbar relevante Rechtsfragen noch nicht im Einzelnen geklärt.

Das vorliegende erste Handbuch zum Recht der Computer- und Videospiele für den deutschen und europäischen Markt möchte ein breites Spektrum einschlägiger Rechtsfragen ansprechen und praxisnahe Lösungsansätze aufzeigen. Es adressiert schwerpunktmäßig den deutschen Markt. Darüber hinaus bietet das Handbuch durch fokussierte, englischsprachige Kapitel zur Rechtslage in neun weiteren europäischen Ländern eine wichtige Orientierung zum internationalen Stand der Diskussion.

Das Handbuch beleuchtet die wichtigsten rechtlichen Rahmenbedingungen sowie Fragen der Vertragsgestaltung bei der Entwicklung, Gestaltung und Verwertung eines Spiels, einschließlich des urheberrechtlichen Schutzes von Computer- und Videospielen und ihrer Bestandteile, Fragen der Patentierbarkeit der Betriebsplattform *(Game Engine)* sowie praxisnaher markenrechtlicher Fragen.

Neben allgemeinen Rechtsfragen des Vertriebs und der Lizenzierung ist gerade im Online-Bereich der rechtliche Rahmen für den Verkauf virtueller Güter *(Item Selling)* sowie für innovative Werbeformen wie In-Game-Advertising oder personalisierte Werbung nach den Maßstäben des Wettbewerbs- und Markenrechts, des Verbraucherschutzes und Datenschutzes noch nicht abschließend geklärt. Hinzu kommen für national und international tätige Spielehersteller die im deutschen Markt besonders ausgeprägten strafrechtlichen, medienrechtlichen und jugendschutzrechtlichen Anforderungen an die Zulässigkeit von Inhalten.

Ein eigenes Kapitel ist dem Datenschutzrecht gewidmet. Transparenz gegenüber dem Nutzer, Compliance in den zugrundeliegenden Datenverarbeitungen sowie der Umgang mit Sicherheitspannen und entsprechende rechtliche Vorkehrungen gehören angesichts des Verbreitungsgrades und der hohen Risikolatenz zu den Regelungsmaterien, die die Praxis vor erhebliche Herausforderungen stellen.

Als Herausgeber danken wir den Autoren sehr herzlich für die Mitwirkung, den hohen Einsatz und den angeregten fachlichen Austausch zu den mannigfaltigen Fragen dieser faszinierenden Materie. Großer Dank gebührt zudem Frau Marlene Kast für die unermüdliche und sorgfältige Betreuung des Manuskripts, sowie Frau Rechtsanwältin Nadine Lederer für die Unterstützung bei der Recherche und Fahnenkorrektur.

Anregungen und Kritik der Leser dieses Handbuchs sind uns natürlich sehr willkommen. Wir bitten darum, diese über den Verlag an uns zu adressieren.

München, im Mai 2013   Alexander Duisberg, Henriette Picot

Preface

The only legitimate use of a computer is to play games.

Eugene Jarvis

The development of the gaming industry in Germany and Europe is an impressive success story, which has been driven predominantly by a combination of creativity and innovation, excellent infrastructure, skilled professionals, moderate costs and high domestic demand. Next to the established console games, the online-gaming business has grown dynamically together with the proliferation of smart phones, tablets, social networks and other open platforms, enabling a number of German and European players to achieve even leading positions on the world market.

The legal frameworks for video and computer games stem from numerous fields of law, in particular intellectual property law, media law, distribution law, competition law as well as data protection law. Given the dynamics within the technology sector and the speed of innovation particularly in the online sector, numerous legal issues are yet to be resolved.

This first handbook for the German and European markets addresses a broad range of legal questions as relevant to the gaming industry and offers pragmatic solutions. In addition to an in-depth analysis regarding Germany, the handbook provides in its English language chapters an important orientation on the international state of discussion, covering select issues from the legal landscape of nine other European countries.

The handbook discusses the most relevant topics in the lifecycle of a game, such as the development and commercial exploitation of a game, including copyright protection of video and computer games and its components; the patentability of the operating platform (game engine) and trademark issues; questions on the legality of content and the protection of minors; as well as data protection compliance including the appropriate handling of security breaches.

The editors would like to thank the authors for their invaluable contributions and would like to extend a special word of thanks to Marlene Kast for her enduring patience and care in bringing all the chapters together, to make this a unique handbook. The editors would like to encourage and kindly invite you, our readers, to share with us your views, comments and suggestions – either via our publishers or with us directly – to allow us to further develop this handbook for you.

Munich, May 2013   Alexander Duisberg, Henriette Picot

Inhaltsverzeichnis / Table of Contents

Chapter 12:
The Law of Video and Computer Games in the Czech Republic   325

Kapitel 1

Die Entstehung des Spiels – Entwicklungsverträge

1. Interessenlage, beteiligte Personen und Vertragstypen

An der Entstehung von Computerspielen ist eine Vielzahl von Personen direkt   *1*
oder indirekt beteiligt. Die eigentliche kreative und technische Entwicklungs-
leistung, oft unter Rückgriff auf eine Vielzahl vorbestehender Werke, erbringt
ein Entwicklungsstudio, der sog. „Developer" oder „Entwickler". Der Entwickler beschafft die notwendigen Rechte an vorbestehenden Werken und lässt das
Spiel von angestellten Entwicklern oder freien Mitarbeitern entwickeln, wobei
oft auch vorbestehende Technologien des Entwicklers selbst verwendet werden.
Der Entwickler bündelt eine Vielzahl von technischen und kreativen Leistungen,
wobei seine Rolle derjenigen eines Filmproduzenten ähnelt.

Der Entwickler arbeitet typischerweise mit einem „Publisher" zusammen, einem
Unternehmen, das Computerspiele herausbringt und vertreibt. Die Zusammenarbeit zwischen Publisher und Entwickler kann – je nach Interessenlage im Einzelfall, insbesondere auch in Abhängigkeit von der finanziellen Situation des
Entwicklers – unterschiedlichen Inhalts sein. Bei reinen Online-Spielen ist die
Abhängigkeit vom Publisher wegen der direkten Erreichbarkeit der Internetnutzer und des damit leichteren Marktzutritts sowie wegen kürzerer Entwicklungs-
zyklen unter Umständen geringer als bei Konsolenspielen oder Spielen für andere Hardware-Plattformen.

1.1 Auftragsproduktion für den Publisher

Die Zusammenarbeit zwischen Entwickler und Publisher beschränkt sich zu-   *2*
meist nicht auf Vertrieb und Vermarktung, sondern der Publisher gibt bereits
die Erstellung des Spiels beim Entwickler in Auftrag. Hierbei übernimmt der
Publisher – vor allem im Bereich der Konsolenspiele – eine für die Spiele-Branche tragende Finanzierungsfunktion. Das Grundmodell entspricht weitgehend
den auch in der Filmbranche üblichen Auftragsproduktionen: Der Publisher beauftragt den Entwickler mit der Erstellung eines bestimmten Spiels, von dessen anschließender kommerzieller Verwertung sich der Publisher einen Gewinn
verspricht. Da der Publisher als Investor das Risiko trägt, ob sich das Spiel erfolgreich vermarkten lässt, lässt er sich meist umfassende Weisungs- und Mitspracherechte bei der Gestaltung des Spiels einräumen.

Die interessengemäße Gestaltung der für eine solche Auftragsproduktion benötigten Entwicklungsverträge, die oft auch als „Publishing-Verträge" bezeichnet werden, stellt den Schwerpunkt dieses Kapitels dar. Dieses Kapitel beleuchtet die wichtigsten Regelungskomplexe und Weichenstellungen, die die Parteien
bei der interessengemäßen Gestaltung eines Entwicklungsvertrags nach deutschem Recht bedenken sollten.

Zumindest bei komplexen Entwicklungsprojekten kommt es seltener vor, dass
der Entwickler den Publisher nur mit dem Vertrieb und der Vermarktung eines
bereits erstellten Computerspiels betraut (dem eigentlichen *Publishing*). Den
Schwerpunkt der Zusammenarbeit bildet hier die Lizenzierung des Spiels zum
Zweck des Vertriebs und der Vermarktung. Diese Art der (reinen) Publisherver-
träge ist im Entstehungs- und Vermarktungszyklus eines Spiels weniger auf der

Erstellungs- als auf der Vertriebsseite anzusiedeln und wird daher in Kapitel 4 behandelt.

1.2 Einlizenzierung von Drittrechten

3 Neben dem Entwicklungsvertrag schließt der Entwickler meist eine Vielzahl von Lizenzverträgen oder Projektverträgen mit Rechteinhabern ab, deren Werke er bei der Erstellung des Spiels verwenden möchte. Diese Verträge werden zum Teil als „Developerverträge" bezeichnet.

Bei einer (echten) Auftragsproduktion ist der Entwickler dafür verantwortlich, sämtliche für die Erstellung des Spiels benötigten Rechte dritter Rechtsinhaber einzuholen. Dies sichert er dem Publisher im Entwicklungsvertrag zu. Das Kernstück der Lizenz- und Projektverträge zwischen dem Entwickler und den Urhebern vorbestehender Werke bildet daher die Sicherung umfassender Bearbeitungs- und Verwertungsrechte.

4 Der Entwickler benötigt zum einen Rechte an vorbestehenden Werken, die *spielunabhängig*[1] geschaffen wurden. Das können etwa ein Roman oder Spielfilm, Musik, einzelne Figuren oder Charaktere sein. Denkbar ist auch, dass der Entwickler Rechte an einem vorbestehenden Konsolenspiel oder PC-Spiel erwerben muss, um darauf basierend ein Spiel für einen anderen Hardwaretyp (etwa ein Mobiltelefon oder ein Smartphone), ein Browser-Game oder eine Fortsetzung (sog. „Sequel") zu erstellen. Auch Rechte an grundlegenden Softwareprogrammen (etwa der sog. „Game Engine") müssen unter Umständen von Dritten einlizenziert werden. Für jedes vorbestehende Werk, das der Entwickler dem neuen Spiel zugrunde legen oder ganz oder teilweise in das Spiel integrieren möchte, muss er einen Lizenzvertrag mit dem jeweils zuständigen Rechtsinhaber abschließen.

Zum anderen benötigt der Entwickler Rechte an *spielbestimmt* geschaffenen vorbestehenden Werken, das heißt an Werken, die eigens für das vom Entwickler zu erstellende Spiel geschaffen werden und selbständig urheberrechtlich schutzfähig sind. Eigens für das Spiel geschaffene Werke können etwa das Design-Script sein, das die Spielgeschichte und das Spielkonzept beschreibt, Spielmusik (Titelsong, „Ingame"-Musik), die Zeichnungen von Spielwelten/-kulissen, Spielgegenständen (einschließlich käuflich zu erwerbender „Items") oder Charakteren. Sofern der Entwickler im Rahmen der Erstellung dieser Werke freie Mitarbeiter oder andere firmenexterne kreative „Zulieferer" beauftragt, muss er in die entsprechenden Projektverträge angemessene Rechtseinräumungsklauseln sowie flankierende Zusicherungen der Rechtsinhaberschaft des jeweiligen Spiel-Designers, Spieleerfinders, Autors, Komponisten, Softwareexperten oder anderen Zulieferers aufnehmen.

Unter Umständen benötigt der Entwickler neben urheberrechtlichen Nutzungsrechten auch markenrechtliche Lizenzen dritter Rechtsinhaber, etwa an Filmna-

---

1 Die Unterscheidung zwischen „spielunabhängig" und „spielbestimmt" geschaffenen Werken erfolgt in terminologischer Anlehnung an die in der Filmproduktion übliche Unterscheidung zwischen „filmabhängigen" und „filmbestimmten" vorbestehenden Werken. Vgl. auch *Wündisch*, in: Berger/Wündisch, Urhebervertragsrecht, 2008, § 36 Rz. 2.

men oder -logos oder Farben.[2] Soweit der Entwickler eine einlizenzierte Game Engine verwendet, können auch Patentrechte eine Rolle spielen.[3]

1.3 „Unechte" Auftragsproduktion

Neben der „echten" Auftragsproduktion gibt es auch Konstellationen, in denen der Entwickler die für die Spielerstellung und -vermarktung benötigten Rechte Dritter nicht in eigenem Namen, sondern im Namen und auf Rechnung des Publishers erwirbt. Wie in der Filmbranche wird dieser Fall als „unechte" Auftragsproduktion bezeichnet. „Unechte" Auftragsproduktionen kommen vor allem bei regelmäßiger, ggf. auch exklusiver Zusammenarbeit zwischen Publisher und Entwickler vor. Die Abhängigkeit des Entwicklers vom Publisher ist bei der „unechten" Auftragsproduktion sowohl in finanzieller als auch in gestalterischer Hinsicht besonders groß. Dies schlägt sich vor allem in strengen Berichts- und Abstimmungspflichten, enger Weisungsgebundenheit und einem umfassenden, oftmals dauerhaft exklusiven Rechtserwerb des Publishers am Spiel nieder. Im Übrigen bestehen wesentliche Parallelen zu dem in diesem Kapitel behandelten Entwicklungsvertrag bei echter Auftragsproduktion.

2. Gestaltung des Entwicklungsvertrags

Der Entwicklungsvertrag regelt die gegenseitigen Rechte und Pflichten der Parteien im Erstellungsprozess des Spiels sowie die Zuordnung der Rechte, die an dem zu erstellenden Spiel bestehen. Wie jeder gute Vertrag muss der Entwicklungsvertrag dabei nicht nur den Idealfall eines reibungslosen Entwicklungsverlaufs regeln, sondern gerade auch mögliche Schwierigkeiten antizipieren, die während oder infolge der Vertragserfüllung auftreten können. Die Parteien sollten absehbare rechtliche oder kommerzielle Risiken und Folgefragen eines Entwicklungsprojekts möglichst schon vor Vertragsschluss bewerten und im Entwicklungsvertrag angemessen verteilen. Damit ist etwa die Haftung für Rechte Dritter an dem erstellten Spiel ebenso angesprochen wie eine Umsatzbeteiligung des Entwicklers am tatsächlichen Verwertungserfolg oder eine Regelung zu Fortsetzungen des Spiels (Sequels).

Dabei darf (und sollte) der Entwicklungsvertrag zumindest in seinen projektnahen Regelungskomplexen so konkret und praxisnah formuliert sein, dass die Parteien ihn während des Erstellungsprozesses als einen praktischen Leitfaden für die Projektebene heranziehen können. Dies gilt nicht nur für die eigentliche Leistungsbeschreibung und den nach Meilensteinen strukturierten Projektplan, sondern auch für Abstimmungs- und Genehmigungsprozesse, Berichtspflichten über den Projektfortschritt, den Detailgrad der Dokumentation, den Umgang mit Änderungsverlangen des Publishers und Verspätungen im Projekt, das Abnahmeverfahren und ein praktikables Eskalationsverfahren.

Die Erstellung eines Spiels ist ein kreativer Prozess, dessen Verlauf – und vor allem Ergebnis – bei Abschluss des Entwicklungsvertrags in aller Regel nicht vollständig absehbar sind. Der Entwicklungsvertrag muss daher Mechanismen enthalten, die den Parteien einen flexiblen Umfang mit Änderungen und neuen

4

6

7

---

2   Näher hierzu Kapitel 3.
3   Näher hierzu Kapitel 10.

Ideen erlauben. Zugleich muss der Projektvertrag jedoch dem Publisher diejenigen Kontroll- und Weisungsbefugnisse einräumen, die er zur Absicherung seiner Investition benötigt.

2.1 Vertraulichkeitsvereinbarungen und Letter of Intent

8 Vor dem Abschluss des eigentlichen Entwicklungsvertrags liegt meist eine längere Anbahnungs- und Verhandlungsphase, in der die Projektarbeit oft schon anläuft. Bereits in dieser Phase besteht mit Blick auf den Austausch vertraulicher Konzepte und Informationen sowie die Erbringung von Vorarbeiten und ersten Projektleistungen ein Bedarf nach vertraglicher Absicherung.

2.1.1 Vertraulichkeitsvereinbarungen

9 In der Anbahnungsphase eines Entwicklungsprojekts sollten die Parteien zunächst eine Vertraulichkeitsvereinbarung (*Non-Disclosure Agreement, NDA*) abschließen. Der Entwickler offenbart oft schon in der Anbahnungsphase seine Spielidee und wesentliche Teile seines Spielkonzepts, um den Publisher von dem Projekt zu überzeugen. Spielidee und Spielverlauf sind als solche urheberrechtlich nicht geschützt,[4] der Entwickler ist hier allein auf vertragliche Schutzmechanismen angewiesen. Im Interesse des Entwicklers kann die Vertraulichkeitsvereinbarung daher nicht nur abstrakte Vertraulichkeitspflichten enthalten, sondern die Offenbarung bestimmter Ideen und Konzepte möglichst konkret dokumentieren. Eine entsprechende Beschreibung des geplanten Spiels kann der Vertraulichkeitsvereinbarung (ggf. auch nachträglich) als Anlage beigefügt werden. Damit kann der Entwickler später nachweisen, dass er dem Publisher bestimmte Inhalte zu einem bestimmten Zeitpunkt offenbart hat. In Konstellationen, in denen der Publisher mit konkreten Ideen oder Konzepten oder bereits mit einem ausgereiften Spielkonzept an den Entwickler herantritt, besteht eine vergleichbare Interessenlage natürlich (auch) umgekehrt.

Im Falle einer Vertraulichkeitspflichtverletzung fällt der Nachweis des genauen Verletzungsvorgangs und eines bezifferbaren Schadens der verletzten Partei, deren vertrauliche Informationen weitergegeben wurden, zumeist schwer. Die Vereinbarung von Beweiserleichterungen zugunsten der verletzten Partei sowie die Absicherung der Vertraulichkeitspflichten durch Vertragsstrafeversprechen bieten hier eine zusätzliche Absicherung. Eine Vertraulichkeitsvereinbarung ohne derartige flankierende Mechanismen bleibt sonst im Ernstfall oft ein „stumpfes Schwert".[5]

2.1.2 Letter of Intent und andere „vorläufige Vereinbarungen"

10 Neben Vereinbarungen zur Vertraulichkeit wollen die Parteien schon in der Anbahnungsphase oft auch die inhaltlichen und kommerziellen Eckpunkte der geplanten Zusammenarbeit vorläufig dokumentieren. Hierbei wird gern auf das aus dem angloamerikanischen Rechtskreis stammende Format eines „Letter of Intent" (LoI) zurückgegriffen.[6] Häufige Bezeichnungen für vergleichbare Ver-

---

4 Vgl. Kapitel 2, Rn. 13 ff.
5 Hinsichtlich der interessengerechten Gestaltung der Vertraulichkeitsvereinbarung wird im Übrigen auf allgemeine Literatur verwiesen, vgl. etwa *Kurz*, Vertraulichkeitsvereinbarungen, 2. Aufl. 2008.
6 Zu Vorverträgen zu Entwicklungsverträgen vgl. auch *Oehler*, in:/GameStar/Dev 02/2005, 58 ff.

einbarungen sind etwa auch „Memorandum of Understanding" (MoU), „Term Sheet", „Heads of Agreement" oder „Deal Memo".

Welche konkreten Ansprüche die Parteien aus einer derartigen Vereinbarung (nachfolgend als „Letter of Intent" bezeichnet) ableiten können, lässt sich in jedem Einzelfall nur durch eine Auslegung der konkreten Vereinbarung feststellen. Das an Vertragstypen orientierte deutsche Zivilrecht ordnet einem Letter of Intent kein gesetzliches Leitbild zu. Weit verbreitet ist die irrige Annahme, ein Letter of Intent sei stets eine unverbindliche Absichtserklärung. Dass ein Letter of Intent tatsächlich nur eine unverbindliche Interessenbekundung (ggf. flankiert durch Vertraulichkeitspflichten) enthält, ist in der Praxis dagegen wohl sogar eher die Ausnahme. Die Bandbreite möglicher Regelungsinhalte und Auslegungsergebnisse umfasst verbindliche Interim-Regelungen für den Zeitraum bis zum Abschluss des Hauptvertrags (etwa vorläufige Nutzungsrechtseinräumungen und Exklusivitätsvereinbarungen, Wettbewerbsverbote, Pflichten zur Einhaltung eines vorläufigen Projektplans oder Vergütungsvereinbarungen für Vorarbeiten) ebenso wie die Pflicht zum Abschluss des geplanten und inhaltlich beschriebenen Hauptvertrages oder sogar bereits hauptvertragliche Erfüllungspflichten.

Gibt der Wortlaut eines Letter of Intent (wie meist) keinen eindeutigen Aufschluss über den gewollten Grad an Rechtsverbindlichkeit, wird der Rechtsbindungswille durch Auslegung des Vertragswortlauts und unter Berücksichtigung der äußeren Umstände des Abschlusses ermittelt. Das ist für die Parteien stets mit hoher Rechtsunsicherheit verbunden. Die Parteien sollten daher ausdrücklich regeln, ob und inwieweit sie bereits im Letter of Intent verbindliche Regelungen über das „Ob" und den Inhalt des künftigen Hauptvertrags treffen möchten.

Die Parteien sollten für den Fall eines Abbruches der Vertragsverhandlungen ferner das Risiko einer Vertrauenshaftung wegen „culpa in contrahendo" („c.i.c")[7] oder sonstiger Abstandnahme einer Partei vom Vertragsschluss im Blick haben und regeln. Je weiter fortgeschritten die Vertragsverhandlungen und je größer die Aufwendungen, die eine Partei im Vertrauen auf das Zustandekommen des Entwicklungsvertrages tätigt, desto stärker sind die Parteien zur gegenseitigen Rücksichtnahme auf Rechtsgüter und Interessen verpflichtet. Verstößt eine Partei fahrlässig oder vorsätzlich gegen eine solche Rücksichtnahmepflicht, ist sie der anderen Partei zum Schadensersatz verpflichtet (Ersatz des sog. Vertrauensschadens[8]). Oft ist ein ausdrücklicher Ausschluss der gegenseitigen Haftung aus culpa in contrahendo im Letter of Intent interessengemäß.

Soweit ein Letter of Intent bereits (vorläufige) Vertragspflichten oder Rechtseinräumungen enthält, sollten diese angesichts eines möglichen Scheiterns der Vertragsverhandlungen auflösend bedingt oder zeitlich befristet gestaltet werden. Werden physische oder digitale Materialien übergeben, ist an entsprechende Rückgabepflichten für den Fall des Scheiterns der Vertragsverhandlungen zu denken. Im Falle schuldhafter Verletzung von Vertragspflichten aus dem Letter of Intent können bereits vor dem Abschluss des „eigentlichen" Entwicklungsvertrags Schadensersatzansprüche entstehen (§ 280 Abs. 2 BGB). Bereits im Let-

11

12

---

7   Vgl. § 280 Abs. 1, § 311 Abs. 2, § 241 Abs. 2 BGB.
8   Die geschädigte Partei ist danach so zu stellen, als hätte die Partei niemals Vertragsanbahnungsgespräche geführt (Ersatz des sog. „negativen Interesses").

ter of Intent sollte – zusätzlich zum Ausschluss der Haftung aus culpa in contrahendo – daher an eine angemessene Haftungsbeschränkung gedacht werden.[9]

2.2 Vertragsrechtliche Typisierung des Entwicklungsvertrags

2.2.1 Entwicklung des Spiels

13 Im Entwicklungsvertrag verpflichtet sich der Entwickler zur Herstellung und Übergabe eines bestimmten Spiels gegen eine vom Publisher zu entrichtende Vergütung.

Das an Vertragstypen orientierte deutsche Zivilrecht unterscheidet bei Verträgen, in denen der Auftragnehmer die Erfolgsverantwortung für eine bestimmte Leistung übernimmt, zwischen drei verschiedenen Vertragstypen: dem Werkvertrag (§§ 631 ff. BGB), dem Werklieferungsvertrag über vertretbare Sachen (§ 651 Satz 1 BGB) und dem Werklieferungsvertrag über nicht vertretbare Sachen (§ 651 Satz 3 BGB). Die Abgrenzung dieser Vertragstypen voneinander wird infolge einiger jüngerer Urteile des Bundesgerichtshofs im Einzelnen viel diskutiert.[10]

14 Die gesetzliche Einordnung des Entwicklungsvertrags ist in der Praxis vor allem in zwei Konstellationen relevant: Zum einen greift das gesetzliche Regelungssystem des jeweiligen gesetzlichen Vertragstyps ein, soweit die Parteien zu bestimmten Regelungskomplexen (z. B. Abnahme) im Entwicklungsvertrag keine vertraglichen Vereinbarungen treffen. Zum anderen beurteilt sich die Wirksamkeit standardvertraglicher Regelungen am Maßstab des vertragstypologischen Regelungsregimes.[11]

15 Der (reine) Werkvertrag, der unter juristischen Laien der wohl bekannteste Vertragstyp zur Vereinbarung einer Erfolgsschuld sein dürfte, wird im Bereich der Software-Auftragsentwicklung – und damit auch im Bereich der Entwicklung von Computerspielen als Unterhaltungssoftware – über die Regelungen zum Werklieferungsvertrag (§ 651 BGB) in vielen Konstellationen weitgehend durch das Kaufrecht verdrängt. Gemäß § 651 BGB richten sich Verträge über die Herstellung und Lieferung *vertretbarer* Sachen ausschließlich nach Kaufrecht, wobei für Verträge über die Herstellung und Lieferung *nicht vertretbarer* Sachen ein durch werkvertragliche Regelungen modifiziertes Kaufrecht gilt.[12]

---

9 Zu Einzelheiten der Gestaltung und Auslegung eines Letter of Intent wird im Übrigen auf allgemeine Darstellungen verwiesen, vgl. etwa *Kösters*, NZG 1999, 623 ff.

10 BGH v. 23.07.2009 – VII ZR 151/08 – NJW 2009, 2877 – Silowände; in wesentlichen Aussagen bestätigt durch BGH v. 09.07.2009 – X ZR 82/07 – CR 2010, 580 – Tiefladesattelauflieger. Vgl. etwa *Maume/Wilser*, CR 2010, 209 ff.; *Müller-Hengstenberg*, NJW 2010 1181 ff.; *Schweinoch*, CR 2010, 1 ff.; *Taeger*, NJW 2010, 25 ff.; *Witte*, ITRB 2010, 44 ff.; *Zirkel*, GRUR-Prax 2010, 237.

11 Klauseln in Standardverträgen, die unvereinbar sind mit wesentlichen Grundgedanken der gesetzlichen Regelung, von der abgewichen wird, sind gemäß § 307 Abs. 1, Abs. 2 Nr. 1 BGB im Zweifel unwirksam. Dies kommt etwa dann zum Tragen, wenn sich der Entwickler nach Vertragsschluss gegen die Wirksamkeit bestimmter Klauseln im Standardvertrag des Publishers wendet.

12 Gemäß § 651 Satz 3 BGB gelten für Werklieferungsverträge über nicht vertretbare Sachen die Regelungen des Kaufrechts sowie zusätzlich §§ 642, 643, 645, 649 und 650 BGB, wobei an die Stelle einer Abnahme die kaufrechtlichen Regelungen zum Gefahrübergang (§§ 446, 447 BGB) treten.

§ 651 BGB ist auf Verträge über die Erstellung und Übergabe eines Computer- **16**
spiels – als softwarebasiertes Multimediawerk – wohl grundsätzlich anwendbar,
da Softwareprogramme in nutzbarer Form nach der (inzwischen gefestigten)
Rechtsprechung als bewegliche „Sache" zu qualifizieren sind.[13] Die Sacheigenschaft und nach verbreiteter Auffassung auch eine „Lieferung" im Sinne des
§ 651 BGB sind nicht nur bei Verkörperung der Software auf einem physischen
Datenträger, sondern auch bei elektronischer Übermittlung gegeben.[14]

Inwieweit im Bereich der Softwareerstellung im Anschluss an die jüngere Rechtsprechung des Bundesgerichtshofs neben § 651 BGB überhaupt Raum für die
Anwendung von (reinem) Werkvertragsrecht bleibt, ist im Einzelnen noch nicht
geklärt.[15] Nach derzeit verbreiteter Ansicht sind Verträge über die Entwicklung
von Individualsoftware typischerweise als Werklieferungsverträge über nicht
vertretbare Sachen im Sinne des § 651 Satz 3 BGB einzuordnen.[16] Soweit die zu
entwickelnde Software allerdings standardmäßig vertrieben werden soll, wird
zum Teil die Anwendung von § 651 Satz 1 BGB vertreten.[17]

Für die Entwicklung eines softwarebasierten Spiels bedeutet dies, dass das an- **17**
wendbare gesetzliche Regelungsregime sich im Zweifel aus § 651 BGB ergibt
und damit zumindest keine Abnahme des Entwicklungsergebnisses vorsieht. An
die Stelle der Abnahme treten kaufmännische Rügeobliegenheiten des Publi-

---

13 Die Bejahung der Sachqualität nutzbarer Softwareprogramme dürfte seit der so ge-
    nannten „ASP-Entscheidung" des BGH v. 15.11.2006 – XII ZR 120/04 – NJW 2007,
    2394 geklärt sein. Die Rechtsprechung begründet diese Einordnung damit, dass Soft-
    ware nur im Falle ihrer – wenn auch nur flüchtigen – Verkörperung genutzt werden
    kann. Zur Anwendung von § 651 BGB auf Softwareerstellung vgl. BGH v. 04.03.2010
    – III ZR 79/09 – NJW 2010, 1449.

14 Zur Sacheigenschaft so im Ergebnis bereits BGH v. 18.10.1989 – VIII ZR 325/88 – NJW
    1990, 320, 321 – Lohnabrechnung; vgl. auch *Schweinoch*, CR 2010, 1, 2 f.; anders OLG
    München v. 23.12.2009 – 20 U 3515/09 – NJW-RR 2010, 789, 790; zur Einordnung ei-
    ner elektronischen Übermittlung als „Lieferung" vgl. *Schweinoch*, CR 2010, 1, 7; *Zir-
    kel*, GRUR-Prax 2010, 237.

15 Die bis 2009 verbreitete Anwendung von Werkvertragsrecht mit der Begründung, es
    komme dem Auftraggeber einer Entwicklungsleistung in erster Linie auf die geistige
    Planungs- und Entwicklungsleistung und nicht auf das verkörperte Ergebnis an, lässt
    sich auf der Basis der jüngeren Rechtsprechung des Bundesgerichtshofs jedenfalls
    schwerlich aufrecht erhalten, vgl. *Hoffmann*, MMR 2010, 25; *Schweinoch*, CR 2010,
    1 ff., *Taeger*, NJW 2010, 25, 28 f., *Zirkel*, GRUR-Prax 2010, 237; ebenso wohl *Schnei-
    der*, ITRB 2010, 18, 22. A. A. wohl *Müller-Hengstenberg*, NJW 2010, 1181, 1183. Der
    Bundesgerichtshof stellt ausdrücklich fest, dass Planungsleistungen, die der eigent-
    lichen Erstellungsarbeit vorausgehen, die Anwendung von Werkvertragsrecht nicht
    rechtfertigen, wenn die Planungsleistungen nicht den Schwerpunkt des Vertrags bil-
    den und ihn dominieren (BGH v. 23.07.2009 – VII ZR 151/08 – NJW 2009, 2877 –
    Silowände, 3. Leitsatz sowie S. 2880). A. A. wohl *Müller-Hengstenberg*, NJW 2010,
    1181, 1183.

16 So *Schweinoch*, CR 2010, 1, 3; *Zirkel*, GRUR-Prax 2010, 237; wohl auch *Schneider*,
    ITRB 2010, 18, 22.

17 So (bereits vor BGH v. 23.07.2009 – VII ZR 151/08 – NJW 2009, 2877 – Silowän-
    de) *Schneider*, in: Schneider/von Westphalen, Software-Erstellungsverträge, 2006,
    Rz. B 73; *Schweinoch*, CR 2010, 1, 6. Da ein für den Massenvertrieb vorgesehenes,
    neues Produkt zum Zeitpunkt seiner (erstmaligen) Erstellung allerdings noch gar
    nicht existiert und damit ebenso wenig *vertretbar* ist wie ein zu erstellendes Einzel-
    stück, erscheint diese Ansicht hinterfragungswürdig.

shers gemäß § 377 HGB. Dass damit die Mängelrechte des Publishers von den Ergebnissen einer von ihm eigenverantwortlich vorzunehmenden Prüfung des Spiels abhängig sind, wird der Komplexität einer Spielentwicklung offensichtlich nicht gerecht. Betrachtet man ein zu erstellendes Computerspiel bei geplantem standardmäßigen Massenvertrieb sogar als „vertretbare" Sache,[18] so finden auch das jederzeitige Kündigungsrecht des Werkbestellers (§ 649 Satz 1 BGB) sowie die Regelungen zur Mitwirkung des Werkbestellers (§§ 642, 643 BGB) keine Anwendung.

18 Angesichts der derzeitigen Rechtsunsicherheit bei der vertragstypologischen Einordnung und des Risikos unangemessener Ergebnisse ist eine sorgfältige und interessengerechte Vertragsgestaltung unerlässlich. Inwieweit der Publisher im Wege von Standardverträgen wirksam vom gesetzlichen Leitbild des (allenfalls gemäß § 651 Satz 3 BGB modifizierten) Kaufrechts abweichen kann, ist fraglich und ebenfalls nicht abschließend geklärt.[19] Die Parteien sollten die gewollten (und notwendigen) Abweichungen vom kaufrechtlichen Regelungsregime daher nach Möglichkeit nachweislich individuell ausverhandeln. Dies gilt insbesondere für Regelungen zu Vorleistungspflichten des Entwicklers, zum Abnahmeerfordernis und -verfahren sowie zur Kündbarkeit des Entwicklungsvertrags vor Fertigstellung.

2.2.2 Leistungen nach Abnahme

19 Über die eigentliche Spielerstellung hinaus wird oft bereits im Entwicklungsvertrag vereinbart, dass der Entwickler nach Abnahme des Spiels Spielergänzungen (Add-ons) liefern und/oder Wartungsleistungen erbringen soll.

Die Erstellung eines bestimmten, vorab definierten Add-ons dürfte – wie das anfängliche Entwicklungsprojekt – meist als Werklieferungsvertrag (§ 651 Satz 1 oder Satz 3 BGB) einzuordnen sein. Eine Vereinbarung über Wartungsleistungen wird typischerweise als Werkvertrag (§§ 631 ff. BGB), seltener als Dienstvertrag (§ 611 ff. BGB) zu qualifizieren sein.[20] Der Entwicklungsvertrag ist damit unter Umständen typengemischt. In jedem Fall sollten das anfängliche Entwicklungsprojekt, die Lieferung von Add-Ons sowie eine etwaige anschließende Wartungs- und Verbesserungsphase nach Vertriebsstart im Vertrag separat behandelt werden (insbesondere mit Blick auf Mängelrechte und Kündigungsrechte).

2.3 Leistungspflichten des Entwicklers im Entstehungsprozess

20 Im Entwicklungsvertrag verpflichtet sich der Entwickler zur Herstellung eines bestimmten Spiels. Einzelheiten werden in der Leistungsbeschreibung geregelt, die den eigentlichen Leistungsgegenstand des Entwicklungsvertrags beschreibt

---

18 Vgl. oben Fußnote 17.
19 Die Vereinbarung eines generellen Abnahmeerfordernisses in einem Standardvertrag des Publishers ist wegen der darin liegenden pauschalen Abbedingung von § 377 HGB wohl nicht durchsetzbar, vgl. BGH v. 19.06.1991 – VIII ZR 149/90 – NJW 1991, 2633, 2634. Einen Kompromissvorschlag sieht *Zirkel*, GRUR-Prax 2010, 237, in der Vereinbarung eines gemeinsamen Abnahmetests als Grundlage für die Ausübung der Rügeobliegenheit.
20 Zur vertragstypologischen Einordnung von Wartungsverträgen im Softwarebereich ausführlich *Schneider*, Handbuch des EDV-Rechts, 4. Aufl. 2009, Abschnitt K.

und zusammen mit dem Projektplan (Milestone-Plan) das inhaltliche Kernstück des Entwicklungsvertrags bildet. Leistungsbeschreibung und Projektplan werden dem Entwicklungsvertrag als Anlage(n) hinzugefügt.

Der Entwicklungsvertrag sollte den Entwickler – je nach Art des Spiels – ferner 21
zur Erstellung einer Spielanleitung oder eines Spielhandbuchs sowie zur verständlichen, präzisen technischen Dokumentation der Entwicklung des Spiels verpflichten. Eine Pflicht zur Dokumentation entwickelter Individualsoftware besteht in gewissem Umfang grundsätzlich zwar auch dann, wenn dies vertraglich nicht ausdrücklich vereinbart ist.[21] Einzelheiten wie den erforderlichen Detaillierungsgrad, das Format und die Sprache der Dokumentation sowie etwa auch Pflichten zur Dokumentation von Vorversionen des Spiels sollten die Parteien dennoch ausdrücklich vereinbaren. Wünscht der Publisher zwecks Transparenz und Kontrolle des Projektfortschritts, gerade auch bei Mitwirkung vieler Entwickler, eine laufende, softwaregestützte Dokumentation im Projekt, ist auch dies zu regeln, ggf. unter Benennung des konkret zu verwendenden Programms und einer Regelung zu den Lizenzierungskosten.

2.3.1 Leistungsbeschreibung und Projektplan

2.3.1.1 Bedeutung der Leistungsbeschreibung

Entspricht das gelieferte Spiel technisch, inhaltlich oder im „Look & Feel" nicht 22
den Vorstellungen des Publishers, so ist im Streitfall letztlich entscheidend, ob die als fehlend beanstandete Eigenschaft zu der von den Parteien vereinbarten Beschaffenheit des Spiels gehörte. Diese wird in der Leistungsbeschreibung (in Anlehnung an Softwareerstellungsverträge gelegentlich auch „Pflichtenheft" oder „Lasten- und Pflichtenheft" genannt[22]) beschrieben. Die Leistungsbeschreibung sollte so gestaltet sein, dass auch ein Gericht, zumindest aber ein Sachverständiger, diese Frage im Streitfall beantworten könnte. Die Funktion der Leistungsbeschreibung darf daher nicht unterschätzt werden. Vertragliche oder gesetzliche Mängelrechte des Publishers sind letztlich wertlos, wenn der Publisher den genauen Leistungsgegenstand des Entwicklungsvertrags nicht beweisen kann. Verweigert der Publisher die Abnahme des Spiels, so ist umgekehrt auch der Entwickler zum Beweis der Abnahmefähigkeit des Spiels auf eine eindeutige Vereinbarung über den geschuldeten Leistungsumfang angewiesen.

Die sorgfältige Erarbeitung der Leistungsbeschreibung zwingt beide Parteien 23
außerdem, ihre Erwartungen frühzeitig konkret zu bestimmen und abzugleichen. Sie ermöglicht dem Entwickler eine realistische Bewertung seiner Leistungszusage und dient ihm als Leitfaden während des Projekts. Die Leistungsbeschreibung ist ferner der Prüfungsmaßstab für Änderungsverlangen (Change Requests) des Publishers während des Projekts: Was in der Leistungsbeschreibung nicht vereinbart und auch zu ihrer Umsetzung nicht zwingend notwendig ist, ist (im Zweifel) nach den für Änderungsverlangen getroffenen Regelungen zu behandeln und ggf. zusätzlich zu vergüten.

---

21 BGH v. 04.11.1992 – VIII ZR 165/91 – NJW 1993, 461, 462. Zum Umfang der ohne Vereinbarung bestehenden Dokumentationspflichten vgl. auch BGH v. 20.02.2001 – X ZR 9/99 – NJW 2001, 1718 ff.

22 Zur nicht immer einheitlichen Verwendung dieser Begrifflichkeiten vgl. *Schneider*, in: Schneider/von Westphalen, Software-Erstellungsverträge, 2006, C Rz. 57 ff.

24 Ist die Leistungsbeschreibung lückenhaft (oder fehlt sie gar ganz), so gilt im Zweifel ein nach dem Stand der Wissenschaft und Technik „mittlerer Ausführungsstandard" als geschuldet.[23] Dass dies – etwa auch mit Blick auf den vom Publisher gewünschten „Look & Feel" des Spiels – typischerweise weder zu eindeutigen noch zu befriedigenden Ergebnissen führt, liegt auf der Hand.

2.3.1.2 Inhalt der Leistungsbeschreibung

25 Die Parteien sollten die Leistungsbeschreibung in enger Abstimmung und Zusammenarbeit miteinander erstellen. Dabei hat grundsätzlich der Publisher als Auftraggeber dafür zu sorgen, dass seine Anforderungen an das Spiel vollständig beschrieben werden. Was nicht in der Leistungsbeschreibung steht, ist – sofern keine offensichtliche Lücke vorliegt – im Zweifel nicht vereinbart. Bei der Identifizierung seiner Anforderungen ist der Publisher bei Bedarf berechtigt, Unterstützung vom Entwickler einzufordern.[24]

Das Augenmerk sollte auf präziser Formulierung der Leistungsbeschreibung sowie der Abbildung sämtlicher Entwicklungsphasen des Spiels liegen. Dabei stehen die Parteien vor der Herausforderung, einen kreativen Erstellungsprozess, in dem die Leistungen vieler Personen zusammenfließen, im Voraus abzubilden. Dies ist schwierig und bis ins letzte Detail kaum möglich. Selbst bei Anwendung agiler Programmiermethoden[25] lässt sich eine Vielzahl technischer, inhaltlicher und äußerlicher Parameter eines Spiels jedoch auch schon zu Entwicklungsbeginn festlegen und dokumentieren.

26 Die notwendige Flexibilität im Projekt schaffen die Regelungen zu Änderungsverlangen (Change Requests) und, sofern unvermeidbar, das Fortschreiben der Leistungsbeschreibung im Projekt. Technische Daten wie Dateiformate des fertigen Spiels, verwendete Entwicklungssprachen oder die Kompatibilität mit bestimmter Hardware und entsprechenden Schnittstellen sind, ebenso wie die Sprachen, in denen das Spiel geliefert werden soll, und die Zielgruppe des Spiels in aller Regel schon vor Entwicklungsbeginn eindeutig bestimmbar. Spielidee, Spielgeschichte, Spiellänge und essentielle Spielsituationen sollten (zumindest) durch Bezugnahme auf die bei Vertragsabschluss aktuelle Version des Design-Scripts dokumentiert werden. Entsprechendes gilt für bereits bestehende Zeichnungen der Spielwelt und der Charaktere sowie für alle sonstigen bereits besprochenen Spielmerkmale.

---

23 BGH v. 16.12.2003 – X ZR 129/01 – CR 2004, 490, 491 mit weiteren Nachweisen.

24 BGH v. 13.07.1988 – VIII ZR 292/87 – NJW-RR 1988, 1396 (Registrierkassen). Im Rahmen reiner Softwareerstellungsverträge bestehen nach der Rechtsprechung einiger Oberlandesgerichte bestimmte Erkundigungspflichten des Auftragnehmers nach den Anforderungen des Auftraggebers, insbesondere sofern dieser fachlich unerfahren ist, vgl. etwa OLG Düsseldorf v. 07.12.1988 – 17 U 27/89 – CR 1989, 689, 691; OLG Köln v. 22.10.1993 – 19 U 62/93 – CR 1994, 212; OLG Köln v. 18.06.1993 – 19 U 215/92 – CR 1993, 624. Dies erscheint auf die Spielentwicklung allerdings nur bedingt übertragbar, da das Spiel nicht zur Verwendung in einer bestimmten Systemlandschaft des Publishers, sondern zur Nutzung auf Standardgeräten auf dem allgemeinen Markt erstellt wird.

25 Zur vertraglichen Abbildung agiler Entwicklungsmethoden (und den Grenzen ihrer Abbildbarkeit) vgl. *Kremer*, ITRB 2011, 284 ff. und *Fuchs/Meierhöfer/Morsbach/Pahlow*, MMR 2012, 427 ff.

Wichtig ist, dass die in der Leistungsbeschreibung verwendeten Begrifflichkeiten im Entwicklungsvertrag ausdrücklich definiert werden. Dies gilt auch (und gerade) bei vermeintlich eindeutigen, „branchenüblichen" Begriffen, etwa soweit sie vom Entwickler abzuliefernde Versionsstände bezeichnen (Demoversion, Alphaversion, Betaversion…).

2.3.1.3 Projektplan und Meilensteine

Im Projektplan (auch Meilensteinplan oder Milestoneplan genannt) vereinbaren die Parteien die zeitliche Umsetzung der Leistungsbeschreibung. Mit der Erstellung des Projektplans strukturieren und planen die Parteien die Entwicklung des Spiels, identifizieren Abhängigkeiten zwischen einzelnen Schritten und Teilleistungen und vereinbaren eine – idealerweise realistische – Terminplanung. Typische Meilensteine in der Entwicklung eines Spiels sind (zumindest) die Lieferung einer Alphaversion, einer Betaversion und der finalen Version (oft „Goldmaster" genannt).[26] Neben den vom Entwickler zu erbringenden Leistungsschritten sollten auch notwendige Mitwirkungsleistungen des Publishers im Projektplan genannt und terminiert werden.[27]   27

Bei Erreichung eines Meilensteins, wozu, soweit vereinbart, die erfolgreiche Teilabnahme der entsprechenden Teilleistung[28] gehört, hat der Entwickler meist Anspruch auf eine Teilvergütung.[29] Ob für jeden oder nur für bestimmte Meilensteine ein Verfahren zur Teilabnahme vereinbart wird, ist anhand der Bedeutung der jeweiligen Teilleistung zu entscheiden und im Projektplan zu vermerken.

2.3.2 Verbindliche Termine und Verzögerungen im Projekt

Welche Termine des Projektplans verbindlich sind, ist im Entwicklungsvertrag unter Definition entsprechender, im Projektplan (Meilensteinplan) konsequent verwendeter Begrifflichkeiten zu vereinbaren.[30]   28

Die schuldhafte Nichteinhaltung eines für die Erreichung eines Meilensteins im Projektplan verbindlich vereinbarten Termins löst Verzugsfolgen aus. Wie diese im Einzelnen aussehen sollen, können die Parteien im Entwicklungsvertrag regeln. Häufig anzutreffen sind Regelungen zu pauschaliertem Schadensersatz oder Vertragsstrafen, etwas seltener auch gestaffelte Bonus-Malus-Regelungen, bei denen der Entwickler im Falle verfrühter, pünktlicher oder minimal verspäteter Lieferung Bonuszahlungen unterschiedlicher Höhe erhält. Bei Vereinbarung von Malus-Regeln wie pauschaliertem Schadensersatz oder Vertragsstrafen ist in aller Regel eine Verrechnung des Malus mit etwaigen tatsächlichen Schadensersatzansprüchen des Publishers interessengerecht. Darüber hinaus

---

26 Im Rahmen von Online-Spielen wird oft bereits die Betaversion gegenüber einer großen Community oder sogar der Öffentlichkeit eingesetzt („Open Beta Testing", vgl. auch unten Fußnote 44). Hier endet das anfängliche Entwicklungsprojekt unter Umständen bereits mit der Abnahme einer Betaversion (nach einer geschlossenen Beta-Testphase durch eine beschränkte Spielergruppe [„Closed Beta Testing"]); das Spiel wird sodann ständig weiterentwickelt.

27 Zu Mitwirkungsleistungen Ziffer 2.4.1 unten.

28 Hierzu näher Ziffer 2.5 unten.

29 Zu typischen Vergütungsgestaltungen vgl. Ziffer 2.7 unten.

30 Unverbindliche Termine können etwa als „Zieltermin" und verbindliche Termine als „Verbindlicher Liefertermin" bezeichnet werden.

ist zu regeln, ob der Publisher weitergehende Schadensersatzansprüche wegen Verzugs geltend machen darf oder nicht. Ist die Malusregelung Teil eines Standard-Entwicklungsvertrags des Publishers, so muss dem Entwickler ausdrücklich der Gegenbeweis erlaubt werden, dass der Publisher tatsächlich gar keinen oder einen geringeren Schaden erlitten hat.[31] Bei Vertragsstrafen sind in Standardverträgen bestimmte Höchstgrenzen einzuhalten, die im Einzelfall nach Angemessenheitskriterien zu bestimmen sind.[32]

29   Treffen die Parteien keine abweichende Regelung, so greifen im Verzugsfall die gesetzlichen Rechtsfolgen, die dem Publisher einen Anspruch auf Ersatz des Verzögerungsschadens (§§ 286, 280 Abs. 1 BGB) sowie unter Umständen ein Rücktrittsrecht (§ 323 BGB) einräumen. Sofern die Parteien einen bestimmten (oder in Abhängigkeit von einem bestimmten Ereignis bestimmbaren) Leistungstermin vereinbart haben, tritt der Verzug ohne Mahnung oder Nachfristsetzung ein (§ 286 Abs. 2 Nr. 1, Nr. 2 BGB). Die gesetzlichen Verzugsfolgen treten nicht ein, wenn der Entwickler darlegen und beweisen kann, dass ihn hinsichtlich der Verzögerung kein Verschulden trifft (§ 286 Abs. 4 BGB). Hat also letztlich der Publisher die Überschreitung eines verbindlichen Termins verursacht, etwa weil er ihm zur Abstimmung vorgelegtes Material verzögert geprüft und freigegeben hat, so kann der Entwickler sich gegenüber Verzugsansprüchen des Publishers hierauf berufen. Nach der gesetzlichen Beweislastverteilung muss der Entwickler einen Entlastungsbeweis führen. Treffen die Parteien im Entwicklungsvertrag keine abweichende Vereinbarung, gilt diese Beweislastverteilung zu Lasten des Entwicklers auch bei vertraglich vereinbarten Verzugsfolgen (etwa pauschaliertem Schadensersatz oder Vertragsstrafen).

30   Ist die Einhaltung eines verbindlichen Termins von der vorherigen Einhaltung eines anderen Termins abhängig, da Teilleistungen aufeinander aufbauen, sollte dies im Projektplan gekennzeichnet werden. Der Entwicklungsvertrag sollte für diesen Fall einen Anpassungsmechanismus vorsehen, nach dem sich der Folgetermin entweder automatisch verschiebt oder der Entwickler zumindest berechtigt ist, eine Verschiebung des Folgetermins zu verlangen. Während des Projekts sollte jede Verschiebung von Terminen unbedingt zumindest per E-Mail dokumentiert werden.

2.3.3 Änderungsverlangen des Publishers

31   Die Erstellung eines Spiels ist ein kreativer Prozess. Kaum ein Entwicklungsprojekt wird auf der Grundlage der ursprünglichen Leistungsbeschreibung ohne Abweichung zu Ende geführt. Vielmehr artikuliert der Publisher im Laufe der Spielentwicklung typischerweise Änderungs- oder Erweiterungswünsche, die das Spiel in technischer Sicht (etwa neue oder zusätzliche Hardware-Spezifikationen) oder inhaltlicher Sicht (etwa zum Aufgreifen eines aktuellen Trends)

---

31 Vgl. § 309 Nr. 5 b) BGB.
32 Die Rechtsprechung hat keine allgemeingültigen Grenzen aufgestellt; eine Gesamt-Höchstgrenze von fünf bis zehn Prozent vom Auftragswert für kumulierte Malus-Zahlungen dürfte zumeist noch angemessen sein. Zusammenfassende Darstellungen einschlägiger Rechtsprechung (zumeist aus dem Bereich des Baurechts) finden sich bei *Joost*, in: Ebenroth/Boujong/Joost/Strohn, Handelsgesetzbuch, 2. Aufl. 2009, § 348 Rn. 27 ff.; *Thüsing*, in: Graf von Westphalen, Vertragsrecht und AGB-Klauselwerke, Teil Vertragsrecht, 38) Rn. 15 ff. (Stand: 03/2012).

erfüllen soll. Je später im Entwicklungsprozess der Publisher ein Änderungsverlangen (sog. Change Request) äußert, umso größer sind die potentiellen Auswirkungen auf bereits erstellte Teile des Spiels, die unter Umständen technisch oder in der Spiellogik angepasst werden müssen. Ein guter Entwicklungsvertrag muss daher einen praktikablen Prozess vorsehen, der den Parteien einen strukturierten und interessengemäßen Umgang mit Änderungsverlangen des Publishers ermöglicht.[33]

Im ersten Schritt ist stets zu entscheiden, ob ein Änderungsanliegen des Publishers überhaupt ein Änderungsverlangen ist oder ob der Publisher lediglich einen ohnehin geschuldeten Leistungsbestandteil konkretisiert. Bei dieser Abgrenzung, um die oft gestritten wird, hilft eine präzise und durchdachte Leistungsbeschreibung. 32

Aufgabe der Change Request-Regelung ist es sodann im zweiten Schritt, den Parteien ein Verfahren zur Prüfung der Umsetzbarkeit, zur Beauftragung und zur Vergütung der Änderung an die Hand zu geben. Dabei kann unter Vereinbarung unterschiedlicher Prüfungsfristen nach dem Dringlichkeitsgrad gewünschter Änderungen differenziert werden. Bei dringlichen oder umfangreichen Änderungen kann auch eine vorläufige Einstellung der laufenden Entwicklungsarbeiten während der Prüfung des Änderungsverlangens angemessen sein.

Im Interesse des Publishers kann vereinbart werden, dass der Entwickler die Umsetzung einer verlangten Änderung nur ablehnen darf, wenn er sie aus technischen oder betrieblichen Gründen nicht umsetzen *kann*. Den Interessen des Entwicklers wird dabei durch vertraglich vereinbarte Vergütungsansprüche, einschließlich vorab vereinbarter Vergütungssätze, sowie durch eine Anpassung des Projektplans Rechnung getragen. Der Entwickler muss dann nach Prüfung des Änderungsverlangens ein aufwandbasiertes, transparentes Angebot zur Umsetzung der Änderung vorlegen. Sobald Einigkeit besteht, dass und zu welchen Konditionen und Terminen das Änderungsverlangen umgesetzt werden soll, ist die Vertragsänderung durch Anpassung der Leistungsbeschreibung (und meist auch des Projektplans) zu dokumentieren. 33

Ist der Entwickler zur Umsetzung des Änderungsangebots nicht in der Lage, so verbleibt es grundsätzlich bei dem vereinbarten Leistungsumfang. Sofern die Änderung für den Publisher so wesentlich ist, dass er an dem ursprünglich vereinbarten Spiel ohne die Änderung kein Interesse mehr hat, bleibt ihm die Möglichkeit zur Kündigung des Entwicklungsvertrags gemäß den im Entwicklungsvertrag vereinbarten allgemeinen Kündigungsregelungen, ggf. auch gemäß § 649 Satz 1 BGB.[34] Eine Klausel in einem Standardvertrag des Publishers, die dem Publisher im Falle der Ablehnung eines Änderungsverlangens ein außerordentliches Kündigungsrecht ohne (oder mit auf den bereits erzielten Projektfortschritt beschränkter) Vergütungspflicht einräumt, wäre wegen Unvereinbarkeit mit dem gesetzlichen Leitbild des § 649 Satz 2 BGB unwirksam.[35]

---

33 Zu Change Request Regelungen in Entwicklungsverträgen vgl. auch *Oehler*, in: /GameStar/Dev 03/2006, 56 ff.
34 Vgl. Ziffer 2.8 unten.
35 § 307 Abs. 1, Abs. 2 Nr. 1 BGB. Vgl. *Busche*, in: MünchKomm-BGB, 6. Aufl. 2012, § 649 Rn. 7 mit weiteren Nachweisen.

Es kommt vor, dass bereits die Prüfung der Umsetzbarkeit eines Änderungsverlangens nennenswerten Aufwand beim Entwickler verursacht. Für diesen Fall sollte eine angemessene Vergütungsregelung aufgenommen werden.

2.4 Mitwirkungspflichten und Mitspracherechte des Publishers

2.4.1 Mitwirkungspflichten und Obliegenheiten

34 Bei der Erstellung des Spiels ist der Entwickler auf die Mitwirkung des Publishers angewiesen. Je nach Inhalt und Zuschnitt eines Entwicklungsprojekts können unterschiedliche Beiträge des Publishers erforderlich sein. In der Regel schuldet der Publisher neben technischen und inhaltlichen Vorgaben des Spiels zumindest die Prüfung und Freigabe von Zwischenversionen des Spiels. Andere Mitwirkungsleistungen des Publishers können etwa die Beistellung von Testgeräten (etwa bei Spielen für mobile Endgeräte), Bild- oder Tonmaterial oder Zeichnungsvorlagen sein.

Bereits vor Abschluss des Entwicklungsvertrages sollte der Entwickler überlegen, in welchen Entwicklungsphasen er welchen Beitrag des Publishers benötigen wird. Die entsprechenden Mitwirkungsleistungen sollten dann im Projektplan inhaltlich beschrieben und terminlich fixiert werden.[36]

35 Darüber hinaus sollte der Entwicklungsvertrag regeln, dass der Publisher neben den in Entwicklungsvertrag, Leistungsbeschreibung oder Projektplan ausdrücklich genannten Mitwirkungsleistungen auch sämtliche sonstigen angemessenen Mitwirkungsleistungen erbringen muss, die sich im Projekt als erforderlich erweisen und die der Entwickler bei ihm abfragt. Im Interesse des Publishers kann hier geregelt werden, dass der Entwickler ihn auf jede derartige Mitteilungspflicht ausdrücklich hinzuweisen und möglichst mehrere Mitwirkungsleistungen gebündelt abzufragen hat. Beide Parteien sollten jeweils einen zentralen Ansprechpartner benennen, der auf der Projektebene die Kommunikation mit der anderen Partei führt und für technische und inhaltliche Abstimmung zur Verfügung steht.

Das Gesetz ordnet Mitwirkungsleistungen grundsätzlich nicht als echte Leistungspflichten des Publishers, sondern als bloße Obliegenheiten ein.[37] Der Entwickler kann ihre Erfüllung nicht einklagen. Die Nichterbringung erforderlicher Mitwirkung löst nach dem gesetzlichen Regelungskonzept keinen Schuldnerverzug und keine Schadensersatzpflichten aus, wird aber mit Entschädigungsansprüchen und einem Kündigungsrecht des Entwicklers sanktioniert, sofern sich der Publisher im Annahmeverzug befindet (§§ 642, 643, 293 ff. BGB).

Es steht den Parteien frei, bestimmte Mitwirkungsleistungen des Publishers durch ausdrückliche oder konkludente vertragliche Vereinbarung zur echten (Haupt- oder Neben-)Leistungspflicht des Publishers zu erheben. Der Publisher kann bei nicht pünktlicher Erbringung der betreffenden Leistung dann in

---

36 Zur Vertragsgestaltung bei der Vereinbarung von Mitwirkungspflichten des Auftraggebers bei Softwareentwicklung vgl. allgemein *Redeker*, ITRB 2011, 65 ff.

37 Dies ergibt sich aus den Regelungen der §§ 642, 643 BGB, näher *Busche*, in: Münch-Komm-BGB, 6. Aufl. 2012, § 642 Rn. 21 ff.

Schuldnerverzug geraten,[38] was wiederum zu Schadensersatzansprüchen des Entwicklers führt. Zur Vermeidung von Auslegungsschwierigkeiten kann es angemessen sein, Mitwirkungsleistungen, ohne die der Entwickler selbst seine Entwicklungsleistungen nicht erbringen kann, ausdrücklich zur echten Leistungspflicht des Publishers zu erheben.[39]

2.4.2 Mitspracherechte

Der Publisher finanziert das Projekt und trägt das Risiko, ob sich das Spiel gut   36
vermarkten lässt. Er lässt sich aus diesem Grund typischerweise umfassende Mitspracherechte bei der Gestaltung des Spiels einräumen und bindet den Entwickler an enge Abstimmungszyklen. Je größer die Abhängigkeit des Entwicklers vom Publisher, umso umfassendere Weisungs- und Mitbestimmungsbefugnisse wird sich der Publisher einräumen lassen. Bei „unechten" Auftragsproduktionen ist das Weisungskorsett besonders eng.

Im Sinne einer reibungslosen Gestaltung des Entwicklungsablaufs sollte der Entwicklungsvertrag praktikable Prozesse für die Ausübung von Mitspracherechten und gerade auch für die Freigabe von Zwischenversionen vorsehen.

2.5 Abnahmeregelungen

Das Erfordernis der Abnahme des Spiels, die Teilabnahme von Meilenstei-   37
nen, das vor der Abnahme anzuwendende Testverfahren, die dabei zu prüfenden Abnahmekriterien,[40] die Dokumentation der erfolgten Abnahme oder des im Abnahmeverfahren identifizierten Nachbesserungsbedarfs sollten im Entwicklungsvertrag ausdrücklich vereinbart und mit Blick auf die bestehende Rechtsunsicherheit in der vertragstypologischen Einordnung[41] unbedingt individuell ausgehandelt werden. Dabei sollte auch vermerkt sein, dass der Publisher zur Abnahme verpflichtet ist, sofern das Spiel (oder bei einer Teilabnahme eine Vorversion oder ein Teil des Spiels) anhand der vereinbarten Abnahmekriterien abnahmereif ist.

Soll – im Interesse des Entwicklers – die Abnahme unter bestimmten Umständen als erklärt gelten, auch wenn der Publisher keine Erklärung der Abnahme abgegeben hat, sind entsprechende Abnahmefiktionen ebenfalls individuell zu verhandeln. Typisch sind Klauseln, nach denen die Abnahme als erklärt gilt, wenn der Publisher sie nicht binnen bestimmter Frist (z. B. 14 Kalendertage) verweigert. Insbesondere bei Online-Spielen kann auch das Online-Stellen des gelie-

---

38   Sofern im Projektplan kein Termin für die Mitwirkungsleistung vorgesehen ist, tritt ein Schuldnerverzug erst nach fruchtlosem Ablauf einer vom Entwickler gesetzten Nachfrist ein.

39   Zu beachten ist dabei, dass Vereinbarungen zu echten Leistungspflichten und eigenen Verantwortlichkeiten des Publishers, etwa auch der Benennung eines eigenen „Projektleiters", je nach Quantität, Formulierung und Platzierung unter Umständen die Erfolgsverantwortlichkeit des Entwicklers und damit die vertragstypologische Einordnung verwässern können, vgl. *Schneider*, in: Schneider/von Westphalen, Softwareerstellungsverträge, 2006, C Rz. 151 ff.

40   Die Abnahmekriterien als solche lassen sich oft sinnvoll in einem separaten Teil der Leistungsbeschreibung ansiedeln, wobei auf eine ausdrückliche Bezugnahme im Entwicklungsvertrag selbst zu achten ist.

41   Vgl. Ziffer 2.2 oben.

ferten Spiels, ggf. auch in der Betaversion, ein interessengerechter Fiktionstatbestand sein.

38 Zur Strukturierung des Entwicklungsprojekts werden oft Teilabnahmen (Zwischenabnahmen) vereinbart, meist verbunden mit Abschlagszahlungen. Bei Vereinbarung einer Teilabnahme sollten stets auch die Rechtsfolgen einer erfolgten Teilabnahme geregelt werden: Soll die abgenommene Vorversion oder der abgenommene Spielteil mit der Teilabnahme abschließend vom Publisher gebilligt sein, mit der Folge, dass der Publisher etwaige später entdeckte Mängel erst im Rahmen der Gewährleistung geltend machen kann?[42] Oder soll – was wohl üblicher ist – die Zwischenabnahme lediglich bewirken, dass die Beweislast für etwaige Mängel der abgenommenen Teilleistung vom Entwickler auf den Publisher übergeht?[43]

Sofern der Publisher, unterstützt durch den Entwickler, bereits eine Vorversion des Spiels in größerem Umfang einsetzen möchte (etwa eine Betaversion im Rahmen eines „Open Beta Testing"[44]) sollte unbedingt eine (abschließende) Teilabnahme vereinbart und durchgeführt werden, um den bis dahin erreichten Funktionsstand zu dokumentieren. Die Vorläufigkeit des Versionsstandes sollte auch in angepassten Gewährleistungs- und Haftungsregelungen berücksichtigt werden. Je nach dem Testerfolg verbleibt es gerade im Online-Bereich unter Umständen – geplant oder nicht geplant – bei der (Zwischen-)Abnahme des „vorläufigen" Versionsstands, sei es, weil in das online verfügbare Spiel kontinuierlich weitere Änderungen eingepflegt werden, ohne dass jemals eine „finale" Version definiert wird („permanent beta")[45], oder wegen eines Misserfolgs des Spiels.

Die Vereinbarung von (eindeutig definierten) Fehlerkategorien erleichtert die Priorisierung der Abarbeitung abnahmeverhindernder Mängel. Die gleichen Fehlerkategorien sollten für die Nachbesserung im Rahmen der Mängelhaftung gelten.

---

42 Da eine derart abschließende Teilabnahme für den Publisher im Ergebnis sehr nachteilig sein kann, wenn sich Mängel des abgenommenen Teils erst nach Fertigstellung des Gesamtspiels feststellen lassen, wäre eine Teilabnahme bei Fehlen einer ausdrücklichen Regelung oder Erklärung im Wege der Auslegung wohl eher im Sinne einer bloßen Beweislastumkehr zu deuten, vgl. BGH v. 11.05.2006 – VII ZR 300/04 – NJW-RR 2006, 1248.

43 Bis zur Abnahme trägt grundsätzlich der Entwickler die Beweislast für die Mängelfreiheit.

44 „Open Beta Testing" oder eine „Open Beta Phase" ist eine Testphase, in der eine Betaversion einem breiten Publikum oder der Öffentlichkeit verfügbar gemacht wird. Gerade bei (zunächst) kostenlosen („free-to-play"/„F2P") Online-Spielen ist dies inzwischen häufig. Eine große Testspielergruppe ermöglicht die schnelle Identifizierung von Fehlfunktionen und etwaigen anderen Schwächen des Spiels. Zudem vermittelt ein Open Beta Testing dem Publisher/Entwickler schon frühzeitig einen realistischen Eindruck von der Annahme des Spiels durch die Community, so dass das Spiel zielgruppengenau finalisiert werden kann.

45 Kleinere Browser-Spiele (etwa Flash Games) werden von ihren Anbietern unter Berücksichtigung des Community-Feedbacks oftmals ständig weiter verbessert, ohne dass eine „finale" Version definiert wird („permanent" oder „perpetual beta").

2.6 Nutzungsrechte und geistiges Eigentum am Spiel

Neben dem Urheberrecht des Entwicklers am Gesamtwerk besteht an einem   39
fertigen Spiel eine Vielzahl von Urheberrechten für einzelne kreative Leistungen.[46] Im Entwicklungsvertrag lässt sich der Publisher vom Entwickler in aller
Regel sehr weitreichende Nutzungsrechte am gesamten Spiel einräumen, oftmals exklusive, zeitlich, inhaltlich und räumlich unbeschränkte Rechte im Sinne einer sog. „buy-out"-Lizenz. Der Entwickler muss für alle einlizenzierten Elemente sorgfältig prüfen, ob er zur Einräumung der verlangten Rechte aufgrund
der entsprechenden Lizenzverträge tatsächlich in der Lage ist und bei Bedarf angemessene „Carve-outs" in die Nutzungsrechtsklausel einfügen. Entsprechendes gilt für verwendete Open Source Software oder vorbestehende eigene Komponenten des Entwicklers, die dieser auch in künftigen Entwicklungsprojekten
verwenden möchte.

Zugleich sehen Standardklauseln häufig die Einräumung von Rechten vor, die   40
der Publisher für die konkret geplante und vereinbarte Verwertung des Spiels
nicht benötigt. Der Entwickler vergibt dann Rechte, für die er zu einem späteren Zeitpunkt (vom Publisher oder einem Dritten) weitere Lizenzgebühren
verlangen könnte. Zudem ist die Durchsetzbarkeit umfassender, pauschaler
Rechtseinräumungsklauseln in Standardverträgen zweifelhaft.[47] Eine auf den
Einzelfall zugeschnittene Rechtseinräumung liegt daher im Interesse beider Parteien.[48]

2.6.1 Vereinbarung des Nutzungsrechtsumfangs

Das Urheberrecht hat und behält nach deutschem Rechts stets die natürliche Per-   41
son oder Personenmehrheit (Miturheber), die ein urheberrechtlich geschütztes
Werk geschaffen hat.[49] Das Urheberrecht selbst ist nach deutschem Recht nicht

---

46 Vgl. Kapitel 2 zu den urheberrechtlichen Grundlagen sowie zur Schutzfähigkeit der
in einem Spiel gebündelten Elemente. Aus der jüngeren Literatur vgl. auch *Bullinger/
Czychowski,* GRUR 2011, 19 ff. Unter Umständen besteht an der Game Engine auch
ein patentrechtlicher Schutz, vgl. Kapitel 10.

47 Zwar kommt der urheberrechtliche Zweckübertragungsgrundsatz im Rahmen der
AGB-rechtlichen Inhaltskontrolle nicht zur Anwendung (BGH v. 31.05.2012 – I ZR
73/10 – GRUR 2012, 1031, 1035 – Honorarbedingungen Freie Journalisten). AGB-
rechtliche Grenzen ergeben sich jedoch insbesondere aus dem Verbot überraschender
Klauseln (§ 305 c BGB) sowie aus dem Transparenzgebot. Ausführlich *Nordemann,*
NJW 2012, 3121 ff. Vgl. auch *Appt,* Der Buy-out-Vertrag im Urheberrecht, Diss. Baden-Baden 2008, Seite 201 ff.

48 Nach geltender Gesetzeslage sollten sich weder der Publisher noch der Entwickler
hinsichtlich des Rechtserwerbs an vorbestehenden Werken, insbesondere nicht an
Computerprogrammen, auf eine analoge Anwendung der Auslegungsregeln der § 88,
§ 89 Abs. 1 UrhG verlassen, wenngleich diese Analogie wegen der erheblichen Investitionen, die im Spielbereich getätigt werden, oftmals zu angemessenen Ergebnissen
führen dürfte. Hierzu auch Kapitel 2, Ziffer 4.2 mit weiteren Nachweisen.

49 Soweit der Entwickler ein Development Studio ist, das als juristische Person organisiert ist, kann auch der Entwickler daher nicht das Urheberecht selbst halten, sondern
lediglich (ausschließliche) Verwertungsrechte. Auch ein originärer Rechtserwerb einer juristischen Person nach dem US-amerikanischen „works made for hire"-Konzept
ist nach dem deutschen Urheberrecht nicht möglich. Vgl. auch Kapitel 2, Ziffer 4.

übertragbar.[50] Der Urheber kann aber Nutzungsrechte daran einräumen. Der Entwicklungsvertrag darf folglich nicht die „Übertragung" von Rechten vorsehen, sondern sollte stets von der „Einräumung" von Nutzungsrechten sprechen.[51]

42 Nutzungsrechte können ausschließlich (exklusiv) oder nicht ausschließlich (einfach) sein und zudem in räumlicher, zeitlicher und inhaltlicher Hinsicht beschränkt werden. Die Parteien sollten jeden dieser vier Parameter bedenken und in der Rechtseinräumungsklausel zu jedem eine Aussage treffen:

1. Exklusivität: Soll das Nutzungsrecht des Publishers ausschließlich sein? Wenn ja, wie lange? Soll neben dem Publisher auch der Entwickler berechtigt sein, das Werk (ggf. auch nur auf bestimmte Nutzungsarten beschränkt) zu nutzen?[52]
2. Räumlicher Umfang: Für welche Vertriebsgebiete soll das Nutzungsrecht gelten?[53] Soll der Publisher das Spiel auch in Vertriebsgebieten vertreiben, in denen er nicht über eine eigene Vertriebsstruktur verfügt? Soll in allen abgedeckten Territorien jede Art der Nutzung erlaubt sein?
3. Zeitlicher Umfang: Soll das Nutzungsrecht zeitlich unbefristet oder befristet eingeräumt werden? Soll zwischen einzelnen Nutzungsarten unterschieden werden?
4. Inhaltlicher Umfang: Welche Nutzungsarten soll das Nutzungsrecht abdecken? Welche Vertriebskanäle und Plattformen darf der Publisher bedienen, welche bleiben dem Entwickler vorbehalten? In welche Sprachen darf der Publisher das Spiel übersetzen?

43 Bei der inhaltlichen Ausgestaltung des Nutzungsrechts ist eine Vielzahl möglicher Verwertungsarten zu bedenken und, soweit sie umfasst sein sollen, ausdrücklich sowie angesichts ständiger technischer Fortentwicklung möglichst konkret und differenziert im Vertrag zu regeln. In einem Standardvertrag des Publishers erhöht eine detaillierte Aufzählung der eingeräumten Nutzungsrechte zudem die Transparenz der Nutzungsrechtseinräumung und verringert das Risiko AGB-rechtlicher Unwirksamkeit.

Von den gesetzlich vorgesehenen Grundverwertungsarten sind – je nach dem geplanten Verwertungsumfang – vor allem das Vervielfältigungsrecht, das Ver-

---

50 Vgl. § 29 Abs. 1 UrhG.
51 Sieht eine Klausel die „Übertragung" bestimmter Verwertungsrechte oder des Urheberrechts vor, wird dies oft als Einräumung ausschließlicher, räumlich, zeitlich und inhaltlich unbeschränkter Nutzungsrechte auszulegen sein, vgl. auch *Schricker/Loewenheim*, in: Schricker/Loewenheim, Urheberrecht, 4. Aufl. 2010, § 29 Rn. 17.
52 Diese Möglichkeit ist in § 31 Abs. 3 Satz 2 UrhG ausdrücklich vorgesehen (sog. „eingeschränkte Ausschließlichkeit", vgl. *Schulze*, in: Dreier/Schulze, Urheberrechtsgesetz, 3. Aufl. 2008, § 31 Rn. 58, oder „Ausschließlichkeit schwächerer Wirkung", *Schricker/Loewenheim*, in: Schricker/Loewenheim, Urheberrecht, 4. Aufl. 2010, § 31 Rn. 11).
53 Räumliche Vertriebsbeschränkungen innerhalb der EU oder des EWR sind allerdings kartellrechtlich problematisch. Bei exklusiven Gebietszuweisungen kommt – je nach dem Marktanteil der beteiligten Parteien und der konkreten Vertriebskonstellation – unter Umständen eine Freistellung nach der GVO Technologietransfer oder der Vertikal-GVO in Betracht, vgl. insbesondere Art. 4 Abs. 1 iv), v) VO (EG) 772/2004 v. 27.04.2004, ABl. 2004 Nr. L123 v. 27.04.2004 (GVO-Technologietransfer); Art. 4 b) VO (EG) 330/2010 v. 20.04.2010, ABl. 2010 Nr. L 102/1 v. 23.04.2010 (Vertikal-GVO), jeweils in Verbindung mit Art. 101 Abs. 3 AEUV.

breitungsrecht, das Recht der öffentlichen Zugänglichmachung, das Vorführungsrecht und das Senderecht von praktischer Relevanz.[54]

Daneben ist an Bearbeitungsrechte[55] zu denken, etwa zur Lokalisierung und 44 Übersetzung in andere Sprachen, zur Portierung auf andere Geräte und Plattformen, zur Kombination mit anderen Spielen oder Werken, zur Abspaltung von Spielsequenzen als Trailer, zur Verwendung von Ausschnitten zu Werbezwecken, zur Produktion von Merchandising-Artikeln oder auch zur Erstellung von Fortsetzungen (Sequels). Denkbar sind ferner Regelungen zu Bearbeitungen des Spiels für die Vermarktung als anderes Werk-Genre, etwa zur Produktion eines auf dem Spiel basierenden Films oder Comics.

Bei der näheren Untergliederung der Verwertungsrechte ist nach allgemei- 45 nen urhebervertragsrechtlichen Grundsätzen zwischen urheberechtlich-dinglich wirkenden Nutzungsarten und rein vertraglich wirkenden Nutzungsgestattungen zu unterscheiden. Mit dinglicher Wirkung lassen sich – wie im übrigen Urhebervertragsrecht – einzelne Nutzungsarten nur abspalten, wenn sie nach der Verkehrsauffassung eindeutig abgrenzbar sowie wirtschaftlich-technisch selbständig sind.[56] Zumindest die verschiedenen Hardware-Plattformen, auf denen Spiele gespielt werden, dürften in diesem Sinne als eigenständige Nutzungsarten einzuordnen sein.[57] Zu nennen sind hier stationäre Spielkonsolen, tragbare (Handheld-)Spielkonsolen, PCs, Mobiltelephone, Smartphones und serverbasierte Online-Spiele.

Nutzungsrechte für Systeme einzelner Anbieter dagegen können mangels eines 46 generischen, zeitlich beständigen Anknüpfungspunktes trotz der faktischen Marktmacht sowie der technischen Besonderheiten anbieterspezifischer Plattformen wohl nicht mit dinglicher Wirkung abgespalten werden.[58] Eine entsprechende Untergliederung mit rein schuldrechtlicher Wirkung *inter partes* bleibt den Parteien unbenommen.[59]

Zu regeln ist ferner der Zeitpunkt der Nutzungsrechtseinräumung. Ausgewo- 47 gen dürfte – auch für Zwischenversionen – oft eine Koppelung der Rechtseinräumung an korrelierende Abschlagszahlungen (und ggf. Abnahmeerfordernisse) sein (aufschiebende Bedingung).

Vorausschauend werden häufig bereits Regelungen zur Erstellung von Fortset- 48 zungen des Spiels (Sequels) getroffen. Soll bereits im Entwicklungsvertrag die Einräumung eines entsprechenden Bearbeitungsrechts[60] zugunsten des Publi-

---

54 Vgl. §§ 15 ff. UrhG sowie § 69 c UrhG für im Spiel enthaltene Softwareprogramme.
55 Vgl. § 23 UrhG sowie für Softwareprogramme § 69 c Satz 1 Nr. 2 UrhG.
56 Vgl. im Einzelnen *Schricker/Loewenheim*, in: Schricker/Loewenheim, Urheberrecht, 4. Aufl. 2010, Vor § 28 Rn. 87 mit Nachweisen aus Rechtsprechung und Literatur.
57 Vgl. auch *Wündisch*, in: Berger/Wündisch, Urhebervertragsrecht, 2008, § 36 Rz. 16.
58 Zu denken wäre hier an geschlossene Spielkonsolen, Smartphone-spezifische Betriebssysteme oder soziale Netzwerke mit eigenen Schnittstellen. Da die Bedeutung anbieterspezifischer Plattformen ständigem Wandel unterliegt, wäre eine dinglich wirkende Abspaltung mit dem Verkehrsinteresse an klar abgrenzbaren Nutzungsarten kaum zu vereinbaren.
59 Vgl. auch Kapitel 4, Ziffer 2.1.1.
60 Zum Bearbeitungscharakter von Fortsetzungen vgl. BGH v. 29.04.1999 – I ZR 65/96 – GRUR 1999, 984, 986 f. – Laras Tochter.

shers erfolgen, wird der Entwickler versuchen, die Rechtseinräumung an die Bedingung seiner eigenen Beauftragung mit der Entwicklung der Fortsetzung zu knüpfen. Umgekehrt hat der Publisher meist ein Interesse, den Entwickler für eine etwaige Spielfortsetzung an sich zu binden. Eine Alternative zur Einräumung entsprechender Bearbeitungsrechte ist eine Erst-Andienungspflicht des Entwicklers mit korrelierendem Erst-Erwerbsrecht des Publishers für den Fall, dass der Entwickler eigenständig eine Fortsetzung des Spiels entwickelt.

49   Der Publisher ist mitunter auch an einer isolierten Verwertung der Spielmusik (Soundtrack) oder anderer, spielbestimmt geschaffener Werke interessiert. Unter Umständen soll eine entsprechende Rechtseinräumung – etwa gegen eine zusätzliche, spezifische Umsatzbeteiligung – bereits im Entwicklungsvertrag vereinbart werden.

50   Das Gesetz lässt auch Rechtseinräumungen über unbekannte Nutzungsarten inzwischen ausdrücklich zu.[61] Zum Schutz des Urhebers gelten hierfür allerdings besondere Regelungen: Insbesondere muss die Nutzungsrechtseinräumung schriftlich erfolgen, und der Urheber kann sie binnen drei Monaten nach Mitteilung der geplanten Verwertung in einer neuen Nutzungsart widerrufen.[62] Nimmt der Nutzungsberechtigte eine neue, zum Zeitpunkt des Lizenzvertragsabschlusses noch unbekannte Nutzungsart auf, so hat der Urheber einen (im Voraus unverzichtbaren) Vergütungsanspruch (§ 32 c Abs. 3 Satz 1 UrhG).[63]

51   Bei Zweifeln an der Reichweite der von den Parteien angestrebten Nutzungsrechtseinräumung kommt der urheberrechtliche Zweckübertragungsgrundsatz zur Anwendung.[64] Danach wird der Umfang der eingeräumten Nutzungsrechte nach dem von beiden Parteien zugrunde gelegten Vertragszweck bestimmt. Diese Auslegung ist für den Entwickler im Zweifel günstig.[65]

Je umfangreicher das Nutzungsrecht des Publishers, umso mehr sollte der Entwickler für den Fall vorsorgen, dass der Publisher sein Verwertungsrecht für bestimmte Nutzungsarten oder Gebiete nicht ausübt. Neben der Absicherung des ersten Lizenzzeitraums durch Minimumgarantien ist hier etwa an (Teil-)Kündigungs- und Widerrufsrechte des Entwicklers im Falle der Nichtausübung[66] zu denken.

---

61   Vgl. § 31 a UrhG. § 34 Abs. 4 UrhG, der dies ausdrücklich ausschloss, wurde mit Einführung von § 31 a UrhG im Rahmen des sog. „Zweiten Korbs" der Urheberrechtsreform mit Wirkung zum 01.01.2008 aufgehoben (Art. 1 G v. 26.10.2007, BGBl. I S. 2531).

62   Zu Einzelheiten vgl. § 31 a UrhG.

63   Gemäß § 32 c Abs. 2 UrhG kann dieser Anspruch auch gegenüber Dritten geltend gemacht werden, auf die der erste Nutzungsrechtsnehmer die Rechte in der Zwischenzeit übertragen hat. Für die Spielentwicklung bedeutet dies, dass Urheber vorbestehender Werke, von denen der Entwickler Rechte einlizenziert hat, unter Umständen direkt gegen den Publisher vorgehen können, wenn dieser eine Verwertung nach einer bei Abschluss des Lizenzvertrags noch unbekannten Nutzungsart aufnimmt.

64   Vgl. § 31 Abs. 5 UrhG.

65   Für eine verstärkte Anwendung des Zweckübertragungsgrundsatzes gerade im Bereich der Multimedia-Verwertung plädiert *Schulze*, in: Dreier/Schulze, Urheberrechtsgesetz, 3. Aufl. 2008, Vor § 31 Rn. 177.

66   Unter bestimmten Umständen besteht für ausschließliche Nutzungsrechte im Falle der Nichtausübung auch ein gesetzliches Widerrufsrecht (§ 41 UrhG). Eine vertragliche Regelung mit eindeutigen Voraussetzungen ist aus Sicht des Entwicklers allerdings vorzugswürdig.

2.6.2 Deckungsgleiche Einlizenzierung von Drittrechten

Der Entwickler muss verschuldensunabhängig sicherstellen, dass er die dem Pu- 52
blisher versprochenen (und eventuell sogar garantierten) Nutzungsrechte auch
tatsächlich einräumen kann. Hierauf muss er bei der Gestaltung sämtlicher
Projekt- und Lizenzverträge achten, die er mit Dritten über im Spiel verwendete vorbestehende Werke schließt („back-to-back"-Gestaltung). Dies gilt für
spielbestimmt geschaffene ebenso wie für spielunabhängig geschaffene vorbestehende Werke. Erlaubnisfrei können grundsätzlich nur gemeinfreie Werke benutzt werden, d. h. Werke, deren Autor länger mehr als 70 Jahre verstorben ist.

Soweit der Entwickler seine Verhandlungen mit dem Publisher zum Zeitpunkt 53
seiner Verhandlungen mit den Urhebern oder Rechtsinhabern vorbestehender
Werke noch nicht abgeschlossen hat, sollte er sich vorsorglich möglichst die ausschließlichen, zeitlich und räumlich unbeschränkten Nutzungsrechte zumindest
für alle Nutzungsarten sichern, die für die geplante Spielverwertung relevant
werden können. Es sollte ferner die Zustimmung der Urheber zu einer Besiche-
rung der Verwertungsrechte zugunsten etwaiger Kreditgeber des Entwicklers
eingeholt werden.[67]

Solange mangels fester Zusage des Publishers die Finanzierung der Spielerstellung noch nicht gesichert ist, wird der Entwickler mit einer verbindlichen Auf-
tragserteilung gegenüber dritten Projektschaffenden in der Regel noch abwar-
ten und zunächst allenfalls vorläufige Vereinbarungen treffen.[68]

Bei der Einlizenzierung vorbestehender Werke ist darauf zu achten, dass aus- 54
drücklich auch *Bearbeitungsrechte* (§ 23 UrhG) eingeräumt werden. Etwa bei
Einbindung von Softwareprogrammen[69] und Datenbankwerken[70] benötigt der
Entwickler das Bearbeitungsrecht nicht erst für die Verwertung des fertigen
Spiels, sondern bereits für seine Erstellung. Wird seine Einräumung nicht geregelt, so gilt das Bearbeitungsrecht als im Zweifel nicht eingeräumt.[71] Zur Vermeidung von Rechtsunsicherheiten sollten Lizenz- oder Projektverträge über
vorbestehende Werke das geplante Entwicklungsprojekt sowie die geplante Art
der Einbindung des Werks daher möglichst konkret benennen.

Bei spielbestimmt entwickelten vorbestehenden Werken ist eine derart umfassende Rechtseinräumung üblich und weitgehend durchsetzbar. In sämtliche
Verträge mit Projektschaffenden, freien Mitarbeiten und – sicherheitshalber,
trotz der Regelungen in §§ 43, 69 b UrhG – auch in Verträge mit Arbeitnehmern

---

67 Der Einräumung von Kreditsicherheiten, die eine Übertragung der Verwertungsrech-
    te erfordern (Sicherungsübertragung, Verpfändung), steht sonst das Zustimmungser-
    fordernis des Urhebers gemäß § 34 Abs. 1 UrhG entgegen. Auf eine analoge Anwen-
    dung von § 90 Abs. 1 UrhG, die über dieses Hindernis hinweghälfe, sollte sich der De-
    veloper nicht verlassen (vgl. auch Fn. 48).
68 Zu Vertraulichkeitsvereinbarungen und vorläufigen Regelungen vgl. die Ausführun-
    gen oben unter Ziffer 2.1 oben.
69 Vgl. § 69 c Satz 1 Nr. 2 UrhG.
70 Vgl. § 23 Satz 2 UrhG.
71 Vgl. die Auslegungsregel in § 37 Abs. 1 UrhG.

sind sorgfältig gestaltete, ausschließliche, umfassende Rechtseinräumungsklauseln aufzunehmen.[72]

2.6.2.1 Urheberpersönlichkeitsrechte

55 Das Urheberrecht umfasst neben den ausschließlichen Verwertungsrechten am Werk auch bestimmte urheberpersönlichkeitsrechtliche Befugnisse, die der inneren Beziehung eines Urhebers zu seinem Werk Rechnung tragen.[73] Eine Urheberbenennung (sog. Credit) im fertigen Spiel ist in der Spielebranche nicht unüblich. Ein erhöhtes Risiko besteht im Bereich des Änderungs- und Entstellungsschutzes, da es im Bereich der Multimedia-Bearbeitungen wegen der Verbindung und Verschmelzung verschiedener Werke leicht zu wesentlichen Werkveränderungen oder -entstellungen kommt.[74] Um zu verhindern, dass die Verwertung des Spiels durch die Geltendmachung urheberpersönlichkeitsrechtlicher Befugnisse beitragender Urheber behindert wird, ist – möglichst in Individualvereinbarungen – ein weitgehender Verzicht auf urheberpersönlichkeitsrechtliche Befugnisse zu regeln. Es ist im Einzelnen umstritten, inwieweit ein Urheber wirksam auf die Ausübung seiner gesetzlichen urheberpersönlichkeitsrechtlichen Befugnisse verzichten kann. Ein „Kerngehalt" des Urheberpersönlichkeitsrechts verbleibt nach herrschender Auffassung stets beim Urheber.[75] Da ein Pauschalverzicht für unwirksam gehalten wird,[76] sind die von einem Verzicht umfassten einzelnen urheberpersönlichkeitsrechtlichen Befugnisse in jedem Fall ausdrücklich zu benennen. Außerdem sollte die im Einzelfall geplante Werkverwertung möglichst präzise beschrieben werden.[77]

2.6.2.2 Einlizenzierung von Musikwerken

56 Bei der Verwendung von Musikwerken im Spiel (In-Game Musik) ist zu beachten, dass bereits die Verwendung von wenigen Takten eines Musikstücks der Erlaubnis des Komponisten bedarf. Nicht nur der Titelsong eines Spiels oder charakteristische Level- oder Szenenmusik, sondern auch jede andere eingespielte Musiksequenz muss daher sorgfältig einlizenziert werden. Eine erlaubnisfreie

---

72 Zu Projektverträgen zwischen dem Entwickler und den Urhebern vorbestehender Werke vgl. auch *Ulbricht*, CR 2002, 317, 318 ff.

73 Das Urheberpersönlichkeitsrecht – als Teil des Urheberrechts – ist in § 12 UrhG geregelt. Ihm entspringen unter anderem das Veröffentlichungsrecht (§ 12), das Recht auf Anerkennung der Urheberschaft (§ 13) und der Entstellungs- und Beeinträchtigungsschutz (§§ 14, 39 UrhG).

74 Vgl. *Wündisch*, in: Berger/Wündisch, Urhebervertragsrecht, 2008, § 36 Rz. 13.

75 RGZ 123, 312, 320 – Wilhelm Busch; BGH v. 26.11.1954 – I ZR 266/52 – BGHZ 15, 249, 260 = GRUR 1955, 201, 204 – Cosima Wagner; *Dietz/Peukert*, in: Schricker/Loewenheim, Urheberrecht, 4. Aufl. 2010, vor §§ 12 ff. Rn. 27 mit weiteren Nachweisen; eine ausführliche Darstellung des Streitstands findet sich bei *Appt*, Der Buy-out-Vertrag im Urheberrecht, Diss. Baden-Baden 2008, Seite 129 ff.

76 Vgl. *Dietz/Peukert*, in: Schricker/Loewenheim, Urheberrecht, 4. Aufl. 2010, vor §§ 12 ff. Rn. 28; *Wandtke/Grunert*, in: Wandtke/Bullinger, Urheberrechtsgesetz, 3. Aufl. 2009, § 39 Rn. 9.

77 War der Urheber bei Vertragsschluss nachweislich über die konkrete Gestaltung der Werkverwertung im Einzelnen informiert, dürfte dies seine spätere Berufung auf entgegenstehende urheberpersönlichkeitsrechtliche Interessen erheblich erschweren, vgl. *Wündisch*, in: Berger/Wündisch, Urhebervertragsrecht, 2008, § 36 Rz. 14.

Übernahme von Musik in ein Computerspiel ist wegen des starren Melodienschutzes (§ 24 Abs. 2 UrhG) auch im Rahmen der urheberrechtlichen Ausnahmeregelungen der freien Benutzung (§ 24 Abs. 1 UrhG) oder der Verwendung als „unwesentliches Beiwerk" (§ 57 UrhG) kaum denkbar. Auch wenn Musik nur im Hintergrund des Spiels erklingt, muss ein Nutzungsrecht erworben werden, sofern die Musik gezielt zur Erzeugung einer Stimmung eingesetzt wird. Ein erlaubnisfreies Musikzitat (§ 51 UrhG) kommt allenfalls zum Zweck einer geistigen Auseinandersetzung des Spielers mit der zitierten Musik in Frage;[78] dies dürfte allenfalls im Einzelfall im Rahmen eines pädagogischen Spiels (Serious Game) denkbar sein.

Bei der Einlizenzierung von Musik ist ferner zu beachten, dass ein Großteil der Musikrechte von der Verwertungsgesellschaft GEMA wahrgenommen wird.[79] Soweit der Entwickler – etwa aus Kostengründen – mit Komponisten zusammenarbeitet, die nicht GEMA-Mitglieder sind, sollte er sich die „GEMA-Freiheit" der verwendeten Werke für die gesamte Lizenzlaufzeit im Entwicklungsvertrag garantieren lassen.[80]   57

Wird ein Ausschnitt aus einer *Aufführung* eines Musikstücks verwendet, ist wegen des Leistungsschutzrechts an der Aufführung (§§ 73 ff. UrhG) neben einer Lizenz an dem Musikwerk auch die Erlaubnis des aufführenden Künstlers einzuholen (Doppellizenz).   58

2.6.2.3 Standardmäßig verwendete vorbestehende Werke

Bei spielunabhängig geschaffenen vorbestehenden Werken Dritter ist ein ausschließlicher Erwerb umfassender Rechte zumeist nur dann möglich, wenn die Werke speziell mit Blick auf die Spielerstellung und im Wege individueller Verhandlungen lizenziert werden. Dies ist selten der Fall. Soweit der Entwickler dagegen urheberrechtlich geschützte Werke Dritter auf der Basis nicht ausschließlicher (Standard-)Lizenzbedingungen lizenziert hat oder eine eigene (oder einlizenzierte) Technologie bei der Spielentwicklung regelmäßig verwendet, muss die Verwendung dieser Elemente im Entwicklungsvertrag gesondert geregelt werden.[81] Beispielhaft seien folgende typische Fallgestaltungen erwähnt: 59

---

78 Weiterführend zu den hohen Anforderungen an den Zitatzweck im Rahmen des § 51 UrhG *Lüft*, in: Wandtke/Bullinger, Urheberrechtsgesetz, 3. Aufl. 2009, § 51 Rn. 3 ff.

79 Vgl. auch Kapitel 2, Ziffer 3.2. Zu beachten ist dabei, dass das für die Verwertung von Musik in Computerspielen relevante Multimediaherstellungsrecht nur auflösend bedingt auf die GEMA übertragen wird (§ 1 lit. (i) Abs. 1 3. Alt. des GEMA-Berechtigungsvertrags). GEMA-Mitglieder können das Multimediaherstellungsrecht unter bestimmten, im Berechtigungsvertrag beschriebenen Voraussetzungen daher selbst wahrnehmen.

80 Im Falle des späteren GEMA-Beitritts eines Komponisten schützt auch eine entsprechende Garantie den Entwickler als solche allerdings noch nicht vor Vergütungsansprüchen der GEMA, da eine GEMA-Mitgliedschaft grundsätzlich *alle* gegenwärtigen und künftigen Werke des Beitretenden erfasst (vgl. § 1 des GEMA-Berechtigungsvertrags). Schutz vor einer späteren GEMA-Mitgliedschaft bietet allenfalls die Einräumung ausschließlicher Verwertungsrechte. Vgl. auch vorherige Fußnote zur auflösend bedingten Übertragung des Multimediaherstellungsrechts.

81 Anschaulich hierzu der Artikel „Rechteübertragung", S. 4 ff. (Problem 3) von *Oehler*, http://www.onlinelaw.de/_downloads/artikel/Rechteuebertragung.pdf (02.11.2012).

2.6.2.3.1 Open Source Software

60   Verwendet der Entwickler bei der Spielentwicklung Open Source Software, muss anhand der konkret anwendbaren Open Source Bedingungen geprüft werden, inwieweit eine Weiterlizenzierung der Software und von ihr abgeleiteter Werke und Bearbeitungen überhaupt unter anderen als den Open Source Lizenzbedingungen zulässig ist. Lizenzen mit sog. „Copyleft"-Charakter (wie etwa der GNU General Public Licence, GPL) lassen dies nicht zu.[82] Jedenfalls räumen die anwendbaren Open Source Lizenzbedingungen dem Entwickler keine ausschließlichen, sondern stets nur einfache Nutzungsrechte ein.

Wegen der lizenzrechtlichen Risiken einer unkontrollierten Verwendung von Open Source Software enthalten Entwicklungsverträge zunehmend Klauseln, nach denen der Entwickler zusichert, gar keine oder nur bestimmte, konkret benannte Open Source Software zu verwenden. Bei der Gestaltung derartiger Klauseln ist auf eine eindeutige Definition des Begriffs der „Open Source Software" zu achten. Soweit die Verwendung bestimmter Open Source Software gezielt erlaubt und vereinbart wird, sind zu deren eindeutiger Benennung im Vertrag auch die zugehörigen Lizenzbedingungen (mit Versionsangabe) aufzuführen.

2.6.2.3.2 Standard-Graphiken, Standard-Sounds

61   Möchte der Entwickler bei der Spielgestaltung standardisierte Sounds oder Standard-Elemente aus Graphikbibliotheken (etwa Elemente der Spielwelt wie Bäume, Straßenzüge etc.) verwenden, muss er prüfen, ob die anwendbaren Lizenzbedingungen die geplante kommerzielle Verwertung der Elemente jeweils zulassen und eine separate, maßgeschneiderte Nutzungsrechtsregelung treffen. Wie bei Open Source Software hat der Entwickler auch an Standard-Elementen, die er in das Spiel integriert, keinesfalls ausschließliche Nutzungsrechte und kann folglich dem Publisher nur (und allenfalls) nicht ausschließliche Nutzungsrechte verschaffen.

2.6.2.3.3 Game Engine und andere grundlegende Standard-Technologien

62   Sonderregelungen sind ferner erforderlich, soweit der Entwickler eigene oder von einem Dritten einlizenzierte Werke (vor allem die Game-Engine, ggf. auch sonstige grundlegende Technologien) einsetzt, die er auch in künftigen Projekten verwenden möchte und daher nicht ausschließlich lizenzieren kann. Dies gilt auch für etwaige (allgemeine) Weiterentwicklungen und Verbesserungen derartiger Werke, die erst im Rahmen der Spielentwicklung entstehen. Terminologisch werden solche vorbestehenden, grundlegenden Komponenten im Entwicklungsvertrag etwa als „Base Technology", „Background Technology" oder „Pre-existing IP" bezeichnet. Was hiermit konkret gemeint ist, ist in einer Anlage zum Entwicklungsvertrag im Einzelnen zu beschreiben. Natürlich ist auch die umgekehrte Konstellation denkbar, dass der Publisher eigene vorbestehende Werke einbringt, an denen er dem Entwickler für die Zwecke der Spielerstellung Bearbeitungs- und Nutzungsrechte einräumt.

---

82   Weiterführend zum sog. „Copyleft"-Effekt *Jaeger/Metzger*, Open Source Software, 2. Aufl. 2006, Rn. 5 f. sowie (am Beispiel der GPL v2) Rn. 45 ff.

2.6.2.3.4 „Know-how"-Vorbehalt

Flankierend zur Einräumung ausschließlicher Nutzungsrechte sollte sich der 63
Entwickler klarstellend die künftige Verwendung allgemeiner (vorbestehender oder bei der Spielentwicklung erworbener) Methoden, Erfahrungswerte und Kenntnisse in anderen Entwicklungsprojekten vorbehalten. Dies gilt auch für anlässlich der Spielentwicklung entstandene allgemeine Weiterentwicklungen und Verbesserungen verwendeter Standard-Technologien des Entwicklers.

2.6.3 Rechtegarantien

Zusätzlich zu einer umfassenden Rechtseinräumung gibt der Entwickler eine 64
Zusicherung oder Garantie[83] ab, über die eingeräumten Rechte auch tatsächlich verfügen zu können. Diese wird oft von einer umfassenden Freistellungsregelung nach angloamerikanischem Vorbild flankiert.

Bei der Gestaltung entsprechender Klauseln ist darauf zu achten, dass die Reichweite der Zusicherung (und einer etwaigen Freistellungsregelung) in inhaltlicher, zeitlicher und geographischer Hinsicht deckungsgleich mit der Rechtseinräumungsklausel ist. Unter Umständen ist auch an eine eigens auf den Fall der Verletzung von Rechten Dritter zugeschnittene Haftungsbeschränkung zu denken. Einvernehmlich verwendete Open Source Software ist aus der Rechtegarantie und etwaigen Freistellungspflichten auszuklammern. Da das deutsche Recht die Verletzung von Rechten Dritter als „Rechtsmangel" einstuft und der gesetzlichen Mängelhaftung unterwirft, empfiehlt sich ferner eine ausdrückliche Regelung des Verhältnisses der Rechtegarantien und etwaigen Freistellungspflichten zur gesetzlichen Rechtsmängelhaftung.

2.7 Vergütung

Die Vergütung des Entwicklers besteht oft in einer Kombination aus Einmal- 65
zahlungen, etwa einem Vorschuss und an den Projektfortschritt geknüpften Abschlagszahlungen, und einer Umsatzbeteiligung (Revenue Share) am Spielerlös. Die Umsatzbeteiligung wird oft durch eine im Voraus ausbezahlte Minimumgarantie abgesichert, die mit den tatsächlich erzielten Erlösen verrechnet wird.

Bei der Vereinbarung einer Umsatzbeteiligung ist darauf zu achten, dass die Berechnungsgrundlage der Beteiligung eindeutig definiert wird. Häufig verwendete Begriffe wie „Nettoumsatz" (Net Sales Revenues) sind nur dann eindeutig, wenn sie die berücksichtigten Erlöse und die zugelassenen Abzüge im Einzelnen definieren. Zu regeln ist etwa, ob neben Erlösen aus dem Verkauf des Spiels und „Item Selling" auch Werbe- oder Merchandising-Erlöse zu berücksichtigen sind. Neben Steuern und Abgaben werden unter Umständen auch Vertriebs- und Marketingkosten abgezogen, bevor die Umsatzbeteiligung des Entwicklers ermittelt wird. Ein Rechenbeispiel im Vertrag trägt zur Klarheit bei. Zu empfeh-

---

83 Bei der Gestaltung von Standardverträgen des Publishers ist zu beachten, dass verschuldensunabhängige Haftungszusagen des Entwicklers nach deutschem AGB-Recht regelmäßig unwirksam sind (§ 307 Abs. 2 Nr. 1 BGB); vgl. BGH v. 05.10.2005 – VIII ZR 16/05 – BGHZ 164, 196 = NJW 2006, 47, 49 f. (Rz. 30), 51 (Rz. 44), vgl. auch *Thüsing*, in: Graf von Westphalen, Vertragsrecht und AGB-Klauselwerke, Teil Vertragsrecht, 15) 5 ff. (Stand: 03/2012).

len ist auch eine Regelung zum Umgang mit Zahlungsausfällen auf der Abnehmerseite und – je nach Art des Spiels – Retouren.

66 Der Transparenz und Absicherung für den Entwickler dienen detaillierte Berichtspflichten des Publishers über getätigte Verkäufe, flankiert durch Pflichten zur Vorlage und Aufbewahrung der Abrechnungs- und Buchungsunterlagen sowie Auskunfts- und Prüfungsrechte des Entwicklers. Bei der Gestaltung der Vergütungsregelung sollte auf eine interessengerechte Berücksichtigung der verschiedenen Vertriebskanäle und der Anzahl der zu erwartenden Vertriebsstufen geachtet werden.

67 Das Urheberrecht räumt dem Urheber gesetzliche Nachforderungsansprüche ein, falls die vereinbarte Vergütung nicht angemessen ist, falls das Spiel, in dem das Werk verwendet wird, zum Bestseller wird oder falls eine Verwertung nach einer neuen, bei Vertragsschluss noch unbekannten Nutzungsart erfolgt.[84] Auf diese Ansprüche können die Urheber im Voraus nicht wirksam verzichten.[85] Nach verbreiteter Auffassung gelten diese Nachforderungsansprüche sämtlich auch im Arbeitsverhältnis.[86] Vertragliche Vereinbarungen zum Umgang mit derartigen Ansprüchen, etwa eine Definition des „Bestsellerfalls" und die Vereinbarung der Beteiligungshöhe des einzelnen Urhebers, können dem Publisher eine Kalkulation des Nachforderungsrisikos erleichtern.[87] Eine Planungsunsicherheit verbleibt jedoch in jedem Fall.[88]

2.8 Kündigungsregelungen

68 Bei den Regelungen zur Laufzeit des Vertrags und zu Kündigungsrechten ist zwischen dem eigentlichen Entwicklungsprojekt (bis zur Abnahme) und etwaigen weiteren Wartungsleistungen des Entwicklers nach Abnahme zu unterscheiden. Für beide Komplexe sind jeweils die von den Parteien gewollten ordentlichen und außerordentlichen Kündigungsrechte zu regeln.

Zu beachten ist insbesondere, dass der Entwicklungsauftrag nach dem gesetzlichen Leitbild seitens des Publishers gemäß § 649 Satz 1 BGB jederzeit kündbar ist.[89] Der Entwickler hat gemäß § 649 Satz 2, 3 BGB in diesem Fall Anspruch auf die vereinbarte Vergütung, wobei er sich ersparte Aufwendungen sowie Einkommen aus einer ausgeführten oder böswillig unterlassenen Ersatztätigkeit anrechnen lassen muss. Gemäß § 649 Satz 3 BGB gilt die Vermutung, dass danach der Unternehmer 5 % der Vergütung verlangen kann, die auf den zum Zeitpunkt der Kündigung noch nicht erfüllten Teil des Entwicklungsauftrags entfällt. Stan-

---

84 Vgl. § 32 Abs. 1 Satz 3, § 32a Abs. 1 Satz 1, § 32c Abs. 1 Satz 1 UrhG.

85 Vgl. § 32 Abs. 3 Satz 1, § 32a Abs. 3 Satz 1, § 32c Abs. 3 UrhG.

86 Insbesondere für § 32a UrhG („Bestsellerparagraph") ist dies im Einzelnen streitig. Vgl. die Darstellungen des Streitstandes bei *Grützmacher*, in: Wandtke/Bullinger, Urheberrechtsgesetz, 3. Aufl. 2009, § 69b Rn. 23 ff. und *Wandtke*, in: Wandtke/Bullinger, Urheberrechtsgesetz, 3. Aufl. 2009, § 43 Rn. 145 f.

87 Vgl. auch *Berger*, ZUM 2003, 521, 527; *Hertin*, MMR 2003, 16, 18 ff.

88 Zu Voraussetzungen, Höhe und Durchsetzung von Nachforderungsansprüchen im Einzelnen *Berger*, in: Berger/Wündisch, Urhebervertragsrecht, § 2 Rz. 223 ff.; vgl. auch *Schuppert*, in: Büchner/Briner, DGRI Jahrbuch 2009, S. 153 ff.

89 Falls über § 651 Satz 3 BGB reines Kaufrecht zur Anwendung kommt (vgl. oben Fußnote 17), findet § 649 BGB nach dem gesetzlichen Leitbild keine Anwendung.

dardvertragliche Vereinbarungen über eine ordentliche Kündigungsmöglichkeit des Publishers vor Fertigstellung und korrelierende „Exit Fees" müssen sich an diesem gesetzlichen Leitbild messen lassen und eine angemessene Vergütung des Entwicklers vorsehen.[90]

Für den Fall einer vorzeitigen Beendigung des Entwicklungsprojekts sollte ferner eine Regelung zu den Nutzungsrechten an dem bis dahin erzielten Entwicklungsfortschritt (etwa an vorläufigen Spielversionen) getroffen werden.

2.9 Mängelhaftung des Entwicklers (Gewährleistung)

Vereinbarungen zur (Sach-)Mängelhaftung betreffen den Umgang mit etwaigen Abweichungen des entwickelten Spiels von der Leistungsbeschreibung, die sich nach der Abnahme zeigen. Regelungen zu Nachbesserungspflichten und anwendbaren Fristen, die Definition von Fehlerkategorien sowie die Voraussetzungen für einen Rücktritt (etwa nach zweimaligem Fehlschlagen einer Nachbesserung und Ablehnungsandrohung) geben den Parteien nicht nur für den „Ernstfall" ein Verfahren an die Hand, sondern helfen zudem, Unsicherheiten bezüglich des anwendbaren gesetzlichen Regelungsregimes[91] zu vermeiden. Zu vereinbaren ist ferner die Verjährungsfrist für Mängelansprüche. Wird hier keine Regelung getroffen, gilt im Zweifel die gesetzliche Verjährungsfrist von 24 Monaten.[92]   *69*

Zu beachten ist, dass das gesetzliche Mängelregime[93] nicht nur für Sachmängel des Spiels gilt, sondern auch bei Rechtsmängeln greift. Der Umgang mit Rechtsmängeln wird typischerweise im Rahmen von Rechtegarantien und begleitenden Freistellungsklauseln adressiert, deren Verhältnis zur gesetzlichen Rechtsmängelhaftung daher ausdrücklich geregelt werden sollte.

2.10 Weitere Regelungen

2.10.1 Haftungsbeschränkung

Wie in jedem Vertrag ist eine interessengerechte Haftungsregelung essentiell. Diese kann – je nach konkreten Haftungsrisiken und deren Höhe – sehr differenziert gestaltet werden und nach verschiedenen Haftungsszenarien, Schadenstypen und Verschuldensgraden differenzieren.   *70*

Bei der Gestaltung einer Haftungsklausel in Standardverträgen sind neben dem gesetzlichen Verbot eines Haftungsausschlusses für Vorsatz oder grobe Fahrläs-

---

90 Vgl. *Busche*, in: MünchKomm-BGB, 6. Aufl. 2012, § 649 Rn. 7 mit weiteren Nachweisen. In AGB des Entwicklers ist eine Regelung unzulässig, nach der anderweitiger Erwerb oder ersparte Aufwendungen nicht berücksichtigt werden oder die einen Gegenbeweis des Publishers, dass kein oder ein niedrigerer Vergütungsanspruch entstanden ist, nicht zulässt (§ 309 Nr. 5 b BGB analog), vgl. BGH v. 27.04.2006 – VII ZR 175/05 – NJW 2006, 2551 ff.; BGH v. 08.07.1999 – VII ZR 237-98 – NJW 1999 3261 ff.; OLG Celle v. 03.07.2008 – 13 U 68/08 – BeckRS 2008, 13972.

91 Vgl. Ziffer 2.2 oben.

92 Vgl. § 651, § 438 Abs. 1 Nr. 3 BGB sowie Ziffer 2.2 oben. Bei Anwendbarkeit reinen Werkvertragsrechts führt § 634 a Abs. 1 Nr. 1 BGB zu demselben Ergebnis.

93 Vgl. §§ 651, 434 ff. BGB sowie Ziffer 2.2 oben bzw. §§ 633 ff. BGB im Falle der Anwendbarkeit reinen Werkvertragsrechts.

sigkeit (§§ 309 Nr. 7 b, 276 Abs. 3 BGB) auch die von der Rechtsprechung aufgestellten Grenzen zu beachten, die selbst im Bereich der leichten Fahrlässigkeit eine formularmäßige Haftungsfreizeichnung nur eingeschränkt zulassen.[94]

Da das deutsche Recht die Ersatzfähigkeit eines Schadens grundsätzlich nach Kausalitätskriterien ermittelt,[95] sollten zu einem Ausschluss von „Folgeschäden" oder „indirekten Schäden" (*indirect, consequential, incidental damages* etc.), soweit gewollt, stets zumindest diejenigen Schadenstypen konkret benannt werden, deren Ausschluss die Parteien im Auge haben (etwa entgangener Gewinn etc.). Ein pauschaler Ausschluss ist nicht verlässlich.[96]

2.10.2 Sicherung der Investition des Publishers

71 Ähnlich wie ein Filmproduzent tätigt der Publisher erhebliche Investitionen. Entwicklungsverträge sehen daher üblicherweise bestimmte Absicherungsmechanismen gegen eine Insolvenz des Entwicklungsstudios oder ein Scheitern des Projekts vor. Es bestehen hier – je nach Fallgestaltung – verschiedene Möglichkeiten.[97]

Als Sicherungsgegenstände für Kreditsicherheiten kommen insbesondere Nutzungsrechte an vorbestehenden Werken sowie ggf. Gesellschaftsanteile am Unternehmen des Entwicklers in Betracht. Die Einhaltung von Fertigstellungsterminen kann unter Umständen durch eine (allerdings kostspielige) Fertigstellungsgarantie (Completion Bond) versichert werden. Gehört der Entwickler einem größeren Konzern an, kommt auch eine Fertigstellungsgarantie seitens der Muttergesellschaft in Frage.

Bei komplexen Entwicklungsprojekten ist ferner an regelmäßige Source Code-Hinterlegungen der im fortschreitenden Projekt jeweils aktuellen Spielversionen bei einem externen Escrow-Anbieter zu denken.

---

94 Nach ständiger Rechtsprechung zu § 307 Abs. 2 Nr. 2 BGB darf der Verwender von AGB die Haftung für wesentliche Vertragspflichten, deren Erfüllung die ordnungsgemäße Durchführung des Vertrages überhaupt erst ermöglicht und auf deren Einhaltung der Vertragspartner regelmäßig vertrauen darf, nicht ausschließen, sondern allenfalls auf den „bei Vertragsabschluss typischerweise vorhersehbaren Schaden" beschränken. Dabei muss zumindest die vorstehende abstrakte Definition der „wesentlichen Vertragspflichten" in die Haftungsfreizeichnungsklausel aufgenommen werden. Eine pauschale Bezugnahme auf „Kardinalpflichten" genügt nicht dem Transparenzgebot (§ 307 Abs. 1 Satz 2 BGB), vgl. BGH v. 20.07.2005 – VIII ZR 121/04 – BGHZ 164, 11 = NJW-RR 2005, 1496, 1505.

95 Voraussetzung für die Ersatzfähigkeit ist die „adäquat kausale" Verursachung eines Schadens, vgl. die Nachweise bei *Oetker*, in: MünchKomm-BGB, 6. Aufl. 2012, § 249 Rn. 107.

96 In Standardverträgen ist ein pauschaler Ausschluss von „Folgeschäden" ohne Differenzierung nach Verschuldensgraden auch nicht durchsetzbar. Nach ständiger Rechtsprechung muss jede Haftungsbeschränkung zugunsten des Verwenders eines Standardvertrags nach Verschuldensgraden unterscheiden (vgl. Fußnote 94 oben).

97 Ausführlich zu den im Filmbereich typischen Sicherungsmethoden *Abel*, in: Berger/Wündisch, Urhebervertragsrecht, § 13 Rz. 187 ff.

2.10.3 Regelungen zu Vertrieb und Vermarktung

Soweit Entwicklungsverträge in der Praxis über die den Vertrieb ermöglichende   72
Nutzungsrechtseinräumung und eine vom Verwertungserfolg abhängige Vergütung hinaus die vom Publisher zu ergreifenden Marketingmaßnahmen im Einzelnen regeln, wird auf die Ausführungen in Kapitel 4 verwiesen.

Kapitel 2

Urheberrechte
an Computerspielen und deren
Bestandteilen

1. Einführung: Urheberrechtliche Doppelnatur von Computerspielen und ihre Auswirkungen auf die anwendbaren Rechtsvorschriften

Die Entwicklung von Computer- und Videospielen erfordert in aller Regel eine schöpferisch-kreative Tätigkeit und stellt damit praktisch immer eine durch das Urheberrecht erfasste geistige Leistung dar. Anders als viele etablierte Unterhaltungsformen zeichnen sich Computerspiele allerdings durch eine besonders enge Verschmelzung von Steuerungssoftware und Spielinhalt aus. An der Entwicklung von Computerspielen sind einerseits Programmierer beteiligt, deren Leistung – beispielsweise bei der Entwicklung oder Anpassung der Game-Engine – den technischen Spielablauf beeinflussen; andererseits entstehen im Rahmen der inhaltlichen Ausgestaltung des Spiels – etwa beim Leveldesign – Schöpfungen von nicht zu unterschätzender kreativer Ausdruckskraft.[1] Dieser eigenständigen und von den ausdrücklich normierten Werkkategorien nicht erfassten[2] technisch-künstlerischen Doppelnatur sowie der wirtschaftlichen Bedeutung von Computerspielen wird das geltende Urheberrecht bislang nicht gerecht und kennt keine speziell auf Computerspiele zugeschnittenen Vorschriften. Die urheberrechtliche Behandlung von Computer- und Videospielen wird daher stets von der Frage begleitet, ob im konkreten Fall die besonderen Vorschriften über den Rechtsschutz von Computerprogrammen (§§ 69 a ff. UrhG) und/oder die allgemeinen urheberrechtlichen Regelungsmechanismen eingreifen.   1

Zur Auflösung dieses Systemkonflikts bieten sich letztlich zwei grundlegende Möglichkeiten an. Einerseits ist es denkbar, die technischen und künstlerischen Aspekte des Gesamtwerkes getrennt zu behandeln und die Vorschriften über den Rechtsschutz von Computerprogrammen parallel zu den allgemeinen urheberrechtlichen Vorschriften anzuwenden (sog. *Trennungstheorie*)[3]. Andererseits ließe sich überlegen, Computerspiele immer einheitlich denjenigen Regeln zu unterwerfen, die insgesamt den Charakter des Gesamtwerkes prägen (sog. *Schwerpunkttheorie*)[4]. Dem letztgenannten Ansatz kann ein gewisser Charme nicht abgesprochen werden, führt er doch zu einer vermeintlich übersichtlichen, für das jeweilige Spiel einheitlichen und damit gut handhabbaren Lösung. Mit der Vielgestaltigkeit von Computerspielen und den damit verbundenen Nutzungshandlungen lässt sich allerdings besser eine grundsätzlich ge-   2

---

1   Hierfür genügt beispielsweise ein Blick auf die in den letzten Jahren in der Kategorie „Visual Arts" mit den *Game Developers Choice Awards* ausgezeichneten Spieleproduktionen.

2   Zur Problematik der Einordnung von Computer- und Videospielen in den Katalog der Werkkategorien vgl. *Schack*, Urheber- und Urhebervertragsrecht, 5. Aufl. 2010, Rn. 248 (Computerspiele als Multimedia-Werke); *Poll/Braunek*, GRUR 2001, 389, 390 (audiovisuelle Werke sui generis).

3   *Bullinger/Czychowski*, GRUR 2011, 19, 21; *Katko/Maier*, MMR 2009, 306, 306; *Poll/ Braunek*, GRUR 2001, 389, 389; *Ulbricht*, CR 2002, 317, 321; allgemein zur getrennten Behandlung bei Zusammentreffen mehrerer Werkarten *Loewenheim*, in: Schricker/ Loewenheim, Urheberrecht, 4. Aufl. 2010, § 2 Rn. 75.

4   *Kreutzer*, CR 2007, 1, 5.

trennte Behandlung der technischen und künstlerischen Aspekte und damit eine kumulative Anwendung der besonderen Vorschriften über den Rechtsschutz von Computerprogrammen und der allgemeinen urheberrechtlichen Regelungen vereinbaren, zumal bei einer (im Rahmen der Schwerpunktbildung häufig nicht zu vermeidenden) zu starken Fixierung auf den Programmschutz die Rechte der an der Herstellung nicht technisch, sondern künstlerisch Beteiligten nicht ausreichend berücksichtigt würden.[5] Im Übrigen können viele urheberrechtliche Komplexe – etwa die Bestimmung der Schutzfähigkeit sowie der Kreis der Rechtsinhaber – auch bei getrennter Betrachtung einer angemessenen Lösung zugeführt werden. Gleiches gilt auch bei den Urheberrechtsschranken, soweit es beispielsweise (nur) um die Vervielfältigung der vom Programmschutz nicht mitumfassten[6] Bildschirmdarstellung geht. Problematisch wird die Trennungstheorie dann, wenn sich die Vervielfältigung (etwa bei einer „Sicherungskopie") zwingend auch auf den Programmcode erstreckt, oder wenn technische Schutzmaßnahmen die Vornahme bestimmter Nutzungshandlungen verhindern. Vorzugswürdig ist daher eine grundsätzlich parallele Anwendung der allgemeinen urheberrechtlichen Vorschriften und der besonderen Bestimmungen für Computerprogramme. Von dieser Lösung sollte nur dann im Sinne einer partiellen Schwerpunktlösung abgewichen werden, wenn eine Nutzungshandlung oder technische Maßnahme zwingend sowohl das Steuerungsprogramm als auch den digitalen Inhalt erfasst.[7]

2. Schutz der Programmierleistung

3 Für die Herstellung eines Computerspieles sind Programmierleistungen notwendig, deren Umfang je nach Entstehungsprozess des konkreten Projekts variieren kann. Spielentwicklungen erfordern – auch wenn sich insoweit kaum verallgemeinernde Aussagen werden treffen lassen – insbesondere dann einen hohen Programmieraufwand, wenn bei der Herstellung des Spiels nur in geringem Umfang auf vorbestehende Erzeugnisse und Tools zurückgegriffen wird und das Entwicklerstudio neben dem eigentlichen Game-Design auch die zu Grunde liegenden Programmabläufe, insbesondere die Game-Engine, entwickelt.[8]

4 Die im Zusammenhang mit der Spielentwicklung erbrachten Programmierleistungen sind als Sprachwerke gem. § 2 Abs. 1 Nr. 1 UrhG i. V. m. §§ 69a ff. UrhG dem Grunde nach urheberschutzfähig.[9] Da es gem. § 69a Abs. 3 UrhG für die

---

5 *Bullinger/Czychowski*, GRUR 2011, 19, 21.

6 Siehe hierzu unten Rn. 5.

7 So auch *Bullinger/Czychowski*, GRUR 2011, 19, 21; für den Fall technischer Schutzmaßnahmen *Grützmacher*, in: Wandtke/Bullinger, Praxiskommentar zum Urheberrecht, 3. Aufl. 2009, § 69a Rn. 83.

8 Ein Beispiel für eine bekannte, programmtechnisch in wesentlichen Punkten neue Entwicklung ist das von id Software entwickelte Spiel „Quake" aus dem Jahr 1996, dessen Game-Engine („Quake-Engine") zur Grundlage einer Vielzahl weiterer bekannter Spiele wurde; siehe hierzu Wikipedia-Artikel http://de.wikipedia.org/wiki/Quake_Engine (22.04.2013) sowie den dort abgebildeten Quake-Stammbaum.

9 Siehe beispielsweise OLG Hamburg v. 12.03.1998 – 3 U 228/97 – CR 1999, 298, 298 – *Perfect Alert; Loewenheim*, in: Schricker/Loewenheim, Urheberrecht, 4. Aufl. 2010, § 69a Rn. 27; *Lambrecht*, Der urheberrechtliche Schutz von Bildschirmspielen, 2006, S. 73 f.

Bestimmung der Schutzfähigkeit von Computerprogrammen nur darauf ankommt, dass sie „das Ergebnis der eigenen geistigen Leistung ihres Urhebers sind" (Satz 1) und zugleich „keine anderen Kriterien, insbesondere nicht qualitative oder ästhetische" eine Rolle spielen (Satz 2), ist die Schutzschwelle für den Urheberrechtsschutz an Computerprogrammen EU-weit[10] bewusst denkbar niedrig.[11] Als Konsequenz stellt bei den im Zusammenhang mit der Entwicklung von Computerspielen anfallenden Programmierleistungen die Schutzfähigkeit die Regel und die fehlende Gestaltungshöhe die Ausnahme dar.[12]

Deutlich problematischer als die gerade bei komplexen Computerspielen meist   5
relativ einfach zu bestimmende generelle Schutzfähigkeit der Programmierleistung[13] gestaltet sich die Frage nach der inhaltlichen Reichweite des Programmschutzes.[14] Besonders interessant ist in diesem Zusammenhang, ob sich der Urheberschutz am Programm auch auf die durch das Programm erzeugten Bild- und Tonfolgen erstreckt. Wäre dies der Fall, so griffe eine Vervielfältigung der visuellen Spielausgabe (z. B. in Form eines Video-Mitschnitts) auch in das Urheberrecht an dem zugrunde liegenden Steuerprogramm (z. B. der Physik-Engine) ein. Eine solche Ausdehnung des Programmschutzes ließe sich auf den ersten Blick mit dem Gesetzeswortlaut vereinbaren, wonach „Programme in jeder Gestalt" (§ 69 a Abs. 1 UrhG) dem Urheberrechtsgesetz unterfallen und der urheberrechtliche Schutz sich auf „alle Ausdrucksformen eines Computerprogramms" erstreckt (§ 69 a Abs. 2 Satz 1 UrhG). Sie entspräche im Übrigen auch dem Trend zur Ausweitung des urheberrechtlichen Schutzes und zur Berücksichtigung von Investitionsschutzgesichtspunkten.[15] Eine derart weite Ausdehnung des Programmschutzes ist unter Berücksichtigung des Entstehungsprozesses von Computerspielen allerdings nicht erforderlich und im Ergebnis abzulehnen. Dies gilt insbesondere vor dem Hintergrund, dass die Herstellung von Computerspielen gerade keinen in allen Aspekten einheitlichen Schöpfungsprozess darstellt und stattdessen viele zentrale Steuerelemente (v.a. Grafik, Physik) nicht für jedes Spiel neu entwickelt werden. Es besteht daher kein Bedürfnis, den Programm-

---

10 Zur gemeinschaftsweiten Harmonisierung der Gestaltungshöhe für Computerprogramme Amtl. Begr. BT-Drucks. 12/4022 S. 9; *Loewenheim*, in: Schricker/Loewenheim, Urheberrecht, 4. Aufl. 2010, § 69 a Rn. 17.

11 Zum Schutz der „kleinen Münze" im Bereich der Computerprogramme BGH v. 03.03.2005 – I ZR 111/02 – GRUR 2005, 860, 861 – *Fash 2000;* zur Beurteilung der Schutzfähigkeit von Computerprogrammen vor Umsetzung der Richtlinie 91/250/EG BGH v. 09.05.1985 – I ZR 52/83 – GRUR 1985, 1041 – *Inkasso-Programm.*

12 Amtl. Begr. BT-Drucks. 12/4022 S. 9; *Loewenheim*, in: Schricker/Loewenheim, Urheberrecht, 4. Aufl. 2010, § 69 a Rn. 20; *Lambrecht*, Der urheberrechtliche Schutz von Bildschirmspielen, 2006, S. 108 (jew. m. w. N.).

13 Zu dem Schluss von der Komplexität eines Computerspiels auf die Schutzfähigkeit des zu Grunde liegenden Programms BGH v. 03.03.2005 – I ZR 111/02 – GRUR 2005, 860, 861 – *Fash 2000;* kritisch *Lambrecht*, Der urheberrechtliche Schutz von Bildschirmspielen, 2006, S. 110 f.

14 Siehe in diesem Zusammenhang auch EuGH v. 02.05.2012 – C406/10 – *SAS Institute/ World Programming*, GRUR Int. 2012, 534 (kein Schutz der Funktionalität sowie der Programmiersprache eines Computerprogramms) sowie *Spindler*, CR 2012, 417.

15 Für eine Erstreckung des Programmschutzes auf die Bildschirmausgabe bei Multimedia-Anwendungen *Marly*, Urheberrechtsschutz für Computersoftware in der Europäischen Union, 1995, S. 147 f.; *Koch*, GRUR 1995, 459, 465 unter Bezugnahme auf OLG Karlsruhe v. 13.06.1994 – 6 U 52/94 – GRUR 1994, 726 – *Bildschirmmasken.*

schutz auf die audiovisuelle Ausgabe zu erstrecken[16], zumal letztere – wie sogleich zu zeigen sein wird – ohnehin eigenständigen urheberrechtlichen Schutz genießt. Diese Differenzierung wurde mittlerweile auch vom EuGH aufgegriffen, der Benutzeroberflächen nicht dem Anwendungsbereich der Computerprogramm-Richtlinie, sondern der Informationsgesellschafts-Richtlinie zuordnet.[17]

3. Schutz der audiovisuellen Spielinhalte

Unabhängig von dem eben dargestellten Schutz der Programmierleistung ist praktisch immer auch die audiovisuelle Spieldarstellung in Form des auf dem Bildschirm ausgegebenen Spielablaufs urheber- oder leistungsschutzrechtlich geschützt. Die Gesamtdarstellung genießt hierbei, abhängig von der Gestaltungshöhe des konkreten Computerspiels, entweder Schutz als Filmwerk (§ 2 Abs. 1 Nr. 6 UrhG) oder als Laufbild (§ 95 UrhG). Darüber hinaus können u.a. die in dem Spiel eingesetzte Musik, die Spielfiguren und/oder die Handlung des Spiels urheberrechtlichen Schutz genießen.

3.1 Schutz als Filmwerk/Laufbild

6 Unter einem Film im urheberrechtlichen Sinne versteht man nach klassischer Definition eine Bild- oder Bild-/Tonfolge, die durch die Aneinanderreihung fotografischer oder fotografieähnlicher Einzelbilder den Eindruck des bewegten Bildes entstehen lässt.[18] Die im Rahmen eines Computerspieles generierten Einzelbilder werden von dieser klassischen Definition nur schwer erfasst, da sie in aller Regel nicht auf Basis fotografischer oder fotografieähnlicher Verfahren entstehen, sondern ihre Grundlage im Steuerprogramm (bzw. den dort hinterlegten digitalen Bildern) sowie den Spieleingaben des Nutzers finden. Da zu den Filmwerken i.S.d. § 2 Abs. 1 Nr. 6 UrhG jedoch ausdrücklich auch Werke zählen, die „ähnlich wie Filmwerke geschaffen werden", spielt der technische Vorgang der Bildsequenzerstellung keine Rolle, so dass die Bildschirmwiedergabe von Computerspielen im Grunde den gleichen Regeln unterfällt wie fotografisch oder fotografieähnlich aufgenommene Bildfolgen. Insoweit ähneln Computerspiele anderen – ebenso grundsätzlich zweifellos urheberechtlich geschützten, aber nicht von der klassischen Filmdefinition erfassten – Produkten wie Zeichentrick- oder Animationsfilmen.[19]

---

16 Gegen eine Einbeziehung der audiovisuellen Spieldarstellung in den Programmschutz auch *Lambrecht*, Der urheberrechtliche Schutz von Bildschirmspielen, 2006, S. 85; *Poll/Brauneck*, GRUR 2001, 389, 390 f.; *Katko/Maier*, MMR 2009, 306, 306; dieses Ergebnis entspricht auch der ganz überwiegenden Auffassung zum Schutz von Bedienoberflächen, die zwar eigenständig urheberrechtlichen Schutz genießen können, jedoch nicht Teil des Computerprogramms sind; siehe hierzu *OLG Karlsruhe* v. 14.04.2010 – 6 U 46/09 – GRUR-RR 2010, 234 – *Reisebürosoftware*; *Dreier*, in: Dreier/ Schulze, Urheberrechtsgesetz, 3. Aufl. 2008, § 69a Rn. 16 f.; *Loewenheim*, in: Schrikker/Loewenheim, Urheberrecht, 4. Aufl. 2010, § 69a Rn. 7.

17 EuGH v. 22.12.2010 – C-393/09 – GRUR 2011, 220 – *BSA/Kulturministerium*.

18 *Schulze*, in: Dreier/Schulze, Urheberrechtsgesetz, 3. Aufl. 2008, § 2 Rn. 204; *Loewenheim*, in: Schricker/Loewenheim, Urheberrecht, 4. Aufl. 2010, § 2 Rn. 186 (m.w.N.).

19 Vgl. *Loewenheim*, in: Schricker/Loewenheim, Urheberrecht, 4. Aufl. 2010, § 2 Rn. 189; *Schulze*, in: Dreier/Schulze, Urheberrechtsgesetz, 3. Aufl. 2008, § 2 Rn. 206.

Förster

Als wesentlicher Unterschied zu klassischen Filmen und filmähnlichen Produk- 7
ten wird die Bildschirmdarstellung bei Computerspielen (abgesehen von den in
das Spiel integrierten „Cutscenes"[20]) wesentlich durch die Aktivität des Nutzers gesteuert. So ist es insbesondere bei großen Spielwelten (wie sie etwa bei
MMORPGs, wie World of Warcraft, zum Einsatz kommen) sogar denkbar, dass
mehrere Nutzer selbst bei langer Spieldauer abhängig von ihrer Spielpräferenz
und -taktik vollkommen unterschiedliche Bildschirmausgaben produzieren. Ein
Argument gegen einen Schutz der Spieldarstellung als Filmwerk oder Laufbild
dürfte hierin jedoch – entgegen einer früher von manchen Gerichten vertretenen Auffassung[21] – nicht zu sehen sein.[22] Der Spieler schafft trotz seines mitunter
großen Aktionsradius keine vollkommen neuen Bildsequenzen, sondern bedient
sich letztlich nur aus dem vom Spielehersteller vorgegebenen Programminven-
tar. Viele zentrale und bei vielen Spielern ähnlich auftretende Sequenzteile –
beispielsweise Hintergründe oder Kulissen – bleiben zudem stets gleich oder
können von den Akteuren nur unwesentlich verändert werden. Dies gilt umso
mehr, als für den erfolgreichen Abschluss eines Spieles oder eines einzelnen Levels häufig von jedem Spieler ähnliche Spielsituationen gemeistert werden müssen.[23] Der Schutz der audiovisuellen Spieldarstellung scheitert daher nicht an
der Interaktivität der Spieler.

Ob die audiovisuelle Spieldarstellung als Filmwerk (§ 2 Abs. 1 Nr. 6 UrhG) oder 8
als Laufbild (§ 95 UrhG) geschützt ist, richtet sich nach der Gestaltungshöhe
des jeweiligen Spiels. Insoweit bestehen für den Bereich der Computerspiele im
Vergleich zu sonstigen Werkkategorien keine Besonderheiten. Wie bei fast allen anderen Werkarten ist daher auch bei Computerspielen die Schutzschwelle denkbar niedrig gezogen. Auch die „kleine Münze", also ein Werk mit gerade noch wahrnehmbarer Individualität, wird urheberrechtlich geschützt.[24] Wann
die Schutzschwelle bei Computerspielen hinsichtlich der audiovisuellen Darstellung überschritten wird, lässt sich kaum verallgemeinernd sagen und wird u.a.
davon abhängen, welcher Spielraum dem Schöpfer der virtuellen Welt bei deren
Ausgestaltung zukommt. So wird bei Fantasy- und Science-Fiction-Welten mehr
Raum für Individualität bestehen als beispielsweise bei Simulationen, Denk-

---

20 Insoweit sind die Voraussetzungen für das Vorliegen eines Filmwerks i. d. R. unproble-
    matisch erfüllt, Bullinger/Czychowski, GRUR 2011, 19, 22.
21 Etwa OLG Frankfurt a. M. v. 13.06.1983 – 6 W 34/83 – GRUR 1983, 753, 756 – Pengo;
    OLG Frankfurt a. M. v. 21.07.1983 – 6 U 16/83 – GRUR 1983, 757, 757 f. – Donkey Kong
    Junior I; vgl. auch OLG Düsseldorf v. 15.12.1988 – 2 U 207/88 – CR 1990, 394, 396 –
    Kopierschutzentferner.
22 H.M.: OLG Hamburg v. 12.10.1989 – 3 U 75/89 – GRUR 1990, 127, 128 – Super Ma-
    rio III; OLG Hamm v. 14.05.1991 – 4 U 281/90 – NJW 1991, 2161, 2161; BayObLG v.
    12.05.1992 – 4 St RR 64/92 – GRUR 1992, 508, 508 f. – Verwertung von Computerspie-
    len; OLG Karlsruhe v. 24.09.1986 – 6 U 267/85 – CR 1986, 723, 725 – „1942"; Loewen-
    heim, in: Schricker/Loewenheim, Urheberrecht, 4. Aufl. 2010, § 2 Rn. 188; Schulze, in:
    Dreier/Schulze, Urheberrechtsgesetz, 3. Aufl. 2008, § 2 Rn.207; Bullinger, in: Wandt-
    ke/Bullinger, Urheberrecht, 3. Aufl. 2009, § 2 Rn. 129; Katko/Meier, MMR 2009, 306,
    307 f.
23 Zu diesen und weiteren Argumenten ausführlich Lambrecht, Der urheberrechtliche
    Schutz von Bildschirmspielen, 2006, S. 121 ff.
24 Siehe für den Bereich des Programmschutzes bereits oben Rn. 4; zum Schutz der „klei-
    nen Münze" bei der audiovisuellen Darstellung von Computerspielen OLG Hamburg
    v. 31.03.1983 – 3 U 192/82 – GRUR 1983, 436, 437 – Puckman.

oder Geschicklichkeitsspielen.[25] Anders als bei Computerspielen der früheren Generationen wird bei heutigen Produktionen hierbei in aller Regel eine für den Urheberschutz ausreichende Individualität vorliegen.[26] Sollte die Schutzschwelle nicht überschritten werden, kommt nur ein Schutz als Laufbild gem. § 95 UrhG in Betracht, dessen Inhalt und Schutzdauer im Vergleich zum „vollen" Urheberrechtsschutz eingeschränkt sind. Gleichwohl wird es in vielen Situationen kaum einen praktischen Unterschied machen, ob Rechtsschutz als Filmwerk oder als Laufbild in Anspruch genommen wird.[27]

3.2 Spielmusik

9 Soweit bei einem Computerspiel zur Untermalung der Handlung Musik eingesetzt wird, ist auch diese dem Grunde nach (sofern die Voraussetzungen des § 2 Abs. 2 UrhG erfüllt werden) urheberschutzfähig. Die verwendete Spielmusik wird dabei nicht anders behandelt als Filmmusik.[28] Dies gilt nicht zuletzt vor dem Hintergrund, dass die musikalische Untermalung von Computerspielen in vielen Fällen traditioneller Filmmusik qualitativ nicht mehr nachsteht, zumal mittlerweile auch renommierte Hollywood-Filmkomponisten – wie etwa *Hans Zimmer* bei *Call of Duty: Modern Warfare 2* (Activision 2009) und jüngst bei *Crysis 2* (Electronic Arts 2011) – für die Vertonung engagiert werden.

10 Um Vergütungspflichten gegenüber der Verwertungsgesellschaft GEMA zu vermeiden, werden Auftragskompositionen häufig an Komponisten vergeben, die nicht Mitglied der GEMA sind. Sind beteiligte Komponisten GEMA-Mitglied oder möchte der Spielhersteller Musik einsetzen, die nicht in seinem Auftrag eigens für das Computerspiel komponiert worden ist, besteht die Möglichkeit, Nutzungsrechte über die Verwertungsgesellschaft GEMA zu erwerben. Zu beachten ist allerdings, dass sich der Rechtserwerb nur auf die von der GEMA tatsächlich wahrgenommenen Rechte bezieht und damit beispielsweise etwaige Leistungsschutzrechte ausübender Künstler nicht erfasst sind. Für die Vervielfältigung von Werken des GEMA-Repertoires auf audiovisuellen Datenträgern in Spielen existieren eigene Vergütungssätze (VR-AV DT-H 3)[29]. Die Höhe der Vergütung orientiert sich in der Regel am höchsten Abgabepreis für den Detailhandel (HAP) und ist abhängig von der Gesamtspieldauer der Werke des GEMA-Repertoires auf dem audiovisuellen Datenträger. So beträgt die Prozentvergütung (netto) beispielsweise bei einer Gesamtspieldauer von über 36 bis 54 Minuten 3,75 % des HAP.

---

25 *Lambrecht*, Der urheberrechtliche Schutz von Bildschirmspielen, 2006, S. 160.

26 *Poll/Brauneck*, GRUR 2001, 389, 390, vgl. auch *Schlatter*, in: Lehmann (Hg.): Rechtsschutz und Verwertung von Computerprogrammen, 2. Aufl. 1993, S. 169 ff. Rn. 39 ff.

27 Von einem Laufbildschutz ausgehend beispielsweise OLG Hamm NJW 1991, 2161, 2162; OLG Karlsruhe v. 24.09.1986 – 6 U 267/85 – CR 1986, 723, 725 – „1942"; für den Fall ausländischer Produktionen siehe allerdings §§ 128 Abs. 2, 126 Abs. 3 Satz 2, 121 Abs. 4 UrhG sowie *Lambrecht*, Der urheberrechtliche Schutz von Bildschirmspielen, 2006, S. 126.

28 *Lambrecht*, Der urheberrechtliche Schutz von Bildschirmspielen, 2006, S. 198 f.; vgl. auch *Bullinger/Czychowski*, GRUR 2011, 19; *Schlatter*, in: Lehmann (Hg.): Rechtsschutz und Verwertung von Computerprogrammen, 2. Aufl. 1993, S. 169 ff. Rn. 12 f.

29 Online verfügbar unter https://www.gema.de/fileadmin/user_upload/Musiknutzer/Tarife/Tarife_vra/tarif_vr_av_dt_h3.pdf (22.04.2013).

Förster

3.3 Spielfiguren

Die äußere Gestaltung einer Spielfigur genießt eigenständigen urheberrechtli- **11** chen Schutz, sofern die Voraussetzungen des § 2 Abs. 2 UrhG erfüllt sind. Insoweit gilt für Spielfiguren nichts anderes als für Kunstfiguren aus Comics und Zeichentrickfilmen.[30] Voraussetzung für den Schutz der äußeren Gestaltung ist damit insbesondere eine hinreichende Individualität. Hieran kann es beispielsweise fehlen, wenn sich die virtuelle Figur darin erschöpft, dass ein bereits existierendes reales Modell möglichst naturgetreu (und damit ohne gestalterischen Spielraum) in ein 3D-Objekt umgewandelt wird.[31] Bei der Bemessung der Schöpfungshöhe gilt hinsichtlich virtueller Figuren eine niedrig gezogene Schutzschwelle. Eine besondere Gestaltungshöhe – wie sie bei Werken der angewandten Kunst i. S. d. § 2 Abs. 1 Nr. 4 UrhG nach h. M. Schutzvoraussetzung ist[32] – muss bei virtuellen Figuren nicht überschritten werden, da diese (anders als körperliche Spielfiguren[33]) nach überwiegender Auffassung jedenfalls dann nicht zur angewandten, sondern zur bildenden Kunst gehören, wenn sie nicht von vorneherein auch als Vorlage für Merchandising-Produkte bestimmt sind.[34] Dass später mit zunehmender Bekanntheit der virtuellen Figur eine Verwertung auch im Rahmen von (körperlichen) Gebrauchsgegenständen erfolgt, mag zwar ein nicht unerwünschter wirtschaftlicher Effekt sein, ändert jedoch nichts an der Einordnung und Schutzfähigkeit der Figur als solcher. Die äußere Gestalt virtueller Spielfiguren genießt daher regelmäßig auch dann urheberrechtlichen Schutz, wenn es sich bloß um eine „kleine Münze" handelt.

Über die äußere Gestaltung hinaus kann die virtuelle Spielfigur auch als solche, **12** d. h. einschließlich ihres Charakters und ihrer typischen Verhaltensweisen, urheberrechtlich geschützt sein. Ein eigenständiger Schutz spielt insbesondere dann eine Rolle, wenn Spielfiguren und ihre Eigenschaften im Zentrum der konkreten Spielhandlung stehen, wie es beispielsweise in der bekannten *Tomb Raider*-Reihe der Fall ist.[35] Bei derartigen Spieleproduktionen, deren virtuelle Darsteller eigenständige Prominenz genießen können, bestehen über das eigentliche Spielgeschehen hinaus weitere Vermarktungsmöglichkeiten, beispielsweise in Form von Merchandising-Produkten oder im Wege von Adaptierungen als Buch, Film oder Comic. Voraussetzung für eine Erweiterung des Urheberschutzes auf

30 *Lambrecht*, Der urheberrechtliche Schutz von Bildschirmspielen, 2006, S. 184 f.; *Bullinger/Czychowski*, GRUR 2011, 19, 23 f.; ausführlich *Schulze*, ZUM 1997, 77 ff.
31 Vgl. für den Fall von Spielobjekten LG Köln v. 21.04.2008 – 28 O 124/08 – ZUM 2008, 533 – *Kölner Dom*; LG Düsseldorf v. 12.01.2007 – 12 O 345/02 – ZUM 2007, 559 – *Transportsimulationsspiel*.
32 St. Rspr., BGH v. 22.06.1995 – I ZR 119/93 – GRUR 1995, 581, 582 – *Silberdistel*; *Schack*, Urheber- und Urhebervertragsrecht, 5. Aufl. 2010, Rn. 232.
33 Siehe etwa LG Nürnberg-Fürth v. 28.10.1994 – 3 O 3342/93 – GRUR 1995, 407, 408 – *playmobil-Figur*.
34 Vgl. *Katzenberger*, in: Schricker/Loewenheim, Urheberrecht, 4. Aufl. 2010, § 88 Rn. 22; *Schlatter*, in: Lehmann: Rechtsschutz und Verwertung von Computerprogrammen, 2. Aufl. 1993, S. 169 ff. Rn. 27.
35 Für die von *Toby Gard* im Jahr 1994 geschaffene Protagonistin *Lara Croft* wurden vom Publisher Eidos Interactive bereits mehrere offizielle Double vorgestellt; über das eigentliche Spielgeschehen hinaus trat *Lara Croft* bereits unter anderem als Werbefigur für SEAT und als Darstellerin in Musikvideos auf (http://de.wikipedia.org/wiki/Lara_Croft (22.04.2013)).

die Figur als solche ist, dass die entsprechende Figur über eine besonders ausgeprägte Persönlichkeit in Form einer unverwechselbaren Kombination von Eigenschaften, Fähigkeiten und typischen Verhaltensweisen verfügt. Diese Voraussetzungen sah der Bundesgerichtshof beispielsweise im Kontext von Comic-Werken (die in diesem Zusammenhang vergleichbar mit Computerspielen sind) für die Figuren „Asterix" und „Obelix" als gegeben an und bejahte den Urheberrechtsschutz auch hinsichtlich der Figur als solcher.[36] Sofern diese strengen Voraussetzungen im Rahmen eines Computerspiels erfüllt sind, wäre ein Eingriff in das Urheberrecht nicht nur bei Übernahme des äußeren Erscheinungsbildes denkbar, sondern auch bei erkennbarer Wiedergabe der Figur als solcher, beispielsweise im Rahmen eines Sequels oder eines Remakes.[37]

3.4 Spielgenre, Spielkonzept und Spielhandlung

13 Als weiterer Ansatz für den urheberrechtlichen Schutz von Computer- und Videospielen kommen Spielgenre, Spielkonzept und Spielhandlung in Betracht. In diesem Zusammenhang ist als klassische urheberrechtliche Grundregel zunächst zu berücksichtigen, dass sich der Rechtsschutz nach dem Urheberrechtsgesetz weder auf die dem konkreten Werk zu Grunde liegenden Ideen, Methoden und Stile erstreckt[38] noch die in einem Werk enthaltenen (wissenschaftlichen) Lehren und Erkenntnisse erfasst.[39] Übertragen auf den Rechtsschutz von Computer- und Videospielen lässt sich hieraus zunächst der Schluss ziehen, dass die abstrakte Werkgattung, der ein Computerspiel angehört, nicht am Urheberrechtsschutz teilnimmt. Selbst wenn also durch ein Computerspiel ein völlig neues Spielgenre geschaffen wird, erstreckt sich der Urheberschutz gleichwohl nur auf das konkrete Spiel (bzw. dessen einzelne schutzfähigen Elemente) und nicht auf das mit ihm begründete Genre.[40] Jedes andere Ergebnis würde zu schlechthin untragbaren Ergebnissen führen, da ansonsten Neuentwicklungen innerhalb eines Genres (deren Zahl im Übrigen begrenzt sein dürfte) während der Dauer des Urheberschutzes stets die Zustimmung des Genreentwicklers erforderten, wodurch die Weiterentwicklung des Spielemarktes ganz erheblich gehemmt würde.[41] Diese Situation ist vergleichbar mit dem Schutz von Fernsehproduktionen, bei denen das Showformat für sich genommen ebenfalls keinen urheberrechtlichen Schutz genießt.[42]

---

36 BGH v. 11.03.1993 – I ZR 264/91 – GRUR 1994, 191, 192 – *Asterix-Persiflagen*; BGH v. 11.03.1993 – I ZR 263/91 – GRUR 1994, 206, 207 – *Alcolix*; LG Berlin v. 11.08.2009 – 16 O 752/07 – ZUM 2010, 69, 70 – *Pipi Langstrumpf*; *Lambrecht*, Der urheberrechtliche Schutz von Bildschirmspielen, 2006, S. 191 ff. (m.w.N); ausführlich *Graef*, ZUM 2012, 108.

37 Vgl. *Bullinger/Czychoswki*, GRUR 2011, 19, 23 f. mit Bezug auf die Hauptfiguren des Computerspiels „Geheimakte Tunguska"; ausführlich zu Werkzyklen, Fortsetzungs- und Serienwerken *Rehbinder*, Festschrift Schwarz, S. 163 ff., 174 ff.

38 *Schack*, Urheber- und Urhebervertragsrecht, 5. Aufl. 2010, Rn. 194; vgl. auch BGH v. 18.12.1968 – I ZR 85/65 – GRUR 1970, 250, 251 – *Hummel III*; für Computerprogramme vgl. § 69 a Abs. 2 Satz 2 UrhG.

39 BGH v. 21.11.1980 – I ZR 106/78 – GRUR 1981, 352, 353 – *Staatsexamensarbeit*.

40 *Lambrecht*, Der urheberrechtliche Schutz von Bildschirmspielen, 2006, S. 174 f.

41 Vgl. insoweit auch die Erwägungen von *Schack*, Urheber- und Urhebervertragsrecht, 5. Aufl. 2010, Rn. 194 zur Gemeinfreiheit von Ideen und Informationen.

42 BGH v. 26.06.2003 – I ZR 176/01 – GRUR 2003, 876 – *Sendeformat*.

Ähnliche Erwägungen gelten in Bezug auf das einem Computerspiel zu Grun- **14** de liegende abstrakte Spielkonzept. Bei vielen erfolgreichen Produktionen (etwa bei Geschicklichkeitsspielen) wird der Spielreiz durch eine Kombination sehr allgemeiner Elemente und/oder durch den geschickten Einsatz der programmierten Spielephysik bestimmt. Um derartig abstrakte Werkteile im Interesse der Allgemeinheit frei verfügbar zu halten, wird – schon mangels hinreichender Konkretisierung eines geistigen Inhalts – der urheberrechtliche Schutz hierauf nicht erstreckt.[43] Unabhängig davon ist zu berücksichtigen, dass vielen – auch und gerade erfolgreichen – Spielen zwar ein vermeintlich geniales Konzept zu Grunde liegt, dieses aber häufig selbst wieder auf ein äußerst simples Grundmuster zurückgeführt werden kann. Hinsichtlich des Spielkonzepts würde daher häufig ohnehin die Frage nach der hinreichenden Individualität auftauchen.[44] Beispielhaft übertragen auf das Konzept des bekannten Spiels „Tetris" folgt aus diesen Erwägungen, dass zwar die konkrete Ausgestaltung des Spiels (insbesondere das zu Grunde liegende Computerprogramm sowie die audiovisuelle Spieldarstellung, beispielsweise in Form der eingesetzten Grafiken und/oder der Spielmusik) durchaus Schutz genießen kann, gleichwohl aber das zu Grunde liegende Spielkonzept (Stapeln von quaderförmigen Figuren) gemeinfrei bleibt.[45] Liegt einem Computerspiel dagegen ein komplexes Regel- oder Referenzwerk zu Grunde, so kann für die Ausgestaltung der Regeln und die konkrete Komposition der Spielemechanik ein Urheberschutz entstehen. Denkbar ist dies beispielsweise bei umfangreichen Strategiespielen, deren Spielreiz in einer möglichst harmonischen Balance unterschiedlicher Spieleinheiten und -elemente liegt.[46] Das abstrakte Grundkonzept des jeweiligen Spiels (beispielsweise das Steuern unterschiedlicher rivalisierender Völker, die miteinander Handel treiben und Krieg führen) bleibt jedoch auch hier gemeinfrei.

Nicht einheitlich beantworten lässt sich die Frage nach dem urheberrechtlichen **15** Schutz der Spielhandlung. Sofern die Spielgeschichte für sich genommen die Anforderungen des § 2 Abs. 2 UrhG erfüllt und insbesondere ausreichende Individualität aufweist, kommt ein Schutz der Handlung nach dem Urheberrechtsgesetz in Betracht. Insoweit lassen sich die in der Rechtsprechung entwickelten Grundsätze zum Schutz der Fabel bei Sprachwerken übertragen.[47] Die Voraussetzungen der Schutzfähigkeit sind jedoch im Einzelfall genau zu untersuchen. So ist ein Schutz nach dem Urheberrechtsgesetz etwa bei manchen Spielen aus

---

43 Vgl. OLG Hamburg v. 31.03.1983 – 3 U 192/82 – GRUR 1983, 436, 438 – *Puckmann*; LG Düsseldorf v. 12.01.2007 – 12 O 345/02 – ZUM 2007, 599, 562 – *Transportsimulationsspiel*; *Hertin*, GRUR 1997, 799, 808 f.

44 *Hertin*, GRUR 1997, 799, 809 (unter Bezugnahme auf die klassische Spielidee von Memory); *Loewenheim*, Festschrift Hubmann, S. 307, 312; *Lambrecht*, Der urheberrechtliche Schutz von Bildschirmspielen, 2006, S. 178 f.

45 So im Ergebnis auch *Lambrecht*, Der urheberrechtliche Schutz von Bildschirmspielen, 2006, S. 179.

46 Ausführlich *Hofmann*, CR 2012, 281; allgemein zu Spielen und Spielregeln im Urheberrecht *Risthaus*, WRP 2009, 698; zur Schutzfähigkeit des Regelwerkes eines traditionellen Rollenspiels LG Köln v. 29.07.2008 – 28 O 180/08 – NJOZ 2010, 97.

47 *Bullinger/Czychowski*, GRUR 2011, 19, 24; *Schlatter*, in: Lehmann: Rechtsschutz und Verwertung von Computerprogrammen, 2. Aufl. 1993, S. 169 ff. Rn. 20; allgemein zum Schutz der Fabel BGH v. 29.04.1999 – I ZR 65/96 – GRUR 1999, 984, 987 – *Laras Tochter*; OLG München v. 17.12.1998 – 29 U 3350/98 – NJW-RR 2000, 268 – *Das doppelte Lottchen*; *Schack*, Urheber- und Urhebervertragsrecht, 5. Aufl. 2010, Rn. 188.

dem Action- und Adventure-Genre denkbar, die sich gerade durch eine komplexe Handlung, überraschende Wendungen und ein kompliziertes Beziehungsgeflecht der handelnden Personen auszeichnen. Tendenziell ausscheiden wird ein Schutz der Spielstory jedoch bei Produktionen, deren Geschichte (zumeist bewusst) einfach gehalten ist und in erster Linie als Aufhänger für das auch ohne Handlung spielbare Geschehen dient.[48] In derartigen Fällen dürfte es angesichts der untergeordneten Rolle der Handlung im Übrigen auch an einem wirtschaftlichen Interesse an der Schutzfähigkeit fehlen.

4. Rechtsinhaberschaft

16 Die Person des Urhebers und damit die Frage nach der originären Rechtsinhaberschaft richtet sich primär nach den §§ 7 ff. UrhG. Urheber ist danach „der Schöpfer des Werkes" (§ 7 UrhG). Diese auf den ersten Blick simple Aussage ist aus rechtsvergleichender Sicht und unter Berücksichtigung der wirtschaftlichen Investitions- und Risikoverteilung keine Selbstverständlichkeit. Das deutsche Urheberrecht folgt insoweit strikt und bislang ausnahmslos dem traditionellen kontinentaleuropäischen *droit d'auteur*-Ansatz, nach dem das Urheberrecht nur bei demjenigen entstehen kann, der den Schöpfungsakt selbst vorgenommen oder an diesem mit einem eigenen kreativen Beitrag mitgewirkt hat.[49] Originärer Inhaber des Urheberrechts kann daher immer nur eine schöpferisch handelnde natürliche, niemals aber eine juristische Person sein.[50] Dies gilt auch dann, wenn die bei der Werkentstehung kreativ Tätigen (beispielsweise Programmierer, Grafiker oder Texter) für einen Produzenten arbeiten, der das Projekt finanziert. Das deutsche Urheberrecht unterscheidet sich insoweit grundlegend von dem stärker investitionsorientierten US-amerikanischen *Copyright*[51], bei dem im Falle von *works made for hire* ein originärer Rechtserwerb des Arbeit- bzw. Auftraggebers möglich ist.[52]

4.1 Kreis der Urheberrechtsinhaber

17 Welche Personen bei einem Computer- oder Videospiel zum Kreis der Schöpfer gehören, lässt sich nicht einheitlich beantworten und hängt stattdessen von der Art des jeweiligen Videospiels sowie vom kreativen Beitrag des jeweiligen Beteiligten ab. Wie bereits bei der grundsätzlichen Urheberschutzfähigkeit (s. o.) ist auch an dieser Stelle nach den verschiedenen Aspekten des Urheberschutzes (insbesondere Programmschutz und Schutz der audiovisuellen Spieldarstellung) zu differenzieren.

---

48 Vgl. *Lambrecht*, Der urheberrechtliche Schutz von Bildschirmspielen, 2006, S. 181 f.
49 *Schack*, Urheber- und Urhebervertragsrecht, 5. Aufl. 2010, Rn. 300; *Loewenheim*, in: Schricker/Loewenheim, Urheberrecht, 4. Aufl. 2010, § 7 Rn. 1 bezeichnet diesen Grundsatz inhaltlich identisch als „Urheberschaftsprinzip".
50 *Schack*, Urheber- und Urhebervertragsrecht, 5. Aufl. 2010, Rn. 300.
51 Bereits bei der sprachlichen Bezeichnung des Rechtsgebietes steht im US-amerikanischen Recht die (wirtschaftliche) Verwertung („copyright") im Vordergrund, während das deutsche „Urheber"-Recht den Schöpfer sprachlich in den Mittelpunkt stellt.
52 Siehe hierzu 17 U.S.C. § 201(b) (Rechtsinhaberschaft) sowie 17 U.S.C. § 101 (Definition *work made for hire*).

Hinsichtlich der als Filmwerk oder Laufbild geschützten *audiovisuellen Spiel-* 18
darstellung lassen sich die zur Filmurheberschaft entwickelten Grundsätze auf
den Prozess der Herstellung von Computer- und Videospielen übertragen. Insoweit ist zunächst grundsätzlich zwischen dem Computerspiel an sich und den
bei der Herstellung verwendeten sog. vorbestehenden Werken zu differenzieren. Letztere zeichnen sich dadurch aus, dass sie bereits vor Beginn der Spielherstellung theoretisch und praktisch selbstständig verwertbar sind. Dies ist etwa
bei einer Roman- oder Filmvorlage zu einem Spiel sowie bei der in ein Spiel integrierten Musik oder dem einem Spiel zu Grunde liegenden „Drehbuch" der
Fall. Die Schöpfer derartiger Werke (die jeweils gesondert urheberrechtlich geschützt sein können) gehören nach umstrittener, aber vorzugswürdiger Ansicht
auch dann nicht zum Kreis der Film- bzw. Spielurheber, wenn ihre Werke „film-
bestimmt" (bzw. „spielbestimmt") geschaffen wurden.[53] Der Kreis der Schöpfer
an der audiovisuellen Spieldarstellung rekrutiert sich damit überwiegend aus
denjenigen, die einen unselbstständig verwertbaren kreativen Beitrag zur Spieldarstellung geleistet haben. Als Schöpfer wird in diesem Zusammenhang in erster Linie der Spieldesigner anzusehen sein, der – ähnlich einem Filmregisseur
– die Oberleitung zur graphischen und akustischen Inszenierung des Spiels innehat. Als weitere Schöpfer kommen – abhängig von ihrem kreativen Betrag –
beispielsweise virtuelle Kameramänner, Beleuchter, Cutter, Modellierer sowie
Animations- und Textgestalter in Betracht.[54] Alle Schöpfer werden in der Regel
Miturheber i. S. d. § 8 Abs. 1 UrhG sein.

Auch bezüglich des *Programmschutzes* kommen nur diejenigen Personen als 19
„Schöpfer" in Betracht, die einen eigenen kreativen Beitrag an dem jeweiligen Computerprogramm geleistet haben, wobei im Fall der (häufig vorliegen-
den) Teamarbeit auch hier regelmäßig von Miturheberschaft gem. § 8 Abs. 1
UrhG auszugehen sein wird. Die für den Urheberschutz erforderliche kreative Tätigkeit kann auf allen Stufen der Programmentwicklung erbracht werden
und beispielsweise auch darin liegen, dass vorbestehende (durch den Hersteller lizenzierte[55]) Computerprogramme (beispielsweise die Game-Engine) eigen-
schöpferisch bearbeitet werden. In diesem Fall kann dem oder den Programmierern ein eigenständiges Bearbeiterurheberrecht zustehen, das sich inhaltlich
allerdings auf die im Rahmen der Bearbeitung erbrachten persönlichen geistigen Ausdrucksformen beschränkt.[56]

---

53   H.M.: *Schack*, Urheber- und Urhebervertragsrecht, 5. Aufl. 2010, Rn. 337; *Katko/*
     Maier, MMR 2009, 306, 309; a. A. die sog. Lehre vom *Doppelcharakter* filmbestimm-
     ter Werke; siehe hierzu etwa *Katzenberger*, in: Schricker/Loewenheim, Urheberrecht,
     4. Aufl. 2010, Vor § 88, Rn. 69 (m. w. N.).
54   Zu allem *Lambrecht*, Der urheberrechtliche Schutz von Bildschirmspielen, 2006,
     S. 212 f.; *Katko/Maier*, MMR 2009, 306, 310.
55   In diesem Zusammenhang ist stets zu beachten, dass die Bearbeitung eines vorbe-
     stehenden Computerprogrammes einen Eingriff in das Urheberrecht an diesem Pro-
     gramm darstellen kann (§ 69 c Nr. 2 UrhG) und daher i. d. R. der Zustimmung des
     Rechtsinhabers bedarf, es sei denn, es greift eine Urheberrechtsschranke (§ 69 d
     UrhG).
56   Ausführlich *Lambrecht*, Der urheberrechtliche Schutz von Bildschirmspielen, 2006,
     S. 208 f.; vgl. auch *Katko/Maier*, MMR 2009, 306, 308 f.

4.2 Rechtseinräumung zu Gunsten des Spieleherstellers

20 Der Hersteller eines Computerspiels, der mit dem – häufig nicht unerheblichen – Investitionsrisiko belastet ist und für die wirtschaftliche Verwertung des Spieles zwingend der urheberrechtlichen Ausschließlichkeitsrechte bedarf, muss sich diese von den Schöpfern des Spiels beschaffen. Da gem. § 29 Abs. 1 UrhG das Urheberrecht grundsätzlich nicht im Ganzen übertragen werden kann, führt für den Spielehersteller folglich kein Weg an der Einräumung von Nutzungsrechten vorbei. Zum Schutz des Herstellers können hierbei die folgenden urheberrechtlichen Sondervorschriften von Bedeutung sein:

21 Hinsichtlich der *audiovisuellen Spieldarstellung* greifen die §§ 88 Abs. 1 und 89 Abs. 1 UrhG. § 88 Abs. 1 UrhG stellt bezüglich der Verwendung vorbestehender Werke die Vermutung auf, dass in der Gestattung der Verfilmung (bzw. analog der Umsetzung in einem Computerspiel) im Zweifel die Einräumung eines ausschließlichen Nutzungsrechts zur unveränderten oder veränderten Verwendung des Werkes sowie zur Verwertung in allen Nutzungsarten liegt. Bezüglich der an der Herstellung des Werkes beteiligten Personen sieht § 89 Abs. 1 UrhG vor, dass im Rahmen der Verpflichtung zur Mitwirkung im Zweifel ebenso ein ausschließliches Nutzungsrecht eingeräumt wird. Als „Hersteller" im Sinne der vorgenannten Paragrafen wird hierbei regelmäßig das Entwicklungsstudio (Developer) anzusehen sein, sofern diesem die organisatorische Leitung und wirtschaftliche Verantwortung des Projekts obliegen.[57] Anstelle des Developers kann auch der Publisher als „Hersteller" in Betracht kommen, wenn der Developer in jeder Hinsicht dessen Weisungen zu folgen hat, die Verträge im Namen und auf Rechnung des Publishers schließt und der Publisher auch das finanzielle Risiko trägt.[58] Das Nutzungsrecht ist jedoch inhaltlich sowohl bei § 88 UrhG als auch bei § 89 UrhG auf die Verwertung im Rahmen des konkreten Spiels beschränkt und erlaubt beispielsweise nicht die Verwendung im Rahmen von Merchandising-Produkten.[59] Nicht nur aus diesem Grund empfiehlt es sich, mit den Urhebern vorbestehender Werke sowie mit allen an der audiovisuellen Spieldarstellung schöpferisch Beteiligten möglichst umfassende vertragliche Abreden zu treffen (vgl. auch § 43 UrhG).

22 Im Hinblick auf die im Rahmen der Spielherstellung erbrachten *Programmierleistungen* ist § 69 b UrhG zu beachten, der – sofern nicht anders vereinbart – zu einer Einräumung „aller vermögensrechtlichen Befugnisse" an den Arbeitgeber (dies dürfte in aller Regel der Developer sein) führt.[60] Soweit daher ange-

---

57 *Ulbricht*, CR 2002, 317, 320 f.; *Katko/Maier*, MMR 2009, 306, 310; *Lambrecht*, Der urheberrechtliche Schutz von Bildschirmspielen, 2006, S. 227.

58 *Lambrecht*, Der urheberrechtliche Schutz von Bildschirmspielen, 2006, S. 227 f.; allgemein zu Auftragsproduktionen im Filmbereich *Katzenberger*, in: Schricker/Loewenheim, Urheberrecht, 4. Aufl. 2010, Vor § 88 Rn. 69.

59 Vgl. *Schulze*, in: Dreier/Schulze, Urheberrechtsgesetz, 3. Aufl. 2008, § 88 Rn. 54; *J.B. Nordemann*, in: Fromm/Nordemann, Urheberrecht, 10. Aufl. 2008, § 88 Rn. 51, 69; *Katzenberger*, in: Schricker/Loewenheim, Urheberrecht, 4. Aufl. 2010, § 88 Rn. 36, § 89 Rn. 20; siehe auch *Lambrecht*, Der urheberrechtliche Schutz von Bildschirmspielen, 2006, S. 230, wonach die Portierung eines Spiels auf andere Hardware-Systeme (insbesondere mobile Plattformen) nicht von der gesetzlichen Vermutung erfasst sein soll.

60 Die Rechtsnatur von § 69 b UrhG, der im Grunde nichts am geltenden Schöpferprinzip ändert, ist im Einzelnen umstritten; siehe hierzu *Loewenheim*, in: Schricker/Loewenheim, Urheberrecht, 4. Aufl. 2010, § 69 b Rn. 11 (m. w. N.).

Förster

stellte Programmierer urheberrechtlich geschützte Arbeitsergebnisse erbringen, stehen die vermögensrechtlichen Befugnisse in Form der entsprechenden Verwertungsrechte dem Arbeitgeber zu. Nicht anwendbar ist § 69 b UrhG hingegen auf externe Programmierer, die nicht beim Spielehersteller angestellt sind.[61] Da eine vergleichbare Schutzlücke im Rahmen des § 89 Abs. 1 UrhG nicht existiert, wird vertreten, die letztgenannte Vorschrift bei Computerspielen auf die Programmierleistung analog anzuwenden.[62] Dies würde zu dem Ergebnis führen, dass für den „Hersteller" (s. o.) des Spiels ein Gleichlauf zwischen audiovisueller Spieldarstellung und Programmierleistung bestünde. Für den Erwerber der Rechte an dem Computerspiel (in der Regel der Publisher) würde zudem die Gefahr verringert, dass das fertige Produkt aufgrund fehlender Rechtseinräumung mit Mängeln behaftet ist.[63] Angesichts der klaren Entscheidung des Gesetzgebers zu einer Beschränkung des § 69 b UrhG auf angestellte Urheber, lässt sich eine entsprechende analoge Ausdehnung in die geltende Rechtslage allerdings kaum integrieren, zumal kein Grund ersichtlich ist, warum Hersteller von Computerspielen gegenüber Herstellern sonstiger Software privilegiert werden sollten.[64] Von freiberuflichen Programmierern muss der Hersteller sich folglich die Nutzungsrechte vertraglich einräumen lassen, was allerdings auch konkludent im Rahmen eines abgeschlossenen Dienstvertrags erfolgen kann.[65]

5. Sonderfragen

Die getrennte Behandlung von Programmkomponente und audiovisueller Darstellung stößt in zwei Situationen an ihre Grenzen: Einerseits bei der vollständigen Vervielfältigung des Computerspiels, andererseits bei der Frage nach der Anwendbarkeit der §§ 95 a ff. UrhG. In beiden Konstellationen hat es großen Einfluss auf die Rechtslage, ob die Sondervorschriften über den Rechtsschutz von Computerprogrammen (§§ 69 a ff. UrhG) oder die allgemeinen urheberrechtlichen Normen Anwendung finden. Eine parallele Anwendung beider Regime – die bei der Frage nach der Werkqualität und der Rechtsinhaberschaft möglich ist (s. o.) – führt in diesen Fällen zu unangemessenen Ergebnissen. Da eine vollständige Vervielfältigung ebenso wie technische Schutzmaßnahmen sowohl die

23

61 Vgl. *Loewenheim*, in: Schricker/Loewenheim, Urheberrecht, 4. Aufl. 2010, § 69 b Rn. 3 (m. w. N.); siehe in diesem Zusammenhang auch den Hinweis von *Ulbricht*, CR 2002, 317, 323 sowie *Bullinger/Czychowski*, GRUR 2011, 19, 25, dass derartige Mitarbeiter in der Endphase eines Spielprojekts oftmals kurzfristig hinzugezogen werden und eine Rechtseinräumung infolge des hohen Zeitdrucks daher häufig unterbleibt oder nicht sorgfältig durchgeführt wird.

62 *Ulbricht*, CR 2002, 317, 323; *Bullinger/Czychowski*, GRUR 2011, 19, 25 f. gehen davon aus, dass auch insoweit eine strikte Trennung der Vertragsverhältnisse nicht praktikabel ist und favorisieren daher auch hinsichtlich der Rechtsinhaberschaft eine Schwerpunktlösung.

63 Vgl. *Ulbricht*, CR 2002, 317, 323.

64 Gegen eine Ausdehnung des § 69 b UrhG auch *Loewenheim*, in: Schricker/Loewenheim, Urheberrecht, 4. Aufl. 2010, § 69 b Rn. 1; *Dreier*, in: Dreier/Schulze, Urheberrechtsgesetz, 3. Aufl. 2008, § 69 b Rn. 4; *Lambrecht*, Der urheberrechtliche Schutz von Bildschirmspielen, 2006, S. 224 f.; *Katko/Maier*, MMR 2009, 306, 309.

65 Vgl. BGH GRUR 2005, 860, 862 – *Fash 2000*; *Dreier*, in: Dreier/Schulze, Urheberrechtsgesetz, 3. Aufl. 2008, § 69 b Rn. 4.

Programmkomponente als auch den audiovisuellen Inhalt betreffen, kämen die Regelungsregimes gleichzeitig zur Anwendung, und die Rechtslage würde sich stets nach dem strengsten Recht richten. In derartigen Fällen „echter" Kollision sollten daher nur diejenigen Vorschriften einheitlich zur Anwendung kommen, die entweder rechtlich oder wirtschaftlich den engsten Bezug aufweisen.[66]

5.1 Sicherungs- (§ 69 d UrhG) oder Privatkopie (§ 53 UrhG)?

24 Die Vornahme von Vervielfältigungen durch den Nutzer eines Computerspiels lässt sich jedenfalls dann ohne größere Schwierigkeiten und ohne Schwerpunktbildung urheberrechtlich in den Griff bekommen, wenn ausschließlich die künstlerischen Komponenten des Spiels in Form der audiovisuellen Darstellung betroffen sind. Denkbar ist dies beispielsweise hinsichtlich des (nicht unpopulären) Mitschneidens der Bildschirmausgabe als Screenshot oder Video zum privaten Gebrauch. Da insoweit keine Vervielfältigung des Computerprogramms, sondern ausschließlich der audiovisuellen Spieldarstellung vorgenommen wird[67], kann § 53 Abs. 1 UrhG in diesen Fällen ohne Einschränkung zur Anwendung kommen. Zu beachten ist allerdings, dass § 53 Abs. 1 UrhG nur die Vornahme von Vervielfältigungen erlaubt, nicht jedoch deren öffentliche Zugänglichmachung i. S. d. § 19 a UrhG. Sofern der Nutzer daher die mitgeschnittenen Spielszenen (beispielsweise durch Bereitstellung zum Download) im Internet öffentlich zugänglich macht, verletzt er das an der audiovisuellen Spieldarstellung bestehende Urheberrecht.

25 Problematisch werden Vervielfältigungen dann, wenn das vollständige Spiel betroffen ist. In diesen Fällen stellt sich die Frage, ob die §§ 69 a ff. UrhG oder § 53 UrhG anzuwenden sind. Die genannten Vorschriften unterscheiden sich in mehreren Aspekten, da die in § 53 UrhG vorgesehene Privatkopie im Bereich der Computerprogramme durch die in § 69 d UrhG vorgesehenen Schranken und damit insbesondere durch die Möglichkeit der sog. Sicherungskopie verdrängt wird.[68] Unter einer – anders als bei § 53 Abs. 1 UrhG nicht zwingend für den privaten Gebrauch hergestellten – Sicherungskopie versteht man eine Vervielfältigung für den Fall, dass die Arbeitskopie des Programms beschädigt wird oder aus einem anderen Grund nicht mehr einsatzfähig ist.[69] Anders als bei § 53 UrhG[70] ist in den §§ 69 d Abs. 2, 69 g Abs. 2 UrhG zudem vorgesehen, dass das Recht zur Erstellung einer Sicherungskopie nicht durch Vertrag abbedungen werden kann. Ferner können Sicherungskopien nur von denjenigen Personen angefertigt werden, denen der Rechtsinhaber Nutzungsrechte an dem entspre-

---

66 Siehe hierzu bereits oben Rn. 2 sowie *Bullinger/Czychowski*, GRUR 2011, 19, 21; aus denselben Erwägungen generell die Trennungstheorie ablehnend *Kreutzer*, CR 2007, 1, 5.

67 Siehe oben Rn. 5 sowie *Lambrecht*, Der urheberrechtliche Schutz von Bildschirmspielen, 2006, S. 234; in diese Richtung auch *Czychowski*, in: Fromm/Nordemann, Urheberrecht, 8. Aufl. 2008, § 69a Rn. 11 a. E.

68 Amtl. Begr. BT-Drucks. 12/4022, S. 8 f.; *Loewenheim*, in: Schricker/Loewenheim, Urheberrecht, 4. Aufl. 2010, § 69a Rn. 25.

69 *Loewenheim*, in: Schricker/Loewenheim, Urheberrecht, 4. Aufl. 2010, § 69 d Rn. 16 (m. w. N.).

70 Zur Diskussion über die Disponibilität der Schranken des Urheberrechts, insbesondere des § 53 UrhG, *Dreier*, in: Dreier/Schulze, Urheberrechtsgesetz, 3. Aufl. 2008, Vor §§ 44 a ff. Rn. 9; in Bezug auf Computerspiele *Kreutzer*, CR 2007, 1, 2 f.

chenden Programm eingeräumt hat[71], während es bei § 53 UrhG in den meisten Fällen nicht erforderlich ist, dass die Vorlage im Eigentum des Nutzers steht.[72]

Die vorgenannten Erwägungen zeigen, dass bei der vollständigen Vervielfälti- 26 gung eines Computerprogramms ein erhebliches Bedürfnis nach einer sinnvollen Abgrenzung des § 69 d UrhG von § 53 UrhG besteht. Allerdings lassen sich für die Entscheidung, welche Vorschriften im Einzelfall den rechtlich oder wirtschaftlich engsten Bezug aufweisen und damit als Schwerpunkt zur Anwendung kommen, kaum eindeutige Kriterien definieren.[73] Anstelle einer abschließenden und allgemeingültigen Antwort können allenfalls generelle Leitlinien aufgestellt werden. Insoweit ließe sich argumentieren, es komme dem Nutzer bei der vollständigen Vervielfältigung stets auf die Ermöglichung des späteren Spielgenusses (und damit eher auf die künstlerische als auf die technische Komponente) an, womit § 53 UrhG einen engeren Bezug aufwiese.[74] Bei einer solchen Betrachtung bleibt jedoch unberücksichtigt, dass Computerspiele gerade durch die Interaktivität des Nutzers geprägt sind. Dem Nutzer, der das Programm vollständig vervielfältigt (und nicht nur einzelne Bilder und Szenen aufzeichnet), kommt es gerade darauf an, dass die Kopie dieselbe Interaktivität ermöglicht wie die Vorlage. Da die Einflussnahme des Nutzers auf das Spielgeschehen aber gerade auf den programmtechnischen Komponenten des Spiels beruht, werden in aller Regel die Vorschriften über die Computerprogramme einen stärkeren Bezug zur Vervielfältigung aufweisen. Jedenfalls im Regelfall ist daher davon auszugehen, dass anstelle des § 53 UrhG der § 69 d UrhG zur Anwendung kommt.[75]

5.2 Anwendbarkeit der §§ 95 a ff. UrhG

Ein ähnliches Problem besteht in Bezug auf die Anwendbarkeit der Vorschriften 27 über technische Schutzmaßnahmen (§§ 95 a ff. UrhG). § 69 a Abs. 5 UrhG sieht insoweit ausdrücklich vor, dass die §§ 95 a ff. UrhG auf Computerprogramme keine Anwendung finden. Die Umgehung technischer Schutzmaßnahmen wird daher im Anwendungsbereich der §§ 69 a ff. UrhG nur von § 69 f Abs. 2 UrhG erfasst, der hinsichtlich seines Regelungsgehalts enger ist als die §§ 95 a ff. UrhG. Zudem wird in Bezug auf Computerprogramme in der rechtswissenschaftlichen Literatur die Auffassung vertreten, die Umgehung technischer Schutzmaßnahmen sei nicht untersagt, wenn die Ausschaltung des Kopierschutzes zur Herstellung einer Sicherungskopie (§ 69 d Abs. 2 UrhG) vorgenommen werde.[76]

Ob die §§ 69 a ff. UrhG oder die §§ 95 a ff. UrhG den rechtlich oder wirtschaft- 28 lich engeren Bezug aufweisen, lässt sich wiederum nicht abschließend und nur

---

71 Vgl. *Loewenheim*, in: Schricker/Loewenheim, Urheberrecht, 4. Aufl. 2010, § 69 d Rn. 19; *Dreier*, in: Dreier/Schulze, Urheberrechtsgesetz, 3. Aufl. 2008, § 69 d Rn. 14; a. A. *Grützmacher*, in: Wandtke/Bullinger, Urheberrecht, 3. Aufl. 2009, § 69 d Rn. 59.

72 Ausdrücklich vorgesehen ist dies bei § 53 UrhG nur im Rahmen der Vervielfältigung zur Aufnahme in ein eigenes Archiv (§ 53 Abs. 2 Satz 1 Nr. 2 UrhG).

73 *Kreutzer*, CR 2007, 1, 6.

74 So *Bullinger/Czychowski*, GRUR 2011, 19, 25.

75 So im Ergebnis auch *Kreutzer*, CR 2007, 1, 6.

76 *Kreutzer*, CR 2007, 1, 3; *Hoeren*, in: Möhring/Nicolini, Urheberrechtsgesetz, 2. Aufl. 2000, § 69 f Rn. 16; a. A. *Loewenheim*, in: Schricker/Loewenheim, Urheberrecht, 4. Aufl. 2010, § 69 f Rn. 12; *Dreier*, in: Dreier/Schulze, Urheberrechtsgesetz, 3. Aufl. 2008, § 69 f. Rn. 12.

in Leitlinien beurteilen. Der BGH hat diese Frage am 6. Februar 2013 dem EuGH zur Vorabentscheidung vorgelegt.[77] Auch in diesem Zusammenhang ließe sich argumentieren, für den Hersteller und Nutzer stünden der Schutz bzw. der Zugang zu den Spielinhalten im Vordergrund, womit die §§ 95 a ff. UrhG anwendbar wären.[78] Andererseits kann auch hier nicht unberücksichtigt bleiben, dass mit dem Einsatz technischer Schutzmaßnahmen bei Computerspielen in vielen Fällen gerade die Vervielfältigung der interaktiven Komponente und damit des Steuerprogramms verhindert werden soll. Die bloße Vervielfältigung der Bildschirmausgabe wird dagegen häufig nicht behindert. Im Gegenteil sehen viele Computerspiele als Zusatzfunktion sogar die Möglichkeit vor, Screenshots und Mitschnitte ohne Beschränkung abzuspeichern und zu exportieren. Kopierschutzmaßnahmen greifen dagegen häufig erst dann ein, wenn es um die Vervielfältigung der Programmkomponente geht.[79] Bei technischen Schutzmaßnahmen wird daher in der Regel der Schwerpunkt auf dem Computerprogramm liegen, womit die §§ 95 a ff. UrhG gem. § 69 a Abs. 5 UrhG nicht anwendbar sind.[80]

6. Zusammenfassung

29 Computerspielen als hybrider Werkgattung wird eine grundsätzliche getrennte Behandlung der technischen Programmkomponente und des künstlerischen Inhalts am ehesten gerecht. Bei der Beurteilung der Schutzfähigkeit ist folglich zwischen der Programmierleistung und der audiovisuellen Bildschirmausgabe zu differenzieren. Computerspiele genießen daher einerseits Rechtsschutz nach den besonderen Bestimmungen über Computerprogramme, andererseits nach den allgemeinen urheberrechtlichen Vorgaben. Die audiovisuelle Bildschirmausgabe wird hierbei regelmäßig als filmähnliches Werk i. S. d. § 2 Abs. 1 Nr. 6 UrhG geschützt. Urheberrechtlicher Schutz kann daneben beispielsweise für die eingesetzte Spielmusik, für virtuelle Figuren sowie die Spielhandlung, nicht aber für das abstrakte Spielgenre bestehen. Auch im Hinblick auf die Rechtsinhaberschaft ist zwischen der Programmkomponente und dem künstlerischen Spielinhalt zu unterscheiden. Da das deutsche Recht streng dem sog. Schöpferprinzip folgt, müssen sich die Verwerter von den kreativ tätigen originären Urhebern Nutzungsrechte einräumen lassen. Hinsichtlich der audiovisuellen Spieldarstellung sind die §§ 88 Abs. 1 und 89 Abs. 1 UrhG zu beachten, hinsichtlich

---

77 BGH v. 06.02.2013 – I ZR 124/11 – MMR Aktuell 2013, 342927 – *Videospiel-Konsole.*
78 *Bullinger/Czychoswki,* GRUR 2011, 19, 25; für eine Anwendbarkeit der §§ 95 a ff. UrhG auch *Arnold/Timman,* MMR 2008, 287, 287 (Anwendung des § 69 a Abs. 5 UrhG nur dort, wo neben dem Werkschutz als Software keine anderen Werkarten betroffen sind); zur Anwendung von § 95 a Abs. 3 Nr. 2 und 3 UrhG auf Modchips LG München I MMR 2008, 839 – *Modchips.*
79 Vgl. *Grützmacher,* in: Wandtke/Bullinger, Praxiskommentar zum Urheberrecht, 3. Aufl. 2009, § 69 a Rn. 83.
80 So im Ergebnis auch *Kreutzer,* CR 2007, 1, 6 f.; *Grützmacher,* in: Wandtke/Bullinger, Praxiskommentar zum Urheberrecht, 3. Aufl. 2009, § 69 a Rn. 83; generell gegen die Anwendbarkeit der §§ 95 a ff. UrhG bei dynamischer Software, die eine Interaktion des Nutzers ermöglicht, *Peukert,* in Loewenheim: Handbuch des Urheberrechts, 2. Aufl. 2010; § 34 Rn. 8.

der Programmierleistung gilt § 69 b UrhG. Eine analoge Anwendung von § 89 Abs. 1 UrhG auf die Programmierleistung ist im Ergebnis abzulehnen.

An ihre Grenzen stößt die getrennte Behandlung der technischen und künstlerischen Aspekte bei der vollständigen Vervielfältigung des Computerspiels durch den Nutzer sowie bei der Frage nach der Behandlung technischer Schutzmaßnahmen. In diesen Sonderfällen kann eine angemessene urheberrechtliche Betrachtung nur erfolgen, wenn diejenigen Vorschriften exklusiv zur Anwendung kommen, die den engsten rechtlichen oder wirtschaftlichen Bezug aufweisen. Dies sind in beiden Fällen regelmäßig die besonderen Vorschriften über den Rechtsschutz von Computerprogrammen (§§ 69 a ff. UrhG).

Kapitel 3

Marken und weitere
nicht-technische Schutzrechte

Computer- und Videospiele bedürfen natürlich regelmäßig eines Schutzes ihres *1*
geistigen Eigentums. Neben dem urheberrechtlichen Schutz kommt hierfür vor
allem der Schutz durch Marken und Geschmacksmuster sowie durch Werktitel
in Betracht. Um sich vor Nachahmung zu schützen, ist es aus Sicht der Spielehersteller sowie -anbieter sinnvoll und erforderlich, den Spieltitel und auch weitere Bezeichnungen möglichst umfassend durch Marken und Werktitel abzusichern. Gegenüber dem Urheberrecht hat insbesondere das Markenrecht den
großen Vorteil, dass es sich hierbei im Regelfall um ein sogenanntes Registerrecht handelt. Dies bedeutet, dass das Markenrecht als Eigentumsrecht durch
den entsprechenden Eintrag im Markenregister unmittelbar gegenüber Dritten
dargestellt und bewiesen werden kann. Beim Urheberrecht kann letztlich oft erst
im Rahmen einer gerichtlichen Auseinandersetzung festgestellt werden, ob das
geltend gemachte Urheberrecht tatsächlich existiert. Die Marke bewirkt einen
absoluten Schutz, der gegenüber jedem Dritten geltend gemacht werden kann.
Sie bietet ein Monopol- und Ausschließungsrecht für den entsprechend eingetragenen Waren- und Dienstleistungsbereich.[1]

Eine Marke räumt ihrem Inhaber im Grundsatz das Recht ein, gleiche bzw. verwechselbare Kennzeichen Dritter zu verbieten. Dies – und das wird oft übersehen – bezieht sich nicht allein auf verwechselbare Marken, sondern auch auf
Unternehmenskennzeichen und Domains.

Grundsätzlich kann Markenschutz durch die Eintragung ins Markenregister so- *2*
wie durch die Benutzung einer Marke erfolgen. Da für eine Benutzungsmar-
ke allerdings die Erlangung einer sogenannten Verkehrsgeltung der Marke (§ 4
Nr. 2 MarkenG) innerhalb beteiligter Verkehrskreise durch umfangreiche Benutzung im geschäftlichen Verkehr (faktisch insbesondere auch durch ausgie-
bige Werbemaßnahmen) erforderlich ist, ist für neue Computer- und Videospiele im Ergebnis vor allem der Markenschutz durch die Eintragung in eines der in
Frage kommenden Markenregister relevant.

Von entscheidender Bedeutung für den Markenschutz ist der Zeitpunkt der An- *3*
meldung der Marke. Dieser begründet nämlich die Priorität des Kennzeichens
gegenüber allen dritten Zeichen (Marken, Unternehmenskennzeichen, Werktiteln und geographischen Herkunftsangaben), die zeitlich nach diesem Zeitpunkt angemeldet wurden (§ 6 MarkenG).[2] Im Markenrecht ist die Priorität ein
entscheidender Faktor, da sie darüber entscheidet, ob man bessere oder schlech-
tere Rechte als ein anderer besitzt. Es gilt der Grundsatz „Wer zuerst kommt,
mahlt zuerst.".

Die Markenanmeldung begründet den Prioritätszeitpunkt unabhängig davon, *4*
wann die Marke später schließlich eingetragen wird. Das Eintragungsverfahren
dauert in der Regel einige Monate, aufgrund von diversen Beanstandungen und
Widersprüchen kann es aber im Einzelfall, abhängig von der Marke, auch mehrere Jahre in Anspruch nehmen. Wichtig für den Markenanmelder ist, dass eine
bloße Markenanmeldung in Deutschland noch kein Verbietungsrecht bedeutet.
Hierfür ist die Eintragung der Marke erforderlich.[3] Nach der Eintragung gilt das

---

1   Ähnlich: BGH v. 11.05.2000 – I ZR 193/97 – GRUR 2000, 879, 881.
2   Vgl. BGH v. 09.10.2003 – I ZR 65/00 – GRUR 2004, 512, 513; BGH v. 28.02.2002 – I ZR
     177/99 – GRUR 2002, 967, 968.
3   Vgl. *Ingerl/Rohnke*, MarkenG, 3. Aufl. 2010, § 4 Rn. 5.

Verbietungsrecht jedoch dann rückwirkend bis zum Anmeldezeitpunkt (Prioritätszeitpunkt).[4]

In der Folge wird versucht, anhand des üblichen „Lebenszyklus" einer Marke die für den Bereich der Computer- und Online-Spiele wichtigsten und aus praktischer Sicht relevanten Punkte prägnant zusammenzufassen.

1. Voraussetzungen der Markeneintragung in das deutsche Markenregister

5 Als Marke können grundsätzlich alle Zeichen, insbesondere Wörter, aber auch Abbildungen, Buchstaben, Zahlen, dreidimensionale Gestaltungen sowie sonstige Aufmachungen, auch Farben und Farbzusammenstellungen geschützt werden, solange das entsprechende Zeichen dazu geeignet ist, Waren und Dienstleistungen eines bestimmten Unternehmens von denjenigen anderer Unternehmen zu unterscheiden. Die sogenannte Herkunftshinweisfunktion der Marke ist also der entscheidende Punkt. Bei der Darstellung der Marke muss diese die Waren und Dienstleistungen als solche des Markeninhabers identifizieren.[5] Für Spielehersteller ist es im ersten Schritt insbesondere wichtig, den Spieltitel als Marke zu schützen, aber auch bestimmte Charaktere bzw. Personen. Dieser Schutz sollte so umfassend wie möglich erfolgen. Man sollte zum Beispiel neben der Wortmarke möglichst auch eine Bildmarke bzw. eine Wort-/Bildmarke unter Verwendung eines oder mehrerer Logos anmelden, da dies der umfassenderen Absicherung der Rechte dient. Auch ein Werbeslogan in Verbindung mit einem Computerspiel ist grundsätzlich eintragungsfähig und sollte in die Überlegungen einbezogen werden.[6]

Es ist oftmals unbekannt, dass der Markenanmelder tatsächlich gemäß § 33 Abs. 2 MarkenG einen gesetzlichen Anspruch auf Eintragung des entsprechenden Zeichens in das Markenregister hat, wenn das Zeichen unterscheidungskräftig ist.[7]

6 Markeninhaber bzw. -anmelder können grundsätzlich sowohl natürliche als auch juristische Personen sowie Personengesellschaften sein. Wer konkret Marken anmeldet, hängt von der Art des Modells und der Kooperation ab. Üblicherweise wird der Spielehersteller Markeninhaber und lizenziert die Marken im Rahmen eines umfassenden Lizenzvertrags betreffend das gesamte Computerspiel an den Lizenznehmer für das betreffende Territorium, so dass dieser die Marken auch zur gezielten Bewerbung der Computerspiele verwenden kann. Eine andere Konstellation ist die Auftragsproduktion, in der der eigentliche Spieleanbieter ein Computerspiel vom Hersteller produzieren lässt, sich sofort

---

4   Vgl. BGH v. 24.02.2005 – I ZR 161/02 – GRUR 2005, 871, 872.

5   St. Rspr., vgl. beispielhaft: EuGH v. 24.06.2004 – C-49/02 – GRUR 2004, 858, Tz. 37 ff.; BGH v. 24.04.2008 – I ZB 21/06 – GRUR 2008, 1093, Tz. 10.

6   Zur Schutzfähigkeit von Werbeslogans beispielhaft: EuGH v. 21.01.2010 – C-398/08 P – GRUR 2010, 228; BGH v. 13.06.2002 – I ZB 1/00 – GRUR 2002, 1070, 1071; BGH v. 08.12.1999 – I ZB 2/97 – GRUR 2000, 321, 322 = WRP 2000, 299.

7   Ein subjektives öffentliches Recht des Anmelders bejahend: BGH v. 03.06.1977 – I ZB 8/76 – GRUR 1977, 717, 718.

alle kommerziellen Rechte daran einräumen lässt und daher auch Markeninhaber wird.

Vor einer Eintragung in das Markenregister werden die Marken von Amts wegen auf mögliche sogenannte Schutzhindernisse hin geprüft, welche eine Eintragung des Zeichens verhindern. Hier existieren absolute Schutzhindernisse, welche aus dem Zeichen selbst heraus bestehen, sowie relative Schutzhindernisse, welche etwa zum Schutz von Inhabern älterer Markenrechte bestehen.

1.1 Absolute Schutzhindernisse

Im Rahmen der sogenannten absoluten Schutzhindernisse existiert ein ausführlicher gesetzlicher Katalog von Umständen, die die Eintragung eines Zeichens als Marke verhindern. Dieser Katalog von absoluten Eintragungshindernissen ist abschließend.[8] Im Folgenden möchte ich nur kurz gezielt auf die relevantesten Versagungsgründe eingehen: 7

Nicht eintragungsfähig sind insbesondere Marken, welchen für die entsprechenden Waren- oder Dienstleistungsleistungen jegliche konkrete Unterscheidungskraft fehlt (§ 8 Abs. 2 Nr. 1 MarkenG). Deren Beurteilung hat sich einerseits an den betreffenden Waren und Dienstleistungen, andererseits an der Auffassung der angesprochenen Verkehrskreise zu orientieren.[9] Das bedeutet, dass gerade die Marke es erlaubt, Waren oder Dienstleistungen eines Unternehmens von denen anderer Unternehmen zu unterscheiden.[10] Nach dieser Vorschrift ist aber die Schutzfähigkeit eines Zeichens bereits dann zu bejahen, wenn nur ein Minimum an Unterscheidungskraft vorliegt.[11] Dies entspricht auch der ständigen Rechtsprechung des Bundesgerichtshofs, nach welcher ein großzügiger Maßstab anzulegen ist und jede noch so geringe Unterscheidungskraft ausreicht, um die Schutzfähigkeit zu begründen.[12] 8

Bezeichnungen, die vordergründig der Produktbeschreibung dienen oder Hinweise auf den Verwendungszweck darstellen, sind hingegen nicht unterscheidungsfähig, die Marke ist also nicht eintragungsfähig.[13]

Außerdem darf das angemeldete Zeichen nicht freihaltebedürftig sein, nach neuerem Terminus nicht lediglich einen beschreibenden Charakter haben.[14] Ein 9

---

8 Vgl. BGH v. 22.09.1999 – I ZB 19/97 – GRUR 2000, 231, 232; BGH v. 24.02.2000 – I ZB 13/98 – GRUR 2000, 722, 723; EuGH v. 12.02.2004 – C-363/99 – GRUR 2004, 674, Tz. 78, zur Vorgabe der MRRL.

9 Vgl. EuGH v. 15.09.2005 – C-37/03 P – GRUR 2006, 229; BGH v. 16.12.2004 – I ZB 12/02 – GRUR 2005, 417 f.

10 St. Rspr., beispielhaft: BGH v. 22.01.2009 – I ZB 52/08 – GRUR 2009, 952, Tz. 9; BGH v. 27.04.2006 – I ZB 96/05 – GRUR 2006, 850, Tz. 18; EuGH v. 04.05.1999 – C-108 und 109/97 – GRUR 1999, 723, Tz. 47.

11 Siehe auch amtliche Begründung, BT-Drucks. 12/6581, S. 143.

12 St. Rspr., beispielhaft: EuGH v. 29.04.2004 – C-456/01 P und C-457/01 P – GRUR Int 2004, 631, Tz. 44; BGH v. 22.01.2009 – I ZB 34/08 – GRUR 2009, 949, Tz. 11; jegliche Unterscheidungskraft verneinend: BPatG v. 31.10.2007 – 27 W (pat) 100/07 – BeckRS 2008, 05296.

13 Vgl. BGH v. 08.12.1999 – I ZB 2/97 – GRUR 2000, 321, 322 = WRP 2000, 299.

14 Zur Terminologie vgl. BGH v. 02.12.2004 – I ZB 8/04 – GRUR 2005, 578; BPatG v. 27.07.2005 – 32 W (pat) 91/04 – GRUR 2006, 766, 767.

Freihaltebedürfnis wird dann angenommen, wenn die Marke ausschließlich aus Zeichen oder Angaben besteht, welche im Verkehr zur Bezeichnung der Art, der Beschaffenheit, der Menge, der Bestimmung, des Wertes, der geographischen Herkunft etc. oder zur Bezeichnung sonstiger Merkmale der konkreten Waren oder Dienstleistungen dienen kann (§ 8 Abs. 2 Nr. 2 MarkenG). Es besteht ein allgemeines Interesse, dass derartige Bezeichnungen im Wirtschaftsleben von allen Wettbewerbern verwendet werden können. Ansonsten bestünde die Gefahr, dass durch die Monopolisierung eines Zeichens der Wettbewerb nachhaltig behindert werden würde.[15]

10   Schließlich darf es sich nicht um ein Zeichen handeln, welches im allgemeinen Sprachgebrauch zur Bezeichnung der angemeldeten Waren oder Dienstleistungen üblich geworden ist (§ 8 Abs. 2 Nr. 3 MarkenG)[16].

11   Diese in § 8 Abs. 2 Nr. 1-3 MarkenG aufgeführten Schutzhindernisse können stets dadurch überwunden werden, dass der Anmelder einen Nachweis der Verkehrsdurchsetzung der Marke infolge intensiver Benutzung gemäß § 8 Abs. 3 MarkenG nachweist.

12   Außerdem darf das entsprechende Zeichen keine täuschende Wirkung haben, nicht gegen die öffentliche Ordnung oder gute Sitten verstoßen und kein Hoheitszeichen oder sonstiges mündliches Prüf- und Gewährzeichen darstellen (§ 8 Abs. 2 Nr. 4-9 MarkenG).

13   Faktisch relevant sind vor allem die Merkmale der Unterscheidungskraft sowie des fehlenden Freihaltebedürfnisses. Diese sind aber nicht abstrakt zu bestimmen, sondern hängen konkret auch von der entsprechenden Ware bzw. Dienstleistung ab, für welche die Marke eingetragen werden soll.[17] Beispielsweise wäre das Zeichen „Apple" für Obst beschreibend (und daher nicht eintragungsfähig), unter Umständen aber nicht beschreibend für Computerhardware.

Die Unterscheidungskraft von Zeichen ist selbstverständlich ganz unterschiedlich. Einer reinen Phantasiebezeichnung oder sprachlichen Neubildung – auch in einer Fremdsprache – kommt üblicherweise eine deutlich höhere Unterscheidungskraft zu als einer gängigen Bezeichnung mit eher beschreibendem Anklang.

14   Ein Spielehersteller bzw. -anbieter muss also aus rechtlicher Sicht versuchen, ein im Spielebereich nicht beschreibendes, sondern unterscheidungskräftiges Zeichen zur Anmeldung zu bringen. Ansonsten besteht das Risiko, dass die entsprechende Marke nicht zur Eintragung gelangt und damit letztlich kein Markenschutz erreicht werden kann. Andererseits ist festzuhalten, dass Marken mit beschreibenden Anklängen oder Elementen oft aus kommerzieller Sicht sehr at-

---

15   St. Rspr., z.B. EuGH v. 12.01.2006 – C-173/04 P – GRUR 2006, 233, Tz. 62; BGH v. 27.04.2006 – I ZB 96/05 – GRUR 2006, 850, Tz. 35.

16   Im Hinblick auf die konkreten angemeldeten Waren und Dienstleistungen wurde die übliche Bezeichnung verneint: BGH v. 24.06.1999 – I ZB 45/96 – GRUR 1999, 1096 („ABSOLUT" für Wodka); BGH v. 15.07.1999 – I ZB 16/97 – GRUR 1999, 1089, 1093 („YES" für Tabakerzeugnisse).

17   St. Rspr., z.B. EuGH v. 15.02.2007 – C-239/05 – GRUR 2007, 425, Tz. 32; BGH v. 22.01.2009 – I ZB 52/08 – GRUR 2009, 952, Tz. 9; BGH v. 01.03.2001 – I ZB 57/98 – GRUR 2001, 1154, 1155.

traktiv sind, da der Verkehr auf diese Weise unmittelbar einen Bezug zwischen Marke und Produkt herzustellen in der Lage ist und eine Zuordnung erfolgt (wie zum Beispiel bei „General Electrics" oder „Deutsche Telekom").

§ 8 Abs. 2 Nr. 2 und 3 MarkenG sollen verhindern, dass ein Anbieter Angaben oder Zeichen monopolisieren kann, welche seine Wettbewerber zur Bezeichnung ihrer Produkte und Dienstleistungen dringend benötigen, um sich ebenfalls angemessen im Markt bewegen zu können.

1.2 Relative Schutzhindernisse

Für die Praxis ist es wichtig zu wissen, dass die relativen Schutzhindernisse – 15 also ältere Markenrechte Dritter, die dem Schutz einer neu angemeldeten Marke entgegenstehen – in Deutschland, anders als in einigen anderen Ländern, im Eintragungsverfahren vom Amt nicht geprüft werden.[18] Das deutsche Patent- und Markenamt (DPMA) sowie das HABM geben dem Anmelder keine Information dazu ab, ob das Register bereits Marken enthält, welche mit der angemeldeten Marke identisch oder verwechslungsfähig sind. Wenn keine absoluten Schutzhindernisse vorliegen, wird die Marke zunächst eingetragen. Dies bedeutet auch, dass in Deutschland ein Markenanmelder nach erfolgter Eintragung seiner Marke im Register noch keine Sicherheit darüber erhält, dass diese Marke keine prioritätsälteren Markenrechte Dritter verletzt.

Ein Inhaber älterer Markenrechte kann dann jedoch im Wege des Widerspruchs- 16 verfahrens vor dem DPMA (§§ 42, 43 MarkenG) oder der Löschungsbewilligungklage (§§ 51, 55 MarkenG)versuchen, die Löschung der prioritätsjüngeren Marke zu erreichen. Auf europäischer Ebene können ein Widerspruch vor dem HABM gemäß Art. 42, 43 Gemeinschaftsvmarkenverordnung (GMV) sowie ein Nichtigkeitsantrag gemäß Art. 55 i. V. m. Art. 50-52 GMV erhoben werden.

Ein Hauptunterschied zwischen dem Widerspruch vor dem DPMA und vor dem HABM liegt darin, dass sich beim DPMA das Widerspruchsverfahren nach bereits erfolgter Eintragung anschließt. Die entsprechende Frist zur Einlegung des Widerspruchs beträgt 3 Monate nach Eintragung. Beim HABM erfolgt das Widerspruchsverfahren vor Eintragung, das heißt eine Gemeinschaftsmarke wird erst nach positivem Ende des Widerspruchsverfahrens eingetragen.[19] Die Widerspruchsfrist vor dem HABM endet 3 Monate nach Veröffentlichung der Anmeldung.

2. Markenanmeldung

Für die konkreten Einzelheiten bei der Anmeldung der Marke sind strategische 17 Überlegungen von entscheidender Bedeutung. Es ist nicht lediglich die geographische Ausbreitung der Marke, sondern auch deren inhaltliche Ausformung und Ausgestaltung sowie ein möglichst breiter Schutz zugunsten des Markeninhabers zu bedenken. Konkret muss sich ein Spielehersteller möglichst frühzeitig überlegen, in welchen Märkten das entsprechende Spiel, das durch Marken ge-

---

18 Vgl. *Ingerl/Rohnke*, MarkenG, 3. Aufl. 2010, § 8 Rn. 8.
19 Fezer, MarkenG, 4. Aufl. 2009, § 42 Rn. 10.

schützt werden soll, erscheinen wird oder zumindest irgendwann einmal realistischerweise erscheinen könnte.

Die erste wichtige Grundregel bei der Markenanmeldung besteht darin, dass eine Marke immer so angemeldet werden sollte, wie sie auch benutzt wird.[20]

2.1 Geographische Ausdehnung und internationale Erstreckung

18 Für das Territorium Deutschland existieren drei parallele Markensysteme, nämlich die deutsche nationale Marke (DE-Marke), die Gemeinschaftsmarke (EU-Marke) sowie die sogenannte Internationale Registrierung (IR-Marke) nach dem Madrider Abkommen bzw. dem Protokoll zum Madrider Abkommen.[21]

Ob konkret eine deutsche Marke, eine Gemeinschaftsmarke oder eine Internationale Registrierung in Anspruch genommen wird, hängt entscheidend von der Strategie und dem angestrebten Markenschutz ab.

19 Die DE-Marke bietet grundsätzlich und ausschließlich Schutz für das ganze Bundesgebiet.[22] Die Gemeinschaftsmarke stellt eine einheitliche Marke für die gesamte (politische) EU (z. B. ohne die Schweiz und Norwegen) dar. Anders als die Gemeinschaftsmarke besteht die IR-Marke aus vielen einzelnen nationalen Marken, es handelt sich gerade nicht um eine einzelne Marke.[23]

20 Wenn man einen umfassenden Schutz in Europa erlangen möchte, bietet sich hierfür die Gemeinschaftsmarke an. Sie ist im Verhältnis auch sehr kostengünstig – die Kosten des HABM für eine Anmeldung (welche bis zu 3 Klassen umfasst) liegen derzeit bei ca. 1.000 €. Wenn man dagegen die von der Gemeinschaftsmarke umfassten europäischen Länder einzeln über die IR-Marke abdecken möchte, sind die Kosten deutlich höher. Bei der IR-Marke kann man dagegen sehr gezielt einzelne (Länder-)Märkte abdecken.

Für Spiele, welche in der Regel nicht nur in einem europäischen Markt vertrieben werden, ist daher die Wahl einer Gemeinschaftsmarke in vielen Fällen empfehlenswert.

Zu bedenken ist allerdings, dass bei einer Gemeinschaftsmarke umgekehrt auch das Konfliktpotential sehr hoch ist, weil die Anzahl der einbezogenen Länder, in denen (prioritätsältere und auch prioritätsjüngere) Rechte Dritter existieren können, recht hoch ist. Bei der IR-Marke ist das Risikopotential dagegen regelmäßig geringer, weil man die Länder gezielt aussuchen kann.

21 Ein günstiger Aspekt beim Spielevertrieb liegt auch darin, dass die Möglichkeit besteht, zunächst eine nationale, also beispielsweise deutsche Marke anzumel-

---

20 Beim Zeichenvergleich sind die Marken in ihrer eingetragenen Form maßgeblich, vgl. beispielhaft BGH v. 11.05.2006 – I ZB 28/04 – GRUR 2006, 859, Tz. 17; BGH v. 08.05.2002 – I ZB 4/00 – GRUR 2002, 1067, 1069; hinsichtlich der Waren/Dienstleistungen ist grundsätzlich das angemeldete bzw. eingetragene Verzeichnis maßgeblich, vgl. BGH v. 03.05.2001 – I ZR 18/99 – GRUR 2002, 65, 67.

21 Zum Territorialitätsprinzip vgl. BGH v. 10.01.2008 – I ZR 38/05 – GRUR 2008, 621, Tz. 21; BGH v. 28.06.2007 – I ZR 49/04 – GRUR 2007, 884, Tz. 26.

22 Vgl. BGH v. 10.04.1997 – I ZR 178/94 – GRUR 1997, 661, 662.

23 Ähnlich: *Ingerl/Rohnke*, MarkenG, 3. Aufl. 2010, Einl., Rn. 27.

den und damit die Priorität zu sichern. Innerhalb eines Zeitraums von 6 Monaten, der sogenannten Prioritätsfrist, kann diese nationale Marke dann auf andere Territorien, beispielsweise auf die EU oder den IR-Verbund, erstreckt werden, und zwar unter Inanspruchnahme der ursprünglichen Priorität der ersten nationalen Marke.[24] Dies bedeutet eine gewisse Sicherheit für den Anmelder, da sich in der Zwischenzeit kein Dritter im Ausland, also potentiellen weiteren Märkten, bessere Rechte an der Marke sichern kann. Für den Spielevertrieb bedeutet dies in der Regel einen Zeitgewinn, weil man einige Monate später schon wieder besser einschätzen kann, welche Märkte bzw. Länder noch relevant werden.

Für Spielehersteller bzw. -anbieter kann aufgrund der zeitlichen Vorgaben auch die vom Deutschen Patent- und Markenamt angebotene „beschleunigte Prüfung" bei der Markeneintragung (vgl. auch § 38 MarkenG) sinnvoll sein, welche eine zusätzliche Amtsgebühr von derzeit 200 €[25] auslöst. Auf diese Weise wird die Bearbeitungszeit der Markenanmeldung bei der Prüfung der Anmeldeerfordernisse sowie der absoluten Schutzhindernisse in der Regel noch um einige Monate verkürzt. Dies ist oftmals ein entscheidender Zeitraum, weil der Markenanmelder unter Umständen vor einer internationalen Erstreckung und den damit verbundenen Kosten bereits erfährt, ob das nationale Markenamt im ersten Schritt die Marke für eintragungsfähig hält oder ob eine Beanstandung erfolgt, welche auch für weitere Territorien von Relevanz sein kann. Ziel ist es in jedem Fall, dass die Marke auch innerhalb der Prioritätsfrist von 6 Monaten – also innerhalb der Frist, in der die Marke auf Basis der ersten Anmeldepriorität in andere Länder erstreckt werden kann – zur Eintragung gelangt.[26]   **22**

2.2 Inhaltlicher Schutzumfang und Klassen

Bei der Markenanmeldung ist weiterhin zu entscheiden, welche Waren und Dienstleistungen von der Marke abgedeckt werden sollen, mithin für welche Waren- und Dienstleistungsklassen die Marke anzumelden ist. Diese sind gruppiert in der sogenannten Nizzaer Klassifikation. Die Nizzaer Klassifikation bietet in den Nizza-Klassen 1 bis 45 einen umfassenden Katalog von Produktklassen (Klassen 1 bis 36) sowie Dienstleistungsklassen (37 bis 45), aus dem der gewünschte Bereich ausgewählt werden kann. Je größer die Unterscheidungskraft und damit die Kennzeichnungskraft einer Marke für die entsprechenden Waren und Dienstleistungen sind, desto umfassender ist im Grundsatz ihr Schutzbereich.   **23**

Für Marken aus dem Bereich der Online- und Computerspiele kommen erfahrungsgemäß insbesondere die Nizza-Klassen 9, 16, 28, 35, 38, 40 und 41 in Frage: **24**

– Klasse 9: z. B. Geräte zur Aufzeichnung, Übertragung und Wiedergabe von Ton und Bild; CDs, DVDs und andere digitale Aufzeichnungsträger; Computer; Computersoftware;
– Klasse 16: Druckereierzeugnisse
– Klasse 28: Spiele; Spielzeug

---

24   Vgl. Art. 29 Abs. 1 GMV, Art. 3, 4 MMA.
25   Nr. 331 500 Anl. Zu § 2 PatKostG.
26   Tritt die Beschleunigung nicht ein, kann die Gebühr zurückgefordert werden, beispielhaft: BGH v. 17.11.1999 – I ZB 1/98 – GRUR 2000, 325, 326.

- Klasse 35: Werbung; Geschäftsführung
- Klasse 41: Unterhaltung; Sportliche und kulturelle Aktivitäten
- Klasse 42: z. B. Entwurf und Entwicklung von Computerhardware und -software

In diesem Zusammenhang ist bei der Markenanmeldung auch frühzeitig zu prüfen bzw. in die Überlegungen mit einzubeziehen, ob – und gegebenenfalls in welchen Bereichen – im jeweiligen Computerspiel ein Merchandising-Potential steckt, ein Zusammenhang mit einer TV-Verwertung besteht bzw. wie das Cross-Selling-Konzept gestaltet ist. In diesem Fall ist zu überlegen, das Waren- und Dienstleistungsverzeichnis noch auszudehnen und beispielsweise die „Merchandising"-Klassen 25 (Bekleidungstücke; Schuhwaren; Kopfbedeckung) oder 24 (z. B. Textilwaren) zu ergänzen.

25   In diesem Zusammenhang ist festzuhalten, dass eine nachträgliche Erweiterung der Waren und Dienstleistungen einer Marke nach erfolgter Anmeldung beim Deutschen Patent- und Markenamt (DPMA) und auch beim Europäischen Markenamt (HABM) nicht mehr möglich ist.[27] Nach der Anmeldung bei diesen Ämtern kann eine Marke also nicht mehr ergänzt oder erweitert werden. Aus diesem Grund muss bei der Anmeldung sehr genau überlegt werden, welche Waren und Dienstleistungen in jedem Fall benötigt werden und bei welchen eventuell noch Entwicklungspotential besteht.

26   Anders als in den USA ist es jedenfalls in Deutschland und Europa oftmals empfehlenswert, die von den Ämtern verwendeten offiziellen Oberbegriffe der einzelnen Waren- und Dienstleistungsklassen zu verwenden, da diese den breitestmöglichen Schutz bieten. Spezifizierte Waren und Dienstleistungen engen den Schutzumfang eher ein. Dies hat in der Praxis regelmäßig auch noch einen anderen positiven Aspekt: In Verhandlungen mit Inhabern von kollidierenden Marken Dritter bieten diese breiten Oberbegriffe, welche man dann noch ein wenig einschränken kann, in jedem Fall immer etwas „Verhandlungsmasse".[28]

2.3 Markenformen

27   Es gibt viele verschiedene Markenformen, welche gängiger und weniger gängig sind, und aus denen der Anmelder die für ihn passende und sinnvolle auswählen kann.[29] Die üblichsten Markenformen sind die Wortmarke, die Bildmarke sowie die Wort-/Bildmarke.

Die Wortmarke besteht aus einem oder mehreren Wörtern. Ihr Schutzbereich ist grundsätzlich verhältnismäßig weit und erstreckt sich auf die betreffende Bezeichnung in jeglicher Schreibweise. Unter einer Bildmarke versteht man einen reinen Bildbestandteil, also ein Logo, ohne weiteren Wortbestandteil. Die Wort-/Bildmarke schließlich ist eine Kombination aus Wortmarke und Bildmarke. Sie stellt die typische Kombination aus Logo mit Beschriftung dar und ist daher sehr verbreitet. Eine weitere Schutzmöglichkeit liegt in der sogenannten 3-D-Marke,

---

27   Vgl. BGH v. 22.10.1987 – I ZB 8/86 – NJW 1988, 1672.
28   So auch der Gedanke von *Ingerl/Rohnke*, MarkenG, 3. Aufl. 2010, § 32 Rn. 25.
29   Eine Änderung der Markenkategorie während des Verfahrens ist unzulässig, vgl. BGH v. 05.10.2006 – I ZB 86/05 – GRUR 2007, 55, Tz. 26; BGH v. 26.10.2000 – I ZB 3/98 – GRUR 2001, 239.

welche auf einer dreidimensionale Gestaltung eines Gegenstands basiert und sich an der Grenze zum Geschmacksmuster bewegt. Andere Markenformen, wie abstrakte Farbmarken, Hörmarken, Geruchsmarken, Geschmacksmarken, Tastmarken oder Positionsmarken spielen – insbesondere im Games-Markt – keine besondere Rolle.

Im Hinblick auf die anzumeldende Markenform ist zu berücksichtigen, dass ein Wortzeichen mit beschreibenden Anklängen unter Umständen durch Hinzufügen eines weiteren kennzeichnungskräftigen Elements (z. B. Namen oder graphischer Bestandteil) höhere Eintragungschancen erlangen kann. In Bezug auf die Bildmarke ist entscheidend, ob dem Logo im Hinblick auf die betroffenen Waren und Dienstleistungen ausreichende Unterscheidungskraft zukommt. Kann der Käufer das Bild bzw. Logo klar dem Spiel bzw. dem Spielehersteller/-anbieter zuordnen? Bildmarken, welche nur aus einfachen und üblichen geometrischen Formen und Gestaltungselementen bestehen, sind im Grundsatz nicht schutzfähig. Ebenfalls nicht unterscheidungskräftig sind naturgetreue Wiedergaben von Erzeugnissen (z. B. einer Autofelge).[30]

Es ist auch zu prüfen, ob man Bild oder Wort-/Bildmarken mit einem farbigen und/oder einem schwarz-weißen graphischen Element (Logo) anmeldet. Eine schwarz-weiße Marke ist grundsätzlich neutraler und verfügt tendenziell über einen breiteren Schutzbereich, weil das graphische Element im Regelfall nicht nur in der angemeldeten Farbe, sondern auch in anderen Farben vom Schutzbereich umfasst ist. Andererseits ist bei der Verwendung von besonders augenfälligen Farben und Farbkombinationen die Eintragung in dieser farbigen Form wichtig, um Wettbewerbern oder anderen Unternehmen nicht die Annäherung an diese Farben zu ermöglichen.

Es gerät oft in Vergessenheit, dass auch Werbeslogans markenschutzfähig sind. Sie unterliegen keinen anderen Anforderungen als die üblichen Wortmarken.[31] Slogans, welche nicht lediglich eine allgemeinübliche Anpreisung enthalten, sondern über eine gewisse Originalität, Kreativität oder Mehrdeutigkeit und damit Interpretationsbedürftigkeit verfügen, können durchaus als Marke eingetragen werden.[32] Hilfreich ist hierfür insbesondere, wenn der Slogan einen selbstständigen, individualisierbaren Bestandteil aufweist. *28*

2.4 Sprache

Grundsätzlich muss sich ein Spielehersteller vor der Markenanmeldung natürlich konzeptionell überlegen, ob er seine Marke, insbesondere zum Schutz seines Spieletitels, stets in gleicher Form und in einer einzigen – oft der englischen – Sprache beispielsweise als EU-Marke anmeldet, oder ob er unter Umständen mehrere nationale Marken in der jeweiligen Landessprache anmelden muss, weil die Spieltitel in den unterschiedlichen Märkten mit anderen Titeln angeboten werden. *29*

---

30 BGH v. 10.04.1997 – I ZB 1/95 – GRUR 1997, 527.
31 Zur Schutzfähigkeit von Werbeslogans beispielhaft: EuGH v. 21.01.2010 – C-398/08 P – GRUR 2010, 228; BGH v. 13.06.2002 – I ZB 1/00 – GRUR 2002, 1070, 1071; BGH v. 08.12.1999 – I ZB 2/97 – GRUR 2000, 321, 322 = WRP 2000, 299.
32 Ähnlich: BGH v. 13.06.2002 – I ZB 1/00 – GRUR 2002, 1070, 1071; BPatG v. 16.01.2001 – 33 W (pat) 135/00 – GRUR 2001, 511.

Bei fremdsprachigen – insbesondere aus dem Englischen entnommenen –Wortmarken stellt sich stets die Frage, ob diesen die nötige Unterscheidungskraft zukommt, um als Marke zur Eintragung zu gelangen. Hierfür ist entscheidend, ob die Bezeichnung von einem Großteil der Verkehrskreise in Deutschland verstanden wird.[33] Da die englische Sprache auch in Deutschland sehr weit verbreitet ist, wird beispielsweise bei Bezeichnungen aus dem englischen Standardwortschatz (wie z. B. „Games", „League" oder auch „Skylancer") üblicherweise davon ausgegangen, dass auch die angesprochenen Verkehrskreise in Deutschland diese verstehen.[34] In der Praxis ist in den letzten Jahren auch beim Deutschen Patent- und Markenamt eine Tendenz festzustellen, dass auch bei schwierigeren und weniger gängigen Begrifflichkeiten aus dem Englischen im Zweifel ein Verständnis angenommen wird. Dies führt dazu, dass die Eintragungspraxis diesbezüglich zunehmend restriktiver wird.

2.5 Kosten

30 Die Amtsgebühren für die Anmeldung einer deutschen nationalen Marke beim Deutschen Patent- und Markenamt (DPMA) betragen mindestens 300 € (für bis zu 3 Klassen). Pro zusätzlich angemeldeter Klasse werden jeweils weitere 100 € fällig.

Beim Harmonisierungsamt für den Binnenmarkt (HABM) betragen die Anmeldegebühren 900 € (sofern die Anmeldung in elektronischer Form beantragt wird; bei einer Anmeldung in Papierform: 1.050 €) für bis zu 3 Klassen. Für die Anmeldung in mehr als 3 Klassen fallen pro zusätzlicher Klasse weitere 150 € an.

2.6 Rechtsmittel

31 Wird die Markenanmeldung – was nicht selten vorkommt – im ersten Schritt vom Markenamt abgelehnt, so stehen dem Anmelder verschiedene Instrumente zur Verfügung, die Entscheidung der Behörde anzugreifen: Gegen Beschlüsse des DPMA die Erinnerung (§ 64 MarkenG) sowie die Beschwerde an das Bundespatentgericht (§ 66 MarkenG), gegen Entscheidungen des HABM die Beschwerde gem. Art. 58 ff. GMV. Bei der Registrierung einer IR-Marke hat der Anmelder im Falle der Schutzverweigerung durch die nationale Behörde dieselben Rechtsmittel, wie wenn er die Marke unmittelbar in dem Land hinterlegt hätte, in dem der Schutz verweigert wird (Art. 5 Abs. 3 Satz 2 MMA).

32 Seit dem 01.10.2009 hat der Anmelder ein Wahlrecht, ob er gegen Beschlüsse des DPMA beim Patentamt eine Erinnerung i. S. d. § 64 MarkenG oder eine Beschwerde zum Bundespatentgericht i. S. d. § 66 MarkenG einlegt. Dabei genießt die Beschwerde Vorrang, wie sich aus § 64 Abs. 6 MarkenG ergibt. Hinzu kommt, dass eine Erinnerung nur gegen Beschlüsse der Markenstellen und der Markenabteilungen, die von einem Beamten des gehobenen Dienstes oder einem vergleichbaren Angestellten erlassen worden sind, statthaft ist, eine Beschwerde hingegen gegen alle Entscheidungen des DPMA, also auch gegen

---

33 Entscheidend ist lediglich das Verständnis des inländischen Verkehrs, vgl. beispielhaft EuGH v. 09.03.2006 – C-421/04 – GRUR 2006, 411, Tz. 23; BGH v. 08.12.1999 – I ZB 25/97 – GRUR 2000, 502, 503.

34 Vgl. BGH v. 22.01.2009 – I ZB 34/08 – GRUR 2009, 949, Tz. 17; BGH v. 15.01.2009 – I ZB 30/06 – GRUR 2009, 411, Tz. 10 f.

solche der Markenabteilungen, die von Mitgliedern des Amtes erlassen wurden. Auch möglich ist damit eine Beschwerde als Rechtsmittel gegen die Erinnerungsentscheidung. Sowohl die Erinnerung als auch die Beschwerde sind innerhalb eines Monats nach Zustellung des Beschlusses mit korrekter Rechtsmittelbelehrung schriftlich beim Markenamt einzulegen; beide haben aufschiebende Wirkung.

Die Gebühr für die Erinnerung beträgt gegenwärtig 150 € (§§ 1, 3 Abs. 1 PatKostG) und – jedenfalls bei Beschwerden im Eintragungs- und Widerspruchsverfahren – 200 € für die Beschwerde, wobei die Gebühren jedenfalls im einseitigen Verfahren im Falle des Erfolges gegebenenfalls zurückzuerstatten sind.

Gegen einen Beschluss des BPatG im Beschwerdeverfahren kann wiederum Rechtsbeschwerde an den Bundesgerichtshof erhoben werden, § 83 MarkenG, sofern das BPatG die Rechtsbeschwerde zugelassen hat. **33**

Gegen die Entscheidungen der Prüfer, der Widerspruchsabteilungen, der Nichtigkeitsabteilungen und der Marken- und Musterverwaltungs- und Rechtsabteilung des HABM ist die Beschwerde gem. Art. 58 GMV statthaft. Sie ist innerhalb von zwei Monaten nach Zustellung der Entscheidung schriftlich beim Amt einzulegen und entfaltet ebenfalls aufschiebende Wirkung. Innerhalb von vier Monaten nach Zustellung der Entscheidung ist sie zu begründen. Die Beschwerdegebühr beträgt 800 € (Art. 2 Nr. 18 GebV). **34**

Die Entscheidungen der Beschwerdekammern sind mit der Klage beim EuG[35] anfechtbar, Art. 65 GMV. Gegen das Urteil des EuG kann wiederum gem. Art. 49, 50 der Satzung des EuGH ein auf Rechtsfragen beschränktes Rechtsmittel zum EuGH eingelegt werden. **35**

2.7 Widerspruch gegen die Marke

Wie bereits dargestellt, werden relative Schutzhindernisse nicht von Amts wegen geprüft, sondern können durch Dritte im Rahmen des Widerspruchsverfahrens geltend gemacht werden.

Erfolgt die Anmeldung und Eintragung einer deutschen nationalen Marke beim DPMA, kann der Inhaber einer Marke oder einer geschäftlichen Bezeichnung mit älterem Zeitrang innerhalb einer Frist von drei Monaten nach dem Tag der Veröffentlichung der Eintragung der Marke schriftlich Widerspruch beim DPMA einlegen. Soweit ein Widerspruch erfolgreich ist, wird die Marke wieder gelöscht. Gegen die Entscheidung über den Widerspruch ist eine Beschwerde zum Bundespatentgericht statthaft. **36**

Auf europäischer Ebene ist beim HABM das Widerspruchsverfahren hingegen vorgeschaltet und erfolgt bereits nach der Veröffentlichung der Anmeldung der Marke und damit – anders als auf deutscher nationaler Ebene – schon vor der Eintragung der Gemeinschaftsmarke (gem. Art. 40 ff. GMV). Ist der Widerspruch in Bezug auf einzelne oder alle Waren und Dienstleistungen erfolgreich, wird die Anmeldung für die betroffenen Waren und Dienstleistungen zurückgewiesen. **37**

---

35 Zur Zuständigkeit des EuG: *Schennen*, in: Eisenführ/Schennen, GMV, 3. Aufl. 2010, Art. 65 Rn. 1 m. w. N.

Das Widerspruchsverfahren bietet aufgrund seiner lang angelegten Fristenläufe eine gute Basis für Verhandlungen zwischen den Parteien. Häufig einigen sich die Parteien im Laufe des Verfahrens auf eine Abgrenzungs- bzw. Koexistenzvereinbarung, wenn die Tätigkeitsbereiche ausreichend abgrenzbar sind. Es ist also darauf zu achten, dass auch im Falle eines Widerspruchs gegen die eigene Marke oftmals gute Chancen für eine einvernehmliche Lösung bestehen.

2.8 Löschung der Marke

Auch wenn die Marke eingetragen ist und ein Widerspruch nicht erfolgt ist (oder positiv überwunden wurde), besteht noch die Möglichkeit, dass die Marke auch zu einem späteren Zeitpunkt gelöscht wird.

38 Wurde eine deutsche nationale Marke beim DPMA eingetragen, kann auch nach Ablauf der Widerspruchsfrist beim DPMA ein Antrag wegen Verfalls der Marke oder wegen absoluter Schutzhindernisse (§§ 53, 54 MarkenG) gestellt werden. Außerdem ist eine Löschung aufgrund einer Klage wegen Verfalls oder wegen des Bestehens älterer Rechte möglich (§§ 55 i. V. m. 49, 51 MarkenG).

- Den Antrag auf Löschung wegen Verfalls der Marke oder wegen absoluter Schutzhindernisse kann jedermann beim DPMA stellen (§§ 53, 54 MarkenG). Auch hier ist gegen die Entscheidung des DPMA die Beschwerde zum Bundespatentgericht statthaft.
- Eine Klage auf Löschung wegen Verfalls oder wegen des Bestehens älterer Rechte kann auch vor den ordentlichen Gerichten erhoben werden (§ 55 MarkenG). Die Klage auf Löschung wegen Verfalls kann – ebenso wie der Antrag auf Löschung beim DPMA – von jedermann erhoben werden, die Geltendmachung eines eigenen Interesses an der Löschung ist nicht notwendig.[36] Die Klage auf Löschung wegen des Bestehens älterer Rechte kann hingegen nur der Inhaber des älteren Rechtes erheben. Sachlich ausschließlich zuständig sind hier gemäß § 140 MarkenG keine Markenämter, sondern die Landgerichte als Zivilgerichte; die örtliche Zuständigkeit richtet sich nach §§ 12 ff. ZPO. Ein stattgebendes Urteil bewirkt, dass die Einwilligung in die Löschung bei Eintritt der Rechtskraft als abgegeben gilt, § 894 ZPO. Die Löschung muss demnach noch vom Kläger beim DPMA im Anschluss beantragt werden.

39 Nach Eintragung der Gemeinschaftsmarke kann die Gemeinschaftsmarke für nichtig erklärt werden, wenn sie verfallen ist (Art. 51 GMV), absolute Nichtigkeitsgründe bei der Eintragung gegeben waren oder wenn der Anmelder bei der Anmeldung der Marke bösgläubig war. Dies geschieht infolge eines Antrages beim HABM (Art. 56 f. GMV), der durch jedermann erfolgen kann, oder auf Widerklage im Verletzungsverfahren vor den Gemeinschaftsmarkengerichten (vgl. Art. 52 Abs. 1, 95, 100 GMV).

40 Ferner kann die Gemeinschaftsmarke auch nach Eintragung noch wegen des Vorliegens relativer Nichtigkeitsgründe für nichtig erklärt werden. Auch dies erfolgt infolge eines erfolgreichen Antrags beim HABM (Art. 56 GMV) oder auf Widerklage im Verletzungsverfahren vor den Gemeinschaftsmarkengerichten. Antrags- beziehungsweise klagebefugt ist dann allerdings nur der Inhaber der älteren Marke oder gegebenenfalls eines älteren sonstigen Rechts (beispielsweise eines Namensrechts, vgl. Art. 53 Abs. 2 GMV).

---

36 Vgl. BGH v. 21.07.2005 – I ZR 293/02 – GRUR 2005, 1047, 1048.

Anders als auf nationaler Ebene kann vor den Gemeinschaftsmarkengerichten keine isolierte Klage mit dem Antrag, eine Gemeinschaftsmarke zu löschen, erhoben werden.[37]

Die Möglichkeiten, die Löschung von IR-Marken zu beantragen, entspricht wei- *41* testgehend jenen, die Löschung von nationalen Marken zu beantragen, vgl. §§ 114 ff. MarkenG.

Widerspruchs-, Löschungs- und Klageverfahren bestehen grundsätzlich unabhängig nebeneinander.

3. Vorab-Recherche

Um Kollisionen mit Inhabern prioritätsälterer Schutzrechte zu vermeiden, ist es *42* stets erforderlich, vor Anmeldung einer Marke zu prüfen, ob diese Marke verfügbar ist. Mögliche Kollisionen bzw. Risiken werden im Namen einer sogenannten Verfügbarkeitsrecherche ermittelt, die im Normalfall eine Identitäts- sowie Ähnlichkeitsrecherche umfasst, das heißt eine Suche nach identischen und auch in einem nach bestimmten Kriterien definieren Ähnlichkeitsbereich liegenden Zeichen.

Mit Hilfe solcher Recherchen, die auch von eigens darauf spezialisierten international agierenden Rechercheunternehmen durchgeführt werden, erhält der Markenanmelder einen ersten Überblick über den fraglichen Kennzeichenraum des entsprechenden Zeichens. Die Ergebnisse dieser Recherchen werden dann entsprechend im Hinblick auf bestehende Risiken analysiert. Wenn bereits eine identische oder verwechslungsfähige ältere Marke im Register für die entsprechenden Waren und Dienstleistungen eingetragen ist, ist es grundsätzlich nicht ratsam, eine solche neue Marke anzumelden, da dies einen Konflikt heraufbeschwört, in dem man über die schlechteren Rechte verfügt. Stattdessen sollte der Anmelder sich über alternative Markenanmeldungen mit weniger Konfliktpotential Gedanken machen. Andernfalls riskiert er, im Rahmen einer nicht kostengünstigen rechtlichen Auseinandersetzung die Eintragung und vor allem die Nutzung der entsprechenden Marke untersagt zu bekommen.

4. Zivilrechtliche Unterlassungsansprüche gegen Hersteller bzw. Anbieter von Computerspielen

4.1 Verschiedene Ansprüche nach § 14 Markengesetz

Wurde eine Vorab-Recherche gar nicht oder nur unzureichend durchgeführt, so *43* besteht für den Hersteller des Computerspiels die Gefahr, dass er von dem Inhaber bereits bestehender älterer Markenrechte auf Unterlassung in Anspruch ge-

---

37   Vgl. LG München I v. 24.04.2002 – 1 HK O 16182/01 – GRUR Int 2002, 933; *Hartmann*, MarkenR 2003, 379.

nommen wird; wenn ihm Vorsatz oder Fahrlässigkeit vorgeworfen werden kann, kommen gegen ihn zudem Schadensersatzansprüche gem. § 14 Abs. 2, 5, 6 MarkenG in Betracht.

Bei diesen Ansprüchen sind stets zwei Seiten zu betrachten: Zum einen die Vermeidung von Verletzungen von Kennzeichen Dritter, zum anderen aber auch der eigene Schutz vor Verletzungen durch Dritte und die entsprechende Verteidigungsstrategie. Unter Umständen ist ein Vorgehen gegen entsprechende Verletzungen erforderlich, um die eigenen Kennzeichen zu schützen. Dies verlangen auch die Gerichte vom Markeninhaber.

44   Durch den Erwerb des Markenschutzes nach § 4 MarkenG erlangt ein Markeninhaber spezielle Schutzrechte gegenüber Nachahmern, die in § 14 Abs. 2 MarkenG geregelt sind und sicherstellen sollen, dass kein Dritter wirtschaftlich von dem geschützten Zeichen des Markeninhabers profitiert. Das Markenrecht schützt insbesondere die Herkunftsfunktion der Marke. Der Verkehr soll darauf vertrauen dürfen, dass unter derselben Marke vertriebene Produkte die gleiche betriebliche Herkunft haben.

45   Voraussetzung für alle Verbotstatbestände des § 14 Abs. 2 MarkenG ist zunächst, dass der Verletzer das markenrechtsverletzende Zeichen im sogenannten geschäftlichen Verkehr benutzt. Der Bundesgerichtshof hat bei der Definition dieses Begriffes das weite Begriffverständnis des EuGH[38] übernommen und lässt für die Nutzung im geschäftlichen Verkehr jede Tätigkeit ausreichen, die einen Zusammenhang mit einer auf einen wirtschaftlichen Vorteil gerichteten kommerziellen Tätigkeit außerhalb des privaten Bereichs aufweist.[39] Der Hersteller eines Computerspiels nutzt das im Zweifel streitige Zeichen in der Regel stets zu kommerziellen Zwecken, da er mit dem Verkauf bzw. dem Vertrieb des Spieles Einnahmen generieren will. Dies gilt auch für Gratisspiele, da er dort im Zweifel Werbung betreibt oder auf andere Weise einen wirtschaftlichen Vorteil zu erlangen versucht. Eine Nutzung im geschäftlichen Verkehr wird also jedenfalls im Bereich der Computerspiele im absoluten Regelfall zu bejahen sein.

46   Als zusätzliche allgemeine Voraussetzung aller Tatbestandsalternativen des § 14 MarkenG kommen Ansprüche eines Markeninhabers in der Regel nur dann in Betracht, wenn der Verletzer das eingetragene Zeichen markenmäßig benutzt hat. Eine solche „markenmäßige Benutzung" ist dann gegeben, wenn das Kollisionszeichen als Marke herkunftskennzeichnend und produktidentifizierend genutzt wird.[40] Nach Ansicht der Rechtsprechung besteht die wichtigste Funktion einer Marke in der Herkunftsgarantie.[41] Die Marke soll den Verbraucher schützen, in dem sie ihm den Hersteller von Waren und Dienstleistungen kenntlich macht. Benutzt ein Spielehersteller nun eine fremde Marke in diesem Sinne, also bezogen auf seine Waren herkunftsbeschreibend, liegt eine markenmäßige Nutzung vor. Nach der neueren Rechtsprechung des Europäischen Gerichtshofs kommen jedoch auch andere Nutzungsarten als markenmäßige Benutzung in Betracht.[42] Eine Marke erfüllt neben der Herkunftsfunktion diverse weite-

---

38   Vgl EuGH v. 12.11.2002 – C-206/01 – GRUR 2003, 55.
39   Vgl. BGH v. 04.12.2008 – I ZR 3/06 – GRUR 2009, 871.
40   *Fezer*, Markenrecht, 4. Aufl. 2009, § 14, Rn. 56.
41   BGH v. 30.04.2009 – I ZR 42/07 – GRUR 2009, 1162.
42   EuGH v. 18.06.2009 – C-487/07 – GRUR 2009, 756.

re Funktionen, insbesondere die Werbe-, die Qualitäts- oder auch die Kommunikationsfunktion. Eine markenmäßige Nutzung liegt nach der neueren Rechtsprechung also stets dann vor, wenn die fremde Marke, wie oben beschrieben, herkunftsbezeichnend verwendet wird. Allerdings ist eine solche Nutzung nicht mehr in jedem Fall zwingend notwendig. Auch eine „bloße" Nutzung fremder Kennzeichen als Element der Verkaufsförderung oder Instrument der Handelsstrategie kann bereits eine markenmäßige Benutzung darstellen.[43]

Liegt eine Nutzung im geschäftlichen Verkehr vor, so unterscheidet § 14 Abs. 2   *47*
MarkenG zwischen drei verschiedenen Verbotstatbeständen.

- So ist es einem Spielehersteller als Drittem gem. § 14 Abs. 2 Nr. 1 MarkenG zunächst untersagt, ein mit einer geschützten Marke identisches Zeichen für Waren oder Dienstleistungen zu benutzen, die mit denjenigen identisch sind, für die die geschützte Marke Schutz genießt. Voraussetzung für das Vorliegen dieses Tatbestandes ist somit die sogenannte „Doppelidentität"[44]. Liegen sowohl Marken- als auch Produktidentität vor, so wird gem. Art. 16 Abs. 1 Satz 2 des TRIPS-Abkommens die Verwechslungsgefahr als Voraussetzung für markenrechtliche Unterlassungs- und Schadensersatzansprüche unwiderleglich vermutet.
- Durch § 14 Abs. 2 Nr. 2 MarkenG wird es Dritten untersagt, ein Zeichen zu benutzen, welches aufgrund der Identität oder Ähnlichkeit mit einer geschützten Marke und der Identität oder Ähnlichkeit der erfassten Waren und Dienstleistungen geeignet ist, bei den betroffenen Verkehrskreisen eine Verwechslungsgefahr hervorzurufen. Mit dieser Vorschrift soll verhindert werden, dass das Publikum die beiden Zeichen gedanklich in Verbindung bringt. Bei der Beurteilung dieser Verwechslungsgefahr ist auf einen normal informierten, angemessen aufmerksamen und verständigen Durchschnittsverbraucher abzustellen.[45] Die Verwechslungsgefahr soll hierbei anhand einer Gesamtbetrachtung der drei Faktoren Kennzeichnungskraft (der älteren Marke), Markenähnlichkeit und Produktähnlichkeit überprüft werden. Diese Faktoren stehen dabei stets in Wechselbeziehungen zueinander, so dass beispielsweise eine erhöhte Kennzeichnungskraft eine eher geringere Markenähnlichkeit ausgleichen kann.[46]
  Unter der Kennzeichnungskraft versteht man hierbei die Eignung eines Zeichens, sich dem Publikum aufgrund seiner Eigenart und seines etwa durch Benutzung erlangten Bekanntheitsgrades als Marke einzuprägen.[47] So ist einem Computerspiel, welches erfolgreich in mehreren Auflagen am Markt etabliert wurde, entsprechend eine höhere Kennzeichnungskraft seiner Zeichen zuzusprechen als einem Neuling am Markt. Die Kennzeichnungskraft einer Marke kann losgelöst vom konkreten Konflikt bemessen werden und ist relevant für den Schutzumfang. Wenn eine Koexistenz mit anderen ähnlichen Marken erlaubt wird, schwächt das die Kennzeichnungskraft der Marke und verringert ihren Schutzumfang, weil es für den Verkehr schwieriger wird, die Marke dann von anderen Marken zu unterscheiden.

---

43 EuGH v. 23.03.2010 – C-236/08 bis C-238/08 – GRUR 2010, 445.
44 *Sack*, GRUR 1996, 663.
45 Vgl. EuGH v. 22.06.1999 – C-342/97 – GRUR Int 1999, 734.
46 St. Rspr. seit EuGH v. 29.09.1998 – C-39/97 – GRUR 1998, 922.
47 *Ingerl/Rohnke*, MarkenG, 3. Aufl. 2010, § 14, Rn. 497.

48   Die Ähnlichkeit der Zeichen ist nach dem Grad der Ähnlichkeit in Bild, Klang und Bedeutung zu bestimmen.[48] Auch hierbei können wieder Unterschiede in der einen Wahrnehmungsrichtung Ähnlichkeiten in der anderen neutralisieren.[49]

49   Der Begriff der „Ähnlichkeit der Waren und Dienstleistungen" ist weder im MarkenG noch in der MRRL oder GMV definiert. Nach der Rechtsprechung des EuGH sind bei der Beurteilung der Ähnlichkeit alle erheblichen Faktoren zu berücksichtigen, die das Verhältnis zwischen den Waren oder Dienstleistungen kennzeichnen, insbesondere deren Art, Verwendungszweck und Nutzung sowie ihre Eigenart als miteinander konkurrierende oder einander ergänzende Waren oder Dienstleistungen.[50] Von dieser Definition der Ähnlichkeit macht auch der BGH bei seiner Urteilsfindung ständig Gebrauch.[51] Ein Hinweis für eine Ähnlichkeit kann in diesem Zusammenhang darin liegen, dass die Waren/Dienstleistungen unter dem gleichen Obergriff bzw. in der gleichen Klasse der Nizzaer Klassifikation zu finden sind. So spricht beispielsweise Einiges für eine hohe Ähnlichkeit zwischen Computersoftware in Form eines auf einer CD erhältlichen Computerspiels und einer ebenfalls unter Klasse 9 der Nizzaer Klassifikation zu findenden Musiksammlung auf CD. Sowohl bei der Herstellung als auch bei der Verwendung zu Unterhaltungszwecken finden sich Gemeinsamkeiten.

Die Beurteilung der „Ähnlichkeit" bleibt jedoch immer abhängig von den konkreten Umständen. So wurde im Einzelfall auch schon die Ähnlichkeit abgelehnt, obwohl die Waren unter dem gleichen Oberbegriff in der Nizzaer Klassifikation geführt wurden (Computerspiele und tragbare Rundfunkempfänger)[52], und in Fällen, in denen die Waren zunächst sehr ähnlich scheinen, lehnten die Gerichte eine Verwechslungsgefahr ab. So weisen nach einem Urteil des BGH beispielsweise Lenkräder und Pedale für Computerspiele keine Ähnlichkeit mit Automobilen und deren Ersatzteilen auf.[53] Der BGH argumentierte damit, dass bei der Herstellung und Verwendung der Waren keine Gemeinsamkeiten gegeben seien.

50 – Die dritte und letzte Tatbestandsalternative stellt schließlich § 14 Abs. 2 Nr. 3 MarkenG dar. Darin wird es Dritten auch untersagt, ein mit der Marke identisches oder ein ähnliches Zeichen für Waren und Dienstleistungen zu benutzen, die nicht denen ähnlich sind, für die die Marke Schutz genießt, wenn es sich bei der Marke um eine im Inland bekannte Marke handelt und die Benutzung des Zeichens die Unterscheidungskraft oder die Wertschätzung der bekannten Marke ohne rechtfertigenden Grund in unlauterer Weise ausnutzt oder beeinträchtigt. Mit diesem Schutztatbestand bezweckt der Gesetzgeber einen erweiterten Schutz überdurchschnittlich bekannter Marken. Solche Marken sind auch in besonderer Weise anfällig im Hinblick auf die Ausnutzung ihrer Wertschätzung. Einen Fall des § 14 Abs. 2 Nr. 3 MarkenG könnte es beispielsweise darstellen, wenn die Zeichen des weltweit bekannten Spie-

---

48 Vgl. EuGH v. 22.06.1999 – C-342/97 – GRUR Int 1999, 734

49 *Ingerl/Rohnke*, MarkenG, 3. Aufl. 2010, § 14 Rn. 809.

50 Vgl. EuGH v. 29.09.1998 – C-39/97 – GRUR 1998, 922; EuGH v. 18.12.2008 – C-16/06 P – GRUR-RR 2009, 356.

51 Vgl. BGH v. 08.10.1998 – I ZB 35/95 – GRUR 1999, 245, 246.

52 Vgl. BPatG v. 23.10.2008 – 30 W (pat) 72/05 – BeckRS 2009, 11254.

53 Vgl. BGH v. 19.02.2004 – I ZR 172/01 – GRUR 2004, 594.

leherstellers „Electronic Arts" bzw. „EA Sports" im Rahmen der Vermarktung einer Sportbekleidungskollektion verwendet werden würden. Die bezeichneten Waren wären einander nicht ähnlich, dennoch wäre die bekannte Marke „Electronic Arts" wohl schutzbedürftig. Um eine solche Bekanntheit zu bejahen, ist es erforderlich, dass die Marke einem bedeutenden Teil des Publikums bekannt ist, das von den durch diese Marke erfassten Waren und Dienstleistungen betroffen ist.[54] Die Bekanntheit einer Marke ist in Deutschland regelmäßig mit Hilfe des Nachweises der Verkehrsdurchsetzung im Rahmen eines entsprechenden Verkehrsgutachtens nachzuweisen. Auf europäischer Ebene gelten grundsätzlich die sogenannten Chiemsee-Kriterien.[55] Zu diesen Kriterien zählen neben dem Grad der Verkehrsdurchsetzung einer Marke auch unter anderem deren Marktanteil, der betriebene Werbeaufwand und die Medienpräsenz.

Umgekehrt dürfen Spielehersteller natürlich nicht ohne Einwilligung eine (bekannte) Marke Dritter (z.B. Coca-Cola, Facebook) als Name für ihr Spiel oder sonst im Rahmen des Spiels verwenden. Insbesondere darf der Spielehersteller nicht bei Online-Spielen aus dem Bereich des Sports (wie zum Beispiel Formel 1) Namen oder Marken bekannter Sponsoren, welche im realen Leben auf Banden erscheinen, zum Zwecke der Authentizität auf virtuellen Banden implementieren, ohne eine entsprechende Lizenz (möglicherweise im Rahmen eines In-Game-Advertising-Werbevertrags) vom Rechteinhaber zu haben.   *51*

Verstößt der Hersteller oder Lizenzinhaber eines Computerspiels gegen eine der Varianten des § 14 Abs. 2 MarkenG, so kann er vom Inhaber der Marke zunächst auf Unterlassung in Anspruch genommen werden gem. § 14 Abs. 5 MarkenG. Voraussetzung hierfür ist das Vorliegen einer Wiederholungsgefahr. Die Wiederholungsgefahr ist dabei zu bejahen, wenn aufgrund einer in der Vergangenheit begangenen (auch nur einmaligen) Kennzeichenverletzung die Besorgnis begründet ist, dass zukünftig gleiche oder ähnliche Verletzungshandlungen begangen werden.[56] Auch eine erstmalig drohende Zuwiderhandlung kann ausreichen.[57]   *52*

Ferner hat der Verletzte unter Umständen einen Störungsbeseitigungsanspruch gem. § 1004 Abs. 1 BGB. Auch dieser Anspruch ist verschuldensunabhängig.   *53*

Kann dem Verletzer der Kennzeichenrechte zudem ein Verschulden in Form von Vorsatz oder Fahrlässigkeit gem. § 14 Abs. 6 MarkenG vorgeworfen werden, so stehen dem Markeninhaber zusätzlich Schadensersatzansprüche gegen den Verletzer zu. Hierbei enden die meisten Versuche, sich auf Unkenntnis zu berufen, erfolglos. Die Rechtsprechung stellt, wie im gesamten Bereich des gewerblichen Rechtsschutzes üblich, strengste Anforderungen an die Sorgfaltspflichten der Kennzeichenbenutzer. So handelt zumindest fahrlässig, wer eine professionelle Durchführung und Auswertung einer Recherche nach eingetragenen Marken nicht durchführen lässt.[58] Bei der Geltendmachung des Schadens stehen dem Verletzten drei verschiedene Möglichkeiten der Schadensberechnung zur   *54*

---

54   Vgl. EuGH v. 14.09.1999 – C-375/97 – GRUR Int 2000, 73.
55   vgl. EuGH v. 04.05.1999 – C-108 und 109/97 – GRUR 1999, 723.
56   Vgl. BGH v. 30.04.2008 – I ZR 73/05 – GRUR 2008, 702, 703.
57   Vgl. § 14 Abs. 5 Satz 2 MarkenG.
58   Vgl. BGH v. 31.07.2008 – I ZR 171/05 – GRUR 2008, 1104.

Wahl. Er kann zum einen den ihm durch die Verletzungshandlung entgangenen Gewinn geltend machen, welcher im Zweifel jedoch nur sehr schwer nachgewiesen werden kann, weil zumeist tatsächliche Anhaltspunkte dafür fehlen, welchen zusätzlichen Absatz der Verletzte hypothetisch ohne die Kennzeichenverletzung hätte erzielen können.[59] Als zweite Wahlmöglichkeit kann der Verletzte den vom Verletzer erzielten Gewinn gem. § 14 Abs. 6 Satz 2 MarkenG beanspruchen. Schließlich kann er den ihm entstandenen Schaden im Wege der sogenannten Lizenzanalogie geltend machen. Hierbei hat der Verletzer die Kosten zu bezahlen, die für eine marktübliche Nutzung der Kennzeichenrechte in Form einer Lizenz angefallen wären.

4.2 Prozessuales

55 Unterlassungsansprüche können im Rahmen einer Abmahnung geltend gemacht werden, bei der die Abgabe einer strafbewehrten Unterlassungs-/Verpflichtungserklärung eingefordert wird, aber auch im Rahmen einer Hauptsacheklage oder Einstweiligen Verfügung. Die Einstweilige Verfügung ist vor allem in Deutschland ein sehr schnelles und effektives Rechtsmittel und kann auch *ex parte*, also ohne vorherige Anhörung der Gegenseite, erlangt werden. Damit ist die Einstweilige Verfügung ein hochgefährliches Angriffsmittel gegen einen Markenverletzer, insbesondere, wenn dieser erfolgreich im Spielemarkt agiert.

56 Ein etwaiger Schadensersatzanspruch gem. § 14 Abs. 6 MarkenG kann nur im Rahmen eines Hauptsacheverfahrens in Form der Leistungsklage geltend gemacht werden.

57 Wer sich einer unberechtigten Geltendmachung von Rechten aus der Marke ausgesetzt sieht, hat grundsätzlich die Möglichkeit, eine negative Feststellungsklage zu erheben. Das besondere rechtliche Interesse i. S. d. § 256 ZPO wird regelmäßig gegeben sein. Ferner könnten wegen unbegründeter Abmahnungen aus einer Marke Schadensersatzansprüche aus § 678 BGB sowie aus § 823 BGB wegen eines Eingriffs in den eingerichteten und ausgeübten Gewerbebetrieb bestehen, die wiederum im Wege einer Leistungsklage geltend gemacht werden können.

5. Werktitelschutz

58 Eine besondere Bedeutung kommt im Games-Sektor dem Schutz durch einen Werktitel zu. Unter Werktiteln versteht man Namen oder besondere Bezeichnungen von Druckschriften, Filmwerken, Tonwerken, Bühnenwerken oder sonstigen vergleichbaren Werken (§ 5 Abs. 3 MarkenG). Unter die sonstigen vergleichbaren Werke fallen nach höchstrichterlicher Rechtsprechung auch Online- und Computerspiele.[60]

---

59 *Ingerl/Rohnke*, MarkenG, 3. Aufl. 2010, Vor §§ 14-19d, Rn. 235.
60 vgl. auch BGH v. 24.04.1998 – I ZR 44/95 – GRUR 1998, 155; BGH v. 15.01.1998 – I ZR 282/95 – GRUR 1998, 1010; BGH v. 27.04.2006 – I ZR 109/03 – GRUR 2006, 594.

Anders als die Marke hat der Werktitel keine Herkunftshinweisfunktion. Statt- 59
dessen soll der Titel das spezielle Werk, insbesondere im Hinblick auf seinen Inhalt, von anderen Werken unterscheidbar machen.[61] Es kommt zwar nicht darauf an, ob das betreffende Werk urheberrechtlich geschützt ist; der jeweilige
Titel muss jedoch ein Mindestmaß an Unterscheidungskraft besitzen, um das
Werk von anderen Werken zu unterscheiden. An diese Unterscheidungskraft
werden hingegen deutlich geringere Anforderungen gestellt als bei Marken.[62]

Anders als beim Markenschutz setzt der Titelschutz auch keine Registrierung
voraus, sondern entsteht im Grundsatz durch bloße Benutzung im geschäftlichen
Verkehr.[63] Auf den Games-Sektor bezogen, entsteht daher Titelschutz regelmäßig beim Erscheinen eines neuen Spiels[64] oder durch die zuvor erfolgte Werbung
für das Spiel.[65]

Es ist aber in der Praxis oft empfehlenswert, einen Spieletitel auch bereits vor 60
Markteintritt im Vorhinein zusätzlich über eine sogenannte Titelschutzanzeige
zu schützen. Mit einer öffentlichen Titelschutzanzeige kann man den Prioritätszeitpunkt zeitlich nach vorne verlegen[66] und auch vor Bewerbung oder tatsächlicher Markteinführung des entsprechenden Spiels einen Schutz für den Spieltitel erlangen. Hierfür muss das Werk dann unter dem angegebenen Titel auch
innerhalb einer angemessenen Frist (regelmäßig maximal 6 Monate, speziell bei
Computerspielen 3 Monate[67]) erscheinen.[68] Die Titelschutzanzeige selbst bewirkt ohne die Benutzung des Titels noch keinen Werktitelschutz. In der Praxis
kann man durch die Möglichkeit des vorverlagerten Werktitelschutzes in einigen Fällen eine Markenanmeldung noch ein wenig hinauszögern, wenn die nö-
tigen Einzelheiten für die Marke noch nicht abschließend geklärt sind.

Die Dauer des Titelschutzes für ein Online-Spiel hängt maßgeblich von der Benutzung des entsprechenden Spieletitels ab. Wenn dieser Spieletitel nicht mehr
verwendet wird, endet der Titelschutz. Bei Spielen, die in regelmäßigen und
nicht zu langen Zeitabständen neuaufgelegt werden, bleibt der Titelschutz
grundsätzlich bestehen.[69]

---

61 Vgl. BGH v. 16.07.1998 – I ZR 6/96 – GRUR 1999, 235; BGH v. 13.10.2004 – I ZR 181/02
    – GRUR 2005, 264 Rn. 29; OLG Hamburg v. 22.12.1994 – 3 U 38/94 – CR 1995, 335,
    337 f.
62 *Harte-Bavendamm*, in: Kilian/Heussen, Computerrecht, 1. Abschnitt, Teil 5, Marken-
    recht, Rn. 43 m. w. N. (Stand 05/2012).
63 Vgl. BGH v. 25.02.1977 – I ZR 165/75 – GRUR 1977, 543, 547.
64 BGH v. 29.04.1999 – I ZR 152/96 – GRUR 2000, 70 ff.
65 BGH v. 24.04.1997 – I ZR 233/94 – GRUR 1997, 902; BGH v. 15.01.1998 – I ZR 282/95 –
    GRUR 1998, 1010; OLG Hamburg v. 15.02.2001 – 3 U 200/00 – ZUM 2001, 514, 516.
66 Vgl. BGH v. 01.03.2001 – I ZR 205/98 – GRUR 2001, 1054, 1055; OLG Hamburg v.
    06.12.2001 – 3 U 251/01 – WRP 2002, 337.
67 Vgl. LG Hamburg v. 10.06.1998 – 315 O 107/98 – MMR 1998, 485, 486.
68 Vgl. BGH v. 14.05.2009 – I ZR 231/06 – GRUR 2009, 1055, Tz. 43; BGH v. 01.03.2001
    – I ZR 205/98 – GRUR 2001, 1054; OLG München v. 22.08.2002 – 6 U 3180/01 – NJOZ
    2003, 1023, 1027.
69 Für periodische Druckschriften: BGH v. 11.07.1958 – I ZR 187/56 – GRUR 1959, 45;
    BGH v. 07.07.1959 – I ZR 101/58 – GRUR 1959, 541.

6. Geschmacksmusterschutz

61 Der Schutz durch Geschmacksmuster (auch Design genannt) kann für Spiele-hersteller und -anbieter ergänzend in Frage kommen, kommt aber in der Praxis eher selten zur Anwendung. Mit dem Geschmacksmuster kann die zwei- oder dreidimensionale Gestaltung bzw. Erscheinungsform eines Produkts oder eines Produktteils geschützt werden.

Die entsprechenden Rechtsgrundlagen bieten für Deutschland das Geschmacks-mustergesetz (GeschmMG) und für Europa die Gemeinschaftsgeschmacksmus-ter-Verordnung (GGV). Das Geschmacksmusterrecht ist im Grundsatz auch ein Registerrecht, entsteht also durch Eintragung ins deutsche oder europäische Re-gister; allerdings ist durch die GGV auch das nicht eingetragene Gemeinschafts-geschmacksmuster geschützt.

62 Die Voraussetzungen zur Erlangung eines Geschmacksmusterschutzes sind vor allem die Neuheit sowie die Eigenart des Musters. Neuheit bedeutet, dass kein identisches Geschmacksmuster vorher veröffentlicht worden sein darf (§ 2 Abs. 2 GeschmMG); Eigenart heißt, dass der Gesamteindruck, den das Muster auf den informierten Benutzer macht, sich vom Gesamteindruck unterscheiden muss, den ein anderes Muster auf den informierten Benutzer macht (§ 2 Abs. 3 GeschmG).

Im Eintragungsverfahren werden von den Ämtern indes nur die formalen Vor-aussetzungen der Eintragung geprüft, nicht aber die konkreten Voraussetzun-gen der Neuheit und der Eigenart. Fehler bei diesen Voraussetzungen können allerdings in einem etwaigen späteren Verletzungsfall von Dritten eingewandt werden.

In der Praxis spielt der Schutz durch Geschmacksmuster für Spielehersteller und -anbieter eine eher nachrangige Rolle. Dies drückt sich auch in den entspre-chenden Anmeldezahlen in den Registern aus. Bei den Anmeldungen geht es etwa um den Designschutz von Hilfsmitteln, wie beispielsweise speziellen Spie-lekonsolen oder CD-ROM Varianten.

7. Domains

63 Insbesondere bei Online-Spielen ist die Domain naturgemäß von großer Bedeu-tung. Auch wenn viele Online-Spiele unter einem gemeinsamen Online-Spie-le-Portal (wie z.B. alaplaya.net) abzurufen sind, verbessert es die Visibilität und Vermarktung eines Spiels, wenn die Nutzer es auch unter einer gängigen Top-Level-Domain (wie insbesondere .de, .com, .eu, .net), die den Namen des Spiels verwendet, aufrufen können.

64 1. Es ist daher in der Praxis entscheidend, die Verfügbarkeit der erforderlichen Domains möglichst früh zu prüfen und diese dann gegebenenfalls zu regist-rieren. Anders als bei Markenanmeldungen handelt es sich bei Domainregis-trierungen lediglich um technische Einträge in einer zentralen Datenbank/ Registrierungsstelle (wie z.B. in Deutschland der DENIC), die nicht von einer Behörde vorgenommen werden und auch nicht auf ihre materielle Rechtmä-ßigkeit und Richtigkeit hin überprüft werden. Ihre Eintragung wird auch nicht

veröffentlicht. Entscheidend ist aber, dass die Eintragung einer Domain im absoluten Regelfall keine rechtsbegründende Wirkung hat.[70] Dies bedeutet, dass die Domain stets von einer gleichnamigen Marke abgedeckt werden muss. Andernfalls besteht das große Risiko, dass der Inhaber eines (prioritätsälteren) gleichnamigen Markenrechts dem Domaininhaber die Nutzung der Domain verbieten bzw. in zur Löschung zwingen kann.

Daraus folgt, dass die Anmeldestrategie bei Domains und Marken, auch in räumlicher und zeitlicher Hinsicht, eng abgestimmt werden muss. Im Regelfall ist es sinnvoll, die erforderlichen Marken und Domains gleichzeitig anzumelden bzw. zu registrieren. Auf diese Weise kann das faktische Risiko, dass beispielsweise ein Domain-Grabber sich kurzfristig die gewünschte Domain einverleibt und dieser dann aufwändig mit rechtlichen Mitteln zur Löschung aufgefordert werden muss, signifikant reduziert werden.

Wie bei den Marken, muss auch bei den Domains zunächst eine Analyse des Bedarfs erfolgen: Welche Kennzeichen werden als Domains benötigt? Sollen auch andere Schreibvarianten, also z. B. sogenannte „Bindestrich-Domains" (www.spiele-zone.de) registriert werden? Diese werden typischerweise auf die Hauptdomain geroutet, um möglichst viele Nutzer „einzusammeln". Welche Länder sollen abgedeckt werden? Soll dies mit einzelnen Landing Pages unter einer .com-Domain erreicht werden oder sollen idealerweise einzelne nationale Domains registriert werden (country code Top-Level-Domains, wie beispielsweise .de, .nl, .pl)?

Eine weitere strategische Überlegung ist es, darüber nachzudenken, welche Domains nicht von Dritten registriert werden sollen, insbesondere sogenannte Tippfehler-Domains. Um ein Domaingrabbing zu verhindern, das Spielenutzer zunächst auf Webseiten anderer Anbieter ableitet, kann es sinnvoll sein, solche Tippfehler-Domains zu registrieren. 65

2. Mit der Registrierung und Nutzung einer Domain können vor allem Marken und andere Kennzeichen sowie Namen verletzt werden. Mit dem markenrechtlichen Unterlassungsanspruch gemäß § 14 Abs. 2 MarkenG können Domains angegriffen werden, wenn diese verwechslungsfähig mit einer Marke sind. Der BGH hatte erstmals in der bekannten Entscheidung „shell.de" festgestellt, dass – jedenfalls bei Identität des Namens mit der Domain – bereits die Registrierung als Domainname einen unbefugten Namensgebrauch i. S. d. § 12 BGB darstelle.[71] Für Kennzeichenrechte gilt dies in modifizierter Form. Auch der Markeninhaber wird an der Nutzung seiner Marke gehindert, wenn ein Dritter eine entsprechende Domain anmeldet. Daraus kann sich ein Unterlassungsanspruch ergeben, wenn darüber hinaus die Waren bzw. Dienstleistungen, für welche Marke und Domain verwendet werden, identisch bzw. ähnlich sind. Anders als bei der Domain können bei Marken zwei gleichnamige Marken in unterschiedlichen Bereichen (z. B. „Bugatti" bei Autos und Mode/Schuhen) verwendet werden, ohne dass zwingend eine Verwechslungsgefahr vorliegen muss. Den Domainnamen gibt es jedoch nur einmal, so dass Domainkonflikte auch dort entstehen können, wo aus marken- bzw. kennzeichenrechtlicher Sicht eine Verwechslungsgefahr nicht an- 66

---

70 Vgl. auch beispielhaft OLG Hamm v. 18.01.2005 – 4 U 166/04 – MMR 2005, 381, 382; BGH v. 14.05.2009 – I ZR 231/06 – GRUR 2009, 1055; BGH v. 24.04.2008 – I ZR 159/05 – NJW 2008, 3716; BGH v. 19.02.2009 – I ZR 135/06 – GRUR 2009, 685, 688.

71 Vgl. BGH v. 22.11.2001 – I ZR 138/99 – GRUR 2002, 622, 624.

zunehmen wäre. Für die Prüfung der Ähnlichkeit von Waren bzw. Dienstleistungen kommt es auf die Produkte und Dienstleistungen an, die auf der streitgegenständlichen Webseite angeboten werden.[72]

67 Der Unterlassungsanspruch gemäß § 14 Abs. 2 MarkenG setzt voraus, dass der Verletzer das Zeichen im geschäftlichen Verkehr nutzt. Diese Voraussetzung ist jedenfalls dann erfüllt, wenn unter der jeweiligen Domain Waren bzw. Dienstleistungen angeboten bzw. beworben werden. Ein Handeln im geschäftlichen Verkehr liegt hingegen nicht vor, wenn die Domain lediglich registriert und noch kein Inhalt hinterlegt wurde,[73] oder bei einer rein privaten Nutzung der Webseite.[74] Wenn auf der jeweiligen Webseite der Domain Werbung geschaltet ist[75] oder der Domaininhaber die Domain zum Kauf anbietet, wird ein Handeln im geschäftlichen Verkehr regelmäßig unterstellt.[76]

Spielehersteller bzw. Spieleanbieter müssen also zu ihrer eigenen Verteidigung stets darauf achten, dass sie die notwendige Absicherung einer Domain in Form einer Marke für das entsprechende Territorium besitzen. Zuvor müssen sie recherchieren, ob kollidierende prioritätsältere Kennzeichenrechte – insbesondere Marken- und Unternehmensnamensrechte – existieren, welche sie zur Unterlassung der Nutzung und zur Löschung der Domain zwingen können. Dies ist für eigene Domains von Spieleherstellern bzw. Spieleanbietern immer dann relevant, wenn es sich um Marken handelt, die auch für die für Online-Spiele relevanten Waren- und Dienstleistungsklassen eingetragen sind.

In offensiver Hinsicht kann ein Markeninhaber im Segment der Online-Spiele natürlich seinerseits gegen Inhaber einer Domain vorgehen, wenn diese mit seiner Marke identisch bzw. der Marke sehr ähnlich ist und die Domain für das Angebot von Spielen verwendet wird.

8. Berücksichtigung von Persönlichkeitsrechten Dritter, insbesondere des Rechts am Bild und des Namensrechts

68 Bei der Entwicklung und dem Vertrieb von Computerspielen ist ein besonderes Augenmerk auf etwaig betroffene Persönlichkeitsrechte Dritter zu richten. Insbesondere bei Computerspielen, welche tatsächlichen Sportereignissen mit den realen Sportlern nachempfunden sind bzw. diese darstellen, ist dies ein Haupt-

---

72 Vgl. OLG München v. 02.04.1998 – 6 U 4798-97 – CR 1998, 556, 557 = NJW-RR 1998, 984; OLG Hamm v. 28.05.1998 – 4 U 243-97 – NJW-RR 1999, 631; OLG Köln v. 17.03.2006 – 6 U 163/05 – GRUR-RR 2006, 267; OLG Hamburg v. 02.05.2002 – 3 U 216/01 – MMR 2002, 682, 683.

73 Z.B. BGH Urteil vom 02.12.2004 – I ZR 207/01; BGH v. 19.02.2009 – I ZR 135/06 – GRUR 2009, 685, 688; OLG München v. 28.06.2007 – 29 U 4624/06 – GRUR-RR 2008, 6, 8; OLG Hamburg v. 28.07.2005 – 5 U 141/04 – NJOZ 2005, 4080, 4083; LG Köln v. 17.11.2005 – 31 O 534/05 – GRUR-RR 2006, 372, 373.

74 Beispielhaft: BGH v. 22.11.2001 – I ZR 138/99 – GRUR 2002, 622, 624.

75 Vgl. *Viefhues*, in: Hoeren/Sieber, Multimedia-Recht, Teil 6.1, Rn. 66 ff. m. w. N. (Stand: 08/2012).

76 Im UWG anerkannt: BGH v. 19.02.2009 – I ZR 135/06 – GRUR 2009, 685, 689.

punkt rechtlicher Auseinandersetzungen. Es ist einem Spielehersteller beispielsweise nicht erlaubt, die Bildnisse bzw. Namen von realen Sportlern ohne deren Einwilligung im Spiel zu verwenden. Dabei ist unerheblich, dass die Spiele die Realität so natürlich und detailgetreu wie möglich abbilden sollen.

Die nicht bzw. unzureichend lizenzierte Verwertung von Namen und Bildnissen war in der Vergangenheit bereits verschiedentlich Gegenstand gerichtlicher Auseinandersetzungen. Besonders prominent und lehrreich war dabei der Fall „Oliver Kahn" [77], über den in den Jahren 2003 und 2004 das Landgericht und Oberlandesgericht Hamburg zu entscheiden hatten.   69

Der ehemalige Torhüter des FC Bayern München sowie der deutschen Nationalmannschaft, Oliver Kahn, wandte sich dort gegen die Verbreitung des von EA Sports hergestellten und vertriebenen Computerspiels „*FIFA Fußball Weltmeisterschaft 2002*". In diesem Spiel war es dem Spieler möglich, einzelne Mannschaften – und damit auch verschiedene Fußballspieler – auszuwählen und diese im Rahmen eines Fußballspiels zu kontrollieren. Durch die gute graphische Aufmachung der entsprechenden Spielfigur sowie durch die Nennung des Namens war Oliver Kahn nach Ansicht der mit der Streitigkeit befassten Gerichte unschwer zu erkennen. Dadurch sah der Kläger sein Allgemeines Persönlichkeitsrecht in Form des Rechts am eigenen Bild sowie des Namensrechts verletzt und verklagte EA Sports auf Unterlassung.

8.1 Rechtliche Konsequenzen der Verwertung von Namen und Bildnissen, in die nicht beziehungsweise nicht vollumfänglich eingewilligt wurde

Sowohl das erstinstanzliche Gericht (LG Hamburg) als auch das Berufungsgericht (OLG Hamburg) gingen davon aus, dass Oliver Kahn in keiner Form in die Verwendung seines Namens oder Bildnisses gegenüber dem Spielehersteller eingewilligt hatte.[78] Gegenstand der Entscheidungen waren damit die Konsequenzen der Verwertung von Namen und Bildnissen ohne Einwilligung des entsprechenden Rechteinhabers.

Werden Namen und/oder Bildnisse verwertet, ohne dass eine vollumfängliche entsprechende Einwilligung existiert, führt dies in der Regel jedenfalls zu Beseitigungs- und Unterlassungsansprüchen des Rechteinhabers gegen den Spielevertreiber. Diese sind – wie auch Beseitigungs- und Unterlassungsansprüche im Rahmen des Markengesetzes (vgl. oben unter 1.4) – verschuldensunabhängig. Die notwendige Wiederholungsgefahr wird auch hier durch erstmalige Begehung indiziert.   70

Dem Rechteinhaber können zusätzlich Schadensersatzansprüche zustehen, sollte dem Verletzenden ein Verschulden nachzuweisen sein.

– Ein Beseitigungs- und Unterlassungsanspruch kann sich zunächst aus dem Namensrecht gemäß § 12 BGB ergeben. Dieser Anspruch besteht dann, wenn   71

---

77 LG Hamburg v. 25.04.2003 – 324 O 381/02 – ZUM 2003, 689; OLG Hamburg v. 13.01.2004 – 7 U 41/03 – MMR 2004, 413.

78 Vgl. LG Hamburg v. 25.04.2003 – 324 O 381/02 – ZUM 2003, 689, 690; OLG Hamburg v. 13.01.2004 – 7 U 41/03 – MMR 2004, 413.

dem Rechteinhaber sein Recht zum Gebrauch des Namens „von einem anderen bestritten wird" oder wenn „ein anderer unbefugt den Namen gebraucht". Dabei umfasst der Namensschutz grundsätzlich den bürgerlichen Vor- und Familiennamen, Künstlernamen[79] und sogar Pseudonyme, sofern der Verwender des Pseudonyms unter diesem Namen bekannt ist.[80] § 12 BGB schützt nach heute herrschender Meinung lediglich vor Identitätstäuschungen und Verwechslungen.[81] Damit begründet die bloße Namensnennung keinen Anspruch aus § 12 BGB, und zwar unabhängig von dem sachlichen Gehalt der Aussage, in deren Zusammenhang die Namensnennung erfolgt.[82] Eine bloße Namensnennung ist jedoch dann nicht mehr gegeben, wenn eine „Zuordnungsverwirrung" stattfindet, der Namensträger also mit bestimmten Waren und Dienstleistungen in Verbindung gebracht wird, mit denen er in keinem Zusammenhang steht.[83] Dies ist bereits dann gegeben, wenn ein nicht unerheblicher Teil des angesprochenen Publikums von einer Zustimmung zur Namensnennung ausgeht.[84]

Ob dies bei der Verwendung von Namen in Computerspielen der Fall ist, kann nur im Einzelfall unter Berücksichtigung der konkreten Umstände entschieden werden. Das LG Hamburg jedenfalls verneinte einen Anspruch von Oliver Kahn gem. § 12 BGB mit der Begründung, der Name des Betroffenen werde nicht zur Bezeichnung einer Person verwendet, der er nicht zukomme.[85]

72 Allerdings wird sich ein Spielehersteller oder -vertreiber regelmäßig dem Beseitigungs- und Unterlassungsanspruch aus dem allgemeinen Persönlichkeitsrecht gem. § 1004 Abs. 1 Satz 2 BGB beziehungsweise § 823 Abs. 1, 2 BGB (letzterer nur im Falle eines Verschuldens) in Verbindung mit Art. 2 Abs. 1 i. V. m. Art. 1 Abs. 1 GG sowie aus dem Recht am eigenen Bild gem. §§ 1004 Abs. 1 Satz 2, 823 Abs. 1, 2 BGB i. V. m. §§ 22, 23 Kunsturhebergesetz (KUG) ausgesetzt sehen, wenn er Namen oder Bildnisse verwertet, ohne dass der Rechteinhaber dieser Verwertung vollumfänglich zugestimmt hat.

73 Das allgemeine Persönlichkeitsrecht (Art. 2 Abs. 1 GG i. V. m. Art. 1 Abs. 1 GG) gibt dem Träger die Befugnis, selbst zu bestimmen, ob und in welchem Umfang der Name zu Werbezwecken anderer eingesetzt werden soll, und zwar unabhängig von der Verletzung sonstiger Persönlichkeitsgüter wie beispielsweise einer Ansehensminderung.[86] Außerdem reicht es aus, wenn die betreffende Person von einem Teil des Adressatenkreises aufgrund der Um-

79 Vgl. *Gauß*, GRUR Int 2004, 558, 562; OLG Düsseldorf v. 18.03.1986 – 4 O 300/85 – NJW 1987, 1413.
80 Vgl. BGH v. 26.06.2003 – I ZR 296/00 – GRUR 2003, 897.
81 Beispielhaft: BGH v. 24.10.1990 – XII ZR 112/89 – NJW-RR 1991, 934.
82 Vgl. *Gauß*, GRUR Int 2004, 558, 562 m. w. N.
83 Vgl. *Gauß*, GRUR Int 2004, 558, 562 m. w. N.
84 Vgl. OLG Düsseldorf v. 29.08.2001 – 12 O 566/00 – AfP 2002, 64, 65; OLG München v. 26.01.2001 – 21 U 4612/00 – GRUR-RR 2002, 271 f.; LG Düsseldorf v. 15.05.1997 – 4 O 250-96 – NJW-RR 1998, 747.
85 Vgl. LG Hamburg v. 25.04.2003 – 324 O 381/02 – ZUM 2003, 689, 691.
86 Vgl. BGH v. 26.06.1981 – I ZR 73/79 – GRUR 1981, 846, 848; LG Frankfurt a. M. v. 12.12.2008 – 2-06 O 249/06 – BeckRS 2009, 26562; Eingriff in die Intimsphäre durch eine Darstellung in einem Computerspiel bejahend: LG München v. 14.11.2001 – 9 O 116717/01 – ZUM 2002, 318.

Körner

stände identifiziert werden kann. Eine ausdrückliche Nennung des Namens ist also gar nicht unbedingt erforderlich.[87]

Das Recht am eigenen Bild ist eine konkrete Ausprägung des allgemeinen Persönlichkeitsrechtes. § 22 KUG sieht vor, dass „Bildnisse nur mit Einwilligung des Abgebildeten verbreitet oder öffentlich zur Schau gestellt werden" dürfen. Dabei gilt die Einwilligung im Zweifel als erteilt, wenn „der Abgebildete dafür, dass er sich abbilden ließ, eine Entlohnung erhielt". Der Begriff des Bildnisses wird weit ausgelegt und umfasst alle Formen der Darstellungen, unter anderem auch Zeichnungen, Karikaturen oder Comic-Figuren.[88] Entscheidend ist lediglich die Erkennbarkeit der abgebildeten Person, wobei es wiederum ausreicht, wenn die Identifizierung der abgebildeten Person anhand charakteristischer Erkennungsmerkmale oder anhand des Umfeldes, in dem die Abbildung erscheint – beispielsweise beigefügter Texte – gelingt.[89] So wurde ein Bildnis von Oliver Kahn allein aufgrund der Tatsache bejaht, „dass sich zum Teil neben der abgebildeten Person der in Druckschrift geschriebene Name befindet"[90]. Ausreichend kann sogar sein, dass „der Abgebildete begründeten Anlass hat, anzunehmen, er könne als abgebildet identifiziert werden"[91].

Das allgemeine Persönlichkeitsrecht und das Recht am eigenen Bild schützen den Rechteinhaber jedoch nicht vorbehaltlos. Das allgemeine Persönlichkeitsrecht kann eingeschränkt werden, wenn kollidierende Rechte des Spieleherstellers bzw. -vertreibers mit Verfassungsrang im konkreten Einzelfall überwiegen. Solche Rechte können beispielsweise die Kunstfreiheit (Art. 5 Abs. 3 GG) oder das Recht auf Informationsfreiheit (Art. 5 Abs. 1 GG) darstellen. Ein Computerspiel ist jedenfalls als Kunstwerk im Sinne des Art. 5 Abs. 3 GG zu werten.[92] 74

Das Recht am eigenen Bild gemäß § 22 KUG erfährt seine Einschränkung in § 23 Abs. 1 KUG, wonach Bildnisse unter bestimmten Voraussetzungen auch ohne die nach § 22 KUG erforderliche Einwilligung verbreitet und zur Schau gestellt werden dürfen. Im Hinblick auf Computerspiele haben Bildnisse aus dem Bereich der Zeitgeschichte regelmäßig die größte Relevanz (§ 23 Abs. 1 Nr. 1 KUG). Auch die Ausnahme des Bildnisses, bei dem die Verbreitung oder Schaustellung einem höheren Interesse der Kunst dient und das nicht auf Bestellung angefertigt wurde (§ 23 Abs. 1 Nr. 4 KUG), ist in diesem Zusammenhang zu erwägen.

Der Begriff der Zeitgeschichte umfasst das gesamte politische, soziale, wirtschaftliche und kulturelle Leben, also alles tagesaktuelle sowie historische Geschehen, das in irgendeiner Form von der Öffentlichkeit beachtet wird.[93] Bereits bei der Frage, ob es sich bei dem betroffenen Rechteinhaber um eine Person der Zeitgeschichte handelt, findet nach deutscher Rechtsprechung eine Abwägung dahingehend statt, ob die Abbildung dergestalt einen Beitrag für den Prozess der öffentlichen Meinungsbildung leistet, dass das all-

---

87 Vgl. *Gauß*, GRUR Int 2004, 558, 562 m. w. N.

88 Vgl. *Gauß*, GRUR Int 2004, 558, 559 m. w. N.

89 Beispielhaft: BGH v. 26.06.1979 – VI ZR 108/78 – GRUR 1979, 732, 733.

90 OLG Hamburg v. 13.01.2004 – 7 U 41/03 – MMR 2004, 413.

91 Vgl. BGH v. 26.06.1979 – VI ZR 108/78 – GRUR 1979, 732, 733 m. w. N.

92 Vgl. OLG Hamburg v. 13.01.2004 – 7 U 41/03 – MMR 2004, 413, 414.

93 *Fricke*, in: Wandtke/Bullinger, UrhG, 3. Aufl. 2009, § 23 KUG Rn. 3 m. w. N.

gemeine Persönlichkeitsrecht des Rechteinhabers im konkreten Einzelfall zurücktreten darf.[94] Dies mag bei Computerspielen häufig bereits nicht der Fall sein.[95]

Selbst wenn es sich unter Berücksichtigung dieser Erwägungen bei dem Rechteinhaber um eine Person der Zeitgeschichte handelt, erstreckt sich diese Ausnahmebefugnis nicht „auf eine Verbreitung und Schaustellung, durch die ein berechtigtes Interesse des Abgebildeten, oder, falls dieser verstorben ist, seiner Angehörigen verletzt wird" (§ 23 Abs. 2 KUG). Auch hier findet also im konkreten Einzelfall eine Güterabwägung statt, bei der auf der einen Seite die Interessen des Rechteinhabers und auf der anderen Seite die Grundrechte des Verletzenden sowie das Informationsbedürfnis der Allgemeinheit gegeneinander abgewogen werden.

75   Die beschriebenen Interessenabwägungen müssen im Einzelfall unter Berücksichtigung der konkreten Umstände, des Gegenstands des Computerspiels und der betroffenen Personen erfolgen. Allerdings werden – gerade bei reinen Unterhaltungsspielen – die Rechte des Spieleherstellers regelmäßig zurücktreten müssen. Dessen vordergründiges Interesse ist nämlich vornehmlich, durch die möglichst realitätsnahe Darstellung Prominenter ein für Spieler attraktiveres Videospiel auf den Markt zu bringen und folglich mehr Gewinn zu erzielen,[96] nicht aber die Ausübung der Kunst, sodass sich der Hersteller gar nicht erst auf die Kunstfreiheit wird berufen können. Außerdem wird die Kunstfreiheit nicht schrankenlos garantiert. Bei ehrenrührigen oder herabsetzenden Darstellungen überwiegt jedenfalls das Persönlichkeitsrecht des Abgebildeten.[97] Hier ist zu berücksichtigen, dass die Prominente darstellenden Spielfiguren naturgemäß zu willenlosen Werkzeugen des Spielers gemacht werden, „der sie nach eigenem Gutdünken führen und auch zu sinnwidrigen oder gar lächerlichen Aktionen einsetzen kann"[98]. Dementsprechend dient die Darstellung Prominenter in Computerspielen regelmäßig auch nicht primär dem Informationsinteresse.

76   Somit muss der Spielehersteller damit rechnen, durch einen Dritten wegen der Verwendung von Namen oder – identifizierbaren – Bildnissen auf Beseitigung und Unterlassung in Anspruch genommen zu werden, wenn letzterer nicht eingewilligt hat. Wichtig ist aber, dass sich die entsprechende Unterlassungsanordnung nicht auf die Verbreitung des Computerspiels schlechthin, sondern nur auf die darin enthaltene bildliche Darstellung und die Verwendung des Namens des Rechteinhabers bezieht – „werden die bildliche Darstellung und die Namensnennung des Rechteinhabers aus dem Spiel entfernt, so widerspricht das künftige Verbreiten des Spiels nicht dem ausgesprochenen Verbot"[99]. Inwieweit aber in der Praxis – beispielsweise bei Spielen auf

---

94   Vgl. BVerfG v. 26.02.2008 – 1 BvR 1626/07 – GRUR 2008, 539, 545; BGH v. 06.03.2007 – VI ZR 13/06 – GRUR 2007, 523, 525; BGH v. 19.06.2007 – VI ZR 12/06 – GRUR 2007, 899, 900.

95   Offengelassen in: LG Hamburg v. 25.04.2003 – 324 O 381/02 – ZUM 2003, 689, 690 f.; OLG Hamburg v. 13.01.2004 – 7 U 41/03 – MMR 2004, 413, 414.

96   Vgl. OLG Hamburg v. 13.01.2004 – 7 U 41/03 – MMR 2004, 413, 414.

97   Vgl. *Gauß*, GRUR Int 2004, 558, 561 m. w. N., beispielhaft: LG Hamburg v. 25.04.2003 – 324 O 381/02 – ZUM 2003, 689, 690 f.

98   Vgl. LG Hamburg v. 25.04.2003 – 324 O 381/02 – ZUM 2003, 689, 691.

99   So auch: OLG Hamburg v. 13.01.2004 – 7 U 41/03 – MMR 2004, 413.

Datenträgern – im Nachhinein eine Änderung überhaupt möglich wäre, ist natürlich in diesem Zusammenhang von großer Bedeutung.

– Wenn dem Spielehersteller (hinsichtlich der oben beschriebenen Verletzung   77
von Persönlichkeitsrechten) ein Verschulden nachgewiesen werden kann, so steht dem Rechteinhaber zusätzlich ein Anspruch auf Schadensersatz zu. Primär besteht dieser in Form der Lizenzanalogie in Anlehnung an die dreifache Schadensberechnung im Urheberrecht[100] (wahlweise: konkrete Berechnung des Schadens, Schadensberechnung nach der Lizenzanalogie oder Herausgabe des Verlustgewinns).[101] Ebenfalls möglich ist ein Ausgleich nach den Grundsätzen des Bereicherungsrechts in Form der im Immaterialgüterrecht anerkannten Lizenzanalogie sowie – bei besonders schwerwiegenden Beeinträchtigungen – Geldentschädigung für ideelle Schäden, vorwiegend unter dem Gesichtspunkt der Genugtuung und der Prävention.[102] Es ist noch darauf hinzuweisen, dass an das Verschulden keine hohen Anforderungen gestellt werden. Ein solches wird bereits aufgrund der Tatsache bejaht, dass allgemein bekannt ist, dass ein Bildnis eines Prominenten beziehungsweise dessen Namensnennung nicht ohne die Einwilligung des Betroffenen erfolgen darf.[103]

8.2 Darstellung von Filmfiguren beziehungsweise Filmszenen in Computerspielen

Das Obengesagte gilt analog für die Darstellung von Filmfiguren in Computer-   78
spielen. Anders ist die Sachlage jedoch bei der Darstellung von Filmfiguren, soweit das Computerspiel – wie häufig – als lizenzierte Merchandisingmaßnahme hergestellt und vertrieben wird. Dann ist regelmäßig davon auszugehen, dass die Schauspieler vertraglich in die werbemäßige Verwendung von Namen und Bildnis einwilligen,[104] jedenfalls, soweit die Schauspieler nicht in herabwürdigender Weise dargestellt werden.[105] Von Merchandisingmaßnahmen umfasst werden auch die Herstellung und der Vertrieb entsprechender Videospiele.[106] Somit haben Spielehersteller und -vertreiber diesbezüglich regelmäßig weder Beseitigungs- und Unterlassungsansprüche noch Schadensersatzansprüche zu befürchten.

---

100 Vgl. *Gauß*, GRUR Int 2004, 558, 567 m. w. N.
101 Vgl. BGH v. 01.12.1999 – I ZR 49/97 – NJW 2000, 2195, 2201.
102 Vgl. BGH v. 05.12.1995 – VI ZR 332/94 – NJW 1996, 984, 985.
103 Angedeutet in: BGH v. 01.12.1999 – I ZR 226/97 – NJW 2000, 2201, 2202.
104 Vgl. *Schertz*, ZUM 2003, 631, 640; *Schertz*, in: Loewenheim, Handbuch des Urheberrechts, 2. Aufl. 2010, § 79 Rn. 5 m. w. N.
105 *Gauß*, GRUR Int 2004, 558, 563.
106 *Gauß*, GRUR Int 2004, 558, 563.

Kapitel 4

Vertrieb und Lizenzierung

1. Einleitung

Computer- und Videospiele werden über verschiedenste Vertriebskanäle und   1
Plattformen vertrieben. Dabei erfolgt der Vertrieb eines einzigen Spiels nicht
selten über verschiedene Plattformen, oft unter Verbindung von Offline- und
Online-Spielmöglichkeiten. Nicht zuletzt infolge des immensen Erfolgs von Online-Spielen wird auch der „traditionelle" Offline-Spielvertrieb von Konsolenspielen oder PC-Spielen auf Datenträgern dank internetfähiger Spielkonsolen
oder der Internetverbindung des heimischen PC inzwischen in aller Regel um
eine Online-Komponente ergänzt. Die Online-Dimension ermöglicht dem Spieler ein Multi-Player Spielerlebnis, den interaktiven Austausch mit der Community sowie den Bezug von Wartungs-Updates und Spielerweiterungen. Für den
Anbieter schafft der Vertrieb kostenpflichtiger Spielverbesserungen, Spielerweiterungen oder virtueller Güter zusätzliches Geschäftspotential und verlängert
den Verwertungszyklus einzelner Spiele. Der Anbieter profitiert zudem von den
Marketing-Möglichkeiten einer eigenen Online-Community.

Den Vertrieb organisiert oft ein Publisher, der das Spiel – ähnlich einem Verlag –   2
veröffentlicht und vermarktet. Manche – vor allem große – Publisher haben eigene oder eng assoziierte Entwicklungsstudios. Publisher ohne eigene Entwick-
lungskapazität lizenzieren die unter ihren Labeln veröffentlichten Spiele von
externen Entwicklungsstudios ein. Dabei beginnt die Vertragsbeziehung zwischen Publisher und Entwicklungsstudio häufig nicht erst zum Marketing- und
Vertriebsstart eines Spiels, sondern umfasst bereits die Entwicklung des Spiels
im Auftrag des (mit-)finanzierenden Publishers.[1] Der Publisher bedient sodann
entweder seine eigenen Vertriebsplattformen oder schließt seinerseits Verträge
mit Vertriebspartnern ab.

Angesichts der Vielzahl internetbasierter Vertriebsmöglichkeiten sind die re-   3
levanten Plattformen und Zielgruppen inzwischen auch für die Entwicklungsstudios selbst zunehmend direkt erschließbar. Das Beispiel der teils höchst erfolgreichen Social Games[2], die über soziale Netzwerke vertrieben werden und
sich in den Netzwerken jeweils viral verbreiten, veranschaulicht dies. Bei Online-Spielen sowie bei Spielen für mobile Endgeräte (Smartphone, Handy) ist die
Einbindung eines externen Publishers inzwischen oft entbehrlich. Auch Groß-
und Einzelhandel sind bei direkter Erreichbarkeit der Zielgruppen über Online-
Plattformen am Vertrieb nicht mehr notwendig beteiligt.

Als direkte Vertriebspartner eines Entwicklungsstudios kommen dabei speziell
bei Online-Spielen und Spielen für mobile Endgeräte zunehmend Betreiber von
Online-Portalen und Online-Plattformen (einschließlich sozialer Netzwerke) sowie Betreiber betriebssystemspezifischer Plattformen (z. B. Android Market, App
Store) in Betracht.

---

[1]   Vgl. Kapitel 1, Ziffer 1.1.
[2]   Bekannte Beispiele sind etwa die Social Games des im Jahr 2007 gegründeten Anbie-
     ters Zynga (z. B. Farmville, Cityville). Zynga erzielte vor seinem Börsengang im De-
     zember 2011 in den ersten drei Kalenderquartelen des Jahres 2011 Umsätze in Höhe
     von 830 Millionen US-Dollar (vgl. http://www.sueddeutsche.de/wirtschaft/groesster-
     boersengang-seit-google-eine-milliarde-dollar-fuer-zynga-1.1236485) (02.11.2012).

4 Kleinere Online-Spiele (z. B. Flash-Games) werden dabei meist als reine Browsergames angeboten und über den Internet-Browser des Spielers gespielt. Die Spiele selbst werden oft kostenlos angeboten („Free-2-play" oder „F2P"), wobei der Anbieter auf anschließende Einnahmen aus dem Verkauf virtueller Güter und Spielvorteile (Item Selling) hofft. Auch komplexere Spiele, gerade auch die so genannten *Massive Multiplayer Online Role Playing Games* („MMORPG"), die technisch zumeist als Client-Server-Modell konstruiert sind und zentral auf Servern des Anbieters verwaltet werden (sog. *Gaming as a Service* oder *GaaS*)[3], sind in einer Basisversion für den Einsteiger zunächst oftmals kostenlos, werden für den Spieler aber erst durch kostenpflichtige Subskriptionen und den Erwerb virtueller Güter nachhaltig interessant. Spiele für mobile Endgeräte (Smartphone, Handy) schließlich werden kostenlos oder gegen einmalige Lizenzgebühren per Download aus dem stationären oder mobilen Internet oder per Mehrwert-SMS oder Wireless Application Protocol (WAP) an das Endgerät übermittelt.

5 Bei zunehmender Marktmacht relevanter Plattformen im stationären oder mobilen Internet gerät der Entwickler – etwa beim Vertrieb von Spielen in sozialen Netzwerken oder über „Stores" für Smartphone-Apps – in eine beträchtliche technische und kommerzielle Abhängigkeit vom Plattformbetreiber, der die technischen Schnittstellen der Plattform bestimmt sowie die rechtlichen und kommerziellen Rahmenbedingungen der Plattformnutzung vorgibt. Bei der Vertragsgestaltung besteht hier in den seltensten Fällen Verhandlungsspielraum.

6 Für die Betrachtung der wesentlichen Rechtsfragen des Vertriebs und der Auslizenzierung von Spielen wird in diesem Kapitel zwischen dem Vertragsverhältnis zwischen Hersteller und Vertriebspartner einerseits und den vertraglichen Regelungen mit dem Endkunden andererseits unterschieden: Die Vertragsbeziehung zwischen Hersteller und Vertriebspartner erlaubt es dem Vertriebspartner, das Spiel als Handelsvertreter oder als Vertragshändler – ggf. unter Einschaltung weiterer Vertriebspartner – über bestimmte Vertriebswege und Plattformen an Endkunden zu vertreiben und entsprechend zu bewerben. Bereits auf dieser Stufe muss konzeptionell bedacht und geregelt werden, auf welche Weise die Endkunden an die Lizenzbedingungen des Herstellers („End User Licence Terms" oder „EULA") gebunden werden sollen. Bei der Gestaltung der Vertragsbeziehung mit dem Endkunden sodann kommt es vor allem auf die AGB-rechtlichen und urheberrechtlichen Grenzen vom Hersteller angestrebter Nutzungs- und Weitergabebeschränkungen an.

Der Hersteller oder Publisher, der das Spiel in Verkehr bringt und auf einer oder auf mehreren Vertriebsstufen Vertriebspartner in den Absatz einbindet, wird in diesem Kapitel als „Hersteller" bezeichnet. Der Empfänger des Vertriebsrechts wird – unabhängig davon, ob er Offline- oder Online-Händler, Plattform- oder Portalbetreiber ist – einheitlich als „Vertriebspartner" bezeichnet.

---

3 Der Spieler greift dabei über eine bei ihm (z. B. auf dem Heim-PC) installierte Client-Software auf den (oder die) Server des Anbieters zu. Die Client-Software enthält dabei nur die zur Darstellung der Spielwelt notwendigen Daten, wohingegen die Spielmechanik und der jeweilige Spielstatus der einzelnen Spieler auf Servern des Anbieters verwaltet und gespeichert werden, vgl. etwa http://de.wikipedia.org/wiki/Massively_ Multiplayer_Online_Role-Playing_Game (02.11.2012).

2. Vertragsverhältnis zum Vertriebspartner

2.1 Einräumung des Vertriebsrechts

2.1.1 Nutzungsrechtsumfang

Zum Vertrieb des Spiels benötigt der Vertriebspartner urheberrechtliche Verwer- 7
tungsrechte sowie Lizenzen an Kennzeichenrechten des Anbieters. Die Einräumung von Verwertungsrechten am Spiel wird im Kapitel „Entwicklungsverträge" am Beispiel der Rechtseinräumung an den Publisher ausführlich behandelt.[4]
Die Darstellung in diesem Kapitel beschränkt sich daher auf einige Kernpunkte
sowie vertriebsspezifische Aspekte der Nutzungsrechtseinräumung.

Angesichts der Vielzahl der technischen Verwertungsmöglichkeiten und verfügbaren Spielplattformen ist die Rechtseinräumung an den Vertriebspartner auf
das konkret angestrebte Vertriebsszenario individuell zuzuschneiden. Ist die
Reichweite der von den Parteien angestrebten Nutzungsrechtseinräumung im
Vertriebsvertrag nicht eindeutig bestimmt, greift als Auslegungsregel der urheberrechtliche Zweckübertragungsgrundsatz[5].

Wie bei der Nutzungsrechtseinräumung an den Publisher im Entwicklungs- 8
vertrag sind in jedem Vertriebsvertrag zumindest Regelungen zum räumlichen, zeitlichen und inhaltlichen Umfang des Vertriebsrechts sowie zur Frage der Exklusivität zu treffen.[6] Je nach der Struktur der Vertriebskette benötigt
der Vertriebspartner unter Umständen das Recht, einzelne Elemente seines
Vertriebsrechts unterzulizenzieren. Bei der Vereinbarung von räumlichen Beschränkungen innerhalb der EU oder des EWR, insbesondere bei ausschließlichen Gebietszuweisungen, können – je nach Marktanteil der beteiligten Partei-
en – kartellrechtliche Grenzen zu beachten sein.[7]

In inhaltlicher Hinsicht sollte das Nutzungsrecht des Vertriebspartners unter Be- 9
rücksichtigung der vereinbarten Vertriebskanäle und der vom Vertriebspartner
zu bedienenden Hardwareplattformen möglichst präzise beschrieben werden.
Bei Konsolenspielen kommen als Vertriebskanäle typischerweise der Vertrieb
des eigentlichen Spiels auf Datenträgern im Einzelhandel und Online-Versand-
handel sowie der ergänzende Vertrieb von Spielerweiterungen, oft im Wege
von Online-Subskriptionen, und virtuellen Gütern über das Internet in Betracht.
Vom Vertriebspartner zu bedienende Spieleplattformen können etwa stationäre
oder tragbare Spielkonsolen, PCs, Smartphones, Mobiltelephone, bei komple-
xeren Online-Spielen Client-Server-Modelle und bei einfacheren Online-Spielen der Internetbrowser des Spielers sein. Die jeweils betroffenen urheberrechtlichen Verwertungsarten sollten in der Rechtseinräumungsklausel ausdrücklich
benannt werden. Relevant sind unter den gesetzlich vorgesehenen Grundverwertungsarten – je nach dem konkreten Vertriebsszenario – vor allem das Ver-

---

4 Siehe Kapitel 1, Ziffer 1.2.
5 Vgl. § 31 Abs. 5 UrhG. Zu beachten ist, dass der Zweckübertragungsgrundsatz im
   Rahmen der AGB-rechtlichen Inhaltskontrolle nicht anwendbar ist, BGH v. 31.05.2012
   – I ZR 73/10 – GRUR 2012, 1031, 1035 – Honorarbedingungen Freie Journalisten.
6 Zu Einzelheiten wird auf Kapitel 1, Ziffer 2.6.1 verwiesen.
7 Näher sogleich Ziffer 2.2.

vielfältigungsrecht, das Verbreitungsrecht, das Recht der öffentlichen Zugänglichmachung, das Vorführungsrecht und das Senderecht.[8]

10   Nach allgemeinen urhebervertragsrechtlichen Grundsätzen können nicht alle Nutzungsbeschränkungen mit dinglicher Wirkung (d.h. mit Wirkung gegenüber jedermann) vereinbart werden. Vielmehr lassen sich Nutzungen, die nach der Verkehrsauffassung nicht eindeutig abgrenzbar und wirtschaftlich-technisch selbständig sind, nur mit schuldrechtlicher Wirkung ausschließen oder gestatten.[9] Plastisch wird dieser Unterschied etwa am Beispiel von Exklusivitätsvereinbarungen oder -beschränkungen, die sich auf wirtschaftlich-technisch unselbständige Nutzungen beziehen: Erhält der Vertriebspartner ein nicht-ausschließliches Recht zum Vertrieb eines PC-Spiels, das jedoch für den Vertrieb einer bestimmten Sonderedition (etwa in besonderer Verpackung und mit beiliegendem Werbegeschenk) „exklusiv" sein soll, so liegt darin eine rein schuldrechtliche Verpflichtung des Herstellers, diese Sonderedition selbst nicht zu vertreiben und dies auch keinem Dritten zu gestatten. Findet sodann seitens des Herstellers oder eines von diesem autorisierten Dritten dennoch ein Vertrieb der betreffenden Sonderedition statt, so ist der Vertriebspartner auf vertragliche Ansprüche gegen den Hersteller beschränkt. Anders als der Inhaber eines ausschließlichen Nutzungsrechts, der eigene urheberrechtliche Verletzungsansprüche hat, hat der Vertriebspartner gegen Dritte, die „seine" Sonderedition vertreiben, keine Handhabe. Erwirbt – im umgekehrten Fall – der Vertriebspartner ein ausschließliches Nutzungsrecht und behält sich der Hersteller den Vertrieb der Sonderedition „exklusiv" vor, so ist dies für den Vertriebspartner eine rein schuldrechtliche Ausübungsbeschränkung seines ausschließlichen Nutzungsrechts. Der Hersteller könnte im Fall einer Verletzung dieser Beschränkung nur auf vertraglicher, nicht hingegen auf urheberrechtlicher Grundlage gegen den Vertriebspartner vorgehen. Ein vergleichbares Beispiel für eine rein schuldrechtlich wirkende „Exklusivität" eines nicht ausschließlichen Nutzungsrechts (bzw. umgekehrt einer Ausübungsbeschränkung eines ausschließlichen Nutzungsrechts) wäre – etwaige kartellrechtliche Implikationen an dieser Stelle außer Acht gelassen – ein „exklusives" Vertriebsrecht nur gegenüber einer ganz bestimmten Zielgruppe wie etwa den Mitgliedern einer bestimmten Online-Community, in der der Vertriebspartner das Spiel aktiv bewirbt.

11   Soll der Vertriebspartner selbst bestimmte Anpassungen an dem Spiel vornehmen, etwa um nach und nach verschiedene Spieleplattformen oder Sprachregionen zu erschließen, eine Fortsetzung des Spiels (Sequel) herzustellen oder das Spiel in ein anderes Werk-Genre (etwa Film) zu überführen, so benötigt er entsprechende Bearbeitungsrechte.[10] Auch bestimmte Marketing-Maßnahmen wie die Produktion auf dem Spiel basierender Werbe-Trailer oder MerchandisingArtikel erfordern urheberrechtliche Bearbeitungsrechte.

Zur Vermarktung des Spiels benötigt der Vertriebspartner ferner meist begleitende Markenlizenzen. Übernimmt der Vertriebspartner den Vertrieb eines Spiels in für den Hersteller noch unerschlossenen Ländern, für die der Herstel-

---

8   Vgl. §§ 15 ff. UrhG sowie § 69 c UrhG für im Spiel enthaltene Softwareprogramme.
9   Vgl. auch Kapitel 1, Ziffer 2.6.1; im Einzelnen *Schricker/Loewenheim*, in: Schricker/ Loewenheim, Urheberrecht, 4. Aufl. 2010, Vor § 28 Rn. 87 mit Nachweisen aus Rechtsprechung und Literatur.
10   Vgl. § 23 UrhG sowie für Software § 69 c Satz 1 Nr. 2 UrhG.

ler noch keine Markenrechte hat, können Regelungen zur Unterstützung des Herstellers bei der Anmeldung entsprechender Kennzeichenrechte sowie Nichtausübungs- und Übertragungspflichten des Vertriebspartners für den Fall der Entstehung nicht eingetragener Rechte aufgrund tatsächlicher Benutzung und Marktsichtbarkeit interessengemäß sein.

2.1.2 Konzept der Rechtsverschaffung an den Endkunden

Neben der Einräumung von Vertriebsrechten an den Vertriebspartner muss der Vertriebsvertrag ferner regeln, von wem und in welchem Umfang die Endkunden, die Spieler, Nutzungsrechte an dem Spiel erwerben sollen. Der Hersteller möchte in aller Regel über die Vertriebsebenen hinweg sicherstellen, dass die Endkunden das Spiel nur nach Maßgabe bestimmter Lizenzbedingungen („End User Licence Terms" oder „EULA") in einem vertraglich definierten Umfang verwenden dürfen. Um dies zu erreichen, werden von den Herstellern – wie im Bereich der Software-Lizenzierung – grundsätzlich zwei verschiedene Ansätze verfolgt: *12*

Zumeist strebt der Hersteller „an der Vertriebskette vorbei" einen direkten Lizenzvertragsschluss mit dem Endkunden an. Dieses aus der US-amerikanischen Softwarelizenzierung stammende Modell hat sich auch in Europa weitgehend etabliert. Sofern allerdings die Zustimmung des Endkunden zu den Lizenzbedingungen des Herstellers – wie meistens – erst nach dem Vertragsschluss über den Erwerb des Spiels erfolgt und der Endkunde das Spiel ohne diese Zustimmung nicht (bestimmungsgemäß) spielen kann, ist die vertragsrechtliche Verbindlichkeit der Lizenzbedingungen für den Spieler nach deutschem AGB-Recht fraglich. Der Hersteller muss daher Prozesse aufsetzen, die dem Endkunden bereits vor dem Vertragsschluss die Geltung der Lizenzbedingungen verdeutlichen und ihm eine Kenntnisnahme von deren Inhalt ermöglichen.[11] *13*

Alternativ zu einem direkten Vertragsschluss zwischen Hersteller und Endkunde kann der Hersteller – was in der Praxis allerdings viel seltener vorkommt – seine Vertriebspartner zur Einräumung von Unternutzungsrechten an Endkunden nach Maßgabe seiner Lizenzbedingungen berechtigen. Die Nutzungsrechte am Spiel werden dabei über die gesamte Vertriebskette hinweg bis zum Endkunden „weitergereicht". Der Endkunde erwirbt das Nutzungsrecht dann zusammen mit dem Spiel vom letzten Glied in der Vertriebskette, etwa einem Einzelhändler, wobei er – idealerweise – diesem gegenüber auch die Geltung der Lizenzbedingungen akzeptiert. Für Einzelhändler ist es in der Praxis allerdings kaum darstellbar, für einzelne Elemente ihres Produktsortiments produktspezifische Verkaufsprozesse einzurichten. Zudem hat der Hersteller in dieser Konstellation mangels eines direkten Vertragsverhältnisses mit dem Endkunden bei einer Verletzung der Lizenzbedingungen keine direkte vertragliche Handhabe gegen den Endkunden. Lediglich wenn der Endkunde nachweislich eine Urheberrechtsverletzung begangen hat, bestehen direkte (urheberrechtliche) Ansprüche. Viele typische Nutzungsbeschränkungen entfalten – wenn überhaupt[12] – allerdings nur schuldrechtliche Wirkung, so dass der Hersteller zu ihrer Durchsetzung auf die Unterstützung seiner Vertriebspartner angewiesen ist. *14*

---

11 Näher sogleich unter Ziffer 2.1.2.1.
12 Nach deutschem AGB-Recht ist die Durchsetzbarkeit einiger üblicher Nutzungsbeschränkungen zweifelhaft, vgl. unten Ziffer 2.1.1.

2.1.2.1 Einbeziehung der Lizenzbedingungen gemäß §§ 305 ff. BGB

15   In beiden genannten Konstellationen wird oft übersehen, dass die Lizenzbedingungen mit dem Endkunden unter Beachtung der AGB-rechtlichen Einbeziehungsvoraussetzungen wirksam vereinbart werden müssen, um für den Endkunden verbindlich zu sein. Insbesondere müssen die Lizenzbedingungen gemäß § 305 Abs. 2 BGB bereits „bei Vertragsschluss" wirksam einbezogen und vom Endkunden akzeptiert werden, also etwa zum Zeitpunkt des Erwerbs eines Spiels im Einzelhandel oder durch Download oder bei Abschluss einer Online-Gaming Subskription. Werden die Lizenzbedingungen dem Spieler erst zu einem späteren Zeitpunkt präsentiert, so ist ihre Durchsetzbarkeit jedenfalls dann sehr fraglich, wenn der Spieler das Spiel ohne Zustimmung zu den Lizenzbedingungen nicht (oder nur mit eingeschränkter Funktionalität) in Betrieb nehmen kann. Nutzungsbedingungen, auf die der Endkunde erst nach Abschluss des Kaufvertrags stößt, werden zum Teil auch als überraschende Klauseln im Sinne des § 305 c BGB angesehen.[13] Dies gilt für die weit verbreiteten „Click-Wrap-Agreements" (oder „Click-through-Agreements"), bei denen der Spieler die Lizenzbedingungen bei der Installation oder Erstverwendung des Spiels durch Mausklick akzeptiert, ebenso wie für die so genannten „Shrink-Wrap-Agreements", bei denen das Aufreißen einer Spielverpackung oder die Aufnahme der tatsächlichen Nutzung als Zustimmung zu den Lizenzbedingungen ausgelegt werden soll.[14]

16   Um den Endkunden rechtssicher an die Lizenzbedingungen des Spiels zu binden, muss der Hersteller daher einen Prozess für einen wirksamen Vertragsschluss nach deutschem AGB-Recht aufsetzen und dessen Einhaltung mit den Vertriebspartnern vertraglich vereinbaren. Dieser Prozess muss insbesondere sicherstellen, dass der Spieler bereits zum Zeitpunkt des Spielerwerbs auf die Lizenzbedingungen des Herstellers hingewiesen wird und ihrer Geltung zustimmt. Es genügt grundsätzlich nicht, wenn der Spieler den Lizenzbedingungen des Herstellers erst zustimmen muss, nachdem er das Spiel entgeltlich erworben hat (etwa nach dem Download des Spiels, nach Beginn einer Subskription oder nach Einlegen des Datenträgers in den PC oder die Spielkonsole).

17   Beim Vertrieb über standardisierte Plattformen im stationären oder mobilen Internet kann der Hersteller den Verkaufsprozess in der Praxis selten beeinflussen. Es ist für den Hersteller daher sinnvoll, etwaige von der Plattform unterstützte Zustimmungsprozesse bereits bei der Entwicklung des Spiels zu berücksichtigen. Zugleich ist sowohl seitens des Herstellers als auch seitens des Plattformbetreibers zu beachten, dass der Endkunde regelmäßig mit Nutzungsbedingungen verschiedener Vertragspartner konfrontiert wird, da er neben den Lizenzbedingungen des Herstellers auch den Plattform-Nutzungsbedingungen des Plattformbetreibers und meist (zumindest) auch noch den Bedingungen von Zahlungsdienstleistern zustimmen muss. Hersteller ebenso wie Plattformbetreiber sollten mögliche Widersprüche (ebenso wie die bestmögliche Transparenz

---

13   Vgl. *Marly*, Praxishandbuch Softwarerecht, 5. Aufl. 2009, Rn. 989.
14   Zur Einbeziehungsproblematik ausführlich *Marly*, Praxishandbuch Softwarerecht, 5. Aufl. 2009, Rn. 982 ff.; *Schneider*, Handbuch des EDV-Rechts, 4. Aufl. 2009, S. 1520 Rn. 8 ff.; *Schuhmacher*, CR 2000, 641 ff.

für den Verbraucher) bei der Gestaltung ihrer jeweiligen Nutzungsbedingungen bedenken.

2.1.2.2 Rechtsfolgen bei mangelnder Einbeziehung der Lizenzbedingungen

2.1.2.2.1 Nutzungsrechtserwerb im „bestimmungsgemäßen" Umfang

Werden die Lizenzbedingungen nicht wirksam vereinbart, so bedeutet dies nicht,   *18*
dass der Spieler ein bereits erworbenes Vervielfältigungsstück eines Spiels gar
nicht benutzen darf. Zwar geht die Vorstellung manchen Herstellers dahin, dass
der Endkunde von dem Einzelhändler, Plattformbetreiber oder sonstigen Glied
der Vertriebskette, von dem er das Spiel erwirbt, letztlich nur ein (physisches
oder digitales) Vervielfältigungsstück des Spiels erwirbt, ein Recht zu dessen
Nutzung jedoch erst bei Zustimmung zu den Lizenzbedingungen des Herstellers erhält. Der Erwerb eines solchen „nutzungsrechtsfreien" Vervielfältigungsstücks ist nach deutschem Urheberrecht allerdings wohl weder hinsichtlich der
in dem Spiel enthaltenen Software noch hinsichtlich der audio-visuellen Spielbestandteile möglich:[15]

Zur Nutzung der in dem Spiel enthaltenen Software zum Zweck des Betriebs des   *19*
Spiels ist der Endkunde, der ein Vervielfältigungsstück des Spiels erworben hat,
gemäß § 69 d Abs. 1 UrhG gesetzlich berechtigt. Nach ganz herrschender Ansicht berechtigt § 69 d Abs. 1 UrhG den Erwerber eines Vervielfältigungsstücks
urheberrechtlich geschützter Software auch ohne ausdrückliche flankierende
Nutzungsrechtseinräumung zur Nutzung der Software in dem nach den Umständen des Einzelfalls bestimmungsgemäßen Umfang.[16] Dieses Ergebnis gilt
wohl auch mit Blick auf die Nutzung sonstiger in ein Computerspiel integrierter
geschützter Werke, die keine Software sind: Der „reine Werkgenuss", d.h. das
Betrachten oder Anhören eines urheberrechtlich geschützten Werks, ohne dass
es zu einer Vervielfältigung oder einer sonstigen Verwertungshandlung im Sinne der §§ 15 ff. UrhG kommt, ist urheberrechtlich nicht relevant.[17] Soweit das
Ablaufenlassen eines Computerspiels im Einzelfall technisch eine Vervielfältigung nicht nur der Softwarebestandteile des Spiels, für die § 69 d Abs. 1 UrhG
gilt, sondern auch anderer im Spiel enthaltener urheberrechtlich geschützter
Werke erfordert, wäre nach der (auch partiellen) Schwerpunkttheorie eine solche „software-provozierte" Vervielfältigung wohl ebenfalls von § 69 d Abs. 1
UrhG erfasst.[18]

---

15   Zu den für die urheberrechtliche Beurteilung der in einem Computerspiel vereinten
    geschützten Werke vertretenen Ansätzen vgl. Kapitel 2.

16   Vgl. *Grützmacher*, in: Wandtke/Bullinger, Urheberrechtsgesetz, 3. Aufl. 2009, § 69 d
    Rn. 26 mit weiteren Nachweisen; anderer Ansicht *Moritz*, CR 2001, 94, 95.

17   Vgl. etwa *Dreier*, in: Dreier/Schulze, Urheberrecht, 3. Aufl. 2008, § 15 Rn. 20; *v. Ungern-Sternberg*, in: Schricker/Loewenheim, 4. Aufl. 2010, § 15 Rn. 11; *Heerma*, in:
    Wandtke/Bullinger, Urheberrechtsgesetz, 3. Aufl. 2009, § 15 Rn. 6.

18   Zu einer „partiellen" Schwerpunktlösung für die urheberrechtliche Einordnung von
    Computerspielen, die bei grundsätzlich separater urheberrechtlicher Betrachtung der
    Bestandteile eines Computerspiels im Bereich der urheberrechtlichen Schranken-
    regelungen auf den inhaltlichen Schwerpunkt einer Vervielfältigungshandlung zu-
    rückgreift, vgl. oben Kapitel 2. Bei konsequent separater Betrachtung des Software-
    bestandteils und des audiovisuellen Bestandteils kämen zur Rechtfertigung einer zur
    Benutzung des Spiels technisch erforderlichen vorübergehenden Vervielfältigungs-
    handlung § 44 a UrhG oder § 53 UrhG in Betracht.

Für den Hersteller ist dieses Ergebnis eines Rechtserwerbs des Endkunden zum Spielen im „bestimmungsgemäßen Umfang" mit erheblicher Rechtsunsicherheit verbunden und beraubt ihn der Möglichkeit, dem Endkunden – im Rahmen der AGB-rechtlichen Zulässigkeit[19] – produktspezifische Nutzungsbeschränkungen und Pflichten aufzuerlegen.

2.1.2.2.2 Rechtsunsicherheit bei User Generated Content

20 Im Rahmen interaktiver Spiele, bei denen der Endkunde Spielinhalte (etwa die Einrichtung virtueller Räume oder Avatare) selbst gestaltet (*User Generated Content*), die – bei Konsolenspielen ggf. erst nach Upload auf eine Online-Plattform – in eine Online-Spielwelt einfließen, enthalten die Lizenz- oder Nutzungsbedingungen in der Regel Nutzungsrechtseinräumungen zugunsten des Herstellers. Werden die Lizenz- oder Nutzungsbedingungen nicht wirksam einbezogen, so kann sich der Hersteller zur Rechtfertigung einer Verwertung der nutzergenerierten Inhalte auf Rechtseinräumungsklauseln nicht berufen. Zwar dürften die Freigabe oder der Upload von Inhalten durch den Spieler oft als konkludente Rechtseinräumung zu bewerten sein, doch erfasst diese im Zweifel nur die der Einstellung des Inhalts unmittelbar nachgelagerte und vom Spieler konkret beabsichtigte und abzusehende Verwendung. Langfristige, weitreichende oder sogar ausschließliche Verwertungsrechte, wie sie von der Rechtseinräumungsklausel der Hersteller oft abgedeckt sind, sind von einer konkludenten Rechtseinräumung keinesfalls erfasst.

21 In virtuellen Welten, an deren Gestaltung der Spieler ständig kreativ mitwirkt, lässt sich zudem oft keine einer Freigabe vergleichbare Zäsur im Spielablauf feststellen, an der eine konkludente Rechtseinräumung festzumachen wäre. Der Hersteller ist daher auf eine durchsetzbare Rechtseinräumungsklausel in den Nutzungs- oder Lizenzbedingungen angewiesen, sofern er nutzergenerierte Inhalte in sein Spiel einfließen lassen, anderen Spielern in Foren verfügbar machen oder auf sonstige Weise verwerten möchte. Bei der Gestaltung entsprechender Klauseln sind auch in inhaltlicher Sicht die Grenzen der §§ 305 ff. BGB zu beachten. Unwirksamkeitsrisiken drohen insbesondere bei überraschenden, intransparenten oder sehr weit reichenden Rechtseinräumungsklauseln, die über den vom Spieler mit der Einstellung eines selbst kreierten Inhalts konkret verfolgten Zweck deutlich hinausgehen.

2.2 Kartellrechtliche Grenzen der Nutzungsrechtseinräumung

22 Bei der Gestaltung des Vertriebssystems sind die allgemeinen kartellrechtlichen Grenzen der §§ 1 ff., 19 ff. GWB und Art. 101, 102 AEUV (ehemals Art. 81, 82 EG) zu beachten. Kartellrechtlich problematisch sind danach zum Beispiel Gebiets- und Kundenkreisbeschränkungen, exklusive Gebietszuweisungen, Wettbewerbsverbote, Export- und Reimportverbote, selektive Vertriebssysteme, Preisbindungsklauseln oder Nichtangriffsklauseln.

Je nach dem Marktanteil der Parteien an dem für ein Spiel konkret relevanten Markt kommt für einzelne wettbewerbsrelevante Vereinbarungen eine kartellrechtliche Freistellung nach der Gruppenfreistellungsverordnung Tech-

---

19 Dazu unten Ziffer 3.1.3.

nologietransfer ("GVO-TT")[20] in Betracht, sofern diese je nach der konkreten Vertriebskonstellation im Einzelfall anwendbar ist. Die Bestimmung des Anwendungsbereichs der GVO-TT, gerade auch in Abgrenzung zur Gruppenfreistellungsverordnung für vertikale Vereinbarungen ("Vertikal-GVO")[21] ist im Einzelnen komplex. Da sich die Freistellungsmöglichkeiten der GVO-TT von denen der Vertikal-GVO nicht nur in den relevanten Marktanteilsschwellen,[22] sondern auch darüber hinaus zum Teil wesentlich unterscheiden,[23] soll die Abgrenzung ihrer Anwendungsbereiche für die Zwecke dieses Kapitels nachfolgend zumindest grob umrissen werden.

Angesichts des Multimedia-Charakters von Computerspielen ist zunächst zu beachten, dass die GVO-TT urheberrechtliche Nutzungsrechte an *Softwareprogrammen* zwar grundsätzlich erfasst, die Lizenzierung *sonstiger urheberrechtlich geschützter Werke* aber nur dann unter die GVO-TT fällt, wenn sie nicht den eigentlichen Schwerpunkt der Vereinbarung bildet und sofern sie unmittelbar mit der Produktion von Waren oder Dienstleistungen auf der Grundlage der lizenzierten Technologie verbunden ist.[24] Da die Funktionalität der einem Computerspiel zugrunde liegenden Software-Technologie (Game Engine) unverzichtbare Voraussetzung der Spielbarkeit ist, erscheint es vertretbar, den Schwerpunkt einer Vertriebsvereinbarung über Computerspiele für die Zwecke des Kartellrechts in der Einräumung von Vervielfältigungs- und Verbreitungsrechten an der Game Engine zu sehen, die durch flankierende Rechtseinräumungen an den audio-visuellen Bestandteilen komplettiert wird. Zudem wendet die Kommission auch bei der Prüfung urheberrechtlicher Lizenzvereinbarungen, die keine Software-Urheberrechte betreffen, auf der Grundlage von Art. 101 AEUV (ehemals Art. 81 EG) letztlich generell die in der TT-Gruppenfreistellungsverordnung und den Leitlinien aufgestellten Grundsätze an.[25] Diese Argumentation kann zur grundsätzlichen Anwendbarkeit der GVO-TT auf den Vertriebsvertrag führen.

23

---

20 VO (EG) 772/2004 v. 27.04.2004, ABl. 2004 Nr. L 123/11 v. 27.04.2004; je nachdem, ob Lizenzgeber und Lizenznehmer Wettbewerber sind oder Nichtwettbewerber, gelten unterschiedliche Marktanteilsschwellen, vgl. Art. 3 GVO-TT. Zu beachten ist, dass die GVO-TT nur bis zum 30. April 2014 gilt. Der Entwurf einer neuen Gruppenfreistellungsverordnung befindet sich zum Zeitpunkt der Drucklegung dieses Buches im Konsultationsverfahren.

21 VO (EG) 330/2010 v. 20.04.2010, ABl. 2010 Nr. L 102/1 v. 23.04.2010. Eine Zusammenfassung der Neuerungen der Vertikal-GVO 2010 findet sich bei *Pischel*, GRUR 2010, 972 ff.

22 Vgl. Art. 3, Art. 7 Vertikal-GVO sowie Art. 3, Art. 7 GVO-TT.

23 Eine Gegenüberstellung der Rechtsfolgen – noch zur Vertikal-GVO 1999 – findet sich bei *Berger*, K&R 2005, 15, 19 ff.

24 Vgl. Art. 1 b) GVO-TT sowie Leitlinien der Kommission zur Anwendung von Art. 81 EG-Vertrag auf Technologietransfer-Vereinbarungen, ABl. 2004 Nr. C 101/2 v. 27.04.2004, Rn. 50.

25 Vgl. Leitlinien der Kommission zur Anwendung von Art. 81 EG-Vertrag auf Technologietransfer-Vereinbarungen, ABl. 2004 Nr. C 101/2 v. 27.04.2010, Rn. 51. Danach wendet die Kommission bei der Prüfung urheberrechtlicher Lizenzvereinbarungen, die keine Software-Urheberrechte betreffen, auf der Grundlage von Art. 101 AEUV (ehemals Art. 81 EG) generell die in der TT-Gruppenfreistellungsverordnung und den Leitlinien aufgestellten Grundsätze an.

24 Freistellungsfähig nach der GVO-TT sind aber nur Vereinbarungen, die den Lizenznehmer zur *Produktion von Waren oder Dienstleistungen* auf der Grundlage der lizenzierten Technologie berechtigen.[26] Eine Freistellung nach der GVO-TT ist danach nur bei solchen Vertriebsverträgen überhaupt denkbar, die die Herstellung von Vervielfältigungsstücken eines Computerspiels auf Basis einer Masterkopie vorsehen. Bei Vertriebsverträgen, die nur den Weitervertrieb gelieferter Datenträger regeln, scheidet eine Freistellung nach der GVO-TT dagegen aus.[27]

In Vertriebskonstellationen der zuletzt genannten Art, bei denen der Vertriebspartner fertige, nicht von ihm hergestellte Vervielfältigungsstücke auf Datenträgern (oder auch auf Hardware vorinstalliert) weiterverkauft und die daher nicht unter die GVO-TT fallen, kommt jedoch eine Freistellung nach der Vertikal-GVO in Betracht, sofern die Nutzungsrechtseinräumung direkt zwischen dem Hersteller und dem Endkunden erfolgt.[28] In Vertriebskonstellationen hingegen, in denen der Vertriebspartner fertige Vervielfältigungsstücke weiterverkauft und den Endkunden daran Unternutzungsrechte einräumt, ohne dass ein direktes Lizenzverhältnis zwischen dem Hersteller und dem Endkunden entsteht, findet weder die GVO-TT noch die Vertikal-GVO Anwendung.[29]

25 Bei Vertriebsverträgen über die Bereitstellung von Spielen zum Download im Internet werden die dem Endkunden überlassenen Vervielfältigungsstücke nicht vom Vertriebspartner, sondern letztlich vom Endkunden selbst hergestellt, der den Download veranlasst. Entsprechende Vertriebsverträge dürften dennoch von der GVO-TT erfasst sein, sofern man die Ermöglichung des Downloads als eine Dienstleistung im Sinne der GVO-TT betrachtet, deren Erbringung wiederum der Hersteller dem Vertriebspartner durch Überlassung einer Masterkopie ermöglicht. Für den Download von Software wird eine solche Einordnung als Dienstleistung in der Literatur vertreten.[30] Eine entsprechende Einordnung der

---

26 Vgl. Erwägungsgrund (7) GVO-TT; zum Erfordernis der Produktion von „Vertragsprodukten" vgl. insbesondere Leitlinien der Kommission zur Anwendung von Art. 81 EG-Vertrag auf Technologietransfer-Vereinbarungen, ABl. 2004 Nr. C 101/2 v. 27.04.2004, Rn. 43.

27 Zur entsprechenden Abgrenzung bei Software-Lizenzen vgl. *Berger*, K&R 2005, 15, 17; *Grützmacher*, in: Wandtke/Bullinger, Urheberrechtsgesetz, 3. Aufl. 2009, § 69 d Rn. 46; vgl. *Polley*, CR 2004, 641, 645 f.; *Zöttl*, WPR 2005, 33, 35; anderer Ansicht *Konrad/Timm-Goltzsch/Ullrich*, in: Ullrich/Lejeune, Der Internationale Softwarevertrag, 2. Aufl. 2006, Teil I Rn. 779 f. Selbst bei Überlassung einer Masterkopie zöge die Kommission die Grundsätze der GVO-TT wohl nur entsprechend heran, da der Schwerpunkt der Lizenzvereinbarung hier in der Regel nicht in der Nutzung einer Technologie zur Herstellung von Vertragsprodukten liegt, sondern in der Einräumung von Unternutzungsrechten, vgl. Leitlinien der Kommission zur Anwendung von Art. 81 EG-Vertrag auf Technologietransfer-Vereinbarungen, ABl. 2004 Nr. C 101/2 v. 27.04.2004, Rn. 42.

28 Die Kommission spricht diese Konstellation für den Bereich des Software-Vertriebs in den Leitlinien zur Vertikal-GVO ausdrücklich an, wobei sie ein direktes Lizenzverhältnis zwischen Hersteller und Endkunde unterstellt, vgl. Leitlinien der Kommission für vertikale Beschränkungen, ABl. 2010 Nr. C 130/1 v. 19.05.2010, Rn. 41.

29 Es erfolgt dann eine kartellrechtliche Einzelfallprüfung gemäß Art. 101 Abs. 3 AEUV, vgl. (für den Bereich des Software-Vertriebs) *Berger*, K&R 2005, 15, 17.

30 Vgl. *Batchelor*, CTLR 2004, 166, 167; *Polley*, CR 2004, 641, 646. Zu einem ähnlichen Ergebnis kommt *Berger*, K&R 2005, 15, 18, über eine entsprechende Anwendung der

dem Vertriebspartner ermöglichten Vertriebsform als Dienstleistung erscheint auch bei Vertriebsverträgen denkbar, die den Vertriebspartner zur zeitlich befristeten Überlassung von Online-Spielen an Endkunden auf Subskriptionsbasis oder zur Bereitstellung browserbasierter Spiele berechtigen (sog. *Gaming as a Service* oder *GaaS*).[31]

2.3 Vergütung

Soweit der Vertriebspartner gelieferte Vervielfältigungsstücke des Spiels (etwa   *26* auf Datenträgern) vertreibt, wird er – je nach dem, ob er als Handelsvertreter oder als Vertragshändler (Reseller) tätig wird – auf Provisionsbasis oder auf Stückpreis- und Margenbasis arbeiten.

Vervielfältigt der Vertriebspartner dagegen das Spiel selbst auf der Basis einer Masterkopie, bezahlt er typischerweise fortlaufend Lizenzgebühren in Gestalt einer Umsatzbeteiligung (Revenue Share) pro verkaufter Kopie des Spiels, oftmals abgesichert durch eine im Voraus zu bezahlende Minimumgarantie, die mit der Umsatzbeteiligung an den tatsächlich erzielten Erlösen verrechnet wird. Bei der Vereinbarung einer Umsatzbeteiligung ist auf eine eindeutige Definition der Berechnungsgrundlage zu achten sowie auf eine Regelung zum Umgang mit Zahlungsausfällen bei den Endkunden und Retouren.[32]

Erhält der Vertriebspartner bei umsatzabhängiger Vergütung (Revenue Share)   *27* eine Masterkopie, so ist der Hersteller auf korrekte Informationen über den tatsächlichen Vertriebsumfang angewiesen, da er die Anzahl der vom Vertriebspartner tatsächlich hergestellten Kopien nicht kontrollieren kann. Der Vertriebsvertrag muss dem Vertriebspartner daher detaillierte Berichtspflichten über hergestellte Kopien und getätigte Verkäufe auferlegen, die durch Auskunftsansprüche und Prüfungsrechte des Herstellers bezogen auf die Abrechnungs- und Buchungsunterlagen des Vertriebspartners abgesichert werden. Abrechnungsfehler zu Lasten des Herstellers, die sich im Rahmen einer Prüfung durch den Hersteller (oder, je nach Vereinbarung, eines von ihm beauftragten neutralen Dritten) herausstellen, können durch Vertragsstrafen sanktioniert werden. Verwirkte Vertragsstrafen sind dann zusätzlich zu der infolge der Abrechnungsfehler geschuldeten Lizenzgebührennachzahlung zu bezahlen. Vertragsstrafenregelungen, ebenso wie oft anzutreffende Vereinbarungen zu Erstattungspflichten des Vertriebspartners für die Kosten der Prüfung (Auditkosten), greifen üblicherweise erst, wenn die Abrechnungsfehler eine gewisse Toleranzschwelle überschreiten (etwa 5 Prozent).

2.4 Werbe- und Marketingmaßnahmen

Zur Bewerbung des Spiels stellt der Hersteller dem Vertriebspartner üblicher-   *28* weise bestimmte Marketingmaterialien, etwa Demo-Versionen, Werbebanner, Bildmaterial oder Spielbeschreibungen, zur Verfügung. Zudem erhält der Ver-

---

Grundsätze der GVO-TT gemäß Rn. 42 der Leitlinien der Kommission zur Anwendung von Art. 81 EG-Vertrag auf Technologietransfer-Vereinbarungen, ABl. 2004 Nr. C 101/2 v. 27.04.2004.

31 Anders für Application Service Providing und Outsourcing *Berger*, K&R 2005, 15, 19 (Einzelfallprüfung gemäß Art. 101 Abs. 3 AEUV).

32 Näheres in Kapitel 1, Ziffer 2.7.

triebspartner meist das Recht, Marken oder Logos des Herstellers zur Bewerbung des Spiels zu verwenden. Für den Fall, dass Marken oder Logos des Herstellers im Rahmen eigener Werbekampagnen des Vertriebspartners verwendet werden sollen, kann sich der Hersteller die Genehmigung der Kampagnen im Einzelfall vorbehalten. Je sensibler die Zielgruppe und das angestrebte Image des Spiels und des Herstellers, umso strenger sind üblicherweise die Vorgaben des Herstellers.

Sofern aus Jugendschutzgründen Vertriebs- oder Werbebeschränkungen greifen (insbesondere § 15 Abs. 1, Abs. 4, Abs. 5 JuSchG),[33] sollten Vertriebspartner aller Stufen vertraglich zu deren Einhaltung verpflichtet werden.

29 Wird das Spiel Teil eines größeren Angebots des Vertriebspartners oder eines Vertriebspartners späterer Stufe, etwa im Rahmen eines Online-Portals, finden sich häufig auch Vorgaben zu Art und Inhalt in der Nähe erscheinender Angebote, wie etwa ein Verbot, ein Spiel in der Nähe zu pornographischen Angeboten zu platzieren.

Gerade wenn ein Vertriebspartner eine neue Region oder ein neues Marktsegment erschließen soll, werden für bestimmte Vertriebsphasen oft konkrete Pflichten zur Ergreifung von Marketingmaßnahmen vereinbart, ggf. auch unter Einbeziehung von externen, vom Vertriebspartner zu koordinierenden Werbeagenturen. Dafür stellt der Hersteller dem Vertriebspartner unter Umständen ein bestimmtes Marketingbudget zur Verfügung.

2.5 Kennzeichnungspflichten und andere jugendschutzrechtliche Vertriebsanforderungen

30 Für Spiele auf Trägermedien[34] ist die Einholung einer Alterskennzeichnung durch die USK (Unterhaltungssoftware Selbstkontrolle) in der deutschen Spielebranche eine praktische Voraussetzung für den Vertriebserfolg. Die Vorlage eines Spiels bei der USK ist rechtlich zwar nicht zwingend erforderlich, doch sieht das Jugendschutzrecht für Spiele auf Trägermedien ohne Jugendfreigabe umfassende Vertriebsbeschränkungen vor (§ 12 Abs. 1 JuSchG). Der Hersteller hat – ebenso wie die Vertriebspartner aller Vertriebsstufen – daher ein konkretes wirtschaftliches Interesse an einer Jugendfreigabe und Alterskennzeichnung des Spiels durch die USK.

Die USK ordnet ein vorgelegtes Spiel einer der in § 14 Abs. 2 JuSchG vorgesehenen Alterskategorien zu.[35] Wird eine Alterskennzeichnung einmal erteilt, so muss jedes Vervielfältigungsstück des Spiels nach Maßgabe von § 12 Abs. 1, Abs. 2 JuSchG entsprechend gekennzeichnet werden. Die Einhaltung dieser Kennzeichnungspflichten sollte auf allen Vertriebsstufen vertraglich vereinbart werden.

---

33 Hierzu im Einzelnen Kapitel 8.

34 Der Begriff der „Trägermedien" ist in § 1 Abs. 2 JuSchG definiert. Zu Abgrenzungsschwierigkeiten zwischen den Anwendungsbereichen des JuSchG und des JMStV bei „hybriden" Spielen, die Online- und Offline-Dimension in sich vereinen, vgl. *Baumann/Hofmann*, ZUM 2010, 863 ff. sowie Kapitel 8.

35 Betrachtet die USK das Spiel als jugendgefährdend, erteilt sie keine Jugendfreigabe und keine Alterskennzeichnung. Das Spiel wird dann ggf. durch die Bundesprüfstelle für jugendgefährdende Medien „indiziert" (§ 18 Abs. 1 JuSchG). Zu Einzelheiten vgl. Kapitel 8.

Der Vertriebsvertrag sollte ferner die vom Vertriebspartner einzuhaltenden An- *31*
forderungen für Altersverifikationssysteme und – im Anwendungsbereich des
Jugendmedienschutz-Staatsvertrags (JMStV) – Vertrieb und Werbung in „geschlossenen Benutzergruppen" regeln. Im Bereich der Online-Spiele sind weitere Anforderungen des JMStV sowie die Empfehlungen der Kommission für
Jugendmedienschutz der Landesanstalten (KJM) zu beachten. Insbesondere gelten für Spiele, die inhaltsgleich auch auf Trägermedien angeboten werden und dort kennzeichnungspflichtig sind, auch im Online-Bereich bestimmte
Kennzeichnungspflichten.[36]

Wegen der erheblichen Bedeutung, die die Einhaltung des Jugendschutzrechts
nicht zuletzt auch für die Reputation des Herstellers hat, wird es meist interessengemäß sein, korrespondierende Pflichten des Vertriebspartners durch Vertragsstrafen abzusichern.

2.6 Auftragsdatenverarbeitung und Kooperation bei Datensicherheitspannen

2.6.1 Auftragsdatenverarbeitung

Soweit der Vertriebspartner – etwa als Plattformbetreiber – personenbezogene *32*
Daten von Endkunden für den Hersteller verwaltet, ist stets auch an den Abschluss einer den Anforderungen des § 11 BDSG entsprechenden Auftrags-
datenverarbeitungsvereinbarung zu denken.

Erfolgt die Datenverarbeitung – ob durch den Vertriebspartner selbst oder durch
seine Unterauftragnehmer – (auch) außerhalb der EU und des EWR, ist darüber hinaus eine komplexere datenschutzrechtliche Absicherung gemäß §§ 4 b,
4 c BDSG erforderlich: Die Übermittlung personenbezogener Daten in ein so ge-
nanntes „unsicheres Drittland"[37] erfordert entweder den Abschluss der von der
Europäischen Kommission veröffentlichten Standardvertragsklauseln[38], eine

---

36 Näher Kapitel 8.
37 Das sind grundsätzlich alle Länder außerhalb der EU und des EWR. Für bestimmte
Länder hat die Europäische Kommission jedoch ein dem europäischen Datenschutzniveau entsprechendes „angemessenes Datenschutzniveau" anerkannt, aufgrund dessen Datenverarbeitungen in diesen Ländern rechtlich so behandelt werden wie Datenverarbeitungen im EU-Inland. Diese so genannten „sicheren Drittländer" sind derzeit Andorra, Argentinien, Australien, Israel, Kanada, Neuseeland, die Schweiz sowie
Guernsey, Isle of Man und Jersey.
38 Die von der Europäischen Kommission verabschiedeten Standardvertragsklauseln unterscheiden danach, ob Daten von der verantwortlichen Stelle an einen Auftragsdatenverarbeiter (*controller to processor transfer*) oder an eine andere verantwortliche
Stelle (*controller to controller transfer*) übermittelt werden. Für beide Konstellationen stehen Standardvertragsklauseln der Europäischen Kommission zur Verfügung,
die von den Parteien auszufüllen und zu unterzeichnen sind (vgl. für eine Übermittlung an (i) Auftragsdatenverarbeiter: Beschluss der Kommission (EU) 87/2010 v.
05.02.2010; bzw. (ii) verantwortliche Stelle: Beschluss der Kommission (EU) 915/2004
v. 27.12.2004). Bei Verwendung der Standardvertragsklauseln zur Übermittlung an
Auftragsdatenverarbeiter ist zu beachten, dass das Auftragsdatenverarbeitungsver-
hältnis zusätzlich den Anforderungen des § 11 BDSG genügen muss.

datenschutzrechtliche Absicherung durch unternehmensweite „Binding Corporate Rules" oder eine „Safe Harbor"-Zertifizierung des Empfängers.[39]

Bei der Beurteilung der Zulässigkeit der Auftragsdatenverarbeitung im Drittland ist ferner stets zu beachten, dass eine Auftragsdatenverarbeitung im Drittland nicht die für Auftragsverarbeitungen innerhalb der EU oder des EWR greifende Privilegierung des § 3 Abs. 8 Satz 3 BDSG genießt. Sie stellt daher eine Übermittlung an einen *Dritten* dar und erfordert als solche eine eigene datenschutzrechtliche Rechtfertigung (d.h. eine gesetzliche Erlaubnis oder eine Zustimmung der betroffenen Person, vgl. § 4 BDSG).

In technischer ebenso wie in organisatorischer Hinsicht müssen sich die Parteien außerdem über die vom Auftragsdatenverarbeiter einzurichtenden und zu befolgenden Datensicherheitsmaßnahmen detailliert verständigen und diese schriftlich konkret festhalten. Der für die technischen und organisatorischen Schutzmaßnahmen einzuhaltende Standard ist in der Anlage zu § 9 BDSG geregelt.

33 Die hier nur skizzierten Fragen des Datenschutzes sind im Bereich der Online Games insbesondere bei der Beschaffung skalierbarer Serverkapazitäten über einen Cloud Computing Dienstleister zu beachten. Im Rahmen des Cloud Computing stößt das geltende Datenschutzrecht – etwa mit Blick auf die in § 11 Abs. 2 BDSG verlangten Kontrollen der Datenverarbeitung durch den Auftraggeber – an seine Grenzen, wenngleich sich viele Konstellationen durch individuelle Vertragsgestaltung, Anonymisierung oder eine Selektion der in die Cloud gegebenen Datentypen vertretbar aufsetzen lassen. Besonders komplex ist die datenschutzrechtliche Situation, wenn ein Cloud Computing Dienstleister personenbezogene Daten (auch) außerhalb der EU und des EWR verarbeiten soll.[40]

2.6.2 Regelung zum Umgang mit Datensicherheitspannen

34 Infolge einiger sehr öffentlichkeitswirksamer Datensicherheitspannen der jüngeren Vergangenheit wird vielen Herstellern künftig an vertraglicher Vorsorge für diesen Fall gelegen sein. Soweit der Vertriebspartner personenbezoge-

---

39 Die Europäische Kommission erkennt eine Selbstzertifizierung eines Unternehmens nach den „Safe Harbor"-Prinzipien des US Department of Commerce grundsätzlich als ein Mittel zur Herstellung eines angemessenen Datenschutzniveaus an, vgl. Europäische Kommission (EG) 520/2000 v. 26.07.2000 – ABl. L 215 v. 25.08.2000, S. 7. Der Düsseldorfer Kreis, das Gremium der obersten Datenschutzaufsichtsbehörden der Bundesländer, knüpft diese Anerkennung allerdings an bestimmte Prüfungspflichten der verantwortlichen Stelle in Deutschland (vgl. Beschluss des Düsseldorfer Kreises vom 28./29. April 2010). Weitere Unsicherheiten ergeben sich aus der Reichweite der Zugriffsrechte der US-Regierung nach dem sog. „US Patriot Act", der im Jahr 2001 als Reaktion auf die Anschläge vom 11. September 2001 verabschiedet wurde, vgl. hierzu etwa das Positionspapier des Unabhängigen Landesdatenschutzzentrums Schleswig-Holstein vom 15. November 2011.

40 Zur datenschutzrechtlichen Beurteilung von Cloud Computing seitens der Aufsichtsbehörden vgl. die Stellungnahme der Artikel 29 Datenschutzgruppe vom 1. Juli 2012 (Opinion 05/2012 on Cloud Computing, 01037/12), das „Sopot-Memorandum" der International Working Group on Privacy in Commnications vom 24. April 2012 sowie die „Orientierungshilfe – Cloud Computing" der Konferez der Datenschutzbeauftragten des Bundes und der Länder vom 26. September 2011; vgl. zudem *Niemann/Hennrich*, CR 2010, 686.

ne Daten von Endkunden für den Hersteller verarbeiten oder speichern oder einen Dritten damit beauftragen soll, wird der Hersteller bei der Gestaltung des Vertriebsvertrags auf Vertragsstrafen zur Sicherung der Einhaltung von Datenschutz und Datensicherheit drängen.[41]

Der Hersteller sollte den Vertriebspartner für den Fall einer Datenpanne außerdem zu unverzüglicher Information des Herstellers sowie zu umfassender Beratung und Kooperation in der Vorbereitung und Durchführung von Mitigationsmaßnahmen sowie im Umgang mit den Datenschutzbehörden verpflichten. Auf diese Kooperation ist der Hersteller nicht nur zur Schadensbegrenzung im eigenen Interesse angewiesen, sondern er benötigt sie auch, um im Fall einer sensiblen Datenpanne seinen gesetzlichen Melde- und Mitteilungspflichten gemäß § 42a BDSG und § 15a TMG zu genügen.[42]

2.7 Beendigung des Vertriebsvertrags

2.7.1 Ausgleichsansprüche des Handelsvertreters oder Vertragshändlers

Vertreibt ein Vertriebspartner ein Spiel nicht in eigenem Namen und auf eigene Rechnung, sondern vermittelt er – als Abschlussvertreter oder als reiner Abschlussmittler – Vertragsschlüsse mit dem Hersteller, so wird er als Handelsvertreter tätig (§ 84 Abs. 1 HGB). Zugunsten des Vertriebspartners gelten dann die zum Teil zwingenden gesetzlichen Regelungen des Handelsvertreterrechts (§§ 84 ff. HGB). Von praktischer Relevanz und erheblicher wirtschaftlicher Bedeutung ist dabei insbesondere der gesetzliche Ausgleichsanspruch des Handelsvertreters bei Beendigung des Vertriebsvertrags (§ 89b HGB). Der Ausgleichsanspruch ist für Vertriebspartner, die innerhalb der EU oder des EWR tätig werden, zwingend (§ 89b Abs. 4 HGB). Ein vertraglicher Ausschluss ist nur gegenüber Vertriebspartnern durchsetzbar, die außerhalb der EU und des EWR tätig werden bzw. (im Falle des Online-Vertriebs) ausschließlich dorthin vertreiben (§ 92c HGB).[43]

35

Zu beachten ist, dass sich unter bestimmten von der Rechtsprechung herausgebildeten Analogievoraussetzungen nicht nur Handelsvertreter, sondern auch Vertragshändler (Wiederverkäufer) auf einzelne Regelungen des Handelsvertreterrechts berufen können, insbesondere auch auf den Ausgleichsanspruch. Eine solche analoge Anwendung kommt in Betracht, sofern der Vertriebspartner einem Handelsvertreter vergleichbar in die Absatzorganisation des Herstellers eingegliedert ist und sofern er vertraglich dazu verpflichtet ist, dem Hersteller – laufend oder einmalig bei Vertragsende – Informationen über seinen Kundenstamm zu überlassen, so dass der Hersteller nach Vertragsende auf diesen Kun-

36

---

41 Vgl. Kapitel 9.

42 Ausführlich zu Voraussetzungen und Reichweite von § 42a BDSG *Duisberg/Picot*, CR 2009, 823 ff.; vgl. auch *Hanloser*, CCZ 2010, 25 ff.

43 Soll ein Handelsvertreter sowohl innerhalb als auch außerhalb von EU/EWR tätig werden, so kann der Ausgleichsanspruch auch hinsichtlich des Vertriebs außerhalb von EU/EWR nach wohl herrschender Meinung nicht wirksam ausgeschlossen werden, vgl. *von Hoyningen-Huene*, in: MünchKomm-HGB, 3. Aufl. 2010, § 92c Rn. 11; *Löwisch*, in: Ebenroth/Boujong/Joost/Strohn, Handelsgesetzbuch, 2. Aufl. 2008, § 92c Rn. 11, jeweils mit weiteren Nachweisen zum Streitstand.

denstamm zugreifen kann.[44] Soweit die Analogievoraussetzungen im Einzelfall vorliegen, ist der Ausgleichsanspruch auch für den Vertragshändler gesetzlich zwingend.[45]

2.7.2 Nachvertragliche Wettbewerbsverbote

37 Bei der Vereinbarung nachvertraglicher Wettbewerbsverbote, die dem Vertriebspartner für die Zeit nach Beendigung des Vertriebsvertrags konkurrierende Tätigkeit zum Hersteller verbieten, sind die Grenzen des Handelsvertreterrechts zu beachten (§ 90 a HGB). Diese gelten sowohl gegenüber Handelsvertretern als auch – bei Vorliegen der von der Rechtsprechung herausgebildeten Analogievoraussetzungen[46] – für Vertragshändler.[47] Gemäß § 90 a Abs. 1 Satz 2, Satz 3 HGB sind nachvertragliche Wettbewerbsverbote grundsätzlich nur gegen eine angemessene Karenzentschädigung, nur bezüglich des vom Vertriebspartner zuvor getätigten Vertriebsgegenstands und -umfangs und nur für höchstens zwei Jahre nach Vertragsende zulässig. Es sind ferner die formalen Anforderungen des § 90 a Abs. 1 Satz 1 HGB zu beachten.

Nachvertragliche Wettbewerbsverbote stoßen außerdem an kartellrechtliche Grenzen. In diesem Zusammenhang sind die differenzierten Freistellungsgrenzen und Rückausnahmen des Art. 5 Abs. 1 a), b), Abs. 3 Vertikal-GVO zu beachten.[48]

3. Vertragsverhältnis zum Endkunden

3.1 Lizenzbedingungen (EULA)

38 Es wird oft übersehen, dass Lizenzbedingungen des Herstellers nur dann für den Endkunden bindend sind, wenn sie unter Beachtung der §§ 305 ff. BGB mit dem Endkunden wirksam vereinbart werden. Die Notwendigkeit AGB-rechtskonformer Vereinbarung von Lizenzbedingungen ist bereits auf vorgelagerten Vertriebsstufen zu bedenken und vertraglich zu verankern.[49] Für einige typische Nutzungsbeschränkungen, Vorbehalte und Haftungsklauseln, wie sie gerade Lizenzbedingungen US-amerikanischer Hersteller (EULA) oft enthalten, bestehen nach deutschem Recht, teilweise auch nach EU-Recht, Zweifel an der gerichtlichen Durchsetzbarkeit, wie nachfolgend anhand einiger häufig verwendeter Regelungen beleuchtet werden soll.

---

44 Näher und mit zahlreichen Fundstellen *Hopt*, in: Baumbach/Hopt, Handelsgesetzbuch, 35. Aufl. 2012, § 84 Rn. 13 ff.

45 *Hopt*, in: Baumbach/Hopt, Handelsgesetzbuch, 35. Aufl. 2012, § 89 b Rn. 70.

46 Hierzu Ziffer 2.7.1 oben.

47 *Hopt*, in: Baumbach/Hopt, Handelsgesetzbuch, 35. Aufl. 2012, § 90 a Rn. 5; *von Hoyningen-Huene*, in: MünchKomm-HGB, 3. Aufl. 2010, § 90 a Rn. 6; *Löwisch*, in: Ebenroth/Boujong/Joost/Strohn, Handelsgesetzbuch, 2. Aufl. 2008, § 90 a Rn. 44.

48 Vgl. Ziffer 2.2 oben zum Anwendungsbereich der Vertikal-GVO in Abgrenzung zur GVO-TT.

49 Hierzu sowie zu den Rechtsfolgen einer unwirksamen Einbeziehung bereits Ziffer 2.1.2.2 oben.

3.1.1 Nutzungsrechtsumfang und -dauer

Die Lizenzbedingungen des Herstellers räumen dem Endkunden typischerweise 39
ein nicht ausschließliches, geographisch unbeschränktes Recht zur Nutzung des
Spiels für nicht gewerbliche Zwecke ein.

Zumeist ist das Nutzungsrecht zeitlich unbefristet (etwa bei Konsolenspielen,
Client-Spielen). Bei der Gestaltung der Nutzungsrechtsdauer für Spiele mit
einem Subskriptionselement ist danach zu unterscheiden, ob lediglich das Recht
zum Bezug von Spielneuerungen und -erweiterungen oder das gesamte Nutzungsrecht am Spiel zeitlich befristet sein soll. Dabei dürften rein subskriptions-
basierte Angebote (etwa gebündelte Spielangebote wechselnden Inhalts), bei
denen der Endkunde bei Ablauf der Subskription gar keine Nutzungsrechte zurückbehält, eher die Ausnahme sein.

3.1.2 Übertragungs- und Weitergabeverbote

Standardvertragliche Übertragungs- oder Weitergabeverbote begegnen bei der 40
Überlassung dauerhafter Nutzungsrechte an Computerspielen nach deutschem
Recht ähnlichen Bedenken wie im Bereich der dauerhaften Softwareüberlas-
sung, für die die Wirksamkeit von Übertragungsverboten vor dem Hintergrund
des urheberrechtlichen Erschöpfungsgrundsatzes und des kaufrechtlichen Kon-
zepts eines endgültigen und vollständigen Übergangs der Verfügungsmacht
seit langem umstritten ist. Der Erschöpfungsgrundsatz und ein kaufrechtliches
„One-off"-Konzept prägen das gesetzliche Leitbild des BGB für dauerhafte Li-
zenzierungen, an dem sich standardvertragliche Übertragungs- und Weitergabeverbote gemäß § 307 Abs. 2 Nr. 1 BGB messen lassen müssen. Dies gilt freilich nur bei zeitlich unbefristeter Nutzungsrechtsüberlassung. Werden Spiele
von vornherein zeitlich befristet überlassen, ist nicht das kaufrechtliche, sondern das mietrechtliche Leitbild maßgeblich. Übertragungsverbote sind in diesem Fall nicht problematisch.

Für den Bereich der dauerhaften Überlassung stellt sich die Rechtslage je nach 41
Vertriebsgestaltung sowie in Abhängigkeit von dem genauen Gegenstand einer
Übertragungsbeschränkung sehr unterschiedlich dar. Zwar ist nach dem Urteil
des Europäischen Gerichtshofs vom 3. Juli 2012 (UsedSoft ./. Oracle)[50] nicht
mehr entscheidend, ob dem Endkunden ein softwarebasiertes Spiel auf einem
physischen Datenträger oder (allein) im Wege des Downloads überlassen wird.
Durchsetzbar ist nach der gegenwärtigen Rechtsprechung des Bundesgerichtshofs aber das Verbot der Übertragung eines Online-Accounts. – Im Einzelnen:

3.1.2.1 Der urheberrechtliche Erschöpfungsgrundsatz

Nach dem in §§ 17 Abs. 2, 69 c Nr. 3 UrhG verankerten urheberrechtlichen Er- 42
schöpfungsgrundsatz[51] endet („erschöpft" sich) das urheberrechtliche Verbreitungsrecht mit Blick auf ein bestimmtes Vervielfältigungsstück, wenn und so-

---

50   EuGH v. 03.07.2012 – C–128/11– ZUM 2012, 661 ff. – „UsedSoft v. Oracle".
51   Der Erschöpfungsgrundsatz ist gemeinschaftsrechtlich allgemein in Art. 4 Abs. 2 RL
     (EG) 29/2001 v. 22.05.2001, ABl. 2001 Nr. L 167/10 v. 22.06.2001, sowie speziell für
     Software in Art. 4 Abs. 2 RL (EG) 24/2009 v. 23.04.2009, ABl. 2009 Nr. L 111/16 v.
     05.05.2009 („Software-Richtlinie") verankert.

bald das betreffende Vervielfältigungsstück mit Zustimmung des Rechtsinhabers (d. h. des Urhebers oder des Inhabers des ausschließlichen Verbreitungsrechts) in der Europäischen Union oder im Europäischen Wirtschaftsraum in Verkehr gebracht wurde. Im Interesse des freien Warenverkehrs, der durch das Urheberrecht nicht beeinträchtigt werden soll, kann der Rechtsinhaber ab diesem Zeitpunkt eine weitere Verbreitung des betreffenden Vervielfältigungsstücks nicht unterbinden.

Die Erschöpfungswirkung bezieht sich auf ein bestimmtes Vervielfältigungsstück des Spiels und betrifft lediglich das Verbreitungsrecht (nicht etwa auch das Vervielfältigungsrecht) an diesem. Der Erwerber eines von der Erschöpfungswirkung betroffenen Vervielfältigungsstücks ist aber gemäß § 69 d Abs. 1 UrhG berechtigt, die zur zweckgemäßen Verwendung des Spiels erforderlichen Vervielfältigungshandlungen vorzunehmen.[52] Zur Veranschaulichung: Wurde ein Konsolenspiel auf einem physischen Datenträger einmal über den Einzelhandel oder einen Online-Shop vertrieben, so kann der Hersteller urheberrechtlich nicht verhindern, dass der Erwerber das Vervielfältigungsstück weiterverkauft und der Zweiterwerber es bestimmungsgemäß verwendet. Bei mehrstufigen Vertriebssystemen greift die Erschöpfungswirkung bereits dann ein, wenn der erste Vertriebspartner ein Vervielfältigungsstück des Spiels in den Verkehr gebracht hat.

Standardvertragliche Klauseln, die die Weitergabe eines vom Hersteller erhaltenen Datenträgers oder die Übertragung der daran bestehenden unbefristeten Nutzungsrechte für diesen Fall verbieten, begegnen seit langem erheblichen rechtlichen Bedenken.[53]

3.1.2.2 Der Erschöpfungsgrundsatz und elektronischer Vertrieb per Download

43 Im Juli 2012 hat der Europäische Gerichtshof (EuGH) in einer Grundsatzentscheidung zum Gebrauchtsoftwarehandel entschieden, dass der Erschöpfungsgrundsatz auch Software-Kopien erfasst, die der Kunde selbst mit Zustimmung des Rechtsinhabers im Wege eines Downloads erstellt.[54] Dies führt nach dem Urteil des EuGH dazu, dass der Rechtsinhaber eine Weiterveräußerung der er-

---

52 Für den Vertrieb von physischen Datenträgern ist dieses Ergebnis (in Deutschland) von der herrschenden Ansicht lange anerkannt, vgl. die Nachweise bei *Loewenheim*, in: Schricker/Loewenheim, Urheberrecht, 4. Aufl. 2010, § 69 d Rn. 4; *Grützmacher*, in: Wandtke/Bullinger, Urheberrechtsgesetz, 3. Aufl. 2009, § 69 d Rn. 26. Der EuGH hat dies nunmehr bestätigt, vgl. EuGH Urteil v. 03.07.2012 – C–128/11 – ZUM 2012, 661 ff. – „UsedSoft v. Oracle". § 69 d Abs. 1 UrhG beruht auf Art. 5 Abs. 1 der Software-Richtlinie.

53 *Hoeren*, in: Graf von Westphalen, Vertragsrecht und AGB-Klauselwerke, Teil Klauselwerke, IT-Verträge, Rn. 17 (Stand: 03/2012); vgl. auch die kartellrechtlichen Überlegungen von *Grützmacher*, CR 2010, 141 ff.; *Marly*, Praxishandbuch Softwarerecht, 5. Aufl. 2009, Rn. 1584 ff.

54 EuGH v. 03.07.2012 – C–128/11 – ZUM 2012, 661 ff. – „UsedSoft v. Oracle". Das Urteil erging in einem vom BGH eingeleiteten Vorabentscheidungsverfahren (vgl. den Vorlagebeschluss des BGH v. 03.02.2011 – I ZR 129/08 – ZUM 2011, 297 ff.). Die Entscheidung des EuGH beendet die in Rechtsprechung und Literatur langjährig kontrovers geführte Debatte um die analoge Anwendung des Erschöpfungsgrundsatzes auf per Download erstellte Vervielfältigungsstücke. Zum vorherigen Stand der Debatte vgl. *Leistner*, CR 2011, 209 ff.

stellten Kopie (oder auch der Nutzungsrechte daran[55]) urheberrechtlich nicht verhindern kann. Voraussetzung ist, dass der Kunde selbst keine Kopie des Programms zurückbehält.

Wird also ein softwarebasiertes Spiel (oder ein abtrennbarer Spielteil) nicht auf einem physischen Datenträger, sondern mit Zustimmung des Herstellers im Wege des Downloads aus dem Internet vertrieben, so kann der Hersteller eine Weiterveräußerung des so installierten Spiels urheberrechtlich nicht verhindern. Entsprechendes gilt für Patches, Updates und sonstige Spielergänzungen, die der Hersteller nachträglich – etwa im Rahmen einer Subskription – zum Download bereitstellt und die vom Kunden herunter geladen werden; auch diese sind (anders als der Subskriptionsvertrag selbst!) von der Erschöpfungswirkung umfasst.[56] Es bleibt abzuwarten, inwieweit die Rechtsprechung die vom EuGH aufgestellten Grundsätze auch auf den Download anderer urheberrechtlich geschützter Werke als Computerprogramme übertragen wird.[57]

Hersteller können die unerwünschten Wirkungen des Erschöpfungsgrundsatzes umgehen, indem sie Spiele weitgehend online-basiert gestalten. Sie verzichten dabei entweder – im Rahmen einer reinen Cloud-Lösung – vollständig auf eine Installation des Spiels beim Kunden oder stellen zumindest sicher, dass der Kunde lediglich eine (für sich genommen nicht spielbare) Clientsoftware bei sich installiert. Zudem kann der Hersteller nach derzeitiger Rechtsprechung des Bundesgerichtshofs die Übertragung eines Online-Nutzerkontos wirksam vertraglich ausschließen (dazu sogleich).   44

3.1.2.3 Übertragung von Nutzerkonten

Der Erschöpfungsgrundsatz kann eine Weiterveräußerung eines Spiels ohne Zustimmung des Rechtsinhabers nur dann rechtfertigen, wenn ein vom Hersteller   45

---

55 Der EuGH differenziert nicht trennscharf zwischen der Weitergabe der Programmkopie und der Übertragung des daran bestehenden Nutzungsrechts. In dem der Vorlage zugrunde liegenden Fall ging es nicht um die Weitergabe einer Programmkopie; vielmehr sollte der Zweiterwerber selbst im Wege des Downloads eine neue Programmkopie erstellen. Die hierfür erforderliche Vervielfältigungshandlung des Zweiterwerbers ist nach dem Urteil des EuGH von Art. 5 Abs. 1 der Software-Richtlinie (§ 69 d Abs. 1 UrhG) gedeckt.

56 Vgl. EuGH v. 03.07.2012 – C-128/11 – ZUM 2012, 661, 666 (Rn. 66 bis 68) – „UsedSoft v. Oracle".

57 Diese Frage gehört zu den wohl umstrittensten Folgefragen der UsedSoft Entscheidung des EuGH. Insbesondere vor dem Hintergrund von Erwägungsgrund 29 der Richtlinie 2001/29/EG des Europäischen Parlaments und des Rates vom 22. Mai 2001 zur Harmonisierung bestimmter Aspekte des Urheberrechts und der verwandten Schutzrechte in der Informationsgesellschaft („InfoSoc-Richtlinie") wird dies teilweise verneint (so auch noch OLG Stuttgart v. 03.11.2011 – 2 U 49/11 – GRUR-RR 2012, 2043 (Hörbuch-AGB)); mit Blick auf den betont wirtschaftlichen Ansatz des EuGH in der UsedSoft Entscheidung erscheint eine Gleichbehandlung von Computerprogrammen und anderen urheberrechtlich geschützten Werken jedoch im Ergebnis denkbar (vgl. auch Abs. 76 der Schlussanträge des Generalanwalts Yves Bot vom 24. April 2012); für eine Übertragbarkeit der Ergebnisse der UsedSoft Entscheidung auf sonstige digitale Werke plädieren *Hoeren/Försterling*, MMR 2012, 642, 646, *Schneider/Spindler*, CR 2012, 489, 497 sowie *Scholz*, ITRB 2013, 17, 20; skeptisch *Marly*, EuZW 2012, 654, 657, *Ortmann/Kuß*, BB 2012, 2262, 2264 f.; ablehnend *Stieper*, ZUM 2012, 668, 670.

(auf einem Datenträger oder im Wege des Downloads) überlassenes Vervielfältigungsstück des Spiels[58] weitergegeben werden soll.

Dies ist nicht der Fall, wenn eine AGB-Klausel die Weitergabe eines Online-Nutzerkontos verbietet, das der Erwerber eines auf einem physischen Datenträger vertriebenen Spiels bei erster Ingebrauchnahme des Spiels erstellen muss, auch wenn dies zum Spielen notwendig ist. Der Bundesgerichtshof hat für diese Konstellation in der „Half-Life 2"-Entscheidung[59] eine Berufung auf den Erschöpfungsgrundsatz verneint. Der Bundesgerichtshof begründet dies in stringenter Anwendung der gesetzlich normierten Erschöpfungsvoraussetzungen damit, dass das Verbot einer Weitergabe des Nutzerkontos den Endkunden weder rechtlich noch tatsächlich an der Weiterveräußerung des Datenträgers (einer DVD) hindert, auf dem er das Spiel erworben hat. Dass der Rechtsverkehr am Erwerb des ohne Nutzerkonto praktisch nicht nutzbaren Originaldatenträgers kein nennenswertes Interesse hat, steht nach Ansicht des Bundesgerichtshofs nicht im Widerspruch zum Schutzzweck des Erschöpfungsgrundsatzes, der Sicherung des freien Warenverkehrs.[60] Der Bundesgerichtshof führt hierzu aus, der Erschöpfungsgrundsatz schütze den Warenverkehr nur vor Behinderungen, die gerade aus der Ausübung des urheberrechtlichen Verbreitungsrechts resultieren, nicht hingegen vor Einschränkungen der rechtlichen oder tatsächlichen Verkehrsfähigkeit eines Werkstücks aufgrund anderer Umstände wie der spezifischen Gestaltung der Nutzbarkeit eines Werkstücks. Es sei urheberrechtlich unbedenklich, wenn der Urheber Werkstücke seines Werks so gestalte, dass diese nur auf bestimmte Art und Weise nutzbar sind und ihre Weiterveräußerung durch den Erwerber infolge ihrer konkreten Ausgestaltung eingeschränkt oder faktisch ausgeschlossen sei.[61] Aus der „Half-Life 2"-Entscheidung ergeben sich Ansatzpunkte, wie Hersteller von Computerspielen (ebenso wie Hersteller anderer Computerprogramme) durch bereits bei Veräußerung transparent kommunizierte Registrierungspflichten und personengebundene Nutzerkonten die (gefürchteten) Rechtsfolgen der Erschöpfung letztlich umgehen können.[62] Es bleibt abzuwarten, ob die Branche durch eine Anpassung ihrer Vertriebs- und Geschäftsmodelle reagiert und ob sich bestimmte Gestaltungen dauerhaft rechtlich durchsetzen.

3.1.3 Relevante AGB-rechtliche Themenkreise

46 Bei der Gestaltung von Lizenz- oder Plattformnutzungsbedingungen für Endkunden sind die AGB-rechtlichen Grenzen (§§ 305 ff. BGB) sowie – bei dauerhafter Überlassung des Spiels – auch die Regelungen des Verbrauchsgüterkaufs (§§ 475 ff. BGB) zu beachten.[63] Die hierbei regelmäßig relevanten Themenkom-

---

58 Entsprechendes gilt (wohl) hinsichtlich der darauf bezogenen Nutzungsrechte, vgl. oben Fußnote 55.

59 BGH v. 11.02.2010 – I ZR 178/08 – GRUR 2010, 822 – „Half-Life 2".

60 BGH v. 11.02.2010 – I ZR 178/08 – GRUR 2010, 822, 824 – „Half-Life 2".

61 Vgl. BGH v. 11.02.2010 – I ZR 178/08 – GRUR 2010, 822, 824 – „Half-Life 2".

62 Vgl. auch die Anmerkungen zur „Half-Life 2"-Entscheidung von *Gräbig*, MMR-Aktuell 2010, 307861; *Jani*, GRUR-Prax 2010, 394; *Marly*, LMK 201, 309245; *Paul/Albert*, K&R 2010, 584.

63 Für die dauerhafte Überlassung von Standardsoftware entspricht die (zumindest entsprechende) Anwendung der §§ 474 ff. BGB sowohl bei der Überlassung von Datenträgern als auch beim Erwerb per Download der herrschenden Meinung, vgl. etwa

plexe sind weitestgehend nicht spielspezifisch, weshalb für detaillierte Ausführungen zu den Grenzen zulässiger Klauselgestaltung auf Kommentierungen und allgemeine Literatur zum Recht der Allgemeinen Geschäftsbedingungen verwiesen sei. Zumindest überblicksartig folgt jedoch der Hinweis auf einige relevante Regelungen des AGB-Rechts, die gerade auch bei der Anpassung von Standardverträgen aus dem angloamerikanischen Rechtskreis an das deutsche Recht typischerweise zu beachten sind:

1. **Haftungs- und Gewährleistungsregelungen:** Bei der Gestaltung standardvertraglicher Haftungsklauseln sind neben dem gesetzlichen Verbot eines Haftungsausschlusses für die Verletzung von Leben, Körper oder Gesundheit, für Vorsatz oder für grobe Fahrlässigkeit (§§ 309 Nr. 7 b, 276 Abs. 3 BGB) auch die von der Rechtsprechung aufgestellten Grenzen zur formularmäßigen Haftungsfreizeichnung im Bereich der leichten Fahrlässigkeit zu beachten.[64] Bei den Regelungen zu Sach- und Rechtsmängeln (Gewährleistung) sind gegenüber Verbrauchern bei dauerhafter Überlassung die gesetzlich zwingenden Regelungen zum Verbrauchsgüterkauf (§§ 475 ff. BGB) zu berücksichtigen.[65]

2. **Freistellungsregelungen zu Lasten des Endkunden:** Aus dem angloamerikanischen Rechtskreis stammende Vertragsmuster sehen häufig umfassende Freistellungspflichten des Endkunden vor, etwa für den Fall, dass der Endkunde seine vertraglichen Pflichten verletzt oder – bei interaktiven Plattformen – für den Fall, dass er Inhalte (etwa Photos oder Videos) einstellt, die Rechte Dritter verletzen (etwa Urheberrechte, Leistungsschutzrechte oder Persönlichkeitsrechte). Entsprechende Freistellungspflichten und sonstige Haftungstatbestände zu Lasten des Endkunden müssen nach deutschem AGB-Recht ausdrücklich verschuldensabhängig gestaltet werden. Anderenfalls widersprechen sie dem Grundsatz der Verschuldenshaftung als einem wesentlichen Grundgedanken des gesetzlichen Leitbildes und sind damit unwirksam (§ 307 Abs. 2 Nr. 1 BGB[66]). Überdies müssen die haftungsbegründenden Umstände jeweils transparent und präzise umschrieben werden, wobei ihre Verhinderung dem Endkunden grundsätzlich möglich sein muss.

3. **Gefährdung des Hosting Privilegs bei User Generated Content:** Bedingungen, die (auch) die interaktive Nutzung einer Plattform und die Einstellung von Inhalten durch den Endkunden regeln, sollten keine Einsichtnahme, Bearbeitung oder gar Prüfung der eingestellten Inhalte durch den Plattformbetreiber vorsehen. Der Plattformbetreiber sollte auf jegliche derartigen Maßnahmen verzichten und die von Endkunden eingestellten Inhalte vielmehr eindeutig als solche kennzeichnen. Er riskiert sonst, dass von Endkunden eingestellte Inhalte nicht als fremde Inhalte eingestuft werden und ihm da-

---

Faust, in: BeckOK BGB, § 474 Rn. 9 (Stand: 11/2012); *Lorenz,* in: MünchKomm-BGB, 6. Aufl. 2012, § 474 Rn. 10 mit weiteren Nachweisen; *Berger,* in: Jauernig, Bürgerliches Gesetzbuch, 14. Aufl. 2011, § 474 Rn. 4.

64 Zu Einzelheiten der BGH-Rechtsprechung zu Beschränkung der Haftung für die leicht fahrlässige Verletzung sog. „Kardinalpflichten" vgl. Kapitel 1 Fußnote 95.

65 Im Verhältnis zum Vertriebspartner gelten korrespondierend die Regelungen zum Unternehmerregress (§§ 478, 479 BGB), die nur in den Grenzen des § 478 Abs. 4 BGB vertraglich abdingbar sind.

66 Vgl. etwa BGH v. 05.10.2005 – VIII ZR 16/05 – NJW 2006, 47, 49.

mit eine Berufung auf das Haftungsprivileg des § 10 TMG (sog. Hosting Privileg) verwehrt ist.[67]

4. **Laufzeiten von Subskriptionen:** Bei der Gestaltung der Laufzeit einer Spielsubskription sind die AGB-rechtliche Grenze einer Mindestlaufzeit von höchstens 24 Monaten sowie die AGB-rechtlichen Anforderungen an Kündigungsfristen (höchstens drei Monate) und an automatische Verlängerungen (höchstens um ein Jahr) zu beachten, vgl. § 309 Nr. 8 BGB.

5. **Änderungen der AGB:** Klauseln, die dem Hersteller das Recht zu einseitigen Vertragsänderungen vorbehalten, sind unwirksam. Jede nachträgliche Änderung des vereinbarten Vertragstexts erfordert vielmehr die Zustimmung des Endkunden. Unter den Voraussetzungen des § 308 Nr. 5 BGB kann die Zustimmung des Endkunden zu einer für den Endkunden zumutbaren Vertragsänderung im Einzelfall fingiert werden, sofern die Reichweite dieser Anpassungsmöglichkeit[68] und der dafür geltende Prozess bereits in der Änderungsklausel vereinbart sind. Übersehen wird dabei oft, dass bereits die Änderungsklausel ausdrücklich vorsehen muss, dass der Endkunde mit der Unterrichtung über eine konkrete Vertragsänderung auf die Wirkung eines unterbleibenden Widerspruchs ausdrücklich hingewiesen wird.

6. **Änderungen des Leistungsangebots:** Für Änderungen des Leistungsangebots des Herstellers gilt § 308 Nr. 4 BGB. Danach sind Klauseln, die den Verwender berechtigen, die versprochene Leistung zu ändern oder von ihr abzuweichen, zulässig, soweit dies unter Berücksichtigung der Interessen des Verwenders für den Endkunden zumutbar ist. Diese Bedingung der Zumutbarkeit ist nur erfüllt, wenn für die Änderung im Einzelfall ein triftiger Grund vorliegt und bereits die Änderungsklausel die denkbaren triftigen Gründe für das einseitige Leistungsbestimmungsrecht benennt, so dass für den Endkunden zumindest ein gewisses Maß an Kalkulierbarkeit der möglichen Leistungsänderungen besteht.[69]

7. **Preisanpassungsklauseln:** Preisanpassungsklauseln sind nur zulässig, wenn sie bei langfristigen Verträgen der Bewahrung des ursprünglichen Gleichgewichts zwischen Leistung und Gegenleistung dienen, wobei die Befugnis des Herstellers zu Preisanhebungen von konkreten Kostenerhöhungen abhängig gemacht und die einzelnen Kostenelemente sowie deren Gewichtung bei der Kalkulation des Gesamtpreises offen gelegt werden müssen.[70]

8. **Rechtswahlklauseln:** Durch die Wahl eines ausländischen Rechts kann nicht zum Nachteil des Verbrauchers von den Regelungen des AGB-Rechts, des Verbraucherschutzrechts oder sonstigen zwingenden Regelungen deut-

---

67 Zu den differenziert diskutierten Anforderungen und Grenzen des Hosting Privilegs und eines „Zu-Eigen-Machens" fremder Inhalte ausführlich *Leupold/Glossner*, in: Münchner Anwaltshandbuch IT-Recht, 2. Aufl. 2011, Teil 2, Rn. 458 ff.; siehe auch Kapitel 6.

68 Der Bundesgerichtshof verlangt, dass der Endkunde vorhersehen kann, in welchen Bereichen, unter welchen Voraussetzungen und in welchem Umfang er mit Änderungen zu rechnen hat, vgl. BGH v. 11.10.2007 – III ZR 63/07 – NJW-RR 2008, 134. Der Bundesgerichtshof wendet damit auch im Rahmen des § 308 Nr. 5 BGB das Zumutbarkeitskriterium des § 308 Nr. 4 BGB an.

69 BGH v. 11.10.2007 – III ZR 63/07 – NJW-RR 2008, 134, 135 mit weiteren Nachweisen; BGH v. 23.06.2005 – VII ZR 200/04 – NJW 2005, 3420, 3421.

70 BGH v. 21.09.2005 – VIII ZR 38/05 – NJW-RR 2005, 1717.

schen Rechts abgewichen werden. Zwar schließt die Rom I-VO[71] die wirksame Rechtswahl einer ausländischen Rechtsordnung für Verbrauchergeschäfte nicht grundsätzlich aus,[72] doch darf eine solche Rechtswahl gemäß Art. 6 Abs. 2 Satz 2 Rom I-VO nicht dazu führen, dass der Verbraucher schlechter gestellt wird, als er bei Anwendbarkeit des zwingenden Rechts seines Aufenthaltsstaates stünde. Welches Recht im Einzelfall zur Anwendung kommt, wird für jedes konkrete Begehren des Verbrauchers nach dem Günstigkeitsprinzip entschieden.[73]

9. **Transparenzgebot und Verständlichkeitsgebot:** Bei der Formulierung und der äußeren Gestaltung von Lizenz- oder Plattformnutzungsbedingungen ist zu beachten, dass Inhalt und Tragweite der Regelungen für den Endkunden transparent, bestimmt, klar und verständlich sein müssen[74] und dass die äußere Gestaltung (Sprache, Schriftgröße, Gliederung) dem Endkunden eine zumutbare Kenntnisnahme ermöglicht. Für Vertriebsstrukturen, die den deutschen Markt adressieren, erfordert dies in aller Regel, dass Lizenzbedingungen, Plattformnutzungsbedingungen und sonstige an Endkunden gerichtete AGB-Dokumente den Endkunden in deutscher Sprache zur Verfügung gestellt werden müssen. Die AGB dürfen ferner keine ungewöhnlichen Klauseln enthalten, mit denen der Endkunde nach den Umständen (etwa dem Erscheinungsbild der AGB oder den Klauselüberschriften) nicht zu rechnen braucht. Derartige „überraschende Klauseln" werden nicht Vertragsbestandteil.[75] Zweifel bei der Auslegung inhaltlich unklarer Regelungen gehen grundsätzlich zu Lasten des Verwenders.[76]

10. **Verbot geltungserhaltender Reduktion:** Schließlich sei darauf hingewiesen, dass einzelne unwirksame Klauselelemente zur Unwirksamkeit der gesamten betroffenen Klauseln führen. Eine geltungserhaltende Reduktion in dem Sinne, dass für sich betrachtet wirksame Klauselbestandteile ungeachtet der unwirksamen Klauselelemente zur Anwendung gelangen, findet nicht statt.[77]

4. Spezifische Fragen bestimmter Plattformtypen und Vertriebswege

Nicht zuletzt angesichts der zunehmenden Kombination und Verschmelzung von Offline- und Online-Spielangeboten sind viele der bisher behandelten Rechtsfragen übergreifend für verschiedenste Vertriebskonstellationen relevant. Eini-   47

---

71   VO (EG) 593/2008 v. 17.06.2008, ABl. 2008 Nr. L 177/6, ABl. 2009 Nr. L 309/87.

72   Vgl. Art. 3 Abs. 1, Art. 6 Abs. 2 Satz 1 Rom I-VO.

73   Vgl. *Martiny,* in: MünchKomm-BGB, 5. Aufl. 2010, VO (EG) Nr. 593/2008 Art. 6 Rn. 46 ff. mit weiteren Nachweisen.

74   Diese Anforderungen ergeben sich aus dem in § 307 Abs. 1 Satz 2 BGB verankerten Transparenzgebot und dem Verständlichkeitsgebot des § 305 Abs. 2 Nr. 2 BGB (als Einbeziehungsvoraussetzung). Ausführlich zum Transparenzgebot *Wurmnest,* in: MünchKomm-BGB, 6. Aufl. 2012, § 307 Rn. 54 ff.; näher zu § 305 Abs. 2 Nr. 2 BGB *Becker,* in: BeckOK BGB, § 305 Rn. 59 ff. (Stand: 08/2012).

75   Vgl. § 305 c Abs. 1 BGB.

76   Vgl. § 305 c Abs. 2 BGB.

77   BGH v. 17.01.1989 – XI ZR 54/88 – NJW 1989, 582, 583 mit weiteren Nachweisen.

ge spezifisch für bestimmte Plattformtypen und Vertriebswege auftretende The-
menkomplexe werden nachfolgend zumindest kurz separat beleuchtet.

4.1 Spezifische Fragen beim Vertrieb von Spielkonsolen und Konsolenspielen

4.1.1 Konsolenbindung und Umgehung technischer Schutzmaßnahmen

48   Viele Konsolenhersteller verhindern durch technische Verschlüsselungs- und
andere Schutzmaßnahmen an ihren Spielkonsolen, dass auf den Spielkonsolen Raubkopien der eigenen Spielsoftware oder auch Spiele anderer Hersteller
laufen können. Auf derartigen „geschlossenen" Spielkonsolen können nur die
vom Hersteller selbst vertriebenen Videospiele gespielt werden. Zur Umgehung
dieser Mechanismen sind auf dem Markt eine beträchtliche Anzahl von Adap-
terkarten und ähnlichen Geräten erhältlich (so genannte „Modchips"), die den
vom jeweiligen Konsolenhersteller implementierten Schutzmechanismus aufhe-
ben. Ihre Verwendung ermöglicht es, auf „geschlossenen" Spielkonsolen andere
Spielsoftware zu verwenden als die Originalspiele des Konsolenherstellers (insbesondere Raubkopien).

Ob der Vertrieb derartiger „Modchips" gegen § 95 a Abs. 3 Nr. 2, Nr. 3 UrhG verstößt und entsprechende Unterlassungs-[78] und Schadensersatzansprüche[79] des
Rechtsinhabers an der Originalspielsoftware auslöst, hängt wesentlich von der
Anwendbarkeit dieser Regelungen ab. Der BGH hat die Frage der Anwendbarkeit des § 95 a UrhG auf urheberrechtlich geschützte Videospiele am 06.02.2013
dem EuGH zur Vorabentscheidung vorgelegt.[80] Er kann ferner eine strafbare
Beihilfe zur unerlaubten Vervielfältigung von Raubkopien im Arbeitsspeicher
der Spiele darstellen.[81]

49   Der Rechtsinhaber hat zudem Überlassungs- und Vernichtungsansprüche gemäß
§ 69 f Abs. 2 UrhG in Verbindung mit §§ 69 f Abs. 1, 98 Abs. 3 UrhG. Dabei wird
das in § 69 f Abs. 2 UrhG geforderte Tatbestandsmerkmal der „alleinigen" Bestimmung eines Mittels zur Beseitigung oder Umgehung von Programmschutz-
mechanismen nach herrschender Meinung nicht wörtlich ausgelegt. Vielmehr
ist im Rahmen des § 69 f Abs. 2 UrhG nach herrschender Meinung auf den *objektiven* Hauptverwendungszweck des Umgehungsmittels abzustellen (wenngleich Einzelheiten umstritten sind). Eine dem Umgehungsmittel vom Hersteller
„hinzugefügte" legale Einsatzmethode (etwa die Möglichkeit, von einem Nutzer
selbst erstellte Software ablaufen zu lassen, sog. „*homebrew*") schließt die Anwendbarkeit von § 69 f Abs. 2 UrhG nicht aus.[82]

---

78   §§ 1004, 823 Abs. 2 Satz 1 BGB in Verbindung mit § 95 a Abs. 3 Nr. 2, Nr. 3 UrhG, vgl.
LG München I v. 14.10.2009 – 21 O 22196/08 – CR 2010, 76 ff. (Vertrieb von DS Linker-
Karten).

79   § 823 Abs. 2 Satz 1 BGB in Verbindung mit § 95 a Abs. 3 Nr. 2, Nr. 3 UrhG.

80   BGH v. 06.02.2013 – I ZR 14/11 – Videospiel-Konsole, MMR Aktuell 2013, 342927. Vgl.
dazu auch Kapitel 2, Ziffer 5.2.

81   LG München I v. 13.03.2008 – 7 O 16829/07 – MMR 2008, 839 ff. (Vertrieb sog. „Modchips").

82   Zum Ganzen LG München I v. 13.03.2008 – 7 O 16829/07 – MMR 2008, 839, 841 f.;
Grützmacher, in: Wandtke/Bullinger, Urheberrechtsgesetz, 3. Aufl. 2009, § 69f Rn. 21
mit Nachweisen zum Streitstand. Zum „*dual use*" Argument einer auch rechtmäßigen
Nutzungsmöglichkeit vgl. auch *Arnold*, MMR 2008, 144 ff.

Die Einordnung von „Modchips" als urheberrechtswidrige Mittel zur Umgehung technischer Schutzmaßnahmen wird, soweit ersichtlich, auch international weitgehend geteilt.[83] In Frankreich allerdings war das Vorgehen des Spieleherstellers Nintendo gegen den Vertrieb so genannter „DS Linker Karten" bisher nicht erfolgreich.[84]

4.1.2 Fernabsatz

Im Rahmen des Online-Vertriebs von Konsolenspielen (Versandhandel) sind die Regelungen des Fernabsatzrechts zu beachten (§§ 312 b ff. BGB), einschließlich der seit dem 1. August 2012 geltenden Neuregelung zur sog. „Buttonlösung"[85]. Diese umfassen insbesondere die weit reichenden Informationspflichten des Anbieters gemäß § 312 c BGB, Art. 246 §§ 1, 2 EGBGB und das Widerrufsrecht der Verbraucher gemäß § 312 d BGB. *50*

4.2 Spezifische Fragen beim Vertrieb von Online Games

Bei der rechtlichen Gestaltung der Online-Dimension von Konsolenspielen oder reiner Online-Spiele spielen neben der Gestaltung und wirksamen Einbeziehung von Plattform- und Nutzungsbedingungen insbesondere der Handel mit virtuellen Gegenständen (*Item Selling*), die Erstellung und Einbindung nutzergenerierter Figuren und Inhalte sowie die Haftung des Anbieters für rechtswidrige Inhalte eine Rolle. Darüber hinaus müssen Mikro-Zahlungsvorgänge über die Plattform abgewickelt werden.[86] Zudem sind die Regelungen (und Ausnahmen) des Fernabsatzrechts zu beachten. Wegen der zunehmenden Bedeutung von Online-Spielen ist den spezifischen Fragen der Online-Spielwelten ein eigenes Kapitel dieses Buches gewidmet.[87] *51*

---

83 Vgl. zur Rechtslage in Italien *Arezzo*, IIC 2009, 82 ff.; in Japan ist ein Vorgehen auf wettbewerbsrechtlicher Grundlage möglich, vgl. Bezirksgericht Tokio v. 27.07.2009, GRUR Int 2009, 946 ff. Kritisch *Heath*, IIC 2011, 618 ff. (Anmerkung zur Entscheidung des San Marino Ordinary Court v. 26.01.2009, IIC 2011, 616 ff.).

84 Vgl. Cour d'Appel de Paris, pôle 5, 12ème chambre v. 26.09.2011 – rechtskräftig. Das Urteil bestätigte die erstinstanzliche Ablehnung einer Strafbarkeit wegen Urheberrechtsverletzung sowie eine Strafbarkeit wegen der Umgehung von technischen Schutzmaßnahmen. Anders als das erstinstanzliche Gericht lehnte das Appellationsgericht allerdings eine Rechtfertigung durch gesetzlich zwingende Dekompilierungsrechte (Art. L. 122-6-1 (iv) Code de la propriété intellectuelle, Art. 6 Software-Richtlinie) ab. Zur erstinstanzlichen Entscheidung vgl. TGI Paris, 31ème chambre v. 03.12.2009, RLDI 2010/56, No. 1849 – nicht rechtskräftig, sowie *Lampe/Leriche*, RLDI 2010/57, no. 1880, S. 22 ff.

85 Vgl. zur „Buttonlösung" Kapitel 6.

86 Vgl. dazu *Haar*, DSRI-Tagungsband 2010, S. 359 ff.

87 Diese Themen werden im Kapitel 6 näher behandelt.

Kapitel 5

In-Game-Advertising

1. Definition und Abgrenzung des In-Game-Advertising

Das sogenannte In-Game-Advertising gewinnt stetig an Bedeutung. Werbetrei- 1
bende setzen neben dem Fernsehen zunehmend auf digitale Plattformen und
Werbeformen, um – in Ergänzung umfassender Werbekonzepte – sehr gezielt
bestimmte Käuferschichten anzusprechen. Spieleentwicklern bzw. -anbietern
dient das In-Game-Advertising vor allem dazu, die Entwicklungs- bzw. Lizenz-
kosten der Spiele zu refinanzieren.

Als einer der zahlreichen Vorteile des In-Game-Advertising – das auch als „neue
Variante" des etablierten Product Placement in der Spiele-Branche angesehen
wird – gegenüber herkömmlicher Werbung gilt insbesondere die emotionale
Bindung des Spielenden an das Spiel. Durch die Interaktivität ist der Spielende – oft in weitaus höherem Maße als Fernsehzuschauer oder Radiohörer – stärker motiviert und vollständig (auf das Spiel) konzentriert; zudem erlebt er die
Werbung in der Regel mit einer positiven Grundhaltung in seiner Freizeit. Anders als bei Fernsehen oder Radio nutzen die Spielenden im Regelfall nicht zeit-
gleich noch ein weiteres Medium, so dass der Werbetreibende ihre ungeteilte
Aufmerksamkeit erhält. Darüber hinaus kann die Werbung äußerst zielgruppengenau platziert werden. Die Wiederholung der Spiele ermöglicht zudem eine
hohe Werbefrequenz und Durchsetzung der Werbebotschaft: Der Spieler kann,
wenn er das Spiel wiederholt, immer wieder mit den entsprechenden Werbebotschaften konfrontiert werden.

Nach neutralen Untersuchungen nimmt die Zeit, die Spieler mit Spielen ver- 2
bringen, stetig zu (12,8 Stunden pro Monat im Jahr 2009). Darüber hinaus werden hohe Aufmerksamkeitswerte erzielt: 72 % der Spieler können sich erinnern,
Werbung im Spiel gesehen zu haben. 65 % der Spieler fällt Werbung in Spielen eher auf als in anderen Medien (Magazinen, TV, etc.).[1] Schließlich wird die
In-Game-Werbung im Vergleich zu klassischer Werbung von den Konsumenten
oftmals als weniger „störend" empfunden, weil sie für die Spieler – abhängig davon, wie gelungen die konkrete Einbindung in das Spiel ist – häufig den Realitätsbezug des Spiels erhöht.

In-Game-Advertising wird daher in den verschiedensten Bereichen verstärkt ge- 3
nutzt, sogar in der Politik: Während seines Wahlkampfs im Jahr 2008 schaltete
beispielsweise Barack Obama Anzeigen im Rennspiel „Burnout Paradise". Diese
Form der Werbung wird immer beliebter bei Unternehmen. Obwohl die anfäng-
lichen kommerziellen Hoffnungen insbesondere in den letzten beiden Jahren
nicht ganz erreicht wurden, wuchs der In-Game-Advertising-Markt trotz Wirt-
schaftskrise immer noch stark. Die jährlichen Investitionen der Werbebranche
steigen, und im Jahr 2014 wird nach Prognosen für In-Game-Advertising ein

---

1   TU Darmstadt, Vortrag („Business Case") vom 24.06.2010 von Felix Feldmeier, Hein-
    rich Peuser, Raissa Sachs und Martin Stopczynski, Technologie- und Marketing-Ma-
    nagement in IT-/TIMES-Märkten, Slide 5, abrufbar unter
    http://www.kom.tu-darmstadt.de/fileadmin/Externer_Bereich/Downloads/teaching-
    materials/TIMES-Maerkte_Technologien/SS10/Cases/12.InGameAdvertising_Gruppe
    _1.pdf (02.11.2012).

Umsatz von mehr als einer Milliarde US-Dollar erwartet.[2] Das Marktvolumen der elektronischen Spiele in Deutschland insgesamt lag im Jahr 2009 bei ca. 2,7 Milliarden Euro, bei einem durchschnittlichen Jahreswachstum im zweistelligen Bereich.[3] Online-Geschäftsmodelle sind dabei aktuell das stärkste Wachstumsfeld der Spiele-Industrie. Die Einnahmen aus Online-Abonnements und virtuellen Zusatzinhalten stiegen 2011 auf mehr als 400 Millionen Euro.[4]

4 Das In-Game-Advertising wird zunehmend als Bestandteil von sogenannten integrierten Cross-Marketing-Maßnahmen verwendet. Es gibt Agenturen, die auf In-Game-Advertising und die entsprechenden Werbeflächen spezialisiert sind und diese in gezielt zusammengestellten Paketen in mehreren Spielen bzw. Formaten zwischen Spieleanbietern und Werbetreibenden vermitteln. Auch zur Vorab-Bewerbung von Kinofilm-Produktionen werden Online-Games verwendet. Animierte Spielewelten in 3-D-Format und hoher Auflösung müssen sich im Vergleich mit dem Fernsehbild keineswegs „verstecken" und beeindrucken durch ihren hohen Realitätsbezug und größte Detailtreue. Diese Authentizität wird natürlich, beispielsweise bei Autorennen oder Sportspielen, auch dadurch erzielt, dass – wie im wirklichen Leben – Banden- und Trikotwerbung auf dem Bildschirm erscheint. Ein Champions-League-Fußballspiel oder ein Formel-1-Rennen ohne entsprechende Werbung wirkt nicht realistisch.

Die Zulässigkeit und Grenzen des In-Game-Advertising als eine verhältnismäßig junge Werbeform sind rechtlich bei Weitem noch nicht durchdrungen; Rechtsprechung und Literatur werden sich hier noch weiter entwickeln. Neben allgemeinen kennzeichenrechtlichen Aspekten sind insbesondere wettbewerbs- und auch medienrechtliche Normen zu berücksichtigen. Die medienrechtliche Relevanz ergibt sich insbesondere daraus, dass In-Game-Advertising letztlich mit dem Product Placement im TV-Bereich vergleichbar ist.

1.1 Erscheinungsformen des In-Game-Advertising

5 Unter In-Game-Advertising versteht man grundsätzlich die Einblendung von Werbung in Computerspielen. Dies kann sowohl marketingseitig als auch tech-

---

2 Aktueller Artikel in absatzwirtschaft.de vom 22.02.2011, abrufbar unter http://www.absatzwirtschaft.de/content/_t=ft,_p=1003214,_b=73532 (02.11.2012);
TU Darmstadt, Vortrag („Business Case") vom 24.06.2010, von Felix Feldmeier, Heinrich Peuser, Raissa Sachs und Martin Stopczynski, Technologie- und Marketing-Management in IT-/TIMES-Märkten, Slide 7, zurückgehend auf eine Prognose von Massive Inc. (In-Game-Ad-Tochter von Microsoft).

3 Präsentation „Spielend unterhalten – Wachstumsmarkt Electronic Games – Perspektive Deutschland" von Deloitte und BITKOM, Stand 05/09, abrufbar unter http://www.bitkom.org/files/documents/Studie_Spielend_unterhalten_Wachstumsmarkt_electronic_games_2009(1).pdf (02.11.2012).
Der BIU Bundesverband Interaktive Unterhaltungssoftware e.V. hatte allerdings für das Jahr ein Wachstum von 3,5 % auf 1,99 Mrd. Euro mitgeteilt (abrufbar unter: http://www.biu-online.de/de/fakten/marktzahlen/die-deutsche-gamesbranche-2011.html (02.11.2012)). Bei der weltweiten Spiele-Industrie wird zwischen 2011 und 2017 eine Steigerung von 52 auf ca. 70 Milliarden US-Dollar erwartet (http://venturebeat.com/2012/07/06/the-road-ahead-in-gaming-welcome-to-the-crossover-era/ (02.11.2012)).

4 Aktuelle Mitteilung des BIU aus 2012, abrufbar unter http://www.biu-online.de/de/fakten/marktzahlen/die-deutsche-gamesbranche-2011.html (02.11.2012).

nisch auf verschiedene Art und Weise realisiert werden. Drei Hauptvarianten sind zu unterscheiden:[5]

1.1.1 Statisches In-Game-Advertising (SIGA)

Beim statischen In-Game-Advertising werden eindeutig erkennbare Marken,   6
Produkte bzw. werbliche Handlungsstränge bereits während der Entwicklung des Spiels direkt in dessen Handlung integriert. Diese Form des In-Game-Advertising ist konzeptionell vergleichbar mit dem Product Placement im Fernsehen und in Kinofilmen. Es werden beispielsweise Plakate mit Werbung (oder bei Sportspielen auch Bandenwerbung) in die virtuelle Umgebung eingearbeitet oder auch Elektrogeräte von den Protagonisten des Spiels verwendet. Die in das Spiel integrierten Produkte und Marken sind fest programmiert und bleiben daher für dessen gesamte Lebensdauer Bestandteil des Spiels.

1.1.2 Dynamisches In-Game-Advertising (DIGA)

Beim dynamischen In-Game-Advertising können im Spiel vorgesehene Werbe-   7
flächen jederzeit mit beliebig veränderbaren Inhalten gefüllt werden. Das Spiel muss über eine Internetanbindung verfügen. Das Spiel fungiert dabei als Sender und wird temporär mit Werbeeinblendungen versorgt. Dabei werden in der Regel zunächst bestimmte Bewegungsdaten sowie die IP-Adressen der Spieler ermittelt und ausgewertet. Es ist also möglich, die Werbung aufgrund der Nutzerdaten bzw. des Spielverhaltens zu personalisieren.

Angepasst an diese Informationen, können die Werbebotschaften dynamisch in das Spiel hinein- und hinausgeschaltet werden und erscheinen z. B. auf Werbetafeln oder ähnlichen Werbemitteln innerhalb des Spiels. Eine Werbeeinblendung kann auf diese Weise kampagnenabhängig für bestimmte Zeiträume, aber vor allem auch angepasst an – und „zugeschnitten auf" – den Spielenden erfolgen.

Diese Variante erhöht die Flexibilität dieser Werbeart und ermöglicht die – auch   8
kurzfristige – Verwendung in einer größeren Werbekampagne, weil die betreffende Werbebotschaft nicht mit langen Vorlaufzeiten vor Erstellung eines Spiels und für dessen gesamte Vermarktungsdauer unwiderruflich festgelegt werden muss. Hinzu kommt eine erhöhte Messbarkeit der Wirksamkeit verschiedener Werbeflächen, weil es aufgrund moderner Technik heutzutage möglich ist, zu bestimmen, an welchen Stellen eines Spiels Werbung aufgrund welcher Determinanten vom Nutzer am besten wahrgenommen wird. Hierdurch lässt sich zum einen die Werbewirkung optimieren, weil die Werbung zielgerichteter erfolgen kann und „Streuverluste" geringer werden. Zum anderen lassen sich auf diese Weise auch verschiedene Wertigkeiten von Werbeflächen ermitteln, die dann gegenüber den Werbekunden preislich dargestellt werden können.

1.1.3 Ad-Games (Advergames)

Bei so genannten Ad-Games handelt es sich um reine Werbespiele, die im Auf-   9
trag eines bestimmten Unternehmens entwickelt werden und deren primäres

---

5   Vgl. auch Wikipedia, abrufbar unter http://de.wikipedia.org/wiki/In-Game-Werbung (02.11.2012).

Ziel es ist, die Marke des Unternehmens oder das Unternehmen selbst in den Blick einer bestimmten Zielgruppe zu rücken und zu bewerben. Diese Spiele sind meist recht einfach zu erlernen bzw. zu spielen. Die Marke oder Botschaft des Werbetreibenden erscheint regelmäßig nicht im Spiel selbst, sondern in der Spielumgebung (z. B. Intro, Outro, Spielname). Es wird erwartet, dass bei potentiellen Kunden eine „Spiel-Leidenschaft" geweckt wird und dadurch die Wahrnehmung eines Unternehmens oder eines bestimmten Produkts steigt. Die Spiele sind meist abgeleitete Varianten klassischer Vergnügungsspiele. Manchmal findet man aber auch kreative Eigenentwicklungen. Am bekanntesten ist das Moorhuhn-Spiel, welches als Werbespiel für die Whisky-Marke Johnny Walker entwickelt wurde (wobei die Verbindung zu dieser Marke weit weniger bekannt ist).

1.1.4 Weitere Werbeformen

10 Neben diesen Kernformen des In-Game-Advertising existieren natürlich weitere Werbeformen, wie beispielsweise das Sponsoring: Hier werden Spiele von einem Werbepartner präsentiert. Gesponserte Spiele kann man oft daran erkennen, dass sie durch einen Zusatz wie „supported by" oder „presented by" gekennzeichnet sind oder die Spiele den Markennamen selbst bereits im Titel enthalten. Dagegen sind Werbepausen (wie für Werbespots im Fernsehen, Radio oder Kino) bei den Spielen aufgrund fehlender Akzeptanz bei den Konsumenten sehr selten anzutreffen. In der Praxis existiert natürlich zumeist eine Mischung aus verschiedenen Werbemaßnahmen, die einander ergänzen.

1.2 Rechtliche Rahmenbedingungen

11 Die verschiedenen Formen des In-Game-Advertising bergen jeweils unterschiedliche rechtliche Probleme. Richtlinien der Europäischen Union haben den allgemeinen Rahmen und die relevanten Grenzen für In-Game-Advertising formuliert. Diese Richtlinien wurden innerhalb der letzten Jahre nahezu vollständig in das nationale deutsche Recht umgesetzt. Anders als der rechtlich ausdifferenzierte Bereich des Fernsehens steht dabei die juristische Diskussion um das In-Game-Advertising bei Video- und Computerspielen allerdings noch am Anfang. Die technische und tatsächliche Entwicklung geht hier – wie so oft – schneller vonstatten als die rechtliche Einordnung.

Auf die Unterschiede in den einzelnen Erscheinungsformen des In-Game-Advertising geht dieser Beitrag, soweit erforderlich, bei den einzelnen rechtlichen Ausführungen ein. Am wenigsten problematisch erscheint insgesamt die Form der reinen Ad-Games, die meisten Probleme bereitet hingegen – wenig überraschend – das dynamische In-Game-Advertising. Grundsätzlich sind die Maßstäbe auch davon abhängig, ob der Nutzer für das Spiel einen Kaufpreis bezahlt oder ein Gratisangebot (z. B. in Form eines Gratis-Download-Games) in Anspruch nimmt. Bei vielen Spielen ist ein Basis-Angebot gratis erhältlich. Dieses kann aber dann durch den Zukauf bestimmter „Items", welche kostenpflichtig sind, attraktiver (bzw. mit einem besseren Spielergebnis) ausgestaltet werden.[6]

---

6   Vgl. zum Kaufpreis der Items auch Kapitel 7.

Konkrete rechtliche Einschränkungen für das In-Game-Advertising ergeben sich vor allem aus dem Wettbewerbsrecht (Gesetz gegen den Unlauteren Wettbewerb, UWG), aber auch aus medienrechtlichen Vorschriften sowie Bestimmungen zum Datenschutz.

2. Wettbewerbsrechtliche Grenzen

Wettbewerbsrechtliche Grenzen des In-Game-Advertising ergeben sich insbesondere aus den Gesichtspunkten der Verschleierung des werblichen Charakters des Spiels (§ 4 Nr. 3 UWG bzw. Nr. 11 der so genannten „Blacklist" zu § 3 Abs. 3 UWG) sowie einer möglichen unzumutbaren Belästigung durch die Werbung in dem Spiel nach § 7 UWG. Darüber hinaus kann auch das Ausnutzen der geschäftlichen Unerfahrenheit speziell bei Minderjährigen (§ 4 Nr. 2 UWG bzw. Nr. 28 der so genannten „Blacklist") einen relevanten Ansatz darstellen.

    12

2.1 Verschleierung des Werbecharakters (§ 4 Nr. 3 UWG)

Eine Wettbewerbshandlung ist unlauter, wenn der Werbecharakter bzw. „geschäftliche Charakter" von geschäftlichen Handlungen verschleiert wird (§ 4 Nr. 3 UWG). Dabei handelt es sich um eine besondere Form des Irreführungsverbots, die das medienrechtliche Schleichwerbungsverbot auf alle Formen der Werbung ausdehnt. Hintergrund der Regelung des § 4 Nr. 3 UWG ist, dass Verbraucher kommerziellen Annäherungen meist skeptisch gegenüberstehen. Um diese Barriere zu überwinden, wird vielfach versucht, Werbung zu tarnen, also dem Verbraucher zu verheimlichen, dass er es mit Werbung zu tun hat. Werbemaßnahmen, die als solche nicht erkennbar sind, sind geeignet, die Entscheidung der Verbraucher durch Irreführung zu beeinflussen und damit den Wettbewerb zu verfälschen.[7]

    13

Wann die Schwelle des Werbecharakters eines Spiels beim In-Game-Advertising überschritten wird, ist gerichtlich in Deutschland bislang noch nicht entschieden.[8] Einen guten Anhaltspunkt hierfür bieten allerdings die vom BGH in seiner Leitentscheidung *„Feuer, Eis & Dynamit I"* aufgestellten Grundsätze zu privaten Spielfilmen. Danach ist die Schwelle des Werbecharakters überschritten, wenn für die Werbung Zahlungen oder andere geldwerte Leistungen von einigem Gewicht erbracht werden.[9] Es sind also nicht unbedingt Geldleistungen erforderlich, sondern es kann auch der Austausch von Sachwerten („Barter-Geschäft") im Rahmen einer Kooperation ausreichend sein. Allerdings ist in der Praxis in der ersten Stufe oft nicht nachweisbar, ob tatsächlich geldwerte Leistungen von einigem Gewicht erbracht wurden, da Unternehmen ihre Sponsoring- und Lizenzverträge typischerweise nicht freiwillig offen legen. Ein Werbecharakter liegt aber in jedem Fall vor, wenn die Herausstellung eines Unternehmens oder seiner Produkte in aufdringlicher oder penetranter Art und Weise erfolgt, also

---

7   *Köhler*, in: Köhler/Bornkamm, UWG, 30. Aufl. 2012, § 4 Rn. 3.2.

8   Vgl. auch *Schelinski/Schneider*, Rechtliche Grenzen von Werbung in Computerspielen, abrufbar unter http://www.telemedicus.info/article/314-Rechtliche-Grenzen-von-Werbung-in-Computerspielen.html (02.11.2012).

9   BGH v. 06.07.1995 – I ZR 58/93 – GRUR 1995, 744 – *Feuer, Eis & Dynamit I.*

Werbung im Übermaß betrieben wird,[10] oder wenn das Produkt übermäßig zur Schau gestellt oder selbst zum „Darsteller" wird.[11] Die Frage der Intensität der Werbung ist also ebenfalls entscheidend.

14 Für die Bewertung der Verschleierung ist zu prüfen, inwieweit die angesprochenen Verbraucher davon ausgehen, dass es sich bei Computerspielen um Produkte handelt, die ohne Einflussnahme von Seiten werbender Unternehmen allein das Ergebnis eines künstlerischen Gestaltungsvorganges darstellen. Dabei müssen die Medienkompetenz und andere Besonderheiten der Zielgruppe beachtet werden, darüber hinaus auch die Bekanntheit und Einsatzgewohnheiten der jeweiligen Werbeform. Maßgeblicher Zeitpunkt für diese rechtliche Bewertung ist der Erwerb des Computerspiels.

15 Bei einem Computerspiel lässt sich im Ergebnis gut vertretbar argumentieren, dass der Verbraucher im Regelfall keine objektiven Informationen, sondern – wie bei einem privaten Spielfilm – eher reine Unterhaltung erwartet.[12]

Dagegen versuchen andere Stimmen[13], zum Schutz der Konsumenten einen etwas strengeren Maßstab anzulegen. Dieser Ansatz wird damit begründet, dass der Käufer eines PC- oder Konsolenspiels bei einem Kaufpreis zwischen 35 und 50 € in der Regel davon ausgeht, dass die Entwicklungs- und Herstellungskosten des Spiels ausschließlich durch die Verkaufserlöse gedeckt werden und es sich beim In-Game-Advertising zudem um eine vergleichsweise junge und für den Verbraucher ungewohnte, neue Werbeform handele. Schließlich ist es wichtig, dass viele Spiele gerade auf Kinder und Jugendliche ausgerichtet sind. In diesen Fällen muss das – durch fehlende Medienkompetenz oft erhöhte – besondere Schutzbedürfnis berücksichtigt werden. Man kann ferner damit argumentieren, dass der Spieler regelmäßig in seiner Freizeit zu Hause und somit in einem besonders schützenswerten Kernbereich seiner Individualsphäre durch die Werbung kontaktiert wird.[14]

16 Bezüglich eines Films hat der BGH festgestellt, dass der Zuschauer nicht erwarte, dass dieser in der Tendenz auf Werbung ausgerichtet sei oder ein Übermaß an bezahlter Werbung enthalte. Wenn Namen, Kennzeichen, Produkte, Werbeslogans usw. von Unternehmen nicht bloß flüchtig und vorübergehend, sondern deutlich herausgestellt und wiederkehrend in das Geschehen einbezogen sind, so dass sich der Film über weite Strecken wie ein Werbefilm präsentiere, dann sei ein Übermaß an Werbung anzunehmen.[15] Diese Kriterien können entsprechend auch für Computerspiele als Grundlage herangezogen werden. Hier kann aber möglicherweise argumentiert werden, dass bei Spielen aufgrund der Möglichkeit der Personalisierung sowie aufgrund des Wiederholungscharakters der Spiele in der Tendenz eine potentiell größere Gefahr für den Spielenden besteht, dass er den Werbecharakter nicht erkennt – und damit ein größeres Schutzbedürfnis entsteht.

---

10 OLG München v. 29.10.1992 – 29 U 5830/91 – WRP 1993, 420, 424 ff.; *Köhler*, in: Köhler/Bornkamm, UWG, 30. Aufl. 2012, § 4 Rn. 3.46 m. w. N.
11 *Pießkalla/Leitgeb*, K&R 2005, 433, 434.
12 Ähnlich auch *Lober*, MMR 2006, 643, 645.
13 *Schaar*, GRUR 2005, 912, 914 f.
14 Vgl. auch *Schaar*, GRUR 2005, 912, 914.
15 BGH v. 06.07.1995 – I ZR 58/93 – GRUR 1995, 744, 746.

Im Ergebnis bedarf es stets einer Einzelfallbetrachtung, ob das konkrete Com-   17
puterspiel den vorgenannten Anforderungen entspricht. Die Kernfrage lautet:
Kann der durchschnittliche angesprochene Nutzer erkennen, dass es sich bei
den Darstellungen um Werbung handelt, die über das dramaturgisch notwendige Maß hinausgeht? Oder unterstellt der Nutzer, dass die Produktdarstellungen
allein zur Steigerung des realistischen Eindrucks erfolgen? Ein strengerer Maßstab ist in jedem Fall dann anzulegen, wenn sich das Computerspiel lediglich an
Kinder wendet. Hier ist im Einzelfall zwischen den Interessen des Konsumenten
(bei Kindern und Jugendlichen besonders zu berücksichtigen) und des Werbenden abzuwägen.

Eine dem § 4 Nr. 3 UWG vergleichbare – und vorab zu prüfende – Spezialregelung enthält die Europäische Richtlinie über unlautere Geschäftspraktiken. Diese ist in Nr. 11 des Anhangs zu § 3 Abs. 3 UWG („Blacklist") eingeflossen, und
sie richtet sich letztlich ebenfalls gegen „als Information getarnte Werbung".
Bei Verwirklichung des Tatbestands dieser Vorschrift ist die Wettbewerbshandlung in jedem Fall – ohne weitere Wertungsmöglichkeit (anders als bei § 4 Nr. 3
UWG) – unzulässig. Die Vorschrift des Nr. 11 der „Blacklist" lautet wie folgt:
*„Unzulässig ist [...] der vom Unternehmer finanzierte Einsatz redaktioneller In-
halte zu Zwecken der Verkaufsförderung, ohne dass sich dieser Zusammenhang
aus dem Inhalt oder aus der Art der optischen oder akustischen Darstellung eindeutig ergibt (als Information getarnte Werbung)."*

Eine „als Information getarnte Werbung" liegt vor, wenn der redaktionelle In-   18
halt (also der Inhalt des Computerspiels) Werbung für ein Unternehmen oder
seine Waren und Dienstleistungen enthält und damit der Verkaufsförderung
dient. Der Begriff der Verkaufsförderung ist dabei weit auszulegen und umfasst
alle Maßnahmen, die unmittelbar oder mittelbar dazu dienen, den Absatz eines
Unternehmens zu fördern.[16] Eine Irreführung des Verbrauchers liegt allerdings
nicht vor, wenn der Werbecharakter des redaktionellen Beitrags eindeutig, beispielsweise aus dem Inhalt, zu erkennen ist. Die Kennzeichnung muss aber so
gestaltet sein, dass beim Durchschnittsverbraucher kein Zweifel am werblichen
Charakter aufkommen kann.[17]

Auch der Begriff der „Finanzierung" durch den Unternehmer ist zur Vermei-   19
dung von Umgehungen weit auszulegen. Darunter fällt jede Gegenleistung, ob
in Geld, in Waren oder Dienstleistungen oder sonstigen Vermögenswerten.[18] Erneut besteht hier das praktische Problem des Nachweises der Finanzierung, da
natürlich niemand ein Interesse daran hat, die Finanzierung offenzulegen. In
der Regel wird eine „Finanzierung" im Sinne des Nr. 11 der „Blacklist" jedenfalls dann anzunehmen sein, wenn eine Zahlung oder andere geldwerte Leistung nach § 4 Nr. 3 UWG vorliegt.

Letztlich sind also die Erwägungen und Kriterien, welche bei Nr. 11 der „Bla-   20
cklist" anzuwenden sind, die gleichen wie bei § 4 Nr. 3 UWG. Die beiden Vorschriften stehen parallel nebeneinander und müssen vom Spieleanbieter im Einzelfall erfüllt sein. Als Kriterien für die Einordnung sind insbesondere auch der

---

16 *Köhler/Bornkamm*, in: Köhler/Bornkamm, UWG, 30. Aufl. 2012, Anh zu § 3 III Rn. 11.1
    und 11.3.
17 So auch OLG Hamburg v. 26.06.2010 – 5 W 80/10 – WRP 2010, 1183, 1184.
18 OLG Hamburg v. 26.06.2010 – 5 W 80/10 – WRP 2010, 1183, 1184.

jeweilige Adressat, also die Zielgruppe des Spiels sowie auch der Preis des jeweiligen Spiels zu berücksichtigen. Bei einem Gratis-Spiel muss der Verbraucher tendenziell ein höheres Maß an Werbung erwarten als bei einem teuren Spiel, bei dem er erwarten darf, dass die Entwicklungskosten hauptsächlich durch den Spielepreis refinanziert werden. Des Weiteren können die Kriterien der Rechtsprechung zu Product Placement in Kinofilmen analog herangezogen werden. In diese Abwägung ist auch mit einzubeziehen, inwieweit durch In-Game-Advertising die Realität des Computerspiels erhöht wird.

2.1.1 Ersichtlicher Einsatz der Werbung zum Zwecke der Realitätssteigerung

21   Wenn klar erkennbar ist, dass Logos und/oder Produkte ersichtlich **zum Zwecke der Realitätssteigerung** eingebracht werden, ist die Beurteilung umstritten und die Grenzziehung in der Praxis noch schwieriger. Einerseits wird ein solcher werblicher Einsatz von Produkten nicht per se als wettbewerbswidrig angesehen, da der Großteil der Spieler einer durch Werbung gesteigerten Spielauthentizität positiv gegenübersteht.[19] Je realistischer der Eindruck für den Spielenden, desto mehr Spaß macht das Spielen. Auf der anderen Seite liegt gerade dann, wenn der Spieler vermutet, dass es sich bei der Werbung lediglich um einen realitätssteigernden Bestandteil handelt, erst recht eine Verschleierung des Werbecharakters vor. Eine reine Realitätssteigerung ist in jedem Fall dann zu verneinen, wenn es zu einer selektiven Anwendung von Werbemitteln kommt, beispielsweise dann, wenn ein Nutzer im Rahmen einer Rennsimulation nur noch zwischen zwei Fahrzeugtypen ein und desselben Automobilbauers wählen kann.[20] In diesem Fall ist die Schwelle der Verschleierung überschritten. Dies gilt wohl auch dann, wenn es zu einem übermäßigen Einsatz von Werbebotschaften kommt, der nicht mehr mit einer bloßen Authentizitätssteigerung erklärbar ist. Wenn also nur Banden oder Werbeplakate eines einzigen Unternehmens im Spiel sichtbar werden, dann steigert dies nicht mehr den Realitätswert, sondern verzerrt im Gegenteil den Eindruck der Realität. Auf der anderen Seite kann man hier mit gutem Grund einwenden, dass der Spielende dies leicht erkennen und es sich deswegen nicht mehr um eine Verschleierung handeln kann. In der Praxis ist daher die rechtliche Abgrenzung in diesem „Graubereich" – wann geht es um eine Realitätssteigerung und wann nicht? – sehr schwierig und kann nur durch Bewertung des jeweiligen Einzelfalls erfolgen. Feste Kriterien, die für und gegen einen Einsatz zur Realitätssteigerung herangezogen werden können, sind bislang nicht etabliert.

2.1.2 Praktische Möglichkeiten, der Verschleierung von Werbung entgegenzuwirken

22   Wie können der Werbende bzw. der Spieleanbieter nun einer wettbewerbswidrigen Verschleierung oder Tarnung von werblichen Inhalten entgegenwirken? Dies kann durch die Offenlegung des Werbecharakters geschehen. Der BGH hat für Kinofilme eine entsprechende Aufklärungspflicht zur Vermeidung einer Irreführung des Publikums angenommen. Die Mitteilung über den werblichen Cha-

---

19   Siehe auch PRWeb vom 13.03.2003, abrufbar unter: http://www.prweb.com/releases/2003/3/prweb59819.htm (02.11.2012); Der Spiegel, Nr. 37/2003, 184.

20   So auch *Schaar*, GRUR 2005, 912, 915.

rakter bestimmter Informationen kann bei Spielen auf verschiedene Arten erfolgen:[21]

- Publisher können einen aufklärenden Hinweis bezüglich der Werbung bzw. der werbenden Unternehmen im „Intro", also im Vorspann bzw. der Einführung des Spiels verorten. Ergänzende Hinweise sollten auf der Internetseite bzw. dem Trägermedium (z. B. der Spiele-DVD) platziert werden.
- Bei besonders „getarnter" bzw. prägnanter oder intensiver Werbung ist unter Umständen eine permanente Kennzeichnung des Spiels als „Dauerwerbung" empfehlenswert. Dies gilt natürlich vor allem bei Spielen, die an Kinder gerichtet sind und insbesondere bei Ad-Games.

Als nicht ohne Weiteres bzw. nicht allein ausreichend zur Offenlegung des Werbecharakters dürften hingegen folgende Maßnahmen anzusehen sein:

- Die Aufklärung außerhalb des Spiels, etwa auf der Hersteller-Webseite oder durch nachträgliche Information an den Konsumenten via Email.
- Bereitstellung von Patches, die dem Spiel nachträglich Aufklärungshinweise hinzufügen.

Aufgrund dieser Überlegungen ist nach Ansicht des Verfassers wie folgt zu differenzieren: 23

Wird ein Spiel im Ladenverkauf mit statischer oder dynamischer Werbung vertrieben, muss zur Vermeidung einer Verschleierung sowohl auf der Packung des Spiels als auch im Intro auf den Werbecharakter hingewiesen werden. Ein Hinweis allein im Rahmen des Intros wird im Zweifel aus Sicht eines Gerichts nicht genügen, da der Käufer bereits in dem Moment der Kaufentscheidung über die Werbemaßnahmen im Rahmen des Spiels informiert werden muss, um sich bewusst gegen ein solches Spiel entscheiden zu können.

Handelt es sich um ein Online-Spiel, kann ein aufklärender Hinweis im Intro ausreichen. Muss der Nutzer eine Gebühr bezahlen, bevor er das Spiel aufrufen kann, sollte zusätzlich auf der Herstellerwebseite vorab auf den Werbecharakter hingewiesen werden. Dabei sollte dieser Hinweis so platziert werden, dass der Käufer – ähnlich wie bei dem Erwerb im Geschäft – im Moment der Kaufentscheidung über den Werbecharakter informiert wird.

2.2 Unzumutbare Belästigung (§ 7 UWG)

In-Game-Advertising kann unter bestimmten Umständen auch so ausgestaltet   24
sein, dass der Spielende die Werbung als unzumutbare Belästigung empfindet. Eine solche Belästigung ist nach diesseitiger Einschätzung aber in der Praxis eher selten anzunehmen. Eine Werbung stellt stets eine unzumutbare Belästigung dar, wenn der Empfänger sie erkennbar nicht wünscht (§ 7 Abs. 2 Nr. 1 UWG). Bereits die Anwendbarkeit der Norm könnte in vielen Fällen mangels Individualwerbung gegenüber einem Empfänger ausgeschlossen sein.[22] Zudem muss für den Werbenden erkennbar sein, dass der Empfänger die Werbung

---

21 Vgl. auch *Schaar*, GRUR 2005, 912, 915.
22 *Lober*, MMR 2006, 643, 645 m. w. N.; *Schelinski/Schneider*, Rechtliche Grenzen von Werbung in Computerspielen, abrufbar unter http://www.telemedicus.info/article/314-Rechtliche-Grenzen-von-Werbung-in-Computerspielen.html (02.11.2012).

nicht wünscht. Der Adressat der Werbung muss also üblicherweise in irgendeiner Weise kommuniziert haben, dass er die Werbung ablehnt.[23] Dies ist zum Beispiel dann der Fall, wenn der Verbraucher im Einzelfall erklärt, mit der Werbung nicht einverstanden zu sein. Bei Computerspielen entfällt eine solche Möglichkeit. Es ist für den Werbetreibenden folglich nicht ohne Weiteres erkennbar, dass der Spielende die Werbung ablehnt.

Fehlt eine solche Erklärung, richtet sich die Frage der unzumutbaren Belästigung nach der allgemeinen Regelung des § 7 Abs. 1 Satz 1, 2 UWG. Danach erfolgt eine Abwägung zwischen den Interessen des Werbenden und des Werbeadressaten. Dabei darf die Schwelle zur Unzumutbarkeit im Hinblick auf die permanente Konfrontation der Bevölkerung mit Werbung nicht zu hoch angesetzt werden.[24] Der durchschnittliche Verbraucher ist an Werbung in seinen normalen Lebensbereichen absolut gewöhnt und erlebt diese täglich.

25 Maßstäbe für die Bewertung sind hier unter anderem, in welchem Umfeld der Spielende das Spiel ausübt (in seiner Privatsphäre, zu Hause, in dem Moment des „Entspannens") und welche Art von Spiel im konkreten Fall gegeben ist. Weiterhin ist für die Bewertung maßgeblich, ob und in welcher Höhe der Spielende einen Kaufpreis entrichtet hat und in welchem Maße das Spiel als Werbespiel verkauft wird. Handelt es sich um ein Sponsoring-Produkt, wird sich der Spielende in der Regel kaum auf eine Unzumutbarkeit intensiver Werbemaßnahmen berufen können. Auf der anderen Seite wird die Unzumutbarkeit dadurch gesteigert, dass zusätzliche Werbemaßnahmen im Spiel Speicherkapazität und damit letztlich Ressourcen des Spielenden in Anspruch nehmen,[25] dieser eventuell sogar gezwungen ist, weitere Hardwarekomponenten (Arbeitsspeicher etc.) zu erwerben.[26] Hierzu ist anzumerken, dass § 7 UWG grundsätzlich nicht nur die Individualsphäre des Verbrauchers, sondern auch sonstige Ressourcen des Spielenden schützt.[27] Zudem kann sich der Spielende – anders als beispielsweise bei Fernsehwerbung, die er durch kurzzeitiges Wegschalten umgehen kann – in der Regel der integrierten Werbung nicht entziehen, ohne ganz auf das Spielen zu verzichten. Letzteres ist naturgemäß keine ernsthafte Alternative, zumal wenn der Spielende einen nicht unerheblichen Kaufpreis für das Spiel bezahlt hat.

26 In der Praxis kann eine unzumutbare Belästigung insbesondere in solchen Fällen vorkommen, in denen eine Werbemaßnahme nicht sinnvoll in das Spiel integriert wird und auch nicht zum Realitätsbezug beiträgt. Im Einzelnen werden in der Literatur folgende Kriterien für das Vorliegen einer unzumutbaren Belästigung nach § 7 UWG angeführt, die teilweise jedoch umstritten sind:

---

23 Vgl. auch *Köhler*, in: Köhler/Bornkamm, UWG, 30. Aufl. 2012, § 7 Rn. 37; *Lober*, MMR 2006,643, 645.

24 So auch *Köhler*, in: Köhler/Bornkamm, UWG, 30. Aufl. 2012, § 7 Rn. 20; Gesetzesbegründung, BT-Drs. 15/1487.

25 Vgl. auch *Schaar*, GRUR 2005, 912, 914.

26 *Burmeister*, Belästigung als Wettbewerbsverstoß, 2006, S. 96.

27 Sonstige Ressourcen wie Zeit, Arbeitskraft, sonstige materielle Aufwendungen für die Entgegennahme, Prüfung und Beseitigung der Werbung; so *Burmeister*, Belästigung als Wettbewerbsverstoß, München 2006, S. 42.

- Werbung beeinflusst als Fremdkörper in der „Spielewelt" das Spielerlebnis nachhaltig und negativ (beispielsweise durch unpassende Werbetafeln in
  einem Fantasy-Spiel).[28]
- Das Spiel wird durch Werbeinblendungen unterbrochen.[29]
- Im Wege des dynamischen In-Game-Advertising werden große Datenmen-
  gen übertragen,[30] welche die Kapazität des jeweiligen Rechners übermäßig
  beansprucht.
- Eine Werbemaßnahme verändert das Spiel, indem beispielsweise im Rahmen
  einer Rennsimulation nur noch Fahrzeuge des Werbepartners gewinnen können, der Spielausgang also nicht mehr von der Geschicklichkeit des Spielenden abhängt.
- Die eingesetzte Werbung beeinflusst in übermäßiger Weise Rechenkapazitä-
  ten und führt zu einer Verlangsamung des Spielflusses[31].

Diese Kriterien sind aber erneut im konkreten Einzelfall zu bewerten und abzuwägen.

Im Gegensatz dazu soll beispielsweise keine unzumutbare Belästigung anzu-   27
nehmen sein, wenn der Einsatz von Werbebotschaften eindeutig der Erhöhung
des Realitätsgrades des Spiels dient.[32]

Einer solchen unzumutbaren Belästigung aufgrund einer Verlangsamung des
Spielflusses kann in der Praxis natürlich dadurch entgegengewirkt werden,
dass außergewöhnlich aufwändige Werbung mit hohem Speicherbedarf vermieden wird. Bezüglich der besonders „aufdringlichen" oder beeinflussenden Werbung bzw. auch Werbeinblendungen kann der Spieleanbieter dem Verbraucher neben aufklärenden Hinweisen natürlich auch die Möglichkeit bieten, die
Werbung im Rahmen der Spieleinstellungen abzuschalten (insbesondere bei dynamischer Werbung).

2.3 Ausnutzung besonderer Umstände (§ 4 Nr. 2 UWG)

Unter Umständen kann, insbesondere bei Minderjährigen, auch ein Wettbe-   28
werbsverstoß *wegen geschäftlicher Handlungen, die geeignet sind, [...] das Alter, die geschäftliche Unerfahrenheit, die Leichtgläubigkeit [...] von Verbrauchern auszunutzen*, in Frage kommen. Ergänzend ergibt sich aus Nr. 28 der
„Blacklist", dass „*die in eine Werbung einbezogene unmittelbare Aufforderung
an Kinder, selbst die beworbene Ware oder die beworbene Dienstleistung in Anspruch zu nehmen oder ihre Eltern oder andere Erwachsene dazu zu veranlassen*", unzulässig ist.

Nr. 28 der „Blacklist" wird in der Regel bei statischem oder dynamischem In-
Game-Advertising nicht einschlägig sein, da gerade keine direkten Kaufauffor-
derungen an die Spielenden gerichtet werden. Bei Ad-Games kann dies jedoch
grundlegend anders zu beurteilen sein.

---

28 Vgl. auch *Schaar*, GRUR 2005, 912, 914.
29 So auch *Lober*, MMR 2006, 643, 645.
30 *Lober*, MMR 2006, 643, 646.
31 So beispielsweise *Schaar*, GRUR 2005, 912, 914; a. A.: *Lober*, MMR 2006, 643, 645, der
    dies als theoretisch und konstruiert ansieht.
32 *Schaar*, GRUR 2005, 912, 913 f.; vgl. auch Ziffer 2.1.1.

29 Insgesamt ist festzuhalten, dass dem Minderjährigenschutz bei den zahlreichen Spielen, die sich auch an Kinder und Jugendliche richten, besondere Bedeutung zukommt. Entsprechend muss noch stärker als bei erwachsenen Spielern sichergestellt sein, dass die Werbung klar erkennbar ist und keine Verschleierung erfolgt.

Zu ergänzen ist in diesem Zusammenhang, dass mit § 4 Nr. 11 UWG („Vorsprung durch Rechtsbruch") noch eine weitere Anspruchsgrundlage einschlägig sein kann. Über diese Generalklausel können Verstöße gegen andere Rechtsnormen auch über das Wettbewerbsrecht (das heißt auch von Mitbewerbern) geltend gemacht werden, sofern die entsprechende Rechtsnorm (auch) dazu bestimmt ist, das „Marktverhalten zu regeln".

2.4 Rechtsfolgen bei Wettbewerbsrechtsverstößen

30 Bei Verstößen gegen die vorgenannten wettbewerbsrechtlichen Bestimmungen kommt zunächst die Geltendmachung von Unterlassungsansprüchen in der üblichen Weise in Betracht, also durch eine wettbewerbsrechtliche Abmahnung oder gar im Rahmen eines Antrags auf Einstweilige Verfügung oder einer Hauptsacheklage. In der Praxis sind insbesondere Einstweilige Verfügungsverfahren häufig. Neben dem Unterlassungsanspruch können auch Auskunfts- und Schadensersatzansprüche, Beseitigungs- und Vernichtungsansprüche sowie Gewinnabschöpfungsansprüche geltend gemacht werden.

Aktivlegitimiert sind neben Mitbewerbern (sowohl Mitbewerber des Spieleanbieters als auch des Werbetreibenden) vor allem auch Wettbewerbszentralen und Verbraucherverbände (§ 8 Abs. 3 UWG).

Im Rahmen der wettbewerbsrechtlichen Ansprüche sind als Verletzer in der Regel sowohl der Spieleanbieter (bzw. Spielehersteller) als auch der Werbetreibende passivlegitimiert. Dies gilt für den Spieleanbieter grundsätzlich auch dann, wenn er im Rahmen eines dynamischen In-Game-Advertising keinerlei Kenntnis von der wettbewerbswidrigen Werbung hatte; er haftet im Rahmen des Unterlassungsanspruchs als Störer, sofern und solange er Prüfungspflichten verletzt. Um welche Prüfungspflichten es sich im Einzelnen handelt, ist mangels Rechtsprechung zu diesem Thema bislang noch nicht eindeutig festgestellt. Man wird aber annehmen müssen, dass ein Spieleanbieter nicht unkontrolliert Werbung in seinen Spielen zulassen darf.

2.5 Exkurs: Störerhaftung

31 Die Frage, ob es einen wettbewerbsrechtlichen Anspruch aus der Störerhaftung gibt, war lange Zeit umstritten. Nach früherer Rechtsprechung des BGH haftete „als Störer jeder, der in irgendeiner Weise willentlich und adäquat kausal an der Herbeiführung einer wettbewerbswidrigen Beeinträchtigung mitgewirkt hat", und zwar unabhängig davon, ob er eine eigene Wettbewerbsförderungsabsicht hatte.[33]

Über viele Jahre zeichnete sich dann die Tendenz des BGH ab, sich von der Anerkennung einer Störerhaftung im Lauterkeitsrecht abzukehren. Dies äußer-

---

33 BGH v. 12.10.1989 – I ZR 29/88 – GRUR 1990, 373, 374.

te sich insbesondere dadurch, dass der BGH eine Haftung nach täterschaftlichen Gesichtspunkten prüfte und dabei feststellte, ein Verhalten sei dann wettbewerbswidrig, wenn es unterlassen werde, im Hinblick auf konkret bekannt gewordene Verstöße zumutbare Vorkehrungen zu treffen, um derartige Rechtsverletzungen künftig soweit wie möglich zu verhindern, und es infolge dieses Unterlassens entweder zu weiteren entsprechenden Rechtsverletzungen komme oder derartige Verstöße ernsthaft zu besorgen seien.[34] Schließlich erklärte der BGH im Jahr 2010 in seinem Urteil *„Kinderhochstühle im Internet"* ausdrücklich, eine wettbewerbsrechtliche Störerhaftung „kommt in den dem Verhaltensunrecht zuzuordnenden Fällen nicht in Betracht".[35]

Eine Haftung als Störer kann sich dennoch ergeben, insbesondere bei Markenverletzungen sowie bei Verletzungen des allgemeinen Persönlichkeitsrechts. Als Störer haftet der Spieleanbieter allerdings nur dann, wenn er nicht selbst Inhaber der Informationen, also der Werbung, gemäß § 8 Abs. 1 Telemediengesetz (TMG) ist (was zur „Täter"-Eigenschaft führte). Dies erscheint im Hinblick auf die Voraussetzungen des § 8 Abs. 1 TMG höchst zweifelhaft. Danach darf der Dienstanbieter   **32**

– die Übermittlung nicht veranlasst haben,
– den Adressaten der übermittelten Informationen nicht ausgewählt haben und
– die übermittelten Informationen nicht ausgewählt oder verändert haben.

Es ist wohl davon auszugehen, dass das System des dynamischen In-Game-Advertising gerade darauf beruht, dass der Spieleanbieter die Übermittlung der Informationen, also die „Füllung" der zur Verfügung stehenden Werbeflächen, in seinem Spiel veranlasst. Durch die benutzerbezogene Schaltung von Werbung, die erst durch das typische Speichern von IP-Adressen, Benutzereigenschaften und -bewegungen ermöglicht wird, wird auch der Adressat der übermittelten Information durch den Spieleanbieter ausgewählt. Allerdings ist fraglich, ob der Spieleanbieter auch die übermittelten Informationen ausgewählt oder verändert hat. Davon wird im Zweifel auszugehen sein, da er zumindest Verträge mit den werbenden Unternehmen abgeschlossen hat und somit wenigstens eine Vorauswahl an möglichen Werbungen trifft, selbst wenn das konkrete Schalten der Werbung automatisiert ist. Dementsprechend wird man in solchen Fällen auch den erforderlichen, zumindest bedingten Vorsatz bejahen können.[36]   **33**

Daraus ergibt sich: Abhängig davon, wie das System des dynamischen In-Game-Advertising im Einzelfall funktioniert, das heißt, ob der Spieleanbieter sein Spiel nur als eine Art Plattform zur Verfügung stellt, die von den werbenden Unternehmen eigenmächtig genutzt wird, oder ob er selbst durch aktives Teilhaben an der Auswahl der Werbenden und der zu schaltenden Werbung am Werbeprozess teilnimmt, ist er entweder selbst „Täter" oder nur „Störer".   **34**

---

34 Beispielhaft: BGH v. 12.07.2007 – I ZR 18/04 – MMR 2007, 634, 635; ferner: BGH v. 19.04.2007 – I ZR 35/04 – MMR 2007, 507, 508; BGH v. 11.03.2005 – I ZR 304/01 – MMR 2004, 668, 670; BGH v. 12.05.2010 – I ZR 121/08 – MMR 2010, 565, 566; BGH v. 15.05.2003 – I ZR 292/00 – GRUR 2003, 969, 970.

35 BGH v. 22.07.2010 – I ZR 139/08 – MMR 2011, 172, 174 m. Anm. *Engels.*

36 Vgl. beispielhaft BGH v. 29.0.1964 – I b ZR 4/63 – BGHZ 42, 118, 122 f. = NJW 1964, 2157, 2158.

Selbst dann ist unter dem Gesichtspunkt der allgemeinen Störerhaftung nur verpflichtet, wer in irgendeiner Weise willentlich und adäquat kausal zur Beeinträchtigung des Rechtsguts beiträgt. Da diese Störerhaftung jedoch nicht über
Gebühr auf Dritte erstreckt werden darf, welche die rechtswidrige Beeinträchtigung nicht selbst vorgenommen haben, setzt die Störerhaftung die Verletzung
zumutbarer Verhaltenspflichten, insbesondere von Prüfungspflichten voraus.
Deren Umfang bestimmt sich danach, ob und inwieweit dem als Störer in Anspruch Genommenen nach den jeweiligen Umständen des Einzelfalls unter Berücksichtigung seiner Funktion und Aufgabenstellung sowie mit Blick auf die
Eigenverantwortung desjenigen, der die rechtswidrige Beeinträchtigung selbst
unmittelbar vorgenommen hat, eine Prüfung zuzumuten ist.[37]

3. Medienrechtliche Grenzen oder Privilegierung?

35 Es stellt sich die Frage, ob In-Game-Advertising durch hierauf anwendbare Gesetze und Richtlinien im Bereich der Medien enger eingeschränkt wird – oder ergeben sich aus dem Medienrecht vielleicht sogar Lockerungen und Privilegierungen für Spiele?

Die Richtlinie für audiovisuelle Mediendienste (AVMD-Richtlinie)[38] ist mit Wirkung zum 12.07.2010 insbesondere durch den 13. Rundfunkänderungsstaatsvertrag und Änderungen im Telemediengesetz in nationales Recht und insbesondere den Rundfunkstaatsvertrag (RStV) umgesetzt worden.

Nach Artikel 3g der AVMD-Richtlinie ist Produktplatzierung (Product Placement) grundsätzlich untersagt. Unter Produktplatzierung versteht man *„jede
Form audiovisueller kommerzieller Kommunikation, die darin besteht, gegen
Entgelt oder eine ähnliche Gegenleistung ein Produkt, eine Dienstleistung oder
die entsprechende Marke einzubeziehen bzw. darauf Bezug zu nehmen, so dass
diese innerhalb einer Sendung erscheinen"*.[39] Ausnahmen gelten unter anderem für Kinofilme, Filme und Sportsendungen. Außerdem soll eine Ausnahme
bestehen, wenn vom „Werbenden" kein Entgelt geleistet wird, sondern lediglich „Produktionshilfen" kostenlos bereitgestellt werden.

36 Auf Computerspiele ist die AVMD-Richtlinie allerdings nicht anwendbar: Computerspiele auf Trägermedien wurden aus dem Anwendungsbereich der Richtlinie ausdrücklich gemäß Art. 1 AVMD-Richtlinie ausgenommen. Auch Online-
Spiele unterliegen laut Erwägungsgrund 18 nicht dem Anwendungsbereich der

---

37 St. Rspr., beispielhaft: BGH v. 25.10.2011 – VI ZR 93/10 – NJW 2012, 148, 150 m. w. N.;
    in diesem Urteil hat der BGH zudem erstmals präzise Prüfpflichten eines Blog-Be-
    treibers bei der Verletzung des allgemeinen Persönlichkeitsrechts konkretisiert, vgl.
    S. 150 f.
38 Richtlinie 2007/65/EG des Europäischen Parlaments und des Rates vom 11.12.2007
    zur Änderung der Richtlinie 89/552/EWG des Rates. Zwischenzeitlich wurden die
    Richtlinien RL 89/552/EWG, RL 97/36/EG und RL 2007/65/EG von der neuen Richtli-
    nie RL 2010/13/EU zusammengeführt.
39 Art. 1 Abs. 1 lit. m) der AVMD-Richtlinie.

AVMD-Richtlinie. Folglich ergeben sich aus der AVMD-Richtlinie bzw. deren Umsetzung keine Privilegierungen für Product Placement in Computerspielen – aber auch keine Beschränkungen.

Der Anwendungsbereich des Rundfunkstaatsvertrags ist für Computerspiele 37 nicht generell eröffnet,[40] da Computerspiele nicht der Definition des Rundfunks unterfallen. Für Online-Spiele sind allerdings nach gut vertretbarer Ansicht die Sonderregeln der §§ 54 ff. RStV für Telemedien zu beachten. § 2 Abs. 1 Satz 3 RStV, welcher mit der Definition aus § 1 Abs. 1 TMG korrespondiert, definiert Telemedien als elektronische Informations- und Kommunikationsdienste, soweit sie nicht aufgrund der Anwendbarkeit des TKG ausgenommen sind. Erforderlich sind also eine elektronische Übertragung und das Vorliegen eines Dienstes.[41]

Klassische Computerspiele sind keine Dienste im Wege der elektronischen Übertragung. Auch dürften lediglich einmal aus dem Internet geladene Spiele, die danach fest auf dem Computer installiert werden, keine Telemedien darstellen. Anders ist dies wohl für Browser-Spiele zu beurteilen, die browser-basiert gespielt werden bzw. eine stetige Internetverbindung benötigen, damit der Spieler gegen andere Spieler antreten oder mit ihnen in Kontakt bleiben kann. Zu der Frage, ob es sich bei Online-Spielen um Telemedien im Sinne des TMG handelt, gibt es bislang wenig Literatur. Es werden unterschiedliche Ansichten vertreten:

- Eine Meinung geht ohne weitere Begründung aufgrund des elektronischen Übertragungswegs von einem Telemediendienst aus.[42]
- Andere Autoren nehmen dagegen eine funktionsbezogene Betrachtung vor, sofern ein Anbieter in erster Linie eine Kommunikationsplattform für Unterhaltungsdienste (z. B. Spiele) zur Verfügung stellt. Werde die bloße Leistung der Kommunikationsmöglichkeit durch den Anbieter von dem gleichzeitigen Angebot von Medieninhalten – so bei entsprechend komplexer inhaltlicher Gestaltung der Bedienoberfläche für den Nutzer – überlagert, so liege ein Telemediendienst vor.[43] In diesem Zusammenhang wird beispielsweise auch Second-Life als Telemediendienst eingestuft.[44]
- Auch die Begründung des RStV spricht dafür, dass reine Online-Spiele dem Begriff der Telemedien unterfallen, da sie als Positivbeispiele auch Onlineangebote von Waren-/Dienstleistungen mit unmittelbarer Bestellmöglichkeit anführt, wie z. B. News-Groups und Chat-Rooms.[45]

Es sprechen also gute Argumente dafür, dass die Vorschriften des TMG zumindest teilweise auf Online-Spiele anwendbar sind (§ 1 Abs. 3 TMG).

Wenn man Online-Spiele als Telemedien ansieht, ist bezüglich des In-Game-Advertising als zusätzliche Regelung vor allem das Trennungsgebot des § 58 Abs. 1 RStV zu beachten. Danach muss Werbung als solche klar erkennbar und vom

---

40 §§ 1, 2 Abs. 1 RStV.
41 *Hahn/Vesting*, Rundfunkrecht, 2. Aufl. 2008, § 54 RStV Rn. 27.
42 *Braml*, ZUM 2009, 925.
43 *Mynarik*, ZUM 2006, 183 ff.
44 *Klinkermann*, MMR 2007, 769.
45 Rundfunkstaatsvertrag in der Fassung des Neunten Rundfunkänderungsstaatsvertrags vom 31. August 1991, Amtliche Begründung, Art. 1, Begründung zu Nummer 4; *Hahn/Vesting*, Rundfunkrecht, 2. Aufl. 2008, § 54 RStV Rn. 37.

übrigen Inhalt der Angebote eindeutig getrennt sein. Zudem dürfen in der Werbung keine unterschwelligen Techniken eingesetzt werden.

Hier stellt sich die Frage, ob in diesem Zusammenhang andere Bewertungsmaßstäbe herangezogen werden können oder müssen als bei Heranziehung des allgemeinen Schleichwerbungsverbotes nach § 4 Nr. 3 UWG,[46] obgleich die beiden Vorschriften grundsätzlich nebeneinander stehen. Ein Verstoß gegen § 58 RStV stellt ferner einen Rechtsbruch im Sinne des § 4 Nr. 11 UWG dar und ist aus diesem Grund auch über das Wettbewerbsrecht angreifbar.[47] Die neuen „Telemedien" sind durch eine Vielzahl von Formen und Modalitäten gekennzeichnet, die eine praktische Abschichtung des Schleichwerbungsverbots für die Rechtspraxis erschweren.[48] Zudem bezweckt das Verbot getarnter Werbung nach § 58 RStV ebenso wie § 4 Nr. 3 UWG, die Nutzer eines Angebots vor einer Täuschung über den werbenden Charakter von Inhalten zu schützen.[49]

Aus all diesen Gründen dürften sich für Computerspiele nach Ansicht des Verfassers aus dem Rundfunkstaatsvertrag und/oder dem Telemediengesetz keine über die oben (im Rahmen des Wettbewerbsrechts) genannten Grundsätze hinausgehenden Einschränkungen ergeben. Sollte die Rechtsprechung dies im Einzelfall in der Zukunft anders beurteilen, wäre wohl der erste Ansatz, in der Verwendung bzw. Integration von Logos oder Produkten in den Spielfluss oder in sonstiger Weise zur Realitätssteigerung des Spiels einen Verstoß gegen § 58 Abs. 1 RStV zu sehen (z.B. Online-Autorennspiel mit Fahrzeugen bekannter Hersteller, die zu Werbezwecken eingesetzt werden).

39 Besonders beim dynamischen In-Game-Advertising können sich hinsichtlich der Werbeinhalte auch jugendschutzrechtliche Probleme stellen.[50] Der Verkauf von Computerspielen unterliegt erheblichen Einschränkungen, wenn diese nicht zuvor ein Prüf- und Freigabeverfahren durchlaufen (§§ 12, 14 JuSchG). Problematisch ist beim dynamischen In-Game-Advertising jedoch, dass dynamische Spielinhalte im Rahmen eines vorherigen Prüfverfahrens naturgemäß nicht beurteilt werden können. Allerdings beziehen sich die §§ 12, 14 JuSchG ausschließlich auf die verkörperten Trägermedien, wohingegen es sich bei den dynamischen Einblendungen um Telemedien gemäß § 1 Abs. 3 JuSchG handelt.[51] Die Zulässigkeit der dynamischen Einblendungen richtet sich demnach nach dem generellen Rahmen des § 4 JMStV (Jugendmedienschutz-Staatsvertrag). Die im Katalog dieser Norm genannten Angebote sind entweder komplett verboten (§ 4 Abs. 1 JMStV) oder dürfen nur Erwachsenen zugänglich gemacht werden (§ 4 Abs. 2 JMStV).[52]

Gemäß § 6 Abs. 2 JMStV darf Werbung keine direkten Kaufappelle an Kinder oder Jugendliche enthalten, welche deren Unerfahrenheit und Leichtgläubigkeit ausnutzen. Außerdem dürfen Kinder und Jugendliche nicht unmittelbar auf-

---

46   Siehe oben Ziffer 2.1.
47   *Köhler*, in: Köhler/Bornkamm, UWG, 30. Aufl. 2012, § 4 UWG Rn. 3.7.
48   *Hahn/Vesting*, Rundfunkrecht, 2. Aufl. 2008, § 58 RStV Rn. 6.
49   *Smid*, in: Spindler/Schuster, Recht der elektronischen Medien, 2. Aufl. 2011, § 58 RStV Rn. 6 m. w. N.
50   So auch *Lober*, MMR 2006, 643, 646.
51   *Lober*, MMR 2006, 643, 646.
52   *Hahn/Vesting*, Rundfunkrecht, 2. Aufl. 2008, § 4 JMStV Rn. 3 f.

gefordert werden, ihre Eltern oder Dritte zum Kauf zu bewegen. Darüber hinaus dürfen Kinder oder Minderjährige „ohne berechtigten Grund" auch nicht in gefährlichen Situationen gezeigt werden. Hier ist aus Sicht der Spielehersteller darauf zu achten, den Auslegungsspielraum dieser Vorschrift nicht zu „überreizen". Wird beispielsweise im Spiel ein Kind in einer gefährlichen Situation gezeigt, besteht sicherlich ein erhöhtes Risiko, wenn in dieser Situation Werbung erscheint. Gerade wegen der grundsätzlichen Nähe zwischen Spiel und Werbung beim In-Game-Advertising ist an dieser kritischen Stelle erhöhte Aufmerksamkeit der Spielehersteller bzw. -anbieter gefordert. Hierauf sollte bereits bei der Spielekonzeption verstärkt geachtet werden. Werbung für alkoholische Getränke und Tabak ist selbstverständlich auch hier untersagt.

In diesem Zusammenhang sind weitere Werbeverbote zu beachten: Diese betreffen bislang unter anderem Glücksspiele[53] oder auch Medizinprodukte (§§ 3a ff. Heilmittelwerbegesetz). Es ist nicht auszuschließen, dass der Schutz vor Werbung in Zukunft auf weitere Bereiche ausgedehnt wird.

4. Datenschutzrechtliche Grenzen

Datenschutzrechtliche Fragen[54] stellen sich im Wesentlichen beim dynamischen   *40* In-Game-Advertising. Dabei ist zu unterscheiden, ob für die Optimierung der Werbeeinblendungen (zulässigerweise) lediglich statistische Daten ohne Personenbezug oder aber personenbezogene Daten erhoben werden. Ein Personenbezug ist beispielsweise gegeben, wenn Daten darüber erhoben werden, wie häufig oder wie lange ein bestimmter Spieler spielt oder wie lange er konkrete Werbeeinblendungen aus verschiedenen Perspektiven betrachtet.[55] Dagegen fehlt ein Personenbezug, wenn Daten irreversibel anonymisiert und zu Durchschnittszahlen zusammengefasst werden. Die Erhebung, Verarbeitung und Nutzung von personenbezogenen Daten ist nur zulässig, soweit sie ausdrücklich gesetzlich zugelassen ist oder mit Einwilligung des Betroffenen erfolgt (§ 4 Abs. 1 Bundesdatenschutzgesetz, „BDSG").

Personenbezogene Daten sind Einzelangaben über die persönlichen oder sachlichen Verhältnisse einer bestimmten oder bestimmbaren Person (§ 3 Abs. 1 BDSG). Personenbezogene Daten sind auf jeden Fall der Name und die Anschrift des Verbrauchers. Umstritten ist dagegen, unter welchen Voraussetzungen die IP-Adresse zu den personenbezogenen Daten gehört.[56] Bei statischen IP-Adressen, die einem individuellen Internetnutzer ständig zugeordnet sind, wird ein Personenbezug unstreitig angenommen. Mittlerweile hat sich im Hinblick auf dynamische IP-Adressen, die einem Internetnutzer nur für die Dauer einer Sitzung zugeordnet werden, die überwiegende Ansicht herauskristallisiert, dass

---

53 Vgl. auch Kapitel 7.
54 Vgl. allgemein zum Datenschutz bei Computerspielen das Kapitel „Datenschutz und Datensicherheitspannen".
55 Vgl. auch *Lober*, MMR 2006, 643, 647.
56 Vgl. dazu Ziffer 2.3 im Kapitel „Datenschutz und Datensicherheitspannen".

auch diese einen Personenbezug aufweisen, da der Personenbezug zumindest dem Zugangsprovider bekannt ist.[57]

41 Werden im Rahmen des Computerspiels personenbezogene Daten erhoben, verarbeitet oder genutzt, dürfte grundsätzlich eine Einwilligung nach Maßgabe des § 4a Abs. 1 BDSG bzw. nach §§ 12, 13 Abs. 2 und 3 Telemediengesetz erforderlich sein.[58] Die Einwilligung muss ausdrücklich im Wege eines so genannten „opt-in" erfolgen. Das heißt, dass die Einwilligung nicht irgendwo in den Allgemeinen Geschäftsbedingungen des Spiels „versteckt werden" darf. Der Spieler muss stattdessen vorher umfassend über die konkrete Form und den Zweck der Verwendung seiner Daten informiert werden. Die Daten dürfen später nur in dem Umfang und zu dem Zweck erhoben und verwendet werden, für die der Spielende jeweils eingewilligt hat. Der Spielebetreiber muss die Einwilligung abrufbar halten, und der Spielende muss zudem jederzeit die Möglichkeit haben, seine Einwilligung zu widerrufen. Die erforderliche Freiwilligkeit der Erklärung fehlt beispielsweise, wenn die Einwilligung erteilt werden muss, um das Spiel nutzen zu können.

5. Allgemeine zivilrechtliche Grenzen – Kann In-Game-Advertising ein Sachmangel sein?

42 Tatsächlich kann Werbung in Computerspielen im Einzelfall auch einen Sachmangel darstellen. Ein Spiel mit Werbeeinblendungen entspricht unter Umständen nicht der Beschaffenheit, die der Käufer nach der Art der Sache erwarten kann.[59] Die so zu erwartende Verwendbarkeit des Spiels ist jedoch nur dann beeinträchtigt, wenn das Spiel wegen In-Game-Advertising im Einzelfall nicht spielbar ist. Dies erscheint denkbar, wenn

---

57 Für den Personenbezug: *Karg*, Anm. zu BGH v. 13.01.2011 – III ZR 146/10 – MMR 2011, 341 ff; LG Berlin v. 06.09.2007 – 23 S 3/07 – ZUM 2008, 70 ff.; KG Berlin v. 29.04.2011 – 5 W 88/11 – NJW-RR 2011, 1264; EuGH v. 24.11.2011 – C-70/10 – MMR 2012, 174, 176 Rn. 51; *Weichert*, in: Däubler/Klebe/Wedde/Weichert, BDSG, 2. Aufl. 2007, § 3 Rn. 3; *Schaar*, Datenschutz im Internet, 2002, Kap. 3 Rn. 174; Düsseldorfer Kreis, Beschluss vom 26./27. November 2009; Artikel-29-Datenschutzgruppe, Stellungnahme 1/2008 zu Datenschutzfragen im Zusammenhang mit Suchmaschinen und Stellungnahme 2/2010 zur Werbung auf Basis von Behavioural Targeting; Gegen den Personenbezug: AG München v. 30.08.2008 – 133 C 5677/08 – MMR 2008, 860; *Meyerdierks*, MMR 2009, 8 ff.

58 Soweit In-Game-Advertising zur Finanzierung eines Online-Games erfolgt und erforderlich ist (wie z. B. durch im Spiel selbst verankertem „Product Placement" oder Bandenwerbung in einem „real" nachgebildeten Fußballstadium, etc.), könnte man überlegen, ob über die Interessenabwägung im Rahmen des § 28 Abs. 1 Nr. 2 BDSG eine Einwilligung entbehrlich ist, jedenfalls soweit die Werbung rein für die Durchführung der Spiele erforderlich ist. Eine darüber hinausgehende Nutzung personenbezogener Daten (einschließlich jeder Form der Speicherung von Nutzungsdaten im Sinne der §§ 14, 15 TMG) bedarf hingegen selbstverständlich der ausdrücklichen und „informierten" Einwilligung.

59 § 434 Abs. 1 Satz 2 Nr. 2 BGB; dazu ausführlicher *Schaar*, GRUR 2005, 912, 916 f.

- die Ablaufgeschwindigkeit des Spiels wegen übermäßiger Hardwareanforderung deutlich verringert ist bzw. das Spiel „stockt". Allerdings kann hier eine Sachmängelhaftung in der Regel dadurch umgangen werden, dass (beispielsweise auf der Verpackung) angezeigt wird, welche technischen Mindestanforderungen an das jeweilige Computersystem gestellt werden, damit das Spiel problemlos läuft. In der Praxis wird außerdem die Kausalität zwischen In-Game-Advertising und Spielproblemen nur schwer nachweisbar sein;[60]
- das Spielgeschehen sich nicht mehr primär nach Geschick und Einfluss des Spielers richtet, sondern „redaktionell" auf die Vorstellungen des Werbetreibenden zugeschnitten ist. Als Beispiel hierfür werden etwa Autorennspiele angeführt, bei denen Kollisionen aus Rücksicht auf Werbekunden aus der Automobilbranche aufgrund besonderer Programmierung keine Spuren hinterlassen.[61] Auch wenn nur die Fahrzeuge der Werbepartner gewinnen können, so dass der Spielausgang nicht mehr von der Geschicklichkeit des Spielenden abhängt, könnte ein solcher Sachmangel angenommen werden. Fraglich ist allerdings nach Ansicht des Verfassers, inwieweit hierdurch die Spielbarkeit des Spiels tatsächlich eingeschränkt wird (zumal wenn der Spielende diese Features selbst einstellen kann);
- die Werbung so übermäßig erfolgt, dass die Tauglichkeit des Spiels als Spiele- und Unterhaltungssoftware erheblich eingeschränkt ist, das Spiel also seine Eigenschaft als „Unterhaltungsmedium" verliert und zu einem „Werbemedium" wird.

Die Durchsetzung der Gewährleistungsrechte bezüglich des In-Game-Advertising durch den Verbraucher kann in der Praxis zudem Schwierigkeiten bereiten.[62] Hinsichtlich der Nacherfüllung kann sich der Verkäufer gegebenenfalls auf die Einrede der Unverhältnismäßigkeit berufen (§ 439 Abs. 3 Satz 1, 3 BGB). Ein Rücktritt könnte aufgrund der fehlenden Erheblichkeit des Mangels ausgeschlossen sein (§ 323 Abs. 5 Satz 2 BGB). Im Ergebnis bliebe dem Verbraucher wohl oftmals lediglich die Geltendmachung des Anspruchs auf eine Minderung des Kaufpreises gemäß § 441 Abs. 1 BGB, dessen Durchsetzung vor allem von der Verhältnismäßigkeit und Erheblichkeit abhängt. Unabhängig davon, dass der Verbraucher kaum Nutzen von der Minderung des Preises hätte – er wird im Zweifel ein Computerspiel, das der Unterhaltung dient, aber nicht fehlerfrei funktioniert, nicht mehr anwenden – wäre in der Praxis der Minderwert des Spiels natürlich schwer zu bestimmen. **43**

Wettbewerber können einen solchen Sachmangel im Grundsatz auch nicht über den „Umweg" des § 4 Nr. 11 UWG geltend machen, da § 434 BGB regelmäßig keine „Marktverhaltensregelung" in diesem Sinne darstellt.[63] Dies wird aber in der Regel auch nicht erforderlich sein, da letztlich keine anderen Bewertungs-

---

60 So auch *Schelinski/Schneider*, Rechtliche Grenzen von Werbung in Computerspielen, abrufbar unter:
   http://www.telemedicus.info/article/314-Rechtliche-Grenzen-von-Werbung-in-Computerspielen.html (02.11.2012)
61 *Schaar*, GRUR 2005, 912, 917.
62 Dazu ausführlicher *Schaar*, GRUR 2005, 912, 917.
63 Z.B. *Sosnitza*, in: Piper/Ohly/Sosnitza, UWG, 5. Aufl. 2010, § 4.11 Rn. 13.

maßstäbe zur Anwendung gelangen als bei den originären wettbewerbsrechtlichen Ansprüchen.[64]

6. Urheber- und markenrechtliche Grenzen

44　Im Rahmen des In-Game-Advertising gibt es grundsätzlich keine urheberrechtlichen Besonderheiten. Zu beachten ist, dass im Rahmen der Spiele – insbesondere zu Werbezwecken des Spieleherstellers bzw. -anbieters – keine Bildnisse und/oder Namen von Personen ohne deren Einwilligung verwendet werden
dürfen. Niemand muss sich gefallen lassen, dass ein Bildnis seiner Person un-
gefragt als Mittel zur Förderung fremder kommerzieller Interessen eingesetzt
wird.[65] Eine Ausnahme nach § 23 Abs. 1 Nr. 1 oder 4 KUG (Kunsturhebergesetz)
liegt insoweit nicht vor.[66]

Auch hinsichtlich des Markenrechts gelten die allgemeinen Anforderungen. So
müssen insbesondere Lizenzen für im Rahmen des Spiels genutzte Marken bestehen.[67]

64　Siehe oben unter Ziffer 2.
65　*Fricke*, in: Wandtke/Bullinger, Urheberrecht, 3. Aufl. 2009, § 23 KUG Rn. 44.
66　OLG Hamburg v. 13.01.2004 – 7 U 41/03 – ZUM 2004, 309.
67　Vgl. zum Markenrecht Kapitel 3.

　　　　　　　　　Körner

Kapitel 6

Online-Spiele: Communities, Online- und Browserspiele

1. Einführung

Begriffsverwirrung aufzulösen, gehört von jeher zu der juristischen Arbeit. On- *1*
line-Spiel ist ein Oberbegriff für mannigfaltige Lebenssachverhalte: „die Online-Spiele" als solche gibt es nicht, darüber ist man sich einig.[1] Eine exakte
Einordnung hängt von der Untersuchungs*perspektive* und der *konkreten* Ausgestaltung der Spiele ab. Wenn wir in diesem Kapitel rechtliche Lösungen für
Probleme anbieten, bitten wir, nicht zu vergessen, dass bereits Nuancen im Le-
benssachverhalt eine andere Lösung erzwingen können. Auf dem dynamischen
Markt der Online-Spiele entwickeln sich Technologien und Geschäftsmodelle
schneller als bei herkömmlichen Computerspielen.

1.1 Einordnung der Spielverträge – Vertragsart, Vertriebsweg, Gegenstand

Die vertragstypologische Einordnung der Spielverträge ist nicht einfach, aber not- *2*
wendig! Von ihr hängt ab, wie Vertragsbeziehungen zulässig gestaltet werden
können oder Sachverhalte zu bewerten sind: Maßgeblich wird die Gestaltungs-
praxis gegenüber Verbrauchern unter dem deutschen Vertragsrecht durch das
AGB-Recht (§§ 305 ff. BGB) geprägt.[2] Die Inhaltskontrolle orientiert sich am vertragstypologischen Leitbild (§ 307 Abs. 1 Satz 2 BGB); Kündigungsfristen, Haftung und die Anwendung fernabsatzrechtlicher Vorschriften hängen davon ab.
Einordnungsfehler wirken sich aus, weil die AGB dann wettbewerbswidrig werden (§ 4 Nr. 11 UWG) oder ein Widerrufsrecht (u. U. zeitlich ausgedehnt) besteht.

1.2 Kauf des Clientspiels

Der Datenträger mit der Spielsoftware (die Online-Spielfunktion ist bereits in- *3*
tegriert) wird im physischen Handel (Ladengeschäft) gekauft. Dieser Kauf ist
von ggf. späteren Verträgen beim Onlinebetrieb zu trennen und rechtlich – wie
bei Standardsoftware – als Kaufvertrag über einen sonstigen Gegenstand i. S. d.
§§ 433, 453 BGB einzuordnen. Mit leichten dogmatischen Inkonsistenzen finden die Regeln des Verbrauchsgüterkaufs (§§ 474 ff. BGB) Anwendung, für die
das Clientspiel wegen des weit auszulegenden Sachbegriffs der Verbrauchsgü-
terkauf-Richtlinie[3] als Sache[4] zu behandeln sein wird. Das gilt nach der herrschenden Meinung auch, wenn der Client *online* zum Kauf angeboten wird, und
zwar selbst dann, wenn die Lieferung nicht im Fernabsatz auf einem Datenträger, sondern unkörperlich per Download erfolgt.[5] Konsequenterweise sind dann

---

1   *Schmidt/Dreyer/Lampert,* Spielen im Netz. Zur Systematisierung des Phänomens
    „Online-Games", 1. Aufl. 2008, S. 7.
2   Das gilt gem. Art. 6 Abs. 1 Rom I-VO für alle Angebote, die sich an den deutschen
    Markt richten.
3   RL (EG) 44/1999 v. 25.05.1999, ABl. 1999 Nr. L 171/12 v. 07.07.1999.
4   Für Standardsoftware: *S. Lorenz,* in: MünchKomm-BGB, 6. Aufl. 2012, § 474 Rn. 10
    m. w. N., etwa: BGH v. 04.11.1987 – VIII ZR 314/86 – BGHZ 102, 135, 141; BGH v.
    18.10.1989 – VIII ZR 325/88 – BGHZ 109, 97, 100.
5   Vgl. für digitale Produkte allgemein: *Matusche-Beckmann,* in: Staudinger, BGB-Kom-
    mentar, Neubearb. 2004, § 474 Rn. 34 m. w. N.; für Standardsoftware: *S. Lorenz,* in:
    MünchKomm-BGB, 6. Aufl. 2012, § 474 Rn. 10 m. w. N.; nach altem Schuldrecht als
    Sache, BGH v. 18.10.1989 – VIII ZR 325/88 – BGHZ 109, 97, 100.

auch die Regeln über den Kauf von Waren im Fernabsatz (§§ 312 b ff. BGB) auf solche Verträge anwendbar. Davon abzugrenzen sind Spielangebote, die zwar den Download eines Clients erfordern, dafür aber keinen Kauf(preis) verlangen. Beispiel: Auf einigen Datenträgern für Online-Spiele sind Clients enthalten, die mit „virtuellen Währungen" bzw. Guthaben oder virtuellen Gegenständen gekoppelt sind. Den Wert und eigentlichen Kaufgegenstand bilden dann die enthaltenen Guthaben (Währungseinheiten) für Online-Spiele. Nach der Verkehrsanschauung ist dies insbesondere dann der Fall, wenn die betreffenden Clients sonst vom Spieleanbieter auch kostenlos zur Verfügung gestellt werden. Auch wenn es sich dabei um auf dem Datenträger verkörperte Forderungen (also Rechte) handelt, ändert sich, wie bei dem Kauf einer Eintrittskarte (kleines Inhaberpapier gem. § 807 BGB), nichts an der Sacheigenschaft. Auch verbrauchbare Sachen (§ 92 BGB) sind Sachen.

1.2.1 Konsequenzen

4 Einschränkungen des Spiels und sonstige ungewöhnliche Eigenschaften müssen auf der Verpackung bzw. vor dem Onlineverkauf in der Produktbeschreibung dargestellt sein. Ein Mangel liegt u.a. vor, wenn die vertraglich vorausgesetzte Verwendung oder die gewöhnliche Verwendung nur vermindert gegeben ist (§ 434 BGB). Bei einem Datenträgerspiel wird man noch immer davon ausgehen müssen, dass dieses sich ohne Weiteres nach dem Erwerb spielen lässt. Deshalb ist auf zusätzliche Voraussetzungen hinzuweisen. Dazu zählt, dass für das Spiel eine Onlineregistrierung[6] oder Onlineverbindung erforderlich ist oder Zusatzkosten (z. B. Abonnementgebühren) anfallen. Es genügt, wenn auf die Erforderlichkeit eines weiteren Vertragsschlusses oder eine Aktivierungspflicht hingewiesen sowie angegeben wird, wo die Registrierungsbedingungen einsehbar sind, oder dass sie in der Verpackung eines Ansichtsexemplars angesehen werden können.

Üblich ist z. B. folgender Hinweis:

„Dieses Spiel kann nur online gespielt werden, es ist also eine weitere Anmeldung (Vertragsschluss) erforderlich. Die Teilnahme an dem Online-Spiel ist kostenpflichtig: es fällt zusätzlich zum Kaufpreis eine Gebühr für den Anbieter an. Deshalb erfordert die Anmeldung ein Onlinezahlungsmittel wie PaypalTM, eine Prepaid-Code-Karte oder eine Kreditkarte. Details finden Sie unter www.Spiel. de. Im Kaufpreis ist kostenlose Spielzeit von X Stunden erhalten. Für die erforderliche Datenverbindung fallen ggf. weitere (Internet-)Gebühren an."

5 Ob dadurch die Bedingungen des Online-Spiels in den Kaufvertrag einbezogen werden können, ist dagegen fraglich. Diese werden i. d. R. nach dem Kauf in den Online-Spielvertrag einbezogen, den der Spieler schließt, wenn er für das Online-Spiel ein Benutzerkonto eröffnet. Das wird beispielsweise durch Eingabe der auf dem Datenträger oder in der Verpackung enthaltenen Registrierungsnummer angelegt und damit wird ein (weiteres) Vertragsverhältnis mit dem vom Verkäufer personenverschiedenen Spieleanbieter eingegangen.

---

6 Vgl. dazu: BGH v. 11. 02. 2010 – I ZR 178/08 – GRUR 2010, 822, 822 = NJW 2010, 2661, 2661.

Anbieter, die sichergehen wollen, werden die Nutzungsbedingungen für die   6
Onlineversion in das Booklet aufnehmen und auf das Ausstellen von nicht ver-
schweißten Ansichtsexemplaren im Handel hinwirken. Damit besteht jedenfalls
vor dem Vertragsschluss stets die Möglichkeit einer zumutbaren Kenntnisnahme der Vertragsbedingungen (§ 305 BGB). Die so gewonnene Rechtssicherheit
zeitigt Folgen: Flexible Anpassungen der Online-Spielbedingungen werden erschwert.

Besteht der Kaufgegenstand nicht nur in dem von der CD spielbaren Spiel als   7
solchem, sondern kauft man Verrechnungseinheiten für ein Online-Spiel („virtuelle Währung") oder eine Grundspielzeit für einen Gameserver mit, ist der
Umfang der Gewährleistung für die enthaltenen Codes, die Online-Komponen-
ten und virtuellen Währungen nicht trivial bestimmbar. Wie lange muss ein Online-Spiel vom Anbieter vorgehalten werden, wenn einzelne Spielkomponenten
nur über die Server des Anbieters gespielt werden können? Wie lange müssen
Codes und virtuelle Währungen eingelöst werden können, d. h., wann liegt ein
Mangel vor, wenn der Anbieter eines Online-Spiels die auf dem Datenträger
oder mit dem Datenträger gekauften Codes nicht einlöst?

1.2.2 Rechtliche Basis

Rechtlicher Anhaltspunkt ist hier mangels anderer Vereinbarung die jeweilige   8
Beschaffenheit der Kaufsache, die nach der Verkehrsanschauung erwartet werden kann (§ 434 Abs. 1 Satz 2 Nr. 1 BGB und § 434 Abs. 1 Satz 2 Nr. 2 BGB; gewöhnliche Verwendung).

Zunächst ist auf Angaben auf der Verpackung abzustellen: Zeigt die Verpackung etwa die Aufschrift „Enthält 10 Gold für das Online-Spiel XY im Wert
von 10,00 €", wird dies als eine vereinbarte Beschaffenheit im Sinne von § 434
Abs. 1 Satz 2 Nr. 1 BGB anzusehen sein. Jedenfalls liegt dann eine vorausgesetzte Verwendung vor. Damit ist aber noch nichts darüber gesagt, wie lange die virtuelle Währung nach dem Kauf eingelöst werden kann. Das richtet sich nach der
gewöhnlichen Verwendung nach § 434 Abs. 1 Satz 2 Nr. 2 BGB. Maßgeblich dafür ist der Erwartungshorizont eines vernünftigen Durchschnittskäufers. Er wird
primär von anderen Spielen geprägt. Finden sich auf der Verpackung also keine Angaben darüber, wie lange eine Online-Komponente (mindestens) vorgehalten wird, wird es rechtlich unsicher. Sicherlich entspricht es der Verkehrsanschauung und dem Marktüblichen, dass Datenträger nach einer gewissen Zeit
nicht mehr brauchbar sind oder dass eine Software nur einen begrenzten Lebenszyklus hat. Als ein solcher Lebenszyklus wird bei Computerspielen ein Zeitraum zwischen zwei und drei Jahren, maximal aber fünf Jahre anzusehen sein.
Danach werden von Herstellern in der Regel keine Updates und Fehlerbeseiti-
gungen mehr erbracht. Für viele Spiele endet der Support bereits nach einem
Jahr. Grundsätzlich ließe sich eine Einschränkung der Lebensdauer unterhalb
dieser Zeiträume auf der Verpackung vornehmen; dann dürfte aber gleichwohl
eine überraschende Klausel vorliegen, die wiederum durch eine deutliche Her-
vorhebung abgemildert werden kann. Eine Grenze für die Einschränkung setzt
§ 307 Abs. 3 BGB; eine Verfügbarkeit unter einem halben Jahr ist unangemessen.

Für virtuelle Gegenstände, die auf dem Datenträger oder auf Code-Karten er-   9
worben werden, dürfte die Rechtsprechung über die Verfügbarkeit des Gutha-

bens von Gutscheinen oder Telefonkarten[7] entsprechend heranzuziehen sein. Solche auf dem Datenträger verkörperten virtuellen Gegenstände oder Spielwährungen sind am ehesten als kleine Inhaberpapiere, §§ 807, 793 Abs. 1 BGB, anzusehen, zumindest aber als Forderungen, die erworben werden. Anders als bei dem Kauf eines Spiels, für das keine Onlinekomponente mehr vorgehalten wird, wird bei dem Kauf einer verkörperten virtuellen Währung i.d.R. bereits der Anspruch erworben. Unwirksam ist gem. § 307 Abs. 2 Nr. 1 BGB eine Vertragsklausel, die Verbraucher unangemessen benachteiligt, weil sie gegen einen wesentlichen Grundgedanken einer gesetzlichen Regelungen verstößt. Dazu zählt auch die allgemeine dreijährige Regelverjährung gem. § 194 ff. BGB. Wird diese Zeit in den AGB deutlich verkürzt, weicht der Anbieter davon zu Ungunsten des Verbrauchers ab. Die Klausel ist unwirksam.[8] Etwas anderes gilt freilich dann, wenn der verbriefte Anspruch (Code) bereits beim Anbieter eingelöst und mit einem personalisierten Nutzerkonto verbunden wurde: Zum einen fehlt es dann an einem *Inhaber*papier, weil der Anspruch personalisiert wurde; zum anderen wandelt sich das Guthaben in der Regel in ein Leistungsbestimmungsrecht innerhalb des konkreten Spielvertrages um. Es steht dem Spieleanbieter aber grundsätzlich frei, in eigener Verantwortung Art und Umfang der von ihm angebotenen Leistungen zu bestimmen.[9] Der Spieler hat keinen Anspruch auf das Leistungsangebot, das zum Zeitpunkt des Erwerbs des verkörperten Guthabens bestand.[10] Soweit der Anbieter bei der Gestaltung der Kündigungsfristen für das Online-Spiel nicht das jeweilige gesetzliche Leitbild verlässt, ist die Ausgestaltung nicht zu beanstanden.

1.3 Onlinekomponente des Clientspiels und Online-Spiele

10 Als selbstständiger Vertrag neben dem Erwerb der Clientsoftware ist der Vertrag über die Teilnahme an einem Online-Spiel einzuordnen. Dieser kommt nicht mit dem Verkäufer des Clients, sondern direkt mit dem Spieleanbieter und erst durch Einrichtung und Freischaltung des Benutzerkontos zustande, so dass auch die Spielbedingungen als allgemeine Geschäftsbedingungen (AGB) in der Regel erst in diesen Vertrag nach § 305 Abs. 2 BGB einbezogen werden.

Zu unterscheiden sind insbesondere folgende Geschäftsmodelle: Klassische Abonnements, Online-Spiele, die im Zusammenhang mit der vorerworbenen Clientsoftware komplett kostenfrei gespielt werden können, sowie solche, die zwar grundsätzlich kostenfrei angeboten werden, bei denen aber gegen reale oder virtuelle Währungen Zusatzfeatures erworben werden können. Dem zuletzt genannten Geschäftsmodell sind auch Browserspiele zuzuordnen. Browserspiele benötigen keine autonome Installation auf dem Computer des Spielers, sondern

---

7   Vgl. etwa BGH v. 11.03.2010 – III ZR 178/09 – MMR 2010, 424; BGH v. 12.06.2001 – XI ZR 274/00 – MMR 2001, 806 – Befristung von Telefonkarten; OLG München v. 22.06.2006 – 29 U 2294/06 – MMR 2006, 614; LG Düsseldorf v. 23.08.2006 – 12 O 458/05 – MMR 2007, 62; zu Gutscheinen vgl. OLG München v. 17.01.2008 – 29 U 3193/07 – NJW-RR 2008, 1233.

8   Vgl. so zu Telefonkarten: OLG München v. 22.06.2006 – 29 U 2294/06 – MMR 2006, 614; LG Düsseldorf v. 23.08.2006 – 12 O 458/05 – MMR 2007, 62 jeweils mit weiteren Nachweisen.

9   Vgl. BGH v. 14.10.1997 – XI ZR 167/96 – NJW 1998, 383.

10   Vgl. LG Kiel v. 17.03.2011 – 18 O 243/10 – MMR 2011, 526, 527.

können direkt in dessen Internetbrowser gespielt werden. Browserspiele sind in der Regel kostenlos. Das Geschäftsmodell des Betreibers basiert dabei entweder auf der Finanzierung durch Werbeschaltungen in Form von Bannern, Anzeigeblöcken oder so genannten „Interstitials" oder darauf, dass der Spieler bestimmte Zusatzfeatures gegen ein Entgelt erwerben kann, die das Spiel interessanter gestalten oder die Erfolgschancen des Spielers erhöhen. Beispiele hierfür wären ein Zaubertrank, der den gespielten Charakter schneller oder stärker macht, ein Einrichtungsgegenstand für die Wohnung eines virtuellen Haustiers oder die Berechtigung, ansonsten verschlossene Spielumgebungen zu betreten.

Die rechtliche Qualifizierung hängt bei allen Varianten von der konkreten Ausgestaltung im Einzelfall ab. In der Regel steht im Vordergrund dieser wohl als typengemischte Verträge einzuordnenden Rechtsverhältnisse das Recht des Spielers, die auf dem Server des Anbieters bereitgehaltene virtuelle Spielumgebung mit all ihren Funktionen zu nutzen sowie die Pflicht des Anbieters, diese aufrecht zu erhalten und den Spielverlauf abzuspeichern.[11] Diese die Vertragsbeziehungen im Sinne der von der Rechtsprechung für typengemischte Verträge entwickelten Schwerpunkttheorie[12] prägenden Hauptleistungspflichten sind zumindest dann als Miete im Sinne von § 535 BGB einzuordnen, wenn der Spieler wie bei auf einem Abonnement beruhenden Spielen ein Entgelt dafür entrichtet. *11*

Bei den so genannten Free-to-Play-Spielen ist weiter zu differenzieren: Derzeit vorherrschend finanzieren sich diese Spiele entweder über den Verkauf von virtuellen Items oder sie sind werbefinanziert. Es erscheint dann interessengerecht, von einer (atypischen) Leihe im Sinne des § 598 BGB auszugehen, solange der Spieler keinerlei kostenpflichtige Angebote in Anspruch nimmt.[13] *12*

Die Anwendung der Haftungserleichterungen der §§ 599 ff. BGB rechtfertigt sich bereits daraus, dass der Spieler bei kostenloser Nutzung zumindest keine Gegenleistung im Sinne eines Entgeltes erbringt. Auch im Hinblick auf den entgeltlichen Erwerb der Clientsoftware erscheint das Ergebnis nicht unbillig, da dieser bei genauer Betrachtung gerade einen anderen Vertragsgegenstand, nämlich die für die Nutzung des Spiels erforderliche Software, nicht hingegen das Spiel selbst, zum Gegenstand hat, es sei denn, die Servernutzung ist ausnahmsweise Teil der Kaufsache.[14] Werbefinanzierte Spiele sind im Ergebnis wohl auch als Leihe zu behandeln, da nicht von einer Entgeltlichkeit der Gebrauchsüberlassung auszugehen ist. Unter Entgelt im Sinne des § 535 Abs. 2 BGB ist jede Geld- oder geldwerte Leistung zu verstehen.[15] Anerkannt ist zwar, dass auch eine atypische, nicht in Geld liegende Gegenleistung der Rechtsbeziehung den Charakter als Miete geben kann.[16] Zudem verkörpert die Verbreitung

11 *Diegmann/Kuntz*, NJW 2010, 561, 562.

12 Vgl. dazu die von der Rechtsprechung entwickelte Schwerpunkttheorie.

13 So auch *Von dem Busche/Schelinski*, in: Leupold/Glossner, Anwaltshandbuch IT-Recht, 2. Aufl. 2011, Teil 1, Rn. 69 für die kostenlose und zeitlich beschränkte Überlassung von Software sowie für die Überlassung im Rahmen des so genannten Cloud Computings, ebendort Rn. 115.

14 Mängel des gekauften Spiels selbst unterliegen freilich nicht der Haftungserleichterung.

15 *Weidenkaff*, in: Palandt, BGB-Kommentar, 72. Aufl. 2013, § 535 Rn. 71.

16 *Häublein*, in: MünchKomm-BGB, 6. Aufl. 2012, Vor § 535 Rn. 23; *Emmerich*, in: Staudinger, BGB-Kommentar, Neubearb. 2011, § 535 Rn. 35.

von Werbung im Wirtschaftsleben einen beträchtlichen Wert. Die bloße Wahrnehmung einer Werbung stellt aber keine Leistung dar, da es an einer unmittelbaren zielgerichteten Mehrung des Vermögens des Spieleanbieters durch die Wahrnehmung fehlt.

13 Nimmt der Spieler hingegen kostenpflichtige Leistungen in Anspruch, ist von einem atypischen Mietvertrag im Sinne von § 535 BGB auszugehen.[17] Auf das Vertragsverhältnis zwischen Spieleanbieter und Spieler ist nach der obigen Einteilung in der Regel entweder Mietrecht nach §§ 535 ff. BGB oder das Recht der Leihe nach §§ 598 ff. BGB anzuwenden. Im ersten Fall stehen dem Spieler gegen den Spielbetreiber im Falle eines Mangels umfangreiche Gewährleistungsrechte zu; insbesondere haftet der Spielbetreiber bei Vertretenmüssen des Mangels nach § 536 a Abs. 1 BGB auf Schadensersatz. Außerdem greift die gesetzliche und vom Verschulden des Spielbetreibers unabhängige Minderung der Miete nach § 536 Abs. 1 BGB, soweit ein Entgelt zu entrichten ist.

14 Bedeutung hat die Vertragsart auch für die Wirksamkeit von als allgemeine Geschäftsbedingungen (AGB) einzuordnenden Spielbedingungen. Für die Einbeziehung von Nutzungsbedingungen gelten die allgemeinen Regeln der §§ 305 ff. BGB; an die Möglichkeit zur Kenntnisnahme im Sinne des § 305 Abs. 2 BGB sind zumindest dann keine allzu hohen Anforderungen zu stellen, wenn diese so übersichtlich sind, dass ihr Verständnis einer eingehenden Beschäftigung nicht bedarf. Ausreichend ist der Hinweis auf die Einbeziehung von AGB und die einfache Möglichkeit diese durch Betätigung einer Verlinkung einzusehen. Eine Verpflichtung dazu, die AGB in Textform zur Verfügung zu stellen, besteht zwar nicht aus § 305 Abs. 2 Nr. 2 BGB i. V. m. § 126 b BGB als Voraussetzung für die Einbeziehung der AGB in das Vertragsverhältnis.[18] Da sich für den Spielbetreiber jedoch zumindest aus § 312 c Abs. 1 BGB i. V. m. Art. 246 § 2 EGBGB umfangreiche Informationspflichten ergeben, die ebenso wie ggf. die Widerrufsbelehrung gemäß § 312 d Abs. 1, § 355 Abs. 2 BGB in Textform zu erteilen sind, empfiehlt es sich deshalb in der Praxis, die AGB insgesamt den Anforderungen des § 126 b BGB (Textform) entsprechend zu verfassen. Die Pflichtinformationen können zwar gemäß Art. 246 § 2 Abs. 3 Satz 2 EGBGB in die AGB aufgenommen werden, müssen dann aber deutlich hervorgehoben werden.

15 Von der vertragstypologischen Einordnung nach dem BGB weicht die Frage ab, ob Informationspflichten nach § 312 c Abs. 1 BGB i. V. m. Art. 246 § 1 und § 2 EGBGB bestehen und ob ein Widerrufsrecht nach § 312 c Abs. 1 BGB ausgeübt werden kann. Maßgeblich ist hierfür ausschließlich, ob es sich bei dem zwischen dem Spielbetreiber und dem Spieler abgeschlossenen Vertrag um einen Fernabsatzvertrag handelt. Nach der Legaldefinition in § 312 b Abs. 1 Satz 1 BGB fallen darunter Verträge über die Lieferung von Waren oder über die Erbringung von Dienstleistungen, die zwischen einem Unternehmer und einem Verbraucher unter ausschließlicher Verwendung von Fernkommunikationsmitteln abgeschlossen werden. Die Verbrauchereigenschaft des Spielers i. S. d. § 13 BGB und die Unternehmereigenschaft des Spielbetreibers i. S. d. § 14 BGB sowie die ausschließliche Verwendung von Fernkommunikationsmitteln werden in der Re-

---

17 Ausführliche Begründung und Auseinandersetzung mit den anderen Ansichten siehe unten.

18 *Grüneberg*, in: Palandt, BGB-Kommentar, 72. Aufl. 2013, § 305 Rn. 31.

Oehler/von Ribbeck

gel vorliegen. Um eine Lieferung von Waren handelt es sich jedenfalls beim Erwerb des Clients (s. o.), da darunter unstreitig alle beweglichen Güter, also auch auf einem Datenträger gespeicherte Software, fallen, und zwar unabhängig davon, welche Vertragsart der Leistung zu Grunde liegt. Bei per Download gelieferter Software handelt es sich nach deutscher Rechtsprechung zumindest dann um eine Warenlieferung, wenn die Software dauerhaft überlassen werden soll (s. o.).[19] Von Bedeutung ist die Frage, ob die Einrichtung des Zuganges zu einem Online-Spiel auch als Dienstleistung i. S. d. § 312 b Abs. 1 Satz 1 BGB eingeordnet werden kann. Zur Auslegung des Dienstleistungsbegriffs ist nach überwiegender Auffassung auf Art. 57 AEUV zurückzugreifen. Von Art. 57 Abs. 1 AEUV ausgehend, werden hiervon nur solche Dienstleistungen erfasst, die üblicherweise gegen Entgelt erbracht werden.[20] Dabei ist nicht auf den zu Grunde liegenden Vertragstyp, sondern auf die Leistung selbst abzustellen. Demnach fallen Online-Spiele wohl in der Regel unter den Begriff der Dienstleistung, da die Spielbeteiligung üblicherweise nicht kostenlos ermöglicht wird, sondern auch die Geschäftsmodelle von Free-to-Play-Spielen vielmehr auf die Finanzierung durch Itemselling abstellen. Grundsätzlich ist daher von einem Fernabsatzvertrag im Sinne von § 312 b Abs. 1 Satz 1 BGB auszugehen, mit der Folge, dass Informationspflichten nach § 312 c BGB und ein Widerrufsrecht nach § 312 d BGB bestehen. Einzig bei werbefinanzierten Online-Spielen wäre ein anderes Ergebnis denkbar, da hier die Leistungsbeziehung zwischen Spielbetreiber und Spieler in erster Linie durch die Unentgeltlichkeit geprägt ist.

2. Virtuelle Gegenstände

Das Erlösmodell „virtuelle Güter" (*Items*) gehört neben Abonnements inzwischen zu den häufigsten Finanzierungsmodellen von Online-Spielen.[21] Es stammt ursprünglich aus Asien und ist vor allem in Korea groß geworden. Die Entwicklung dieses Geschäftsmodells ist auch eine Antwort auf die massenhaften Raubkopien bei herkömmlichen PC-Spielen. Es findet sich eine gewisse Nähe zu dem sog. „Shareware-Modell".   16

2.1 Lebenssachverhalt

Der „Kauf" virtueller Gegenstände erlaubt den Nutzern, Zusatzfunktionen oder dekorative Elemente zu erwerben. Diese Elemente können entweder unmittelbar im Spielgeschehen verwendet werden oder in der angegliederten Spielwelt Bedeutung gewinnen. Im Spielgeschehen einsetzbare virtuelle Gegenstände (Items) kann man sich etwa wie folgt vorstellen: 17

In einem Fußballspiel lassen bestimmte Turnschuhe die Spieler etwas schneller rennen als Standardturnschuhe. Damit erwirbt der Spieler einen geringen Spiel-

---

19 *Schmidt-Räntsch*, in: BeckOK-BGB, § 312 b Rn. 21 m. w. N. (Stand: 01.12.2012).
20 *Schmidt-Räntsch*, in: BeckOK-BGB, , § 312 b Rn. 22 (Stand: 01.03.2011).
21 Weitere Erlösmodelle sind etwa: Abonnement, Werbung, Rabatt-Systeme – Super Rewards, Real Estate oder „Landnutzungsgebühren", reale Waren und Merchandisingartikel, Auktionen & Player Trades, Zusatzspielszenen, „Expansion Packs", DLC (downloadable content), Event- oder Turnier-Gebühren, Trial Pay, Shareware, Spenden.

vorteil, der sich aber eben nur gering auf das gesamte Spiel auswirkt. In Rollenspielen werden Zaubertränke feilgeboten (sie lassen die Spielfigur länger leben oder auferstehen), erworbene Zaubersprüche oder besonders mächtige Waffen (Feuerbälle usw.) verschaffen im Kampf einen Vorteil. Nach dem Tamagotchi-Prinzip müssen einige virtuelle Figuren versorgt werden: Für sie kann man Nahrung und Kleidung erwerben. Andere virtuelle Güter sind als reine Statussymbole im Spielbetrieb funktionslos oder unterscheiden sich zumindest funktional wenig von ihren preiswerten Pendants. Der Spieler kann sich so von anderen Spielern abgrenzen; sein Haus, die Festung oder das eigene Auto nach Gout und Portmonee schmücken.

In der Regel sind diese virtuellen Güter auch Verbrauchsgegenstände: Turnschuhe laufen sich durch, Schwerter werden stumpf oder zerbrechen, Munition wird verschossen und Zaubertränke machen nur vorübergehend stark, wenn der Spielcharakter sie austrinkt. Andere virtuelle Gegenstände erschöpfen sich in ihrer „Servicefunktion". Beispiel: Spielfiguren können schneller von A nach B laufen, Pflanzen in einer Landwirtschaftssimulation werden automatisch gewässert, auch wenn der Spieler gerade nicht online spielt.

18 Viele dieser Items werden zu einem sehr niedrigen Preis (Micro Transactions) angeboten, der teilweise unterhalb eines Cents liegt. Gleichwohl erzeugen *Endowment*-Effekte eine Kundenbindung und den Wunsch des Spielers, die einmal erworbenen Gegenstände zu erhalten und zu hegen. Die Bereitschaft, auch dafür zu zahlen, besteht in der Regel, solange das Spiel subjektiv unterhaltsam ist und neue Anreize bietet.

Virtuelle Güter können entweder direkt „gekauft" werden oder es werden zunächst Verrechnungseinheiten erworben, die dem Erwerb im Spiel dienen. Sie heißen oft Edelsteine, Goldbarren oder Fantasiewährungen.

Heute herrschen Zwei-Währungs-Systeme vor: (1) eine Spiel-Währung (Nutzer verdienen dieses virtuelle Geld durch Spielhandlungen) und (2) eine Echtgeldbasierte Währung (Nutzer kaufen virtuelles Geld mit echtem Geld). In der Regel kann die mit Echtgeld erworbene Währung in Spielwährung getauscht werden, aber nicht andersherum. Zunehmend kommen weitere Währungskategorien zum Einsatz. Wie bei gängigen Rabattsystemen kann der Spieler durch den Kauf virtueller Gegenstände auch virtuelle Rabattmarken erwerben.

Beispiel:
- Währung 1: Spielgold: Kann nur durch Tätigkeiten im Spiel verdient werden (z. B. Prinzessin befreien, im Bergwerk arbeiten usw.).
- Währung 2: Diamanten: Können mit echtem Geld erworben werden, z. B. 100 Diamanten für 2,99 €.
1. Währung 1 und Währung 2 können in vielen Spielen gegeneinander umgetauscht werden; der Umtauschkurs wird vom Spielbetreiber festgelegt und ausgewiesen. Können gegen die beiden Währungen unterschiedliche Vorteile oder Items ausgewählt werden, so ist es denkbar, dass Spielgold gegen Diamanten und Diamanten gegen Spielgold getauscht werden. Vielfach wird die Ausgestaltung aber so sein, dass nur Diamanten gegen Spielgold getauscht werden können, da dem Spieleanbieter aufgrund seines Geschäftsmodells in erster Linie an dem Erwerb von Diamanten gegen reales Geld gelegen ist. Beispiel: 10 Diamanten können in 100 Spielgold

getauscht werden. Außerdem lassen sich so zahlreiche rechtliche Probleme vermeiden (s. o.).

Mit realem Geld ist oft nur die Währung 2 zu erhalten. Der Erwerb bestimmter Gegenstände innerhalb des Spiels verlangt aber Währung 1. Diese Mediatisierung bringt Vor- und Nachteile, die an dieser Stelle aber nicht vertieft werden können.[22] Psychologisch bieten solche Mediatisierungen auch den Vorteil, dass der Spieler weniger stark an den realen Gegenwert erinnert wird und somit vielleicht großzügiger mit seinen Verrechnungseinheiten umgehen mag.[23]

Spielwährungen dürfen meistens nicht in Echtgeldwährungen getauscht werden, ferner auch die Echtgeldspielwährung (z. B. Diamanten) nicht in reales Geld zurückgetauscht werden. So wird verhindert, dass Online-Spiele für Geldwäschezwecke eingesetzt werden. Außerdem wäre eine solche Konstruktion nicht nur nach den Vorschriften des Zahlungsdiensteaufsichtsgesetz (ZAG) mit einer Zahlungsdienstleistung verbunden, sondern in den meisten Fällen auch bankaufsichtsrechtlich an eine Banklizenz geknüpft. Einige ausländische Anbieter lassen die Konvertierung in reales Geld aber ausdrücklich zu (s. o.).

2.2 Einordnung von virtuellen Gegenständen

Die Literatur bietet einen bunten Strauß von Vorschlägen zur rechtlichen Einord- 19
nung virtueller Güter und ihres Erwerbs. Einige Modelle lieferten erste Antworten, konnten sich bisher aber nicht durchsetzen. Andere Untersuchungen sind eher rechtspolitisch einzuordnen. Die nicht nur rechtspolitisch, sondern auch praktisch relevante Ergebnisse/Strömungen lassen sich wie folgt zusammenfassen:

– analoge Behandlung zu einer Sache i. S. d. § 90 BGB,[24] analoge Anwendung des Rechts der beweglichen Sachen und Einordnung (§§ 929 ff. BGB analog) als sonstiges absolutes Recht;[25]
– der Kauf eines sonstigen Gegenstands i. S. d. § 453 BGB;[26]
– das virtuelle Gut als Softwarebestandteil;[27]

---

22 Beispielsweise werden zufallsabhängige Gewinnausschüttungen in der Zweitwährung weniger stark als geldwerte Güter bewertet werden können, so dass bei einer Gesamtbetrachtung die Subsumtion unter das Glücksspiel schwieriger ist. In anderen Fällen hingegen wird man Schwierigkeiten mit der Feststellung der Bereicherung erhalten.

23 Ohne Hinzutreten weiterer Umstände ist dies wettbewerbsrechtlich zulässig, wenn jedenfalls für den Erwerb der Erstwährung die Preisangabenverordnung eingehalten ist. Letztlich handelt es sich bei diesen Zweitwährungen um spielimmanente Leistungsbestandteile der Dienstleistungen.

24 Diskussion (wohl zuerst bei) *Bodensiek/Wemmer*, K&R 2004, 432, 435; *Lober/Weber*, MMR 2005, 653, 656; *Völzmann-Stickelbrock*, in: Festschrift Eisenhardt, 2007, S. 337; *Büchner*, Die rechtlichen Grundlagen der Übertragung virtueller Güter, 2011, S. 42 ff.

25 *Lober/Weber*, CR 2006, 837, 843.

26 *Lober/Weber*, MMR 2005, 653, 656; *Klickermann*, MMR 2007, 766, 768; so wohl auch *Lutzi*, NJW 2012, 2070.

27 *Trump/Wedemeyer*, K&R 2006, 397, 399.

- das Recht aus einem ungeschriebenen Immaterialgut (*sui generis*);[28]
- sonstiges absolutes Recht i. S. d. § 823 BGB;[29]
- das Mietrechtsmodel oder Vertrag *sui generis* mit mietrechtlichem Einschlag;[30]
- die Pacht am einzelnen virtuellen Gegenstand (als faktisches Ausschließlichkeitsrecht).[31]

Die Erklärungsmodelle lassen sich weiter einteilen in absolut-rechtliche Ansätze, also Erklärungen, die dem virtuellen Gut eine Rechtsposition mit *Erga-omnes*-Wirkung (gegenüber jedermann) zugestehen wollen und Modellen mit rein relativen Erklärungen (meist über Vertragsmodelle). Die Rechtsfolgen könnten unterschiedlicher nicht sein: Hinsichtlich der freien Übertragbarkeit virtueller Güter, der Möglichkeiten zum Schutz vor Beeinträchtigungen und der Bestandsgewähr unterscheiden sich die Ergebnisse der Modelle erheblich. Das wirkt sich bei nachgelagerten Geschäftsmodellen, etwa dem Sekundärmarkt für virtuelle Güter, aus.

Wichtig: Innerhalb der relativen Beziehung sind folgende weitere Sachverhalte zu trennen: (1) die Beziehung zwischen Anbieter und Spieler und (2) die Beziehung zwischen Spieler (Ersterwerber) und Spieler (Zweiterwerber). Ähnlich dem urheberrechtlichen Nutzungsrecht kann der Spieleanbieter die Nutzungsmöglichkeit am virtuellen Gut nämlich *konstitutiv* einräumen, ein Spieler diese aber nur *derivativ* von einem anderen Spieler erwerben, denn nur der Spieleanbieter hat die technische und faktische Möglichkeit, virtuelle Güter in einem Spiel (neu) zu erzeugen.

2.2.1 Absolute Rechte

20 Die absolut-rechtlichen Ansätze werden *de lege lata* nur ausnahmsweise praktisch durchsetzbar sein, nämlich dann, wenn an den virtuellen Gütern ausnahmsweise auch ein Sonderschutz nach immaterialgüterrechtlichen Spezialvorschriften besteht.

---

28 *Koch*, JurPC Web-Dok. 57/2006, Abs. 29, 41 ff., nimmt für bestimmte Gegenstände und den vom Spieler ausgestalteten Avatar ein solches Recht an, lehnt es für andere Gegenstände ab, namentlich: *„für die von Spielern „erarbeiteten" virtuellen Werkzeuge oder Waffen, deren „Existenz" im Spiel von dem Spielbetreiber angelegt ist und die von den Spielern nur „gefunden" und dann „verwendet" werden."* (Abs. 44).

29 *Lober/Weber*, CR 2006, 837, 843, vgl. dazu ausführlicher *Büchner*, Die rechtlichen Grundlagen der Übertragung virtueller Güter, 2011, S. 72, der im Ergebnis ein solches Recht zutreffend ablehnt.

30 Dazu unten 2.3.1.1 f.; vgl. jetzt auch *Jana Moser*, Browsergames und clientbasierte Online-Spiele, das Vertragsverhältnis zwischen Betreiber und Spieler, 2010, S. 63 f., 70;

31 *Büchner*, Die rechtlichen Grundlagen der Übertragung virtueller Güter, 2011, insbesondere S. 95 ff., Zusammenfassung S. 171.

2.2.1.1 Keine Sache

Virtuelle Güter sind mangels Körperlichkeit keine Sache.[32] § 90 BGB ist auf sie *21*
auch nicht analog anzuwenden, denn die Interessenlage ist von denen bei körperlichen Gegenständen verschieden. Virtuelle Gegenstände sind nicht von
dem „Besitzer" beherrschbar, sondern von dem Inhaber der Plattform.[33]

2.2.1.2 Keine Sache als Teil der Software (als Sache)

Selbst wenn man auf einem Datenträger gespeicherte Computerprogramme mit *22*
der Rechtsprechung[34] und einem Teil der Literatur[35] als Sachen im Sinne von
§ 90 BGB einordnet, wird den einem virtuellen Gegenstand zu Grunde liegenden
Softwaredaten für sich genommen nach der Verkehrsauffassung bislang keine
Sachqualität beizumessen sein.[36] Um als eigenständiger Teil des Computerprogramms eingeordnet zu werden, fehlt den einen virtuellen Gegenstand erzeu-
genden Daten die klare Abgrenzbarkeit vom restlichen Computerprogramm.[37]

2.2.1.3 Kein sonstiges absolutes Recht

Für den Schutz virtueller Güter wird versucht, ihnen eine objektive Rechtsposi- *23*
tion zuzuordnen. Teilweise soll eine analoge Anwendung der sachenrechtlichen
Vorschriften zur Übertragung von beweglichen Sachen und dem Schutz des
Eigentums herangezogen werden,[38] auch ein Schutz als Immaterialgut *sui generis* wird vertreten,[39] ist aber ebenfalls abzulehnen.[40] Der Schutz als sonstiges
Recht im Sinne von § 823 Abs. 1 BGB wird deshalb kaum anzunehmen sein, weil
dadurch reine Vermögensinteressen zum absoluten Recht erhoben würden. Anerkannt ist, dass bei der Einwirkung auf die mitwirkenden Güter oder dem exis-
tenzbedrohenden Missbrauch, z.B. Goldtrading, durchaus ein Eingriff in den
eingerichteten und ausgeübten Gewerbebetrieb bestehen kann. Dieser Eingriff
ist aber von dem Schutz der virtuellen Güter als quasi absolutes Recht losge-

---

32 *Büchner*, Die rechtlichen Grundlagen der Übertragung virtueller Güter, 2011, S. 44;
   Rippert/Weimer, ZUM 2007, 272, 274 m. w. N.
33 *Büchner*, Die rechtlichen Grundlagen der Übertragung virtueller Güter, 2011, S. 47
   m. w. N.
34 BGH v. 14.07.1993 – VIII ZR 147/92 – NJW 1993, 2436, 2438; OLG Stuttgart v.
   08.11.1988 – 6 U 135/87 – NJW 1989, 2635, 2636.
35 Vgl. *Holch*, in: MünchKomm-BGB, 6. Aufl. 2012, § 90 Rn. 25; *Hoeren*, JZ 1990, 239;
   Marly, BB 1991, 432, 435; *Bartsch*, CR 1989, 692. Ebenso *König*, CR 1991, 754, 759 f.
   und NJW 1993, 3121; *Lehmann*, NJW 1992, 1721; *Bydlinski*, AcP 198 1998, 287, 295 f.,
   305 ff.; hingegen anderer Ansicht: *Diedrich*, CR 2002, 473, 475; *Jickeli/Stieper*, in:
   Staudinger, BGB-Kommentar, Neubearb. 2011, § 90 Rn. 13; *Mehrings*, NJW 1986,
   1905; *Junker*, JZ 1993, 449; *zur Megede*, NJW 1989, 2582; *Müller-Hengstenberg*; CR
   2004, 161, 164 f.; *Redeker*, NJW 1992, 1739 f.
36 So auch *Pszolla*, JurPC Erb-Dok. 17/2009, Abs. 8; *Stresemann*, in: MünchKomm-BGB,
   6. Aufl. 2012, § 90 Rn. 25.
37 Vgl. *Stresemann*, in: MünchKomm-BGB, 6. Aufl. 2012, § 90 Rn. 25; a. A. *Geis/Geis*, CR
   2007, 721 allerdings ohne Begründung.
38 *Lober/Weber*, CR 2006, 837, 843.
39 Dazu: *Koch*, JurPC Web-Dok. 57/2006, Abs. 29, 40.
40 So auch *Büchner*, Die rechtlichen Grundlagen der Übertragung virtueller Güter, 2011,
   S. 65 f.

löst. Die Schutzrichtung ist hier das Unternehmen oder die Software, nicht die Rechtsinhaberschaft über das virtuelle Gut.

2.2.2 Immaterialgüterrechtlicher Sonderschutz (Urheber-, Marken-, Geschmacksmusterrecht)

24   Virtuelle Güter können immaterialgüterrechtlich, insbesondere urheberrechtlich, aber auch marken- und geschmacksmusterrechtlich geschützt sein. Dieser Schutz ist aber von der Funktion als virtuelles Gut gänzlich verschieden. Er besteht unabhängig davon, ob der betreffende Gegenstand als virtuelles Gut eingesetzt wird oder nicht. Einige Autoren wollen virtuellen Gütern generell als Teil des Online-Spiels urheberrechtlichen Schutz zusprechen.[41] Sie argumentieren, dem gesamten Spiel komme Schutz nach § 2 Abs. 1 Nr. 6 UrhG als filmähnlichem Werk zu, deshalb erstrecke sich das Nutzungsrecht an dem Werk auch auf die einzelnen Gegenstände im Spiel, die ja Teil des Werkes seien; anders sei der Schutz des ganzen urheberrechtlichen Werkes nicht gewährleistet.[42] Das ist abzulehnen. Zwar ist die Schutzfähigkeit von Werkteilen für alle Werkarten heute[43] allgemein anerkannt.[44] Unbestritten (soweit ersichtlich) verlangt der Schutz eines Werkteiles aber, dass der betreffende Teil eigenständig die Anforderung an eine persönliche geistige Schöpfung nach § 2 Abs. 2 UrhG erfüllt.[45] Daran fehlt es nach unserer praktischen Erfahrung oft.

Dem immaterialgüterrechtlichen Schutz virtueller Güter ist deshalb (in diesem Rahmen) keine große Bedeutung in einem Sinne beizumessen, dass damit die Zuordnungsprobleme zu lösen wären. Gleichwohl kann ein Sonderrechtsschutz

---

41   *Trump/Wedemeyer*, K&R 2006, 397, 399.

42   Von vornherein scheidet das ebenfalls angeführte Argument aus, dies sei auch von den Urhebern gewollt (Indiz seien die EULAs der Anbieter). Das Urheberrecht steht als absolutes Recht nicht zur subjektiven Disposition. Wenn objektiv der Werkbegriff in § 2 Abs. 2 UrhG nicht erfüllt ist, liegt unabhängig vom Willen des „Urhebers" kein Werk vor.

43   Die Auffassung, dass es sich um einen wesentlichen Teil im Verhältnis zum Gesamtwerk handeln müsse (so z. B. angesichts des damaligen Gesetzeswortlauts auch konsequent RGZ 12, 117 f. – Adresslistenneuauflage, RGZ 116, 303 – Adressbücher), wird heute – soweit ersichtlich – nicht mehr vertreten. Der BGH ist ausdrücklich von dieser Rechtsprechung abgerückt, vgl. BGH v. 17.10.1958 – I ZR 180/57 – GRUR 1959, 197 – Verkehrskinderlied.

44   Vgl. nur: BGH v. 03.07.2007 – I ZR 204/05 – GRUR 2008, 1081 – Musical Starlights; EuGH v. 16.07.2009 – C-5/08 – GRUR 2009, 1041 – Infopaq/DDF; *Dreyer*, in: HK-UrhR, 3. Aufl. 2012, § 2 Rn. 33 f.; *Schack*, Urheber- und Urhebervertragsrecht, 5. Aufl. 2010, § 9 II 4, S. 89, Rn. 168; *Schulze*, in: Dreier/Schulze, UrhG, 3. Aufl. 2008, § 2 Rn. 76; *Bullinger*, in: Wandtke/Bullinger, UrhG, 3. Aufl. 2009, § 2 Rn. 64; *E. Ulmer*, Urheber- und Verlagsrecht, 3. Aufl. 1980, S. 134; *Ullmann*, GRUR 1993, 334, 336 f.; BGH v. 21.04.1953 – I ZR 110/52 – NJW 1953, 1258, 1260 – Lied der Wildbahn I. Die oft zitierten Entscheidungen BGH v. 08.05.2002 – I ZR 98/00 – GRUR 2002, 799, 800 – Stadtbahnfahrzeug und BGH v. 10.12.1987 – I ZR 198/85 – GRUR 1988, 533, 534 – Vorentwurf II beziehen sich nur auf die ohnehin gesetzlich anerkannten Fälle des § 2 Abs. 1 Nr. 4 UrhG. Dabei wird teilweise offen gelassen, ob der Schutz Reflex des Werkes ist oder aus dem Werkteil selbst herrührt, vgl. *Nordemann*, in: Fromm/Nordemann, UrhG, 10. Aufl. 2008, § 2 Rn. 58.

45   Vgl. statt aller *Bullinger*, in: Wandtke/Bullinger, UrhG, 3. Aufl. 2009, § 2 Rn. 64; sowie die Nachweise in Fußnote 44.

Oehler/von Ribbeck

im Einzelfall bei der Durchsetzung eines Anbieterinteresses hilfreich sein. Zu den Sonderrechten deshalb nur in der gebotenen Kürze:

2.2.2.1 Urheberrecht

Urheberrechtlicher Schutz kommt unter den Voraussetzungen des § 2 Abs. 2 **25** UrhG, insbesondere bei der von der Rechtsprechung geforderten besonderen Gestaltungshöhe bei Werken der angewandten Kunst, in Betracht. Hier muss ein Werk die Durchschnittsgestaltung deutlich überragen.[46] Besteht die Darstellung der virtuellen Güter aus Fotografien, kommt ferner ein Lichtbildschutz gem. § 72 UrhG in Betracht. Der Schutz erstreckt sich dann aber nur auf die grafische Darstellung, nicht auf die Eigenschaften des Gegenstandes.[47] Die Gesamtheit der virtuellen Güter in dem Spielsystem kann als Datenbank dem Leistungsschutzrecht des Datenbankherstellers i. S. d. § 87 a UrhG unterliegen.[48] Gegenwärtig werden virtuelle Gegenstände selten die notwendige Gestaltungshöhe erreichen.

2.2.2.2 Markenrechtlicher Schutz

Der markenrechtliche Schutz gegen die unerlaubte Verwendung von virtuellen **26** Gütern in Online-Spielen scheidet in der Regel aus, weil durch den Gebrauch der virtuellen Güter kaum eine Verwendung als Marke (Herkunftsfunktion) vorliegen wird. Konkrete Dienstleistungen, die im Online-Spiel in Form von virtuellen Gütern verwendet werden, werden praktisch kaum durch Markenschutz abgedeckt werden können. Viele Gegenstände können schon wegen ihrer fehlenden Kennzeichenkraft (vgl. § 8 MarkenG) nicht als Marke eingetragen werden, wie bspw. das Abbild eines Schwertes.

Selbst wenn man durch die Verwendung des virtuellen Gutes im Spiel eine Verwendung als Marke annehmen will, erschöpft sich das Bewerbungs- und Vertriebsrecht mit dem „In-Verkehr-Bringen", § 24 MarkenG. Anbieter können über Marken, die einen konkreten virtuellen Gegenstand abbilden, in der Regel nicht gegen deren Weiterverkauf vorgehen. Zudem wäre bei dem „Weiterverkauf" des Gegenstandes analog der Ersatzteilrechtsprechung der Hinweis auf die Verwendungseignung des Gegenstandes für ein bestimmtes Spiel gem. § 23 Nr. 3 MarkenG zulässig.

---

46 Vgl. BGH v. 05.03.1998 – I ZR 1396 – NJW 1998, 3773 – Les-Paul-Gitarren; BGH v. 22.06.1995 – I ZR 119/93 – GRUR 1995, 581, 582 – Silberdistel. Vgl. LG Köln v. 21.04.2008 – 18 O 124/08 – ZUM 2008, 533, 533 zu einer virtuellen Nachbildung des Kölner Doms.

47 Der Schutz bezieht sich auf eine bestimmte ästhetische Gestaltung: Spieleigenschaften, z. B. die Hitpoints eines Schwertes oder die Geschwindigkeit eines virtuellen Rennwagens, sind vom Werkbegriff des § 2 UrhG ebenso wenig umfasst wie der Wert eines Buches oder die Bequemlichkeit eines Le Corbusier-Möbels.

48 Eine solche Datenbank ist eine Sammlung von Daten oder anderen unabhängigen Elementen, die systematisch oder methodisch angeordnet und einzeln mit Hilfe elektronischer Mittel oder auf andere Weise zugänglich sind und deren Beschaffung, Überprüfung oder Darstellung eine nach Art oder Umfang wesentliche Investition erfordert. Die Voraussetzungen werden praktisch oft erfüllt sein.

Gleichwohl kann natürlich für die Dienstleistung Handel mit virtuellen Gütern etc. ein Markenschutz erreicht werden, der dann gegen Konkurrenzhandel eingesetzt werden kann.[49]

2.2.2.3 Geschmacksmusterschutz

27 Ein geschmacksmusterrechtlicher Schutz, sowohl als eingetragenes Gemeinschaftsgeschmacksmuster als auch in der Form eines nicht eingetragenen Geschmacksmusters, kommt dem Grunde nach in Betracht. Auch zweidimensionale Bildschirmdarstellungen, solche sind virtuelle Güter, sind gem. § 1 Nr. 2 GeschmacksMG schutzfähig. Man wird davon ausgehen können, dass vielen Darstellungen von virtuellen Gütern gleichwohl die Neuheit und Eigenart fehlt.

2.2.3 Relative Rechte

28 Für den Erwerb der virtuellen Güter vom Anbieter bestehen zwei grundlegende Ansätze: Der Erwerb als gesonderter Teil des Vertrages lässt sich entweder über die Nutzung des Online-Spiels verstehen, oder der Erwerb jedes einzelnen virtuellen Gutes ist als eigenständiger (Kauf-[50] oder Pacht-[51])Vertrag anzusehen.

Für die Nutzung des Online-Spiels (Beziehung Spieler/Anbieter) und den Erwerb der virtuellen Güter wird ein breites Spektrum von Vertragstypen vertreten, wobei hinsichtlich des Erwerbs der virtuellen Güter oder des Freischaltens weiterer spezieller Features dem Nutzungsvertrag der Charakter eines Rahmenvertrages zukommt:[52] Vertreten werden ein werkvertragsähnliches Dauerschuldverhältnis,[53] ein Gebrauchsüberlassungsvertrag über den Zugang als schwerpunktmäßig mietähnliches Dauerschuldverhältnis,[54] ein Dienstvertrag oder ein Lizenzvertrag über die dauerhafte Nutzungs- und Zugangsmöglichkeit.[55]

Hier kann die Rechtsprechung zum Vertragsverhältnis beim Application Service Providing (kurz „ASP-Vertrag"), d.h. der Bereitstellung von Softwareanwendungen und damit verbundenen Dienstleistungen, herangezogen werden. Auf den zu Grunde liegenden Vertrag wendet der BGH Mietrecht an, sofern er auf die entgeltliche Überlassung von Standardsoftware gerichtet ist.[56] Auch wenn Software nach dem BGH nicht per se als Sache im Sinne des § 90 BGB einzuordnen ist, muss sie im Rahmen des ASP-Vertrages dennoch auf einem Datenträger in Form eines Wechselspeichermediums, einer Festplatte oder einem flüchtigen Speichermedium gespeichert sein, um genutzt werden zu können. Es handelt sich demnach um eine verkörperte geistige Leistung; gerade auf diese Nutzbarkeit ist der Vertrag nach Ansicht des BGH gerichtet.[57] Es komme auch nicht auf

---

49 Vgl. LG Hamburg v. 09.07.2009 – 308 O 332/09 – BeckRS2009, 20232 zu Cheatbots.

50 So wohl: *Lober/Weber*, MMR 2005, 653, 656, expliziter auch *Lober/Weber*, CR 2006, 837, 840.

51 *Büchner*, Die rechtlichen Grundlagen der Übertragung virtueller Güter, 2011, S. 97 ff.

52 *Berberich*, Virtuelles Eigentum, 2010, S. 402 m. w. N.; *Lober/Weber*, CR 2006, 837, 839.

53 *Völzmann-Stickelbrock*, in: Festschrift Eisenhardt, 2007, Seite 332.

54 *Lober/Weber*, CR 2006, 837, 840; *Berberich*, Virtuelles Eigentum, 2010, S. 402.

55 *Bodensiek/Wemmer*, K&R 2004, 432, 434; *Krassemann*, MMR 2006, 351, 352; *Geis/ Geis*, CR 2007, 721; *Lober/Weber*, MMR 2005, 653, 656; vgl. auch *Berberich*, Virtuelles Eigentum, 2010, S. 402 m. w. N.

56 BGH v. 15.11.2006 – XII ZR 120/04 – MMR 2007, 243, 243.

57 BGH v. 15.11.2006 – XII ZR 120/04 – MMR 2007, 243, 244.

die Frage an, ob eine Besitzübertragung an der Software vorliege, da das Mietrecht lediglich eine Verpflichtung zur Gebrauchsüberlassung voraussetze, die bei Software aber gerade keine Besitzverschaffung erforderlich mache.[58] Dieser Argumentation folgend liegt es nahe, den Zugangsvertrag als solchen ebenfalls dem Mietrecht zu unterstellen.

Ein reiner Dienstvertrag scheidet aus, weil sich die Leistung nicht im reinen Bemühen um die Gewährung des Zuganges erschöpft. Einer Einordnung des Zugangselementes als Werkvertrag steht sein Dauerschuldcharakter entgegen.

Das Rechtsverhältnis ist zutreffend als Vertrag *sui generis* mit dienst- und mietvertraglichen Elementen einzuordnen.[59] Überwiegend finden sich mietrechtliche Elemente. Jedenfalls ergibt sich aus dem Vertrag für den Spielbetreiber die Pflicht, dem Spieler periodisch einfache Nutzungsrechte an der virtuellen Welt einzuräumen und deren Aufrechterhaltung zu gewährleisten.[60]

2.3 Vertragsbeziehungen bei der Einräumung und Übertragung virtueller Gegenstände

Der nachfolgende Abschnitt gibt einen kurzen Überblick über die bei Übertragung virtueller Gegenstände entstehenden Vertragsverhältnisse: Dabei ist zu differenzieren zwischen der Bestellung eines virtuellen Gegenstandes direkt beim Spieleanbieter und der Übertragung zwischen den Spielern, beispielsweise in einer in das Spiel integrierten Tauschbörse oder außerhalb des Spiels. *29*

2.3.1 Vertragsbeziehung zwischen Spielbetreiber und Spieler

2.3.1.1 *Eigene Auffassung*

Wir halten – je nach der tatsächlichen Ausgestaltung – die mietrechtliche oder zumindest typengemischte Erklärung für überzeugend. In einigen Fällen mag auch das pachtrechtliche Modell den Sachverhalt erfassen; bei der derzeitigen Ausgestaltung von Online-Spielen dürften dies allerdings Ausnahmefälle sein. Während die Zweiwährungssysteme (dazu oben unter 2.1) eher für die Einordnung der Vertragsbeziehung zwischen Anbieter und Spieler als Miet- oder mietähnlichen Vertrag sprechen (dazu gleich), kann man den Direkterwerb eines virtuellen Gegenstandes auch gut als Pacht (Lizenzvertrag) eines nur tatsächlichen (nicht absolut geschützten) Nutzungsrechts verstehen,[61] soweit ausnahmsweise das Ziehen von Nutzungen vereinbart ist (s. u.). Freilich wird es von der technischen und inhaltlichen Ausgestaltung abhängen, ob Miete oder ein typengemischter Vertrag (*sui generis*) vorliegt, bei dem die vertragstypologischen Elemente kombiniert werden und bald dienstvertragliche, bald kauf-, miet- oder *30*

---

58 BGH v. 15.11.2006 – XII ZR 120/04 – MMR 2007, 243, 245.

59 *Lober/Weber*, CR 2006, 837, 841; *Klickermann*, MMR 2007, 766 ff.; *Geis/Geis*, CR 2007, 721, 721; *Krasemann*, MMR 2006, 351, 352 f.; für ein reines Dienstverhältnis hingegen *Bodensiek/Wemmer*, K&R 2004, 432, 434.

60 *Trump/Wedemeyer*, K&R 2006, 397, 401; *Kreutzer*, CR 2007, 1 ff.; *Habel*, MMR 2008, 71, 74.

61 So *Büchner*, Die rechtlichen Grundlagen der Übertragung virtueller Güter, 2011, S. 97 ff.

werkvertragsrechtliche Komponenten überwiegen. Ganz allgemein ist der Onlinezugang zu dem Spiel gegen Entgelt als Mietvertrag einzuordnen.

2.3.1.2 Online-Spiele als Mietvertrag

31 Bei einem Mietvertrag ist der Vermieter (Anbieter) verpflichtet, dem Mieter (Spieler) den Gebrauch der Mietsache während der Mietzeit zu gewähren. Wie bei einem ASP-Vertrag ist das Online-Spiel auf einem Datenträger verkörpert; es ist somit stets die verkörperte geistige Leistung (siehe oben, 2.2.3).[62] Im Vordergrund dieses Vertrags steht letztlich die Onlinenutzung von Spiele-Software für eine Vielzahl von Nutzern.[63] Der Anwendung von Mietvertragsrecht steht auch nicht entgegen, dass weitere Leistungen wie Erweiterungen des Spiels, Programmupdates, Datensicherung, Hotline Services usw. Bestandteil sind, die anderen Vertragstypen (Dienst- oder Werkvertrag) zugeordnet werden können. Insoweit handelt es sich um einen zusammengesetzten Vertrag, bei dem jeder Vertragsteil nach dem Recht des auf ihn zutreffenden Vertragstyps zu beurteilen ist.[64]

32 Der Erwerb der virtuellen Währung und derjenige der virtuellen Güter können sehr unterschiedlich angelegt sein. Teilweise kann es sich um atypische Mietzahlungen handeln, in vielen Fällen kommt aber auch der „Erwerb" von einseitigen Leistungsbestimmungsrechten (§ 315 BGB) in Betracht. Die virtuelle „Währung" (z.B. Gold, Edelsteine usw.) in Form von Verrechnungseinheiten steht dabei für die Leistungsbestimmungsrechte innerhalb des Spielvertrages, die der Spieler zur Ausgestaltung bestimmter Spielereignisse innerhalb der vorgegebenen Grenzen einsetzen kann. Ein Leistungsbestimmungsrecht liegt gemäß § 315 Abs. 1 BGB vor, wenn die nach dem Vertragsschluss geschuldete Leistung durch eine Partei zu bestimmen ist, d.h. hier, dass der Spieler als Gläubiger ein Direktionsrecht innehat. Die mietrechtlichen Ausgestaltungen des Vertragsverhältnisses kann er nach seinem Belieben durch einseitige, empfangsbedürftige Willenserklärung „hinzuoptionieren".[65]

Gleichwohl ist auch eine Gestaltung denkbar, nach der die Leistungsbestimmungsrechte gesondert erworben werden, etwa als verbriefte Forderungen aus dem Mietvertrag; der Erwerb folgt dann dem Kaufrecht (§ 453 BGB, sonstiger Gegenstand).[66] Die Verrechnungseinheiten werden wiederum im Rahmen der Miete eingesetzt.

33 Gegen die Annahme eines Pachtvertrages – zu dem es im Einzelfall kommen kann – spricht in der Regel die Ausgestaltung: Die Abgrenzung zum Mietver-

---

62 Dazu BGH v. 15.11.2006 – XII ZR 120/04 – MMR 2007, 243; BGH v. 04.03.2010 – III ZR 79/09 – MMR 2010, 398, 399.

63 Vgl. zur Einordnung als Mietvertrag bei Software: BGH v. 04.03.2010 – III ZR 79/09 – MMR 2010, 398, 399, Ziffer 19.

64 Vgl. BGH v. 15.11.2006 – XII ZR 120/04 – MMR 2007, 243, 245 m.w.N.

65 Auch bei einer solchen Ausgestaltung handelt es sich fernabsatzrechtlich (autonome Auslegung) um Dienstleistungen und nicht um Kaufverträge. Auch wenn nach dem BGB ein Kauf eines sonstigen Gegenstandes vorliegt, folgt die Auslegung der §§ 312 ff. BGB der autonomen Auslegung nach den zu Grunde liegenden Richtlinien. Im zweiten Fall (reiner Mietvertrag) ist auch dieser Mietvertrag als Dienstleistung einzuordnen.

66 Dazu oben unter Ziffer 1.2.1.

trag erfolgt anhand des Parteiwillens und der objektiven Eignung des Pachtgegenstandes (virtuellen Gutes) zur Fruchtziehung. Eine Nutzung der virtuellen
Gegenstände über die bloße Gebrauchsüberlassung des Online-Spieles (einschließlich der Zusatz-Features) soll selten erfolgen. Die kommerzielle Nutzung
ist in den Spielbedingungen (EULA) durchgehend ausgeschlossen. Ein Pachtvertrag gewährt neben dem Gebrauch aber zwingend den Fruchtgenuss des
Pachtgegenstandes (§ 581 BGB).[67] Daran fehlt es in der Regel in den bekannten
Lebenssachverhalten.[68] Online-Spiele gestatten zumeist gerade keine kommerzielle Nutzung und Verwertung virtueller Güter. Früchte i.S.d. § 90 BGB liegen
aber immer nur dann vor, wenn das (verpachtete) Recht gerade auf die Erzielung
von Erträgen gerichtet ist (§ 90 Abs. 2 BGB). Auch mittelbare Früchte scheiden
aus, weil die Überlassung des virtuellen Gutes gegen Entgelt an Dritte in der Regel untersagt ist.

Hinzu treten Praktikabilitätsprobleme: Bei der Vielzahl von virtuellen Gütern
oder Eigenschaften, die während der aktiven Zeit eines Spielers erworben werden (man spricht hier von der User-Lifetime), käme ein loses Bündel von Pacht-
verträgen zustande, die mit dem Vertrag über die Nutzung des Online-Spiels
synchronisiert und rechtlich verbunden werden müssten.

2.3.1.3 Integritätsschutz und Wirkung gegenüber anderen Spielern

Der Vertrag mit dem Betreiber wirkt nicht nur zwischen Spielern und ihm. Er   34
vermittelt einen Rechtsreflex, der über die Spielregeln, die „Hausordnung" und
Verhaltenspflichten auch gegenüber anderen Spielern schützt. Das folgt nach
zutreffender Auffassung[69] schon wegen der gesellschaftsähnlichen Verbindung
aus einer allgemeinen Treuepflicht.[70] Sie verpflichtet zur gegenseitigen Rücksichtnahme: Zum einen gegenüber dem Spieleanbieter (§ 241 Abs. 2 BGB), zum
anderen gegenüber den übrigen Spielern, als Vertrag mit Schutzwirkung zugunsten Dritter, § 311 Abs. 3 Satz 1 BGB, denn die Spielwelt funktioniert nur innerhalb der Spielregeln. Das Spiel innerhalb der Spielregeln in Interaktion mit anderen Spielern zu spielen, ist ein gemeinsamer Zweck, der die Spieler verbindet.[71]

---

67 „Die Verpflichtung zur Gewährung des Fruchtgenusses ist typenprägend und da-
    her nicht vollständig ausschließbar, ohne dass die Vereinbarung den Charakter ei-
    nes Pachtvertrags verlöre", vgl. Harke, in: MünchKomm-BGB, 6. Aufl. 2012, § 581
    Rn. 2; zur Abgrenzung zwischen Pacht und Miete anhand des Fruchtgenusses auch
    Häublein, in: MünchKomm-BGB, 6. Aufl. 2012, Vorb. zu § 535 Rn. 3 f. m. w. N. aus der
    Rechtsprechung.
68 Die kommerzielle Nutzung wird i.d.R. durch die AGB (und die Spielgestaltung) aus-
    geschlossen. Büchner geht insoweit von einem einseitigen und (für viele Online-Spie-
    le) realitätsfremden Lebenssachverhalt aus, wie die Beispiele zur Fruchtziehung in
    seiner Arbeit zeigen (Büchner, Die rechtlichen Grundlagen der Übertragung virtueller
    Güter, 2011, S. 140 f.).
69 So auch Spindler, in: Leible/Lehmann/Zech [Hrsg.], Unkörperliche Güter im Zivil-
    recht, 2011, S. 276; kritischer etwa: Berberich, Virtuelles Eigentum, 2010, S. 180 f.;
    Büchner, Die rechtlichen Grundlagen der Übertragung virtueller Güter, 2011, S. 87 ff.,
    93.
70 Zu den verschiedenen Arten der ges. Treupflichten vgl. Wiedemann, in: Festschrift
    Heinsius, 1991, S. 949.
71 Das ist freilich nicht bei allen Online-Spielen der Fall und hängt stark von der Ausge-
    staltung ab.

Insbesondere die Verhaltenspflichten (keine Beleidigungen usw.) und das Einhalten der Spielregeln dienen nicht nur dem Schutz des Betreibers, sondern gerade auch dem Schutz anderer Spieler.

Zu den von § 241 Abs. 2 BGB erfassten Interessen[72] des Anbieters gehört etwa die Integrität der Spielmechanik, des Gamedesigns, des Systems der virtuellen Währung und der Balance der ausgegebenen virtuellen Güter.

2.3.2 Vertragsbeziehung zwischen veräußerndem Spieler und erwerbendem Spieler

35 Virtuelle Gegenstände werden auch von Spieler zu Spieler übertragen (Sekundärmarkt). Spieleanbieter halten dafür mitunter Tauschmöglichkeiten bereit, die in das Spielgeschehen eingebettet sind. Man kann sich beispielsweise vorstellen: Ein Rollenspiel ermöglicht dem Spieler, abgelegte Rüstungen bei einem Wirt oder „Pfandleiher" in Kommission zu geben. Mitspieler können sie dort gegen die Spielwährung erwerben, wobei ein Teil des „Kaufpreises" als Provision abgezogen und einbehalten wird. Ebenso können Gegenstände an Mitglieder einer Gilde oder eines Teams abgegeben werden, ohne dass dafür eine Gegenleistung im Spiel erfolgen muss. Nur wenige Spiele gestatten aber explizit, dass Spielgegenstände an andere Spieler gegen echte Währung weitergeben werden. Gleichwohl blüht der „Schwarzmarkt" mit virtuellen Gütern, die in Onlinetauschbörsen oder über eBay[73] angeboten werden.

36 Die Übertragung virtueller Güter von einem Spieler auf den anderen ist in der Regel rechtlich als Abtretung oder Gebrauchsüberlassung im Sinne der §§ 398, 413 BGB einzuordnen. Zur Zulässigkeit von Abtretungsverboten (also des Verbots eines Handels mit virtuellen Gütern) ist zunächst festzuhalten, dass die Rechtsprechung Abtretungsverbote in Allgemeinen Geschäftsbedingungen oft für denkbar hält. Sind Verträge über Browserspiele als Mietverträge einzuordnen, ist ein Abtretungsverbot in den Allgemeinen Geschäftsbedingungen mitunter wegen § 399 Alt. 1 BGB nur rein deklaratorisch: Ähnlich wie bei einem realen Mietvertrag wird man nicht annehmen können, dass Forderungen gegen den Spielbetreiber auch für Spieler gelten sollen, die sich nicht den Verhaltensbedingungen unterworfen haben, die für andere Spieler gelten (keine Beleidigungen etc.).

2.4 Bankaufsichtsrecht

37 Im Zusammenhang mit virtuellen Gütern auf der Plattform des Spieleanbieters (oder einer organisierten Sekundärhändlerplattform) können bestimmte Geschäftsmodelle der Bankaufsicht und dem ZAG unterliegen. Eine umfassende Darstellung würde dieses Kapitel „sprengen". Deshalb sei lediglich auf folgende Grundkonstellationen hingewiesen:

Beispielsfall: Wenn der Spieleanbieter eine Handelsplattform für virtuelle Güter betreibt, bei der er die Zahlungen des Spielers A dem Spieler B gutschreibt und

---

72 Die Einfügung des allgemeinen Begriffs „Interessen" sollte vor allem Vermögensinteressen und andere Interessen, wie z.B. die Entscheidungsfreiheit, dem Schutzbereich des Gesetzes unterstellen; vgl. amtliche Begründung in BT-Drs. 14/6040, S. 126; *Olzen*, in: Staudinger, BGB-Kommentar, Neubearb. 2009, § 241 Rn. 413.

73 eBay gestattet allerdings nicht mehr das Angebot von World of Warcraft-Accounts.

diese dann in Echtgeld konvertiert werden können, so handelt es sich dabei um Zahlungsdienste in Form von Finanztransfergeschäften, § 1 Abs. 2 Nr. 6 ZAG. Solche Zahlungsdienste liegen z. B. bei Diensten vor, bei denen ohne Einrichtung eines Kontos ein Geldbetrag ausschließlich zur Übermittlung eines entsprechenden Betrags an den Zahlungsempfänger entgegengenommen wird. Dem entspricht es, wenn ein Spieleanbieter Beträge für die Bezahlung der virtuellen Güter entgegennimmt und diese „durchleitet" und an einen anderen Spieler (an den Verkäufer des (gebrauchten) virtuellen Gegenstandes) wieder auskehrt. Denn § 1 Abs. 2 Nr. 6 ZAG gilt auch für Buchgeld.[74] Die in § 1 Abs. 10 ZAG für Zahlungsdienste geregelten Ausnahmetatbestände greifen in der Regel nicht ein. Die für gewerbliche Betätigung erforderliche Gewinnerzielungsabsicht muss sich nicht zwingend auf die Zahlungsdienste beziehen, sondern es genügt, wenn die Zahlungsdienste die Gewinnerzielungsabsicht im Rahmen des Hauptgeschäfts fördern. Es handelt sich bei der Vereinnahmung und Weiterleitung der Geldbeträge durch den Spieleanbieter nicht um eine unentgeltliche Tätigkeit, sondern um eine bei einer Gesamtbetrachtung entgeltliche Tätigkeit, weil der Spieleanbieter sie durch die Treuhänderfunktion und den Zahlungsdienst in der Provision mitvergüten lässt.

2.5 Fernabsatzrecht

Die Anwendbarkeit der fernabsatzrechtlichen Vorschriften setzt voraus, dass es sich bei den Spielangeboten um Leistungen handelt, die in der Regel auch gegen Entgelt angeboten werden. Hier wird man differenzieren müssen zwischen den reinen Spielregistrierungen, insbesondere denen, die ohne einen dauerhaften Spielaccount vorgenommen werden können, und jenen, die mit einem unmittelbaren Erwerb verbunden sind. 38

Auf die Erbringung von Spieldienstleistungen selbst finden das Fernabsatzrecht und das Recht über den Vertragsschluss im elektronischen Geschäftsverkehr Anwendung. Gerade im Bereich des Widerrufsrechts und der damit verknüpften Rechtsfolgen müssen Unternehmer die Entwicklungen aufmerksam beobachten: Der Gesetzgeber ändert in einer unterjährigen Frequenz die einschlägigen Vorschriften. Für Online-Spieleanbieter ist das mit einem regelmäßigen Anpassen der Widerrufsbelehrungen, allgemeinen Geschäftsbedingungen und Pflichtinformationen nach dem BGB und dem EGBGB verbunden. Einschlägig sind die fernabsatzrechtlichen Vorschriften gem. § 312 b Abs. 1 BGB, weil der Vertrieb von Spielen über das Internet oder das Bereithalten von Online-Spielen als Verträge über die Lieferung von Waren oder über die Erbringung von Dienstleistungen zu qualifizieren sind. Diese Verträge werden zwischen einem Unternehmer (Spieleanbieter) und einem Verbraucher (Spieler) unter ausschließlicher Verwendung von Fernkommunikationsmitteln (Webseite, E-Mail) geschlossen. Wenn ausschließlich kostenpflichtige Clients zum Download angeboten werden, handelt es sich um die Lieferung von Waren;[75] das Bereithalten von Online-Spielen hingegen stellt eine Dienstleistung im Sinne der fernabsatzrechtlichen Vorschriften dar.

---

74 Vgl. *Findeisen/Werner*, in: Ellenberger/Findeisen/Nobbe, Zahlungsverkehrsrecht, 1. Aufl. 2010, § 1 ZAG Rn. 204.

75 Siehe oben.

2.5.1 Informationspflichten

39 Für Online-Spiele als Fernabsatzverträge, die unter Verwendung eines Telemediendienstes geschlossen werden, bestehen gemäß § 312c Abs. 1 BGB in Verbindung mit Art. 246 § 1 und § 2 EGBGB umfangreiche Informationspflichten, die Art. 4 und 5 der Fernabsatz-Richtlinie[76] sowie Art. 3 und 4 der Finanz-Fernabsatz-Richtlinie[77] umsetzen.

Die in Art. 246 § 1 und § 2 EGBGB genannten Informationen können gleichzeitig vor Vertragsschluss oder in einem zweistufigen Verfahren teilweise vor und teilweise nach Vertragsschluss erteilt werden. Während die sich aus Art. 246 § 1 EGBGB ergebenden Informationspflichten vor Vertragsschluss, aber formfrei zu erteilen sind, lässt Art. 246 § 2 EGBGB zwar auch eine Erteilung nach Vertragsschluss zu, bindet diese jedoch an die Textform des § 126 b BGB. Diese unterschiedliche Behandlung der Informationspflichten ergibt sich bereits aus dem Zweck der Vorschriften: Während Art. 246 § 1 EGBGB in Überwindung der besonderen Schwierigkeiten des Vertragsschlusses über Fernkommunikationsmittel sicherstellen will, dass der Verbraucher vor Vertragsschluss alle für seine Entscheidung maßgeblichen Informationen erhält, ermöglicht Art. 246 § 2 EGBGB die interessengerechte Ausübung des Widerrufsrechts, indem er dem Verbraucher alle für dessen Ausübung relevanten Informationen verschafft.[78]

Diese Unterscheidung wird auch in der Rechtsfolge bei einem Verstoß gegen § 312c Abs. 1 BGB fortgeführt: Nur ein Verstoß gegen Art. 246 § 2 EGBGB führt dazu, dass die Widerrufsfrist für den Verbraucher nicht zu laufen beginnt; Art. 246 § 1 EGBGB ist für diese hingegen irrelevant. Im Übrigen kann ein Verstoß gegen § 312c Abs. 1 BGB zu Schadensersatzansprüchen, beispielsweise aus § 311 Abs. 2 BGB oder § 280 Abs. 1 BGB, oder zu Unterlassungsansprüchen nach dem UWG führen.

40 Bevor der Spieler seine auf den Vertragsschluss gerichtete Erklärung abgibt, muss der Spieleanbieter dem Spieler die nachfolgenden Informationen in einer dem eingesetzten Fernkommunikationsmittel angemessenen Art und Weise klar und verständlich mitteilen:

– seine Identität; anzugeben sind auch das öffentliche Unternehmensregister, bei dem der Rechtsträger eingetragen ist, und die zugehörige Registernummer oder gleichwertige Kennung;
– die Identität eines Vertreters des Spieleanbieters in dem Mitgliedstaat, in dem der Spieler seinen Wohnsitz hat, wenn es einen solchen Vertreter gibt, oder die Identität einer anderen gewerblich tätigen Person als dem Anbieter, wenn der Spieler mit dieser geschäftlich zu tun hat, und die Eigenschaft, in der diese Person gegenüber dem Spieler tätig wird;
– die ladungsfähige Anschrift des Spieleanbieters und jede andere Anschrift, die für die Geschäftsbeziehung zwischen diesem, seinem Vertreter oder einer anderen gewerblich tätigen Person gemäß Nummer 2 und dem Spieler maßgeblich ist; bei juristischen Personen, Personenvereinigungen oder Personengruppen auch den Namen eines Vertretungsberechtigten (also des Spiels)

---

76 RL (EG) 7/1997 v. 20.05.1997, ABl. 1997 Nr. L 144/19 v. 04.06.1997.
77 RL (EG) 65/2002 v. 23.09.2002, ABl. 2002 Nr. L 271/16 v. 09.10.2002.
78 Ausführlich dazu *Wendehorst*, in: MünchKomm-BGB, 6. Aufl. 2012, § 312c Rn. 1 ff.

sowie Informationen darüber, wie der Vertrag zustande kommt; einen Vorbehalt, eine in Qualität und Preis gleichwertige Leistung (Ware oder Dienstleistung) zu erbringen, und einen Vorbehalt, die versprochene Leistung im Fall ihrer Nichtverfügbarkeit nicht zu erbringen;

– den Gesamtpreis der Ware oder Dienstleistung einschließlich aller damit verbundenen Preisbestandteile sowie alle über den Unternehmer abgeführten Steuern oder, wenn kein genauer Preis angegeben werden kann, seine Berechnungsgrundlage, die dem Verbraucher eine Überprüfung des Preises ermöglicht;

– gegebenenfalls zusätzlich anfallende Liefer- und Versandkosten sowie einen Hinweis auf mögliche weitere Steuern oder Kosten, die nicht über den Unternehmer abgeführt oder von ihm in Rechnung gestellt werden;

– die Einzelheiten hinsichtlich der Zahlung und der Lieferung oder Erfüllung;

– das Bestehen oder Nichtbestehen eines Widerrufs- oder Rückgaberechts sowie die Bedingungen, Einzelheiten der Ausübung, insbesondere den Namen und die Anschrift desjenigen, gegenüber dem der Widerruf zu erklären ist, und die Rechtsfolgen des Widerrufs oder der Rückgabe einschließlich Informationen über den Betrag, den der Verbraucher im Fall des Widerrufs oder der Rückgabe gemäß § 357 Abs. 1 BGB für die erbrachte Dienstleistung zu zahlen hat; hierfür kann die Musterwiderrufsbelehrung verwendet werden, die in Anlage 1 zum EGBGB abgedruckt ist;

– alle spezifischen zusätzlichen Kosten, die der Spieler für die Benutzung des Fernkommunikationsmittels zu tragen hat, wenn solche zusätzlichen Kosten durch den Unternehmer in Rechnung gestellt werden; und

– eine Befristung der Gültigkeitsdauer der zur Verfügung gestellten Informationen, beispielsweise die Gültigkeitsdauer befristeter Angebote, insbesondere hinsichtlich des Preises;

– die einzelnen technischen Schritte, die zu einem Vertragsschluss führen;

– ob der Vertragstext nach dem Vertragsschluss von dem Spieleanbieter gespeichert wird und ob er dem Spieler zugänglich ist;

– wie der Spieler mit den gemäß § 312 g Abs. 1 Satz 1 Nr. 1 BGB zur Verfügung gestellten technischen Mitteln Eingabefehler vor Abgabe der Vertragserklärung erkennen und berichtigen kann;

– die für den Vertragsschluss zur Verfügung stehenden Sprachen; und

– sämtliche einschlägigen Verhaltenskodizes, denen sich der Spieleanbieter unterwirft, sowie die Möglichkeit eines elektronischen Zugangs zu diesen Regelwerken.

Weiterhin müssen dem Spieler bei Vertragsschluss angemessene, wirksame und zugängliche technische Mittel zur Verfügung gestellt werden, mit deren Hilfe er Eingabefehler vor Abgabe seiner Bestellung erkennen und berichtigen kann. Der Zugang seiner Bestellung muss unverzüglich auf elektronischem Wege bestätigt werden. Dem Spieler muss die Möglichkeit verschafft werden, die Vertragsbestimmungen einschließlich der allgemeinen Geschäftsbedingungen bei Vertragsschluss abzurufen und in wiedergabefähiger Form zu speichern. *41*

Nach dem Vertragsschluss muss der Spieleunternehmer dem Spieler in Textform folgende Informationen mitteilen: *42*

– die Vertragsbestimmungen einschließlich der allgemeinen Geschäftsbedingungen;

- alle in der obigen Aufzählung genannten Informationen;
- bei Verträgen, die ein Dauerschuldverhältnis betreffen und für eine längere Zeit als ein Jahr oder für unbestimmte Zeit geschlossen sind, die vertraglichen Kündigungsbedingungen einschließlich etwaiger Vertragsstrafen; und
- Informationen über Kundendienst und geltende Gewährleistungs- und Garantiebedingungen.

Textform bedeutet, dass der Spieler die Informationen in dauerhaft wiedergabefähiger Form durch Schriftzeichen erhält. Ausreichend ist die Versendung per E-Mail. Eine Downloadmöglichkeit anzubieten reicht hingegen allein nicht aus. Es muss sichergestellt werden, dass der Spieler die Informationen auch tatsächlich heruntergeladen hat. Der Text, in dem die Informationen wiedergegeben werden, muss zudem den Spieleanbieter als Erklärenden erkennen lassen. Zudem muss das Ende des Informationstextes durch eine Nachbildung der Namensunterschrift des Spieleanbieters oder durch eine andere deutliche Kennzeichnung des Schlusses des Textes erkennbar gemacht werden.

43 Spieleanbieter werden auf die Idee kommen, die soeben genannten notwendigen Informationen in ihre AGB einzubauen. Dies ist grundsätzlich möglich. Allerdings sind dabei Gestaltungsvorgaben des Gesetzgebers zu beachten. Folgende Informationen müssen dann deutlich gestaltet und hervorgehoben werden:

- die ladungsfähige Anschrift des Spieleanbieters und jede andere Anschrift, die für die Geschäftsbeziehung zwischen diesem, seinem Vertreter oder einer anderen gewerblich tätigen Person gemäß Nummer 2 und dem Spieler maßgeblich ist; bei juristischen Personen, Personenvereinigungen oder Personengruppen auch der Name eines Vertretungsberechtigten;
- Informationen über Kundendienst und geltende Gewährleistungs- und Garantiebedingungen;
- das Bestehen oder Nichtbestehen eines Widerrufs- oder Rückgaberechts sowie die Bedingungen, Einzelheiten der Ausübung, insbesondere den Namen und die Anschrift desjenigen, gegenüber dem der Widerruf zu erklären ist, und die Rechtsfolgen des Widerrufs oder der Rückgabe einschließlich Informationen über den Betrag, den der Verbraucher im Fall des Widerrufs für die erbrachte Dienstleistung zu zahlen hat; hierfür kann die Musterwiderrufsbelehrung verwendet werden, die in Anlage 1 zum EGBGB abgedruckt ist.

2.5.2 Widerrufsrecht

44 Dem Verbraucher steht bei Fernabsatzverträgen ein Widerrufsrecht zu, § 312 d Abs. 1 BGB. Bei Downloadsoftware erlischt das Widerrufsrecht gem. § 312 d Abs. 4 Nr. 1 BGB nach allgemeiner Ansicht mit dem Download deshalb, weil Software aufgrund ihrer Beschaffenheit nicht zu einer Rücksendung geeignet ist. Sie kann nicht rückstandslos zurückgegeben werden; eine Weiterbenutzung ist nicht ausgeschlossen.[79]

45 Schwieriger gestaltet sich die Frage des Erlöschens bei Dienstleistungen. Der „Verkauf" von virtuellen Gegenständen ist fernabsatzrechtlich in der Regel als

---

[79] BT-Drs. 14/2658, S. 44, *Grünberg*, in: Palandt, BGB, 72. Aufl. 2013, § 312 d Rn. 9; *Wendehorst*, in: MünchKomm-BGB, 6. Aufl. 2012, § 312 d Rn. 27.

Oehler/von Ribbeck

Dienstleistung einzuordnen.[80] Unter dem geltenden Recht erlischt das Widerrufsrecht bei Dienstleistungen seit dem 29. Juli 2009[81] vor Ablauf der Widerrufsfrist erst dann, wenn beide Parteien den Vertrag vollständig erfüllt haben. Wann der Vertrag vollständig erfüllt ist, ist noch nicht abschließend geklärt. *Diegmann* und *Kunz*[82] gehen davon aus, dass dies auch bei Online-Spielen ohne Weiteres gilt, d.h. in der Konsequenz, dass das Widerrufsrecht bei Online-Spielen grundsätzlich nicht vorzeitig erlöschen könnte. Die besseren Argumente sprechen für ein anderes Ergebnis[83]: Vollständig erfüllt ist bei vielen Online-Spielen bzw. dem Bereitstellen von virtuellen Gütern der Vertrag bereits dann, wenn einerseits die Zahlung erfolgte und andererseits dem Spieler (Verbraucher) der virtuelle Gegenstand zur Verwendung im Spiel zur Verfügung gestellt ist. Das gleiche gilt für die Zurverfügungstellung von Verrechnungseinheiten. Das ergibt sich aus einer wertenden Betrachtung und einem systematischen Vergleich zu § 312d Abs. 4 BGB:

Der Zweck des Widerrufsrechts liegt in einer Möglichkeit des Verbrauchers, die 46
Ware oder die Dienstleistung zu prüfen. Diese Prüfung ist aber erst möglich, wenn die virtuellen Gegenstände im Spiel eingesetzt werden können, Zusatzleistungen frei werden oder diese für den Spieler erfahrbar werden. Ein Vergleich zu § 312d Abs. 4 Nr. 1 und 2, 3 BGB zeigt, dass das Widerrufsrecht auch bei der Lieferung von Waren für Software, Bilder usw. vorzeitig erlischt, wenn die Möglichkeit des Rückbehalts oder einer Kopie bestehen. Auch die weiteren Ausschlusstatbestände[84] für den Warenkauf stellen auf die Möglichkeit des Genusses der in den Gegenständen verkörperten Werke oder Chancen (§ 312d Abs. 4 Nr. 4, 6 BGB) ab.

Zwar dürfen in Online-Spielen nur autorisierte Gegenstände verwendet werden und der Anbieter kann die virtuelle Währung im Widerrufsfall einziehen. Das ändert sich allerdings mit dem Einsatz im Spiel: Die Rückabwicklung ist – anders als sich das einige Autoren vorstellen[85] – technisch fast immer ausgeschlossen, wenn die erworbene In-Game-Währung eingelöst wurde oder wenn der erworbene Einzelgegenstand im Spiel bereitgestellt ist.[86] Das Ökosystem in vielen Onlinespielen ist komplex, es genügt gerade kein einfacher Datenbankeintrag, um die Transaktion rückabzuwickeln. Die Aufwertung der Spielfigur lässt sich nicht oder nur mit unvertretbarem Aufwand ändern, der Handlungsverlauf und die Interaktion mit anderen Spielern bleibt unumkehrbar. Setzt der Spieler einen

---

80   Vgl. *Diegmann/Kunz*, NJW 2010, 561, 561 f.; weitere Begründung im Text; eine andere Auffassungen vertreten *Sabellek, Heinemeyer* in: CR 2012, 719, 723 und *Lutzi*: Aktuelle Rechtsfragen zum Handel mit virtuellen Gegenständen in Computerspielen, NJW 2012, 2070, 2073.

81   BGBl. Jahrgang 2009 Teil I, S. 2413.

82   *Diegmann/Kunz*, NJW 2010, 561, 561 f.

83   So im Ergebnis auch *Lutzi*: Aktuelle Rechtsfragen zum Handel mit virtuellen Gegenständen in Computerspielen, NJW 2012, 2070, 2073. Er ordnet allerdings – anders als hier vertretenen – den Erwerb der virtuellen Gegenstände als Kaufvertrag (nicht als Miete = Dienstleistung i. S. d. § 312d BGB) ein.

84   § 312d Abs. 4 Nr. 2,3,4,6 BGB.

85   *Sabellek, Heinemeyer* in: CR 2012, 719, 723 f.

86   Auch die Zuordnung der eingesetzten In-Game-Währung zu einer konkreten Transaktion kann in den gängigen Spielen selten erfolgen.

Teil der virtuellen Währung ein, ist die Rückgabe deshalb ausgeschlossen[87]. Letztlich begründet auch die Art der Leistung selbst den Ausschluss des Widerrufsrechts: Der Spieleanbieter schuldet das Zur-Verfügung-Stellen des Spiels. Sowenig der Verkäufer Erbauung beim Lesen des verkauften Buches schuldet, sowenig schuldet der Spieleanbieter subjektive Spielfreude. Seine Leistung erschöpft sich im Bereitstellen der Funktionen des Spiels. § 312 d Abs. 3 BGB ist bereits deshalb dahingehend auszulegen, dass die Leistung beiderseits vollständig erbracht wurde, wenn die Möglichkeit zur Nutzung des Spieles (oder Features) besteht.[88] Für dieses Ergebnis sprechen schließlich die Regelung in der Verbraucherrechterichtlinie[89]: Virtuelle Güter fallen dort unter Art. 16 lit. m, wonach ein Widerrufsrecht nicht besteht, wenn digitale Inhalte geliefert werden, die nicht auf einem körperlichen Datenträger geliefert werden, wenn das Bereitstellen der Daten mit vorheriger ausdrücklicher Zustimmung des Verbrauchers und seiner Kenntnisnahme, dass er hierdurch sein Widerrufsrecht verliert, begonnen hat. Spätestens mit Umsetzung der Richtlinie[90] ist dieses Ergebnis zwingend. Bis dahin ist die Wertung nach dem Gebot der gemeinschaftsfreundlichen Auslegung auch vor dem Ablauf der Umsetzungsfrist[91] bei der Auslegung von § 312 d Abs. 3 BGB zu beachten.

47 Der Vertrag ist deshalb dann von beiden Seiten vollständig erfüllt, wenn die In-Game-Währung bei entsprechender Belehrung über das Erlöschen des Widerrufsrechts gegen Geld erworben und bereitgestellt wurde. Rechtlich kann diese Leistung der In-Game-Währung als Erwerb von Leistungsbestimmungsrechten, Miete von bestimmten Spieleigenschaften oder Abschluss eines separaten Pachtvertrages über den Gegenstand ausgestaltet sein.[92]

Mit dem Einsatz der In-Game-Währung übt der Spieler sein Leistungsbestimmungsrecht aus. Der Anbieter hat seine Pflichten vollständig erfüllt, wenn die In-Game-Währung bereitgestellt wurde.

48 Ein – nach der Gegenauffassung – andauerndes Widerrufsrecht würde über dem Unternehmer wie ein Damoklesschwert hängen: Wenn auch nur kleine Fehler in der Widerrufsbelehrung oder dem Bereitstellen der Informationen nach dem EGBGB vorhanden sind, erlischt das Widerrufsrecht erst nach 6 Monaten. Weil die Rechtslage über die Einordnung des Erwerbs virtueller Güter unsicher ist, liegen Fehler nahe. Eine abweichende vertragstypologische Einordnung wirkt sich auf die Belehrung, damit auch auf die Widerrufsfrist aus. Faktisch käme man wohl in vielen Fällen zu einem gesetzlich verordneten „kostenlosen Probespiel" für einen Zeitraum von 6 Monaten.

---

87 Zumindest unmöglich i. S. d. § 275 Abs. 2 BGB.

88 Die Fernabsatz-RL steht dem nicht entgegen, weil § 312 d Abs. 3 BGB über die Mindestvorgaben weit hinausgeht: Das Widerrufsrecht kann nach Art. 6 Spiegelstrich 1 der Richtlinie erlöschen, wenn mit der Ausführung der Dienstleistung mit Zustimmung des Verbrauchers begonnen wurde.

89 RL (EU) 83/2011 v. 25.10.2011, ABl. 2011 L 304/64 v. 22.11.2011.

90 Oder dem Ablaufen der Umsetzungsfrist am 13. Juni 2014.

91 Vgl. BGH 5.2.1998 – I ZR 211/95 = ZUM 1998, 651, 654; allgemein zur Vorwirkung *Hofmann* in: Riesenhuber, Europäische Methodenlehre: Handbuch für Ausbildung und Praxis, (2006) § 16, S. 366, 377 ff. Rn. 31 ff.

92 Ein Pachtvertrag wird praktisch gleichwohl die Ausnahme sein. Dazu bereits oben 2.2.3.

Oehler/von Ribbeck

Im Falle des Widerrufs muss der Verbraucher gem. § 312 e Abs. 2 BGB für bereits erbrachte Dienstleistungen Wertersatz leisten.[93] Die Vorschrift ist jedenfalls dann einschlägig, wenn die Dienstleistung bestimmungsgemäß verwendet wurde. Der Wertersatzanspruch des Spieleanbieters gegenüber dem Spieler setzt voraus: (1) dass der Spieler vor der Abgabe seiner Vertragserklärung auf die Rechtsfolge des Wertersatzes hingewiesen worden ist, und (2) dass er ausdrücklich zugestimmt hat, dass der Unternehmer vor Ende der Widerrufsfrist mit der Ausführung der Dienstleistung, also dem Bereitstellen des Online-Spiels, beginnt. Die Hinweispflicht setzt nach dem Schutzzweck der Vorschrift voraus, dass der Verbraucher sich ausdrücklich damit einverstanden erklärt, dass die Spieldienstleistung vor dem Ende der Widerrufsfrist beginnt. Der Hinweis muss bei Einholung der Zustimmungserklärung individuell gegeben werden. Ein versteckter Hinweis in der Informationspflicht genügt nicht. Da der Spieleanbieter die Beweislast für die Zustimmung der Verbraucher trägt, empfiehlt sich, diese während des Kaufprozesses direkt abzufragen.

Die Rechtslage weicht leicht ab, wenn der Verkäufer der virtuellen Währung und der Anbieter des Spiels auseinanderfallen, wie es beispielsweise bei dem so genannten In-App-Purchase der Fall ist. Der Plattform-Anbieter ist dann – nach der derzeit praktisch überwiegenden Ausgestaltung – auch Anbieter der virtuellen Währung, die im Spiel des (personenverschiedenen) Anbieters eingesetzt werden kann. Zwischen dem Nutzer und dem Verkäufer (Plattformanbieter) kann dann ein Kaufvertrag über einen sonstigen Gegenstand[94] i. S. d. § 453 BGB zustande kommen. Ob ein Kaufvertrag über unkörperliche Daten auch fernabsatzrechtlich als Warenkauf einzuordnen ist, ist umstritten.[95] Bejaht man dies, erlischt das Widerrufsrecht nach § 312 d Abs. 4 Nr. 1 BGB spätestens dann, wenn dem Nutzer der virtuelle Gegenstand oder die virtuelle Währung im Onlinespiel gutgeschrieben wurde, denn eine Rückabwicklung ist dann faktisch ausgeschlossen. Zu diesem Ergebnis gelangt man selbst dann, wenn der Erwerb als Dienstleistung i. S. d. Vorschrift eingeordnet wird, weil sich die Leistungspflicht des Verkäufers im Zur-Verfügung-Stellen der In-Game-Währung erschöpft,[96] ohne dass es vorstehenden weiteren Erwägungen bedarf.

---

93 Die Neuregelung ersetzt § 357 Abs. 1 BGB als Ersatz für die gezogenen Nutzungen und ist dazu *lex specialis*; BT-Drs. 17/5097, S. 14.

94 Ein Warenkauf liegt aber vor, wenn ein Gutschein oder körperliches Produkt verkauft wird, das die In-Game-Währung verkörpert.

95 Dagegen spricht Art. 2 Ziffer 3 der Verbraucherrechterichtlinie ((EU) 83/2011 v. 25.10.2011), die nur körperliche Gegenstände und bestimmte Wasser- und Stromlieferungen als Waren behandelt. Für die Einordnung als Dienstleistung *G. Thüsing*, in: in: Staudinger, BGB-Kommentar, Neubearb. 2012, § 312 b Rn. 14. Es wird gleichwohl vertreten, dass Rechte weiterhin als Waren, mithin Kaufverträge, einzuordnen sind; so insbesondere *Wendehorst*, in: MünchKomm-BGB, 6. Aufl. 2012, § 312 b Rn. 37 a. Hier liegt aber eher ein Fall von Art. 9 Abs. 2 lit. c und Art. 14 Abs. 4 lit. b der Verbraucherrechterichtlinie vor, wonach digitale nicht verkörperte Inhalte einer Dienstleistungen gleichgestellt werden. Einordnung als Ware auch bei: *Sabellek, Heinemeyer* in: CR 2012, 719, 723.

96 Das Einlösen der Währung ist Bestandteil der Leistungsbeziehung zwischen Nutzer und Spieleanbieter.

2.5.3 Sogenannte Buttonlösung

49 Zum 01.08.2012 ist die sogenannte Buttonlösung in Kraft getreten, die den parallel zum Gesetzgebungsverfahren in Deutschland novellierten Art. 8 der Verbraucherrechte-Richtlinie[97] umsetzen soll.[98] Zweck dieser Regelung ist laut der Gesetzesbegründung[99] der Schutz der Verbraucher vor Kostenfallen im Internet. Darunter werden Angebote verstanden, bei denen der Anbieter die Entgeltlichkeit der Leistung verschleiert und diesen – in der Regel auch nach bisherigem Recht mangels Einigung nicht zustande gekommenen[100] – Vertrag mit massivem Druck durchsetzt.[101] Zur Umsetzung dieses Ziels hat sich der Gesetzgeber entschieden, in § 312g BGB folgende Absätze einzufügen:

> *„(2) Bei einem Vertrag im elektronischen Geschäftsverkehr zwischen einem Unternehmer und einem Verbraucher, der eine entgeltliche Leistung des Unternehmers zum Gegenstand hat, muss der Unternehmer dem Verbraucher die Informationen gemäß Artikel 246 § 1 Absatz 1 Nummer 4 erster Halbsatz und Nummern 5, 7 und 8 des Einführungsgesetzes zum Bürgerlichen Gesetzbuche, unmittelbar bevor der Verbraucher seine Bestellung abgibt, klar und verständlich in hervorgehobener Weise zur Verfügung stellen. Diese Pflicht gilt nicht für Verträge über die in § 312b Absatz 1 Satz 2 genannten Finanzdienstleistungen.*
>
> *(3) Der Unternehmer hat die Bestellsituation bei einem Vertrag nach Absatz 2 Satz 1 so zu gestalten, dass der Verbraucher mit seiner Bestellung ausdrücklich bestätigt, dass er sich zu einer Zahlung verpflichtet. Erfolgt die Bestellung über eine Schaltfläche, ist die Pflicht des Unternehmers aus Satz 1 nur erfüllt, wenn diese Schaltfläche gut lesbar mit nichts anderem als den Wörtern „zahlungspflichtig bestellen" oder mit einer entsprechenden eindeutigen Formulierung beschriftet ist.*
>
> *(4) Ein Vertrag nach Absatz 2 Satz 1 kommt nur zustande, wenn der Unternehmer seine Pflicht aus Absatz 3 erfüllt."*

Diese Regelungen sind auf die Bestellung virtueller Güter gegen reales Geld in der Regel anwendbar, da ein Vertrag über eine entgeltliche Leistung zwischen Unternehmer und Verbraucher im elektronischen Geschäftsverkehr vorliegt.

2.5.3.1 Anwendbarkeit auf In-Game-Transaktionen

50 Für In-Game-Transaktionen, bei denen virtuelle Währung in Gegenstände innerhalb des Spiels transformiert wird, ist die Subsumtion komplizierter (s.o.). Wir vertreten die Auffassung, dass es sich beim Erwerb der In-Game-Währung häufig um den Erwerb von Leistungsbestimmungsrechten handelt, sodass deren Einsatz keinen Vertragsschluss erfordert, sondern lediglich die Ausübung eines Gestaltungsrechtes durch rechtsgeschäftliche, einseitige Willenserklärung des Spielers darstellt. Demnach kommen die Pflichten des § 312g Abs. 2 und Abs. 3 BGB beim Eintausch von virtueller Währung in andere virtuelle Gegenstände mangels Vertragsschlusses nicht zum Tragen.

---

97 RL (EU) 83/2011 v. 25.10.2011, ABl. 2011 Nr. L 304/64 v. 22.11.2011.
98 Die Umsetzungsfrist läuft erst am 13.12.2013 ab.
99 BT-Drs. 17/7745, S. 7.
100 Siehe unten, S. 34.
101 BT-Drs. 17/7745, S. 1.

Im Übrigen stellt sich auch die Frage, ob überhaupt „Entgeltlichkeit" im Sinne der Norm vorliegt: Man könnte hier auf die weite Definition „jede geldwerte Leistung" und somit auf die Auslegung von „Entgeltlichkeit" im Rahmen verschiedener anderer Regelungen[102] zurückgreifen. "Entgeltlichkeit i. S. d. § 312 g Abs. 2 BGB ist aber enger im Sinne einer Verpflichtung zur Geldzahlung auszulegen. Dafür sprechen der Wille des Gesetzgebers und der Zweck der Vorschrift: Der Gesetzgeber wollte ausweislich der Gesetzesbegründung[103] eine Lösung schaffen, *„die die Kostentransparenz im Internet verbessert und es unseriösen Anbietern erschwert, ihre Kunden durch die Verschleierung der Entgeltpflichtigkeit eines Angebots sowie durch unklare Preisangaben in Kostenfallen zu locken"* und führt dazu aus: *„Einfache und klare Regeln, die auch juristischen Laien eine hinreichend sichere Beurteilung ermöglichen, ob bzw. wann sie sich im Internet zu einer Zahlung verpflichten, können hierzu einen wesentlichen Beitrag leisten."*[104] An mehreren weiteren Stellen der Gesetzesbegründung ist ebenfalls von „Kosten" oder „Zahlungsverpflichtung" die Rede. So kommt zum Ausdruck, dass nur kostenpflichtige Angebote reguliert werden.

Dazu führt auch die richtlinienkonforme Auslegung: In Art. 8 Abs. 2 der Verbraucherrechte-Richtlinie heißt es: *„Wenn ein auf elektronischem Wege geschlossener Fernabsatzvertrag den Verbraucher zur „Zahlung" verpflichtet, weist der Unternehmer den Verbraucher klar und in hervorgehobener Weise, und unmittelbar bevor dieser seine Bestellung tätigt, auf die in Artikel 6 Absatz 1 Buchstaben a, e, o und p genannten Informationen hin."*[105] Die Richtlinie geht also nur von einer Zahlungsverpflichtung (Geld) aus.[106]

Diese Auslegung des Begriffs der „Entgeltlichkeit" führt für die beschriebene Situation, in der ein virtueller Gegenstand mit einer zuvor erworbenen virtuellen Währung „bezahlt" wird, zu einer differenzierenden Rechtslage: Sofern die virtuelle Währung nach ihrem Erwerb nicht mehr als reale Währung ausgezahlt werden kann, kann auch in ihrem Einsatz für den Erwerb virtueller Gegenstände oder anderer Zusatzfeatures keine „Zahlung" im Sinne einer Hingabe von Geld gesehen werden. Auch hier sind aber andere Gestaltungen denkbar, wenn es sich um Auszahlungsansprüche handelt, die neu entstehen. Kann sich der Spieler die virtuelle Währung wieder als reales Geld auszahlen lassen, ist hingegen wohl wie bei herkömmlichen Geldkonten von einer Zahlungsverpflichtung im Sinne der Norm auszugehen.

---

102 So beispielsweise in § 506 BGB, vgl. *Berger*, in: Jauernig, BGB, 14. Aufl. 2011, § 506 Rn. 8.

103 BT-Drs. 17/7745, S. 6.

104 BT-Drs. 17/7745, S. 6.

105 So auch der 39. Erwägungsgrund zu der Richtlinie: *„Es ist außerdem wichtig, in Situationen dieser Art sicherzustellen, dass die Verbraucher den Zeitpunkt erkennen, zu dem sie gegenüber dem Unternehmer eine Zahlungsverpflichtung eingehen. Aus diesem Grunde sollte die Aufmerksamkeit der Verbraucher durch eine unmissverständliche Formulierung auf die Tatsache gelenkt werden, dass die Abgabe der Bestellung eine Zahlungsverpflichtung gegenüber dem Unternehmer zur Folge hat."*

106 Sie sieht grundsätzlich eine Vollharmonisierung vor; eine Öffnungsklausel für Art. 8 ist nicht vorgesehen.

2.5.3.2 Anforderungen an den Bestellprozess

52 Im Folgenden wird zusammenfassend dargestellt, welche Pflichten nach der Gesetzesänderung auf die Anbieter von Online-Spielen zukommen:

Internetanbieter sind nach § 312g Abs. 3 Satz 1 BGB dazu verpflichtet, die Bestellsituation so zu gestalten, dass der Verbraucher bei der Abgabe seiner Bestellung ausdrücklich bestätigt, eine Zahlungsverpflichtung eingehen zu wollen. Verwendet der Anbieter dazu eine Schaltfläche,[107] so darf diese Schaltfläche gemäß § 312g Abs. 3 Satz 2 BGB ausschließlich einen Hinweis auf die zahlungspflichtige Bestellung aufweisen. Sie ist daher mit „zahlungspflichtig bestellen" oder einer ähnlichen Formulierung wie „kaufen" oder „kostenpflichtigen Vertrag abschließen" zu beschriften. Nicht ausreichend wären demgegenüber beispielsweise „weiter", „los geht's", „bestellen" oder „anmelden", da das Entstehen einer Zahlungspflicht aus diesen Formulierungen nicht deutlich hervorgeht.

53 Nach § 312g Abs. 2 BGB müssen Anbieter unmittelbar vor der Bestellung über die wesentlichen Merkmale der Ware oder Dienstleistung (Nr. 4), die Mindestlaufzeit des Vertrages (Nr. 6), den Gesamtpreis (Nr. 7) und gegebenenfalls anfallende Versand- und Zusatzkosten (Nr. 8) aufklären.

Für den Bestellvorgang im Rahmen eines Online-Spiels bedeutet dies konkret:

– wesentliche Merkmale der Ware oder Dienstleistung (Nr. 4):
Der Verbraucher muss umfassend darüber in Kenntnis gesetzt werden, welche Leistung er erhalten wird.

Beispiel:
„Die [In-Game-Währung] kannst Du einsetzen, um damit bestimmte Spielgegenstände (z. B. Schwert oder Eigenschaften (Stärke der Spielfigur)) zu erwerben. Die Vorteile gelten nur während der Vertragslaufzeit und erlöschen mit dem Nutzerkonto." (Gegebenenfalls Verlinkung mit den AGB)

– die Mindestlaufzeit des Vertrages (Nr. 6)
Gewissenhafte Spieleanbieter sollten im Rahmen der Mindestlaufzeit oder als wesentliches Merkmal der Leistung auf die Kündigungsfristen für das Online-Spiel hinweisen – auch wenn bei kostenloser Spielteilnahme der Gesetzeszweck, den Verbraucher von wiederkehrenden Zahlungsverpflichtungen im Rahmen von Abonnements zu schützen, wohl in der Regel nicht greift, da die virtuelle Währung oder die anderen Zusatzleistungen nur einmalig zu bezahlen sind. Jedenfalls wird der Spieler so darüber informiert, in welchem Zeitraum er die virtuellen Gegenstände mindestens nutzen kann.[108]

Beispiel:
„Dein Nutzerkonto kann mit einer Frist von vier Wochen gekündigt werden; bei wiederholtem Verstoß gegen unsere Spielregeln können wir den Vertrag auch außerordentlich (gegebenenfalls fristlos) kündigen." (Verlinkung mit den AGB)

---

107 Darunter fällt *„jedes grafische Bedienelement, das es dem Anwender erlaubt, eine Aktion in Gang zu setzen oder dem System eine Rückmeldung zu geben"*, insbesondere auch Buttons, Hyperlinks oder Checkboxen (vgl. BT-Drs. 17/7745, S. 12).

108 Dies dient auch der Lauterkeit im Sinne von § 5 Abs. 1 Satz 2 Nr. 1 UWG.

- Gesamtpreis (Nr. 7)
  Diese Regelung entspricht § 1 der Preisangabenverordnung. Der Anbieter muss den Verbraucher über alle entstehenden Kosten aufklären, und zwar über den Gesamtpreis oder, sofern dieser nicht angegeben werden kann, zumindest seine Berechnungsgrundlage sowie alle anfallenden Steuern.

- Gegebenenfalls anfallende Versand- und Zusatzkosten (Nr. 8)
  Da Versand- und Zusatzkosten bei Bestellung virtueller Güter in der Regel nicht anfallen, entfällt diese Verpflichtung. Der Anbieter muss auch nicht darauf hinweisen, dass keine Versand- und Lieferkosten anfallen (wenngleich dies selbstverständlich nicht schaden kann).[109]

Diese Informationen muss der Anbieter klar und verständlich in hervorgehobener Weise erteilen, d. h. insbesondere, dass eine Gestaltung der Bestellseite zu wählen ist, bei der die Aufmerksamkeit des Verbrauchers von diesen Informationen nicht abgelenkt wird: Die Informationen sollten farblich oder grafisch hervorgehoben werden, sie sollten nicht mit weiteren Zusätzen verbunden und unmissverständlich formuliert sein. Außerdem sind die Informationen in einem zeitlichen Zusammenhang mit der Bestellung, d. h. unmittelbar vor ihr, zu erteilen. Sie müssen ferner in einem räumlichen Zusammenhang mit der Bestellung[110] stehen, d. h. im besten Fall direkt über oder neben dem Bestellbutton angeordnet werden. Ein unmittelbarer räumlicher Zusammenhang mag zwar wohl auch noch bestehen, wenn beispielsweise bei mehreren bestellten Dienstleistungen etc. ein Scrollen zum Seitenende unumgänglich ist,[111] jedenfalls sollte der Bestellbutton aber unmittelbar an die Informationen zu den Waren anschließen (oder neben ihnen abgebildet sein).

Im Fall eines Verstoßes gegen die vorgenannten Verpflichtungen ist zu differenzieren: Die Rechtsfolge einer Nichteinhaltung der Anforderungen des § 312g Abs. 3 BGB ist nunmehr in § 312g Abs. 4 BGB klar geregelt. Der Wortlaut der Norm geht vom Nichtzustandekommen eines Vertrages mit dem Verbraucher aus. Hier unterscheidet sich die deutsche Regelung zunächst vom Wortlaut des Art. 8 Abs. 2 der Verbraucherrechte-Richtlinie, der wie folgt lautet: *„Wenn der Unternehmer diesen Unterabsatz nicht einhält, ist der Verbraucher durch den Vertrag oder die Bestellung nicht gebunden."* Die Auslegung von § 312g Abs. 4 BGB wurde vor diesem Hintergrund in der deutschen Fachliteratur viel diskutiert: Während einige die Norm teleologisch reduzieren und als unwiderlegliche gesetzliche Vermutung dafür einordnen wollen, dass ein Vertrag nicht zustande gekommen ist,[112] gehen andere zum Schutz des Verbrauchers vor „Bestätigungsfallen" stets von einer Nichtigkeit aus.[113] Letztere Auslegung kommt der bisher geltenden Rechtslage am nächsten: Danach kam mangels Einigung über die *essentialia negotii* ein Vertrag nicht zustande, wenn der Verbraucher nicht auf die Zahlungspflichtigkeit hingewiesen wurde – auch wenn dies dem Verbraucher häufig nicht bewusst war. Dies könnte nun wohl auch für einen Verstoß

54

---

109 *Schmidt-Räntsch*, in: BeckOK-BGB, Art. 246 § 1 Rn. 1 (Stand: 01.11.2011).
110 BT-Drs. 17/8805, S. 6.
111 BT-Drs. 17/8805, S. 6; ein anderes Verständnis legt aber BT-Drs. 17/7745, S. 10 nahe, so dass zumindest ein überflüssiges Scrollen vermieden werden sollte.
112 Vgl. *Kirschbaum*, MMR 2012, 8 ff. m. w. N. und einer Darstellung weiterer vertretener Auffassungen.
113 *Leier*, CR 2012, 378, 384.

gegen eine der weiteren Anforderungen des § 312 g Abs. 3 BGB gelten, etwa wenn der Anbieter an anderer Stelle als auf der Schaltfläche auf die Zahlungs-verpflichtung hinweist.

Für den Fall, dass der Anbieter dem Verbraucher die vorstehend genannten In-formationen gemäß § 312 g Abs. 2 BGB nicht erteilt, enthält die Gesetzesnovelle keine Neuregelung. Es verbleibt daher bei den allgemeinen Grundsätzen, d.h. insbesondere Schadensersatzansprüchen wegen vorvertraglicher Pflichtverlet-zungen für den Verbraucher und der Gefahr von Abmahnungen/Unterlassungs-klagen durch Mitbewerber wegen Verstoßes gegen das Gesetz über den unlau-teren Wettbewerb (UWG).

3. Überblick: Haftung des Spielbetreibers für nutzergenerierte Inhalte

3.1 Lebenssachverhalt

55 Viele Online-Spiele integrieren nutzergenerierte Inhalte – seien es selbst gestal-tete Avatare, Bilder in einem Spielerprofil oder Texte in Foren und Communi-ties, in denen sich Spieler während oder anlässlich des Spiels äußern. Denkbar sind auch Spielmodifikationen wie durch den User gestaltete Charaktere, Le-vel oder andere Items, die im Spiel eingesetzt werden können. Ein in der Pra-xis bekanntes Problem ist es, dass dabei Inhalte veröffentlicht werden, die bei-spielsweise die Urheber-, Leistungsschutz-, Marken- oder Persönlichkeitsrechte Dritter verletzen. Dies sind typischerweise prosaische Texte, die von Dritten ab-geschrieben werden, Bild- und Musikdateien, an denen dem User keine ausrei-chenden Nutzungsrechte zustehen, oder beleidigende Äußerungen gegenüber anderen Spielern.

Für Spieleanbieter ist in diesem Zusammenhang relevant, inwiefern sie für diese Rechtsverletzungen einzustehen haben und inwiefern sie verpflichtet sind, da-gegen einzuschreiten, insbesondere, ob sie zu einer präventiven Kontrolle von nutzergenerierten Inhalten verpflichtet sind. Es gelten die allgemeinen Grund-sätze zur Haftung für Inhalte, die durch Dritte in ein Internetangebot integriert werden. In den vergangenen Jahren ist auf nationaler und europäischer Ebene eine Vielzahl an Entscheidungen ergangen, die zwar kein gänzlich einheitliches Bild, zumindest jedoch klare Grundsätze erkennen lassen. Ausgangspunkt ist dabei nach ständiger Rechtsprechung[114] die Differenzierung zwischen Besei-tigungs- und Unterlassungsansprüchen einerseits und Schadensersatzansprü-chen andererseits, der auch die nachfolgende Übersicht folgt.

---

114 Dogmatisch korrekt wäre auch eine Unterscheidung nach der Art der Rechtsverlet-zung, d.h. insbesondere nach markenrechtlichen, urheber- und leistungsschutzrecht-lichen sowie persönlichkeitsrechtlichen Verletzungshandlungen. Da die daraus resul-tierenden Ansprüche jedoch bis auf die Voraussetzungen der Rechtsverletzung selbst häufig gleich laufen, sollen sie zur Vermeidung von Wiederholungen hier gemeinsam besprochen, auf etwaige Besonderheiten lediglich hingewiesen werden.

3.2 Unterlassungsansprüche

In erster Linie wird es dem verletzten Rechteinhaber regelmäßig darum gehen, 56
dass die seine Rechte verletzenden Inhalte aus dem Spiel gelöscht werden und
er vor einer Wiederholung ihrer unautorisierten Veröffentlichung geschützt ist.
Daher ist auch für den Spieleanbieter zunächst die Frage maßgeblich, unter welchen Voraussetzungen Beseitigungs- und Unterlassungsansprüche gegen ihn
bestehen und, sofern dies zu bejahen ist, in welchem Umfang sie ihn zum Handeln verpflichten.

3.2.1 Voraussetzungen

Für die Beurteilung von Beseitigungs- und Unterlassungsansprüchen des Ver- 57
letzten stellt der BGH in erster Linie auf die zu §§ 1004, 823 BGB entwickelten
Grundsätze der Störerhaftung ab.[115] Danach kann von demjenigen Beseitigung
und Unterlassung verlangt werden, der in irgendeiner Weise willentlich und adäquat-kausal zur Beeinträchtigung des Rechtsguts beigetragen hat.[116] Als mittelbarer Störer kommt dabei auch in Betracht, wer die Rechtsverletzung nicht
verhindert, obwohl dies für ihn möglich und zumutbar ist.[117] Auf ein Verschulden kommt es im Rahmen der Störerhaftung im Übrigen gerade nicht an.[118]

Für die Einordnung des Spieleanbieters als Störer bedeutet dies Folgendes:
(1) Ein adäquat-kausaler Beitrag für die Rechtsverletzung liegt insbesondere
in der Veröffentlichung der Inhalte auf dem Portal durch den Spielbetreiber
bzw. in dem Betreiben des Portals.
(2) Die tatsächliche Möglichkeit zur Verhinderung der Rechtsverletzung liegt
in der Regel schlicht in der Fähigkeit zur Löschung des rechtswidrigen Inhalts
und zur teilweisen oder vollständigen Sperrung des die Rechte anderer verletzenden Spielers.
(3) Ob dem Spieleanbieter die Verhinderung der Rechtsverletzung zumutbar ist, hängt nach ständiger Rechtsprechung davon ab, ob ihn eine zumutbare Pflicht zur Kontrolle der eingestellten Inhalte trifft – wobei es für Bestehen und Umfang einer zumutbaren Prüfpflicht auf die Umstände des
Einzelfalls, insbesondere auch auf die Möglichkeiten des jeweiligen Ge-

---

115 Beachte aber: Aufgegeben hat der BGH die Störerhaftung in seinem Urteil v.
22.07.2010 – I ZR 139/08 – MMR 2011, 172, 172 für den Bereich des Wettbewerbsrechts und auf die Verletzung von Verkehrspflichten im Rahmen einer täterschaftlichen Haftung abgestellt. Ansonsten zu alternativen Begründungen: Gegenüber einer
mittäterschaftlichen Verantwortlichkeit ablehnend: BGH v. 11.3.2004 – I ZR 304/01
– GRUR 2004, 860, 863 und wohl auch EuGH v. 12.07.2011 – C-324/09 – GRUR 2011,
1025, 1031; eine Begründung über Teilnahme durch Beihilfe offenlassend: BGH v.
22.07.2010 – I ZR 139/08 – GRUR 2011, 152, 154; BGH v. 22.07.2010 – I ZR 139/08 –
GRUR 2011, 152, 154.
116 BGH v. 22.07.2010 – I ZR 139/08 – GRUR 2011, 152, 154; BGH v. 30.06.2009 – VI ZR
210/08 – NJW-RR 2009, 1413, 1414; BGH v. 17.08.2011 – I ZR 57/010 – BeckRS 2011,
22713; BGH v. 01.04.2004 – I ZR 317/01 – BGH v. 01.04.2004 – I ZR 317/01 – MMR
2004, 529, 529; BGH v. 18.10.2001 – I ZR 22/99 – GRUR 2002, 618, 619.
117 Vgl. *Fritsche*, in: BeckOK-BGB, § 1004 Rn. 17 (Stand: 01.11.2012).
118 *Spindler/Anton*, in: Spindler/Schuster, Recht der elektronischen Medien, 2. Aufl.
2011, § 1004 BGB Rn. 8.

schäftsmodells,[119] ankommt.[120] Zu berücksichtigen sind nach dem BGH ferner die Funktion und Aufgabenstellung des Betroffenen sowie die Eigenverantwortung desjenigen, der die rechtswidrige Beeinträchtigung selbst unmittelbar vorgenommen hat.[121] Dies darf hingegen nicht im Sinne einer nur subsidiären Haftung des Betreibers verstanden werden; vielmehr stellte der BGH mehrfach ausdrücklich klar, dass der Dienstanbieter auch bei Kenntnis des haftenden Forennutzers und dem Bestehen von durchsetzbaren Ansprüchen gegen diesen in Anspruch genommen werden kann.[122]

58 Zur Frage der Zumutbarkeit von Prüfpflichten ist in der Vergangenheit eine Vielzahl an höchstrichterlichen Entscheidungen ergangen: Mehrfach ausdrücklich bestätigt hat der BGH insbesondere, dass eine allgemeine Pflicht zur Vorab-Kontrolle aller Beiträge nicht besteht.[123] Bei einem Online-Auktionshaus wurde die Haftung abgelehnt, da Filterung der Inhalte zur Ermittlung von Markenrechtsverletzungen mittels einer Filtersoftware und anschließende manuelle Nachprüfung von verdächtigen Inhalten ausreiche, um den Prüfpflichten zu genügen.[124] In einer anderen Entscheidung lehnte der BGH die Erforderlichkeit einer rein manuellen Überprüfung auch für den Fall ab, dass mangels einzugebender Suchbegriffe eine Filtersoftware nicht weiterhelfen kann. Die Zumutbarkeit setze die technische Möglichkeit einer Überprüfung voraus, für die der Anspruchssteller beweisbelastet sei.[125] Das Angebot eines Überprüfungssystems für den Verletzten selbst – betroffen war das von dem Internetmarktplatz eBay eingesetzte Programm VeRI[126] – stuften die Gerichte als zumutbarkeitsmindernd ein.[127]

Die zumutbaren Prüfpflichten sollen ferner grundsätzlich nicht zur Gefährdung des Geschäftsmodells des Anbieters führen.[128] Eine Grenze sei aber da zu ziehen, wo ein Geschäftsmodell gerade auf der Verletzung von Rechten Dritter basiert oder die durch Dritte begangenen Rechtsverletzungen bei objektiver Betrachtung nicht unwahrscheinlich seien.[129] So grenzt die Rechtsprechung danach ab, ob ein Geschäftsmodell von der Rechtsordnung gebilligt wird oder nicht.[130]

---

119 Vgl. BGH v. 22.07.2010 – I ZR 139/08 – GRUR 2011, 152, 154; BGH v. 22.07.2010 – I ZR 139/08 – GRUR 2011, 152, 154; BGH v. 01.04.2004 – I ZR 317/01 – MMR 2004, 529, 529.

120 BGH v. 25.10.2011 – VI ZR 93/10 – NJW 2012, 148, 150.

121 BGH v. 25.10.2011 – VI ZR 93/10 – NJW 2012, 148, 150.

122 BGH v. 27.03.2007 – VI ZR 101/06 – GRUR 2007, 724.

123 BGH v. 17.08.2011 – I ZR 57/09 – GRUR 2011, 1038; BGH v. 10.04.2008 – I ZR 227/05 – GRUR 2008, 1097, 1098.

124 BGH v. 19.04.2007 – I ZR 35/04 – GRUR 2007, 708, 708; BGH v. 11.03.2004 – I ZR 304/01 – GRUR 2004, 860, 860.

125 BGH v. 19.04.2007 – I ZR 35/04 – NJW 2007, 2636, 2636.

126 Verifiziertes Rechteinhaberprogramm.

127 BGH v. 22.07.2010 – I ZR 139/08 – GRUR 2011, 152, 154 f.; OLG Hamburg v. 08.02.2006 – 5 U 78/05 – NJW-RR 2006, 1054, 1054.

128 BGH v. 17.12.2010 – V ZR 44/10 – GRUR 2011, 321, 323; BGH v. 19.04.2007 – I ZR 35/04 – GRUR 2007, 708, 712; BGH v. 11.03.2004 – I ZR 304/01 – GRUR 2004, 860, 864.

129 BGH v. 15.01.2009 – I ZR 57/07 – GRUR 2009, 841, 843.

130 Ausführlich dazu *Danckwerts*, GRUR-Prax 2011, 260, 260 mit Lösungsvorschlägen im Hinblick auf die uneinheitliche Rechtsprechung zu so genannten „Sharehostern".

Eine Prüfungspflicht soll jedoch nach ständiger Rechtsprechung zumindest dann entstehen, wenn der Betreiber von der Rechtswidrigkeit des Inhaltes Kenntnis erlangt, insbesondere wenn er durch eine Beanstandung darauf hingewiesen wird.[131] Dies soll jedoch nur dann gelten, wenn die Rechtsverletzung unschwer, d.h. ohne eingehende rechtliche und tatsächliche Überprüfung, bejaht werden kann. Der Maßstab für die Beurteilung einer „eingehenden Überprüfung" hänge dabei von den Einzelfallumständen unter Berücksichtigung des Gewichtes der in Rede stehenden Rechtsverletzung und der Erkenntnismöglichkeiten des Betreibers ab.[132] Daraus entwickelte der BGH ein detailliertes System an Pflichten nach Beanstandungen:[133]

(1) Eine Verpflichtung zur sofortigen Löschung besteht danach nicht, wenn die Feststellung der Rechtsverletzung nach den Möglichkeiten des Dienstanbieters einer weiteren Nachprüfung bedarf.

(2) In diesem Fall soll der Betreiber jedoch gehalten sein, die Beanstandung an denjenigen, der den betroffenen Inhalt veröffentlicht hat, unter Fristsetzung zur Stellungnahme weiterzuleiten. Hier statuiert der BGH bei fruchtlosem Ablauf der Stellungnahmefrist eine Verpflichtung des Betreibers zur Löschung des Inhalts und begründet dies mit der Vermutung, dass die Beanstandung in diesem Fall berechtigt sei.

(3) Bestehen weiterhin Zweifel, stellt der BGH fest, dass der Betreiber von dem vermeintlichen Rechteinhaber Nachweise für die Rechtswidrigkeit zu verlangen hat. Würden diese versäumt, sei eine weitere Prüfung nicht erforderlich; werde der Nachweis erbracht, bestehe ebenfalls eine Löschungspflicht.

Nicht zu verwechseln ist die vorgenannte Rechtsprechung mit den §§ 7 ff. TMG, die für Dienstanbieter in den §§ 7 ff. TMG Haftungserleichterungen vorsehen, insbesondere die Verantwortlichkeit nach § 10 TMG ausschließen, wenn der Anbieter die Rechtsverletzung nicht kennt oder unmittelbare Kenntniserlangung eine Löschung oder Sperrung des rechtswidrigen Inhalts bewirkt. Diese Privilegien sind nach ständiger Rechtsprechung auf Unterlassungsansprüche nicht anzuwenden.[134] Dies ergibt sich nach der Begründung des BGH bereits aus § 7 Abs. 2 Satz 2 TMG, wonach Ansprüche auf Sperrung und Entfernung der

59

---

131 BGH v. 25.10.2011 – VI ZR 93/10 – GRUR 2012, 311; BGH v. 17.08.2011 – I ZR 57/09 – GRUR 2011, 1038; BGH v. 19.04.2007 – I ZR 35/04 – GRUR 2007, 708; BGH v. 19.04.2007 – I ZR 35/04 – BGHZ 172, 119.

132 BGH v. 25.10.2011 – VI ZR 93/10 – NJW 2012, 148, 150 f.; BGH v. 17.08.2011 – I ZR 57/010 – BeckRS 2011, 22713.

133 BGH v. 25.10.2011 – VI ZR 93/10 – NJW 2012, 148, 150 f.; BGH v. 17.08.2011 – I ZR 57/09 – GRUR 2011, 1038.

134 BGH v. 22.07.2010 – I ZR 139/08 – GRUR 2011, 152, 153; BGH v. 23.06.2009 – VI ZR 196/08 – NJW 2009, 2888, 2890; BGH v. 30.04.2008 – I ZR 73/05 – GRUR 2008, 702, 705; BGH v. 27.03.2007 – VI ZR 101/06 – ZUM 2007, 533, 534; BGH v. 11.03.2004 – I ZR 304/01 – GRUR 2004, 860, 863.

Informationen nach den allgemeinen Gesetzen auch im Falle der Nichtverantwortlichkeit nach §§ 8 bis 10 TMG unberührt bleiben.[135]

60 In der Praxis sollten die Auswirkungen der vorstehenden Grundsätze auf die für einen Unterlassungsanspruch stets erforderliche Erstbegehungs-/Wiederholungsgefahr berücksichtigt werden. Sofern eine Prüfpflicht erst durch die Beanstandung des Rechteinhabers bzw. im Verlauf des oben dargestellten Vorgehens entsteht, verschiebt sich auch der Zeitpunkt des Entstehens des Unterlassungsanspruchs. Dies sollte gerade im einstweiligen Rechtsschutz nicht übersehen werden. Die Annahme einer Wiederholungsgefahr setzt die Pflicht zur Verhinderung der Rechtsverletzung voraus, die erst durch die Beanstandung entsteht.[136] Dies bedeutet, dass erst dann, wenn der Betreiber nach der Beanstandung die betreffenden Inhalte nicht löscht, ein Unterlassungsanspruch entstehen kann. Für die zumutbaren Sorgfaltspflichten des Betreibers setzt dies in der Konsequenz als Mindestmaßstab die Verpflichtung fest, eingehende Beanstandungen zu verfolgen und gegebenenfalls die als rechtswidrig erkannten Inhalte zu entfernen.

3.2.2 Umfang eines Unterlassungsanspruchs gegen den Betreiber

61 Gegen den Betreiber gerichtete Ansprüche verpflichten diesen denklogisch zunächst dazu, die Veröffentlichung der für rechtswidrig befundenen Inhalte zu beenden, sie mithin in der Regel zu löschen (sogenanntes Takedown). Dies liegt auf der Hand, da nur so die andauernde Verletzung der Rechte des Verletzten ein Ende finden kann, was dieser schließlich in erster Linie begehrt. Um seine Rechte zu wahren, ist bei Vorliegen von Wiederholungsgefahr darüber hinaus erforderlich, dass eine Wiederholung derselben Rechtsverletzung verhindert wird (sogenanntes Staydown). Auch dies leuchtet unmittelbar ein, da dies schließlich gerade das ist, was der Verletzte im Wesentlichen begehrt. Darüber hinaus soll der Betreiber nach mittlerweile ständiger Rechtsprechung des BGH verpflichtet sein, „gleichartige, ebenso offensichtliche Rechtsverletzungen" zu verhindern.[137] Diese Rechtsprechung wurde in der Vergangenheit von einem Teil der Literatur unter anderem in Hinblick auf die Bestimmung des § 7 Abs. 2 TMG scharf kritisiert, da sie einer allgemeinen Kontrollpflicht bedenklich nahe kom-

---

135 Gegen diese Begründung wird eine Vollharmonisierung aufgrund von Art. 12 bis 15 der E-Commerce-Richtlinie angeführt, aufgrund derer die Vorschriften der §§ 7 ff. TMG im Lichte der europarechtlichen Vorgaben und nicht etwa anhand anderer nationaler Vorschriften zu interpretieren seien (*Hoffmann*, in: Spindler/Schuster, Recht der elektronischen Medien, 2. Aufl. 2011, § 7 TMG Rn. 4 m. w. N.). Gegen diese Auffassung spricht aber, dass es nach Art. 14 Abs. 3 der E-Commerce-Richtlinie den Mitgliedstaaten unbenommen bleibt, dem Provider unabhängig von den Privilegierungen der Art. 12 bis 15 der E-Commerce-Richtlinie die Abstellung oder Verhinderung der Rechtsverletzung nach dem nationalen Rechtssystem aufzuerlegen. Dadurch ist klargestellt, dass Unterlassungsansprüche unabhängig von der in §§ 12 bis 15 TMG geregelten Verantwortlichkeit bestehen können (vgl. auch Art. 11 Satz 3 der Enforcement-Richtlinie und Art. 8 Abs. 3 der Urheberrechts-Richtlinie).
136 BGH v. 25.10.2011 – VI ZR 93/10 – NJW 2012, 148, 150 f.; BGH v. 17.08.2011 – I ZR 57/09 – GRUR 2011, 1038.
137 BGH v. 11.03.2004 – I ZR 304/01 – NJW 2004, 3102, 3105; BGH v. 17.08.2011 – I ZR 57/09 – GRUR 2011, 1038; BGH v. 30.04.2008 – I ZR 73/05 – GRUR 2008, 702, 706; BGH v. 19.04.2007 – I ZR 35/04 – GRUR 2007, 708, 712.

Oehler/von Ribbeck

me.[138] Der EuGH hat sie hingegen wohl sinngemäß bestätigt, beschränkt den Prüfumfang aber auf „Verletzung derselben Marken durch denselben Händler."[139] Der EuGH stellte außerdem fest, dass der Verletzer dann zu identifizieren und von dem jeweiligen Internetangebot auszuschließen ist, wenn er im geschäftlichen Verkehr handelt; Aspekte des Datenschutzes müssten in diesem Fall hinter dem Interesse an der Verhinderung weiterer Rechtsverletzungen zurücktreten.[140]

Im Rahmen von Online-Spielen, bei denen sich Spieler registriert haben, wird eine Sperrung ohne weiteres durch Schließung des Spielaccounts möglich sein, da die Identität des Spielers bzw. das zu dem Verletzer gehörende Spielerprofil dem Betreiber bekannt ist. In der Praxis können Spieleanbieter das Entstehen derartiger Kontrollpflichten daher effektiv dadurch senken, dass sie die betroffenen Spieler den AGB oder Spielbedingungen entsprechend bei wiederholten Verstößen sperren.[141]

3.3 Schadensersatzansprüche

Strengere Voraussetzungen als für die geschilderten Unterlassungsansprüche   62
gegen den Portalbetreiber gelten für seine Verpflichtung, die durch die von seinen Usern begangenen Rechtsverletzungen kausal verursachten Schäden zu ersetzen. Zwar werden die Schadensersatzansprüche von BGH und EuGH dogmatisch anders hergeleitet und an divergierende Voraussetzungen geknüpft.[142] Im Ergebnis kommen die beiden Gerichte jedoch in der Regel zum gleichen Ergebnis. Nichtsdestotrotz wäre eine Vereinheitlichung aus Gründen der Rechtsklarheit und -sicherheit wohl wünschenswert, zumal die uneinheitliche Rechtsprechung es Internetprovidern maßgeblich erschwert, ihre Pflichten erkennen und befolgen zu können.

Der BGH muss nach der nationalen Gesetzeslage im Ausgangspunkt zwischen   63
eigenen und fremden Inhalten unterscheiden: Für seine eigenen Inhalte haftet der Internetanbieter gemäß § 7 Abs. 1 TMG nach den allgemeinen Vorschriften, d. h. er ist jedem anderen Rechtsverletzer gleichgestellt. Demgegenüber sieht

---

138 Vgl. dazu *Breyer*, MMR 2009, 14, 15; *Sobola/Kohl*, CR 2005, 443, 449; *Rücker*, CR 2005, 347, 348.

139 EuGH v. 12.07.2011 – C-324/09 – GRUR 2011, 1025, 1034.

140 Insbesondere zum Erfordernis des geschäftsmäßigen Handelns vgl. *Nordemann*, GRUR 2011, 977, 980 f.

141 Wenngleich zum Beispiel im Falle mehrfacher Verletzungen der Rechte eines bestimmten Dritten eine dessen Rechte betreffende Kontrollpflicht nicht zwingend ausgeschlossen werden kann.

142 Anders als der BGH kennt der EuGH keine zu eigen gemachten Inhalte (s. u.). Er wendet die Privilegierung des Art. 14 Abs. 1 E-Commerce-Richtlinie direkt an. Dieser setzt durch Verwendung des Terminus „von einem Nutzer eingegebene Informationen" ebenfalls eine vollumfängliche Haftung für eigene Inhalte voraus. Für alle fremden Inhalte haftet der Anbieter hingegen dann nicht, wenn er lediglich als rein technischer und automatischer Vermittler handelt. Für die Haftungsfreistellung erforderlich ist ferner, dass der Anbieter keine aktive Rolle einnimmt, die ihm eine Kenntnis der Daten oder eine Kontrolle über sie verschaffen kann. Die Einschätzung, wann diese Voraussetzung erfüllt ist, unterliegt der nationalen Gerichtsbarkeit. Vgl. dazu insbesondere EuGH v. 12.07.2011 – C-324/09 – MMR 2011, 596, 602.

die Rechtslage für ihn wesentlich vorteilhafter aus, wenn die rechtswidrigen Inhalte lediglich als so genannte Fremdinhalte einzuordnen sind: Hier greift zu seinen Gunsten das Haftungsprivileg des § 10 TMG ein, nachdem es für eine Haftung insbesondere auf die Kenntnis des Anbieters ankommt und der Anbieter zu einem unverzüglichen Vorgehen nach Kenntniserlangung verpflichtet wird.[143] Kenntnis setzt in diesem Zusammenhang kumulativ sowohl die positive Kenntnis von dem betroffenen Inhalt als auch von dessen Rechtswidrigkeit voraus, wie der EuGH[144] und ihm folgend auch der BGH klarstellten.[145] Wann noch eine rechtzeitige Reaktion vorliegt, kann nicht verallgemeinert werden; je nach Erforderlichkeit einer rechtlichen Prüfung erscheint es interessengerecht, auf einen Zeitraum von 24 Stunden bis zu einer Woche abzustellen.[146]

Maßgeblich ist nach ständiger Rechtsprechung des BGH daher die Abgrenzung zwischen eigenen und fremden Inhalten des Betreibers. Zu den eigenen Inhalten zählen zumindest alle Spiel- bzw. Spiele-Community-Inhalte, die der Spieleanbieter selbst erstellt und veröffentlicht.

64   Darüber hinaus können aber auch Inhalte, die von Usern erstellt und in das Portal eingestellt werden, als eigene Inhalte des Betreibers einzuordnen sein. Voraussetzung dafür ist, dass der Betreiber sich diese Inhalte zu eigen macht.[147] Ein Zueigenmachen liegt vor, wenn sich der Webseitenbetreiber aus der Sicht eines durchschnittlich informierten, verständigen Durchschnitts-Users mit den fremden Inhalten identifiziert und für diese einstehen will.[148] Abzustellen ist auf eine wertende Betrachtung aller Umstände des Einzelfalls, in die insbesondere die Art der Übernahme der Inhalte, ihr Zweck und die konkrete Präsentation der fremden Daten einzubeziehen sind.[149] Bejaht wurde es im Fall einer im Internet angebotenen Rezeptsammlung, bei der der Betreiber die von den Usern zur Verfügung gestellten Rezepte vor der Veröffentlichung überprüfte. In dieser Entscheidung stellte der BGH auch klar, dass insbesondere die Einräumung von umfassenden Nutzungsrechten ein bedeutendes Indiz für ein Zueigenmachen darstellt.[150] Ebenso bejaht wurde die Einordnung als eigener Inhalt des Anbieters im Fall eines Online-Rotlichtführers,[151] bei dem der Anbieter nach außen als „der Rotlichtführer" auftrat und sich ebenfalls an allen eingestellten Texten und Bildern ein uneingeschränktes Nutzungsrecht hatte einräumen lassen. Es exis-

---

143 Hintergrund der Regelung ist der Zweck der Art. 12 bis 15 E-Commerce-Richtlinie, nach denen die nationalen Gesetzgeber der EU-Mitgliedstaaten angehalten sind, zumindest für den Bereich der Schadensersatzhaftung Erleichterungen für Internetprovider zu entwickeln.

144 EuGH v. 23.03.2010 – Rs. C-236/08, C-237/08, C-238/08 – MMR 2010, 315, 315.

145 BGH v. 29.04.2010 – I ZR 69/08 – GRUR 2010, 628; ausführlich dazu *Fitzner*, MMR 2011, 83, 83.

146 *Krüger/Apel*, MMR 2012, 144, 145 m. w. N.

147 BT-Drs. 14/6098, S. 3 f.

148 BGH v. 30.06.2009 – VI ZR 210/08 – GRUR 2009, 1093, 1094; *Köhler*, in: Köhler/Bornkamm, UWG, 29. Aufl. 2011, § 8 Rn. 2.27; vgl. für die Haftung für Hyperlinks: BGH v. 18.10.2007 – I ZR 102/05 – GRUR 2008, 534.

149 OLG Hamburg v. 10.12.2008 – 5 U 224/06 – ZUM 2009, 642, 648; OLG Köln v. 28.05.2002 – 15 U 221/01 – MMR 2002, 548, 548 m. w. N.

150 BGH v. 12.11.2009 – I ZR 166/07 – GRUR 2010, 616, 616.

151 LG Köln v. 09.04.2008 – 28 O 690/07 – ZUM-RD 2008, 437 (nicht bestandskräftig).

tieren zahlreiche weitere Entscheidungen,[152] in denen die Gerichte aufgrund der Einzelfallumstände ein Zueigenmachen bejahten.

In Abgrenzung dazu liegt ein bloßes Fremdangebot vor, wenn der Webseitenbetreiber den Usern lediglich eine Plattform für ihre Inhalte zur Verfügung stellt.[153] So wurde in einer Entscheidung[154] im Fall einer Musik-Download-Plattform von bloßen Fremdinhalten ausgegangen, da die Musikdateien weder mit einem eigenen Logo des Anbieters versehen, noch als wesentliches Element seines Angebots einzustufen waren.

Für nutzergenerierte Inhalte im Rahmen vom Online-Spielen ergibt sich daher folgende Einschätzung: Je weniger der Portalbetreiber beispielsweise durch Vorgabe von Themen oder durch lenkende Beiträge Einfluss auf die nutzergenerierte Diskussion zu nehmen versucht, desto besser steht er in haftungsrechtlicher Hinsicht da. Insbesondere sollten vom Nutzer erstellte Spielmodifikationen wie Charaktere, Level oder andere Items nicht durch den Spielbetreiber angepasst werden oder einem Freigabeverfahren unterzogen werden. Abzuraten ist dringend davon, eine vorherige Kontrolle der Inhalte zu versprechen. Ferner nachteilig auswirken kann sich die Einräumung von auffällig vielen Nutzungsrechten in den AGB. 65

---

152 OLG Hamburg v. 10.12.2008 – 5 U 224/06 – ZUM 2009, 642, 642; OLG Köln v. 28.05.2002 – 15 U 221/01 – MMR 2002, 548, 548; OLG Düsseldorf v. 04.10.2001 – 2 U 48/01 – NJW-RR 2002, 910, 910; LG Düsseldorf v. 14.08.2002 – 2a O 312/01 – http://www.justiz.nrw.de/nrwe/lgs/duesseldorf/lg_duesseldorf/j2002/2a_O_312_01urteil20020814.html (18.12.2012); OLG München v. 03.02.2000 – 6 U 5475/99 – MMR 2000, 617, 618.
153 BGH v. 30.06.2009 – VI ZR 210/08 – GRUR 2009, 1093, 1093.
154 OLG Hamburg, Urteil v. 29.09.2010 – 5 U 9/09 – MMR 2011, 49, 50.

Kapitel 7

Unerlaubtes Glücksspiel/
Geschicklichkeitsspiele

1. Einleitung

Computerspiele kennen viele Ausdrucksformen. Genauso vielfältig sind die Be- 1
weggründe und Motive, die Spieler zur Spielteilnahme veranlassen. Computerspiele, die online über das Internet gespielt werden können, erfreuen sich in der
Regel wegen der Abwechslung, Unterhaltung oder – bei Multiplayer-Games –
wegen des Wettbewerbs mit anderen Teilnehmern großer Beliebtheit. Es gibt
aber auch Fälle, in denen nicht das Spiel selbst, sondern vornehmlich der in
Aussicht gestellte Gewinn die zentrale Motivation für eine Spielteilnahme darstellt. Sofern der Gewinn vom Zufall abhängig ist und der Spieler zu dessen Erlangung einen Einsatz leisten muss, liegt ein Glücksspiel vor, dessen öffentliche Veranstaltung in Deutschland nur mit einer behördlichen Erlaubnis zulässig
ist. Ohne eine Genehmigung, deren Erteilung an private Anbieter aufgrund der
weitreichenden Monopolisierung durch die Länder entweder ausgeschlossen ist
oder erheblichen Beschränkungen unterliegt, ist die Veranstaltung von Glücksspielen sowohl nach den §§ 284, 287 StGB strafbar als auch nach § 4 Abs. 1 des
Staatsvertrags zum Glücksspielwesen in Deutschland (GlüStV) verboten. Die
straf- und ordnungsrechtlichen Verbote werden durch wettbewerbsrechtliche
Sanktionen wegen Verstößen gegen §§ 3, 4 Nr. 11 UWG flankiert.

Trotz der Restriktionen werden auf dem deutschen Glücksspielmarkt erhebliche 2
Umsätze erzielt. Im Jahr 2009 betrugen sie etwa 25 Milliarden Euro.[1] Der vom
Umsatz zu unterscheidende Bruttospielertrag, d. h. die Differenz zwischen den
Spieleinsätzen und den Gewinnauszahlungen, wird zurzeit auf rund 10,3 Mil-
liarden Euro geschätzt, von denen 8,6 Milliarden Euro dem staatlich regulier-
ten und 1,7 Milliarden Euro dem unregulierten Grau- bzw. Schwarzmarkt zuzuordnen sind.[2] Insbesondere das interaktive Online-Glücksspiel hat enorm an
Bedeutung gewonnen. Durch Fernübertragung und elektronische Zahlungs-
systeme sind Spielwillige in Deutschland in der Lage, unmittelbar Einsätze bei
Veranstaltern aus allen Teilen der Welt zu leisten, bei denen die eingegebenen
Daten über automatisierte Computerprogramme verarbeitet und die Gewinne
– bei Eintreten des ungewissen Ereignisses – wieder an die Spieler ausgekehrt
werden. Im Internet existieren sowohl reine Casinoangebote, bei denen Gelegenheit zu klassischem Roulette, Black Jack und Spielen an virtuellen Slot Machines (sog. „einarmige Banditen") geboten wird, als auch solche für Pokerspie-
le, Sportwetten und Lotterien. Mittlerweile beschränken sich viele Veranstalter
nicht auf einzelne Glücksspiele, sondern bieten alle gängigen Spielarten in Gestalt des „One-Shop-Gambling" an. Selbst in der virtuellen Welt von „Second
Life" wurden Casinos eröffnet, bis sich der Betreiber „LindenLab" veranlasst
sah, sie zur Vermeidung rechtlicher Konsequenzen zu verbieten.[3]

Aber nicht alle Spiele mit Gewinnaussicht, die gegen Geld gespielt werden kön- 3
nen, sind Glücksspiele. Im Internet sind auch sog. „Skill Games" zugänglich,
die regelmäßig nicht vom „Glück" (d. h. vom Zufall), sondern überwiegend von

---

1   *Meyer,* in: Jahrbuch Sucht 2009, 2009, S. 136 ff.
2   *Goldmedia GmbH,* Glücksspielmarkt Deutschland 2015, Key Facts zur Studie, 2010,
     S. 6.
3   Spiegel Online, 26.07.2009 – http://www.spiegel.de/netzwelt/spielzeug/0,1518,496611,
     00.html (22.04.2013).

der Geschicklichkeit des Spielers bestimmt sind.[4] Auch Unterhaltungsspiele mit unerheblichen Einsätzen oder unbedeutenden Gewinnen, die nicht unter den Glücksspielbegriff fallen, eröffnen Spielräume, die nach überwiegender Meinung nicht durch das restriktive Regime des GlüStV eingeengt werden.

2. Das Regelungssystem des Glücksspielrechts

2.1 Vorbemerkung

4   Das Glücksspielrecht in Deutschland gehört wohl zu den umstrittensten Materien der jüngeren Rechtsgeschichte.[5] Zum einen kollidieren die hinter dem (Internet-) Glücksspiel stehenden wirtschaftlichen Interessen mit der restriktiven Haltung der Bundesländer, die auf Grundlage des GlüStV (bzw. der dazu in jedem Land erlassenen Ausführungsgesetze) und landesrechtlicher Spielbankgesetze die Veranstaltung von Glücksspielen allein den Ländern oder nur einer beschränkten Zahl von Konzessionsnehmern vorbehalten. Zum anderen stehen weitere Teilbereiche des Glücksspiels – namentlich das gewerbliche und das als besonders suchtgefährdend geltende Automatenspiel nach §§ 33 c ff. GewO sowie die nach dem Rennwett- und Lotteriegesetz (RennwLottG) veranstalteten Pferdewetten – auf bundesrechtlicher Grundlage auch Privaten offen.

5   Die Wahrnehmung der unterschiedlichen Gesetzgebungskompetenzen durch den Bund (für das Straf- und Gewerberecht) und durch die Länder (für das Recht der öffentlichen Sicherheit und Ordnung) hat zur Folge, dass die einzelnen Spielformen unterschiedlichen, unvollständigen und teilweise sogar widersprüchlichen Regelungen unterworfen sind, die bis dato einer schlüssigen und kohärenten Glücksspielregulierung im Wege standen.

6   Hinzu kommt, dass die Regelungsmaterie in den letzten Jahren durch eine kaum noch zu überblickende Anzahl uneinheitlicher und kollidierender Gerichtsurteile geprägt wurde. Ausgangspunkt für Auseinandersetzungen an deutschen Gerichten war das Gambelli-Urteil des EuGH vom 06.11.2003, in dem das Gericht Beschränkungen des grenzüberschreitenden Dienstleistungsverkehrs von Glücksspielen nur dann für zulässig erachtete, wenn die zur Rechtfertigung der Beschränkungen angeführten Ziele (in dem Fall die Eindämmung der Spielsucht) tatsächlich „kohärent und systematisch" verfolgt werden.[6] Im Urteil vom 28.03.2006 hat das BVerfG den Gedanken aufgegriffen und entschieden, dass das unter der Geltung des damaligen Lotteriestaatsvertrages errichtete Glücksspielmonopol in Bayern nicht mit der in Art. 12 Abs. 1 GG gewährleisteten Berufsfreiheit vereinbar war, weil es nicht konsequent am Ziel der Sucht-

---

4   Vgl. z.B. „King.com" oder „Gameduell".

5   Wegen der finanziellen und sozialen Implikationen für den Spieler und nicht zuletzt in Anbetracht der Gewinnaussicht für den Veranstalter wird seit jeher darum gestritten, wie mit Glücksspielen umzugehen ist. Meist hat sie der Staat einem restriktiven Regelungssystem unterworfen, welches die Veranstaltung allein dem Staat vorbehielt und/ oder sie auf bestimmte Orte beschränkte. Zur Geschichte vgl. *Kolb*, Die Veranstaltung von Glücksspielen, Diss. Baden-Baden 2009, Seite 26 ff.

6   EuGH v. 06.11.2003 – C-243/01 – Slg. 2003, I-13031, (Gambelli) = NJW 2004, 139, 140 f.

bekämpfung ausgerichtet war.[7] Der daraufhin von den Ländern erlassene und am 01.01.2008 in Kraft getretene GlüStV sollte zwar den Vorgaben des BVerfG Rechnung tragen, aber auch seine Tage waren gezählt. Spätestens nachdem der EuGH am 08.09.2010 in drei Grundsatzurteilen[8] seine bisherige Rechtsprechung dahingehend spezifiziert hat, dass ein deutsches Gericht, das mit der Prüfung der Vereinbarkeit mit dem Gemeinschaftsrecht befasst ist, bei der Kohärenzprüfung nicht nur den jeweiligen Glücksspielsektor, sondern die gesamte nationale Glücksspielpolitik zu bewerten habe, und ein nationales Monopol nicht gerechtfertigt werden könne, wenn die mit der Monopolwahrnehmung betrauten Unternehmen entgegen der Monopolzwecksetzung der Suchtbekämpfung intensive Werbekampagnen durchführten, ließen sich die Beschränkungen des GlüStV in der alten Fassung kaum noch rechtfertigen.

Die Bundesländer haben daraufhin den GlüStV mit Wirkung zum 01.07.2012 überarbeitet. Das Land Schleswig-Holstein, in dem bereits zum 01.01.2012 ein deutlich liberaleres Glücksspielgesetz in Kraft getreten war, hat seinen Sonderweg durch Beitritt zum GlüStV der anderen 15 Bundesländer mittlerweile beendet[9]. Die Novelle sieht insbesondere die Einführung einer Experimentierklausel vor, in deren Rahmen bis zu 20 Konzessionen für die Veranstaltung von Sportwetten vergeben werden können, sowie Lockerungen im Bereich des Internetvertriebs und der Werbebeschränkungen. Es bleibt aber weiter unklar, ob mit dem neuen GlüStV in die leidenschaftliche Diskussion um das Glücksspielrecht Ruhe einkehrt. Die privaten Veranstalter hatten eine deutlich weitergehende Liberalisierung ohne zahlenmäßige Beschränkung der Konzessionen, eine wettbewerbsfähigere Besteuerung und die Freigabe von Poker- und Casinospielen im Internet gefordert. Daher werden die zukünftigen Verfahren im Zusammenhang mit nicht zugelassenen Glücksspielangeboten zeigen, ob sich der neue GlüStV im Spannungsfeld der in Art. 49 und Art. 56 AEUV gewährten Niederlassungs- und Dienstleistungsfreiheit und der in Art. 12 Abs. 1 GG garantierten Berufsfreiheit behaupten kann.

7

2.2 Zulässigkeit von Glücksspielen, § 284 StGB, § 4 Abs. 1 GlüStV

Die zentrale (Verbots-)Norm des Glücksspielrechts ist § 284 Abs. 1 StGB.[10] Danach macht sich strafbar, wer ohne behördliche Erlaubnis ein Glücksspiel veranstaltet oder die Einrichtungen dazu bereithält. Hinsichtlich der Frage nach dem geschützten Rechtsgut wird in Rechtsprechung und Literatur ein breites Mei-

8

---

7   BVerfG v. 28.03.2006 – 1 BvR 1054/01 – NJW 2006, 1261 ff.

8   EuGH v. 08.09.2010 – C-409/06 (Winner Wetten) – NVwZ 2010, 1419 ff.; EuGH v. 08.09.2010 – C-48/08 (Carmen Media) – NVwZ 2010, 1422 ff.; EuGH v. 08.08.2010 – C-316, 358, 359, 360, 409, 419/07 (Markus Stoß) – NVwZ 2010, 1409 ff.

9   Der BGH hat zahlreiche im Zusammenhang mit dem Glücksspielgesetz Schleswig-Holstein stehende Rechtsfragen dem EuGH vorgelegt, insb. ob die bereits in Schleswig-Holstein erteilten Glücksspiellizenzen der Kohärenz des GlüStV entgegenstehen, vgl. BGH v. 24.01.2013 – I ZR 171/10 – MMR-Aktuell 2013, 342156.

10 § 287 StGB enthält eine fast inhaltsgleiche Vorschrift für Lotterien und Ausspielungen.

nungsspektrum[11] vertreten. Nach der Gesetzesbegründung hat die Norm den Zweck, *„eine übermäßige Anregung der Nachfrage zu Glücksspielen zu verhindern, durch staatliche Kontrolle einen ordnungsgemäßen Spielablauf zu gewährleisten, eine Ausnutzung des natürlichen Spieltriebs zu privaten und gewerblichen Gewinnzwecken zu unterbinden und einen nicht unerheblichen Teil der Einnahmen aus Glücksspielen zur Finanzierung gemeinnütziger Zwecke heranzuziehen."*[12] Nach den Urteilen des BVerfG und des EuGH scheidet jedoch die Berufung auf fiskalische Zwecke aus.[13] Offen bleibt auch, warum der Spieltrieb nicht durch Private wirtschaftlich nutzbar gemacht werden sollte.[14] Am nächsten liegt noch, die Legitimation wegen der gerade bei Casinospielen bestehenden Suchtgefahr[15] in der Spielsuchtprävention sowie in der Manipulationsbekämpfung zu suchen.

§ 4 Abs. 1 GlüStV enthält ein entsprechendes Verbot mit Erlaubnisvorbehalt von öffentlichen Glücksspielen, welches neben der Veranstaltung – anders als § 284 StGB – auch die Vermittlung von Glücksspielen umfasst.

2.2.1 Anwendbarkeit auf Internetangebote aus dem Ausland

9 Angesichts des großen Grau- bzw. Schwarzmarktes im Internet stellt sich oft die Frage, ob § 284 StGB und die Regelungen des GlüStV auch auf ausländische Onlineangebote anwendbar sind.

Das deutsche Strafrecht gilt nach dem Territorialitätsprinzip gemäß § 3 i. V. m. § 9 Abs. 1 StGB nur für Taten, die im Inland begangen werden. Nach den verschiedenen Varianten des § 9 StGB kommt regelmäßig kein deutscher Handlungsort, sondern nur ein deutscher Erfolgsort in Betracht (vgl. § 9 Abs. 1 Alt. 3 StGB). Die herrschende Meinung nimmt einen solchen dann an, wenn das ausländische Internetangebot nicht nur eine Beteiligungsmöglichkeit im Inland einräumt, sondern es sich zusätzlich gezielt an deutsche Kunden richtet. Letzteres ist insbesondere dann der Fall, wenn es unter einer deutschen Top-Level-Domain („de") betrieben wird, in deutscher Sprache verfasst ist und Zahlungsmodalitäten an deutsche Kunden eingeräumt werden.[16]

Während also auf strafrechtlicher Ebene die bestimmungsgemäße Ausrichtung des Angebots relevant ist, haben die Landesgesetzgeber in Bezug auf die Anwendbarkeit des GlüStV einfach in § 3 Abs. 4 GlüStV bestimmt, dass ein Glücksspiel dort veranstaltet und vermittelt wird, wo die Teilnahme eröffnet wird.

---

11 Für eine Übersicht siehe *Eser/Heine*, in: Schönke/Schröder, Strafgesetzbuch, 27. Aufl. 2006, § 284 StGB, Rn. 2.

12 BT-Drs. 13/8587, 67.

13 BVerfG v. 28.03.2006 – 1 BvR 1054/01 – NJW 2006, 1261 ff.; EuGH v. 06.11.2003 – C-243/01 – Slg. 2003, I-13031, (Gambelli) = NJW 2004, 139 ff.

14 *Beckember*, in: Heintschel-Heinegg, StGB-Kommentar, 1. Aufl. 2010, § 284, Rn. 5.

15 Siehe dazu *Kolb*, Die Veranstaltung von Glücksspielen, Diss. Baden-Baden 2009, Seite 104 ff.

16 *Marberth-Kubicki*, Computer- und Internetstrafrecht, 1. Aufl. 2010, Rn. 211; siehe auch den Abschnitt zu „Auslandssachverhalte" in Kapitel 8.

2.2.2 Glücksspielbegriff

Da § 284 Abs. 1 StGB die Frage unbeantwortet lässt, unter welchen Vorausset-   10
zungen ein Glücksspiel vorliegt, hat es die Rechtsprechung schon früh als ein
Spiel[17] definiert, bei dem für den Erwerb einer Gewinnchance ein nicht nur unerheblicher Einsatz verlangt wird und die Entscheidung über den Gewinn oder
Verlust nicht wesentlich von den Fähigkeiten und Kenntnissen der Spieler abhängt, sondern überwiegend vom Zufall.[18]

Mit Einführung des Staatsvertrages zum Lotteriewesen in Deutschland (LottStV)[19]   11
im Jahr 2004 haben die Länder in § 3 Abs. 1 LottStV eine Legaldefinition eingeführt, die unverändert in § 3 Abs. 1 Satz 1 GlüStV übernommen wurde. Danach
liegt ein Glücksspiel vor, wenn *„im Rahmen eines Spiels für den Erwerb einer*
Gewinnchance ein Entgelt verlangt wird und die Entscheidung über den Ge-
winn ganz oder überwiegend vom Zufall abhängt." Die von der Rechtsprechung
zu § 284 StGB entwickelten Kriterien und die in § 3 Abs. 1 Satz 1 GlüStV verwendete Definition ähneln sich insoweit, als bei beiden als konstitutive Elemente für die Annahme eines Glücksspiels die Zufallsabhängigkeit und das Leisten
eines Vermögenseinsatzes vorausgesetzt werden. Neuerdings ist allerdings umstritten, ob der Glücksspielbegriff wegen der Verwendung der unterschiedlichen
Begriffe „Entgelt" und „Einsatz" deckungsgleich ist.

2.2.2.1 Zufall oder Geschicklichkeit

Maßgeblich ist zunächst, ob der Ausgang des Spiels überwiegend vom Zufall   12
abhängig ist. Das ist der Fall, wenn der Eintritt der entscheidenden Ereignisse
das Ergebnis eines unberechenbaren, d. h. dem steuernden Einfluss der Mitspieler ganz oder im Wesentlichen entzogenen Kausalverlaufs ist.[20]

Im Umkehrschluss liegt ein erlaubtes Geschicklichkeitsspiel vor, wenn die Entscheidung über Gewinn und Verlust maßgeblich (d. h. über 50 %) von den geistigen und körperlichen Fähigkeiten bzw. dem Geschick bestimmt wird, wie es z. B.
bei Schach oder Wissensspielen der Fall ist.[21] In der Praxis ist indes die Trenn-
schärfe dieser Abgrenzungsmerkmale gering, da bei vielen Spielen sowohl Zu-
falls- als auch Geschicklichkeitselemente für den Erfolg ausschlaggebend sein
können. Die Grenze zu einem Glücksspiel kann z. B. dann überschritten sein,
wenn ein Spiel, das im Grunde den Merkmalen eines Geschicklichkeitsspiels
entspricht, an die individuellen Fähigkeiten so hohe Anforderungen stellt, dass

---

17   Wetten gehören grundsätzlich nicht zu den Spielen, weil bei ihnen auf der subjekti-
     ven Seite nicht die Erlangung eines Vermögenswertes, sondern die Erledigung eines
     Meinungsstreits im Vordergrund steht, vgl. § 762 BGB. Die Sportwette wird aber all-
     gemein als Glücksspiel qualifiziert, siehe hierzu sogleich unter Ziffer 2.2.2.1.
18   BGH v. 18.04.1952 – 1 StR 739/51 BGHSt 2, 274; BGH v. 29.09.1986 – 4 StR 148/86
     – BGHSt 34, 171, 176; *Groeschke/Hohmann*, in: Münchener Kommentar zum StGB,
     1. Aufl. 2006, § 284, Rn. 5.
19   Mit dem Inkrafttreten des GlüStV ist der vormalige Staatsvertrag zum Lotteriewesen
     in Deutschland v. 18.12.2003/13.02.2004 (Lotteriestaatsvertrag) außer Kraft getreten.
20   BGH v. 07.02.1952 – 3 StR 331/51 – BGHSt 2, 139, 140; BGH v. 26.01.1956 – 3 StR
     405/55 – BGHSt 9, 39, 41 = NJW 1956, 639 f.
21   *Eser/Heine*, in: Schönke/Schröder, Strafgesetzbuch, 27. Aufl. 2006, § 284 StGB, Rn. 4;
     Dietlein, in: Dietlein/Hecker/Ruttig, Glücksspielrecht, 1. Aufl. 2008, § 3 GlüStV, Rn. 4.

sie dem Zufall gleichgestellt werden können.[22] Im Bereich der Telefongewinnspiele im Rundfunk, bei denen der Erfolg meist von der richtigen Beantwortung einer Wissens- oder Rätselfrage abhängig ist, wird diskutiert, ob die davor geschaltete zufällige Anruferauswahl im Wege einer Gesamtbetrachtung den Charakter als Geschicklichkeitsspiel entfallen lässt.[23] Umgekehrt kann ein Spiel im Gewand eines Glücksspiels daherkommen, hinsichtlich der Spielmodalitäten aber so gestaltet sein, dass es im Ergebnis als Geschicklichkeitsspiel anzusehen ist.

13 Selbst über die Einordnung der populärsten Spiele besteht oftmals Uneinigkeit. Besonders bei der Sportwette wurde lange diskutiert, ob der Gewinn anhand der überall zugänglichen Informationen über die jeweilige Sportart nicht überwiegend von den Kenntnissen des Teilnehmers beeinflusst werden kann.[24] Da die Informationen dem Veranstalter aber in der Regel mindestens ebenso geläufig sind, lässt sich der Wert solcher Informationen nur schwer belegen. Entscheidend ist, dass eine Sportveranstaltung durch eine Reihe von Faktoren beeinflusst wird (Verletzungen, Wetter, Platzverweise etc.), die dem Einfluss des Teilnehmers entzogen sind, so dass die Sportwette von der herrschenden Meinung als Glücksspiel qualifiziert wird.[25] Diese Einschätzung wird nun auch ausdrücklich in § 3 Abs. 1 Satz 3 GlüStV bestätigt.

14 Im Zuge des „Pokerbooms" der vergangenen Jahre wird zudem die Frage nach der Glücksspielqualität des Pokerns neu gestellt.[26] Das Reichsgericht hatte in einem frühen Urteil entschieden, es als Glücksspiel einzuordnen,[27] worauf Rechtsprechung und Literatur seither in pauschaler Weise Bezug nehmen. Richtig ist aber, hinsichtlich jeder Pokervariante (Texas Hold'em, Draw Poker etc.) danach zu differenzieren, ob das Glücks- oder Geschicklichkeitselement überwiegt.

15 Bei Spielen, die sowohl Geschicklichkeits- als auch Zufallselemente beinhalten, muss der Spielcharakter also stets durch eine wertende Einzelfallbetrachtung ermittelt und im Zweifelsfall durch einen Gutachter festgestellt werden.[28] Sofern sich die individuellen Fähigkeiten der Spielteilnehmer unterscheiden, ist als Maßstab nicht auf die kundigsten oder unkundigsten Spieler, sondern allein auf die durchschnittlichen Fähigkeiten der Spieler abzustellen.[29]

---

22 VG Wiesbaden v. 10.10.1995 – 5/3 E 3W/94 – BeckRS 1995, 31328907.

23 Vgl. *Hecker/Ruttig*, GRUR 2005, 393, 397; a. A. wohl *Härtenstein/Ring/Kreile/Dörr/ Stettner*, Rundfunkstaatsvertrag Kommentar, § 8 a RStV, Rn. 5 (Stand 11/2010). Ein ähnliches Problem stellt sich bei Hausverlosungen im Internet, bei denen zunächst Lose verkauft und erst anschließend Fragen aus dem Bereich des Allgemeinwissens gestellt werden, vgl. das Beispiel bei *Sterzinger*, NJW 2009, 3690, 3691.

24 Siehe z. B. AG Karlsruhe-Durlach v. 13.07.2000 – 1 Ds 26 Js 31893/98 – NStZ 2001, 254, 255.

25 BGH v. 28.11.2002 – 4 StR 260/02 – NStZ 2003, 372, 373; OLG Köln v. 22.10.1999 – 6 U 53/98 – GRUR 2000, 538 ff; *Rosenau*, in: Satzger/Schmidt/Widmaier, StGB-Kommentar, 1. Aufl. 2009, § 284, Rn. 5.

26 Vgl. z. B. *Holznagel*, MMR 2008, 439 ff.

27 RG, NW 1906, 789.

28 In Strafverfahren werden Gutachten über den Charakter nichtmechanischer Spiele (d. h. Glücks- oder Geschicklichkeitsspiele) vom Bundeskriminalamt erstellt, vgl. RiStBV Nr. 240.

29 BGH v. 28.11.2002 – 4 StR 260/02 – NStZ 2003, 372, 373; *Eser/Heine*, in: Schönke/ Schröder, Strafgesetzbuch, 27. Aufl. 2006, § 284 StGB, Rn. 4.

2.2.2.2 Einsatz eines (erheblichen) Vermögenswertes

Neben der (überwiegenden) Zufallsabhängigkeit setzt § 284 Abs. 1 StGB voraus, dass für die Erlangung einer Gewinnchance ein Einsatz geleistet wurde. Darunter ist jede Leistung zu verstehen, die in der Hoffnung erbracht wird, im Falle des Gewinnens eine gleiche oder höherwertige Leistung zu erhalten, oder die im Falle des Verlierens dem Veranstalter zufließt.[30] Ferner muss der Gewinn einen nicht nur unbedeutenden Vermögenswert darstellen und der Spieler ein nicht nur unerhebliches Vermögensopfer erbringen, um an der Gewinnchance teilzuhaben. Ansonsten liegt ein Unterhaltungsspiel vor, welches nach überwiegender Meinung eine strafrechtliche Sanktion nicht legitimieren kann.[31]

16

Vom Einsatz sind zunächst Aufwendungen zu unterscheiden, die nicht unmittelbar für die Erlangung einer Gewinnchance geleistet wurden, auch nicht in Form von verdeckten Einsätzen. Dazu zählen insbesondere reine Spielberechtigungsbeiträge (z. B. der Eintritt in ein Casino), Porto- und Telefonkosten (aber nur hinsichtlich des Transport-, nicht aber des dem Veranstalter zufließenden Gewinnanteils), weil sie von vorneherein verloren sind und in keiner Beziehung zur Gewinnchance stehen.[32] Bei Einräumung einer kostenlosen Teilnahmealternative an demselben Spiel – z. B. durch Versenden einer Postkarte – kann der Einsatz entfallen.[33]

17

2.2.2.2.1 Erheblichkeitsgrenze

Da aus § 284 Abs. 1 StGB nicht die Mindesthöhe eines Einsatzes hervorgeht, musste sie durch Rechtsprechung und Literatur bestimmt werden. Allerdings ist es bisher nicht gelungen, die Erheblichkeitsgrenze dogmatisch überzeugend zu entwickeln. Zum Teil wird an dieser Stelle auf Urteile aus den fünfziger Jahren rekurriert und nach Berücksichtigung der Teuerungsrate der heutige Wert ermittelt.[34] Umstritten ist auch, ob hinsichtlich der Erheblichkeit nur auf die allgemeine Verkehrsanschauung[35] abzustellen ist, ob zusätzlich auch die individuellen Vermögensverhältnisse der Spieler zu berücksichtigen sind,[36] oder ob als Vergleichsmaßstab (auch) nach den Kosten alternativer Unterhaltungsmöglichkeiten gefragt werden muss.[37] In Anlehnung an gerichtliche und aufsichtliche Entscheidungen zu Gewinnspielen im Rundfunk hat sich jedenfalls allgemein durchgesetzt, dass ein Vermögensopfer von bis zu 50 Cent pro Teilnahme im

18

---

30 BGH v. 29.09.1986 – 4 StR 148/86 – NJW 1987, 851, 852.

31 *Eser/Heine*, in: Schönke/Schröder, Strafgesetzbuch, 27. Aufl. 2006, § 284 StGB, Rn. 6.

32 *Rosenau*, in: Satzger/Schmidt/Widmaier, StGB-Kommentar, 1. Aufl. 2009, § 284, Rn. 6; *Kolb*, Die Veranstaltung von Glücksspielen, Diss. Baden-Baden 2009, Seite 51 f.; AG München v. 04.11.2010 – 1125 OWi 250 Js 236035/09.

33 *Fischer*, Strafgesetzbuch Kommentar, 57. Aufl. 2010, § 284 StGB, Rn. 6; a. A. aber *Dietlein*, in: Dietlein/Hecker/Ruttig, Glücksspielrecht, 1. Aufl. 2008, § 3 GlüStV, Rn. 3.

34 So werden zum Teil noch Einsätze in Höhe von 2,50 € oder zwischen 0,18 € und 1,89 € als unerheblich angesehen, vgl. *Eichmann/Sörup*, MMR 2002, 142, 145; *Kleinschmidt*, MMR 2004, 654, 657.

35 RGSt 6, 70, 74; OLG Köln v. 19.02.1957 – Ss 417/56 – NJW 1957, 721 f.; *Rosenau*, in Satzger/Schmidt/Widmaier, StGB-Kommentar, 1. Aufl. 2009, § 284, Rn. 5.

36 BayOLG v. 21.09.1956 – 3 St 291/55 – GA 1956, 385 f.

37 *Groeschke/Hohmann*, in: Münchener Kommentar zum StGB, 1. Aufl. 2006, § 284, Rn. 8.

Sinne einer Untergrenze noch nicht als erheblicher Einsatz im Sinne des § 284 StGB anzusehen ist.[38] Das gilt auch, wenn der Veranstalter innerhalb der wettbewerbsrechtlich zulässigen Grenzen die Möglichkeit der Mehrfachteilnahme einräumt.[39]

2.2.2.2.2 Gewinnspiele in Rundfunk und Telemedien

19 Mit Wirkung zum 01.09.2008 haben die Bundesländer den neuen § 8 a RStV eingeführt, wonach Gewinnspielsendungen und Gewinnspiele im Rundfunk zulässig sind, wenn für die Teilnahme nur ein Entgelt von bis zu 50 Cent verlangt wird. Die Klarstellung entspricht der bisherigen Rechtsprechungslinie und langjährigen Aufsichtspraxis über TV-Gewinnspiele, für die man mit dem 10. Rundfunkänderungsstaatsvertrag einen medienrechtlichen Ordnungsrahmen schaffen wollte.[40]

20 Mit der Regelung des § 58 Abs. 3 RStV (jetzt: § 58 Abs. 4 RStV) wurde der Anwendungsbereich zudem auf Gewinnspiele in an die Allgemeinheit gerichteten Telemedien erweitert. Aufgrund der Kompetenzabgrenzung zwischen Bund und Ländern meint § 58 Abs. 4 RStV allerdings nur Telemedien im Sinne des § 1 Abs. 1 Satz 1 TMG, die vom ehemaligen Anwendungsbereich des Mediendienste-Staatsvertrages („MDStV") erfasst waren, z. B. elektronische Presse oder andere an die Allgemeinheit gerichtete Informations- und Unterhaltungsangebote. Damit dürfte die Anwendung von § 8 a RStV nur in Bezug auf Telemedien nicht in Betracht kommen, die vor allem der Individualkommunikation dienen und nicht einmal ein Mindestmaß an redaktionellem Gehalt aufweisen.[41]

21 Seither wird kontrovers diskutiert, ob mit § 8 a RStV eine allgemeine, zumindest aber für die Bereiche Rundfunk und Telemedien verbindliche Erheblichkeitsgrenze geschaffen wurde. Von einer Seite wird vor allem darauf verwiesen, dass § 3 Abs. 1 Satz 1 GlüStV ein anderer Glücksspielbegriff zugrunde liege, da im Gegensatz zu § 284 Abs. 1 StGB nicht von einem Einsatz, sondern von einem „Entgelt" gesprochen werde. Da der Gesetzgeber von einer Definition des Begriffs Entgelt abgesehen habe, könne nur vom allgemeinen Begriffsverständnis ausgegangen werden. Danach sei unter einem Entgelt jede Gegenleistung – unabhängig von der Höhe – zu verstehen, welche anders als in § 284 Abs. 1

---

38 *Fischer*, Strafgesetzbuch Kommentar, 57. Aufl. 2010, § 284 StGB, Rn. 5; LG Freiburg v. 12.05.2005 – 3 S 308/04 – MMR 2005, 547, 547; OLG München v. 22.12.2005 – 6 W 2181/05 – MMR 2006, 225 f.; *Hambach/Münstermann*, K&R 2009, 457, 460; *Boley*, MMR 2009, 669, 670.

39 OLG München v. 22.12.2005 – 6 W 2181/05 – MMR 2006, 225 f.; LG Freiburg v. 12.05.2005 – 3 S 308/04 – MMR 2005, 547; a. A. *Hettig/Ruttig*, GRUR 2005, 393, 398. Zur problematischen Fallkonstellation des mehrfachen Loskaufs im Rahmen einer Internet-Tombola, der sukzessive die Gewinnchancen erhöht, siehe LG Köln v. 07.04.2009 – 33 O 45/09 – MMR 2009, 485 f.; VG Düsseldorf v. 15.07.2009 – 27 L 415/09 – MMR 2009, 717 f.; kritisch dazu aber *Hambach/Münstermann*, K&R 2009, 457, 460 f.; *Boley*, MMR 2009, 669, 672.

40 *Härtenstein/Ring/Kreile/Dörr/Stettner*, Rundfunkstaatsvertrag Kommentar, § 8a RStV, Rn. 1 (Stand 11/2010).

41 Vgl. aber VG Münster v. 14.05.2010 – 1 L 155/10 – BeckRS 2010, 49922, welches sogar Internetangebote ohne redaktionelle Inhalte ausreichen lässt.

StGB auch Kostendeckungsbeiträge für die Veranstaltung erfasse.[42] Durch die Verwendung des Wortes Entgelt habe der (Landes-)Gesetzgeber folglich zum Ausdruck bringen wollen, dass er im GlüStV einen von § 284 Abs. 1 StGB abweichenden, namentlich weiteren Glücksspielbegriff schaffen wollte, wozu er aufgrund seiner Gesetzgebungskompetenz für das Sicherheitsrecht auch berechtigt gewesen sei.[43] Die Anwendungskonkurrenz zwischen beiden Regelungen sei zugunsten von § 3 Abs. 1 GlüStV aufzulösen, weil die amtliche Begründung zu § 8 a RStV den ausdrücklichen Hinweis enthalte, dass die Regelungen des Glücksspielstaatsvertrags „unberührt" bleiben sollen.

Dagegen kann zu Recht eingewandt werden, dass der Gesetzgeber mit § 8 a   **22**
RStV eine einheitliche Regulierung von Gewinnspielen im Rundfunk schaffen wollte, die den Rundfunkveranstaltern nach dem eindeutigen Wortlaut in § 8 a Abs. 1 Satz 1 RStV („Gewinnspielsendungen und Gewinnspiele sind zulässig") eine rechtmäßige Einnahmequelle erhalten sollte.[44] Die Einführung von § 8 a RStV erfolgte in Kenntnis der Abläufe und der jahrelangen Praxis von Gewinnspielen im Rundfunk, die aufgrund der vorgeschalteten technischen Anruferauswahl regelmäßig einen zufälligen Charakter haben. Dementsprechend unterscheidet weder der Wortlaut des § 8 a RStV, noch die auf seiner Grundlage von den Landesmedienanstalten erlassene Gewinnspielsatzung[45] (GWS) zwischen zufälligen und zufallsunabhängigen Spielen (vgl. § 2 Nr. 1 GWS). Bei unterstellter Richtigkeit der gegenteiligen Auffassung wäre der Anwendungsbereich des § 8 a RStV – entgegen der eindeutigen gesetzgeberischen Legalisierungsintention – allein auf Geschicklichkeitsspiele verengt, die in der Realität praktisch nicht vorkommen. Zudem kann dem Gesetzgeber kaum unterstellt werden, dass er sehenden Auges auch die zufallsabhängigen Gewinnspiele im öffentlich-rechtlichen Rundfunk (z. B. das „Tor des Monats"), die ebenfalls entgeltlich und zufallsabhängig sind, für unzulässig erklären wollte.

Durch Aufnahme des neuen § 2 Abs. 6 GlüStV haben die Bundesländer auf die-   **23**
se Auseinandersetzung reagiert und klargestellt, dass entgeltliche Gewinnspiele im Rundfunk nicht dem Anwendungsbereich des GlüStV unterfallen. Laut der Begründung sollen für Telefongewinnspiele im Fernsehen und Hörfunk ausschließlich die verbraucherschutzorientierten Anforderungen des § 8 a RStV gelten. Allerdings soll sich der Vorrang der rundfunkrechtlichen Regeln laut Begründung nicht auf die Gewinnspiele in vergleichbaren Telemedien beziehen, weil dort in der „Vollzugspraxis Versuche festzustellen waren, die glücksspielrechtlichen Verbote zu umgehen". In diesem Bereich solle es vielmehr bei der allgemeinen Anwendbarkeit des Glücksspielrechts neben § 8 a RStV verbleiben. Der Gesetzgeber wollte damit offenbar vermeiden, auch für den Internetbereich in dieser durchaus praxisrelevanten Auslegungsfrage eindeutig Stellung zu beziehen. Insbesondere bleibt offen, warum die Verbraucherschutzvorgaben des § 8 a RStV, die im Rundfunk einen Anwendungsausschluss des GlüStV rechtfertigen sollen, die aber über den Verweis in § 58 Abs. 4 RStV ebenso Geltung beanspruchen, im Internet weniger durchschlagend sein sollen.

---

42 *Dietlein,* in: Dietlein/Hecker/Ruttig, Glücksspielrecht Kommentar, 1. Aufl. 2008, § 3 GlüStV, Rn. 5; *Hüskens,* GewArch 2010, 336, 337.

43 VG München v. 03.03.2010 – 22 K 09.4793 – BeckRS 2010, 52658.

44 Siehe auch Bay. LT-Drs. 15/9667, 15.

45 Satzung der Landesmedienanstalten über Gewinnspielsendungen und Gewinnspiele (Gewinnspielsatzung) vom 12.11.2008, in Kraft getreten am 23.02.2009.

24   Ob es bei einem entgeltlichen Gewinnspiel in Telemedien an einem glücksspiel-
relevanten Einsatz fehlt, muss daher weiter durch die Auslegung des Glücksspiel-
begriffs beantwortet werden. Nach zutreffender und wohl auch herrschender
Meinung – insbesondere in der oberverwaltungsgerichtlichen Rechtsprechung
– ist von einer einheitlichen Glücksspieldefinition auszugehen.[46] In der Tat geht
weder aus dem Wortlaut noch aus der Begründung in ausreichender Deutlich-
keit hervor, dass der Gesetzgeber bei Erlass des GlüStV vom dem traditionellen
Glücksspielverständnis des § 284 StGB abweichen wollte.[47] Bei einer verwal-
tungsakzessorischen Norm, welche die Strafbarkeit vom Fehlen einer behördlichen Erlaubnis nach dem GlüStV abhängig macht, kann nicht einfach ohne
ausdrückliche Stellungnahme des Gesetzgebers unterstellt werden, dass der
Gesetzgeber nunmehr auch Aufwendungen unter den Glücksspielbegriff sub-
sumieren wollte, die entgegen dem strafrechtlichen Begriffsverständnis gänzlich
unerheblich sind oder nicht unmittelbar für die Erlangung einer Gewinnchance geleistet wurden (wie z.B. das Eintrittsgeld). Ein solcher Norminhalt dürfte ferner angesichts des Übermaßverbots – auch und gerade unter Zugrunde-
legung des gesetzlichen Motivs der Suchtbekämpfung – kaum zu rechtfertigen
sein. Darüber hinaus würden bei einem unterstellten Wegfall der Erheblichkeitsgrenze Abgrenzungsschwierigkeiten zu den entgeltlichen, hinsichtlich der Einsatzhöhe aber beschränkten Unterhaltungsspielen mit Gewinnmöglichkeit nach
§§ 33 c ff. GewO entstehen, die ebenfalls oft einen zufälligen Charakter aufweisen.[48] Ein unterschiedliches Verständnis von Bundes- und Landesrecht würde
zudem zu einer nicht zu vertretenden Rechtsunsicherheit führen und der Einheit
der Rechtsordnung widersprechen.

25   Auch das Argument, der Gesetzgeber habe das Rangverhältnis beider Normen-
komplexe durch den Hinweis, dass die Regelungen des Glücksspielstaatsvertrags „unberührt" bleiben sollen, zugunsten des GlüStV entschieden, ist nicht
überzeugend. Die Entstehungsgeschichte dieses Satzes, dessen Aufnahme in
den Gesetzestext entgegen der Forderung der Glücksspielreferenten gerade
nicht erfolgt ist, zeichnet eher ein ganz anderes Bild.[49]

26   Schließlich hat der BGH in einer jüngst veröffentlichten Entscheidung festgestellt, dass Teilnahmeentgelte bis € 0,50 glücksspielrechtlich unerheblich sind
und selbst bei zufallsabhängigen Gewinnspielen im durch § 8 a festgelegtem
Rahmen eindeutig nicht den Bestimmungen des GlüStV unterliegen.[50]

Nach alledem existieren nach der hier vertretenen Auffassung keine hinreichenden Anhaltspunkte für die Annahme, dass Gewinnspiele in Telemedien, für de-

---

46   OVG NRW v. 10.06.2008 – 4 B 606/08 – GewArch 2008, 407 ff.; VGH Kassel v.
     07.08.2008 – 8 B 522/08 – NVwZ-RR 2009, 62 ff.; OVG Münster v. 21.10.2008 – 6 B
     10778/08; BayVGH v. 28.10.2009 – 7 N 09.1377 – ZUM-RD 2010, 102 ff.; *Gummer*,
     ZUM 2011, 105 ff.; *Bolay*, MMR 2009, 669 ff.; *Hambach/Münstermann*, K&R 2009,
     457 ff.; *Lober/Neumüller*, MMR 2010, 295, 297; *Härtenstein/Ring/Kreile/Dörr/Stett-
     ner*, Rundfunkstaatsvertrag Kommentar, § 8a RStV, Rn. 5 (Stand 11/2010).
47   *Bolay*, MMR 2009, 669, 671.
48   So auch OVG Münster v. 21.10.2008 – 6 B 10778/08.
49   Vgl. ausführlich *Gummer*, ZUM 2011, 105, 107 ff.; zur Entstehungsgeschichte des
     10. RÄStV siehe auch *Härtenstein/Ring/Kreile/Dörr/Stettner*, Rundfunkstaatsvertrag
     Kommentar, S. 367 f. (Stand 11/2010).
50   BGH v. 28.09.2012 – I ZR 93/10 – GRUR 2012, 201.

ren Teilnahme gemäß § 8 a Abs. 1 Satz 6, § 58 Abs. 4 RStV nur ein Entgelt von bis zu 50 Cent verlangt wird, nach § 4 Abs. 1 Satz 2 GlüStV verboten sind.

2.2.2.2.3 Exkurs: § 8 a RStV und entgeltliche Geschicklichkeitsspiele

Mit Einführung des § 8 a RStV sind indes nicht nur Abgrenzungsschwierigkeiten   *27* zwischen dem Rundfunk- und Glücksspielrecht entstanden, sondern auch in Bezug auf entgeltliche „Skill Games" im Internet. Anders als Glücksspiele unterlagen diese Geschicklichkeitsspiele weder den Regelungen der §§ 284 ff. StGB, noch galt für sie eine Einsatzgrenze von 50 Cent. Aufgrund der Weite des Begriffs „Gewinnspiel" in § 8 a RStV könnte man die Auffassung vertreten, dass wegen des Verweises in § 58 Abs. 4 RStV nunmehr auch die im Internet etablierten Skill Games vom Anwendungsbereich der Norm erfasst werden sollten. Der Entstehungsgeschichte und den Materialien zu § 8 a RStV ist aber zu entnehmen, dass der Gesetzgeber erkennbar nur (zufallsabhängige) Gewinnspiele im Rundfunk und in Telemedien unter den dort genannten Maßgaben legalisieren wollte, ohne dabei die in Rede stehenden Spielformen im Internet zu bedenken.[51] Der Wortlaut des § 8 a RStV muss insoweit teleologisch reduziert werden.

2.2.3 Erlaubnisfähigkeit von Glücksspielen

Die öffentliche Veranstaltung und Vermittlung von Glücksspielen in Deutschland   *28* bedürfen gemäß § 284 Abs. 1 StGB, § 4 Abs. 1 GlüStV einer Erlaubnis. Nach der für Internetangebote maßgeblichen 1. Alternative von § 3 Abs. 2 GlüStV (vgl. auch § 284 Abs. 2 StGB) ist ein Glücksspiel dann öffentlich, wenn für einen größeren, nicht geschlossenen Personenkreis eine Teilnahmemöglichkeit besteht. Von einem „kleineren", geschlossenen Teilnehmerkreis dürfte man im Umkehrschluss sprechen können, wenn z. B. virtuelle Tipprunden gegen Geld nur Freunden oder einem festen Kreis von Mitgliedern offenstehen.

Die Rechtsgrundlagen für die Erteilung bzw. Nichterteilung ergeben sich vor-   *29* nehmlich, aber nicht ausschließlich aus dem GlüStV. Gemäß § 2 GlüStV finden die Regelungen des GlüStV nur teilweise auf die in Spielbanken angebotenen Casinospiele wie Roulette, Kartenspiele (z. B. Black Jack) und Slot Machines Anwendung. Im Übrigen ergeben sich die Zulassungsvoraussetzungen aus den Spielbankengesetzen der Länder, die den Zugang zum Casinomarkt überwiegend nur dem Staat bzw. staatlich beherrschten Unternehmen gestatten. Ein Teil der Länder[52] erlaubt auch privaten Veranstaltern den Erwerb von Konzessionen, die jedoch sowohl zahlenmäßig als auch inhaltlich gemäß § 4 Abs. 4 GlüStV nur auf den terrestrischen Spielbankenbetrieb beschränkt sind.

Da der GlüStV zudem nur die Glückspiele erfasst, für die die Länder die Gesetzgebungskompetenz beanspruchen, findet er nur eingeschränkt Anwendung auf die gewerblichen Automatenspiele und andere Spiele nach §§ 33 c ff. GewO und auf die speziellen Pferdewetten nach dem Rennwett- und Lotteriegesetz.

---

51 Vgl. dazu auch *Lober/Neumüller*, MMR 2010, 295, 297.
52 Vgl. den Überblick bei *Kolb*, Die Veranstaltung von Glücksspielen, Diss. Baden-Baden 2009, Seite 59 ff.

2.2.3.1 Erlaubnisfähigkeit nach dem GlüStV für Lotterien

30   Nach dem neuen GlüStV in der ab 01.07.2012 geltenden Fassung kann die nach
§ 4 Abs. 1 Satz 1 GlüStV notwendige Veranstaltungserlaubnis für Lotterien und
andere Arten von Glücksspielen weiterhin faktisch nur den Ländern erteilt werden. Die gesetzliche Manifestationen des staatlichen Glücksspielmonopols enthalten § 10 Abs. 1 und Abs. 2 GlüStV, nach denen die Sicherstellung eines ausreichenden Glücksspielangebots zu einer Aufgabe der Länder erklärt wird, die
sie entweder selbst oder durch öffentliche oder öffentlich beherrschte Unternehmen wahrnehmen können. Zwar sieht § 12 GlüStV eine Erlaubnisfähigkeit für
Lotterien mit geringem Gefahrenpotential vor; die dafür geltenden Beschränkungen erlauben jedoch faktisch keine privatwirtschaftliche Betätigung.

31   Im Bereich der Lotterien wurde das allgemeine Online-Verbot des § 4 Abs. 4
GlüStV durch den neuen Erlaubnisvorbehalt gemäß § 4 Abs. 5 GlüStV unter
den dort genannten Beschränkungen (Sicherstellung des Jugendschutzes, Begrenzung des Höchsteinsatzes, Vorlage eines Sozialkonzepts etc.) auch für Veranstalter und Vermittler von Lotterien geöffnet. Über die Befreiung entscheidet
die nach Landesrecht zuständige Behörde bzw. im ländereinheitlichen Verfahren die in § 9 a GlüStV genannte Stelle. Gewerbliche Vermittler zugelassener
Lotterien benötigen neben einer Vertriebserlaubnis im Internet darüber hinaus
die (allgemeine) Vermittlererlaubnis, die im Falle der länderübergreifenden Ver-
mittlungstätigkeit gemäß § 19 Abs. 2 GlüStV gebündelt von der Glücksspielauf-
sichtsbehörde Niedersachsen vergeben wird.

2.2.3.2 Experimentierklausel für Sportwetten

32   Auch wenn der neue GlüStV weiterhin grundsätzlich am Glücksspielmonopol
festhält, lässt er aber im Rahmen einer „zeitlich befristeten Experimentierklausel" gemäß § 10 a GlüStV die Erteilung von zwanzig Konzessionen für einen
Zeitraum von sieben Jahren an private Veranstalter zu. Mit jeder der Konzessionen wird das Recht verbunden, abweichend vom allgemeinen Verbot des § 4
Abs. 4 GlüStV Sportwetten auch im Internet zu veranstalten (vgl. § 10 a Abs. 4
GlüStV).

33   Die Voraussetzungen für die Erteilung einer Konzession enthält § 4 a Abs. 4
GlüStV, der unter anderem diverse Anforderungen an die Zuverlässigkeit, Leis-
tungsfähigkeit der Bewerber sowie zur Herstellung von Transparenz und Sicherheit des Glücksspiels enthält. § 4 b GlüStV regelt das Ausschreibungsverfah-
ren, in dessen Rahmen der Bewerber eine Verpflichtungserklärung abzugeben
hat, nach der weder er selbst noch mit ihm verbundene Unternehmen verbote-
ne Glücksspiele in Deutschland veranstalten oder vermitteln dürfen. Soweit sich
also Veranstalter um eine Konzession bewerben, die entgegen der bisherigen
Rechtslage bereits auf dem deutschen Markt aktiv waren, müssen die entsprechenden Angebote für deutsche Kunden gesperrt werden. Für die Durchführung
des Ausschreibungsverfahrens und die Erteilung der Erlaubnisse ist gemäß § 9 a
Abs. 2 GlüStV ländereinheitlich das Land Hessen zuständig.

34   Nach § 4 d GlüStV wird den Erlaubnisinhabern eine hohe Konzessionsabgabe
in Höhe von 5 % des Spieleinsatzes auferlegt. Dieser Abgabensatz wurde vielfach kritisiert, weil die Konzessionäre weiterhin mit den nicht genehmigten On-
lineangeboten im Internet konkurrieren müssen, die im Ausland regelmäßig nur

einer moderaten Steuer auf den Bruttospielertrag unterliegen. Der Bundesgesetzgeber hat versucht, diesem Umstand durch eine Änderung des Rennwett- und Lotteriegesetzes Rechnung zu tragen, die nunmehr eine entsprechende Steuerlast auch für nicht genehmigte Veranstalter aus dem Ausland, soweit sie in Deutschland Sportwetten veranstalten, vorsieht[53].

2.2.3.3 Ausländische Erlaubnisse

Außerordentlich umstritten ist, ob Genehmigungen, die in anderen Ländern erteilt wurden, auch in Deutschland zur Veranstaltung von Glücksspielen im Internet berechtigen. Da nach dem Wortlaut des § 4 Abs. 1 GlüStV die Veranstaltung und Vermittlung von Glücksspielen der Erlaubnis der zuständigen deutschen Behörde bedarf, kann sich die Geltung einer ausländischen Genehmigung im Inland allenfalls aus Regelungen des Gemeinschaftsrechts ergeben.   35

Innerhalb der EU lässt sich die länderübergreifende Geltung einer im Herkunftsland erteilten Konzession nicht dem sekundären Gemeinschaftsrecht entnehmen, da sowohl Art. 1 Abs. 5 d) der E-Commerce-Richtlinie[54] wie auch Art. 2 Abs. 2 h) der EG-Dienstleistungsrichtlinie[55] Glücksspiele aus den jeweiligen Anwendungsbereichen ausklammern. Somit kann sich die Geltung einer EU-Konzession nur noch aus dem primären Gemeinschaftsrecht ergeben, sofern die vom EuGH zuletzt in seinen Urteilen vom 08.09.2010 fortentwickelten Grundsätze nach Rezeption durch die deutschen Gerichte zur Europarechtswidrigkeit des GlüStV, einschließlich des Internetverbots, führen sollten.[56] Solange sich dazu jedoch keine einheitliche Rechtssprechungslinie herausgebildet hat, ist das Anbieten von Glücksspielen in Deutschland auf Grundlage einer Konzession aus – in Bezug auf die Erteilung von Glücksspielkonzessionen – liberaleren EU-Ländern (z. B. Malta, Gibraltar oder für Sportwetten in Österreich) weiterhin nicht anzuraten. Die Berufung auf die Wirksamkeit ihrer Erlaubnisse im Inland ist in jedem Fall ausgeschlossen für Anbieter mit Zulassungen in Ländern außerhalb der EU (wie z. B. Antigua oder Costa Rica), in denen das Gemeinschaftsrecht nicht anwendbar ist.   36

2.3 Das gewerbliche Spielrecht – anwendbar auf Geschicklichkeitsspiele?

Die lange Zeit euphemistisch als „unbedenkliche Zufallsspiele"[57] bezeichneten Automatenspiele des gewerblichen Spielrechts nach §§ 33 c ff. GewO sind von den strafrechtlich relevanten und den vom GlüStV erfassten Glücksspielen zu unterscheiden. Sie regeln die gewerbsmäßige Aufstellung von technisch be-   37

---

53 Vgl. § 17 Abs. 2 RennwLottG. Bei genehmigten Anbietern wird die in Ausübung der Konzession gezahlte Steuer auf Grundlage des RennwLottG auf die Konzessionsabgabe angerechnet, siehe § 4 d GlüStV.

54 RL (EG) 31/2000 v. 08.06.2000, ABl. L 178/1 v. 17.07.2000.

55 RL (EG) 123/2006 v. 12.12.2006, ABl. L 376/36 v. 27.12.2006.

56 Vgl. oben Ziffer 2.1.

57 *Marcks* in: Robinski, Gewerberecht, 2. Aufl. 2002, S. 138. Da aber das BVerfG (BVerfG, v. 28.03.2006 – 1 BvR 1054/01 – NJW 2006, 1261, 1263) und Suchtexperten festgestellt haben, dass von den Automatenspielen des gewerblichen Spielrechts die bei weitem höchste Suchtgefahr ausgeht, kann an dieser Bewertung kaum noch festgehalten werden.

triebenen Spielgeräten (§ 33 c GewO), anderen Spielen mit Gewinnmöglichkeit (§ 33 d GewO) und das Betreiben von Spielhallen (§ 33 i GewO). Wer Spielgeräte oder andere Spiele mit Gewinnmöglichkeit veranstalten will, bedarf der Erlaubnis, die im ersten Fall durch die Bauzulassung der Physikalisch-Technischen Bundesanstalt, im zweiten Fall in Form einer Unbedenklichkeitsbescheinigung des Bundeskriminalamtes erteilt wird. Auf die Erlaubnisse besteht grundsätzlich ein Rechtsanspruch, sofern keine Versagungsgründe vorliegen. Ein solcher ist nach § 33 e Abs. 1 Satz 1 GewO unter anderem anzunehmen, wenn „die Gefahr besteht, dass ein Spieler unangemessen hohe Verluste in kurzer Zeit erleidet". In der Praxis spielt diese Vorschrift nur eine untergeordnete Rolle, weil die auf Grundlage von § 33 f GewO erlassene Spielverordnung (SpielVO)[58] weitreichende Grenzen für Einsatzhöhe und Spieldauer festlegt. § 33 h GewO stellt schließlich klar, dass das gewerbliche Spielrecht nach § 33 c ff. GewO keine Anwendung auf die von den Ländern geregelten Spielbanken, Lotterien, Ausspielungen und Glücksspiele im Sinne von § 284 StGB findet.

38 In jüngster Zeit ist umstritten, ob § 33 d GewO auch auf Geschicklichkeitsspiele im Internet anwendbar ist. Unter die dort genannten „anderen Spiele mit Gewinnmöglichkeit" werden Spiele subsumiert, die weder unter die (technischen) Spielgeräte des § 33 c Abs. 1 Satz 1 GewO, noch unter die Glücksspiele des § 284 StGB fallen.[59] Als Anwendungsfälle kommen somit nur noch zufallsabhängige Spiele gegen unerhebliche Einsätze und/oder geringwertige Gegenstände und vor allem Geschicklichkeitsspiele in Betracht.

39 Unter Berufung auf den Gesetzeswortlaut haben das VG Berlin und das VG Wiesbaden angenommen, dass ein entgeltliches, geschicklichkeitsabhängiges Gewinnspiel im Internet der Zulassung nach § 33 d GewO bedürfe. Eine Zulassung könne aber nicht erteilt werden, weil die SpielVO eine Genehmigungsmöglichkeit nur für Spiele an den in § 4 und § 5 SpielVO genannten Jahrmärkten, Spielhallen und anderen stationären Orte vorsehe.[60] Auch der Bund-Länder-Ausschuss „Gewerberecht" ordnet geschicklichkeitsabhängige Hausverlosungen zumindest dann der Zulassungspflicht des § 33 c GewO zu, wenn sie gewerblichen Charakter haben und der Einsatz – außerhalb des Anwendungsbereichs von §§ 8 a, 58 Abs. 4 RStV – den Betrag von 50 Cent übersteigt.[61]

40 Demgegenüber erscheint es aber äußerst zweifelhaft, dass die Gewerbeordnung – ungeachtet des insoweit irreführenden Wortlauts des § 33 d GewO – tatsächlich Gewinnspiele im Internet verbieten soll. Für Gewinnspiele im Rundfunk und in Telemedien nach §§ 8 a, 58 Abs. 4 RStV scheidet die Anwendbarkeit der gewerberechtlichen Vorschriften schon deswegen aus, weil die Länder entgeltliche Gewinnspiele bis zu einem Einsatz von 50 Cent in Wahrnehmung ihrer Gesetzgebungskompetenz für das Rundfunk- und Medienrecht für zulässig erklärt haben. Auch im Übrigen spricht gegen die konstruierte Anwendbarkeit des § 33 d

---

58 Verordnung über Spielgeräte und andere Spiele mit Gewinnmöglichkeit in der Fassung vom 01.01.2006, BGBl. 2006, S. 280 ff.

59 *Tettinger* in: Tettinger/Wank, Gewerbeordnung Kommentar, 7. Aufl. 2004, § 33 d GewO, Rn. 2

60 VG Berlin v. 17.08.2009 – VG 4 L 274.09 – MMR 2009, 794; VG Wiesbaden v. 20.03.2007 – 5 E 1713/05 – GewArch 2007, 490; in diesem Sinne auch *Hüskens*, GewArch 2010, 336, 338.

61 *Schönleiter/Stenger*, GewArch 2010, 61, 64.

Kolb

GewO auf Online-Geschicklichkeitsspiele mit Einsätzen von über 50 Cent, dass bei Aufnahme des gewerblichen Spielrechts in die Gewerbeordnung im Jahr 1933 das Internet noch nicht existierte, so dass es der Gesetzgeber schwerlich als Regelungsobjekt im Blick haben konnte. Dass § 33 d GewO erkennbar nur von stationären und ortsgebundenen Veranstaltungen ausgeht, ergibt sich aus dem Wortlaut von § 33 c Abs. 1 GewO, nach dessen Inhalt die Behörden Auflagen zum Schutz von Gästen oder der Bewohner des „Betriebsgrundstücks oder der Nachbargrundstücke" vorsehen können.

Auch das Argument, der Gesetzgeber habe bei der Novelle der GewO im Jahr 2006 bewusst auf eine Regelung für Internetgewinnspiele verzichtet,[62] blendet die Tatsache aus, dass der Bundesgesetzgeber mit den Regelungen in § 4 Nr. 5 UWG und § 6 Abs. 1 Nr. 4 TMG bereits eine Grundsatzentscheidung für Gewinnspiele gefällt und diese mit den dort genannten Vorgaben zum Verbraucherschutz explizit in Telemedien zugelassen hatte. Es sind keine Anhaltspunkte dafür ersichtlich, dass der Gesetzgeber bei der Umsetzung der E-Commerce-Richtlinie die Regelung des § 7 Abs. 1 Nr. 4 TKG (jetzt: § 6 Abs. 1 Nr. 4 TMG) in dem Bewusstsein geschaffen hat, dass geschicklichkeitsabhängige Gewinnspiele in Telemedien nach der Gewerbeordnung nicht erlaubnisfähig sind. **41**

In dem Zusammenhang muss darauf aufmerksam gemacht werden, dass die hypothetische Erlaubnispflicht sich nicht auf Gewinnspielangebote aus anderen EU-Ländern erstrecken würde, weil sie nach dem in der E-Commerce-Richtlinie[63] bzw. § 3 Abs. 2 TMG verankerten Herkunftslandprinzip (von dem nach § 3 Abs. 4 Nr. 4 TMG nur Glücksspiele ausgenommen sind) allein den Vorgaben des Herkunftslands unterliegen. Im Rahmen der Prüfung, ob das Onlineverbot als Beschränkung der Berufsfreiheit nach Art. 12 Abs. 1 GG zu rechtfertigen ist, ist demnach schon auf der Ebene der Geeignetheit fraglich, ob ein allein deutsche Internetbetreiber betreffendes Verbot – unabhängig davon, ob man es als Verbot der Berufswahlfreiheit oder wegen § 8 a RStV nur als Berufsausübungsregel einordnet – überhaupt geeignet ist, die dem gewerblichen Spielrecht zugrundeliegenden Ziele des Verbraucherschutzes[64] zu erreichen. Auf zweiter Prüfungsebene des Verhältnismäßigkeitsgrundsatzes ist zweifelhaft, ob das Onlineverbot angesichts der bereits bestehenden Regeln des TMG, UWG und StGB noch erforderlich ist.[65] Schließlich bleibt auch im Hinblick auf den Gleichheitsgrundsatz gemäß Art. 3 Abs. 1 GG offen, warum ortsgebundene Geschicklichkeitsspiele grundsätzlich zulässig und wesentlich gleiche virtuelle „Skill Games" verboten sein sollen.[66] **42**

Im Ergebnis ergibt sich, dass die Vorschriften der GewO auf Online-Spiele nicht anwendbar sind. Sie unterliegen daher nur den allgemeinen Regeln des § 4 Nr. 5 UWG und § 6 Abs. 1 Nr. 4 TMG. Soweit ein Spiel aber überwiegend vom Zufall abhängig ist, ist es gemäß §§ 8 a, 58 Abs. 4 RStV nur bis zu einem Entgelt von 50 Cent zulässig.

---

62 *Hüskens*, GewArch 2010, 336, 441.
63 Vgl. dazu bereits oben Ziffer 2.2.3.3.
64 Siehe dazu *Tettinger* in: Tettinger/Wank, Gewerbeordnung Kommentar, 7. Aufl. 2004, Vor §§ 33 c ff. GewO, Rn. 9.
65 *Lober/Neumüller*, MMR 2010, 295, 299.
66 Dazu ausführlich *Boley*, ZfWG 2010, 88, 92.

2.4 Werbung für Glücksspiele

43 Ein nicht genehmigtes Glücksspiel, für welches eine Teilnahmemöglichkeit in Deutschland besteht, darf nach § 284 Abs. 4 StGB nicht beworben werden. Daneben formuliert § 5 GlüStV neben dem inhaltsgleichen Verbot der Bewerbung von illegalen Glücksspielen (§ 5 Abs. 5 GlüStV) weitere Beschränkungen für genehmigte Glücksspiele, die auch für Vermittler gelten.

44 Unter Werbung versteht die Gesetzbegründung zunächst „jede Äußerung bei der Ausübung eines Handels, Gewerbes, Handwerks oder freien Berufs mit dem Ziel, den Absatz von Waren oder die Erbringung von Dienstleistungen zu fördern."[67] § 5 Abs. 1 GlüStV gibt allgemein vor, dass Werbung an den Zielen des GlüStV auszurichten ist. Im Vergleich zur alten Rechtslage, nach der Werbung auf eine Information und Aufklärung über die Möglichkeiten zum Glücksspiel zu beschränken war, kann Werbung seit Inkrafttreten des neuen GlüStV auch als Instrument zur aktiven Kundengewinnung eingesetzt werden, wenn dies z.B. zur Austrocknung des Schwarzmarktes sinnvoll ist. Allerdings gibt auch der neue Regelungsinhalt des § 5 Abs. 1 GlüStV wenig Aufschluss darüber, wo der zulässige Spielraum bei der Gestaltung einer Werbemaßnahme endet. Bezüglich Art und Umfang der Werbung wird auf die – auf Grundlage von § 5 Abs. 4 GlüStV erlassenen – Werberichtlinien[68] verwiesen.

45 Im Unterschied zu früher kann ferner nach § 5 Abs. 3 GlüStV Werbung für Lotterien und Sportwetten im Fernsehen und im Internet erlaubt werden (Verbot mit Erlaubnisvorbehalt), wobei Werbung für Sportwetten mit Ereignisbezug unmittelbar vor oder während der Live-Übertragung von Sportereignissen nicht gestattet ist. Die Einzelheiten ergeben sich ebenfalls aus den Werberichtlinien. Im Übrigen darf für Glücksspiele im TV, im Internet und über Telekommunikationsanlagen weiter nicht geworben werden.

---

67 In Anlehnung an BGH v. 09.06.2005 – I ZR 279/02 – NJW 2005, 3716 ff.
68 Werberichtlinie gemäß § 5 Abs. 4 Satz 1 GlüStV vom 07.12.2012, in Kraft getreten am 01.02.2013.

Kolb

Kapitel 8

Strafbare Inhalte und Jugendschutz

1. Strafbare Inhalte in Computer- und Videospielen

Die Mehrzahl der Computer- und Videospiele ist strafrechtlich vollkommen un-   *1* bedenklich. Daneben gibt es eine Vielzahl von Spielen, die auf den ersten Blick unproblematisch erscheinen[1], tatsächlich aber strafrechtlich relevante Inhalte aufweisen, etwa weil darin Kennzeichen verfassungswidriger Organisationen auftauchen. Zuweilen werden im Original unbedenkliche Spiele von Dritten zu strafbaren Adaptionen umgestaltet.[2] Problematisch sind etliche Spiele aus dem „Shooter" oder „Beat'em up" Genre, in denen die Grenze zur strafrechtlich relevanten Gewaltverherrlichung[3] überschritten wird. Strafrechtlich eindeutig sind hingegen Spiele mit rechtsextremer Einkleidung oder Spielgestaltung[4] sowie kinderpornographische Inhalte von Computer- und Videospielen.

Neben den Spieleinhalten wird für Entwickler, Publisher sowie Betreiber von   *2* Online-Spielen gleichermaßen die Frage der Adressaten strafrechtlicher Normen erheblich. Wer kann strafrechtlich belangt werden, wenn ein rechtswidriges Spiel online zum Download angeboten wird: der Entwickler, Publisher und/ oder der Betreiber der betreffenden Webseite? Mit welchen strafrechtlichen Konsequenzen müssen Spieler rechnen, wenn sie die immer weitergehenden Interaktionsmöglichkeiten in Online-Spielen für strafrechtlich relevante Zwecke einsetzen? Wie weit reicht das deutsche Strafrecht bei Online-Spielen bzw. beim Online-Vertrieb von Spielen durch im Ausland ansässige Dritte?[5]

1.1 Gegen die öffentliche Ordnung verstoßende Inhalte

1.1.1 Gewaltverherrlichung

Computer- und Videospiele, *„die grausame oder in sonstiger Weise unmenschli-*   *3* *che Gewalttätigkeiten gegen Menschen oder menschenähnliche Wesen in einer Art schildern, die eine Verherrlichung oder Verharmlosung solcher Gewalttätigkeiten ausdrückt oder die das Grausame oder Unmenschliche des Vorgangs in einer die Menschenwürde verletzenden Weise darstellt"*, unterfallen § 131 StGB.[6] Strafbar ist, wer solche Spiele verbreitet und öffentlich (bzw. Minderjährigen) zugänglich macht oder zu diesem Zweck herstellt. Dabei kommt es nicht darauf an, ob die Spiele online abrufbar sind oder offline angeboten werden. Auch Hersteller (also Entwickler) und Lieferanten kommen als Täter in Betracht (§ 131 Abs. 1 Nr. 4 StGB).

---

1   Man denke an Spiele aus dem Bereich „Arcade", Denkspiele, „Jump'n'Run" oder Gesellschaftsspiele.

2   Zum Beispiel die antisemitische Version der „Moorhuhnjagd".

3   Vgl. dazu zum Beispiel *Höynck*, ZIS 2008, 206, 207 f. zum Spiel „Der Pate – Die Don-Edition" oder die Referenz in BGH v. 12.07.2007 – I ZR 18/04 – GRUR 2007, 890, 891 auf das Spiel „Mortal Kombat2" und AG München, Beschluss v. 19.07.2004 – 853 Gs 261/04 zur Beschlagnahme des Spiels „Manhunt".

4   Zum Beispiel die Spiele „White Power-DOOM" oder „Nazi-DOOM", eine neonazistisch abgewandelte Version des kommerziellen Ego-Shooters „DOOM".

5   Siehe Kapitel 6 sowie Ziffer 3 und 4 unten.

6   Vgl. allgemein zu diesem Tatbestand *Cornelius*, in: Leupold/Glossner, Münchener Anwaltshandbuch IT-Recht, 2. Aufl. 2011, Teil 10 Rn. 323 ff.

Eine tatbestandsmäßige Verherrlichung, Verharmlosung oder die Menschenwürde verletzende Darstellungsweise von Gewalt kann insbesondere vorliegen, wenn die Art der Darstellung der Gewalttätigkeit eine positive Bewertung der gewaltausübenden Identifikationsfigur (als großartig, heldenhaft, nachahmenswert, etc.) bzw. eine bejahende Anteilnahme ausdrückt, indem die Gewaltausübung durch vielfältige Stilmittel inszeniert wird und einen wesentlichen Aspekt des Spielreizes ausmacht.[7]

4 Seit 2004 umfasst diese Strafvorschrift auch die Schilderung von Gewalt gegen „menschenähnliche Wesen". Damit hat der Gesetzgeber bewusst den Tatbestand erweitert, um bestimmte Gewaltdarstellungen in Computer- und Videospielen zu erfassen.[8] Menschenähnliche Wesen sind fiktive Wesen, die ihrer äußeren Gestalt nach Ähnlichkeiten mit Menschen aufweisen, wobei dies auch gezeichnete oder durch elektronische Spezialeffekte dargestellte (fiktive) Menschen sein können, solange sie nach objektiven Maßstäben in ihrer äußeren Gestalt als Menschen erscheinen.[9] Nach der Gesetzesbegründung erfasst das Tatbestandsmerkmal Opfer virtueller Spielgewalt, die z.B. als „Untote", „Monster" oder Verkörperungen übersinnlicher Wesen („Aliens") dargestellt sind, aber auch Comic-Figuren, die ein „menschliches" Verhalten an den Tag legen.[10] Zusätzliche Fähigkeiten, die realen Menschen sonst nicht zu eigen sind, ändern nichts an der Menschenähnlichkeit der ansonsten dem Menschen ähnlichen Wesen.[11] Schwierige Abgrenzungsfragen stellen sich, je weiter sich das Wesen in seiner Ähnlichkeit vom Menschen entfernt. Bei einigen allgemein bekannten Comic-Figuren, die in Tiergestalt menschenähnlich agieren und dabei massiver virtueller Gewalteinwirkung ausgesetzt sind,[12] ist allerdings fraglich, ob das Tatbestandsmerkmal der Menschenähnlichkeit erfüllt ist.[13] Eine am Schutzzweck ausgerichtete, einschränkende Auslegung ist geboten, um dem Bestimmtheitserfordernis aus Art. 102 Abs. 2 Grundgesetz zu genügen.[14] So mag man bereits einen Unterschied zwischen menschenähnlichen Comic-Figuren (Zwerge, Gnome, etc.) und menschenähnlich handelnden Tierfiguren sehen. Des Weiteren sind aber solche, mit einem „traditionellen" Wertbild behaftete Comic-Figuren dann aus dem Anwendungsbereich als „menschenähnliche Wesen" herauszunehmen, wenn sie entsprechend ihrem Wertbild „rollengemäß" als genuine Comic-Figuren agieren bzw. im Spieldesign gesteuert werden.[15] Kommt es dagegen zu Spielentwicklungen in Form besonders grausamer, „blutrünstiger" Adaptionen, bei denen eine aggressive, menschenähnliche Gewalterfahrung in den Vordergrund rückt, so kann – auch

---

7 So z.B. beim Spiel „Der Pate – Die Don-Edition", vgl. die Analyse in *Höynck*, ZIS 2008, 206, 209 f.

8 BT-Drs. 15/1311, S. 22; *Marberth-Kubicki*, Computer- und Internetstrafrecht, 2. Aufl. 2010, Rn. 237.

9 *Fischer*, Strafgesetzbuch und Nebengesetze, 59. Aufl. 2012, § 131 Rn. 6.

10 *Cornelius*, in: Leupold/Glossner, Münchener Anwaltshandbuch IT-Recht, 2. Aufl. 2011, Teil 10 Rn. 324.

11 *Lenckner/Sternberg-Lieben*, in: Schönke/Schröder, Strafgesetzbuch, 28. Aufl. 2010, § 131 Rn. 6.

12 Wie etwa bei den universell bekannten Figuren Tom & Jerry, Bugs Bunny, etc.

13 *Gercke*, in: Gercke/Brunst, Praxishandbuch Internetstrafrecht, 1. Aufl. 2010, Rn. 392.

14 Ähnlich auch *Duttge/Hörnle/Renzikowski*, NJW 2004, 1065, 1070.

15 So lässt sich vertreten, dass z.B. (interaktive) Tom & Jerry-Spiele solange nicht tatbestandlich sind, als die grotesken Gewaltanwendungen der Spielfiguren im üblichen Rahmen ihres hergebrachten Rollenbildes erfolgen.

bei genuinen Comic-Figuren – aus dem „harmlosen Spiel" ein tatbestandlich relevanter Vorgang werden. Maßgebliches Abgrenzungskriterium ist, ob das Spiel ein *„aggressives aktives Tun [schildert], durch das unter Einsatz oder Ingangsetzen physischer Kraft unmittelbar oder mittelbar auf den Körper eines menschenähnlichen Wesens in einer dessen leibliche oder seelische Unversehrtheit beeinträchtigenden oder konkret gefährdenden Weise eingewirkt wird"*.[16]

Darüber hinaus ist die „Schilderung" von Gewalt als strafbegründendes Tatbestandsmerkmal in vielen Fällen problematisch. Insbesondere bei Spielen der Kategorie „Ego-Shooter"[17] ist die Gewalt nicht passiv als „Schilderung" wahrzunehmen, sondern wird erst durch aktives Tun des Spielers als „Shooter" ausgelöst.[18] Dabei ist fraglich, ob eine „Schilderung" vorliegt, wenn in einem Multiplayer-Online-Spiel mehrere Nutzer gemeinschaftlich virtuelle Gewalthandlungen vornehmen und möglicherweise erst durch ihr Zusammenwirken die Grenze zur Grausamkeit überschritten wird. Eine tatbestandliche Schilderung von Gewalt liegt dagegen zweifellos vor, wenn im Spiel per Zwischeneinblendung eine Videosequenz mit relevanten Gewaltdarstellungen gezeigt wird (nach der der Spieler unmittelbar weiterspielen kann).[19] Die Bemühungen, den Tatbestand mit Blick auf das Bestimmtheitsgebot auf Spieldesigns auszuweiten, die die interaktive Steuerung von Gewaltverherrlichungen in Computer- und Videospielen umfassen, um nicht nur die Darstellung sondern auch die Ermöglichung der Beteiligung an tatbestandsmäßigen Gewalttätigkeiten unter Strafe zu stellen,[20] waren bisher nicht erfolgreich. Gleichwohl hat die Rechtsprechung auch ohne Erörterung des Tatbestandsmerkmals der „Schilderung" die Verwirklichung des § 131 StGB in Einzelfällen schon früher bestätigt.[21]

1.1.2 Volksverhetzung und Kennzeichen verfassungswidriger Organisationen

Für US-amerikanische Spielehersteller ist es nicht ungewöhnlich, hierzulande als verfassungswidrig eingestufte Kennzeichen (z. B. das nationalsozialistische Hakenkreuz) in Computerspielen[22] einzusetzen. Die Verbreitung auf dem US-

16 *Lencker/Sternberg-Lieben*, in: Schönke/Schröder, Strafgesetzbuch, 28. Aufl. 2010, § 131 Rn. 6. Bei sich „rollen-typisch" verhaltenden Comic-Figuren entfällt die Nachhaltigkeit der Gewalteinwirkung, indem die Folgen der Gewalteinwirkung „wie durch ein Wunder" schon in der nächsten Szene oder Folge überwunden oder entfallen sind.

17 Ego-Shooter oder First Person Shooter sind eine Kategorie der Computerspiele, *„bei welcher der Spieler aus der Egoperspektive in einer frei begehbaren, dreidimensionalen Spielwelt agiert und mit Schusswaffen andere Spieler oder computergesteuerte Gegner bekämpft. Die vom Spieler gelenkte Spielfigur ist menschlich oder menschenähnlich"* –
http://de.wikipedia.org/wiki/Ego-Shooter (02.11.2012).

18 *Erdemir*, in: Spindler/Schuster, Recht der elektronischen Medien, 2. Aufl. 2011, § 4 Rn. 13 a.

19 Vgl. *Höynck*, ZIS 2008, 206, 208.

20 Vgl. Art. 1 Nr. 3 des Gesetzesantrags des Freistaates Bayern „Entwurf eines Gesetzes zur Verbesserung des Jugendschutzes" in BR-Drs. 76/07 vom 02.02.2007. Kritisch dazu wegen Verstoßes gegen das Übermaßverbot durch den darin vorgeschlagenen § 131a StGB; *Erdemir*, K&R 2008, 223, 225.

21 Vgl. zur Beschlagnahme des Computerspiels „Manhunt" AG München Beschluss v. 19.07.2004 – 853 Gs 261/04.

22 Siehe z. B. „Schlachtfeld 1942", „Day of Defeat" oder „The Third Reich".

Markt ist strafrechtlich unbedenklich und sanktionsfrei. Häufig werden daher zwei Versionen angeboten: eine Vollversion für den internationalen und eine entschärfte, für den Vertrieb in Deutschland lokalisierte Version des Spiels. Fehlt letztere, kommt es immer wieder zu Produktrückrufen.[23] Auch wenn die Tatbestandlichkeit im Einzelfall festzustellen ist, minimieren Unternehmen das Risiko einer etwaigen persönlichen Strafbarkeit der Geschäftsführer oder anderer Unternehmensverantwortlicher der Publisher-Unternehmen und entscheiden sich im Zweifel für einen Rückruf.

Politisch motivierte Organisationen haben verfassungswidrige Kennzeichen und Nazi-Propaganda in der Vergangenheit auch im Rahmen von Computer- und Videospielen in strafrechtlich relevanter Weise eingesetzt und verbreitet. Die Entwicklungskosten für ein anspruchsvolles Computer- bzw. Videospiel sind inzwischen allerdings so erheblich, dass Rechtsextremisten propagandistische Spiele wegen unzureichender Mittel kaum noch finanzieren und solche Spiele in Deutschland relativ selten entwickelt werden.

7   Wie bei § 131 StGB (Gewaltverherrlichung) sind aufgrund der Erweiterung des Schriftenbegriffes in § 11 Abs. 3 StGB auch bei § 130 Abs. 2 StGB (Volksverhetzung) und § 86 Abs. 3 StGB (Verbreiten von Propagandamitteln verfassungswidriger Organisationen) Datenspeicher erfasst. Die Verbreitung (offline oder online) und Zugänglichmachung von Computer- oder Videospielen mit integrierter Nazi-Propaganda unterfällt dementsprechend § 130 Abs. 2 StGB. Aber auch sonstige Hass- oder Gewaltpropaganda gegen nationale, rassische, religiöse oder durch ihr Volkstum bestimmte Gruppen ist strafbar. Das von der Widerstandsorganisation Hisbollah veröffentlichte Computerspiel „Special Forces", in dem die Spieler als arabische Kämpfer gegen Israel ins Feld ziehen und das ausdrücklich als mentales und persönliches Trainingsprogramm für den Widerstandsnachwuchs gedacht ist,[24] dürfte diesen Straftatbestand genauso verwirklichen wie das Spiel „Ethnic Cleansing", bei dem der Spieler in der Rolle eines Skinhead oder eines KuKluxKlan-Protagonisten einen virtuellen Rassenkrieg führt.[25]

8   Die Verharmlosung, Leugnung oder Billigung der unter dem Nazi-Regime begangenen Völkermorde, insbesondere die Ausschwitzlüge, oder die Billigung, Rechtfertigung oder Verherrlichung der nationalsozialistischen Gewalt- und Willkürherrschaft sind gemäß § 130 Abs. 3, 4 und 5 StGB strafbar.[26] Ein Beispiel hiefür ist das Spiel „KZ-Manager", in dem der Spieler das Management eines Konzentrationslagers übernimmt und verschiedene Aufgaben zu erledigen hat. In diesem Spiel werden der nationalsozialistische Völkermord verharmlost bzw.

---

23   Siehe z.B. zum Rückruf des Spiels „Silent Hunter V – Battle of the Atlantic" von Ubisoft
     – http://www.chip.de/news/Silent-Hunter-5-Spiele-Rueckruf-wegen-Hakenkreuz_
     41896536.html (24.05.2011).

24   Mahmoud Rayya, ein Repräsentant der palästinensischen Radikalorganisation Hisbollah, erklärte entsprechend: *„This game is resisting the Israeli occupation through the media. [...] In a way, Special Force offers a mental and personal training for those who play it, allowing them to feel that they are in the shoes of the fighters."* –
     http://en.wikipedia.org/wiki/Special_Force_(Hezbollah) (02.11.2012).

25   *Fromm*, in: Bundeszentrale für politische Bildung, Rassistischer Hass im World Wide Web
     – http://www.bpb.de/popup/popup_druckversion.html?guid=2BWYNR (02.11.2012).

26   *Cornelius*, in: Leupold/Glossner, Münchener Anwaltshandbuch IT-Recht, 2. Aufl.
     2011, Teil 10 Rn. 341 f.

verherrlicht und u.a. das Hakenkreuz als Kennzeichen einer verfassungswidrigen Organisation benutzt und damit der Tatbestand des § 86 a StGB (Verwenden von Kennzeichen verfassungswidriger Organisationen) verwirklicht. Aber auch „unkörperliche" Symbole können strafrechtliche Relevanz haben, so z.B. die Ausführung des sog. Hitlergrußes, die Formeln „Heil Hitler"[27] und „Sieg-Heil"[28] oder auch Musik, wie z.B. die Wiedergabe des „Horst-Wessel-Liedes",[29] das in Computerspielen wie „Wolfenstein 3D" und „Return to Castle Wolfenstein" abgespielt wird. Die Verwendung dieser Symbole ist grundsätzlich und damit auch bei Verwendung in Computer- und Videospielen verboten.

Das Strafverbot aus § 86 a StGB gilt gemäß § 86 a Abs. 3 i.V.m. § 86 Abs. 3 StGB u.a. dann nicht, wenn die Verwendung der Kennzeichen der Kunst oder „ähnlichen Zwecken", d.h. *„üblichen, von der Allgemeinheit gebilligten und daher in strafrechtlicher Hinsicht im sozialen Leben gänzlich unverdächtigen, weil im Rahmen des sozialen Handlungsfreiheit liegenden Handlungen"*[30] dient. Wenn die Verwendung der Kennzeichen in Computerspielen negativ akzentuiert, lediglich beiläufig und nur vereinzelt erfolgt (z.B. wenn ein Hakenkreuz in zu erobernden Räumen des Spielgegners zu sehen ist) und dem Schutzzweck ersichtlich nicht zuwider läuft,[31] wird teilweise unter Bezugnahme auf die (allerdings nicht die Spielebranche betreffende) Rechtsprechung des BGH argumentiert, solche Handlungen seien zulässig.[32] Insoweit ist aber Vorsicht geboten, denn die bisherige Rechtsprechung zur Verwendung solcher Kennzeichen betont, dass es *„der Schutzzweck des § 86 a StGB gebiete, dass in Computerspielen keine Kennzeichen verfassungswidriger Organisationen gezeigt werden"*.[33]

1.2 Straftaten gegen die sexuelle Selbstbestimmung

Computer- und Videospiele decken in fiktiven Gestaltungen thematisch seit jeher das gesamte Spektrum des aus der Realität Bekannten ab. Hierzu gehören auch Inhalte, die sexuelle Handlungen zum Gegenstand haben. Während aus den Anfangszeiten der Spiele-Industrie noch vergleichsweise harmlose Spiele wie „Strip-Poker" etc. bekannt sind, werden heute die Grenzen zu strafrechtlich relevanten Inhalten teilweise überschritten. Auch die Qualität der Grafikkarten und der damit verbundenen Realitätsnähe der einschlägigen Darstellungen trägt dazu bei, dass Softwareanimationen mit entsprechenden Filminhalten aus dem Erotik-Genre immer vergleichbarer werden. Die fortschreitende Möglichkeit zur Interaktion wirft in diesem Zusammenhang auch bei Computer- und Videospielen neue Fragen auf. Nutzer können in virtuellen Welten[34] eine Parallelidentität aufnehmen und dort u.a. sexuelle Verhaltensmuster an den Tag legen, die sie in der Realität nicht ausleben bzw. unterdrücken. Fraglich ist in diesem Zusammenhang, ob und welches virtuelle Verhalten real strafrechtlich verfolgt wird. Kann beispielsweise der sexuelle Kontakt zwischen virtuellen Kinderfigu-

9

10

---

27 OLG Celle v. 16.07.1970 – 1 Ss 114/70 – NJW 1970, 2257, 2258.
28 OLG Düsseldorf v. 06.09.1990 – 5 Ss 280/90 – 114/90 I – MDR 1991, 174.
29 BayObLG v. 19.07.1962 – RReg. 4 St 171/62 – NJW 62, 1878.
30 BGH v. 19.07.1962 – RReg. 4 St 171/62 – NJW 1970, 818, 818.
31 BGH v. 15.03.2007 – 3 StR 486/06 – NJW 2007, 1602; KG Berlin v. 07.09.2010 – (4) 1 Ss 301/10 (166/10), 1 Ss 301/10 – BeckRS 2010, 29767.
32 *Liesching*, BPjM-Aktuell 2010, 11, 16.
33 OLG Frankfurt v. 18.03.1998 – 1 Ss 407–97 – NStZ 1999, 356, 357.
34 Z.B. bei „Second-Life" oder „Naughty America – The Game".

ren und erwachsen aussehenden Avataren im Online-Spiel einschlägige Tatbestände der Kinderpornographie erfüllen und ist der Austausch virtueller kinderpornographischer Inhalte innerhalb eines Online-Spiels strafbares Verbreiten von Kinderpornographie?

1.2.1 Pornographie

11 Pornographie ist eine Darstellung, die sexuelle Vorgänge in grob aufdringlicher Weise in den Vordergrund rückt und unter Ausklammerung emotional-individualisierter Bezüge den Menschen zum bloßen Objekt geschlechtlicher Begierde und Betätigung macht.[35] Dabei ist nicht erforderlich, dass ein tatsächliches oder wirklichkeitsnahes Geschehen wiedergegeben wird.[36] Sinn und Zweck (u.a. die Bestrafung der mittelbaren Förderung des sexuellen Missbrauchs von Kindern)[37] sowie Systematik der Straftatbestände gebieten es, dass auch fiktive Geschehnisse erfasst werden.[38] Das Strafgesetzbuch bezieht sich nicht nur auf die Darstellung menschlicher sexueller Betätigung, sondern auch auf die reine Beschreibung sexueller Handlungen, etwa im Text eines Romans, in Zeichnungen, Comics etc. Entscheidend ist, ob aus Sicht des Betrachters die sexuellen Handlungen in grob aufdringlicher Form dargestellt werden.[39]

12 Dies gilt gleichermaßen für Darstellungen in Computer- und Videospielen. Als einschlägige Tatbestände kommen §§ 184 bis 184 c StGB in Betracht.[40] § 184 d StGB betrifft dagegen nach allgemeiner Ansicht[41] nur „Live-Darbietungen". Eine solche Darbietung ist im Rahmen von Computer- und Videospielen anzunehmen, wenn pornographische Inhalte durch gleichzeitiges interaktives Zusammenspiel verschiedener Nutzer (z. B. bei Multiplayer-Online-Spielen) „dargeboten" werden, soweit dies technisch ohne Speicherung möglich ist.[42]

§ 184 a StGB verbietet pornographische Inhalte, die Gewalttätigkeiten oder Sodomie zum Gegenstand haben. Dieser Tatbestand ist bei entsprechender sexueller Betätigung in virtuellen Rollenspielen relevant, z. B. wenn es den Nutzern ermöglicht wird, Avatare in Tiergestalt sexuelle Handlungen vornehmen zu lassen.[43]

Computer- und Videospiele mit tier-, kinder- oder jugendpornographischem Inhalt dürfen (u.a.) generell nicht angeboten, überlassen oder zugänglich gemacht

---

35 OLG Düsseldorf v. 28.03.1974 – 1 Ss 847/73 – NJW 1974, 1474, 1475; KG Beschluss v. 08.02.2008 – (4) 1 Ss 312/07 (192/07) – NStZ 2009, 446, 446; *Ziegler*, in: BeckOK StGB, Stand: 01.09.2012, Edition: 20, Lexikon des Strafrechts, Pornographie Rn. 1 f.; *Fischer*, Strafgesetzbuch und Nebengesetze, 59. Aufl. 2012, § 184 Rn. 7; *Cornelius*, in: Leupold/Glossner, Münchener Anwaltshandbuch IT-Recht, 2. Aufl. 2011, Teil 10 Rn. 280; *Marberth-Kubicki*, Computer- und Internetstrafrecht, 2. Aufl. 2010, Rn. 218.
36 *Fischer*, Strafgesetzbuch und Nebengesetze, 59. Aufl. 2012, § 184 b Rn. 5.
37 BGH v. 27.06.2001 – 1 StR 66/01 – MMR 2001, 676, 678; *Hopf/Braml*, ZUM 2007, 354, 360; *Fischer*, Strafgesetzbuch und Nebengesetze, 59. Aufl. 2012, § 184 b Rn. 2.
38 *Marberth-Kubicki*, Computer- und Internetstrafrecht, 2. Aufl. 2010, Rn. 220.
39 BGH v. 21.06.1990 – 1 StR 477/89 – BGHSt 37, 55, 60 – NJW 1990, 3026.
40 *Perron/Eisele*, in: Schönke/Schröder, Strafgesetzbuch, 28. Aufl. 2010, § 184 d Rn. 6.
41 *Ziegler*, BeckOK StGB, Stand: 01.09.2012, Edition 20, § 184 d Rn. 2; *Perron/Eisele*, in: Schönke/Schröder, Strafgesetzbuch, 28. Aufl. 2010, § 184 d Rn. 1.; *Marberth-Kubicki*, Computer- und Internetstrafrecht, 2. Aufl. 2010, Rn. 233.
42 *Fischer*, Strafgesetzbuch und Nebengesetze, 59. Aufl. 2012, § 184 d Rn. 3.
43 Interview auf Golem.de: „Interview: Virtueller Sex mit Tieren strafbar" – http://www.golem.de/0703/50878-2.html (02.11.2012).

werden (§§ 184 a, 184 b, 184 c jeweils Abs. 1 Nr. 1-3 StGB), bei Spielen mit einfach pornographischem Inhalt gilt dies nur in Bezug auf Minderjährige (relatives Verbreitungsverbot[44]).

1.2.2 Kinderpornographie

Kinderpornographie liegt vor, wenn der sexuelle Missbrauch von Kindern   *13*
Gegenstand eines Computer- oder Videospiels ist und entsprechende elektronisch simulierte Darstellungen tatbestandsmäßig sind. Unerheblich ist, ob die kindlichen Spielfiguren von Erwachsenen gesteuert werden. Es kommt insofern auf die Sicht eines objektiven Dritten an.[45] In diesem Zusammenhang ist gemäß §§ 184 b und 184 c StGB die Verbreitung, öffentliche Zugänglichmachung, Herstellung, Lieferung etc. tatbestandsmäßig. Der bloße Besitz bzw. das „Sich-Besitz-Verschaffen" von Spielen mit kinderpornographischen Inhalten ist dagegen nur bei Wiedergabe eines tatsächlichen oder wirklichkeitsnahen Geschehens einschlägig (vgl. § 184 b Abs. 4 und § 184 c Abs. 4 StGB).[46] Wirklichkeitsnah ist die Wiedergabe, wenn ein durchschnittlicher Beobachter nicht sicher ausschließen kann, dass es sich um ein tatsächliches Geschehen handelt. Dies ist dann nicht der Fall, wenn sich das Geschehen für diesen als erkennbare Künstlichkeit darstellt.[47] Je weiter sich die virtuellen Welten in Computer- und Videospielen der Wirklichkeit annähern, desto eher ist insofern auch ein Sich-Besitz-Verschaffen strafbar. Dabei wäre ein Sich-Besitz-Verschaffen eines einschlägigen Spiels möglicherweise auch bei Online-Spielen denkbar. Denn seitdem der BGH ein tatbestandlich relevantes „Verbreiten" schon dann annimmt, wenn Daten im Arbeitsspeicher des PC des Nutzers „angekommen" sind,[48] muss man auch davon ausgehen, dass mit dem Download des Spiels in den Arbeitsspeicher spiegelbildlich ein „Sich-Besitz-Verschaffen" vorliegt.[49]

1.3 Beleidigung und Verleumdung

Beleidigungen (d. h. die Verletzung der persönlichen Ehre eines anderen durch die   *14*
Kundgabe der Miss- oder Nichtachtung einer anderen Person, § 185 StGB) und Verleumdung bzw. üble Nachrede (ehrverletzende Behauptungen über eine Person in dem Wissen, dass diese unwahr sind bzw. dass diese nicht nachgewiesen werden können, §§ 186, 187 StGB) sind insbesondere bei Multiplayer-Online-Spielen denkbar, indem die Mitspieler interaktiv in Wort, Schrift, Symbolik oder durch schlüssige Handlungen miteinander kommunizieren. Wie bei dem Meinungsaustausch in Chat-Foren ist allerdings problematisch, dass die Beteiligung an der Kommunikation anonym oder unter Pseudonym erfolgen kann. Für den Tatbestand der Beleidigung muss die Person des Beleidigten erkennbar und hinreichend konkre-

---

44   *Altenhain*, in: Hoeren/Sieber, Handbuch Multimedia-Recht, Teil 20, Rn. 6 (Stand: 03/2012).

45   BGH v. 15. 12. 1999 – 2 StR 365/99 – NStZ 2000, 307, 309.

46   *Cornelius*, in: Leupold/Glossner, Münchener Anwaltshandbuch IT-Recht, 2. Aufl. 2011, Teil 10 Rn. 310 und 399 f.

47   *Fischer*, Strafgesetzbuch und Nebengesetze, 59. Aufl. 2012, § 184 b Rn. 13 a.

48   BGH v. 27.06.2001 – 1 StR 66/01 – MMR 2001, 676, 676.

49   Hierzu eingehend OLG Hamburg v. 15.02.2010 – 2-27/09 – NJW 2010, 1893, 1894 ff.; OLG Schleswig v. 15.09.2005 – 2 Ws 305/05 – NStZ-RR 2007, 41; *Harms*, NStZ 2003, 646, 647 f.; *Fischer*, Strafgesetzbuch und Nebengesetze, 59. Aufl. 2012, § 184 b Rn. 21; *Marberth-Kubicki*, Computer- und Internetstrafrecht, 2. Aufl. 2010, Rn. 226 f.

tisiert sein.[50] Beleidigt werden kann insoweit nur, wer im Zusammenhang mit seiner Spielfigur bereits eine gewisse Reputation aufgebaut hat, auch wenn die Spielfigur unter einem Pseudonym oder Fantasienamen verwendet wird und die wahre Identität nicht bekannt ist.[51] Entsprechend ist im Einzelfall danach zu differenzieren, ob überhaupt eine beleidigungsfähige Person in Rede steht.

2. Jugendschutz

15 Die oben vorgestellten Straftatbestände der Volksverhetzung, einschlägiger Gewaltdarstellungen und der Pornographie sind Verbreitungsdelikte, die auch im Rahmen der jugendschutzrechtlichen Vorschriften besondere Relevanz haben (z. B. bei schwer jugendgefährdenden Trägermedien in § 15 Abs. 2 Nr. 1 JuSchG oder als unzulässige Angebote im Sinne des § 4 JMStV). Der gesetzliche Jugendschutz stellt aber auch präventiv wirkende Schutzbarrieren auf, welche Kinder und Jugendliche vor entwicklungsbeeinträchtigenden Einflüssen durch Inhalte schützen sollen, die noch keine strafrechtliche Relevanz haben.

16 Das Recht der Kinder und Jugendlichen auf Schutz vor Störungen der Entwicklung ihrer Persönlichkeit folgt aus dem allgemeinen Persönlichkeitsrecht (Art. 2 Abs. 1 i. V. m. Art. 1 Abs. 1 GG) und hat damit Verfassungsrang.[52] Daraus ergibt sich die Aufgabe des Staates, den Jugendschutz wahrzunehmen. Mit Blick auf die Inhalte von Computer- und Videospielen kommt der Gesetzgeber dieser Aufgabe durch die Regelungen des JuSchG des Bundes („JuSchG") für (Offline-) Inhalte auf Trägermedien, also Disketten, CD-Roms und DVDs oder DVD-ähnliche Trägermedien für Spielekonsolen[53], und auf Länderebene durch den Jugendmedienschutz-Staatsvertrag („JMStV") für (Online-) Inhalte in Telemedien[54] (z. B. Online-Spiele oder Spiele, die zum Download angeboten werden)[55] nach. Der Jugendschutz differenziert also nach den Medien, über die Computer- und Videospiele verbreitet werden.[56] Prüfverfahren und Verbote hängen davon ab, ob das JuSchG oder der JMStV auf das jeweilige Spiel Anwendung findet. Diese missliche Aufteilung beruht auf der Kompetenzverteilung zwischen Bund und

---

50 *Fischer*, Strafgesetzbuch und Nebengesetze, 59. Aufl. 2012, § 185 Rn. 6; BayObLG v. 23.02.2000 – 5 St RR 30/00 –, NJW 2000, 1584; *Krasemann*, MMR 2006, 351, 354.

51 Vgl. dazu *Krasemann*, MMR 2006, 351, 354.

52 *Weigand/Braml*, in: Umstritten und Umworben: Computerspiele – Eine Herausforderung für die Gesellschaft, KJM-Schriftenreihe Band 2, 2010, Seite 15; *Erdemir*, in: Spindler/Schuster, Recht der elektronischen Medien, 2. Aufl. 2011, § 1 Rn. 14.

53 Vgl. die Definition in § 1 Abs. 2 JuSchG: *„Medien mit Texten, Bildern oder Tönen auf gegenständlichen Trägern, die zur Weitergabe geeignet, zur unmittelbaren Wahrnehmung bestimmt (...) sind"*. Dies sind die klassischen Druckschriften aber ohne Weiteres auch mobile Datenträger wie Disketten, CD-Roms und DVDs; vgl. *Liesching*, NJW 2002, 3281, 3282.

54 Vgl. die Definition in § 1 Abs. 1 TMG: Telemedien sind *„alle elektronischen Informations- und Kommunikationsdienste, soweit sie nicht Telekommunikationsdienste nach § 3 Nr. 24 des Telekommunikationsgesetzes, die ganz in der Übertragung von Signalen über Telekommunikationsnetze bestehen, telekommunikationsgestützte Dienste nach § 3 Nr. 25 des Telekommunikationsgesetzes oder Rundfunk nach § 2 des Rundfunkstaatsvertrages sind."*

55 *Altenhain*, in: Hoeren/Sieber, Handbuch Multimedia-Recht, Teil 20 Rn. 15 (Stand: 03/2012).

56 *Baumann/Hofmann*, ZUM 2010, 863 ff.; Kuß, K&R 2012, 782, 785.

Ländern, die schon seit jeher durchaus kritisch[57] gesehen wird und die regelmäßig, insbesondere bei hybriden Computerspielen, erhebliche Unschärfen und Anwendungskonflikte erzeugt. Dementsprechend fällt die Zuständigkeit für die Durchsetzung des Jugendschutzes auseinander. Für Online-Spiele gibt es zudem kein Prüfverfahren der Unterhaltungssoftware Selbstkontrolle („USK")[58], da das JMStV ein solches für die digitale Distribution nicht vorsieht.[59] Besonders kompliziert wird die Frage des anwendbaren Regelungsrahmens bei hybriden Computerspielen,[60] insbesondere bei sogenannten „Transmedia Games" und „Alternate Reality Games",[61] die zu nicht mehr vernünftig lösbaren Kompetenzkonflikten führen, wie auch bei online erhältlichen Add-Ons[62] zu Offline-Spielen, oder wenn ursprünglich nur online verfügbare Spiele später offline angeboten werden. Ob sich der Regelungskonflikt zwischen JuSchG und JMStV durch eine einfache Auslegungsregel, wonach im Zweifel der JMStV den Vorrang hat,[63] auflösen lässt, ist jedoch schon aufgrund der Bund-Länder-Kompetenzabgrenzung mehr als fraglich. *De lege lata* ist dieser Ansatz abzulehnen.

Für die Spiele auf Trägermedien sind die Oberste Landesjugendbehörde bzw. die USK und die Bundesprüfstelle für jugendgefährdende Schriften („BPjM")[64] zuständig; für Spiele, die über Telemedien verbreitet werden, sind die jewei-   17

---

57   *Stettner*, ZUM 2003, 425, 429; *Erdemir*, in: Spindler/Schuster, Recht der elektronischen Medien, 2. Aufl. 2011, § 2 JMStV Rn. 2 ff.

58   Die USK ist die freiwillige Selbstkontrolle der Computerspiele-Wirtschaft. Sie ist die verantwortliche Stelle für die Prüfung von Computerspielen in Deutschland und wird durch die Freiwillige Selbstkontrolle Unterhaltungssoftware GmbH (Gesellschafter sind die Industrieverbände der Spiele entwickelnden, produzierenden und in Deutschland vertreibenden Industrie) getragen. Die USK organisiert das Prüfungsverfahren. Die jeweiligen Altersentscheidungen fällen gemäß der halbstaatlichen Selbstkontrolle jedoch von den Ländern benannte Sachverständige in Zusammenarbeit mit dem ständigen Vertreter der Obersten Landesjugendbehörden bei der USK. Letzterer erteilt nach einem positiven Prüfergebnis die Altersfreigaben.

59   Das kann für den Anbieter Vor- und Nachteile haben. Ohne das USK-Prüfverfahren muss er selbst prüfen, ob und welche Vorkehrungen er treffen muss, um den Anforderungen des JMStV nachzukommen.

60   Dazu *Baumann/Hofmann*, ZUM 2010, 863 ff.

61   Bei „Transmedia Games" oder auch den „Alternative Reality Games" werden die Spielkonzepte von vornherein so angelegt, dass einzelne Spielabschnitte nur unter Einsatz unterschiedlicher Trägermedien und Medienelemente eine kontinuierliche Teilnahme ermöglichen (z.B. vom Fernesehen über Plakatwände zu Smartphones zum PC oder IPad) – http://de.wikipedia.org/wiki/Alternate_reality_game (02.11.2012).

62   Ein Add-On ist Zusatzsoftware, die das Originalspiel um neue Missionen, Aufgaben, Charaktere, Gegenstände und Storyinhalte ergänzen kann. Spieler erfahren hier Vorgeschichten oder besuchen Nebenschauplätze der Haupthandlung und können die Spielwelt mit neuen Fähigkeiten, Objekten und Charakteren erleben – http://www.usk.de/pruefverfahren/genres/85 (02.11.2012).

63   So offenbar *Erdemir*, in: Spindler/Schuster, Recht der elektronischen Medien, 2. Aufl. 2011, § 2 Rn. 8.

64   Die BPjM ist als oberste Bundesbehörde errichtet und hat die Aufgabe, jugendgefährdende Medien auf Antrag oder Anregung zu indizieren und die wertorientierte Medienerziehung und Sensibilisierung der Öffentlichkeit für die Belange des Jugendmedienschutzes zu fördern.

lige Landesmedienanstalt[65] sowie die Kommission für Jugendmedienschutz („KJM")[66] zuständig.

2.1 Jugendschutzgesetz

18 Seit der Reform des Jugendmedienschutzes in 2003 umfasst § 14 JuSchG auch „Spielprogramme", d. h. Video- und Computerspiele. Seitdem vergibt die USK nach Prüfung der Spielprogramme nicht mehr nur rechtlich unverbindliche Altersempfehlungen, sondern trifft verbindliche Entscheidungen. Als Grundlage bei der Einschätzung der Risiken durch das Spielen nicht altersgemäßer Computerspiele dienen die „Leitkriterien der USK für die jugendschutzrechtliche Bewertung von Computer- und Videospielen".[67]

Das JuSchG gilt dabei bislang nur für Spiele auf Trägermedien.[68] Trägermedien sind gemäß § 1 Abs. 2 JuSchG *„Medien mit Texten, Bildern oder Tönen auf gegenständlichen Trägern, die zur Weitergabe geeignet, zur unmittelbaren Wahrnehmung bestimmt oder in einem Vorführ- oder Spielgerät eingebaut sind".* Solche Trägermedien können CD-Roms oder Medien für Spielekonsolen sein. Aus vorstehender Definition ergeben sich aber teilweise schwierige Abgrenzungsfragen[69] (vgl. Ziffer 2.3 unten).

Für die Abgabe von Computer- und Videospielen an Kinder unterscheidet das JuSchG zwischen entwicklungsbeeinträchtigenden (§ 14 Abs. 1 JuSchG), jugendgefährdenden (§ 15 Abs. 1 JuSchG) und schwer jugendgefährdenden Inhalten (§ 15 Abs. 2 JuSchG). Entwicklungsbeeinträchtigende Spiele bedürfen der Alterskennzeichnung, jugendgefährdende Spiele unterfallen der Indizierung durch Aufnahme in die Liste jugendgefährdender Medien (§ 18 JuSchG – dies ist der „Index"), und schwer jugendgefährdende Spiele werden wie indizierte Spiele behandelt, ohne dass es einer Aufnahme in den Index oder einer Bekanntmachung bedarf.

2.1.1 Alterseinstufung und Alterskennzeichnung

19 Die USK übernimmt die Alterskennzeichnung in Zusammenarbeit mit der Obersten Landesjugendbehörde. Auf Antrag des Herstellers bzw. Publishers prüft die

---

65 Die jeweils zuständigen Landesmedienanstalten überprüfen die Einhaltung der materiellen Regelungen des JMStV und treffen die entsprechenden Entscheidungen. Hierzu bedienen sie sich der KJM (vgl. § 14 Abs. 2 JMStV). Der Föderalismus bleibt aber dennoch erhalten, denn alle Entscheidungen und Überprüfungen nach dem JMStV sind gemäß JMStV solche der jeweils originär zuständigen Landesmedienanstalt, auch wenn sie durch das (allein nicht handlungsfähige) Organ KJM getroffen werden; vgl. *Erdemir*, in: Spindler/Schuster, Recht der elektronischen Medien, 2. Aufl. 2011, § 14 JMStV Rn. 5.

66 Die KJM ist ein Organ der deutschen Landesmedienanstalten und u.a. zuständig für die Kontrolle von Inhalten im Internet (Telemedien). Auf Grundlage des JMStV kann die KJM gegen Telemedien vorgehen, die gegen die Menschenwürde oder den Jugendschutz verstoßen.

67 Vgl. Leitkriterien der USK für die jugendschutzrechtliche Bewertung von Computer- und Videospielen – http://www.usk.de/fileadmin/documents/2011-06-27_Leitkriterien_USK.pdf (02.11.2012).

68 Nach einer Pressemitteilung des Bundesministeriums für Familie, Senioren, Frauen und Jugend vom 13.04.2012 ist eine Änderung des JuSchG vorgesehen. Anbieter sollen demnach „in Zukunft ihre Online-Filme und Online-Spiele nach den Bestimmungen des Jugendschutzgesetzes kennzeichnen lassen können" – http://www.bmfsfj.de/BMFSFJ/Presse/pressemitteilungen,did=185714.html (02.11.2012).

69 *Baumann/Hofmann*, ZUM 2010, 863, 866.

USK, ob für das fragliche Spiel eine Altersfreigabe erteilt werden kann und in welche der fünf Kategorien aus § 14 Abs. 2 JuSchG es einzuordnen ist.[70] Das Stufensystem reicht von „Freigegeben ohne Altersbeschränkung"[71] über „Freigegeben ab sechs Jahren"[72], „Freigegeben ab zwölf Jahren"[73], „Freigegeben ab sechzehn Jahren"[74] bis hin zur Kategorie „Keine Jugendfreigabe".[75]

---

70 Für die Erwägung zur Alterseinstufung auf der jeweiligen Kategorie siehe auch die Leitkriterien der USK für die jugendschutzrechtliche Bewertung von Computer- und Videospielen, Seite 10.

71 2011 erhielten 39,1 % der geprüften Spiele dieses Alterskennzeichen, vgl. die Statistik auf der Website der USK – http://www.usk.de/pruefverfahren/statistik/(02.11.2012). Hierunter fallen familienfreundliche Spiele wie beispielsweise Geschicklichkeits- und Gesellschaftsspiele, Sportspiele, Jump'n Runs, Simulationen, Management-Spiele, klassische Adventures und einige Rollenspiele, vgl. http://www.usk.de/pruefverfahren/alterskennzeichen/freigegeben-ohne-altersbeschraenkung-gemaess-14-juschg/ (02.11.2012).

72 Dieses Kennzeichen wird für Spiele vergeben, die kleinere Kinder womöglich in „unheimliche Spielräume" versetzen oder durch Aufgaben und Geschwindigkeit belastend für sie sein könnten. 2011 erhielten 17,3 % der geprüften Spiele dieses Alterskennzeichen, vgl. die Statistik auf der Website der USK – http://www.usk.de/pruefverfahren/statistik/(02.11.2012). Hierunter fallen familienfreundliche Spiele, die bereits spannender und wettkampfbetonter ausfallen, z.B. Rennspiele, Simulationen, Jump'n Runs und Rollenspiele, vgl. http://www.usk.de/pruefverfahren/alterskennzeichen/freigegeben-ab-6-jahren-gemaess-14-juschg/(02.11.2012).

73 Dieses Kennzeichen wird für Spiele mit kampfbetonten Spielaufgaben vergeben, in denen Gewalt jedoch nicht in alltagsrelevante Szenarien eingebunden ist. 2011 erhielten 22,4 % der geprüften Spiele dieses Alterskennzeichen, vgl. die Statistik auf der Website der USK – http://www.usk.de/pruefverfahren/statistik/(02.11.2012). Hierunter fallen deutlich kampfbetonte Spiele mit ausreichenden Distanzierungsmöglichkeiten, z.B. Arcade-, Strategie- und Rollenspiele sowie bereits einige militärische Simulationen, vgl. http://www.usk.de/pruefverfahren/alterskennzeichen/freigegeben-ab-12-jahren-gemaess-14-juschg/(02.11.2012).

74 Dieses Kennzeichen wird für Spiele vergeben, in denen es um bewaffnete Action in fiktiven oder historischen Kriegsszenarien geht. 2011 erhielten 14,5 % der geprüften Spiele dieses Alterskennzeichen, vgl. die Statistik auf der Website der USK – http://www.usk.de/pruefverfahren/statistik/(02.11.2012). Hierunter fallen Spiele, die auch Gewalthandlungen zeigen und auch Erwachsene ansprechen, z.B. Action Adventures, militärische Strategiespiele und Shooter, vgl. http://www.usk.de/pruefverfahren/alterskennzeichen/freigegeben-ab-16-jahren-gemaess-14-juschg/(02.11.2012).

75 Dieses Kennzeichen wird für Spiele vergeben, die die Entwicklung von Kindern und Jugendlichen beeinträchtigen können. 2011 erhielten 6,2 % der geprüften Spiele dieses Alterskennzeichen, vgl. die Statistik auf der Website der USK – http://www.usk.de/pruefverfahren/statistik/(02.11.2012). Hierunter fallen Spiele mit nahezu ausschließlich gewalthaltigen Spielkonzepten mit einer düsteren und bedrohlichen Atmosphäre z.B. Ego-Shooter, Action Adventures und Open-World-Games. Ein mit „Keine Jugendfreigabe" gekennzeichnetes Spiel darf auch keine in Deutschland gesetzlich verbotenen Inhalte (z.B. exzessive Gewaltdarstellungen, Rassismus, Kriegshetze oder Pornographie) enthalten, vgl. http://www.usk.de/pruefverfahren/alterskennzeichen/freigegeben-ab-18-jahren-gemaess-14-juschg/(02.11.2012). Ein Spiel der Kategorie „Keine Jugendfreigabe" darf naturgemäß nur an Volljährige abgegeben werden. Es handelt sich dann dennoch „nur" um ein jugendbeeinträchtigendes, nicht notwendigerweise aber um ein (im Sinne des § 18 Abs. 1 JuSchG) jugendgefährdendes Spiel.

20　Als *entwicklungsbeeinträchtigend* gelten solche Spiele, die geeignet sind, die Entwicklung von Kindern und Jugendlichen oder ihre Erziehung zu einer eigenverantwortlichen und gemeinschaftsfähigen Persönlichkeit zu beeinträchtigen.[76] Dies ist für die Gruppe der 16- bis 17-Jährigen zum Beispiel dann der Fall, wenn die Wucht der Bilder und der gewalthaltigen Konzepte sowie die eventuelle Identifikation mit Spielfiguren, deren Handeln ethisch-moralischen Anforderungen zuwiderläuft, einen Schutz der Minderjährigen erfordern.[77] Für eine entwicklungsbeeinträchtigende Wirkung spricht in diesem Zusammenhang insbesondere, wenn Spiele eine hohe atmosphärische Dichte aufweisen, wenn die Glaubwürdigkeit des Spielgeschehens eine Distanzierung zum Spielgeschehen nur schwer zulässt und das Spiel einen Grad an sozialer Reife und Distanz erfordert, der bei 16- bis 17-Jährigen nicht generell vorausgesetzt werden kann.[78] Bei der Beurteilung der Wirkung der Spiele auf Kinder und Jugendliche prüft die USK gemäß ihren „Leitkriterien für die jugendschutzrechtliche Bewertung von Computer- und Videospielen" die Spiele im Hinblick auf Oberbegriffe wie visuelle und akustische Umsetzung der Spielidee, Gameplay, Atmosphäre, Realismus, Glaubwürdigkeit, Menschenähnlichkeit, Jugendaffinität und Identifikationspotenzial, Handlungsdruck und auf die Thematisierung von Gewalt, Krieg, Angst und Bedrohung, Sexualität, Diskriminierung, Sprache und Drogen.[79]

21　Nach erfolgter Kategorisierung durch die USK sind die Alterskennzeichen auf dem Trägermedium (auf einer Fläche von mindestens 250 Quadratmillimetern) und der Hülle deutlich sichtbar (links unten auf einer Fläche von mindestens 1.200 Quadratmillimetern) bzw. entsprechend ergänzender Vorgaben der Obersten Landesbehörde anzubringen (§ 12 Abs. 2 JuSchG). Soweit Auszüge von Spielen zusammen mit periodischen Druckschriften vertrieben werden, müssen sie mit einem Hinweis des Anbieters versehen sein, der die Feststellung der USK verdeutlicht, dass diese Auszüge keine Jugendbeeinträchtigungen enthalten (§ 12 Abs. 5 JuSchG).[80] Wenn das Spiel der Druckschrift in der Vollver-

---

76　Vgl. das Online-Handbuch zum Kinder- und Jugendschutz der BAJ – Bundesarbeitsgemeinschaft Kinder- und Jugendschutz – http://www.handbuch-jugendschutz.de/index.php?abc=I&nav=&postid=120 (02.11.2012).

77　Vgl. die Erläuterungen der USK zum Freigabekennzeichen für Spiele ab 18 Jahren – http://www.usk.de/pruefverfahren/alterskennzeichen/freigegeben-ab-18-jahren-gemaess-14-juschg/?no_cache=1&sword_list%5B%5D=JUGENDBEEINTR%C3%84CHTIGEND (02.11.2012).

78　Vgl. die Ausführungen der USK zur Altersfreigabe – http://www.usk.de/pruefverfahren/alterskennzeichen/freigegeben-ab-18-jahren-gemaess-14-juschg/?no_cache=1&sword_list%5B%5D=jugendbeeintr%C3%A4chtigend (02.11.2012).

79　Vgl. Leitkriterien der USK für die jugendschutzrechtliche Bewertung von Computer- und Videospielen, S. 12 ff.

80　Hierunter fallen nach Ansicht des Bayerischen Landesjugendamts Bildträger, die eine Kennzeichnung „freigegeben ohne Altersbeschränkung", „freigegeben ab 6 Jahren" und „freigegeben ab 12 Jahren" erhalten haben – http://www.blja.bayern.de/textoffice/fachbeitraege/Bildtraeger0505.html (02.11.2012);
kritisch zur praktischen Umsetzung des § 12 Abs. 5 JuSchG: *Brunn/Dreier/Dreyer/Hasebrink/Held/Lampert/Schulz*, in: Hans-Bredow-Institut, Das deutsche Jugendschutzsystem im Bereich der Video- und Computerspiele, Endbericht, 28.6.2007, 127 f.

sion beiliegt, müssen Heft und Datenträger mit einem USK-Kennzeichen versehen sein.[81]

Weitere Angaben zu ausländischen Alterseinstufungen (z.B. PEGI[82] oder britische Kennzeichen), die man auf Spielecovern häufig neben der Alterskennzeichnung der USK findet, sind in Deutschland unverbindlich.[83] Die nachträgliche Kennzeichnung von ausländischen Spielen („Grau-Importe") ohne Alterskennzeichnung ist unzulässig. Eine entsprechende Alterseinstufung bleibt der USK vorbehalten.[84]

2.1.2 Jugendfreigabe und Vertrieb

Die Alterskennzeichen der USK sind keine pädagogischen Empfehlungen, sondern für Verkauf und Weitergabe rechtlich verbindlich (§ 12 JuSchG). Sie legen fest, welche Altersgrenze Distributoren und Einzelhändler beim Verkauf von Spielen an die Endkunden beachten müssen. Dem liegt die Annahme zu Grunde, dass bei Kindern und Jugendlichen unterhalb der jeweiligen Altersgrenze eine Entwicklungsbeeinträchtigung eintreten könnte. Computer- und Videospiele dürfen folglich in der Öffentlichkeit nur zugänglich gemacht werden, wenn sie von der Obersten Landesbehörde oder der USK freigegeben und gekennzeichnet wurden (§ 12 Abs. 1 JuSchG). Andernfalls dürfen die Spiele z.B. nur in lediglich Erwachsenen zugänglichen Geschäftsräumen und nicht im Versandhandel angeboten werden (§ 12 Abs. 3 JuSchG). Eine Pflicht zur Vorlage bei der USK zur Alterseinstufung besteht rechtlich zwar nicht. Faktisch sind eine Einstufung und die nachfolgend entsprechende Kennzeichnung aber in der Regel Voraussetzung für die Markteinführung und einen breit angelegten Vertrieb, da die großen Handelsketten keine ungekennzeichneten Spiele einkaufen und in ihr Sortiment übernehmen.[85]

22

Eine Alterskennzeichnung und Freigabe wird nur für jugendschutzrechtlich gänzlich unbedenkliche oder lediglich *entwicklungsbeeinträchtigende* Spiele erteilt. Sofern die USK feststellt, dass ein Spiel *schwer jugendgefährdende* Inhalte enthält, jugendgefährdend ist bzw. deshalb bereits in den Index aufgenom-

23

---

81 *Brunn/Dreier/Dreyer/Hasebrink/Held/Lampert/Schulz*, in: Hans-Bredow-Institut, Das deutsche Jugendschutzsystem im Bereich der Video- und Computerspiele, Endbericht, 28.06.2007, 127 f.

82 Pan European Game Information – http://www.pegi.info/de/(02.11.2012).

83 *Mayer*, NJOZ 2010, 1316, 1316.

84 Vgl. hierzu auch EuGH v. 14.02.2008 – C–244/06 – MMR 2008, 298, 301. In diesem Fall wurden Videokassetten aus dem Vereinigten Königreich per Versandhandel in Deutschland vertrieben, ohne dass diese Bildträger zuvor dem deutschen Jugendschutzgesetz entsprechend in Deutschland gekennzeichnet wurden. Allerdings waren die Filme vor der Einfuhr vom British Board of Film Classification geprüft und in die dort maßgebliche Kategorie „Freigegeben ab 15 Jahren" eingestuft. Der EuGH entschied, dass das auf § 12 Abs. 3 Nr. 2 JuSchG gestützte Verbot des Vertriebs per Versandhandel gleichwohl nicht gegen Art. 28 EGV a.F. (Art. 34 AEUV) (Grundsatz des freien Warenverkehrs) verstoße.

85 Experten schätzen, dass 90 % der in Deutschland erscheinenden Spiele vorab der USK vorgelegt werden, vgl. *Brunn/Dreier/Dreyer/Hasebrink/Held/Lampert/Schulz*, in: Hans-Bredow-Institut, Das deutsche Jugendschutzsystem im Bereich der Video- und Computerspiele, Endbericht, 28.06.2007, 113.

men wurde (§ 14 Abs. 3 JuSchG)[86] oder ganz oder im Wesentlichen mit einem indizierten Spiel inhaltsgleich ist (§ 14 Abs. 4 JuSchG), wird keine Altersfreigabe erteilt.[87] Die für die Indizierung zuständige BPjM kann umgekehrt keine Spiele indizieren, für die die USK bereits ein verbindliches Alterskennzeichen erteilt hat. Die oberste Landesjugendbehörde übernimmt vielmehr die Alterseinstufung der USK, die bereits über die Frage der Jugendgefährdung verbindlich entschieden hat.

Die Abgabe von nicht freigegebenen Spielen an Kinder und Jugendliche oder andere in § 28 JuSchG genannte Ordnungswidrigkeiten können die auf kommunaler Ebene jeweils zuständigen Ordnungs- bzw. Jugendämter als Ordnungswidrigkeit mit einer Geldbuße bis zu 50.000 € ahnden.

2.1.3 Indizierung

24 Kinder und Jugendliche sollen nicht mit *jugendgefährdenden* Spielen in Kontakt kommen bzw. mit solchen konfrontiert werden. Jugendgefährdende Spiele sind deshalb nicht kennzeichnungsfähig, sondern von der BPjM in den Index aufzunehmen (§ 18 Abs. 1 JuSchG). Dies hat weitreichende Abgabe-, Vertriebs- und Werbebeschränkungen zur Folge (§ 15 Abs. 1 JuSchG).[88] Eine Jugendgefährdung liegt insbesondere bei unsittlichen, verrohend wirkenden, zu Gewalttätigkeit, Verbrechen oder Rassenhass anreizenden Spielen vor, in denen (i) Gewalthandlungen wie Mord- oder Metzelszenen selbstzweckhaft und detailliert dargestellt werden oder (ii) Selbstjustiz als einzig bewährtes Mittel zur Durchsetzung der vermeintlichen Gerechtigkeit nahegelegt wird (§ 18 Abs. 1 JuSchG). Der Begriff der Jugendgefährdung umfasst also auch gemäß StGB strafbare Inhalte.

25 Der Reiz des „Verbotenen" ist gerade in der Welt Heranwachsender groß. *Indizierte Spiele* dürfen (sofern sie keine allgemein strafbaren Inhalte enthalten[89]) daher nur „unter dem Ladentisch" verkauft werden, d. h. sie dürfen insbesondere weder in Läden angeboten, überlassen oder ausgestellt werden, die Kindern oder Jugendlichen zugänglich sind, noch im Versandhandel angeboten oder überlassen werden (§ 15 Abs. 1 JuSchG).[90] Damit eine Indizierung nicht entgegen den Zwecken des Jugendschutzes werbend eingesetzt wird, verbietet der Gesetzgeber den Abdruck bzw. die Veröffentlichung des Index und jede Form der Werbung, die das Spiel als indiziert ausweist oder auf ein entsprechend

---

86 Jugendgefährdende Spiele werden gemäß § 14 Abs. 4 JuSchG nicht gekennzeichnet. Schwer jugendgefährdende Spiele unterliegen den Beschränkungen indizierter Spiele, auch ohne dass sie zuvor auf den Index gesetzt wurden (§ 15 Abs. 2 Nr. 5 JuSchG).

87 In diesem Zusammenhang ist zu beachten, dass das Kennzeichen „Keine Jugendfreigabe" nur besagt, dass der Inhalt des Spiels jugendbeeinträchtigend ist, nicht aber dass es als jugendgefährdend beurteilt wird. Jugendgefährdende Spiele dürfen von der USK grundsätzlich nicht gekennzeichnet werden.

88 Zwar kann die Indizierung wirtschaftlich schwerwiegende Auswirkungen für Publisher und Händler auslösen, ein enteignungsgleicher Eingriff ist damit aber nicht begründet, vgl. OLG Köln v. 16.09.1993 – 7 U 72/92 – NVwZ 1994, 410.

89 Siehe oben unter Ziffer 1.

90 Dies gilt auch für Spiele, die mit anderen Spielen, deren Aufnahme im Index bekannt gemacht ist, ganz oder im Wesentlichen inhaltsgleich sind, und zwar auch ohne vorherige Aufnahme in den Index (§ 15 Abs. 3 JuSchG).

Duisberg/Appt

anhängiges Verfahren werblich Bezug nimmt (§ 15 Abs. 4 und 5 JuSchG). Allein aus der Indizierung folgt kein generelles Verbot des Verkaufs an Erwachsene, sofern sich die Spielinhalte innerhalb der sonst geltenden gesetzlichen Grenzen[91] bewegen. Publisher und Importeure müssen ihre Abnehmer, also Distributoren und Händler, aber über die Indizierung informieren (§ 15 Abs. 6 JuSchG).[92]

Auch *schwer jugendgefährdende* Spiele unterfallen selbstverständlich den Res- 26 triktionen hinsichtlich Abgabe, Zugänglichmachung, Werbung etc. des § 15 Abs. 1 JuSchG. Sie müssen hierzu aber nicht erst auf den Index gesetzt oder als solche bekannt gemacht werden. Die Beschränkungen greifen vielmehr ohne weitere Voraussetzungen kraft Gesetzes. Schwer jugendgefährdend sind insbesondere Inhalte, die Propagandamittel verfassungsfeindlicher Organisationen, volksverhetzende, gewaltverherrlichende oder (kinder-) pornographische Inhalte etc. enthalten, den Krieg verherrlichen[93] oder besonders realistische, grausame und reißerische, das Geschehen beherrschende Darstellungen selbstzweckhafter Gewalt beinhalten (§ 15 Abs. 2 JuSchG). Bei bestimmten strafrechtlich relevanten Inhalten (§§ 86, 130, 130a, 131, 184a, 184b oder 184c StGB) von Computer- und Videospielen hat der Vorsitzende der BPjM die zuständige Strafverfolgungsbehörde gemäß § 24 Abs. 4 Satz 1 JuSchG zu informieren.

Ein Verstoß gegen das Verbot, Kindern und Jugendlichen ein indiziertes bzw. 27 ein schwer jugendgefährdendes Spiel anzubieten, zu überlassen, zugänglich zu machen oder die Verwirklichung einer der sonstigen in § 27 JuSchG bezeichneten Tathandlungen kann mit Freiheitsstrafe von bis zu einem Jahr oder mit Geldstrafe bestraft werden (§ 27 Abs. 1 JuSchG).

Die jugendschutzrechtlichen Beschränkungen gelten nicht für die personensorgeberechtigten Personen. In diesen Fällen greift das sog. „Erziehungsprivileg", es sei denn die personensorgeberechtigte Person verletzt ihre Erziehungspflicht gröblich (§ 27 Abs. 4 JuSchG).

Ein Verstoß gegen Vorschriften des Jugendschutzes kann auch wettbewerbs- 28 rechtliche Folgen haben. Denn gemäß §§ 3, 4 Nr. 11 UWG handelt unlauter, wer einer gesetzlichen Vorschrift zuwiderhandelt, die auch dazu bestimmt ist, im Interesse der Marktteilnehmer das Marktverhalten zu regeln. Dementsprechend kann jugendschutzwidrige Werbung für indizierte Spiele eine wettbewerbsrechtliche Abmahnung nach sich ziehen. Eine Zuwiderhandlung liegt bereits vor, wenn ein Spiel für Kinder und Jugendliche im Internet wahrnehmbar ist. So kann das Anbieten zum Verkauf nicht nur strafbar, sondern eben auch wett-

---

91 Solche Grenzen können sich insbesondere aus dem StGB ergeben, z.B. wenn Computer- und Videospiele Propagandamittel verfassungswidriger Organisationen enthalten, den Tatbestand der Volksverhetzung oder Gewaltverherrlichung erfüllen oder strafrechtlich relevante pornographische Inhalte enthalten.

92 *Liesching*, in: Erbs/Kohlhaas, Strafrechtliche Nebengesetze, Band 1, JuSchG § 15 Rn. 63 (Stand: 07/2012).

93 Hierzu reicht es schon aus, wenn eine kriegerische Auseinandersetzung als positiv bewertet wird, etwa dadurch, dass sie als anziehend, reizvoll, wertvoll, als romantisches Abenteuer oder in erster Linie als eine Bewährungsprobe für männliche Tugenden und Möglichkeiten dargestellt wird, vgl. OLG Köln v. 16.09.1993 – 7 U 72/92 – NVwZ 1994, 410, 413.

bewerbswidrig (und damit durch Wettbewerber abmahnbar) sein.[94] Das OLG Hamburg hat in diesem Zusammenhang die Pflicht des Händlers hervorgehoben, sein Angebot fortlaufend daraufhin zu überprüfen, ob es indizierte Produkte enthält bzw. ob sich der Status bislang unbeanstandeter Produkte geändert hat. Auf die Mitteilungspflicht der Lieferanten darf er nicht vertrauen.[95] Eine eigene Beurteilung, welche Spiele als jugendgefährdend anzusehen sind, ist dem Händler hingegen grundsätzlich nicht zuzumuten.[96]

2.1.4 Versandhandel

29 Indem der Versandhandel[97] einen vergleichsweise anonymen Erwerb von Waren zulässt, ist dem Händler die Einhaltung jugendschutzrechtlicher Vorschriften beim Absatz von Computer- und Videospielen mangels persönlichen Kundenkontakts praktisch kaum möglich. Dementsprechend verbietet § 12 Abs. 3 Nr. 2 JuSchG den Versandhandel von Spielen, die nicht oder mit „Keine Jugendfreigabe" gekennzeichnet sind. Vor dem Hintergrund dieses Schutzzwecks grenzt das JuSchG dahingehend ab, dass der Versand zulässig bleibt, wenn durch persönlichen Kontakt zwischen Lieferant und Besteller oder durch technische oder sonstige Vorkehrungen sichergestellt ist, dass kein Versand an Kinder und Jugendliche erfolgt (§ 1 Abs. 4 JuSchG). Insbesondere in den Fällen, in denen der Versandhändler ein sicheres Altersverifikationssystem einsetzt (näheres hierzu unten in Ziffer 2.4.1), liegt mithin kein jugendschutzrechtlich problematischer Versandhandel vor.

2.2 Jugendmedienschutz-Staatsvertrag

30 Die Novellierung des Jugendmedienschutz-Staatsvertrags („JMStV") durch den 14. Rundfunkänderungsstaatsvertrag[98] scheiterte im Dezember 2010 an der Ablehnung des Landtages von NRW.[99] Somit verbleibt es einstweilen bei der Geltung des JMStV aus 2003. Der JMStV dient dem Kinder- und Jugendschutz sowie dem Schutz der Menschenwürde und sonstiger durch das Strafgesetzbuch geschützter Rechtsgüter in Telemedien und im Bereich des Rundfunks.[100]

2.2.1 Geltungsbereich

31 Der JMStV gilt für elektronische Informations- und Kommunikationsmedien. Die Grenze der Anwendungsbereiche des JMStV und des JuSchG verläuft prinzi-

---

94 BGH v. 12.07.2007 – I ZR 18/04 – GRUR 2007, 890, 890; OLG Hamburg v. 02.04.2008 – 5 U 81/07 – BeckRS 2009, 08480.

95 OLG Hamburg v. 02.04.2008 – 5 U 81/07 – BeckRS 2009, 08480; vgl. auch Kapitel 4, Ziffer 2.5.

96 BGH v. 12.07.2007 – I ZR 18/04 – GRUR 2007, 890, 894.

97 Vgl. hierzu auch Kapitel 4, Ziffer 4.1.2.

98 Siehe 14. Rundfunkänderungsstaatsvertrag – http://www.rlp.de/fileadmin/staatskanzlei/ rlp.de/downloads/medien/Vierzehnter_Staatsvertrag_zur_%C3%84nderung_rundfunkrechtlicher_Staatsvertr%C3%A4ge.pdf (02.11.2012); zum Inhalt siehe *Härting/ Strubel*, ITRB 2010, 183 ff.

99 Vgl. zu der geplanten Novelle und dem gescheiterten Staatsvertrag *Braml/Hopf*, ZUM 2010, 645 ff., *Hopf*, K&R 2011, 6 ff. und *Zysk*, ZUM 2012, 22, 25.

100 *Erdemir*, in: Spindler/Schuster, Recht der elektronischen Medien, 2. Aufl. 2011, § 1 Rn. 14-16.

piell zwischen Online- und Offline-Bereich.[101] Das JuSchG enthält Regelungen zur Indizierung und zum Verbreiten auch von Telemedien und stellt dem gegenständlichen Verbreiten, Überlassen, Anbieten oder Zugänglichmachen von Trägermedien das elektronische Verbreiten, Überlassen, Anbieten oder Zugänglichmachen gleich. Soweit Computerspiele auf herkömmlichen Trägermedien im Wege des Fernabsatzes vertrieben werden, ohne dass die Inhalte selbst online zugänglich gemacht werden, gilt das JuSchG. Die zentrale Kommission für Jugendmedienschutz („KJM") ist dagegen zuständig, wenn es um die Kontrolle unerwünschter oder Gesetzen zuwiderlaufender online verfügbarer bzw. herunterladbarer Inhalte geht. Bei Computerspielen kann die Einordnung in Träger- und Telemedium aber insbesondere dann schwierig werden, wenn die Spiele als Basisversion auf einer CD-Rom verkörpert sind, spielwichtige Updates und Add-Ons dagegen aus dem Internet heruntergeladen werden müssen, oder wenn bei Client-basierten Spielen nur ein Client auf dem Trägermedium vorhanden ist, der den Zugang zum online vorgehaltenen Hauptteil des Spieles vermittelt.[102]

Browser-basierte Online-Spiele, Episodenspiele per Download, Trailer etc., die nicht auch offline auf Trägermedien erscheinen, unterfallen jedenfalls als Telemedien dem JMStV. Dies hat insbesondere zur Folge, dass die betreffenden Online-Spiele nicht der Kennzeichnungspflicht des JuSchG unterliegen, so dass die Zuständigkeit der USK bzw. obersten Landesjugendbehörden nicht eröffnet ist.

2.2.2 Regulierte Selbstregulierung

Die jeweiligen Landesmedienanstalten sind für die Überwachung der Einhaltung der Vorschriften des JMStV und damit auch für die Regulierung von Online-Spielen zuständig. Die KJM mit Sitz in Erfurt nimmt als Organ der Landesmedienanstalten in diesem Bereich übergreifende Aufgaben wahr.[103] Hierzu gehören u.a. die Prüfung, ob Verstöße gegen den JMStV vorliegen, die Anerkennung von Einrichtungen zur Freiwilligen Selbstkontrolle (im Sinne des § 19 JMStV) und das Ergreifen von Massnahmen gegen Anbieter von Telemedien bzw. die Verfolgung von Ordnungswidrigkeiten (vgl. § 16 JMStV). Ordnungswidrigkeiten können mit einem Bußgeld bis zu 500.000 € geahndet werden (§ 24 Abs. 3 JMStV).   32

Prüfverfahren leitet die KJM von Amts wegen, auf Antrag einer Landesmedienanstalt oder einer obersten Landesjugendbehörde ein (§ 17 JMStV). Grundsätzlich obliegt den Spiele-Anbietern selbst die Prüfung der Spieleinhalte im Hinblick auf eine mögliche entwicklungsbeeinträchtigende oder jugendgefährdende Wirkung auf Kinder und Jugendliche (Prinzip der „regulierten Selbstregulierung").[104] Stellen die Spiele-Anbieter solche Wirkungen fest, so haben sie   33

---

101 Vgl. hierzu bereits oben Einleitung zur Ziffer 2.

102 Vgl. hierzu nachfolgend unter Ziffer 2.3.2.

103 Die Landesmedienanstalten beabsichtigen, im September 2013 eine neugestaltete Gemeinsame Geschäftsstelle (GGS) in Berlin einzurichten, und die Jugendschutzaufsicht im Bereich Rundfunk und Telemedien neu zu strukturieren (vgl. Pressemitteilung der Landesmedienanstalten vom 22.03.2012) was sich wohl auch auf die Aufgabenbereiche der KJM auswirken wird, vgl. *Liesching*, MMR 2012, 360 ff. und *Ukrow/ Erdemir*, K&R 2012, 566 ff.

104 *Weigand/Braml*, in: Umstritten und Umworben: Computerspiele – Eine Herausforderung für die Gesellschaft, KJM-Schriftenreihe, Band 2, 2010, Seite 11, 16.

Schutzmaßnahmen (z. B. durch Zugangssperren oder eine Begrenzung der Verbreitungszeit, vgl. § 5 Abs. 3 JMStV) zu ergreifen. Spiele-Anbieter können zur Wahrnehmung der Prüfpflichten aber auch die Freiwillige Selbstkontrolle Multimedia-Diensteanbieter e.V. („FSM") als eine Einrichtung freiwilliger Selbstkontrolle im Sinne des § 19 JMStV in Anspruch nehmen. Die FSM hat dabei einen gesetzlich festgeschriebenen Entscheidungsrahmen, der durch die KJM begrenzt überprüfbar ist (vgl. § 20 Abs. 5 JMStV).[105] Neuerdings bietet die FSM Anbietern auf einem Internetportal (www.altersklassifizierung.de) ein System zur Klassifizierung von Inhalten, damit diese durch Jugendschutzprogramme (nutzerautonome Filter, mit deren Hilfe z. B. Eltern entscheiden können, welche Internet-Inhalte für ihre Kinder zugänglich sind) ausgelesen werden können. Die Anbieter können dabei die Inhalte in eine Altersstufe (ab 0, 6, 12, 16 oder 18 Jahren) durch die Beantwortung eines vom System vorgegebenen Fragenkatalogs einordnen und die Inhalte mit dieser Altersstufe durch verschiedene technische Möglichkeiten markieren („Tagging"); die Jugendschutzprogramme lesen sie dann entsprechend der markierten Altersstufe aus.

2.2.3 Überblick über Anforderungen des JMStV an Online-Spiele

34 Der JMStV enthält klare Vorgaben für die jugendschutzkonforme Ausgestaltung von Telemedien und damit von Online-Spielen. Problematische Telemedien sind anhand ihres Gefährdungspotenzials für Kinder und Jugendliche zu messen, d. h. die FSM bzw. die KJM prüfen, ob Online-Spiele als absolut unzulässige Angebote verboten (§ 4 Abs. 1 JMStV) bzw. als relativ unzulässige Angebote ausschließlich Erwachsenen in einer geschlossenen Nutzergruppe zugänglich gemacht werden dürfen (§ 4 Abs. 2 JMStV). Zudem wird geprüft, ob Spiele entwicklungsbeeinträchtigende Auswirkungen haben können (§ 5 JMStV) und deshalb Schutzmaßnahmen zu treffen sind (z. B. durch den Einsatz technischer Mittel wie Zugangssperren oder einer Begrenzung der Verbreitungszeit, vgl. § 5 Abs. 3 JMStV).

Neben den vorgenannten Verboten und Beschränkungen sieht der JMStV im Interesse des Jugendschutzes weiter vor, dass Anbieter von Online-Spielen einen Jugendschutzbeauftragten zu bestellen haben (§ 7 JMStV), soweit die Spiele entwicklungsbeeinträchtigende oder jugendgefährdende Inhalte enthalten.[106]

35 Außerdem besteht nach Auffassung der KJM faktisch eine Kennzeichnungspflicht für diejenigen Online-Spiele, die in inhaltsgleicher Fassung auch auf ihrerseits gemäß § 12 JuSchG kennzeichnungspflichtigen Datenträgern angeboten

---

105 Dies gilt für die Überprüfung von Verfahrensfehlern oder in Fällen, in denen die FSM sich nicht an die allgemein geltenden Bewertungsgrundsätze gehalten hat (dies ist z. B. dann der Fall, wenn sie den Sachverhalt nicht richtig ermittelt, sachfremde Erwägungen einbezogen oder die Verfahrensvorschriften nicht eingehalten hat, vgl. *Braml*, ZUM 2009, 925, 927 unter Verweis auf die Amtl. Begr. zum JMStV, BayLT-Drs. 14/10246, S. 25). Außerdem erstellt die KJM Satzungen und Richtlinien, die von einer Selbstkontrolleinrichtung beachtet werden müssen; vgl. die Hinweise auf der Webseite der KJM – http://www.kjm-online.de/de/pub/jugendschutz_in_telemedien/ selbstkontrolle.cfm (02.11.2012) und bei *Braml*, ZUM 2009, 925, 927.

106 Der Jugendschutzbeauftragte muss über die notwendige Fachkompetenz verfügen, berät Anbieter bei der jugendschutzkonformen Gestaltung ihrer Angebote und fungiert als Ansprechpartner für Nutzer und Aufsicht (vgl. § 7 JMStV).

werden. In diesem Fall müssen Spiele-Anbieter auf die vorhandene Kennzeichnung auch im Telemedien-Angebot hinweisen (§ 12 Abs. 3 Satz 3 JuSchG). Die KJM empfiehlt die Anbringung des nach dem JuSchG erforderlichen Kennzeichens und vertritt die Ansicht, dass formlose Hinweise auf die Kennzeichnung nicht ausreichen.[107] Allerdings regelt der JMStV nicht die Form des Hinweises. Mit Blick auf das Bestimmtheitsgebot[108] dürfte an sich ein hinreichend deutlicher,[109] aber formloser Hinweis auf die Kennzeichnung genügen (z. B. der Hinweis: *„Keine Jugendfreigabe gemäß § 14 JuSchG"*), d. h. die besonderen Zeichen des § 12 Abs. 2 Nr. 1 JuSchG müssen nicht zwingend verwendet werden, solange der jeweilige Hinweis auf die Kennzeichnung ohne weitere Zugriffsschritte auf Anhieb erkennbar ist.[110] Ist der Hinweis unzureichend, so kann die zuständige Landesmedienanstalt die dadurch vorliegende Ordnungswidrigkeit nach § 24 Abs. 1 Nr. 13 JMStV mit einem Bußgeld von bis zu 500.000 € ahnden.

2.2.4 Kriterien für Jugendschutz für Online-Spiele

Die KJM gibt als zentrale Aufsicht für Jugendmedienschutz den Leitfaden *„Kriterien für die Aufsicht im Rundfunk und in den Telemedien"* heraus, der Bewertungsmaßstäbe des Jugendschutzes in Bezug auf Online-Spiele aufführt.[111]   36

Diese dienen der KJM als Grundlage für die Prüfung und Bewertung der Inhalte und berücksichtigen insbesondere die Wirkungsrisiken, die eine Entwicklungsbeeinträchtigung von Kindern und Jugendlichen bzw. eine Entwicklungsgefährdung zur Folge haben können.[112] Die KJM weist darauf hin, dass sich das Gefährdungspotential von Computerspielen durch die technische Weiterentwicklung (Realitätsnähe, vollständige Vernetzung und Interaktion der Spieler etc.), aber auch durch die neuen Online-Spielformen verändert hat, und betont, dass deshalb neben die klassischen inhaltlichen Beurteilungskriterien wie Gewalt, Sexualität oder Menschenwürde weitere, neue Bewertungselemente (z. B. welche Spielziele das Spiel prägen, welche virtuelle Welt darin dargestellt wird, welche Identifikationsmöglichkeiten im Spiel angelegt sind) hinzutreten müssen.[113]

---

107 Siehe auf der Webseite der KJM die Rubrik „Thema Onlinespiele: Fragen und Antworten zum Jugendmedienschutz" – http://www.kjm-online.de/de/pub/themen/computerspiele/onlinespiele.cfm (02.11.2012).

108 Art. 103 Abs. 2 GG greift auch im Ordnungswidrigkeitenrecht (siehe BVerfG 71, 108, 114) und gilt damit auch für Ordnungswidrigkeiten im Sinne des § 12 JMStV.

109 Das heißt, die jeweilige Kennzeichnung muss ohne weitere Zugriffsschritte auf Anhieb erkennbar sein, vgl. die Amtl. Begründung zum JMStV, BayLT-Drs. 14/10246, Seite 20.

110 *Erdemir*, in: Spindler/Schuster, Recht der elektronischen Medien, 2. Aufl. 2011, § 12 Rn. 3 f.

111 Leitfaden „Kriterien für die Aufsicht im Rundfunk und in den Telemedien" – http://www.kjm-online.de/files/pdf1/Kriterien_23_08_2010_final_Internet_mit_logo.pdf (02.11.2012).

112 Vgl. Leitfaden „Kriterien für die Aufsicht im Rundfunk und in den Telemedien", Seite 50 ff. – http://www.kjm-online.de/files/pdf1/Kriterien_23_08_2010_final_Internet_mit_logo.pdf (02.11.2012).

113 Vgl. Leitfaden „Kriterien für die Aufsicht im Rundfunk und in den Telemedien", Seite 51 – http://www.kjm-online.de/files/pdf1/Kriterien_23_08_2010_final_Internet_mit_logo.pdf (02.11.2012).

37 Die KJM bestimmt im ersten Schritt der Prüfung potentiell problematischer Online-Spiele die relevante Bewertungseinheit, an denen der Prüfungsmaßstab angelegt wird. Als Bewertungseinheit kommen Browser-Games wie aber auch Online-Portale mit einer großen Anzahl von Flash-Games in Betracht.[114] Auch Online-Spieleplattformen kommen als Bewertungseinheit in Frage, bei denen aus dem Blick des Jugendmedienschutzes zudem indirekte Spielinhalte wie Profile von Spielern oder andere indirekte Inhalte von Belang sein können.[115]

Im Rahmen ihrer inhaltlichen Beurteilung prüft die KJM insbesondere, wie realistisch bzw. bedrohlich die „Spiel-Welt" dargestellt ist (je realistischer und alltagsnäher, desto höher wird das Wirkungspotenzial eingestuft), welche Spielziele das Spiel prägen (z.B. brutale Gewaltausübung als dominierender Inhalt oder ob das Spiel eine (rechtlich unvertretbare) „Lust am Töten" vermittelt), welche Identifikationsmöglichkeiten im Spiel angelegt sind, welche Interaktionsmöglichkeiten das Spiel bietet (z.B. ob die Nutzung krimineller Handlungsoptionen zu hohem spielinternen Gewinn führt oder der Spieler durch reflexartiges Schießen auf Gegner als erfolgreich bewertet wird), wie das Spiel formal ausgestaltet ist (Realitätsnähe, Schreie von Verletzten, Detailhaftigkeit, Ästhetisierung von Gewalt, Voyeurismus etc.) und ob exzessives Verhalten befördert wird.[116]

2.2.5 Absolut unzulässige Inhalte (§ 4 Abs. 1 JMStV)

38 Die wichtigsten Tatbestände im Katalog unzulässiger Angebote des § 4 Abs. 1 JMStV vollziehen inhaltlich die oben dargestellten Tatbestände des StGB nach (Gewaltdarstellungen, Pornographie, Verwendung verfassungsfeindlicher Kennzeichen und Volksverhetzung).[117] Sie gelten aber „unbeschadet strafrechtlicher Verantwortlichkeit", d.h. der JMStV verweist nicht auf die entsprechenden Vorsatzdelikte des StGB, sondern definiert die Tatbestände eigenständig. Daraus folgt, dass auch fahrlässige Pflichtverstöße tatbestandsmäßig relevant sein können.[118] Spiele mit absolut unzulässigen Inhalten dürfen nicht über Telemedien verbreitet werden.

Beispiele für unzulässige Inhalte sind: die Verwendung von Kennzeichen verfassungswidriger Organisationen, Aufstachelung zum Rassenhass, Verharmlosung von Handlungen, die unter der Herrschaft des Nationalsozialismus begangen wurden, Kriegsverherrlichung, Gewalt-, Tier und Kinderpornografie, Darstel-

---

114 Browsergames sind Spiele, die in einem Web-Browser gespielt werden, während das Spiel entweder vollständig oder teilweise auf dem lokalen Rechner (clientseitige Browserspiele) oder den Servern des Spielanbieters (serverseitige Browserspiele) abläuft. Clientseitige Browserspiele bedürfen zu ihrer Ausführung im Browser teilweise sogenannter Plugins wie Flash, Shockwave oder Java, weshalb oft von „Flash-Games", „Java-Games" oder allgemein „Plugin-Spielen" die Rede ist – http://de.wikipedia. org/wiki/Browsergames (02.11.2012).

115 Vgl. Leitfaden „Kriterien für die Aufsicht im Rundfunk und in den Telemedien", S. 51 f. – http://www.kjm-online.de/files/pdf1/Kriterien_23_08_2010_final_Internet_ mit_logo.pdf (02.11.2012).

116 Vgl. Leitfaden „Kriterien für die Aufsicht im Rundfunk und in den Telemedien", S. 52 ff. – http://www.kjm-online.de/files/pdf1/Kriterien_23_08_2010_final_Internet_ mit_logo.pdf (02.11.2012).

117 Vgl. oben unter Ziffer 1.

118 *Erdemir*, in: Spindler/Schuster, Recht der elektronischen Medien, 2. Aufl. 2011, § 4 Rn. 1.

lung von Kindern und Jugendlichen in unnatürlich geschlechtsbetonter Körperhaltung (sog. „Posen-Darstellungen")[119], oder die Verletzung der Menschenwürde, insbesondere durch die Darstellung von Menschen, die sterben oder schweren körperlichen oder seelischen Leiden ausgesetzt sind. Auch indizierte, in die Listenteile B und D des Index aufgenommene Spiele sind absolut unzulässig. Für sie darf auch nicht geworben werden (§ 6 Abs. 1. Satz 1 JMStV).

2.2.6 Relativ unzulässige Inhalte (§ 4 Abs. 2 JMStV)

Im Gegensatz zu absolut unzulässigen Inhalten sind relativ unzulässige Inhalte dann in Telemedien ausnahmsweise erlaubt, wenn sichergestellt ist, dass sie durch Einrichtung geschlossener Benutzergruppen (vgl. nachfolgend unter Ziffer 2.4.1) nur für Erwachsene zugänglich sind. Hierzu gehören die „einfache" Pornographie, offensichtlich schwer jugendgefährdende Angebote sowie in den Index unter Listenteile A und C aufgenommene Spiele. Für letztere darf auch nur innerhalb geschlossener Benutzergruppen geworben werden (§ 6 Abs. 1 Satz 1 JMStV).   **39**

2.2.7 Entwicklungsbeeinträchtigende Angebote (§ 5 JMStV)

Spiele, die nicht jugendgefährdend sind, aber dennoch ein gewisses Wirkungsrisiko bergen – nämlich als entwicklungsbeeinträchtigende Spieleinhalte –, unterliegen den weniger strengen Restriktionen des § 5 JMStV. Diese Vorschrift regelt kein Verbot, sondern verpflichtet die Spiele-Anbieter, dafür zu sorgen, dass Kinder und Jugendliche diese Spiele „üblicherweise nicht wahrnehmen" (§ 5 Abs. 1 JMStV). Dies kann durch Zugangsbeschränkungen erreicht werden, zum Beispiel durch technische Kontrollmechanismen, etwa Jugendschutzprogramme[120] oder technische Mittel wie Personalausweiskennzifferprüfungen oder die Abfrage von Kreditkartendaten vor dem Herunterladen eines Spiels.[121] Die technischen Mittel müssen nicht die Anforderungen an eine geschlossene Benutzergruppe oder ein Altersverifikationssystem erfüllen[122] und können ohne weitere Voraussetzungen, insbesondere ohne vorherige Zulassung der KJM,[123] eingesetzt werden. Es reicht aus, wenn sie bewirken, dass Kinder und Jugendliche die Spiele „üblicherweise" nicht wahrnehmen. Zugangsbeschränkend können auch   **40**

---

119 *Marberth-Kubicki*, Computer- und Internetstrafrecht, 2. Aufl. 2010, Rn. 220.

120 Im Februar 2012 hat die KJM erstmals zwei Jugendschutzprogramme anerkannt, vgl. die Pressemitteilung der KJM vom 09.02.2012 –   http://kjm-online.de/de/pub/aktuelles/pressemitteilungen/pressemitteilungen_2012/pm_032012.cfm (02.11.2012); vgl. dazu auch *Braml/Hopf*, ZUM 2012, 361 ff.; *Auer-Reinsdorff*, FPR 2012, 435, 435 f.; *Dreyer/Hajok*, BPJM-Aktuell 2/2012, 9 ff. – http://www.bundespruefstelle.de/bpjm/redaktion/PDF-Anlagen/bpjm-aktuell-jugendschutzprogramme-als-neues-instrument-aus-02-12,property=pdf,bereich=bpjm,sprache=de,rwb=true.pdf (02.11.2012).

121 *Baumann/Hofmann*, ZUM 2010, 863, 870 ff.; *Liesching*, in: BeckOK JMStV, § 5 JMStV Rn. 6 (Stand: 09/2012).

122 *Erdemir*, in: Spindler/Schuster, Recht der elektronischen Medien, 2. Aufl. 2011, § 5 Rn. 13.

123 Es besteht aber die Möglichkeit, die KJM um eine informelle Positivbewertung zu bitten, die dann im Rahmen von Pressemitteilungen der KJM veröffentlicht werden kann, vgl. http://www.kjm-online.de/de/pub/jugendschutz_in_telemedien/technische_mittel.cfm (02.11.2012).

Zeitgrenzen sein, wenn Angebote zu Zeiten, in denen Kinder und Jugendliche üblicherweise die Angebote nicht wahrnehmen, verbreitet oder zugänglich gemacht werden (§ 5 Abs. 3 JMStV).

Eine Beeinträchtigung der Entwicklung können hierbei insbesondere solche Angebote verursachen, welche die Nerven überreizen, übermäßige Belastungen hervorrufen, die Phantasie über Gebühr erregen oder die Erziehung zu verantwortungsbewussten Menschen in der Gesellschaft behindern.[124]

41 Die KJM sieht insbesondere Gewalt- oder Sexualdarstellungen als entwicklungsbeeinträchtigend an. Die Gefahr einer Beeinträchtigung der Entwicklung von Kindern und Jugendlichen zu einer eigenverantwortlichen und gemeinschaftsfähigen Persönlichkeit beurteilt die KJM anhand von Kriterien wie der Genre-typischen Darstellung von Gewalthandlungen, der Realitätsnähe des Genres, der Grundstimmung des Telemedien-Angebots, der Ausprägung der Gewaltaktionen, des Spannungspotenzials des Telemedien-Angebots, des Kontexts der Gewaltausübung oder der Identifikationsangebote durch gewaltausübende Spielfiguren. Eine entwicklungsbeeinträchtigende Wirkung ist aus Sicht der KJM bei Sexualdarstellungen zum Beispiel dann gegeben, wenn Sexualdarstellungen nicht dem Entwicklungsstand von Jugendlichen entsprechen, stereotype Geschlechterrollen mit diskriminierenden Verhaltensmustern vermitteln, Sexualität und Gewalt verknüpfen (insbesondere wenn Kinder oder Jugendliche betroffen sind), oder wenn Prostitution bzw. promiskuitives Verhalten verharmlost oder idealisiert wird.

42 Es kommt dabei auf die generelle Eignung zur Entwicklungsbeeinträchtigung einer bestimmten Altersgruppe an; ein Einzelnachweis ist nicht erforderlich.[125] Strittig ist, ob dabei auf den „durchschnittlichen Minderjährigen"[126] abzustellen ist oder auf gefährdungsgeneigte Minderjährige, die einer Beeinflussung stärker ausgesetzt sind und für die mithin ein niedrigerer Schwellenwert bei der Inhaltskontrolle anzusetzen ist.[127] So stellt die FSK (im Einklang mit der wohl herrschenden Meinung)[128] im Filmbereich nicht nur auf den durchschnittlichen, sondern auf den gefährdungsgeneigten Minderjährigen ab und nimmt lediglich Extremfälle davon aus.[129] Diese „Kappung" der Gefährdungsgeneigtheit

---

124 Vgl. § 18 Abs. 2 Nr. 3 der Grundsätze der Freiwilligen Selbstkontrolle der Filmwirtschaft GmbH, Fassung vom 1. Dezember 2010; *Erdemir*, in: Spindler/Schuster, Recht der elektronischen Medien, 2. Aufl. 2011, § 5 Rn. 2; *Braml*, ZUM 2009, 925, 931.

125 *Braml*, ZUM 2009, 925, 931; *Erdemir*, in: Spindler/Schuster, Recht der elektronischen Medien, 2. Aufl. 2011, § 5 Rn. 2.

126 VG München v. 04.11.2004 – M 17 K 02.5297 – ZUM 2005, 252, 254; BVerwG v. 07.12.1966 – V C 47/64 – NJW 1967, 1483, 1485; *Erdemir*, in: Spindler/Schuster, Recht der elektronischen Medien, 2. Aufl. 2011, § 5 Rn. 8.

127 *Liesching*, in: BeckOK JMStV, § 5 JMStV Rn. 1 (Stand: 09/2012); BVerwG v. 16.12.1971 – I C 31/68 – NJW 1972, 596, 598; OLG Köln v. 16.09.1993 – 7 U 72/92 – NVwZ 1994, 410, 412; VG München v. 04.06.2009 – M 17 K 05.5329 – ZUM 2010, 615, 626; *Braml*, ZUM 2009, 925, 931.

128 *Hopf/Braml*, ZUM 2010, 211, 214; BGH v. 14.07. 1955 – 1 StR 172/55 – NJW 1955, 1287, 1287; VG München v. 04.06.2009 – M 17 K 05.5329 – ZUM 2010, 615, 626; VG Berlin v. 28.01.2009 – VG 27 A 61.07 – MMR 2009, 496, 500.

129 Vgl. § 18 Abs. 2 Nr. 4 der Grundsätze der Freiwilligen Selbstkontrolle der Filmwirtschaft GmbH, Fassung vom 1. Dezember 2010 – http://www.spio.de/media_content/422.pdf (02.11.2012).

zielt letztlich wohl darauf ab, das verfassungsrechtliche Informationsrecht aus Art. 5 Abs. 1 Grundgesetz (d. h. die Medienfreiheit bzw. das Recht auf Teilhabe an Medien) der lediglich durchschnittlich gefährdeten Minderjährigen nicht unverhältnismäßig zu beschränken. Das VG München ist dieser weiten Auslegung bzw. einem sehr niedrig angesetzten Schwellenwert entgegengetreten und hat hervorgehoben, dass Jugendmedienschutz zwar auch *„dem Umstand Rechnung zu tragen* [hat], *dass es soziale Bindungen gibt, in denen erzieherisches Handeln nicht oder nur unzureichend stattfindet"*[130] und dadurch manche Minderjährige gefährdungsgeneigter sind als andere. Die Elternverantwortung kann und soll aber andererseits *„nicht gänzlich durch die staatliche Eingriffsverwaltung abgelöst werden"*.[131] Diese Auffassung ist vorzugswürdig. Denn der Jugendschutz soll dem Schutz aller Kinder und Jugendlichen dienen, zugleich aber ihren Handlungsspielraum nicht unverhältnismäßig beschränken.[132] Zwar ist es Aufgabe des Rechts, die Schwächeren zu schützen, einschließlich der allerschwächsten Teilnehmer im Rechtsverkehr. Der Zielkonflikt zwischen Medienfreiheit und Recht auf Teilhabe an Medien einerseits und staatlichem Schutzauftrag andererseits lässt sich aber im Rahmen einer Interessenabwägung am ehesten anhand eines (objektivierten) Durchschnittsadressatenkreises auflösen.

2.3 Abgrenzungsproblem: Hybride Computerspiele, Add-Ons, etc.

Eine Vielzahl der Computerspiele wird in der Praxis nicht rein offline per Daten-   43
träger vertrieben. Den Spielern werden Extras bzw. Add-Ons[133] typischerweise zum Download über das Internet oder ausschließlich online spielbare Zusatzlevel angeboten,[134] wenn nicht ohnehin das ganze Spiel in der Online-Welt stattfindet. Hinzu kommt die Nachfrage der Spieler nach Multiplayer-Lösungen, die das Zusammenspiel über dezentrale Standorte der Spieler ermöglichen. Soweit das Spielprogramm bzw. Teile davon nicht lediglich online vorgehalten werden, sondern teilweise vor Ort beim Spieler auf Spiele-Konsolen und anderen Trägermedien installiert sind, spricht man von hybriden Computerspielen bzw. „Transmedia Games" und „Alternate Reality Games",[135] die auch jugendschutzrechtlich neue Fragestellungen aufwerfen.

2.3.1 Client-Software gestützte (hybride) Online-Spiele

Wie bereits oben in Ziffer 2 dargestellt, verfolgen das JuSchG für Trägermedien   44
einerseits und der JMStV für Telemedien andererseits unterschiedliche aufsichtsrechtliche Ansätze. Dies führt insbesondere dann zu Problemen, wenn die Spiele in Mischform über Telemedien und Trägermedien angeboten werden. Es stellen sich dann nicht nur Fragen der behördlichen bzw. aufsichtsrechtlichen Zuständigkeit, sondern auch die Frage, welches Schutzniveau für das – an sich

---

130 VG München v. 04.11.2004 – M 17 K 02.5297 – ZUM 2005, 252, 254.
131 VG München v. 04.11.2004 – M 17 K 02.5297 – ZUM 2005, 252, 254; *Erdemir*, in: Spindler/Schuster, Recht der elektronischen Medien, 2. Aufl. 2011, § 5 Rn. 8.
132 In diesem Sinne auch *Erdemir*, in: Spindler/Schuster, Recht der elektronischen Medien, 2. Aufl. 2011, § 5 Rn. 9.
133 Also Erweiterungen zum jeweiligen Trägermediumspiel.
134 *Baumann/Hofmann*, ZUM 2010, 863, 869.
135 Zur Definition, siehe Fn. 61 oben.

einheitliche – Spiel gelten soll. Das JuSchG adressiert die von Trägermedien ausgehenden Gefahren und sieht insbesondere Verbreitungs- und Werbebeschränkungen vor. Der JMStV knüpft an die mit Angeboten in Rundfunk und Telemedien verknüpften Gefahren an.

45   Wird bei einem Computerspiel trägerbasierte Client-Software eingesetzt, kann das eigentliche Spiel in der Regel nur auf einer Online-Plattform gespielt werden, nicht aber offline. Die dem Spieler bereitgestellte trägerbasierte Client-Software enthält jedoch kein spielbares Spiel, sondern ist lediglich ein Schlüssel für den Zugang zum Online-Spiel.[136] Das JuSchG bezieht sich in seinen Vorschriften zur Zugänglichmachung und Alterskennzeichnung jedoch auf ein „Spiel" (§ 12 JuSchG) bzw. ein „Spielprogramm" (§ 14 JuSchG) auf einem Trägermedium.

Die Client-Software als unselbstständiger Teil des Spiels unterfällt dementsprechend nicht den Anforderungen des JuSchG. Der Schutzzweck des JuSchG, nämlich der Gefahr von jugendgefährdenden Inhalten auf Trägermedien durch Abgabe- und Verbreitungsverbote zu begegnen, ist beim Vertrieb der reinen Client-Software also nicht von Belang. Sie wird zwar auf einem Trägermedium vertrieben, mangels Spielbarkeit geht von ihr aber allenfalls insofern eine jugendschutzrechtlich relevante Gefahr aus, als der Client als Schlüssel zum eigentlich „gefährlichen" Spiel auf der Online-Plattform eingesetzt wird. Systematisch ist eine Anwendbarkeit des JuSchG aber in diesen Fällen nicht notwendig. Vielmehr kommt hier dem JMStV die Aufgabe der Abwehr von Jugendgefährdungen durch online abrufbare Telemedien zu.[137]

46   Der Anwendbarkeit des JuSchG stünde zudem in der Praxis die Unklarheit entgegen, welche Bestandteile des aus Client-Software und Online-Teil bestehenden Spiels die USK zur Alterskennzeichnung überhaupt prüfen könnte. Die Client-Software selbst ist kein tauglicher Gegenstand der Kontrolle, da sie ohne die Vollversion nicht nutzbar und damit kein prüfbares Spielprogramm ist. Für Online-Spiele ohne Client-Software hat die KJM bereits erklärt, dass eine starre Alterskennzeichnung dem Charakter des Mediums widerspräche: Aufgrund der vielfältigen Interaktion und der dynamischen Spielstrukturen im Internet erscheint eine statische Alterskennzeichnung von Online-Spielen nicht geeignet.[138] Dies gilt erst recht, wenn es um auf Client-Software gestützte Online-Spiele geht.

2.3.2 Add-Ons, Patches und Mods

47   Die im Vergleich zu hybriden Online-Spielen umgekehrte Konstellation findet man bei Patches, Add-Ons oder Mods („Erweiterungen"), die sich auf Vollversionen von trägerbasierten Computerspielen beziehen. Die Ausgangsversion auf dem Trägermedium unterfällt den Anforderungen des JuSchG, d.h. sie ist mit einer Alterskennzeichnung zu versehen. Fraglich ist aber, welche Auswirkungen durch Erweiterungen hinzukommende neue Spielelemente, graphi-

---

136 *Baumann/Hofmann*, ZUM 2010, 863, 872.

137 *Baumann/Hofmann*, ZUM 2010, 863, 865.

138 So auch die KJM auf die Frage (in der Rubrik „FAQ") „Gibt es Alterskennzeichnungen für Onlinespiele?" – http://www.kjm-online.de/de/pub/themen/computerspiele/onlinespiele.cfm (02.11.2012).

sche Verbesserungen etc. auf die Alterskategorisierung haben. Eine selbststän-
dige Prüfung der Erweiterungen durch die USK kommt nicht in Betracht, da
diese nicht auf Trägermedien verkörpert sind und auch für sich genommen keine selbständig spielbaren Spiele darstellen. Jede nachträgliche Erweiterung
des ursprünglich von der USK geprüften trägermediumbasierten Spiels würde
dazu führen, dass die ursprüngliche Alterseinstufung des Spiels für den Vertrieb
des Trägermediums erlöschen müsste, da das Spiel bezüglich der Erweiterung
als ungeprüft gelten würde.[139] Man wird für sachgerechte Ergebnisse zwischen
dem trägerbasierten Spielprogramm und den online verfügbaren Erweiterungen differenzieren müssen: Da die Erweiterungen kein eigenständiges Spielprogramm darstellen, ist das JuSchG für diese Erweiterungen selbst grundsätzlich
nicht anwendbar.

Etwas anderes gilt nur in den Fällen des § 1 Abs. 2 Satz 2 JuSchG, wonach   *48*
dem gegenständlichen Zugänglichmachen das elektronische Zugänglichmachen des Spiels gleichgestellt wird. Für die Abgrenzung der Regelungsbereiche
des JuSchG und des JMStV ist diese Regelung aber dahingehend auszulegen,
dass die Gleichstellung nur gilt, wenn die elektronische Verbreitung ein „Surro-
gat" zur körperlichen Verbreitung darstellt.[140] Wenn also neben der elektronischen Verbreitung auch tatsächlich der Vertrieb in identischem Umfang in kör-
perlicher Form über Trägermedien erfolgt, sind § 12 Abs. 2 Satz 3 JuSchG und
§ 12 JMStV anwendbar, und die Alterskennzeichnung muss auch beim online
Vertrieb kenntlich gemacht werden.[141] Das legt den Umkehrschluss nahe, dass
Erweiterungen, also Abweichungen bzw. Ergänzungen zum offline vertriebenen und klassifizierten Spiel, nicht dem JuSchG, sondern dem JMStV unterliegen, soweit sie nicht im Wesentlichen inhaltsgleich mit dem offline vertriebenen
Spiel sind. Denn in diesem Fall gibt es mangels Parallelvertrieb des konkreten
Spiels online und offline gerade kein Trägermedium, von dem ggf. eine jugendgefährdende Wirkung ausgeht und auf dessen Alterskennzeichnung hinzuweisen wäre. Dann ist vielmehr der JMStV einschlägig, da die jugendschutzrechtliche Gefahr nicht von dem Vertrieb des Trägermediums, sondern originär von
einem Online-Angebot ausgeht.[142]

2.3.3 Einwicklungsbeeinträchtigende Wirkung

Da das JuSchG nicht auf Erweiterungen anwendbar ist, führt die Tatsache, dass   *49*
Erweiterungen nicht von der USK mit einer Alterskennzeichnung versehen werden, nicht wie bei § 12 Abs. 3 JuSchG automatisch dazu, dass die Spiele als
nicht jugendfrei gelten und nur Erwachsenen angeboten und zugänglich gemacht werden dürfen.[143] Vielmehr ist der Anbieter solcher Erweiterungen nach
dem Grundsatz der regulierten Selbstregulierung gemäß § 5 JMStV verpflichtet, selbst einzuschätzen, welche ihrer Erweiterungen entwicklungsbeeinträchtigend sind, und hat dafür Sorge zu tragen, dass Kinder und Jugendliche der
betroffenen Altersstufen die entsprechenden Angebote *„üblicherweise nicht*

---

139 *Baumann/Hofmann*, ZUM 2010, 863, 866.
140 *Baumann/Hofmann*, ZUM 2010, 863, 866.
141 *Baumann/Hofmann*, ZUM 2010, 863, 866.
142 *Baumann/Hofmann*, ZUM 2010, 863, 867.
143 *Baumann/Hofmann*, ZUM 2010, 863, 869.

wahrnehmen". Der Anbieter sollte sich hierzu an den von der USK entwickelten Prüfkriterien (vgl. oben unter Ziffer 2.1.1) orientieren.[144]

2.4 Verpflichtung zur Implementierung von Schutzmaßnahmen

50 Je nachdem ob Online-Spiele als jugendgefährdend oder nur entwicklungsbeeinträchtigend eingeordnet werden, gilt ein unterschiedlicher Schutzstandard. Das Anbieten von Computer- und Videospielen mit *jugendgefährdenden* Inhalten ist entweder absolut unzulässig (sofern schwer jugendgefährdend, siehe § 4 Abs. 1 JuSchG) oder ausnahmsweise dann zulässig, wenn die Spiele nur einer geschlossenen Benutzergruppe zugänglich sind (§ 4 Abs. 2 JMStV). Hierfür muss der Spiele-Anbieter sicherstellen, dass die Spiele nur Erwachsenen zugänglich sind. Bei lediglich *entwicklungsbeeinträchtigenden* Inhalten müssen Spiele-Anbieter wegen des geringeren Gefährdungspotentials nur dafür Sorge tragen, dass Kinder und Jugendliche die entsprechenden Spiele *„üblicherweise"* nicht wahrnehmen.[145] Hierzu reicht eine wesentliche Erschwerung des Zugangs durch Kinder und Jugendliche oder eine (praktisch aber ungeeignete) Zeitenregelung aus (§ 5 Abs. 3 JMStV).

2.4.1 Geschlossene Benutzergruppen durch Altersverifikation

51 Das Angebot von Online-Spielen mit einfach pornographischen, wegen Jugendgefährdung indizierten oder offensichtlich schwer jugendgefährdenden Inhalten ist gemäß § 4 Abs. 2 JMStV ausnahmsweise zulässig, wenn der Anbieter sicherstellt, dass diese Spiele nur Erwachsenen zugänglich sind („geschlossene Nutzergruppe").[146] Das entscheidende Instrument zur Errichtung einer geschlossenen Benutzergruppe ist ein sicheres Altersverifikationssystem. In der Regel geht es hierbei um technisch durch Hardware oder Software gestützte Verfahren, die sicherstellen, dass nur Erwachsene Zugriff auf jugendgefährdende Medieninhalte haben. Das KJM verlangt, dass ein Altersverifikationssystem vor allem zwei Voraussetzungen erfüllt: Identifizierung und Authentifizierung des Spielers.

52 Um Umgehungs- und Fälschungsrisiken zu vermeiden, ist eine Volljährigkeitsprüfung durch eine „Face-to-Face-Kontrolle" mit Vergleich von amtlichen Ausweisdaten durchzuführen. Die für die Identifizierung benötigten Daten können grundsätzlich an verschiedenen Stellen erfasst werden (z. B. Postschalter, Lotto-Annahmestellen, Banken und Sparkassen). Den jugendschutzrechtlichen Anforderungen genügt es nach der Rechtsprechung des BGH[147] indes nicht, wenn Altersverifikationssysteme eingesetzt werden, die naheliegende oder offensichtliche Umgehungsmöglichkeiten nicht ausschließen, wobei spezielles Wissen oder besondere Kenntnisse einzelner Kinder oder Jugendlichen bei der Beurteilung außer Betracht bleiben.[148] Anonyme Personalausweis- oder Kreditkar-

---

144 *Baumann/Hofmann*, ZUM 2010, 863, 870.
145 *Erdemir*, in: Spindler/Schuster, Recht der elektronischen Medien, 2. Aufl. 2011, § 5 Rn. 13.
146 *Erdemir*, CR 2005, 275 ff.
147 BGH v. 18.10.2007 – I ZR 102/05 – NJW 2008, 1882, 1884; *Sellmann*, K&R 2008, 361 ff.
148 *Baumann/Hofmann*, ZUM 2010, 863, 871.

tenkennziffernprüfungen genügen dafür nicht,[149] da keine Identifizierung der jeweiligen Person erfolgt. Der BGH lässt aber Raum für technologische Fortentwicklung, da er rein technische Altersverifikationssysteme für grundsätzlich denkbar hält, wenn sie den Zuverlässigkeitsgrad einer persönlichen Altersprüfung erreichen.[150]

Wichtig ist, dass die Authentifizierung bei jedem einzelnen Nutzungsvorgang erfolgt, damit nur die jeweils identifizierte und altersgeprüfte Person Zugang zur geschlossenen Benutzergruppe erhält. Dabei werden in der Regel Hardwarekomponenten eingesetzt, z.B. Chip-, Geld- oder SIM-Karten oder kopiergeschützte Zugangs-CDs.[151] So soll dem Risiko der Weitergabe von Zugangsberechtigungen an unberechtigte, möglicherweise minderjährige Dritte begegnet werden.

Die KJM selbst führt mangels entsprechender Ermächtigung aus dem JMStV kein Anerkennungsverfahren für geschlossene Benutzergruppen oder Altersverifikationssysteme durch. Sie hat aber ein Verfahren der Positivbewertung entwickelt und bewertet auf Anfrage der Anbieter deren einschlägige Konzepte. Ein Konzept für Anbieter von Computer- und Videospielen war bisher allerdings nicht darunter.

2.4.2 Zeitenregelung, Jugendschutzprogramme, technische oder sonstige Mittel

Der JMStV sieht verschiedene Möglichkeiten vor, durch die der Anbieter ent-   53
wicklungsbeeinträchtigender Spiele seinen Verpflichtungen aus § 5 Abs. 1 JMStV nachkommen kann. Teilweise erweisen sich diese aber im Bereich der Online-Spiele als nicht praktikabel. So ist beispielsweise eine Zeitenregelung im Sinne des § 5 Abs. 3 Nr. 2 JMStV, nach der der Anbieter den Zugriff auf den Zeitraum zwischen 23 Uhr und 6 Uhr beschränkt, nicht interessengerecht und widerspricht dem Charakter eines Telemediums, dessen Besonderheit gerade in der jederzeitigen Abrufbarkeit liegt.[152]

Eine weitere Variante der Zugangsbeschränkung, nämlich der Einsatz von vor-   54
geschalteten Jugendschutzprogrammen im Sinne von Filter-, Abblock- oder Bewertungssystemen gemäß § 11 JMStV, hat sich bisher in der Praxis noch nicht durchgesetzt bzw. noch keine bedeutende Rolle gespielt. Bis vor Kurzem erfüllte keines der der KJM vorgelegten Jugendschutzprogramme die entsprechenden Voraussetzungen.[153] Im Februar 2012 hat die KJM erstmals zwei Jugendschutzprogramme unter Auflagen anerkannt: das des Vereins JusProg und das der Deutschen Telekom.[154]

Daneben sind weitere „technische oder sonstige Mittel" der Zugangsbeschränk-   55
kung denkbar (§ 5 Abs. 3 Nr. 1 JMStV). Solche technischen Mittel, die die Wahr-

---

149 *Döring/Günter*, MMR 2004, 231, 233.
150 BGH v. 18.10.2007 – I ZR 102/05 – NJW 2008, 1882, 1885; ob die technischen Möglichkeiten und Sicherungssysteme, die mit dem neuen Personalausweis („nPA") einhergehen, diesen Anforderungen genügen werden, ist noch nicht geklärt.
151 *Günter/Schindler*, RdJB 2006, 341, 345.
152 *Baumann/Hofmann*, ZUM 2010, 863, 870.
153 Vgl. hierzu die Webseite der KJM – http://www.kjm-online.de/de/pub/jugendschutz_in_telemedien/jugendschutzprogramme.cfm (16.05.2011).
154 Vgl. bereits oben Fn. 120.

nehmung des Angebots durch die gefährdeten Altersgruppen unmöglich machen oder wesentlich erschweren, unterliegen nicht den strengen Anforderungen, die an geschlossene Benutzergruppen gerichtet werden, so dass die KJM auch Formen der Personalausweiskennziffernprüfung, Schufa-Ident-Checks o.Ä. als ausreichende Zugangsbarriere erachtet.[155]

3. Anwendbares Recht

56 Der Vertrieb von Computer- und Videospielen mit strafrechtlich oder jugendschutzrechtlich problematischem Inhalt erfolgt oft über internationale Vertriebsstrukturen unabhängig von den jeweiligen Landesgrenzen. Damit geht gleichzeitig eine Gefährdung inländischer Schutzgüter, insbesondere des Kinder- und Jugendschutzes in Deutschland, einher. In diesem Zusammenhang stellt sich die Frage des anwendbaren Rechts. In welchen Fällen greifen jugendschutzrechtliche und strafrechtliche Vorschriften, in denen Computer- und Videospiele vom Ausland aus angeboten, beworben oder zugänglich gemacht werden?

3.1 Anwendbarkeit des StGB auf Auslandssachverhalte

57 Grundsätzlich gilt gemäß § 3 StGB das Territorialitätsprinzip, d.h. deutsches Strafrecht ist anwendbar auf Taten, die im Inland begangen wurden. Eine Inlandstat liegt vor, wenn die beim Hersteller, Publisher oder Händler handelnden Personen oder die Nutzer ihren Wohnsitz oder Sitz in Deutschland haben und von dort aus die strafrechtlich relevanten Handlungen vornehmen.

3.1.1 Weltrechtsprinzip und Ubiquitätsprinzip

58 In den Fällen der §§ 4 bis 8 StGB gilt das StGB auch für Taten, die im Ausland begangen werden. In diesem Zusammenhang kann im Bereich der Computer- und Videospiele § 6 Nr. 6 StGB relevant werden, wonach die Verbreitung pornographischer Schriften (und damit wegen § 11 Abs. 3 StGB auch die Verbreitung von Computer- und Videospielen) in bestimmten Fällen[156] dem StGB auch dann unterfällt, wenn die Tat im Ausland begangen wurde. Dies entspricht dem sogenannten „Weltrechtsprinzip", wonach die Verwirklichung dieser Tatbestände den Täter zum Feind der Rechtsordnungen aller Staaten macht.[157]

59 Gemäß dem in § 9 StGB verankerten Ubiquitätsprinzip ist allgemein auf den Ort der Handlung („Handlungsort") bzw. auf den Ort abzustellen, an dem der Taterfolg eingetreten ist bzw. nach Vorstellung des Täters eintreten sollte („Erfolgsort"). Diese Anknüpfungspunkte können insbesondere (und werden in aller Regel) bei Online-Spielen auseinander fallen. Es kann somit bei einem Spiele-

---

155 Vgl. http://www.kjm-online.de/files/pdf1/bersicht_technische_Mittel.pdf (02.11.2012); *Braml*, ZUM 2009, 925, 931; siehe auch Hinweis auf den nPA in Fn. 150.

156 Vgl. §§ 184a, 184b Abs. 1 bis 3 und § 184c Abs. 1 bis 3 StGB, jeweils auch in Verbindung mit § 184d Satz 1 StGB.

157 v. *Heintschel-Heinegg*, in: BeckOK StGB § 6 Rn. 1-8 (Stand: 09/2012); *Eser*, in: Schönke/Schröder, Strafgesetzbuch, 28. Aufl. 2010, Vor § 3-9 Rn. 19; *Hopf/Braml*, ZUM 2007, 354, 360; zu Bedenken bzgl. der Vereinbarkeit dieser Norm mit dem Völkerrecht, vgl. *Gercke*, in: Spindler/Schuster, Recht der elektronischen Medien, 2. Aufl. 2011, § 6 Rn. 2.

angebot aus dem Ausland fraglich sein, ob eine Inlandstat gemäß § 3 StGB vorliegt, wenn dem deutschen Markt strafrechtlich relevante Spiele angeboten werden. Allein die Tatsache, dass im Ausland vorgenommene Handlungen sich im Inland auswirken, begründet jedoch für sich genommen keinen Handlungsort im Inland.[158] Somit stellt sich die Frage, ob und unter welchen Voraussetzungen durch die Abrufbarkeit der strafrechtlich relevanten Online-Spiele durch Spieler in Deutschland ein Erfolg im Sinne des § 9 StGB eintreten kann.

3.1.2 Die Rechtsprechung des BGH im Holocaust-Leugner Fall

Der BGH stellt bei Internetsachverhalten auf den Ort der Abrufbarkeit der Inhal- 60
te ab, wenn diese Inhalte zu einer Verletzung des jeweiligen Schutzbereichs der betroffenen Strafvorschrift im Internet führen kann.[159] In dem aufsehenerregenden *Holocaust-Leugner* Fall aus dem Jahr 2000 bestätigte der BGH die Strafbarkeit eines australischen Staatsbürgers wegen der Verbreitung der Ausschwitzlüge (§ 130 Abs. 3 StGB) im Internet (von einem in Australien belegenen Server aus, dessen Inhalte u.a. in Deutschland abrufbar, wenn auch nicht gezielt darauf ausgerichtet waren) und hat sich damit – jedenfalls für dieses spezielle Delikt – einer extensiven Auslegung des Territorialitätsprinzips auf Internetsachverhalte zugewendet. Die Vertreter dieser Auffassung gehen davon aus, dass bei den früher und im *Holocaust-Leugner* Fall sogenannten „abstrakt-konkreten Gefährdungsdelikten" (heute oft „Eignungsdelikte" oder „potentielle Gefährdungsdelikte" genannt[160]) ein Erfolg i. S. d. § 9 StGB überall dort eintritt, wo die konkrete Tat ihre Gefährlichkeit im Hinblick auf das tatbestandliche Rechtsgut entfalten kann.[161] Die konkrete Eignung volksverhetzender Inhalte zur Friedensstörung stelle eine solche Gefahr dar. Auf den Standort des Servers, von dem aus die strafbaren Inhalte angeboten werden, komme es dabei nicht an. Diese Rechtsprechung dürfte auch auf die Fälle übertragbar sein, in denen Computerspiele mit volksverhetzendem Inhalt im Ausland vorgehalten und in Deutschland zugänglich sind.

Nach der Rechtsprechung des BGH ist der Anwendungsbereich des § 9 StGB 61
also nicht auf Erfolgsdelikte beschränkt[162] und erfasst auch konkrete und die „abstrakt-konkreten" Gefährdungsdelikte.[163] Unklar ist, was – jenseits des *Holocaust-Leugner* Falls – für solche im Inland typischerweise strafrechtlich relevanten Inhalte von Computer- und Videospielen gilt, die aus einem ausländischen Rechtskreis herrühren und auf die von Deutschland aus zugegriffen werden kann, die aber lediglich als abstrakte Gefährdungsdelikte zu qualifizieren sind. Der BGH hat insoweit noch nicht über das Verbreiten von Propagandamitteln verfassungswidriger Organisationen (§ 86 StGB), Verwenden von Kennzeichen verfassungswidriger Organisationen (§ 86 a StGB) oder volksver-

---

158 *Fischer*, Strafgesetzbuch und Nebengesetze, 59. Aufl. 2012, § 9 StGB Rn. 6.
159 BGH v. 12.12.2000 – 1 StR 184/00 – NStZ 2001, 305.
160 Unter ausdrücklicher Distanzierung vom Begriff des „abstrakt-konkreten Gefährdungsdelikts" *Heine*, in: Schönke/Schröder, Strafgesetzbuch, 28. Aufl. 2010, Vor § 306 Rn. 3.
161 BGH v. 12.12.2000 – 1 StR 184/00 – NStZ 2001, 305, 308; BGH v. 22.08.1996 – 4 StR 217/96 – NJW 1997, 138, 138; *Kuner*, CR 1996, 456 f.
162 BGH v. 12.12.2000 – 1 StR 184/00 – NStZ 2001, 305, 308.
163 Wie z.B. § 130 Abs. 1 und 3 StGB (Volksverhetzung bzw. Billigen, Leugnen oder Verharmlosen des NS-Völkermords).

hetzender Schriften (§ 130 Abs. 2 StGB) entschieden.[164] Mit Blick auf den Bestimmtheitsgrundsatz und den Grundsatz der Vorhersehbarkeit staatlichen Handelns einschließlich etwaiger strafrechtlicher Sanktionen ist es sehr fragwürdig, ob die Grundsätze des BGH für Auslandssachverhalte über die „abstrakt-konkrete" hinaus auch für die abstrakten Gefährdungsdelikte gelten.[165]

62   Aber selbst bei den abstrakt-konkreten Gefährdungsdelikten ist bei der Bejahung der Anwendbarkeit des StGB Zurückhaltung geboten: Der BGH setzte im *Holocaust-Leugner* Fall für die Anwendung deutschen Strafrechts einen „völkerrechtlich legitimierenden Anknüpfungspunkt" voraus und sah diese Anforderung beim Tatbestand der Volksverhetzung insofern als erfüllt an, als es sich dabei um ein gewichtiges inländisches Rechtsgut handele, das objektiv einen besonderen Bezug zum Gebiet der Bundesrepublik aufweise.[166] Diese Rechtsprechung erging nur in Bezug auf § 130 Abs. 1 und 3 StGB. Inwiefern dieses Erfordernis eines völkerrechtlich legitimierenden Anknüpfungspunkts bei anderen für Computer- und Videospiele relevanten Straftatbeständen erfüllt sein kann, erscheint mehr als fraglich.

So entfällt die Strafbarkeit bei der Zugänglichmachung von Computerspielen mit einfach pornographischen Inhalten (§ 184 Abs. 1 Nr. 2 StGB) aus dem Ausland jedenfalls dann (und vorausgesetzt, die Rechtsprechung aus dem *Holocaust-Leugner* Fall ist überhaupt auf abstrakte Gefährdungsdelikte wie § 184 Abs. 1 Nr. 2 StGB übertragbar), wenn diese (anders als Spiele mit volksverhetzendem Inhalt) keinen spezifischen Bezug zur Geschichte, zum aktuellen Geschehen oder zum Territorium Deutschlands aufweisen.[167] Ob allein der Jugendschutz hingegen als gewichtiges Rechtsgut für die Bejahung einer Inlandstat ausreicht, erscheint vor diesem Hintergrund aber fraglich und ist im Zweifel abzulehnen.

4. Verantwortung der Beteiligten

63   Nicht nur die Verwirklichung einschlägiger Straftatbestände des StGB, sondern auch Verstöße gegen Strafnormen des JuSchG und des JMStV können mit Freiheitsstrafe oder Geldstrafe geahndet werden. Auf Grundlage des JuSchG und des JMStV ist zudem die Ahndung von Ordnungswidrigkeiten durch Verhängung von Bußgeldern möglich. Die Frage, wer als Adressat der vorgenannten Sanktionen in Betracht kommt, ist nicht nur für den einzelnen Betroffenen von persönlicher Relevanz, sondern auch entscheidend für die Abschreckungswirkung der straf- bzw. bußgeldbewehrten Vorschriften und damit für einen wirksamen Jugendschutz *per se*.

Während das StGB grundsätzlich keine Unterscheidung zwischen Handlungen bzw. Inhalten trifft, die online oder offline begangen bzw. zugänglich ge-

---

164 Gegen die Annahme eines Erfolgsorts bei abstrakten Gefährdungsdelikten *Cornelius*, in: Leupold/Glossner, Münchener Anwaltshandbuch IT-Recht, 2. Aufl. 2011, Teil 10 Rn. 61.
165 *Cornelius*, in: Leupold/Glossner, Münchener Anwaltshandbuch IT-Recht, 2. Aufl. 2011, Teil 10 Rn. 58 ff.
166 BGH v. 12.12.2000 – 1 StR 184/00 – NStZ 2001, 305, 309.
167 Vgl. allgemein dazu *Hoernle*, NStZ 2001, 305, 311.

macht werden, muss hingegen auch in strafrechtlicher Hinsicht für die Frage des Anwendungsbereichs bzw. der Verantwortung der Beteiligten zwischen dem JMStV bei Rechtshandlungen im Online-Bereich einerseits und dem JuSchG im Offline-Bereich andererseits differenziert werden. Diese Unterscheidung und die Frage der (strafrechtlichen) Verantwortlichkeit für interaktiv geprägte Spielinhalte im Internet sind im Bereich der Computer- und Videospiele von hervorgehobener Bedeutung.[168]

4.1 Verantwortung der Beteiligten für strafbare Spielinhalte

Soweit Computer- und Videospiele strafbare Inhalte enthalten, stellt sich die 64 Frage, welche Personen durch welche Handlungen von der Herstellung über den Vertrieb bis hin zum sich selbst Besitzverschaffen strafrechtlich relevante Handlungen verwirklichen. In Betracht kommen Personen, die das Spiel selbst herstellen („Hersteller") oder für den Hersteller verantwortlich handeln, Personen, die im Vertrieb des Spiels tätig sind („Publisher") und die Nutzer selbst. Für die unter Ziffer 1. oben dargestellten Straftatbestände gibt es mannigfaltige Konstellationen, in denen die entsprechenden Handlungen strafrechtlich einschlägig sein können. Deshalb kann im Folgenden nur ein Ausschnitt der relevanten Tathandlungen mit den entsprechenden Playern aus der Spielewirtschaft dargestellt werden.

Strafrechtlich relevant sind bei den Straftatbeständen der Verbreitung gewalt- 65 oder tierpornographischer bzw. jugend- und kinderpornographischer (§§ 184 a, 184 b, 184 c StGB) Spiele die Tathandlungen des Herstellens, Verbreitens und des öffentlich Zugänglichmachens. Dies gilt auch für die Tatbestände der Volksverhetzung (§ 130 StGB), Gewaltverherrlichung (§ 130 StGB) und der Verbreitung pornographischer Spiele, wobei das Zugänglichmachen für Minderjährige nochmal besonders unter Strafe gestellt ist. Vor allem für Mitarbeiter von Publishern, Versandunternehmen und Einzelhandel können für die vorgenannten Tatbestände zudem die Tathandlungen des öffentlichen Ausstellens, Anschlagens, Vorführens (z.B. wenn im Ladengeschäft oder auf Messen dem Endkunden die Möglichkeit eröffnet wird, das Spiel auf einem Rechner zu testen[169]) oder auch das Beziehen, Liefern, Vorrätighalten, Anpreisen, Einführen und Ausführen von gesteigerter Bedeutung sein.

Im subjektiven Tatbestand unterscheiden sich die Voraussetzungen der Straf- 66 barkeit im Einzelnen je nach der konkreten Strafvorschrift. So genügt für Gewaltdarstellungen im Sinne des § 131 StGB bedingter Vorsatz. Der Täter muss die strafbaren Inhalte nicht billigen oder eine darin zum Ausdruck kommende Tendenz selbst bejahen. Es reicht vielmehr aus, wenn er die Umstände kennt, aus denen sich die strafrechtliche Relevanz der inkriminierten Inhalte ergibt.[170] Auch bei §§ 184 ff: StGB muss der Vorsatz nur die Umstände umfassen, welche

---

168 Für die Frage der zivilrechtlichen Haftung nach den Grundsätzen des TMG und der allgemeinen Störerhaftung wird auf die Ausführungen in Kapitel 6 verwiesen.

169 Das bloße Ausstellen des Spiels ohne Testmöglichkeit ist dagegen nicht tatbestandsmäßig, da der Inhalt des Spiels hierfür einer unbestimmten Anzahl von Personen wahrnehmbar gemacht werden muss, vgl. *Höynck*, ZIS 2008, 206, 212.

170 *Fischer*, Strafgesetzbuch und Nebengesetze, 59. Aufl. 2012, § 131 Rn. 18.

die Beurteilung der Inhalte als pornographisch begründen.[171] Am letztgenannten Erfordernis dürfte die Strafbarkeit vieler Mitarbeiter des Einzelhandels, Versandhandels etc. scheitern, da diese oftmals keine Kenntnis von den konkreten Inhalten der verkauften Spiele haben.

4.2 Verantwortung der Spieler – User-generierte Inhalte und interaktive Spielgestaltung

67 Während üblicherweise die Geschäftsführung oder sonst verantwortlichen Personen beim Hersteller, Publisher oder Einzelhandel Adressat strafrechtlicher Sanktionen sind, kommt in manchen Fällen auch eine Strafbarkeit der Spieler selbst in Betracht. Dies ist zum Beispiel dann der Fall, wenn sie sich den Besitz an Computer- oder Videospielen verschaffen, die z.B. kinder- bzw. jugendpornographische Elemente enthalten (vgl. § 184 b Abs. 4 und § 184 c Abs. 4 StGB). Ein Sich-Verschaffen liegt vor, wenn der Spieler die tatsächliche gegenständliche Verfügungsmacht erlangt. Nach der Rechtsprechung des BGH kommt es bereits zur Vollendung des Tatbestandsmerkmals des „Verbreitens", wenn Daten „im Arbeitsspeicher angekommen sind".[172] Im Umkehrschluss ergibt sich daraus, dass dann auch die Vollendung des „Sich-Verschaffens" bereits durch den Download in den Arbeitsspeicher des Nutzers bejaht werden kann.[173] Auch das Vervielfältigen einer Schrift kann ein tatbestandsmäßiges „Herstellen" sein.[174] Soweit ein Spieler also ein Spiel mit rechtswidrigen Inhalten vervielfältigt, macht er sich strafbar, wenn diese Vervielfältigung zum Zwecke der Verbreitung, Zugänglichmachung etc.[175] erstellt wurde.

68 Spieler können sich ferner dann strafbar machen, wenn sie Spiele mit bestimmten rechtswidrigen Inhalten Minderjährigen anbieten, überlassen oder zugänglich machen.[176] Die einschlägigen Vorschriften sanktionieren nämlich auch entsprechende Handlungen Privater. Eine Ausnahme gilt hier gegebenenfalls für die Weitergabe durch Sorgeberechtigte.[177] Daneben kommen alle im Vertrieb tätigen Mitarbeiter des Publishers, Einzelhändlers und sonstiger Vertriebsbeteiligter als Täter in Betracht, sofern sie relevante Spiele an Minderjährige weitergeben.

69 Spieler können aber auch für das Herstellen und öffentliche Zugänglichmachen von Spielen mit rechtswidrigen Inhalten verantwortlich sein. Viele Spiele bieten den Spielern die Möglichkeit, das Geschehen interaktiv mitzugestalten, insbesondere etwa bei Multiplayer-Online-Spielen durch Kommunikation

---

171 *Fischer*, Strafgesetzbuch und Nebengesetze, 59. Aufl. 2012, § 184 Rn. 42.

172 BGH v. 27.06.2001 – 1 StR 66/01 – MMR 2001, 676, 676.

173 *Fischer*, Strafgesetzbuch und Nebengesetze, 59. Aufl. 2012, § 184 b Rn. 21.

174 Vgl. beispielsweise *Lenckner/Peron/Eisele*, in: Schönke/Schröder, Strafgesetzbuch, 28. Aufl. 2010, § 184 Rn. 43 für den Tatbestand des Herstellens pornographischer Schriften.

175 D.h. jeweils bezogen auf die in den einschlägigen Tatbeständen genannten Verbreitungshandlungen.

176 So zum Beispiel bei § 131 Abs. 1 Nr. 3 StGB (Gewaltdarstellung), § 130 Abs. 2 Nr. 1 c StGB (Volksverhetzung) oder § 184 Nr. 1 StGB (Verbreitung pornographischer Schriften).

177 Vgl. insofern z.B. § 184 Abs. 2 StGB und § 131 Abs. 4 StGB, sofern das Erziehungsrecht durch die Weitergabe nicht gröblich verletzt wird.

Duisberg/Appt

per Chat-Funktion. Darüber hinaus finden Spieler auch immer wieder Wege, um Spiele durch eigene Software zu modifizieren, ohne dass dies vom Hersteller bzw. Publisher so vorgesehen oder erlaubt ist. So werden von Privatpersonen die unterschiedlichsten sogenannten „Mods" angeboten, die z.B. ein ansonsten unverfängliches Online-Spiel wie die Moorhuhnjagd in ein antisemitisches Schießspiel abwandeln. Enthalten solche Mods die oben (Ziffer 1.) beschriebenen Gewaltdarstellungen, verfassungswidrigen Kennzeichen oder pornographischen Inhalte, kommt auch der Nutzer als Straftäter in Betracht.

4.3 Providerhaftung nach TMG

Nicht nur die Hersteller und Publisher, auch Provider sind im Einzelfall von zivilrechtlichen und strafrechtlichen Haftungsrisiken bedroht, nämlich dann, wenn sie als Telemediendiensteanbieter im Sinne des Telemediengesetzes („TMG") den Zugang zu Computer- und Videospielen mit strafbarem Inhalt ermöglichen.[178]   70

Das TMG ist neben der zivilrechtlichen auch für die strafrechtliche Verantwortung relevant. Mit den in §§ 8 bis 10 TMG vorgesehenen Haftungsbeschränkungen will der deutsche Gesetzgeber den sonst unkalkulierbaren Haftungs- und Strafbarkeitsrisiken bei der Benutzung moderner Kommunikationsmedien begegnen.[179] Die Rechtsnatur der Haftungsbeschränkungen ist indes umstritten. Es wird einerseits vertreten, die §§ 7 ff. TMG als einen der strafrechtlichen Prüfung vorgelagerten rechtsgebietsübergreifenden „Vorfilter" anzusehen (so offenbar auch die Intention des Gesetzgebers)[180], andererseits wird eine Einordnung in das allgemeine System der Strafbarkeitsvoraussetzungen (als Teil des Tatbestands, der Rechtfertigung, der Schuld oder als Strafausschließungsgrund) vorgeschlagen.[181]

Das TMG enthält in §§ 7 ff. TMG ein gestuftes System der Verantwortlichkeit für rechtswidrige Informationen. Dieser Begriff umfasst alle Angaben, die im Rahmen des jeweiligen Telemediendienstes übermittelt oder gespeichert werden,[182] mithin auch Computer- und Videospiele. Zur Nutzung bereitgehalten werden Informationen, wenn sie der Dienstanbieter auf eigenhändig kontrollierten oder ihm aufgrund mittelbarer Täterschaft oder Mittäterschaft zuzurechnenden fremden Servern gespeichert und dem Zugriff der Nutzer geöffnet hat.[183]

Für die Prüfung des § 7 Abs. 1 TMG bei strafrechtlichen Sachverhalten empfiehlt sich in Anlehnung an einen Vorschlag aus dem Schrifttum[184] eine gestufte   71

---

178 Siehe allgemein hierzu *Hoffmann*, in: Spindler/Schuster, Recht der elektronischen Medien, 2. Aufl. 2011, Zwölfter Teil TMG; *Sieber/Höfinger*, in: Hoeren/Sieber, Handbuch Multimedia-Recht, Teil 18.1 1 ff. (Stand: 03/2012); *Altenhain*, Münchener Kommentar StGB, Band 6/1, 1. Aufl. 2010, 5. Kapitel, II TMG.

179 *Perron/Eisele*, in: Schönke/Schröder, Strafgesetzbuch, 28. Aufl. 2010, § 184 Rn. 53.

180 Vgl. BT-Drs. 14/6098, Seite 23.

181 Vgl. m.w.N. *Perron/Eisele*, in: Schönke/Schröder, Strafgesetzbuch, 28. Aufl. 2010, § 184 Rn. 56.

182 Vgl. m.w.N. *Perron/Eisele*, in: Schönke/Schröder, Strafgesetzbuch, 28. Aufl. 2010, § 184 Rn. 58.

183 Vgl. BT-Drs. 13/7385, S. 23.

184 *Perron/Eisele*, in: Schönke/Schröder, Strafgesetzbuch, 28. Aufl. 2010, § 184 Rn. 59a.

Vorgehensweise: Ein zur Nutzung bereitgehaltenes eigenes Computer- und Videospiel liegt jedenfalls dann vor, wenn das Spiel so konzipiert ist, dass es dem Nutzer gegenüber als von diesem Anbieter stammend erscheint und der Anbieter den oder die Server, auf denen das Spiel gespeichert ist, zurechenbar beherrscht. Ist das Spiel dagegen auf einem fremden Server abgespeichert, den der Anbieter weder eigenhändig noch in täterschaftlichem Zusammenwirken mit anderen beherrscht, so wird es nicht „zur Nutzung bereitgehalten"; ob es sich dabei um ein „eigenes" oder „fremdes" Spiel handelt, ist unerheblich. Ein Spiel, das auf einem eigenen oder vom Täter beherrschten fremden Server zur Nutzung bereitgehalten wird, aber als Spiel eines anderen Anbieters in Erscheinung tritt, kann dennoch dem Täter als „eigener" Inhalt zugerechnet werden, wenn der Täter sich dieses Angebot ausdrücklich oder konkludent zu eigen gemacht hat.[185] Entscheidend sind im Übrigen die Umstände des Einzelfalls.

72 Wenn der Provider die Spiele für einen anderen speichert, haftet er grundsätzlich nicht, es sei denn, er hat Kenntnis von der Rechtswidrigkeit der Inhalte und hat diese Spiele nicht unverzüglich nach Kenntnis[186] entfernt oder den Zugang zu diesen gesperrt (§ 10 TMG).[187] Kenntnis in diesem Sinne liegt vor, wenn der Provider die genaue Fundstelle des rechtswidrigen Spiels kennt und die Nutzungsverhinderung technisch möglich und zumutbar ist.[188] Eine Haftung scheidet auch aus, wenn die Tätigkeit des Providers nur darin besteht, Daten zu übermitteln bzw. durchzuleiten (§ 8 TMG).[189] Es besteht im Übrigen grundsätzlich keine allgemeine Pflicht des Telemedienanbieters, die von ihm übermittelten oder gespeicherten Computer- und Videospiele auf strafrechtliche Inhalte zu überprüfen bzw. nach Umständen zu forschen, die auf rechtswidrige Inhalte hinweisen.[190]

4.4 Strafbarkeit nach JMStV und JuSchG

73 Gemäß § 23 JMStV wird mit Freiheitsstrafe bis zu einem Jahr oder mit Geldstrafe bestraft, wer bestimmte Angebote in Telemedien, die wegen ihrer offensichtlichen Eignung zur schweren Jugendgefährdung unzulässig sind, außerhalb geschlossener Benutzergruppen verbreitet oder zugänglich macht[191], die offensichtlich geeignet sind, die Entwicklung von Kindern oder Jugendlichen oder ihre Erziehung zu einer eigenverantwortlichen und gemeinschaftsfähigen Persönlichkeit unter Berücksichtigung der besonderen Wirkungsform des Verbrei-

---

185 Allgemein zum „zu eigen machen" *Härting*, Praxishandbuch Internetrecht, 4. Aufl. 2010, Rn. 1654 ff.

186 Zu Einzelfragen in diesem Zusammenhang siehe *Gercke*, in: Gercke/Brunst, Praxishandbuch Internetstrafrecht, 1. Aufl. 2009, Rn. 597 ff.

187 Ein „Entfernen" liegt vor, wenn die Daten von den Speichermedien entfernt werden; ein „Sperren" liegt vor, wenn der Zugriff auf die Daten beschränkt wird, z.B. durch Entfernung eines Links, Trennung der Netzwerkverbindung oder durch Verschlüsselung der Informationen; vgl. hierzu *Gercke*, in: Gercke/Brunst, Praxishandbuch Internetstrafrecht, 1. Aufl. 2009, Rn. 603.

188 *Perron/Eisele*, in: Schönke/Schröder, Strafgesetzbuch, 28. Aufl. 2010, § 184 Rn. 60.

189 *Hilgendorf*, K&R 2011, 229, 231 ff.

190 *Perron/Eisele*, in: Schönke/Schröder, Strafgesetzbuch, 28. Aufl. 2010, § 184 Rn. 57.

191 Dies gilt nur für Telemedien, die außerhalb geschlossener Benutzergruppen angeboten werden. *Erdemir*, in: Spindler/Schuster, Recht der elektronischen Medien, 2. Aufl. 2011, § 23 Rn. 5.

tungsmediums schwer zu gefährden.[192] Bei Fahrlässigkeit droht eine Freiheitsstrafe von bis zu 6 Monaten oder eine Geldstrafe von bis zu 180 Tagessätzen.

Nach § 27 Abs. 1 JuSchG sind Zuwiderhandlungen gegen § 15 Abs. 1, 2, 4 und   74
5 sowie gegen Verbreitungs- und Werbebeschränkungen aus vollziehbaren Entscheidungen nach § 21 Abs. 8 Satz 1 Nr. 1 JuSchG mit Freiheitsstrafe bis zu
einem Jahr oder mit Geldstrafe bedroht. Der gleiche Strafrahmen gilt bei § 27
Abs. 2 JuSchG für vorsätzliche Zuwiderhandlungen in den in § 28 Abs. 1 Nr. 4
bis 18 oder 19 bezeichneten Fällen, sofern erschwerende Umstände im Sinne der
Nr. 1 oder 2 hinzukommen. Wird eine der in § 27 Abs. 1 Nr. 1, 3 bis 5 JuSchG bezeichneten Taten fahrlässig im Sinne des § 27 Abs. 3 JuSchG begangen, so beträgt der Strafrahmen Freiheitsstrafe bis zu 6 Monaten oder Geldstrafe von bis zu
180 Tagessätzen[193]. Insbesondere Einzelhändler und Zwischenhändler müssen
demnach mit sogenannten „indizierungsgeneigten" Medien besonders sorgfältig umgehen, um sich nicht dem Vorwurf der fahrlässigen Unkenntnis von
der Indizierung oder Eignung eines Trägermediums zur schweren Jugendgefährdung auszusetzen. Auch die Minderjährigkeit eines potentiellen Erwerbers
muss vor dem Hintergrund der Strafbarkeit fahrlässigen Handelns sorgfältig geprüft werden. An die Prüfungs- und Erkundigungspflichten sind strenge Anforderungen zu stellen.[194]

§ 23 JMStV gilt für alle im Inland begangenen Taten unabhängig von der Na-   75
tionalität des Täters (§ 3 StGB).[195] Die vorstehende Diskussion zu Auslandstaten ist für den Anwendungsbereich des JMStV aber gleichermaßen relevant, da
§ 23 JMStV ein abstraktes Gefährdungsdelikt darstellt.[196] Verstößt ein Computer- oder Videospiel, das vom Ausland aus angeboten bzw. zugänglich gemacht
wird, gegen die Strafbestimmung des JMStV (§ 23 JMStV), so stellt sich auch
hier die Frage der Anwendbarkeit des deutschen Strafrechts bzw. des Erfolgsorts im Sinne des § 9 StGB. Vorstehendes gilt entsprechend für die Straftatbestände aus § 27 JuSchG.

---

192 Zu diskussionswürdigen Problempunkten des § 23 JMStV siehe *Hilgendorf*, K&R
2011, 229, 231.

193 *Liesching*, in: Erbs/Kohlhaas, Strafrechtliche Nebengesetze, Band 1, JuSchG § 27
Rn. 12 (Stand: 07/2012).

194 BayObLG v. 08.09.1988 – RReg. 5 St 96/88 – NJW 1989, 1744, 1745; *Liesching*, in: Erbs/
Kohlhaas, Strafrechtliche Nebengesetze, Band 1, JuSchG § 27 Rn. 12 (Stand: 07/2012).

195 *Erdemir*, in: Spindler/Schuster, Recht der elektronischen Medien, 2. Aufl. 2011, § 23
Rn. 3.

196 *Erdemir*, in: Spindler/Schuster, Recht der elektronischen Medien, 2. Aufl. 2011, § 23
Rn. 3.

Kapitel 9

Datenschutz und Datensicherheitspannen

1. Datenschutz – Grundsätze

Mit dem Siegeszug von Browser-Spielen, Social Games in sozialen Netzwerken, national und international vernetzten Online-Spieler-Communities, Konsolenspielen mit integrierten Online-Funktionalitäten und den Möglichkeiten der Erstellung und Verfolgung von Nutzerprofilen im Online-Bereich bis hin zu den damit verbundenen technischen Möglichkeiten personalisierter Werbung sowie den ersten aufsehenerregenden Datensicherheitspannen im Spielebereich hat der Datenschutz entscheidend an Bedeutung gewonnen und nimmt inzwischen eine Schlüsselstellung in der rechtlichen Bewertung von Geschäftsmodellen im Spielebereich ein. *1*

Im Folgenden soll anhand eines allgemeinen Überblicks zum anwendbaren Datenschutzrahmen aufgezeigt werden, in welchen Themenkomplexen der Datenschutz für die Spiele-Industrie von Bedeutung ist.

1.1 EU-Rechtsrahmen

Das europäische Datenschutzrecht beruht maßgeblich auf der Richtlinie 95/46/EG[1]; aufgrund ihrer Umsetzung in die Rechtsordnungen einzelner Mitgliedstaaten existiert ein harmonisierter Rechtsrahmen. Im Laufe der Zeit sind weitere bereichsspezifische Richtlinien hinzugetreten.[2] *2*

Allerdings mangelt es aufgrund zum Teil divergierender Umsetzungen und der unterschiedlichen Auslegungs- und Rechtsdurchsetzungspraxis der nationalen Datenschutzbehörden in der Praxis an der von der Europäischen Datenschutzrichtlinie angestrebten Vollharmonisierung.[3] Die Europäische Kommission hat am 25. Januar 2012 einen Vorschlag für eine neue Verordnung für den Datenschutz veröffentlicht.[4] Der Konsultationsprozess dürfte mindestens noch bis ins Jahr 2014 reichen, bevor diese „EU-Datenschutz-Grundverordnung" in Kraft tritt und dann – ohne dass es einer weiteren Umsetzung in nationales Recht bedarf

---

1   Richtlinie 95/46/EG des Europäischen Parlaments und des Rates vom 24. Oktober 1995 zum Schutz natürlicher Personen bei der Verarbeitung personenbezogener Daten und zum freien Datenverkehr, ABl. L 281 v. 23.11.1995, S. 31, kurz *Europäische Datenschutzrichtlinie*.

2   Weitere Rechtsquellen auf EU-Ebene für den nicht-öffentlichen Bereich sind insbesondere die Datenschutzrichtlinie für elektronische Kommunikation 2002/58/EG (Richtlinie 2002/58/EG des Europäischen Parlaments und des Rates vom 12. Juli 2002, ABl. L 201 v. 31.07.2002, S. 37, kurz *„Datenschutzrichtlinie für elektronische Kommunikation"*, und zwar in der durch die sogenannte *Cookie-Richtlinie* 2009/136/EG (Richtlinie 2009/136/EG des Europäischen Parlaments und des Rates vom 25. November 2009, ABl. L 337 v. 18.12.2009, S. 11) geänderten Fassung, ferner die *Richtlinie zur Vorratsdatenspeicherung* (Richtlinie 2006/24/EG des Europäischen Parlaments und des Rates vom 15. März 2006, ABl. L 105 v. 13.04.2006, S. 54) sowie die Richtlinie über die Verarbeitung personenbezogener Daten und den Schutz der Privatsphäre im Bereich der Telekommunikation (Richtlinie 97/66/EG des Europäischen Parlaments und des Rates vom 15. Dezember 1997, ABl. L 24 v. 30.01.1998, S. 1, kurz *TK-Datenschutzrichtlinie*).

3   EuGH v. 06.11.2003 – C-101/01 – EuZW 2004, 245, 252 Rn. 96, 97; EuGH v. 16.12.2008 – C-524/06 (Huber) – EuZW 2009, 183, 185 Rn. 51; EuGH v. 24.11.2011 – C-468/10 und C-469/10 ff. – ZD 2012, 33, 34 Rn. 29.

4   KOM(2012) 11 endg.

– unmittelbare Geltung in jedem Mitgliedstaat entfaltet. Die EU-Datenschutz-Grundverordnung wird die bisherige Europäische Datenschutzrichtlinie ablösen und die auf dieser Richtlinie basierenden nationalen Datenschutzbestimmungen der Mitgliedstaaten ersetzen. Die Grundverordnung lässt die Datenschutzrichtlinie für elektronische Kommunikation allerdings unberührt; im Geltungsbereich dieser Richtlinie soll die EU-Datenschutz-Grundverordnung keine neuen Verpflichtungen begründen.[5]

1.2 Auslandssachverhalte und internationales Datenschutzrecht[6]

3   Deutsches Datenschutzrecht findet Anwendung auf alle Unternehmen, die entweder ihren Sitz in Deutschland haben oder die personenbezogene Daten durch eine deutsche Niederlassung verarbeiten (§ 1 Abs. 5 Satz 1 BDSG).[7] Umgekehrt entfällt grundsätzlich die Anwendbarkeit des BDSG, sofern die Anwendbarkeit des Datenschutzrechts eines anderen EU- bzw. EWR-Landes begründet ist. Unternehmen mit Sitz in einem EU- bzw. EWR-Land, die Daten (z. B. auch) durch eine Niederlassung in einem anderen EU- bzw. EWR-Land verarbeiten, müssen allerdings für die Datenverarbeitung durch die Niederlassung zusätzlich die jeweiligen nationalen Datenschutzbestimmungen (also z. B. deutsches Recht) beachten.[8]

4   Anbieter aus sogenannten Drittstaaten, also Ländern außerhalb von EU bzw. EWR,[9] können deutschem Recht unterliegen, sofern sie Daten in Deutschland erheben, verarbeiten oder nutzen (§ 1 Abs. 5 Satz 2 BDSG). Für die Anwendung deutschen Rechts kommt es insoweit auf die Verwendung automatisierter oder nicht automatisierter Mittel im Inland an.[10] Als Anknüpfungskriterien kommen insbesondere der Standort des Rechners des Nutzers, der Einwahlknoten seines Internetproviders sowie der Serverstandort des Anbieters in Betracht.[11] Zunehmend wird in der Literatur vertreten, dass die Anwendbarkeit deutschen Rechts im Sinne eines „Targeting" vom Willen des Anbieters, sich (auch) an deutsche Adressaten zu richten, abhänge.[12] Danach soll – unabhängig etwa vom Serverstandort – deutsches Recht anwendbar sein, wenn das Angebot in deutscher Sprache gehalten ist (ggf. nach entsprechender Sprachauswahl), unter einer deutschen Top-Level Domain bereitgestellt und nicht lediglich ein Online-For-

---

5   Art. 89 Abs. 1 Entwurf Datenschutz-Grundverordnung, KOM(2012) 11 endg., 70 f.

6   Die Fragen des internationalen Datenschutzrechts (also des Konkurrierens unterschiedlicher Datenschutzrechtsordnungen) gehören zu den dogmatisch noch weitgehend ungeklärten und in der Praxis bislang kaum stringent zu lösenden Fragen.

7   Diese Regelung gilt in Ermangelung einer Spezialregelung im TMG auch für Telemediendienste, vgl. § 1 Abs. 5 TMG.

8   Art. 4 Abs. 1 lit. a der Europäischen Datenschutzrichtlinie 95/46/EG; § 1 Abs. 5 Satz 1 a. E. BDSG.

9   Drittstaaten im datenschutzrechtlichen Sinn sind Länder, die nicht der Europäischen Datenschutzrichtlinie 95/46/EG unterliegen. Zu den Vertragsstaaten des EWR zählen sämliche EU-Mitgliedstaaten sowie Island, Norwegen und Liechtenstein.

10 Siehe Art. 4 Abs. 1 lit. c der Europäischen Datenschutzrichtlinie 95/46/EG.

11 Zum Streitstand siehe *Dammann*, in: Simitis, Bundesdatenschutzgesetz, 7. Aufl. 2011, § 1 Rn. 217 und *Jotzo*, MMR 2009, 232.

12 *Jotzo*, MMR 2009, 232, 236 f.; *Ott*, MMR 2009, 158, 160; *Stadler*, ZD 2011, 57, 58; *Backu*, ZD 2012, 59, 61.

Duisberg/Grentzenberg

mular ausgefüllt wird.[13] Für ausländische Anbieter von Online-Spielen ergeben sich daraus wichtige Vorfragen und – in gewissen Grenzen – Gestaltungsspielräume und Möglichkeiten eines „Forum Shopping" beim Aufbau ihres Online-Angebots, die im Einzelfall sorgsam abzuwägen und im Zweifel im Vorfeld mit Datenschutzbehörden zu sondieren sind.

Anbieter aus Drittstaaten, die deutschem Datenschutzrecht unterliegen, sind verpflichtet, einen Vertreter in Deutschland zu benennen (§ 1 Abs. 5 Satz 3 BDSG, sog. Inlandsvertreter).

Deutsche Datenschutzbestimmungen erfassen grundsätzlich nur den Umgang 5 mit personenbezogenen Daten. Die datenschutzrechtlichen Regelungen des TKG schützen allerdings ausnahmsweise auch Einzelangaben zu juristischen Personen und Personengesellschaften mit eigener Rechtspersönlichkeit, soweit diese Angaben dem Fernmeldegeheimnis unterliegen (§ 91 Abs. 1 Satz 2 TKG). Solche Angaben sind insbesondere Informationen darüber, ob eine juristische Person an einem Telekommunikationsvorgang beteiligt ist oder war.

Die Verarbeitung von Daten ausschließlich für persönliche oder familiäre Zwecke wird vom BDSG nicht erfasst (§ 1 Abs. 2 Nr. 3 BDSG).

1.3 Bundesdatenschutzgesetz und spezialgesetzlicher Datenschutz

Das zentrale datenschutzrechtliche Regelungsinstrument für Unternehmen 6 der Privatwirtschaft (und öffentliche Stellen des Bundes) ist das Bundesdatenschutzgesetz (BDSG), das die Mindestanforderungen der Europäischen Datenschutzrichtlinie umgesetzt hat, aber zum Teil – insbesondere in der Auslegung durch die Datenschutzbehörden – auch darüber hinausgeht. Bereichsspezifische Datenschutzregelungen (wie insbesondere im Telekommunikations- und Telemedienrecht) gehen den Regelungen des BDSG vor (§ 1 Abs. 3 Satz 1 BDSG). So finden die Bestimmungen des TMG vorrangig Anwendung, soweit Anbieter von Spielen mit Online-Funktionalitäten Bestands- oder Nutzungsdaten der Spieler erheben bzw. verarbeiten. Sofern Online-Spiele auch eine Nachrichten-Funktion anbieten, die sich nicht auf die interne Kommunikation der Nutzer untereinander beschränkt, sondern z. B. den Versand von E-Mails erlaubt, greifen zusätzlich auch die datenschutzrechtlichen Bestimmungen des TKG (§§ 91 ff. TKG) sowie die Pflicht zur Wahrung des Fernmeldegeheimnisses (§ 88 TKG).

1.4 Grundbegriffe

Personenbezogene Daten sind sämtliche Informationen zu einer Person oder 7 zu einem auf diese Person beziehbaren Sachverhalt (§ 3 Abs. 1 BDSG).[14] Daher handelt es sich zum Beispiel beim Lichtbild eines Nutzers, Spielscores, Nutzer-

---

13 So z. B. die Datenschutzbehörde Schleswig-Holsteins (Unabhängiges Landeszentrum für Datenschutz Schleswig-Holstein, kurz ULD) in DOS – Datenschutz in Online-Spielen, ULD, Studie im Auftrag des BMBF, S. 58 ff.; abrufbar unter http://www.datenschutzzentrum.de/dos (02.11.2012); im Ergebnis auch das OLG Hamburg v. 02.08.2011 – 7 U 134/10 – ZD 2011, 138.

14 Vgl. *Gola/Schomerus*, in: Gola/Schomerus, Bundesdatenschutzgesetz, 11. Aufl. 2012, § 3 Rn. 5.

kommentaren oder Spielerbewertungen um personenbezogene Daten, soweit sich der Personenbezug mit angemessenem wirtschaftlichen Aufwand herstellen lässt.[15] Eine für die Betreiber von Online-Spielen besonders wichtige Frage betrifft den viel diskutierten Personenbezug von statischen und dynamischen IP-Adressen. Es zeichnet sich eine herrschende Meinung ab – die auch im Rahmen der Konsultation zur EU-Datenschutz-Grundverordnung verstärkt wird –, die einer weiten Auslegung den Vorzug gibt, den Personenbezug von IP-Adressen annimmt und allenfalls noch unterscheidet, für wen dieser Personenbezug herstellbar ist.[16]

8   Vom *Betroffenen*[17] ist der *Nutzer* eines Telemediendienstes zu unterscheiden:[18] Dieser wird erst dann – auch – zum Betroffenen, wenn der Anbieter des Dienstes personenbezogene Daten von ihm erhebt.

Datenschutzgesetze erfassen grundsätzlich jeden Umgang mit personenbezogenen Daten, namentlich die Erhebung von Daten, deren Verarbeitung (Speichern, Verändern, Übermitteln, Sperren und Löschen) sowie die Nutzung von Daten. Dabei dient der Begriff der Datennutzung als Auffangtatbestand, indem er „jede Verwendung personenbezogener Daten" erfasst, die nicht bereits unter den Verarbeitungsbegriff fällt (vgl. § 3 Abs. 3 bis 5 BDSG).

9   Verantwortlich für die Einhaltung der Datenschutzbestimmungen ist die sogenannte *verantwortliche Stelle*, also „jede Person oder Stelle, die personenbezogene Daten für sich selbst erhebt, verarbeitet oder nutzt oder dies durch andere im Auftrag vornehmen lässt" (§ 3 Abs. 7 BDSG). Der Spiele-Hersteller, der Daten seiner Käufer für personalisierte Werbeschreiben verwendet oder der Anbieter eines Online-Spiel-Portals, der personenbezogene Daten seiner Nutzer auswertet, sind verantwortliche Stelle in diesem Sinne. Wenn der Betreiber eines Spiels die Spieleplattform eines anderen Betreibers nutzt, ohne dass es sich hierbei um eine Auftragsdatenverarbeitung handelt, kann jeder dieser Betreiber für die jeweils von ihm verarbeiteten Daten alleinige verantwortliche Stelle sein.[19] Bei offenen Systemen können mehrere Beteiligte entsprechend verantwortliche Stellen im vorstehenden Sinne sein.

10   *Dritter* ist jede natürliche oder juristische Person außerhalb der verantwortlichen Stelle mit Ausnahme des Betroffenen sowie eines Auftragsdatenverarbeiters (§ 3 Abs. 8 Satz 3 BDSG).[20] Im Rahmen der Kaufabwicklung von Spielen sind Dritte z. B. Zahlungsdiensteanbieter, die den Kauf per Kreditkarte oder anonymer Pre-

---

15   Vgl. § 3 Abs. 6 BDSG.
16   Die in der Literatur z.T. getroffene Unterscheidung zwischen dem „absoluten" und „relativen" Personenbezug führt nach vielfach vertretener Auffassung dazu, dass dynamische IP-Adressen lediglich für Internet-Zugangsprovider, denen die Zuordnung einer IP-Adresse zum Namensträger als Klartextname möglich ist, als personenbezogene Daten gelten (zum Streitstand siehe *Venzke*, ZD 2011, 114 ff.). Ob sich diese Unterscheidung mit der Einführung des IPv6 halten lässt, ist allerdings sehr fraglich, vgl. *Freund/Schnabel*, MMR 2011, 495, 497.
17   Vgl. Definition in § 3 Abs. 1 BDSG. Zu den Konsequenzen der Einstufung der IP-Adresse als personenbezogenes Datum siehe Ziffer 2.3.
18   § 11 Abs. 2 TMG definiert den Nutzer als „natürliche Person, die Telemedien nutzt, insbesondere um Informationen zu erlangen oder zugänglich zu machen".
19   Dies ist z.B. der Fall bei dem Produkt Xbox Live von Microsoft.
20   Zu den Voraussetzungen einer Auftragsdatenverarbeitung siehe Ziffer 1.7.

paid-Karte ermöglichen. Bei Online-Spielen können Dritte auch andere Nutzer sein, etwa wenn diese Einblick in Spielerbewertungen erhalten.

1.5 Verbot mit Erlaubnisvorbehalt, gesetzliche Rechtfertigung und Einwilligung

Ausgehend vom Volkszählungsurteil des Bundesverfassungsgerichts von 1983 *11* und dem darin entwickelten „Grundrecht auf informationelle Selbstbestimmung"[21] ist die Erhebung, Verarbeitung bzw. Nutzung von Daten grundsätzlich verboten, ausgenommen das BDSG oder eine andere Rechtsvorschrift erlauben die Nutzung oder ordnen diese sogar an, oder der Betroffene hat eingewilligt („Verbot mit Erlaubnisvorbehalt", § 4 Abs. 1 BDSG).

Typische Rechtsgrundlagen für die Verarbeitung von Spielerdaten im Offline- *12* Bereich sind die §§ 28 und 29 BDSG.

Im Online-Bereich existieren Rechtsgrundlagen für die Verarbeitung sogenannter Bestands- bzw. Nutzungsdaten: Bestandsdaten sind personenbezogene Daten eines Nutzers, die für die Begründung, inhaltliche Ausgestaltung oder Änderung eines Vertragsverhältnisses zwischen dem Diensteanbieter und dem Nutzer erforderlich sind (§ 14 Abs. 1 TMG). Nutzungsdaten sind personenbezogene Daten eines Nutzers, die bei der Inanspruchnahme eines Online-Angebots entstehen; der Gesetzgeber benennt als Beispiel für Nutzungsdaten insbesondere Merkmale zur Identifikation des Nutzers, Angaben über Beginn und Ende sowie des Umfangs der jeweiligen Nutzung und Informationen über die vom Nutzer in Anspruch genommenen Telemedien. Diensteanbieter dürfen Nutzungsdaten – ohne weiter reichende Einwilligung der Nutzer – nur erheben, verarbeiten und verwenden, soweit dies erforderlich ist, um die Inanspruchnahme von Telemedien zu ermöglichen und abzurechnen (§ 15 Abs. 1 TMG).

Umstritten ist, welchen gesetzlichen Regelungen die sogenannten Inhaltsdaten *13* unterliegen – also diejenigen Daten, die der Nutzer und der Anbieter online austauschen, um die durch den Telemediendienst begründeten Leistungs- und Rechtsverhältnisse zu erfüllen.[22] Während ein Teil der Literatur der Auffassung ist, dass Inhaltsdaten immer einen Unterfall der Nutzungsdaten im Sinne des § 15 TMG darstellen,[23] will ein anderer Teil die Daten den Regelungen des BDSG unterstellen – jedenfalls soweit Daten zur Erfüllung von Vertrags- und Leistungsverhältnissen, die keinen Telemediendienst darstellen, ausgetauscht werden.[24] Danach unterläge die Verarbeitung von Daten, die für einen Versand eines Spiels auf dem Postwege erhoben werden, dem BDSG; wird das Spiel hingegen per Download erworben, würden ausschließlich die Bestimmungen des TMG greifen.

---

21 BVerfG v. 15.12.1989 – 1 BvR 209/83 – BVerfGE 65, 1, 43 f. = NJW 1984, 419, 422 f.
22 *Spindler/Nink*, in: Spindler/Schuster, Recht der elektronischen Medien, 2. Aufl. 2011, § 15 TMG Rn. 3; *Schmitz*, in: Hoeren/Sieber, Multimedia-Recht, Teil 16.2 Datenschutz im Internet Rn. 208 (Stand: 08/2012).
23 *Schmitz*, in: Hoeren/Sieber, Multimedia-Recht, Teil 16.2 Datenschutz im Internet Rn. 208 ff., 211 (Stand: 08/2012).
24 *Spindler/Nink*, in: Spindler/Schuster, Recht der elektronischen Medien, 2. Aufl. 2011, § 15 TMG Rn. 3.

Der Streit kann im Einzelfall erhebliche Auswirkungen auf den Umfang der Zulässigkeit von Datenverarbeitungen ohne Einwilligung haben; mit Inkrafttreten der EU-Datenschutz-Grundverordnung verlöre er allerdings seine Bedeutung, da die gesetzlichen Rechtsgrundlagen in der Verordnung (ebenso wie die in der Europäischen Datenschutzrichtlinie) nicht nach den Umständen der Verarbeitung („online" vs. „offline") differenzieren.

14 Ohne Einwilligung zulässig ist danach zum Beispiel die Verarbeitung von Daten in dem für die Erfüllung eines Kaufvertrages mit dem Betroffenen erforderlichen Umfang (§ 28 Abs. 1 Satz 1 Nr. 1 BDSG; beim Online-Verkauf in Verbindung mit § 14 Abs. 1 TMG), zur Bonitätsprüfung bei Vorleistung des Lieferanten (im Rahmen der §§ 28 b und 6 a BDSG), zur Altersverifikation bei Spielen mit Altersgrenze (nach § 28 Abs. 1 Satz 1 Nr. 1 BDSG i. V. m. dem Jugendschutzgesetz im Offline-Bereich bzw. nach § 14 Abs. 1 TMG i. V. m. dem Jugendmedienschutz-Staatsvertrag im Online-Bereich), Bezahlung und Abrechnung von Spielen oder der Verkauf von Waren bzw. Dienstleistungen, auch im Rahmen eines Spiels (§ 28 Abs. 1 Satz 1 Nr. 1 BDSG bzw. §§ 14 Abs. 1, 15 TMG).

15 Einwilligungen in den Umgang mit personenbezogenen Daten unterliegen hohen Anforderungen. Sie sind insbesondere nur wirksam, wenn der Betroffene im Vorfeld in verständlicher Weise über den Zweck und den Umfang der Datenverarbeitung und ggf. die Folgen der Verweigerung der Einwilligung aufgeklärt wurde (sogenannte informierte Einwilligung, § 4 a Abs. 1 BDSG).

Einwilligungen müssen darüber hinaus im Regelfall schriftlich eingeholt werden. Im Online-Bereich sind Einwilligungen in elektronischer Form zulässig, sofern die speziellen Anforderungen des § 13 Abs. 2 TMG erfüllt werden (elektronisches „opt-in"). Einwilligungen, die zusammen mit anderen Erklärungen schriftlich eingeholt werden, müssen besonders hervorgehoben werden. Eine Einwilligung in einer AGB-Klausel ist damit nur wirksam, wenn sich diese Klausel auffällig vom übrigen Vertragstext abhebt (etwa durch Verwendung von abweichender Schriftgröße und -art).[25] Soll sich eine Einwilligung auch auf sogenannte besondere Arten von Daten im Sinne des § 3 Abs. 9 BDSG erstrecken,[26] muss die Einwilligung dies ausdrücklich benennen (§ 4 a Abs. 3 BDSG). Relevant kann dies z. B. bei Fitness Apps oder sonstigen Spielen werden, soweit diese auch Gesundheitsdaten der Spieler erfassen und verarbeiten.[27]

1.6 Datenschutzziele

1.6.1 Datenvermeidung und Datensparsamkeit

16 Jede Verarbeitung personenbezogener Daten soll sich an den Grundsätzen der Datenvermeidung bzw. Datensparsamkeit orientieren. Daten sollen daher ins-

---

25 In der sogenannten „Happy Digits"-Entscheidung hat der BGH eine Gestaltung für zulässig erklärt, in dem der Einwilligungstext umrandet war und mit dem fettgedruckten Text „Einwilligung in Beratung, Information (Werbung) und Marketing" begann, BGH v. 11.11.2009 – VIII ZR 12/08 – NJW 2010, 864 ff.

26 Besondere Arten personenbezogener Daten sind Angaben über die rassische und ethnische Herkunft, politische Meinungen, religiöse oder philosophische Überzeugungen, Gewerkschaftszugehörigkeit, Gesundheit oder Sexualleben (§ 3 Abs. 9 BDSG).

27 Bereits eine Kombination von Angaben zu Körpergröße, Gewicht und Fitnesszustand dürfte als Gesundheitsdatum einzustufen sein.

besondere anonymisiert oder pseudonymisiert[28] verarbeitet werden, soweit dies vom Verwendungszweck her möglich und verhältnismäßig ist (§ 3 a BDSG). Durch den gezielten Einsatz datenschutzfreundlicher Technik sollen insbesondere vermeidbare Datensammlungen verhindert und damit Gefahren für das informationelle Selbstbestimmungsrecht der Betroffenen reduziert werden.[29] Diese Form des Systemdatenschutzes soll nach den Planungen der Europäischen Kommission zukünftig noch größere Bedeutung erlangen: Der Entwurf der EU-Datenschutz-Grundverordnung (siehe hierzu bereits oben unter Ziffer 1.1) enthält die Vorgabe, die Verarbeitung von Daten auf das für die Zwecke notwendige Mindestmaß zu beschränken und vorrangig anonyme Daten zu verarbeiten; zusätzlich soll „die Speicherfrist auf das unbedingt erforderliche Mindestmaß beschränkt" bleiben.[30]

Das TMG sieht als spezielle Ausprägung des Grundsatzes der Datenvermeidung vor, dass Anbieter von Online-Diensten ihren Nutzern anonyme bzw. pseudonyme Nutzungs- und Bezahlmöglichkeiten eröffnen sollen, „soweit dies technisch möglich und zumutbar ist" (§ 13 Abs. 6 TMG).

Verstöße gegen diese Grundsätze werden zwar nicht durch Bußgeldnormen sanktioniert. Es handelt sich hierbei aber auch nicht um bloße Programmsätze.[31] Bereits bei der Entwicklung von Online-Spielen sollte geprüft werden, welche personenbezogenen Daten für das konkrete Angebot zwingend verarbeitet werden müssen. Angebote, die eine Nutzung bzw. Bezahlung unter einem Pseudonym oder sogar anonym ermöglichen, sind unter datenschutzrechtlichen Aspekten grundsätzlich vorzuziehen.   *17*

1.6.2 Transparenzgebot

Ein weiterer wichtiger Grundsatz des BDSG ist das Transparenzgebot. Dieser *18* Grundsatz spiegelt sich unter anderem in der Verpflichtung verantwortlicher Stellen wider, Betroffene über ihre Identität, die Zweckbestimmung der Datenerhebung, -verarbeitung oder -nutzung sowie die Kategorien von Empfängern zu informieren, sofern dem Betroffenen diese Informationen nicht bereits vorliegen bzw. er mit einer Übermittlung seiner Daten nicht rechnen muss (§ 4 Abs. 3 BDSG). Speichert eine verantwortliche Stelle erstmals Daten eines Betroffenen, ist dieser grundsätzlich über diesen Umstand, die speichernde Stelle und die mit der Speicherung verbundenen Zwecke zu unterrichten (§ 33 Abs. 1 BDSG). Weitere Ausprägung des Transparenzgebots sind insbesondere die informierte Einwilligung sowie der Auskunftsanspruch des Betroffenen.[32]

---

28 Bei der Pseudonymisierung wird der Name oder ein anderes Identifikationsmerkmal durch ein Pseudonym (zumeist eine mehrstellige Buchstaben- oder Zahlenkombination) ersetzt, um die Identifizierung des Betroffenen auszuschließen oder wesentlich zu erschweren (§ 3 Abs. 6 a BDSG). E-Mail-Adressen stellen aufgrund des möglichen unmittelbaren Personenbezugs hingegen kein geeignetes Pseudonym dar.

29 *Scholz*, in: Simitis, Bundesdatenschutzgesetz, 7. Aufl. 2011, § 3 a Rn. 3.

30 Erwägungsgrund 30 und Art. 5 c des Entwurfs der Datenschutz-Grundverordnung, KOM(2012) 11 endg., 25 bzw. 49 f.

31 So hingegen *Gola/Schomerus*, in: Gola/Schomerus, Bundesdatenschutzgesetz, 11. Aufl. 2012, § 3 a Rn. 2.

32 Zur Einwilligung siehe Ziffer 1.5, zum Auskunftsanspruch siehe Ziffer 1.8.1.

19 Bei Spielen mit Online-Funktionalitäten gelten die speziellen Transparenzanforderungen des TMG: Nutzer von Telemediendiensten müssen vom Anbieter spätestens mit Beginn der Nutzung „in allgemein verständlicher Form" über Art, Umfang und Zwecke der Erhebung und Verwendung personenbezogener Daten sowie über die Verarbeitung ihrer Daten in Staaten außerhalb des EWR informiert werden (§ 13 Abs. 1 Satz 1 TMG). Dieselbe Verpflichtung besteht bei der Speicherung von Cookies auf der Festplatte eines Nutzers, sofern diese eine spätere Identifizierung des Nutzers ermöglichen (§ 13 Abs. 1 Satz 2 TMG).[33] Da diese Datenschutzinformationen für den Nutzer jederzeit abrufbar sein müssen, muss jeder Anbieter eines Webangebotes diese Daten online bereitstellen. Üblich ist hierfür eine eigene Seite „Datenschutz" oder „Datenschutzerklärung", die wie das Impressum leicht erreichbar und insbesondere schon auf der Eingangsseite des Angebots aufrufbar sein muss.[34]

1.6.3 Zweckbindung

20 Die Europäische Datenschutzrichtlinie enthält Vorgaben für eine enge Zweckbindung (Art. 6 Abs. 1), die insbesondere im Zusammenhang mit Online-Spielen und der etwaigen Bildung von Nutzerprofilen, User-Tracking und zielgruppenorientierter Werbung sorgfältig zu beachten sind. Daten dürfen nur für festgelegte eindeutige und rechtmäßige Zwecke erhoben werden und nicht in einer hiermit unvereinbaren Weise weiterverarbeitet werden; Daten, die nicht mehr den festgelegten Zwecken dienen, sind zu löschen. Der deutsche Gesetzgeber hat diese Vorgaben mittels verschiedener Regelungen umgesetzt, insbesondere durch die Verpflichtung der verantwortlichen Stelle, die Zwecke, für die personenbezogene Daten verarbeitet werden, bei der Erhebung konkret festzulegen (§ 28 Abs. 1 Satz 2 BDSG). Nachträgliche Zweckänderungen bedürfen einer eigenständigen Rechtsgrundlage (vgl. § 28 Abs. 2 BDSG). Auch dürfen Daten, die für die Bereitstellung von Telemedien erhoben werden, für andere Zwecke nur verwendet werden, soweit das TMG oder eine andere Rechtsvorschrift, die sich ausdrücklich auf Telemedien beziehen muss, es erlaubt oder der Nutzer eingewilligt hat (§ 12 Abs. 2 TMG).

1.7 Auftragsdatenverarbeitung vs. Übermittlung

21 Der Austausch von Daten zwischen verantwortlicher Stelle und sogenanntem Auftragsdatenverarbeiter unterliegt grundsätzlich keinen Beschränkungen. Insbesondere stellt die Weitergabe von Daten an den Dienstleister keine – rechtfertigungsbedürftige – Übermittlung an einen Dritten dar. Voraussetzung für diese Privilegierung ist allerdings, dass der Dienstleister dem Recht eines EU-Staates bzw. eines EWR-Vertragsstaates unterliegt. Zusätzlich müssen die inhaltlichen Anforderungen an eine Auftragsdatenverarbeitung („**ADV**") erfüllt sein. Der

---

33 Zu den weiteren Anforderungen gemäß der sogenannten Cookie-Richtlinie siehe Ziffer 2.4.

34 Hilfreiche Vorschläge für die datenschutzkonforme Gestaltung von Datenschutzerklärungen für Anbieter von Online-Spielen finden sich in DOS – Datenschutz in Online-Spielen, Leitfaden für Hersteller, Publisher und Betreiber von Online-Spielen, herausgegeben vom ULD im Auftrag des Bundesministeriums für Bildung und Forschung (BMBF), S. 33; der Leitfaden und eine ausführliche Studie zum Thema Online-Spiele sind abrufbar unter http://www.datenschutzzentrum.de/dos (02.11.2012) (zum Begriff ULD und zur Studie siehe Fn. 13).

Dienstleister muss also vom Auftraggeber sorgfältig ausgewählt worden sein und darf Daten nur nach Weisung des Auftraggebers verarbeiten. Außerdem muss ein schriftlicher ADV-Vertrag vereinbart sein, der den gesetzlichen Anforderungen (gemäß § 11 Abs. 2 BDSG) entspricht. Der Auftraggeber muss vor Beginn der Datenverarbeitung die Datensicherheitsmaßnahmen des Auftraggebers nach § 9 BDSG[35] kontrolliert haben und diese auch während der Dauer des Auftragsverhältnisses fortlaufend kontrollieren und diese Kontrollen dokumentieren (§ 11 Abs. 2 Sätze 4 und 5 BDSG).

Bei Dienstleistern mit Sitz in Drittstaaten[36] ist bei detaillierter vertraglicher Gestaltung der ADV ggf. eine Weitergabe als Übermittlung auf Basis einer Interessenabwägung zulässig (nach § 28 Abs. 1 Satz 1 Nr. 2 BDSG). Relevant wird dies auch bei der Nutzung von Cloud-Services mit Serverstandorten in Drittstaaten. Für den Bereich der Telemedien und konkret für Nutzungs- und Bestandsdaten aus Online-Spielen ist diese Option von einer deutschen Datenschutzbehörde allerdings bereits für unzulässig erklärt worden.[37]   22

Sämtliche andere Weitergaben von Daten stellen Übermittlungen dar und erfordern damit eine Rechtsgrundlage. Dies gilt auch für die Weitergabe von Daten an andere Unternehmen im Konzernverbund: Das europäische Datenschutzrecht kennt kein Konzernprivileg. Sofern die Weitergabe z. B. von Spielerdaten zur Erfüllung eines konkreten Vertrages nicht zwingend erforderlich ist, bedarf diese daher auch innerhalb von Unternehmensgruppen zumindest im Regelfall einer Einwilligung.[38]   23

Unterliegt die übermittelnde Stelle EU-Recht, muss für jede Weitergabe an Stellen außerhalb des EWR nicht nur eine Rechtsgrundlage vorliegen (sogenannte Stufe 1). Vielmehr muss beim Empfänger zusätzlich ein angemessenes Datenschutzniveau sichergestellt werden (sogenannte Stufe 2). Ein verbreitetes Mittel hierzu ist die Verwendung der sogenannten Standardvertragsklauseln der Europäischen Union.[39] Hat der Empfänger der Daten seinen Sitz in den USA, kann dieser alternativ auch den sogenannten Safe Harbor Regelungen beitreten.[40] In-   24

---

35   Zu diesen sogenannten technischen und organisatorischen Maßnahmen siehe Ziffer 3.1.1.

36   Zum Begriff „Drittstaaten" siehe bereits Fn. 9.

37   DOS – Datenschutz in Online-Spielen, ULD, Studie im Auftrag BMBF, S. 82 (siehe Fn. 13). Das ULD hat allerdings im Jahre 2012 seine grundsätzlichen Bedenken gegen Cloud-Modelle aufgegeben; siehe hierzu die Pressemeldung des ULD vom 13. Juli 2012: „ULD: ‚Datenschutzkonformes Cloud Computing ist möglich'", abrufbar unter https://www.datenschutzzentrum.de/presse (02.11.2012). Daher ist fraglich, ob diese speziell für Online-Spiele statuierte Beschränkung vom ULD aufrechterhalten wird.

38   In Einzelfällen kann eine Übermittlung auch auf Basis einer Interessenabwägung (nach § 28 Abs. 1 Satz 1 Nr. 2 BDSG) und damit ohne Einwilligung rechtmäßig sein.

39   Es existieren zwei verschiedene Sätze Standardvertragsklauseln für die Übermittlung von Daten an andere verantwortliche Stellen (Beschluss der Kommission vom 15.06.2001, 2001/497/EG bzw. Beschluss der Kommission vom 27.12.2004, 2004/915/EG sowie ein aktueller Satz Standardvertragsklauseln für die Weitergabe von Daten an einen Auftragsdatenverarbeiter außerhalb des EWR (Beschluss der Kommission vom 5.02.2010, 2010/87/EU).

40   Das für Safe Harbor Zertifizierungen zuständige US-Handelsministerium hält auf seiner Internetseite eine aktuelle Liste Safe Harbor zertifizierter Unternehmen vor, http://export.gov/safeharbor (02.11.2012).

nerhalb von Konzernverbünden kommt auch die Einführung sogenannter (genehmigungsbedürftiger) verbindlicher Konzernregeln zum Datenschutz („Binding Corporate Rules") in Betracht. Für einige Länder hat die EU-Kommission außerdem die Angemessenheit des Datenschutzniveaus positiv bestätigt (u.a. die Schweiz).[41] Sofern der Betroffene explizit und informiert in die Datenweitergabe in das Drittland eingewilligt hat oder die Datenweitergabe zur Vertragserfüllung zwingend erforderlich ist, entfällt die Anforderung der Stufe 2 (§ 4 c Abs. 1 BDSG). Letzteres wäre z. B. der Fall bei der Übermittlung der Daten eines Spielers, der sich für die Teilnahme an einem Spielevent in den USA angemeldet hat, an den Organisator des Spielevents vor Ort.

1.8 Rechte des Betroffenen

25 Zur Wahrung des Rechts auf informationelle Selbstbestimmung gewährt das BDSG den Betroffenen verschiedene Kontrollrechte. Diese Rechte auf Auskunft, Berichtigung, Löschung bzw. Sperrung der Daten können nicht durch vertragliche Vereinbarungen ausgeschlossen oder eingeschränkt werden (§ 6 Abs. 1 BDSG). Die Datenschutzbehörden erwarten von verantwortlichen Stellen regelmäßig, dass diese in der Lage sind, die Betroffenenrechte zeitnah zu erfüllen. Dies setzt voraus, dass Datenbanken entsprechend organisiert werden, Zugriffs- und Abfragemöglichkeiten bereitgehalten und entsprechende Bearbeitungsroutinen etabliert sind.[42] Betroffenenrechte erfassen auch Daten, die unter einem Pseudonym organisiert sind, sofern die verantwortliche Stelle in der Lage ist, das Pseudonym einer Person zuzuordnen.

1.8.1 Auskunftsrecht

26 Verantwortliche Stellen müssen auf Anfrage grundsätzlich Auskunft erteilen zu sämtlichen über eine Person gespeicherten Daten, zur Herkunft dieser Daten, Empfängern oder zumindest Kategorien von Empfängern, an die Daten weitergegeben wurden, sowie zum Zweck der Speicherung (§ 34 Abs. 1 BDSG, § 13 Abs. 7 TMG). Daneben existieren spezielle Auskunftsrechte für besondere Verarbeitungssituationen wie z. B. die Auskunft über Angaben zu Herkunft und Empfängern von Daten bei der Übermittlung von Listendaten zu Werbezwecken nach § 28 Abs. 3 Satz 4 BDSG (§ 34 Abs. 1 a BDSG) sowie zu Wahrscheinlichkeitswerten und deren Berechnung beim sogenannten Scoring[43] nach § 28 b BDSG (§ 34 Abs. 2 BDSG).

---

41 Die Europäische Kommission veröffentlicht auf ihrer Internetseite eine Liste der Drittstaaten mit angemessenem Datenschutzniveau,
http://ec.europa.eu/justice/data-protection/document/international-transfers/adequacy/index_en.htm (02.11.2012).

42 DOS – Datenschutz in Online-Spielen, ULD, Studie im Auftrag des BMBF, S. 95 (siehe Fn. 13).

43 Scoringverfahren werden bei Online-Verkäufen auf Rechnung regelmäßig für eine Prognose zur Bonität des Käufers eingesetzt.

Das Auskunftsrecht umfasst auch die Verpflichtung, eine negative Auskunft zu erteilen, wenn keine Daten zur Person des Anfragenden gespeichert sein sollten.[44]

Formvorgaben für das Auskunftsersuchen existieren nicht; die Anfrage kann daher auch per E-Mail, Fax oder mündlich gestellt werden.[45] Die Auskunftserteilung ist hingegen „auf Anforderung" in Textform (§ 126 b BGB) zu erteilen (§ 34 Abs. 6 BDSG). Ob die Textform damit eine Mindestanforderung darstellt, ist unklar.[46] Bejaht man dies, genügt es nicht, alle zu einem Nutzer gespeicherten Daten in einem Login-Bereich nach Anmeldung online bereitzustellen (die Anzeige im Bildschirm ist keine „dauerhafte Wiedergabe" im Sinne des § 126 b BGB). Auskunftsanfragen der Nutzer sollten daher dennoch beantwortet werden. In der Praxis kann eine solche Anzeigemöglichkeit die Zahl von Auskunftsersuchen allerdings deutlich reduzieren. Im Online-Bereich können Nutzer auch eine elektronische Auskunft anfordern (§ 13 Abs. 7 Satz 2 TMG). Verantwortliche Stellen sollten allerdings auf die Gefahr der unbefugten Kenntnisnahme einer E-Mail durch Dritte hinweisen und dem Anfragenden eine Verschlüsselung anbieten.[47]   **27**

Auskünfte sind grundsätzlich unentgeltlich zu erteilen (§ 34 Abs. 8 Satz 1 BDSG).

1.8.2 Berichtigung, Löschung und Sperrung von Daten

Wenn eine verantwortliche Stelle feststellt, dass von ihr gespeicherte personenbezogene Daten unrichtig sind, muss sie diese kraft Gesetzes berichtigen, also unabhängig von einer Anfrage des Betroffenen (§ 35 Abs. 1 Satz 1 BDSG). Unrichtig sind Daten auch, wenn sie unvollständig sind (z.B. Angaben zur Kreditwürdigkeit). Unrichtig können nur Tatsachenangaben sein, keine Werturteile. Demnach müsste der Anbieter z.B. eine falsche Punktzahl eines Spielers korrigieren (auch hierbei handelt es sich im Zweifel um personenbezogene Daten), hingegen keine Bewertung des Spielverhaltens z.B. eines Rollenspielers.   **28**

Verantwortliche Stellen sind in bestimmten Konstellationen verpflichtet, gespeicherte Daten zu löschen, also unkenntlich zu machen (vgl. Legaldefinition in § 3 Abs. 4 Nr. 5 BDSG); dies gilt u.a. für alle Fälle unzulässig gespeicherter Daten sowie für Daten, deren Kenntnis nicht mehr erforderlich ist – etwa, weil sie im Rahmen eines Vertrages abgespeichert wurden, der bereits abgewickelt wurde (vgl. § 35 Abs. 2 Satz 2 BDSG). Im Übrigen sind verantwortliche Stellen grundsätzlich befugt, Daten jederzeit zu löschen (§ 35 Abs. 2 Satz 1 BDSG). Sofern Daten allerdings einer gesetzlichen oder vertraglichen Aufbewahrungsfrist[48] unterliegen, tritt an die Stelle der Löschung die sogenannte Sperrung (§ 35 Abs. 3 Nr. 1 BDSG). Dasselbe gilt, wenn schutzwürdige Interessen der Betroffenen einer Lö-   **29**

---

44   *Dix*, in: Simitis, Bundesdatenschutzgesetz, 7. Aufl. 2011, § 34 Rn. 18; *Däubler*, in: Däubler/Klebe/Wedde/Weichert, Bundesdatenschutzgesetz, 3. Aufl. 2010, § 34 Rn. 17; a. A. *Gola/Schomerus*, in: Gola/Schomerus, Bundesdatenschutzgesetz, 11. Aufl. 2012, § 34 Rn. 5 a; *Gola/Schomerus* empfehlen allerdings zur Vermeidung von Auseinandersetzungen gleichwohl Auskunft zu erteilen.

45   *Dix*, in: Simitis, Bundesdatenschutzgesetz, 7. Aufl. 2011, § 34 Rn. 13.

46   In diesem Sinne *Dix*, in: Simitis, Bundesdatenschutzgesetz, 7. Aufl. 2011, § 34 Rn. 49.

47   Ebenso *Dix*, in: Simitis, Bundesdatenschutzgesetz, 7. Aufl. 2011, § 34 Rn. 49.

48   Für Vertragsdokumente können z.B. handelsrechtliche bzw. steuerrechtliche Aufbewahrungsfristen von 6 bzw. 10 Jahren bestehen, vgl. § 257 HGB und § 147 AO.

schung entgegenstehen (§ 35 Abs. 3 Nr. 2 BDSG). Insofern dürfte z. B. die Löschung von Daten, zu denen ein Auskunftsverlangen besteht, unzulässig sein; dies gilt jedenfalls, wenn der Betroffene die Daten zu Beweiszwecken benötigt.[49]

30 Bei der Sperrung werden Daten gekennzeichnet, um ihre weitere Verarbeitung bzw. Nutzung einzuschränken (vgl. Legaldefinition in § 3 Abs. 4 Nr. 4 BDSG); gesperrte Daten sind den üblichen Verarbeitungsvorgängen entzogen und dürfen insbesondere nicht mehr übermittelt oder genutzt werden (vgl. § 35 Abs. 7 BDSG).[50] Bestreitet ein Betroffener die Richtigkeit von Daten und lässt sich weder die Richtigkeit noch die Unrichtigkeit der Daten feststellen („non liquet"), muss die verantwortliche Stelle die betroffenen Daten sperren (§ 35 Abs. 4 BDSG) bzw. bestimmte besonders sensible Datenarten sogar löschen.[51]

Die Pflichten zur Löschung bzw. Sperrung von Daten treffen Anbieter von Online-Diensten auch in Fällen, in denen diese für die Inhalte aufgrund der Haftungsprivilegierungen der §§ 8 bis 10 TMG im Übrigen nicht verantwortlich sind (§ 7 Abs. 2 Satz 2 TMG).

1.9 Datenschutzkontrolle

31 Das deutsche Recht setzt auf eine zweigleisige Datenschutzkontrolle: Ein maßgeblicher Teil ist von den verantwortlichen Stellen intern mittels der gesetzlichen vorgeschriebenen Instrumente zu leisten. Hinzu tritt die externe Kontrolle durch die Aufsichtsbehörden für den Datenschutz.

1.9.1 Interne Datenschutzkontrolle

32 Instrumente der internen Datenschutzkontrolle sind insbesondere die Bestellung eines unabhängigen betrieblichen Datenschutzbeauftragten sowie die Führung eines Verfahrensverzeichnisses. Verantwortliche Stellen sind verpflichtet, einen Datenschutzbeauftragten zu bestellen, sobald (1) in der Regel mehr als neun Personen mit der automatisierten Datenverarbeitung betraut sind (mehr als zwanzig Personen bei nicht-automatisierter Datenverarbeitung), (2) automatisierte Datenverarbeitungen erfolgen, die einer Vorabkontrolle[52] unterzogen werden

---

49 *Mallmann*, in: Simitis, Bundesdatenschutzgesetz, 7. Aufl. 2011, § 20 Rn. 51 mit weiteren Beispielen.

50 *Dix*, in: Simitis, Bundesdatenschutzgesetz, 7. Aufl. 2011, § 35 Rn. 47 bezeichnet die Sperrung zutreffend als relatives Nutzungsverbot; wie die Sperrung gekennzeichnet werden muss, ist gesetzlich nicht vorgeschrieben.

51 Besondere Arten von Daten im Sinne des § 3 Abs. 9 BDSG (rassische oder ethnische Herkunft, politische Meinungen, religiöse oder philosophische Überzeugungen, Gewerkschaftszugehörigkeit, Gesundheit, Sexualleben) sowie Angaben zu strafbaren Handlungen oder Ordnungswidrigkeiten, deren Richtigkeit von der verantwortlichen Stelle nicht bewiesen werden kann, müssen gelöscht werden (§ 35 Abs. 2 Satz 2 Nr. 2 BDSG).

52 Soweit automatisierte Verarbeitungen besondere Risiken für die Rechte und Freiheiten der Betroffenen aufweisen, unterliegen sie der Prüfung vor Beginn der Verarbeitung (Vorabkontrolle). Eine Vorabkontrolle ist insbesondere durchzuführen, wenn besondere Arten personenbezogener Daten (§ 3 Abs. 9 BDSG) verarbeitet werden oder die Verarbeitung personenbezogener Daten dazu bestimmt ist, die Persönlichkeit des Betroffenen zu bewerten. Ausnahmen von der Pflicht zur Vorabkontrolle sieht das BDSG für Konstellationen vor, in denen die Erhebung, Verarbeitung oder Nutzung

müssen, oder (3) Daten geschäftsmäßig zum Zweck der Übermittlung bereit gehalten werden (§ 4f Abs. 1 BDSG).

Die Bestellung eines Datenschutzbeauftragten auf freiwilliger Basis empfiehlt 33
sich darüber hinaus auch für kleine Unternehmen, die nicht zur Bestellung verpflichtet sind, weil damit die generelle Meldepflicht für sämtliche automatisierten Verfahren gegenüber der zuständigen Behörde entfällt (§ 4d Abs. 2 BDSG).[53]
An die Stelle der Meldepflicht hat der Gesetzgeber die Verpflichtung des Datenschutzbeauftragten zur Führung sogenannter *Verfahrensverzeichnisse* gesetzt.
Diese enthalten dieselben Angaben, die ansonsten der zuständigen Behörde zu melden wären (§ 4g Abs. 2 Satz 2 BDSG). Um dem Datenschutzbeauftragten die Erstellung des Verfahrensverzeichnisses zu ermöglichen, muss die Geschäftsleitung ihm eine sogenannte *Verfahrensübersicht* über alle Datenverarbeitungsverfahren zur Verfügung stellen (§ 4g Abs. 2 Satz 1 BDSG).

Wichtiger Bestandteil des Verfahrensverzeichnisses ist die Festlegung der tech- 34
nischen und organisatorischen Maßnahmen zum Datenschutz gemäß § 9 BDSG.
Die Planung der konkret erforderlichen und verhältnismäßigen Datensicherheitsmaßnahmen sollte zweckmäßigerweise auf einer Risikoanalyse aufbauen.[54]
Anbieter von Online-Spielen müssen zusätzlich die speziellen Vorgaben des § 13 Abs. 4 Satz 1 TMG beachten; dieser schreibt u.a. vor, dass

– Nutzer die Nutzung des Dienstes jederzeit beenden können müssen (z.B. durch Schließen des Browsers, Nr. 1);
– Nutzer das Angebot geschützt gegen Kenntnisnahme Dritter in Anspruch nehmen können (z.B. durch die Bereitstellung eines sicheren Servers oder Vergabe eines Passwortes sowie verschlüsselte Datenübertragung, Nr. 2);
– die anfallenden personenbezogenen Daten über den Ablauf des Zugriffs oder der sonstigen Nutzung unmittelbar nach deren Beendigung gelöscht oder – wenn Aufbewahrungspflichten bestehen – gesperrt werden (Nr. 3 i.V.m. Satz 2);
– die personenbezogenen Daten über die Nutzung verschiedener Telemedien durch denselben Nutzer getrennt verwendet werden können (Nr. 4) bzw. nur ausnahmsweise zusammengeführt werden, wenn dies für Abrechnungszwecke erforderlich ist (Nr. 5);
– Nutzungsprofile nach § 15 Abs. 3 TMG nicht mit Angaben zur Identifikation des Trägers des Pseudonyms zusammengeführt werden dürfen (Nr. 6).

---

der Daten auf einer Einwilligung basiert oder diese für die Begründung, Durchführung oder Beendigung eines rechtsgeschäftlichen oder rechtsgeschäftsähnlichen Schuldverhältnisses mit dem Betroffenen erforderlich ist (§ 4d Abs. 5 Satz 2 BDSG). Veröffentlicht also z.B. der Anbieter eines Spiels personenbezogene Daten der Spieler einschließlich Bewertungen in einem Forum, ist grundsätzlich eine Vorabkontrolle erforderlich. Ausnahmsweise kann diese ggf. entfallen, wenn nur registrierte Teilnehmer mitspielen (rechtsgeschäftliches Schuldverhältnis) und die Veröffentlichung wesentlicher Bestandteil des Spiels ist oder eine Einwilligung der Betroffenen vorliegt.

53 Die Meldepflicht entfällt ferner, wenn die verantwortliche Stelle Daten für eigene Geschäftszwecke verarbeitet, in der Regel nicht mehr als neun Personen mit der Datenverarbeitung betraut sind und diese Verarbeitung ausschließlich der Vertragsabwicklung dient oder eine Einwilligung der Betroffenen vorliegt (§ 4d Abs. 3 BDSG).

54 *Gola/Schomerus*, in: Gola/Schomerus, Bundesdatenschutzgesetz, 11. Aufl. 2012, § 9 Rn. 9.

35 Im Gegensatz zu allen anderen Inhalten des Verfahrensverzeichnisses müssen und sollten die technischen und organisatorischen Maßnahmen nicht jedermann zugänglich gemacht werden.[55]

Ferner hat die verantwortliche Stelle alle mit der Verarbeitung personenbezogener Daten betrauten Personen bei Aufnahme ihrer Tätigkeit formal auf das Datengeheimnis nach § 5 BDSG zu verpflichten und dies schriftlich zu dokumentieren.[56]

Als weitere Instrumente der internen Datenschutzkontrolle sind zu nennen: Festlegung und Kontrolle von Löschroutinen für sämtliche Datenbestände mit personenbezogenen Daten, Verschlüsselung und ggf. Anonymisierung der Datenbestände.

1.9.2 Aufsichtsbehörden

36 Die externe Datenschutzkontrolle im nicht-öffentlichen Bereich ist grundsätzlich den Bundesländern übertragen (§ 38 Abs. 6 BDSG). Diese haben Datenaufsichtsbehörden eingerichtet, die die Kontrolle der Unternehmen mit Sitz im jeweiligen Bundesland durchführen.[57]

In bestimmten regulierten Bereichen, nämlich im Rahmen der geschäftsmäßigen Erbringung von Telekommunikations- bzw. Postdiensten,[58] obliegt die Datenschutzkontrolle privater Unternehmen hingegen ausnahmsweise dem Bundesbeauftragten für Datenschutz und Informationsfreiheit (BfDI). Soweit Betreiber von Online-Spielen Telemediendienste im Sinne des TMG bereitstellen, unterliegen sie der Zuständigkeit der Aufsichtsbehörden der Länder nach § 38 BDSG. Die Kontrollbefugnis der Aufsichtsbehörden der Länder beschränkt sich auf die automatisierte Datenverarbeitung bzw. die Verarbeitung oder Nutzung von Daten in oder aus sonstigen Dateien (§ 38 Abs. 1 Satz 1 BDSG).[59] Die Aufsichtsbehörden können Kontrollen ohne konkreten Anlass durchführen.

---

55 § 4 g Abs. 2 Satz 2 BDSG: „Der Beauftragte für den Datenschutz macht die Angaben nach § 4 e Satz 1 Nr. 1 bis 8 auf Antrag jedermann in geeigneter Weise verfügbar."

56 *Gola/Schomerus*, in: Gola/Schomerus, Bundesdatenschutzgesetz, 11. Aufl. 2012, § 5 Rn. 12 mit weiteren Nachweisen.

57 Den Ländern ist es seit einem EuGH-Urteil vom 09.03.2010 nicht mehr gestattet, diese Behörden einer Fach- oder Rechtsaufsicht zu unterstellen. Der EuGH hat entschieden, dass die von der Europäischen Datenschutzrichtlinie 95/46/EG vorgeschriebene „völlige Unabhängigkeit" der Kontrollstellen (Art. 28 der Richtlinie) nur gewährleistet sei, wenn diese vor jeglicher Einflussnahme von außen einschließlich der unmittelbaren oder mittelbaren Einflussnahme des Bundes oder der Länder geschützt seien; siehe EuGH v. 09.03.2010 – C-518/07 – NJW 2010, 1265, 1266.

58 §§ 115 Abs. 4 TKG bzw. § 42 Abs. 3 PostG i. V. m. §§ 21 und 24 bis 26 Abs. 1 bis 4 BDSG; das Anbieten von Online-Spielen durch Telekommunikationsanbieter dürfte allerdings regelmäßig keine TK-Dienstleistung darstellen; ausgenommen ggf. integrierte E-Mail-Angebote (siehe hierzu oben unter Ziffer 1.3). Bei der Bezahlung eines Online-Spiels mithilfe eines TK-Angebots („Premiumdienst") unterfällt nur die Abwicklung der Zahlung TK-Recht, nicht der zugrunde liegende Vertrag über den Erwerb von „Spielleistungen" (vgl. LG Saarbrücken v. 22.06.2011 – 10 S 60/10 – MMR 2011, 800).

59 OVG Hamburg v. 07.07.2005 – 1 Bf 172/03 – NJW 2006, 310; dies steht im Einklang mit dem beschränkten Anwendungsbereich des BDSG gemäß § 1 Abs. 2 Nr. 3 BDSG.

Seit der Datenschutzreform von 2009[60] sind die Behörden berechtigt, konkrete   37
Anordnungen nicht nur bei technischen oder organisatorischen Mängeln, sondern auch bei sonstigen Verstößen im Zusammenhang mit der Erhebung, Verarbeitung oder Nutzung personenbezogener Daten (§ 38 Abs. 5 Satz 1 BDSG)
zu erlassen.[61] Werden Verstöße trotz einer behördlichen Anordnung und Fest-
setzung eines Zwangsgeldes nicht „in angemessener Zeit" beseitigt, sind die
Datenschutzbehörden unter anderem berechtigt, die Verarbeitung zu untersa-
gen (§ 38 Abs. 5 Satz 3 BDSG). Verantwortliche Stellen sind verpflichtet, der Behörde alle für die Kontrolle benötigten Auskünfte zu erteilen.[62]

1.10 Sanktionen

Das BDSG enthält einen umfangreichen Katalog von Bußgeldtatbeständen, der   38
zuletzt in den Jahren 2009 und 2010 erweitert wurde (§ 43 BDSG). Der Bußgeldrahmen beträgt 50.000 € (Ordnungswidrigkeiten nach Abs. 1) bzw. 300.000 €
(Ordnungswidrigkeiten nach Abs. 2); diese Rahmen können jeweils überschritten werden, wenn der wirtschaftliche Vorteil, der mit der Ordnungswidrigkeit
verbunden ist, höher ausfällt (§ 43 Abs. 3 BDSG).

Verantwortlich für Datenschutzverstöße ist grundsätzlich der Inhaber eines   39
Unternehmens. Bei juristischen Personen mit verteilten Verantwortlichkeiten
ist Normadressat derjenige, dem die tatsächliche Verantwortung und Entschei-
dungsbefugnis über den gesetzlich geregelten Sachverhalt obliegt,[63] also z.B.
derjenige, der die Auskunft gegenüber der Aufsichtsbehörde verweigert.[64] Ist
die Ordnungswidrigkeit durch ein Organ oder einen anderen Vertreter bzw. Beauftragten begangen worden, kann auch gegen die juristische Person eine Geldbuße festgesetzt werden, ohne dass hierfür die Identität des Täters festgestellt
werden müsste (§§ 9 Abs. 1 und 2, 30 OWiG). Die Ordnungswidrigkeit kann
in diesem Fall auch in einer Aufsichtspflichtverletzung bestehen (nach § 130
OWiG), wenn diese für den Datenschutzverstoß eines nicht bereits nach § 9
OWiG verantwortlichen Mitarbeiters ursächlich war. Im Konzernverbund können Bußgelder gegen jede Gesellschaft, die gegen Datenschutzbestimmungen
verstoßen hat, gesondert verhängt werden, so dass sich etwaige Bußgelder sum-
mieren können.[65]

Wer vorsätzlich gegen einen in § 43 Abs. 2 BDSG enthaltenen Tatbestand in der   40
Absicht verstößt, sich oder einen anderen zu bereichern oder einen anderen zu

---

60   Sog. BDSG-Novelle II, BGBl. I 2009, 2814 v. 14.08.2009, in Kraft getreten am 01.09.2009.
61   Weiterführend *Grentzenberg/Schreibauer/Schuppert*, K&R 2009, 535, 541.
62   Ggf. besteht allerdings ein Aussageverweigerungsrecht (nämlich wenn die Auskunft
     eine ordnungs- oder strafrechtliche Verfolgung nach sich ziehen könnte), § 38 Abs. 3
     BDSG.
63   *Gola/Schomerus*, in: Gola/Schomerus, Bundesdatenschutzgesetz, 11. Aufl. 2012, § 43
     Rn. 3 mit weiteren Nachweisen.
64   Auskunftspflicht nach § 38 Abs. 3 Satz 1 BDSG, Ordnungswidrigkeit nach § 43 Abs. 1
     Nr. 10 BDSG; siehe hierzu OLG Celle v. 14.06.1995 – 2 Ss (OWi) 185/95 – RDV 1995,
     244.
65   So haben z.B. im Jahre 2008 die Datenschutzaufsichtsbehörden 35 verschiedene
     Lidl-Vertriebsgesellschaften, die gegen unterschiedliche Datenschutzbestimmungen
     verstoßen hatten, jeweils mit einem Bußgeld zwischen 10.000 € und 310.000 € belegt
     (Pressemeldung Innenministeriums Baden-Württemberg vom 11.09.2008).

schädigen, macht sich darüber hinaus strafbar. Rechtsfolge ist eine Freiheitsstrafe bis zu zwei Jahren oder eine Geldstrafe. Die Tat wird nur auf Antrag verfolgt (§ 44 Abs. 2 Satz 1 BDSG).

41 Spezielle Straf- bzw. Bußgeldtatbestände für Datenschutzverstöße (z.B. gemäß § 16 TMG und §§ 148, 149 TKG) wegen Verletzung des Fernmeldegeheimnisses (§ 206 StGB) oder Verletzung von Privatgeheimnissen (aufgrund einer berufsbezogenen Schweigepflicht, § 203 StGB) ergänzen die Bestimmungen des BDSG.

1.11 Zivilrechtlicher Schutz

42 Betroffene, die durch eine Verletzung der Datenschutzbestimmungen einen Schaden erlitten haben, können auf dem Zivilrechtsweg grundsätzlich Schadensersatz von der verantwortlichen Stelle verlangen, und zwar sowohl für materielle als auch für immaterielle Schäden (§ 7 BDSG). Allerdings erweist es sich in der Praxis regelmäßig als schwierig bis unmöglich, nachzuweisen, dass ein materieller Schaden entstanden ist. Entschädigungen für immaterielle Schäden werden von den Gerichten allenfalls für schwerwiegende Verletzungen von Persönlichkeitsrechten gewährt. Darüber hinaus können Unterlassungsansprüche bestehen (nach §§ 1004, 823 BGB).

1.12 Wettbewerbsrecht

43 Ob auch nach Wettbewerbsrecht (durch Konkurrenten oder Verbände) gegen die Verletzung von Datenschutzbestimmungen vorgegangen werden kann, wird von den Oberlandesgerichten derzeit unterschiedlich beantwortet; eine höchstrichterliche Klärung steht noch aus. Sowohl das OLG Karlsruhe als auch das OLG Köln bewerten zumindest Bestimmungen, die den Bereich der Datenverarbeitung bzw. -nutzung zu Werbezwecken betreffen, als Marktverhaltensregelungen im Sinne des § 4 Nr. 11 UWG.[66] Verstöße gegen solche Bestimmungen könnten danach auch wettbewerbsrechtlich verfolgt werden. Das OLG München vertritt hingegen die Ansicht, dass es den Regelungen des BDSG generell an der hierfür erforderlichen Marktbezogenheit fehlt.[67] Bis zu einer Klärung durch den BGH[68] hängt es daher vom angerufenen Gericht ab, ob Datenschutzbestimmungen wettbewerbsrechtlich verfolgt werden können.

1.13 Innovativer Datenschutz

44 Die dynamische Fortentwicklung der technologischen Verknüpfung und damit des Austauschs von personenbezogenen Daten wird gerade im Bereich der Online-Spiele und Social Games besonders deutlich. Exemplarisch lässt sich daran festmachen, dass der – aus dem Grundrechtsschutz und dem Recht auf informationelle Selbstbestimmung – hergebrachte Ansatz des datenschutzrechtlichen Verbots mit Erlaubnisvorbehalt an seine Grenzen stößt. Die Vielzahl und Viel-

---

66 OLG Karlsruhe v. 09.05.2012 – 6 U 38/11 – NJW 2012, 3312; OLG Köln v. 14.08.2009 – 6 U 70/09 – MMR 2009, 845; OLG Köln v. 19.11.2012 – 6 U 73/10 – CR 2011, 680.

67 OLG München v. 12.01.2012 – 29 U 3926/11 – MMR 2012, 317.

68 Dem BGH liegt unter dem Az. I ZR 224/10 das Kölner Urteil aus dem Jahr 2011 zur Entscheidung vor, und auch das OLG Karlsruhe hat die Revision zugelassen (siehe Fn. 67).

schichtigkeit von Übermittlungsvorgängen personenbezogener Daten – auch unter Berücksichtigung nachgelagerter Unterverarbeitungsverhältnisse wie beispielsweise im Rahmen von Cloud-basierten Dienstleistungen – ebenso wie der exponentielle Anstieg der u.a. mit personenbezogenen Daten in Umlauf befindlichen Menge an strukturierten und unstrukturierten Daten (dem „Big Data") führt immer vernehmlicher zu der Frage, ob der Grundsatz des Verbots mit Erlaubnisvorbehalt nicht im Ansatz überholt und eher von einer grundsätzlichen Datenfreigabe unter Verwahrung eines der informationellen Selbstbestimmung unterliegenden Schutzbereichs der Belange der persönlichen Lebensführung abgelöst werden sollte.[69]

In komplexen Verarbeitungsvorgängen erscheint es kaum noch möglich, auf der Grundlage einer „informierten Einwilligung", bei der dem durchschnittlich verständigen Betroffenen eine Vielzahl komplexer Informationen zu Datenverarbeitungsvorgängen und Übermittlungsempfängern zugemutet werden müssten, durchgehend rechtskonform operieren zu können. Ebenso sehr erscheint der Aufwand unvertretbar hoch, mittels ADV-Vereinbarungen[70] auf der Ebene zugrundeliegender IT-Infrastrukturen – insbesondere im Rahmen von Cloud-basierten Dienstleistungen – die nachgelagerten Verarbeitungs- und Unterverarbeitungsvorgänge einschließlich der damit verbundenen Komplexitäten um Auditierung und oft heterogener technischer und organisatorischer Maßnahmen (§ 9 BDSG) rechtskonform zu dokumentieren. Auch die Diskussion um eine datenschutzkonforme Zertifizierung von Cloud-Dienstleistern hat bislang noch keinen Eingang in gesetzliche Umsetzungsvorhaben gefunden.[71]

An diesem Dilemma wird die EU-Datenschutz-Grundverordnung nach dem bisher sich abzeichnenden Diskussionsstand im Grundsatz nichts ändern.[72] Zwar finden darin das Postulat des „privacy by design" (also der datenschutzkonformen Technikgestaltung), ein verstärktes Augenmerk auf die Datensicherheit[73] und eine Betonung zukünftiger Rechtsdurchsetzung mit einem erhöhten Bußgeldrahmen Eingang.[74] Nach dem derzeitigen Stand des Konsultationsprozesses ist aber keine grundsätzliche Abkehr oder sprunghafte Weiterentwicklung des Datenschutzrechts in dieser Hinsicht zu erwarten.

45

46

---

69 Siehe *Schneider*, Anwaltsblatt 2011, 233; *Schneider*, ITRB 2011, 243 ff.; *Heckmann*, K&R 2011, 1 ff.; *Duisberg*, in: Peters/Kersten/Wolfenstetter, Innovativer Datenschutz, 1. Aufl. 2012, S. 249 ff.

70 Zum Instrument der Auftragsdatenverarbeitung siehe oben unter Ziffer 1.7.

71 Siehe dazu das Arbeitspapier der „Trusted Cloud" unter der Schirmherrschaft des Bundesministeriums für Wirtschaft und Technologie: „Datenschutzrechtliche Lösungen für Cloud Computing", abrufbar unter http://www.trusted-cloud.de/documents/Thesenpapier_Datenschutz.pdf (02.11.2012).

72 *Albrecht*, Draft Report on the proposal for a regulation of the European Parliament and of the Council on the protection of individual with regard to the processing of personal data and on the free movement of such data (General Data Protection Regulation), abrufbar unter http://www.europarl.europa.eu/meetdocs/2009_2014/documents/libe/pr/922/922387/922387en.pdf (20.01.2013).

73 Siehe z.B. *Guirgui*, CCZ 2012, 226, 227; *Schneider/Härting*, ZD 2012, 199, 202 f.

74 Der diskutierte Bußgeldkatalog sieht vor, dass bei schwerwiegenden Verstößen bis zu 2% des konsolidierten Jahresumsatzes (und zwar auf einer ggf. konzernweiten Basis) angesetzt werden könnte, Art. 79 Abs. 6 Entwurf Datenschutz-Grundverordnung vom 25.01.2012, KOM(2012) 11 endg., 106.

2. Spezialfragen bei Computerspielen

47 Die nachfolgend erörterten ausgewählten Problemstellungen betreffen in erster Linie Computerspiele mit Online-Funktionalitäten. Relevanz können sie aber auch entfalten, wenn Computerspiele online vertrieben werden (z. B. per Download).

2.1 Datenschutzerklärung bei Online-Spielen

48 Die Datenschutzerklärung (nach § 13 Abs. 1 TMG) stellt Anbieter von Spielen mit Online-Funktionalitäten vor die Herausforderung, sämtliche Datenverarbeitungsvorgänge transparent zu gestalten. Besondere Hinweise werden regelmäßig zu folgenden Themen erforderlich sein: Spieler-zu-Spieler-Erkennbarkeit, Bewertungssysteme, Freundeslisten, Highscorelisten, Datenschutzeinstellungen, Webcamaktivierung, Verantwortlichkeiten im Rahmen offener Systeme und sogenannter Massive Multiplayer Online Role Playing Games (MMORPG).

2.2 Minderjährige Spieler

49 Die deutschen Datenschutzgesetze enthalten keine speziellen Regelungen zu Minderjährigen. Soweit Spieleanbieter eine Datenverarbeitung über Erlaubnistatbestände rechtfertigen, die ein Vertragsverhältnis voraussetzen (z. B. § 14 Abs. 1 TMG oder § 28 Abs. 1 Satz 1 Nr. 1 BDSG), müssen sie beachten, dass Vertragsschlüsse mit Minderjährigen besonderen Anforderungen unterliegen: Willenserklärungen von Kindern unter 7 Jahren sind immer unwirksam (§§ 104, 105 Abs. 1 BGB); für einen Vertragsschluss mit Minderjährigen im Alter von 7 bis 18 Jahren ist die Einwilligung bzw. Genehmigung ihrer gesetzlichen Vertreter erforderlich, sofern der Vertrag für sie nicht lediglich rechtlich vorteilhaft ist (§§ 107, 108 Abs. 1 BGB).

50 Soweit Spieleanbieter auf die datenschutzrechtliche Einwilligung des Spielers angewiesen sind, müssen sie darauf achten, dass minderjährige Spieler die erforderliche Einsichtsfähigkeit besitzen.[75] Die Einwilligung minderjähriger Spieler ist nur wirksam, wenn diese in der Lage sind, die Konsequenzen der Verwendung ihrer Daten zu übersehen. Feste Altersgrenzen lassen sich hierfür nicht ziehen; vielmehr kommt es maßgeblich auf den jeweiligen Verwendungszusammenhang an.[76] Wenn eine Einwilligung in komplexe Datenverarbeitungsvorgänge eingeholt wird, sollte sich der Anbieter daher vergewissern, dass die Spieler volljährig sind bzw. eine Einwilligung der Sorgeberechtigten vorliegt (letzteres wird sich insbesondere im Online-Bereich allerdings praktisch kaum realisieren lassen).

---

75 *Jandt/Roßnagel*, MMR 2011, 637, 638 mit weiteren Nachweisen.
76 *Simitis*, in: Simitis, Bundesdatenschutzgesetz, 7. Aufl. 2011, § 4 a Rn. 20 f.; *Jandt/Roßnagel*, MMR 2011, 637, 638 mit weiteren Nachweisen.

Die deutschen Datenschutzbehörden fordern verantwortliche Stellen regelmä-   *51*
ßig dazu auf, Daten von Minderjährigen besonders zu schützen.[77] Zumindest
Anbieter von Spielen, die sich gezielt an Minderjährige richten, sollten daher
die Teilnahme unter einem Pseudonym ermöglichen (§ 13 Abs. 6 TMG), daten-
schutzfreundliche Standardeinstellungen wählen, sowie bei der Gestaltung ihrer
Informationen über die Verarbeitung von Daten den Empfängerhorizont ihrer
Zielgruppe berücksichtigen und entsprechend leicht verständliche Formulierungen wählen.[78]

2.3 IP-Adressen

Bei Internetprotokoll-Adressen (IP-Adressen) handelt es sich um die Kennung,   *52*
unter der technische Geräte über das Internet miteinander in Kontakt treten.
Vergeben wird die IP-Adresse regelmäßig vom Access Provider des jeweiligen Internetnutzers. Wenn einem Gerät bei jedem Internetzugriff eine andere
IP-Adresse zugewiesen wird, spricht man von dynamischen IP-Adressen. Im
Gegensatz dazu sind statische IP-Adressen dauerhaft einem Anschluss zugeordnet.

Nach hier vertretener Auffassung kommt es für die Frage, ob IP-Adressen Personenbezug aufweisen und damit den Beschränkungen der Datenschutzgesetze unterliegen, darauf an, dass der jeweilige Betreiber die Regel kennt, mit der
die IP-Adresse einer bestimmten natürlichen Person zugeordnet werden kann.[79]
Statische IP-Adressen haben danach keinen Personenbezug, wenn sie einer juristischen Person zugeordnet sind;[80] dies gilt jedenfalls dann, wenn keine weiteren Informationen über einen spezifischen Anschlussnutzer vorliegen.

Ob es sich bei dynamischen IP-Adressen generell um ein personenbezogenes   *53*
Datum handelt, ist umstritten.[81] Nach hiesiger Auffassung gilt dasselbe wie für
statische IP-Adressen: Für den Internet Service Provider („Access Provider")
handelt es sich danach um ein personenbezogenes Datum, da er seinen Nutzer

---

77   Siehe hierzu die Beschlüsse der obersten Aufsichtsbehörden für den Datenschutz im
nicht-öffentlichen Bereich (Düsseldorfer Kreis) vom 24./25. November 2010 („Minderjährige in sozialen Netzwerken besser schützen") sowie vom 8. Dezember 2011
(„Datenschutz in sozialen Netzwerken", dort S. 2).

78   Siehe hierzu auch die Empfehlungen der Artikel-29-Datenschutzgruppe zum Minderjährigenschutz bei der Gestaltung sozialer Netzwerke, WP 163 vom 12. Juni 2009,
S. 14.

79   Wie hier: *Spindler/Nink*, in: Spindler/Schuster, Recht der elektronischen Medien,
2. Aufl. 2011, § 11 TMG Rn. 8; für die generelle Personenbeziehbarkeit von statischen
IP-Adressen hingegen das ULD in DOS – Datenschutz in Online-Spielen, Studie im
Auftrag des BMBF, S. 88 (siehe Fn. 13).

80   *Spindler/Nink*, in: Spindler/Schuster, Recht der elektronischen Medien, 2. Aufl. 2011,
§ 11 TMG Rn. 8; KG Berlin v. 29.04.2011 – 5 W 88/11 – NJW-RR 2011, 1264, 1265.

81   Für einen Personenbezug von dynamischen IP-Adressen auch für Websitebetreiber:
LG Berlin v. 06.09.2007 – 23 S 3/07 – ZUM 2008, 70 ff.; *Pahlen-Brandt*, K&R 2008,
288 ff.; *Bohne*, in: Wandtke/Bullinger, Urheberrecht, 3. Aufl. 2009, § 101 Rn. 34; *Venzke*, ZD 2011, 114 ff.; generell dagegen („Dynamische IP-Adressen können daher für
einen Betreiber eines Internetportals keine personenbezogenen Daten darstellen.")
das AG München v. 30.09.2008 – 133 C 5677/08 – ZUM-RD 2009, 413; *Meyerdierks*,
MMR 2009, 8 ff.; ein umfassender Überblick zum Meinungsstand in der Rechtsprechung und Literatur findet sich bei *Krüger/Maucher*, MMR 2011, 433 ff.

kennt. Für einen Websitebetreiber gilt dies hingegen nur, wenn dieser über weitere personenbezogene Daten verfügt (z. B. aus der Registrierung eines Nutzers), die ihm für die Dauer einer Internetsitzung (üblicherweise maximal 24 Stunden) die Zuordnung von IP-Adresse und bestimmtem Nutzer ermöglichen.[82]

Die deutschen Aufsichtsbehörden stufen dynamische IP-Adressen hingegen generell als personenbezogene Daten in Form von Nutzungsdaten im Sinne des § 15 TMG ein[83] und auch der EuGH hat die dynamische IP-Adresse bereits als personenbezogenes Datum klassifiziert.[84] Ohne Einwilligung der Betroffenen dürfen IP-Adressen demnach nur verarbeitet werden, soweit dies erforderlich ist, „um die Inanspruchnahme von Telemedien zu ermöglichen und abzurechnen" (§ 15 Abs. 1 TMG). Die Aufsichtsbehörden tolerieren in diesem Zusammenhang eine Speicherung von IP-Adressen – getrennt von sonstigen Nutzungsdaten – für die Dauer von sieben Tagen aus Sicherheitsgründen, etwa zur Rückverfolgung von Hacking-Angriffen oder der Aufdeckung von Betrugsversuchen.[85] Danach sind die IP-Adressen zu löschen bzw. zu anonymisieren. Dementsprechend steht einer siebentägigen Speicherung von IP-Adressen durch Anbieter von Online-Spielen zur Aufdeckung von Spielmanipulationen grundsätzlich nichts entgegen.

Der BGH erachtet eine Speicherung von IP-Adressen durch Anbieter von Telekommunikationsdienstleistungen zu Zwecken der Datensicherheit und Gewährleistung der Verfügbarkeit des Dienstes für die Dauer von sieben Tagen ebenfalls für zulässig.[86]

54 Die (ungekürzte) Speicherung der IP-Adresse zur Analyse des Nutzungsverhaltens (sogenanntes Tracking) ist nach Auffassung der Behörden daher ohne bewusste und eindeutige Einwilligung der Betroffenen unzulässig.[87] Anbieter wie Google haben sich darauf eingestellt und bieten Tracking Tools wie z. B.

---

82 Mit der Umstellung auf das Internetprotokoll IPv6 entfällt für Internet Service Provider die Notwendigkeit, IP-Adressen dynamisch zu vergeben. Erhalten Nutzer regelmäßig dieselbe IP-Adresse, steigt allerdings die Wahrscheinlichkeit der Identifizierbarkeit durch Dritte. Aufgrund dieser Problematik wurde das sogenannte „Privacy Extensions for Stateless Address Autoconfiguration"-Verfahren entwickelt, mit dem auch temporäre IP-Adressen erzeugt werden können. Allerdings nutzen nicht alle aktuellen Betriebssysteme dieses Verfahren; insbesondere bei Smartphones kann es Probleme geben, vgl. *Heermann*, ZD-Aktuell 2012, 02992; kritisch zu den datenschutzrechtlichen Folgen des IPv6-Protokolls siehe näher auch *Freund/Schnabel*, MMR 2011, 495 ff.

83 Beschluss der obersten Aufsichtsbehörden für den Datenschutz im nicht-öffentlichen Bereich am 26./27. November 2009, „Datenschutzkonforme Ausgestaltung von Analyseverfahren zur Reichweitenmessung bei Internet-Angeboten", S. 2; Artikel-29-Datenschutzgruppe, Stellungnahme 1/2008 zu Datenschutzfragen im Zusammenhang mit Suchmaschinen und Stellungnahme 2/2010 zur Werbung auf Basis von Behavioural Targeting.

84 EuGH v. 24.11.2011 – C-70/10 – MMR 2012, 174, 176 Rn. 51; dieses Urteil betraf allerdings einen Access Provider (Internet Service Provider).

85 DOS – Datenschutz in Online-Spielen, Leitfaden für Hersteller, Publisher und Betreiber von Online-Spielen, S. 10 und 13 (siehe Fn. 34).

86 BGH v. 13.01.2011 – III ZR 146/10 – MMR 2011, 341, 343.

87 Beschluss der obersten Aufsichtsbehörden für den Datenschutz im nicht-öffentlichen Bereich am 26./27. November 2009, „Datenschutzkonforme Ausgestaltung von Analyseverfahren zur Reichweitenmessung bei Internet-Angeboten", S. 2.

Google Analytics auch in einer Fassung ohne Speicherung der vollständigen IP-Adresse an.[88]

2.4 Cookies

Um die Teilnahme an Online-Spielen möglichst effizient und verlässlich zu ge- 55
währleisten, setzen Betreiber nach herkömmlichem Technologieansatz maß-
geblich auf den Einsatz von Cookies. Die deutschen telemedienrechtlichen
Bestimmungen verlangen von Websitebetreibern – bzw. dem Anbieter eines
Online-Spiels – lediglich eine Information der Nutzer über Cookies (§ 13 Abs. 1
TMG) und – bei der Bildung von Nutzungsprofilen unter einem Pseudonym – zu-
sätzlich die Eröffnung einer Widerspruchsmöglichkeit (nach § 15 Abs. 3 TMG).
Im Gegensatz dazu schreibt die Cookie-Richtlinie[89] vor, dass grundsätzlich eine
Einwilligung des Besuchers einer Website eingeholt werden muss, bevor Infor-
mationen auf dessen Festplatte gespeichert werden.

Die Richtlinie sieht allerdings zwei Ausnahmen vom Einwilligungserfordernis 56
vor: Die erste Ausnahmeregelung betrifft Cookies, die ausschließlich dafür verwendet werden, eine Nachricht über ein elektronisches Kommunikationsnetz
zu übertragen. Insbesondere für Websitebetreiber ist die zweite Ausnahmeregelung interessant: Diese erfasst Cookies, die zwingend erforderlich sind, um
einen bestimmten, vom Besucher der Website angeforderten Service erbringen
zu können. Nach Auffassung der Artikel-29-Datenschutzgruppe[90] fallen unter
diese Ausnahme z.B. sogenannte Warenkorb-Cookies, wie sie typischerweise
von Online-Shops verwendet werden (sowie andere User Input Cookies[91]), Authentifizierungs-Cookies[92], User Interface Customization Cookies[93], Social Plug-

---

88 Hinweise zum datenschutzkonformen Einsatz von Google Analytics finden sich in
    einem Informationsblatt des Hamburgischen Datenschutzbeauftragten aus September
    2011, abrufbar unter:
    http://www.datenschutz-hamburg.de/uploads/media/GoogleAnalytics_Hinweise_
    Webseitenbetreiber_in_Hamburg.pdf (02.11.2012).
89 Zur Cookie-Richtlinie siehe bereits Fn. 2.
90 WP (Arbeitspapier) 194 vom 7. Juni 2012; die Artikel-29-Datenschutzgruppe ist ein
    Gremium, das nach Artikel 29 der Europäischen Datenschutzrechtlinie 95/46/EG
    installiert wurde und die Europäische Kommission im Datenschutz berät und deren
    Ansichten rechtlich nicht verbindlich sind, von den nationalen Datenschutzbehörden
    aber durchaus beachtet werden.
91 User-Input-Cookies: Cookies, die verwendet werden, um die Eingaben eines Nutzers
    während eines fortlaufenden Austauschs von Informationen zwischen Nutzer und An-
    bieter zu speichern, WP 194 S. 6.
92 Authentifizierungs-Cookies: Cookies, die ausschließlich verwendet werden, um einen
    Nutzer zu identifizieren, sobald und solange er sich in einen Telemediendienst ein-
    geloggt hat (z.B. in den geschlossenen Nutzerbereich einer Website), WP 194 S. 6 f.
93 User Interface Customization Cookies: Cookies zur Speicherung von Nutzerprä-
    ferenzen, z.B. zur bevorzugten Sprache oder für die bevorzugte Darstellungsweise
    („10 Ergebnisse pro Seite"), WP 194 S. 8.

In Content Sharing Cookies[94], Multimedia Cookies[95] sowie nutzerzentrierte Sicherheitscookies.[96]

57 Einwilligungspflichtig sind hingegen Cookies, die verwendet werden, um die Aktivitäten der Nutzer sozialer Netzwerke bei ihren Besuchen auf anderen Websites zu erfassen (Social Plug-In Tracking Cookies) oder der Steuerung der Werbung durch Dritte dienen (Third Party Advertising Cookies). Auch Cookies, die für die Websiteanalyse (First Party Tracking Cookie) verwendet werden, erfordern derzeit eine Einwilligung. Die Artikel-29-Datenschutzgruppe hält diese Cookies allerdings – nach hier vertretener Auffassung zu Recht – für unkritisch und schlägt daher vor, die Richtlinie um eine dritte Ausnahme zu ergänzen, die diese Konstellation abdeckt.[97]

58 Die Umsetzungsfrist für die Cookie-Richtlinie ist bereits im Mai 2011 abgelaufen; als eines der wenigen EU-Länder hat die Bundesrepulik Deutschland die Richtlinie nach wie vor nicht umgesetzt. Für privatwirtschaftliche Unternehmen hat dies bislang keine Konsequenzen: Nach der Rechtsprechung des EuGH können Richtlinien, deren Umsetzungsfrist abgelaufen ist, unmittelbare Verpflichtungen lediglich für staatliche Stellen begründen; allerdings sind die nationalen Gerichte verpflichtet, die bestehenden Gesetze richtlinienkonform auszulegen.[98] Ein Bußgeld könnte auf dieser Basis aber – schon mangels hinreichender Bestimmtheit (Art. 103 Grundgesetz) – nicht verhängt werden: Es fehlt hierfür schlicht an entsprechenden Ordnungswidrigkeitstatbeständen im europäischen bzw. deutschen Recht.[99]

2.5 Standortdaten

59 Bei mobilen Spielangeboten werden ggf. Standortdaten der genutzten Endgeräte verarbeitet. Das TKG enthält erhebliche Beschränkungen für die Verarbeitung von Telekommunikations-Standortdaten (§ 98 TKG). So muss regelmäßig

---

94 Social Plug-In Content Sharing Cookies: Cookies, mit denen Websitebetreiber ihren Nutzern ermöglichen, über soziale Netzwerke Informationen auszutauschen; diese Ausnahme gilt nach Auffassung der Artikel-29-Datenschutzgruppe aber nur für aktuell beim jeweiligen sozialen Netzwerk eingeloggte Nutzer. Für ausgeloggte Nutzer des Netzwerks sowie sonstige Besucher der Website bedarf die Datenübermittlung an den Netzwerkbetreiber einer Einwilligung, WP 194 S. 8 f.

95 Multimedia-Cookies: Cookies, die für die Zwischenspeicherung technischer Daten zum Zweck der Wiedergabe von Videos oder Audio-Dateien erforderlich sind, WP 194 S. 7.

96 Nutzerzentrierte Sicherheits-Cookies: Cookies, die aus Sicherheitsgründen verwendet werden (etwa zur Speicherung einer eindeutigen Kennung, damit der Dienst bei der Erkennung von wiederkehrenden Nutzern zusätzliche Sicherheit bieten kann), WP 194 S. 7.

97 WP 194 S. 10; in der Vergangenheit hat sich die Artikel-29-Datenschutzgruppe bereits detailliert zu den Voraussetzungen und Möglichkeiten der Einholung von Einwilligungen in Cookies geäußert (WP 171 vom 22. Juni 2010 sowie WP 188 vom 8. Dezember 2011).

98 Keine „horizontale Direktwirkung" von Richtlinien, EuGH v. 24.01.2012 – C-282/10 – EuZW 2012, 342, 344 Rn. 31 ff.

99 Der BfDI Peter Schaar hat dennoch – allerdings ohne nähere Begründung – auf dem 13. Datenschutzkongress im Mai 2012 in Berlin die Auffassung vertreten, die Cookie-Richtlinie sei in Deutschland auch für Unternehmen unmittelbar anwendbar.

Duisberg/Grentzenberg

eine Einwilligung der Nutzer eingeholt werden, wenn mit nicht anonymisierten Daten gearbeitet wird, außerdem bestehen spezielle Informationspflichten (§ 98 Abs. 1 Satz 1 und 2 TKG). Wenn Standortdaten im Rahmen eines Online-Spiels von einem Mobilfunkendgerät an einen anderen Teilnehmer oder an Dritte übermittelt werden, muss der Anbieter vom Nutzer eine ausdrückliche, gesonderte und schriftliche Einwilligung einholen (§ 98 Abs. 1 Satz 4 TKG).

Nach hier vertretener Auffassung findet § 98 TKG allerdings nur Anwendung 60
auf Daten, die vom Telekommunikationsanbieter erhoben werden. Die meisten mobilen Angebote mit Standortbestimmung arbeiten hingegen mit gerätebezogenen GPS-Daten, für die allein telemedienrechtliche Bestimmungen gelten.[100]

Die Zulässigkeit der Verarbeitung richtet sich damit nach den allgemeinen Regeln und ist ggf. auch ohne Einwilligung rechtmäßig (Verarbeitung von Nutzungsdaten nach § 15 Abs. 1 TMG). Angesichts der Sensibilität der erzeugten Bewegungsprofile empfiehlt es sich gleichwohl, in Zweifelsfällen eine informierte Einwilligung der Nutzer einzuholen.[101] Um der versehentlichen oder missbräuchlichen Aufzeichnung von Bewegungsprofilen vorzubeugen, sollte ein Symbol auf dem Bildschirm des mobilen Endgeräts dem Nutzer anzeigen, dass die Aufzeichnungsfunktion aktiv ist.

2.6 Social Plug-Ins

Sogenannte Social Plug-Ins, die es dem Nutzer erlauben, durch einen Emp- 61
fehlungsbutton („Like-it") über soziale Netzwerke Informationen mit anderen Nutzern auszutauschen, gehören mittlerweile zu den Standards von Online-Angeboten gerade auch im Bereich der Online-Spiele und Social Games. In datenschutzrechtlicher Hinsicht sind Social Plug-Ins insofern problematisch, als dabei Daten der Besucher einer Website an die Betreiber der sozialen Netzwerke übermittelt werden – und zwar im Regelfall aller Besucher, also auch derer, die den entsprechenden Button nicht gedrückt haben, und unabhängig davon, ob diese Besucher Nutzer des jeweiligen sozialen Netzwerks sind. Es ist aber fraglich, ob diese Übermittlung von Nutzungsdaten erforderlich ist, um den angebotenen Service zu realisieren (Rechtsgrundlage wäre dann § 15 Abs. 1 TMG). Dies kann – wenn überhaupt – nur für Personen angenommen werden, die beim sozialen Netzwerk eingeloggt sind und den Button anklicken.

Im Regelfall müsste daher eine Einwilligung der Nutzer eingeholt werden, bevor 62
deren Nutzungsdaten weitergegeben werden. Allerdings sind Websitebetreiber regelmäßig nicht in der Lage, ihre Nutzer hinreichend über die weitere Ver-

---

100 Auch der BfDI und die Bundesnetzagentur (BNetzA) vertreten aktuell die Auffassung, dass § 98 TKG auf gerätebezogen erhobene GPS-Daten nicht anwendbar ist: Zur Abgrenzung von TMG und TKG im Bereich der Location Based Services siehe ausführlich BfDI, 23. Tätigkeitsbericht 2009-2010, S. 72 f.; die Einschätzung der BNetzA wurde in einem Telefonat mit dem für § 98 TKG zuständigen Juristen im April 2012 eingeholt.

101 Die Artikel-29-Datenschutzgruppe postuliert die informierte Einwilligung der Nutzer als wichtigste Rechtsgrundlage für die Verarbeitung von Bewegungsdaten; begründet wird dies mit der besonderen Sensibilität der erzeugten Bewegungsprofile; WP 185 vom 15. Mai 2011 zu den Geolokalisierungsdiensten von intelligenten mobilen Endgeräten, S. 15.

arbeitung ihrer Daten durch das soziale Netzwerk zu informieren, da ihnen diese Informationen von den Betreibern nicht zur Verfügung gestellt werden. Hinzu kommt, dass die Betreiber sozialer Netzwerke Daten oftmals auch außerhalb des EU- bzw. EWR-Raums verarbeiten. Insofern haben die deutschen Datenschutzbehörden Zweifel daran, dass eine Einwilligung der Besucher in die Übermittlung der Daten überhaupt wirksam eingeholt werden kann.[102]

Vor diesem Hintergrund sind Social Plug-Ins zurückhaltend einzusetzen. Der Vorzug ist Lösungen zu geben, die Daten erst übertragen, nachdem der Nutzer (1) den Button explizit angeklickt hat, (2) über die weitere Datenverarbeitung – so weit möglich – informiert wurde – und (3) bestätigt, dass er die Übermittlung der Daten tatsächlich wünscht.[103]

2.7 Social Games

63 Die größten Herausforderungen bei der Integration von Online-Spielen in soziale Netzwerke (also der „Social Games" wie etwa das bekannte Beispiel „FarmVille" auf Facebook) dürften die transparente Gestaltung der Datenverarbeitung und die wirksame Einholung ggf. erforderlicher Einwilligungen darstellen.

Der Spieleanbieter muss sicherstellen, dass dem Nutzer vor Spielbeginn verständliche Informationen darüber zur Verfügung stehen, welche Stellen für die Datenverarbeitung zuständig sind und welche Daten zu welchen Zwecken zwischen diesen Stellen ausgetauscht werden. Umzusetzen sind diese Anforderungen mittels der Datenschutzerklärung.[104]

Alle Datenverarbeitungsvorgänge, die für den Spielablauf nicht erforderlich sind, erfordern in der Regel eine Einwilligung des Spielers. Spieleanbieter müssen ferner darauf achten, keine Daten Dritter – z. B. von „Freunden" des Spielers aus dem sozialen Netzwerk – ohne deren Einwilligung zu verarbeiten. Die Spieler sollten darüber hinaus in der Datenschutzerklärung dafür sensibilisiert werden, die ggf. vorhandenen technischen Möglichkeiten des Spielangebots nicht zur Verbreitung personenbezogener Daten Dritter zu nutzen.

2.8 In-Game-Advertising

64 Als In-Game-Advertising[105] wird die Einblendung von Werbebotschaften in Computerspiele bezeichnet. Solche kommerzielle Kommunikation muss klar als Werbung erkennbar sein (§ 6 TMG).[106] Datenschutzrechtliche Relevanz besitzt die dynamische zielgruppenorientierte Einblendung von Werbung, abhängig etwa vom Spielverlauf oder Spielerverhalten.

---

102 Siehe Beschluss der obersten Aufsichtsbehörden für den Datenschutz im nicht-öffentlichen Bereich (Düsseldorfer Kreis) am 8. Dezember 2011 „Datenschutz in sozialen Netzwerken", S. 2.

103 Am Markt verbreitet ist die sogenannte 2-Klick-Lösung des Informationsdienstes heise online, die als Open Source Code unter einer MIT-Licence zur Nutzung durch private und kommerzielle Websitebetreiber online unter www.heise.de herunter geladen werden kann.

104 Zur Datenschutzerklärung bei Online-Spielen siehe Ziffer 2.1, zur Datenschutzerklärung allgemein siehe Ziffer 1.6.2.

105 In-Game-Advertising wird auch als In-Game-Werbung bezeichnet.

106 Siehe Kapitel 5.

Wenn zu diesem Zweck aus den Nutzungsdaten Profile erstellt werden, müssen diese unter einem Pseudonym gespeichert und dem Nutzer ein Widerspruchsrecht eingeräumt werden (§ 15 Abs. 3 TMG). Die Nutzer sind bereits im Rahmen der Datenschutzerklärung (nach § 13 Abs. 1 TMG)[107] auf das Widerspruchsrecht sowie ggf. verwendete Cookies hinzuweisen. Da die Aufsichtsbehörden dynamische IP-Adressen generell als personenbezogenes Datum bewerten,[108] dürfen die Nutzungsprofile keine vollständigen IP-Adressen enthalten. Die Weitergabe vollständiger IP-Adressen an Dritte – etwa an ein Werbenetzwerk – bedarf damit folgerichtig einer Einwilligung der Nutzer. Die Zusammenführung solcher Nutzungsprofile mit anderen Daten über den Träger des Pseudonyms (z.B. die beim Kauf angegebenen Daten wie Name und Anschrift oder Zusatzinformationen über den Spieler aus sozialen Netzwerken) stellt eine Ordnungswidrigkeit dar (§ 16 Abs. 2 Nr. 5, Abs. 3 TMG).

Weitergehende Auswertungen bzw. Verarbeitungen von Nutzungsdaten der Spieler erfordern hingegen eine Einwilligung der Betroffenen. Dasselbe gilt für die Weitergabe von Spielerdaten an Dritte,[109] und zwar auch für die Weitergabe von unter einem Pseudonym erstellter Nutzungsprofile: Die Verarbeitung solcher Nutzungsprofile ist lediglich für den Websitebetreiber einwilligungsfrei möglich. Nur die Weitergabe vollständig anonymisierter Daten unterliegt keinen datenschutzrechtlichen Beschränkungen.[110] **65**

2.9 Sonderfall: Online-Spiele ohne Anbieter-Nutzer-Verhältnis

Die Datenschutzbestimmungen des TMG sind nur anwendbar, soweit ein Anbieter Daten eines Nutzers als verantwortliche Stelle verarbeitet. Stellt ein Spieleanbieter lediglich Software zur Verfügung, die von Spielern ausschließlich ohne Beteiligung des Anbieters genutzt wird (z.B. innerhalb eines lokalen Netzwerks), greifen die Datenschutzbestimmungen des TMG nicht ein. Die Verarbeitung von Daten ausschließlich für persönliche oder familiäre Tätigkeiten unterliegt auch nicht den Bestimmungen des BDSG.[111] **66**

3. Datensicherheitspannen

Der Bereich der Online-Spiele mit seiner breiten Publikumsreichweite und internationaler Ausdehnung ist zu einem zunehmenden Ziel der Cyber-Kriminalität geworden, aus dem immer wieder Datensicherheitspannen (auch „Sicherheitspannen" genannt) bekannt werden. Kommt es zum illegalen Zugriff auf bestimmte Arten personenbezogener Daten oder auf sonstige Weise dazu, dass Dritten oder der Öffentlichkeit solche zur Kenntnis gelangt sind (z.B. durch illegale Zugriffe über das Internet oder den Verlust von Datenträgern), können Datensicherheitspannen für die betroffenen Unternehmen einen erheblichen Reputa- **67**

---

107 Zur Datenschutzerklärung bei Online-Spielen siehe Ziffer 2.1, zur Datenschutzerklärung allgemein siehe Ziffer 1.6.2.
108 Siehe Ziffer 2.3.
109 Ausgenommen, der Dritte wird lediglich als Auftragsdatenverarbeiter im Sinne des § 11 BDSG tätig; zur Auftragsdatenverarbeitung siehe Ziffer 1.7.
110 *Roßnagel/Scholz*, MMR 2000, 721, 727.
111 Siehe Ziffer 1.2.

tionsverlust herbeiführen[112] und hohe Kosten für das Krisenmanagement und die Herstellung eines datensicheren Zustands anfallen.[113]

Bis vor wenigen Jahren spielten Benachrichtigungspflichten allein nach US-amerikanischem Recht unter den Stichworten „security breach" und „data leakage" eine bedeutsame Rolle, die im Falle von Sicherheitspannen im Umgang mit personenbezogenen Daten auch europäische Unternehmen betreffen konnten. Aufgrund der Datenschutzreform vom 01.09.2009 haben Benachrichtigungspflichten bei Sicherheitspannen aber inzwischen Eingang in das BDSG und TMG sowie seit dem 10.05.2012 – in Umsetzung der zum Dezember 2009 überarbeiteten Datenschutzrichtlinie für elektronische Kommunikation[114] – in das TKG gefunden.[115] Der im Januar 2012 vorgestellte Entwurf einer EU-Datenschutz-Grundverordnung sieht eine Verschärfung der bestehenden Informationspflichten auf EU-Ebene vor.[116]

3.1 Anforderungen an Datensicherheit

68 Unternehmen, die personenbezogene Daten erheben, verarbeiten oder nutzen, sind dazu verpflichtet, technische und organisatorische Maßnahmen zu ergreifen, die erforderlich sind, um die Einhaltung des Datenschutzes gemäß § 9 BDSG auch auf der technischen Ebene zu gewährleisten.[117]

3.1.1 Inhaltliche Anforderungen

69 Die Datensicherheitsanforderungen des BDSG sind in der Anlage zu § 9 Satz 1 BDSG näher dargestellt. Sie gelten zusätzlich zu der Spezialregelung im TMG[118] auch für personenbezogene Daten, die im Rahmen der Bereitstellung von Telemedien erhoben bzw. verarbeitet werden (das TKG enthält hingegen mit § 109 TKG eine bereichsspezifische Regelung zur Datensicherheit). Die Datensicherheit erstreckt sich auf eine geeignete Zutrittskontrolle, Zugangskontrolle, Zugriffskontrolle, Weitergabekontrolle, Eingabekontrolle, Auftragskontrolle und Verfügbarkeitskontrolle sowie die getrennte Verarbeitung personenbezogener Daten mit unterschiedlicher Zweckbestimmung (sog. Trennungsgebot) genannt.

---

112 Im April 2011 musste Sony weltweit bekannt geben, dass sich Hacker Zugang zu Millionen von Kundendaten verschafft hatten, darunter nach Angaben des Unternehmens auch Kreditkartendaten. Betroffen waren Sonys Online Entertainment Plattform, das PlayStation Network sowie Sonys Video- und Musikservice Qriocity.

113 Nach einer Studie des amerikanischen Ponemon Institute lagen die Kosten für eine Datensicherheitspanne in Deutschland 2011 bei durchschnittlich EUR 3,4 Mio. pro Vorfall bzw. EUR 146 pro Datensatz (2010: EUR 3,38 Mio./EUR 138; 2009: EUR 2,6 Mio./EUR 132; 2008: EUR 2,4 Mio./EUR 112); Quelle: 2011 Cost of Data Breach Study: Germany, abrufbar unter http://www.symantec.com/content/en/us/about/media/pdfs/b-ponemon-2011-cost-of-data-breach-germany.en-us.pdf?om_ext_cid=biz_socmed_twitter_facebook_marketwire_linkedin_2012Mar_worldwide__CODB_US (02.11.2011).

114 Zur Datenschutzrichtlinie für elektronische Kummunikation siehe bereits Fußnote 2.

115 Siehe näher dazu *Duisberg/Picot*, CR 12/2009, 823 ff.

116 Zur EU-Datenschutz-Grundverordnung siehe Ziffer 1.1.

117 Siehe näher und im einzelnen *Duisberg/Picot*, CR 12/2009, 823 ff.

118 Anbieter von Telemediendiensten – also etwa die Anbieter von Online-Spielen –müssen die speziellen technisch-organisatorischen Vorgaben des § 13 Abs. 4 Nr. 1-6 TMG beachten.

Gemäß § 9 Satz 2 BDSG sind die betreffenden Maßnahmen nur dann erforderlich, wenn der mit ihnen verbundene Aufwand in einem angemessenen Verhältnis zu dem angestrebten Schutzzweck steht. Es gilt in soweit, dass der einem Unternehmen zumutbare Aufwand proportional zur Sensibilität der zu sichernden personenbezogenen Daten steigt,[119] insbesondere soweit es um die Sicherung personenbezogener Daten vor einer Einsichtnahme durch Dritte und damit für die Aspekte der Zutritts-, Zugangs-, Zugriffs- und Weitergabekontrolle geht.

Besondere Herausforderungen im Hinblick auf Datensicherheitsanforderungen   70
stellen sich für Unternehmen der Spiele-Industrie, die international agieren oder
die für ihr Angebot auf cloud-basierte Lösungen zurückgreifen und damit ggf. –
auch innerhalb der EU bzw. des EWR zum Teil erheblich – voneinander abweichenden Anforderungen verschiedener Rechtsordnungen an die Datensicherheit unterliegen.

3.1.2 Rechtsfolgen eines Verstoßes

Verstöße gegen die Anforderungen des § 9 BDSG sind vom Bußgeldkatalog des   71
§ 43 BDSG nicht erfasst. Die zuständigen Datenschutzbehörden sind aber befugt
zu prüfen, ob die gemäß § 9 BDSG erforderlichen Maßnahmen ergriffen wurden. Sollte dies nicht der Fall sein, können die Behörden konkrete Maßnahmen anordnen und entsprechende Anordnungen mit Hilfe von Zwangsgeldern auch durchsetzen (§ 38 Abs. 5 BDSG). Datensicherheitspannen aufgrund ungenügender technischer oder organisatorischer Maßnahmen können darüber hinaus Benachrichtigungspflichten gemäß § 42a BDSG oder § 15 TMG[120] verursachen.

3.1.3 Haftung von Vorständen und Geschäftsführern

Vorstände von Aktiengesellschaften sowie die Geschäftsführung großer und mit-   72
telgroßer Kapitalgesellschaften[121] – wie es sie in der Spielebranche etliche gibt –
haben aufgrund des Gesetzes zur Kontrolle und Transparenz im Unternehmensbereich (KonTraG) aus dem Jahr 1998 ein funktionsfähiges IT-Sicherheitssystem einzurichten und zu unterhalten. Die Einrichtung eines solchen IT-Sicherheitssystems ist Teil der allgemeinen Pflicht des Managements, ein Überwachungssystem zu unterhalten, mit dem das Management frühzeitig Gefahren für den Unternehmensfortbestand erkennen und daruf reagieren kann. Zum IT-Risikomanagement gehört u.a. das sog. „Business Continuity Management" (BCM), bei dessen Konzeption auch weniger offensichtliche Sicherheitsrisiken (etwa im Rahmen der Fernwartung von IT-Systemen) zu erfassen sind. Für den Vorstand einer Aktiengesellschaft folgt dies unmittelbar aus § 91 Abs. 2 AktG; entsprechende Pflichten gelten aber auch für die Geschäftsführung einer GmbH und das Management anderer Kapitalgesellschaften. Der Aufsichtsrat hat wiederum den Vorstand bei der Erfüllung seiner Pflicht zur Einrichtung einer IT-Sicherheitsstruktur zu überwachen (vgl. § 111 Abs. 1 AktG).

---

119 Vgl. hierzu *Gola/Schomerus*, in: Gola/Schomerus, Bundesdatenschutzgesetz, 11. Aufl. 2012, § 9 Rn. 9.

120 Zu diesen Benachrichtigungspflichten siehe Ziffer 3.2.1 bzw. 3.2.2. Der Verstoß gegen die speziellen Sicherheitsbestimmungen des § 109 TKG führt ggf. zu Benachrichtigungspflichten nach § 109a TKG.

121 Zu den betreffenden Schwellenwerten für die Klassifizierung dieser Unternehmen sie die Legaldefinitionen in § 267 Abs. 2 und Abs. 3 HGB.

73 Sofern Geschäftsführer und Vorstände ihre Pflicht zur Einführung eines tauglichen IT-Sicherheitssystems verletzen, haften sie gegenüber dem Unternehmen persönlich. Sie haben dabei grundsätzlich mit der Sorgfalt eines ordentlichen und gewissenhaften Geschäftsleiters zu handeln. Entsprechendes gilt für den Aufsichtsrat, sofern er seinen Überwachungspflichten nicht nachkommt.

Im Falle einer Sicherheitspanne muss das Management nachweisen können, dass es die der Komplexität des Unternehmens angemessene Sorgfalt eines ordentlichen und gewissenhaften Geschäftsleiters angewendet, bereits zuvor ein umfassendes IT-Sicherheitssystem eingeführt und auch für dessen regelmäßige Aktualisierung und Durchsetzung (einschließlich der unternehmensweiten Einhaltung von Sicherheitsregeln) gesorgt hat. Die unternehmensinternen Sicherheitsregeln sollten Leitlinien zur Behandlung von Datensicherheitspannen enthalten, die auf die aktuellen gesetzlichen Bestimmungen zu Benachrichtigungspflichten hinweisen.

3.2 Benachrichtigungspflichten nach deutschem Recht

74 Sicherheitspannen lösen nach deutschem Recht inzwischen regelmäßig Benachrichtigungspflichten aus,[122] wobei es kaum verlässliche Informationen über das tatsächliche Ausmaß der einzelnen Sicherheitspannen gibt. Dazu können weitere gesetzliche Rechtsfolgen eintreten – einschließlich der Haftung des Management[123] oder des Verlusts des wettbewerbsrechtlichen Know-How-Schutzes für ungewollt bekannt gewordene Betriebs- oder Geschäftsgeheimnisse. Auch Rechtsfolgen wegen des Verstoßes gegen vertragliche Vertraulichkeitspflichten können daraus unmittelbar resultieren.

75 Benachrichtigungspflichten nach BDSG kommen insbesondere in Betracht, soweit ein Anbieter von Computerspielen Bank- oder Kreditkartendaten seiner Kunden erhebt, speichert und/oder verarbeitet. Für jeden Anbieter von Computerspielen, der sein Angebot ganz oder teilweise online bereitstellt, ist insbesondere die Benachrichtigungspflicht nach TMG von Bedeutung. Dies gilt umso mehr, als die Arten von Daten, die im Fall einer Sicherheitspanne eine solche Benachrichtigungspflicht auslösen können, praktisch kaum eingeschränkt sind und nahezu jede Sicherheitspanne eines Diensteanbieters (auch) entweder Bestands- oder Nutzungsdaten betreffen wird.

76 Online-Spiele, die eine Funktionalität für den direkten Austausch zweier Spieler miteinander vorsehen (insbesondere mittels Schnittstellen zu E-Mail-Diensten), können in bestimmten Konstellationen telekommunikationsrechtlichen Vorschriften unterliegen.[124] Dann greifen bei Sicherheitspannen ggf. (auch) die § 93 Abs. 3 bzw. § 109 a TKG ein.

---

122 Ergänzend zu den nachfolgend dargestellten speziellen Benachrichtigungspflichten kann sich eine Informationspflicht auch aus allgemeinen zivilrechtlichen Grundsätzen ergeben; siehe hierzu mit weiteren Nachweisen *Duisberg/Picot*, CR 2009, 823, 823 f. und *Gabel*, BB 2009, 2045, 2046.

123 Siehe hierzu bereits Ziffer 3.1.3.

124 Siehe Ziffer 1.3.

3.2.1 Pflichten nach § 42 a BDSG

Das BDSG verpflichtet Unternehmen, bei bestimmten Arten von Sicherheitspan- 77
nen sowohl die zuständige Datenschutzbehörde als auch die natürlichen Personen zu informieren, deren Daten von der Sicherheitspanne betroffen sind.[125]

3.2.1.1 Voraussetzungen

Die Benachrichtigungspflicht besteht gem. § 42 a BDSG, wenn bestimmte Ar- 78
ten personenbezogener Daten unrechtmäßig übermittelt oder auf sonstige Weise einem Dritten unrechtmäßig zur Kenntnis gelangt sind und schwerwiegende Beeinträchtigungen für die Rechte oder schutzwürdigen Interessen der Betroffenen drohen. Auf den Nachweis einer schuldhaften Verursachung der Sicherheitspanne kommt es nicht an.

Die Benachrichtigungspflicht wird allerdings nicht durch jede Art von unberechtigtem Datenzugriff ausgelöst, sondern nur, wenn personenbezogene Daten zumindest einer der folgenden Arten betroffen sind (sog. Risikodaten[126]):

- besondere Arten personenbezogener Daten, d. h. Angaben über die rassische und ethnische Herkunft, politische Meinungen, religiöse oder philosophische Überzeugungen, Gewerkschaftszugehörigkeit, Gesundheit oder Sexualleben (§ 3 Abs. 9 BDSG);
- personenbezogene Daten, die einem Berufsgeheimnis unterliegen, also zum Beispiel Daten über natürliche Personen, die bei einer Versicherung, Wirtschaftsprüfungs- oder Steuerberatungsgesellschaft, einem Arzt, Apotheker oder Rechtsanwalt in Ausübung deren beruflicher Tätigkeit erhoben und gespeichert werden;
- personenbezogene Daten, die sich auf strafbare Handlungen oder Ordnungswidrigkeiten oder den Verdacht strafbarer Handlungen oder Ordnungswidrigkeiten beziehen;
- personenbezogene Daten zu Bank- oder Kreditkartenkonten.

Diese Risikodaten müssen einem Dritten zur Kenntnis gelangt sein, wie dies ty- 79
pischerweise bei einer unrechtmäßigen Datenübermittlung, einem rechtswidrigen Datenabruf oder einem gezielten Datendiebstahl der Fall ist. Waren die Daten (hinreichend) verschlüsselt, soll es nach einer von Teilen der Literatur vertretenen Auffassung an einer Kenntnisnahmemöglichkeit und damit einer Benachrichtigungspflicht fehlen.[127] Im Hinblick auf den Schutzzweck der Norm, zugunsten der Betroffenen umfassende Benachrichtigungspflichten auszulösen und ihnen und den Behörden Möglichkeiten der Schadensbegrenzung an die Hand zu geben, ist diese Auffassung jedoch im Ergebnis abzulehnen.

Fraglich ist, ob bereits beim bloßen Verlust eines Datenträgers von der Kenntnisnahme durch einen Dritten ausgegangen werden kann, auch solange hierfür noch kein Beweis vorliegt.[128] So geht das Bayerische Landesamt für Datenschutz davon aus, dass ein Beweis für die Kenntnisnahme der Daten durch einen

---

125 Vgl. näher und vertiefend *Duisberg/Picot*, CR 12/2009, 823 ff.
126 Begriff nach *Hanloser*, MMR 2008, Heft 12, XIII.
127 *Gabel*, BB 2009, 2045, 2046; *Wanagas*, DStR 2010, 1908, 1910.
128 Gegen eine Benachrichtigungspflicht beim Verlust von Datenträgern ohne Beweis der Kenntnisnahme durch Dritte *Hanloser*, CCZ 2010, 25, 26.

Dritten grundsätzlich nicht erforderlich ist. Es reiche vielmehr aus, dass „aufgrund der Lebenserfahrung eine hohe Wahrscheinlichkeit dafür besteht, dass die Daten von einem Dritten zur Kenntnis genommen wurden bzw. hätten genommen werden können."[129]

80   Als weitere gesetzliche Voraussetzung der Benachrichtigungspflicht kommt es auf „schwerwiegende Beeinträchtigungen für die Rechte oder schutzwürdigen Interessen der Betroffenen" an. Die Datenschutzbehörden stellen niedrige Anforderungen an das Maß der „schwerwiegenden" Beeinträchtigung. In der Praxis sollen lediglich Bagatellfälle ausgeschlossen werden.[130]

81   Bei einer Sicherheitspanne, die eine oder mehrere der oben beschriebenen Kategorien von Risikodaten umfasst, muss die verantwortliche Stelle – also z.B. der Spielebetreiber – eine Prognoseentscheidung treffen, ob und ggf. mit welcher Wahrscheinlichkeit den Betroffenen schwerwiegende Rechts- bzw. Interessenbeeinträchtigungen drohen. Dabei sind die Anforderungen an die Eintrittswahrscheinlichkeit je geringer, desto größer die mögliche Beeinträchtigung ist.[131] Einige Aufsichtsbehörden verlangen eine konkrete Berücksichtigung der Art der betroffenen Daten, der mutmaßlichen Besitzer der Daten sowie der potentiellen materiellen und immateriellen Auswirkungen für die Betroffenen (z.B. in Form finanzieller Schäden, möglichen Identitätsbetrugs, soziale Nachteile oder Erpressbarkeit).[132] In Zweifelsfällen müssen Unternehmen allerdings von eher niedrigen Anforderungen ausgehen, auch weil sie das Risiko der rechtlichen Fehleinschätzung allein tragen.[133]

3.2.1.2 Umfang und Inhalt

82   Die verantwortliche Stelle muss sowohl die zuständige Datenschutzbehörde als auch jede Einzelperson, deren Daten von der Sicherheitspanne betroffen sind, benachrichtigen. Die Benachrichtigung hat grundsätzlich unverzüglich, d.h. ohne schuldhaftes Zögern zu erfolgen, sobald die Sicherheitspanne dem Unternehmen zur Kenntnis gelangt ist.[134]

Die verantwortliche Stelle – also etwa der Spielebetreiber – darf mit der Mitteilung der Betroffenen allerdings so lange warten, bis „angemessene Maßnahmen zur Sicherung der Daten" ergriffen worden sind (bzw. hätten ergriffen werden können). Das Gesetz trägt hier dem – aus dem US-Recht stammenden – Grundsatz der sog. „Responsible Disclosure" Rechnung. Danach ist die Entdeckung

---

129 Bayerisches Landesamt für Datenschutzaufsicht, Tätigkeitsbericht der Datenschutzaufsichtsbehörde für den nicht-öffentlichen Bereich 2009/2010, 95.

130 Bayerisches Landesamt für Datenschutzaufsicht, Tätigkeitsbericht der Datenschutzaufsichtsbehörde für den nicht-öffentlichen Bereich 2009/2010, S. 96; siehe auch 40. Tätigkeitsbericht des Hessischen Datenschutzbeauftragten, vorgelegt zum 31.12.2011, S. 166, abrufbar unter http://www.datenschutz.hessen.de/download.php?download_ID=245 (02.11.2012); ebenso *Hornung*, NJW 2010, 1841, 1843.

131 *Duisberg/Picot*, CR 2009, 823, 824; *Gabel*, BB 2009, 2045, 2046.

132 Bayerisches Landesamt für Datenschutzaufsicht, Tätigkeitsbericht der Datenschutzaufsichtsbehörde für den nicht-öffentlichen Bereich 2009/2010, S. 95 f.; Bericht des Berliner Beauftragten für *Datenschutz* und Informationsfreiheit zum 31. Dezember 2010, S. 172.

133 *Duisberg/Picot*, CR 2009, 823, 824; *Hornung*, NJW 2010, 1841, 1843.

134 Eingehend mit weiteren Nachweisen *Duisberg/Picot*, CR 12/2009, 823 ff.

einer Software-Sicherheitslücke bzw. der Sicherheitspanne erst dann öffentlich bekannt zu machen, wenn der Hersteller die Gelegenheit zur hinreichenden Sachverhaltsermittlung und Ursachenbehebung sowie zur Information seiner direkten Kunden hatte.[135] Insgesamt soll der Hersteller die Möglichkeit haben, das Problem zu beseitigen, indem er eine neue, sichere Version seiner Software entwickelt. Auch soll der Hersteller in die Lage versetzt werden, die Nutzer über die neue Software-Version zu unterrichten und sie zeitnah an die Anwender auszuliefern. Bei einem kriminellen Hintergrund dürfen die Ermittlungen der Strafverfolgungsbehörden allerdings nicht durch die „Responsible Disclosure" gefährdet werden.[136]

Der erforderliche Inhalt der Benachrichtigung ist auf den Empfängerkreis auszurichten: Die Benachrichtigung muss in verständlicher Weise die Art der unrechtmäßigen Kenntniserlangung darlegen sowie eine Empfehlung an die Betroffenen für Maßnahmen zur Minderung möglicher nachteiliger Folgen enthalten. Bei einer Sicherheitspanne in Bezug auf Kreditkartendaten umfasst dies die Empfehlung, die Kreditkartenabrechung auf unbefugte Abbuchungen zu überprüfen und ggf. eine Sperrung zu veranlassen. Gegenüber der Datenschutzbehörde muss das verantwortliche Unternehmen zudem die möglichen nachteiligen Folgen der unrechtmäßigen Kenntniserlangung sowie die mit Blick darauf ergriffenen Maßnahmen darlegen. *83*

Sofern die individuelle Benachrichtigung der Betroffenen einen unverhältnismäßigen Aufwand erfordert, hat das verantwortliche Unternehmen alternativ die Möglichkeit, Anzeigen von mindestens einer halben Seite in mindestens zwei bundesweit erscheinenden Tageszeitungen zu schalten (§ 42a Satz 5 BDSG). In der Praxis ist davon aber seit Einführung der gesetzlichen Regelung allem Anschein nach bislang kaum oder gar nicht Gebrauch gemacht worden. Auch kann das verantwortliche Unternehmen die Öffentlichkeit durch eine andere, in ihrer Wirksamkeit hinsichtlich der Information der Betroffenen gleich geeignete Maßnahme informieren. Welche Maßnahme „gleich geeignet" ist, entscheidet sich anhand des konkreten Falls. Dabei ist bei regionaler Eingrenzbarkeit des Betroffenenkreises unter Umständen auch die Veröffentlichung in einem nur regional erscheinenden Medium ausreichend. *84*

Unternehmen und ihre für die Sicherheitspanne verantwortlichen Mitarbeiter müssen regelmäßig keine weitergehenden straf- oder ordnungsrechtlichen Konsequenzen infolge der pflichtgemäßen Ausführung der Benachrichtigung fürchten: Die Benachrichtigung darf nur mit Zustimmung des Benachrichtigungspflichtigen in Straf- oder Bußgeldverfahren verwendet werden (vgl. § 42a Satz 6 BDSG). Sie darf außerdem nicht als Grundlage für weitere Ermittlungen zum Zweck der Beschaffung selbständiger Beweismittel verwendet werden.[137] Den Aufsichtsbehörden ist es allerdings unbenommen, Anordnungen zu treffen, um auf die Beseitigung von Sicherheitsmängeln hinzuwirken, die ihr im Zuge der *85*

---

135 Zur Veranschaulichung stellt der Gesetzgeber in seiner Begründung – damit allerdings verkürzend – allein auf die Hersteller von Softwarelösungen ab; vgl. BT-Drs. 16/12011, S. 34. Richtigerweise finden die Erwägungen zur „Responsible Disclosure" aber entsprechende Anwendung auf alle zu einer Benachrichtigung nach § 42a BDSG verpflichteten Stellen.
136 Vgl. BT-Drs. 16/12011, S. 34.
137 *Gabel*, BB 2009, 2045, 2049; *Hornung*, NJW 2010, 1841, 1843 f.

Benachrichtigungspflicht bekannt geworden sind; erforderlichenfalls könnte die Aufsichtsbehörde ihre Anordnungen unter Androhung von Zwangsgeldern durchsetzen (vgl. § 38 Abs. 5 BDSG).[138] Um nicht kontraproduktiv zu wirken, werden Aufsichtsbehörden davon nur dann Gebrauch machen, wenn das Unternehmen keinen überzeugenden Maßnahmenkatalog zur Minderung der Folgen der Sicherheitspanne vorlegt, der auch Präventivmaßnahmen zur Verhinderung gleichartiger oder ähnlicher Sicherheitspannen enthält.

3.2.1.3 Rechtsfolgen eines Verstoßes

86 Gegen die Benachrichtigungspflichten gemäß § 42a BDSG verstößt, wer als Unternehmen bzw. verantwortliche Stelle die gesetzlich vorgesehenen Mitteilungen gegenüber Behörden und Betroffenen nicht, nicht richtig, nicht vollständig oder nicht rechtzeitig vornimmt. Der Bußgeldrahmen für Verstöße gegen die Benachrichtigungspflicht beträgt bis zu 300.000 €; die Geldbußen können allerdings sogar höher ausfallen, wenn der Verstoß mit einem höheren wirtschaftlichen Vorteil verbunden war – etwa, weil die (ersparten) Aufwendungen für die Benachrichtigung sämtlicher Betroffenen den Bußgeldrahmen überschritten hätten (§ 43 Abs. 2 Nr. 7, Abs. 3 BDSG).[139]

87 Neben aufsichtsrechtlichen Maßnahmen sind im Falle einer Verletzung des § 42a BDSG auch Schadensersatzansprüche der Betroffenen gemäß § 823 Abs. 2 BGB denkbar. Angesichts des an den Interessen der Betroffenen orientierten Schutzzwecks des § 42a BDSG spricht einiges dafür, diese Regelung auch als Schutznorm im Sinne des § 823 Abs. 2 BGB anzusehen.[140] Ein entsprechender Schadensersatzanspruch würde sich konsequenterweise aber nicht auf den unmittelbaren Datenverlust bzw. Datenmissbrauch als solchen richten, sondern den Schaden ausgleichen, der aus der unterbliebenen bzw. verspäteten Benachrichtigung resultiert. Dies dürfte in der Praxis zu schwierigen Kausalitätsbetrachtungen führen. Unternehmen sind gut beraten, im Voraus interne Strukturen und Verfahren (einschließlich entsprechender Erprobungsszenarien) aufzusetzen und durchzuspielen, um in diesem hochsensiblen Bereich ein erfolgreiches Krisenmanagement zu betreiben.

Im Falle einer Sicherheitspanne ist sorgfältig zu prüfen, ob, wann, mit welchem Inhalt und in welcher Form die zuständige Datenschutzbehörde und die Betroffenen zu benachrichtigen sind.

3.2.1.4 Berücksichtigung in ADV-Verträgen

88 Der Umgang mit Sicherheitspannen sollte in Auftragsdatenverarbeitungsverträgen („**ADV-Verträge**") ausdrücklich adressiert werden.[141] Denn eine originäre Benachrichtigungspflicht ist – trotz des insoweit nicht eindeutigen Wortlauts

---

138 Zur Datenschutzkontrolle durch die Datenschutzbehörden siehe auch Ziffer 1.9.2.

139 Zur Geldbuße nach § 43 BDSG siehe Ziffer 1.10.

140 *Duisberg/Picot*, CR 2009, 823, 825; *Gabel*, BB 2009, 2045, 2046 und mit weiteren Nachweisen *Hornung*, NJW 2010, 1841, 1844.

141 Zur Auftragsdatenverarbeitung siehe Ziffer 1.7.

des § 42 a BDSG – für den Auftragsdatenverarbeiter zu verneinen.[142] Dementsprechend ist der Auftraggeber darauf angewiesen, dass ihn der Auftragsdatenverarbeiter aufgrund vertraglicher Verpflichtungen über alle Sicherheitspannen, die Daten des Auftraggebers betreffen können, unverzüglich informiert und den Auftraggeber auch darüber hinaus bei der Erfüllung der Benachrichtigungspflichten unterstützt. Gleichzeitig sollte dem Auftragnehmer die eigenmächtige Benachrichtigung von Behörden oder Betroffenen vertraglich untersagt werden.[143]

3.2.2 Pflichten nach § 15 a TMG

Aufgrund des Rechtsfolgenverweises in § 15 a TMG ist die Regelung des § 42 a   *89*
BDSG auch anwendbar, wenn Anbieter von Telemedien feststellen, dass bei ihnen gespeicherte Bestands- oder Nutzungsdaten[144] unrechtmäßig übermittelt worden oder auf sonstige Weise Dritten unrechtmäßig zur Kenntnis gelangt sind und hierdurch schwerwiegende Beeinträchtigungen für die Rechte oder schutzwürdigen Interessen des betroffenen Nutzers drohen.

Für die Voraussetzungen, den Umfang und Inhalt der Benachrichtigungspflicht nach § 15 a TMG gelten die gleichen Anforderungen wie nach § 42 a BDSG.[145] Im Gegensatz zu § 42 a BSDG ist ein Verstoß gegen die Benachrichtigungspflicht nach § 15 a TMG allerdings – offenbar aufgrund eines Redaktionsversehens[146] – derzeit nicht bußgeldbewehrt (vgl. § 16 TMG).

3.2.3 Pflichten nach § 109 a TKG

Mit Einführung des § 42 a BDSG zum 01.09.2009 wurde für Fälle unrechtmäßiger   *90*
Kenntniserlangung an Bestands- oder Verkehrsdaten zunächst auch in das TKG ein Verweis auf diese Regelung eingeführt (§ 93 Abs. 3 TKG a.F.).[147] Im Zuge der Umsetzung der Vorgaben der geänderten Datenschutzrichtlinie für elektronische Kommunikation durch die Cookie-Richtlinie[148] zum 10.05.2012 hat der Gesetzgeber mit § 109 a TKG den Verweis durch eine Spezialregelung ersetzt.

---

142 Gemäß § 11 Abs. 4 BDSG gelten für Auftragnehmer nur bestimmte Vorschriften des BDSG und § 42 a BDSG wird in dieser Regelung nicht benannt; auch der Berliner Beauftragte für Datenschutz und Informationsfreiheit verneint aus diesem Grund eine Anwendbarkeit auf Auftragsdatenverarbeiter (Quelle: FAQs zur Informationspflicht bei unrechtmäßiger Kenntniserlangung von Daten nach § 42 a Bundesdatenschutzgesetz (BDSG), Stand Juli 2011); gegen eine unmittelbare Anwendbarkeit des § 42 a BDSG auf Auftragsdatenverarbeiter spricht sich auch der Hessische Datenschutzbeauftragte aus (40. Tätigkeitsbericht, vorgelegt zum 31.12.2011, S. 165), außerdem *Duisberg/Picot*, CR 2009, 823, 825; *Gabel*, BB 2009, 2045, 2046.
143 Die entsprechenden Regelungen sind im Rahmen des § 11 Abs. 2 Nr. 8 BDSG (Regelungen über mitzuteilende Verstöße des Auftragnehmers oder der bei ihm beschäftigten Personen) zu treffen; siehe auch „Mustervereinbarung Auftrags-DV nach § 11 BDSG" des Regierungspräsidiums Darmstadt.
144 Zur Definition von Bestands- und Nutzungsdaten siehe Ziffer 1.5.
145 Siehe Ziffer 3.2.1.
146 So auch *Gabel*, BB 2009, 2045, 2046.
147 In der Fassung vom 01.09.2009 bis zum 09.05.2012.
148 Änderung durch Richtlinie 2009/136/EG des Europäischen Parlaments und des Rates vom 25. November 2009 mit Wirkung ab 19. Dezember 2009; die Benachrichtigungspflichten sind in Art. 4 Abs. 3 bis 5 der Richtlinie geregelt.

Betreiber von öffentlich zugänglichen Telekommunikationsdiensten („TK-Diensten") müssen im Fall von Sicherheitspannen in Bezug auf personenbezogene Daten – gleich welcher Art – unverzüglich die Bundesnetzagentur und den Bundesbeauftragten für den Datenschutz und die Informationsfreiheit (BfDI) benachrichtigen (vgl. § 109 a Abs. 1 Satz 1 TKG).

91 Sofern anzunehmen ist, dass infolge der Sicherheitspanne Teilnehmer des TK-Dienstes oder andere Personen schwerwiegend in ihren Rechten oder schutzwürdigen Interessen beeinträchtigt werden, muss der Betreiber zusätzlich die Betroffenen benachrichtigen (§ 109 a Abs. 1 Satz 2 BDSG). Die Benachrichtigungspflicht gegenüber Betroffenen entfällt grundsätzlich, wenn die von der Sicherheitspanne erfassten Daten mittels eines als sicher anerkannten Verfahrens verschlüsselt waren; die Bundesnetzagentur kann eine solche Benachrichtigung in bestimmten Fällen aber gleichwohl anordnen (vgl. § 109 a Abs. 1 Sätze 3 und 4 TKG).

Der Gesetzgeber macht den Betreibern von TK-Diensten darüber hinaus Vorgaben für den Inhalt der Benachrichtigungen gegenüber Aufsichtsbehörden und ggf. den Betroffenen; die Bundesnetzagentur ist zudem ermächtigt, Leitlinien bezüglich Format, Verfahrensweise und Umständen vorzugeben, unter denen eine Benachrichtigung zu erfolgen hat.[149]

92 Die Benachrichtigungspflicht korreliert mit einem ausdrücklichen Recht der betroffenen Teilnehmer bzw. Nutzer von TK-Diensten auf Benachrichtigung (vgl. § 93 Abs. 3 TKG). § 109 a enthält ferner einen Verweis auf das Verwendungsverbot des § 42 a Satz 6 BDSG.[150]

Um den Betreiber eines TK-Dienstes zu einer gesetzlich vorgeschriebenen Benachrichtigung zu veranlassen, kann die Bundesnetzagentur ein Zwangsgeld von bis zu 100.000 € festsetzen (vgl. § 115 Abs. 2 Satz 1 Nr. 2 TKG). Bei einer fehlenden, unrichtigen, unvollständigen oder verspäteten Benachrichtigung droht darüber hinaus eine Geldbuße von bis zu 100.000 € (vgl. § 149 Abs. 1 Nr. 21 b, Abs. 2 Satz 1 TKG). Bei der Umsetzung der Richtlinien 2009/136/EG und 2009/140/EG in nationales Recht mittels der TKG-Novelle von 2012 hat der Gesetzgeber darauf verzichtet, auch Anbieter betriebsinterner Telekommunikationsnetze (Corporate Networks) oder anderer Telekommunikationsangebote für geschlossene Benutzergruppen zur Mitteilung von Sicherheitspannen zu verpflichten (vgl. § 109 a Abs. 1 Satz 1 TKG).

3.3 EU-weite Benachrichtigungspflichten

93 Soweit absehbar, werden mit der EU-Datenschutz-Grundverordnung die dargestellten Benachrichtigungspflichten gemäß § 42 a BDSG, § 15 a TMG sowie § 109 a TKG durch ein EU-weites Konzept einheitlicher Benachrichtigungspflichten abgelöst. Abschnitt 2 des Entwurfs der Datenschutz-Grundverordnung trifft einheitliche Regelungen für verantwortliche Stellen und Auftragsdatenverarbeiter zur Datensicherheit und sieht bei Sicherheitspannen Benachrichtigungspflichten gegenüber Aufsichtsbehörden und Betroffenen vor (Art. 30 ff. Entwurf EU-Datenschutz-Grundverordnung).

---

149 Die Ermächtigung steht unter dem Vorbehalt des Erlasses technischer Durchführungsmaßnahmen durch die Europäische Kommission nach Art. 4 Abs. 5 der Richtlinie 2002/58/EG in der Fassung vom 19. Dezember 2009.
150 Siehe Ziffer 3.2.1.2.

Duisberg/Grentzenberg

Gemäß Art. 31 des Entwurfs erfordert jede „Verletzung des Schutzes personenbezogener Daten" eine unverzügliche Benachrichtigung der zuständigen Aufsichtsbehörde. Im Regelfall muss die Behörde bereits binnen 24 Stunden nach Bekanntwerden des Verstoßes umfassend informiert werden, spätere Benachrichtigungen sind begründungspflichtig.[151] Der Entwurf enthält Vorgaben für den Inhalt der Meldung und legt dem betroffenen Unternehmen eine Dokumentationspflicht auf.[152] Auch wenn die Diskussion über den Entwurf anhält, dürfte schon jetzt fraglich sein, ob die Regelfrist von 24 Stunden überhaupt handhabbar ist. Bleibt es bei der vorgeschlagenen Frist, dürfte dies in der Praxis lediglich zu einer Ausweitung des Begründungsaufwandes für später erfolgende Benachrichtigungspflichten führen.

Soweit infolge der Sicherheitspanne „die Wahrscheinlichkeit besteht, dass der *94* Schutz der personenbezogenen Daten oder der Privatsphäre von Betroffenen durch eine *festgestellte* Datensicherheitspanne beeinträchtigt wird", sind im Anschluss an die Meldung gegenüber der Behörde zusätzlich die Betroffenen zu benachrichtigen.[153] Ähnlich wie in der Datenschutzrichtlinie für elektronische Kommunikation bzw. dem darauf basierenden § 109a TKG,[154] soll die Benachrichtigungspflicht gegenüber Betroffenen entfallen, wenn die von der Sicherheitspanne betroffenen Daten durch Verschlüsselung hinreichend geschützt waren; die Benachrichtigung kann aber auch in diesen Fällen unter bestimmten Voraussetzungen von der Behörde angeordnet werden.[155]

Der Entwurf ermächtigt die Europäische Kommission, Kriterien festzulegen, *95* wann eine Verletzung des Schutzes personenbezogener Daten bzw. eine Beeinträchtigung der Betroffenen vorliegt und unter welchen Umständen verantwortliche Stellen bzw. Auftragsdatenverarbeiter einer Meldepflicht unterliegen.[156] Die Kommission soll außerdem die Form und Verfahren für Meldungen an die Behörden bzw. den Betroffenen einheitlich festlegen dürfen.[157]

Es ist zu erwarten, dass auch die Regelungen zum Umgang mit Sicherheitspannen noch erheblicher Diskussion und Fortentwicklung bis zum Erlass der EU-Datenschutz-Grundverordnung unterliegen.

3.4 „Security Breach"-Pflichten nach US-Recht

3.4.1 „Long arm-jurisdiction"

Eine Sicherheitslücke in einem in Deutschland befindlichen IT-System löst unter *96* Umständen zusätzliche Benachrichtigungspflichten nach US-amerikanischem Recht aus.[158]

---

151 Art. 31 Abs. 1 Entwurf Datenschutz-Grundverordnung vom 25.01.2012, KOM(2012) 11 endg., 69.
152 Art. 31 Abs. 3, 4 Entwurf Datenschutz-Grundverordnung, KOM(2012) 11 endg., 69 f.
153 Art. 32 Abs. 1 Entwurf Datenschutz-Grundverordnung, KOM(2012) 11 endg., 70.
154 Siehe Ziffer 3.2.3 (Benachrichtigungspflichten gemäß § 109a TKG).
155 Art. 32 Abs. 3, 4 Entwurf Datenschutz-Grundverordnung, KOM(2012) 11 endg., 70 f.
156 Art. 31 Abs. 5 bzw. Art. 32 Abs. 5 Entwurf Datenschutz-Grundverordnung, KOM(2012) 11 endg., 70 f.
157 Art. 31 Abs. 6 bzw. Art. 32 Abs. 6 Entwurf Datenschutz-Grundverordnung, KOM(2012) 11 endg., 70 f.
158 Siehe auch *Duisberg/Picot*, CR 12/2009, 823, 826 f.

Nach den Gesetzen der meisten US-Bundesstaaten treffen die Benachrichtigungspflichten alle Personen oder Unternehmen, die „in dem jeweiligen Bundesstaat Geschäfte tätigen".

Der Anwendungsbereich des Rechts der einzelnen Bundesstaaten ist nicht auf Unternehmen beschränkt, die in dem jeweiligen Bundesstaat ihren Sitz oder eine Niederlassung haben. Vielmehr haben alle Bundesstaaten der USA Gesetze zur „long arm-jurisdiction" erlassen, nach denen diese unter bestimmten Voraussetzungen auch für Personen und Unternehmen aus anderen US-Bundesstaaten oder anderen Staaten gelten.[159] Die gesetzlichen Voraussetzungen zwischen den Bundesstaaten variieren im Einzelnen, wobei typischerweise zumindest minimale Kontakte („minimum contacts") zu dem jeweiligen Bundesstaat bestehen müssen, um die Anwendbarkeit des betreffenden bundesstaatlichen Rechts auszulösen. Solche minimalen Kontakte werden angenommen, wenn Verbindungen (zumindest auch) zu dem jeweiligen Bundesstaat kontinuierlich und systematisch gepflegt werden. Für einen Internetauftritt – und damit insbesondere für die Anbieter von Online-Spielen – gilt dies nicht erst dann, wenn über die Website Geschäfte mit Ansässigen des jeweiligen Bundesstaats getätigt werden, sondern unter Umständen bereits dann, wenn die Website die interaktive Kontaktaufnahme ermöglicht, ohne dass es zu Geschäftsabschlüssen über die Webseite kommt.[160]

97 Europäische Unternehmen, die sich auf dem US-Markt bewegen bzw. diesen virtuell ansteuern, müssen damit rechnen, dass sie im Falle einer Sicherheitspanne selbst dann unter US-bundesstaatliche „Security Breach Notification Laws" fallen können, wenn sie keine Niederlassung oder sonstige Betriebsstätte in den USA unterhalten. Eine Verletzung anwendbarer „Security Breach Notification Laws" kann Geldbußen in Höhe von bis zu 250.000 US$ *pro Bundesstaat* zur Folge haben.

3.4.2 Einzelstaatliche Anforderungen

98 Nahezu sämtliche Bundesstaaten der Vereinigten Staaten von Amerika sowie Washington, D.C., Puerto Rico und die Virgin Islands haben „Security Breach Notification Laws" erlassen. Die Gesetze der einzelnen Bundesstaaten unterscheiden sich hinsichtlich der Fristen, Benachrichtigungsempfänger und inhaltlichen Anforderungen dabei zum Teil beträchtlich.[161] Allen gemeinsam ist aber, dass Unternehmen, bei denen eine Sicherheitspanne auftritt, baldmöglichst sämtliche Betroffenen wie regelmäßig auch Behörden davon in Kenntnis zu setzen haben. Hier greift nach den Regelungen der einzelnen Bundesstaaten regelmäßig der Grundsatz der „Responsible Disclosure". Nach dem vorgenannten

---

159 Vgl. hierzu *Bettinger*, GRUR-Int 1998, 660, 664.

160 Vgl. hierzu *Schack*, Einführung in das US-amerikanische Zivilprozessrecht, 4. Aufl. 2011, Rn. 65 ff.

161 Die meisten einzelstaatlichen Regelungen verlangen eine Benachrichtigung nur in Fällen des unerlaubten Zugriffs auf Vor- und Nachname (oder Anfangsbuchstabe des Vornamens und Nachname) einer Person in Verbindung mit einer der folgenden Angaben: Sozialversicherungsnummer, Kredit-/Debit-Kartennummer bzw. Kontonummer oder Führerscheinnummer. Einige Gesetze sehen eine entsprechende Verpflichtung auch mit Blick auf weitere Datenarten wie Geldautomaten-Karten, Pässe oder Geburtsurkunden sowie für Gesundheitsdaten vor; zum Regelungsinhalt beispielhaft *Spies*, MMR 2008, Heft 5, XIX.

Grundsatz ist zunächst der Hersteller zu benachrichtigen. Er erhält die Möglichkeit, die Schwachstelle zu identifizieren und den Fehler zu beheben. Kommt er dem nicht innerhalb einer angemessenen Zeit nach, wird die Öffentlichkeit über die Sicherheitspanne informiert.[162]

Der Nachweis, dass die Daten verschlüsselt waren, entbindet Unternehmen in vielen, aber nicht allen Bundesstaaten von der Benachrichtigungspflicht.[163]

3.4.3 „Breach notifications" in der Praxis

Angesichts der Vielzahl unterschiedlicher Anforderungen im Umgang mit US-Benachrichtigungspflichten ist es für jedes verantwortlich agierende Unternehmen – gerade auch im Bereich der publikationsträchtigen Online-Spiele – unverzichtbar, alle erforderlichen Vorkehrungen und internen Prozesse für ein effizientes, von der Unternehmensleitung geführtes Krisenmanagement aufzusetzen und die internen Abläufe in „dry runs" erprobt zu haben.[164] Denn mit Zunahme globaler Cyber-Kriminalität ist es geradezu zwingend vorhersehbar, dass praktisch jeder Anbieter von Online-Spielen – zumindest soweit er zahlungspflichtige Funktionen anbietet – in der einen oder anderen Form Ziel von Hackerangriffen und dadurch ausgelöster Sicherheitspannen sein wird. Dazu gehört neben der ungefilterten internen Mitteilung an das Management und der effizienten technischen Ursachenermittlung die in der Rechts- und Compliance-Abteilung vorhandene Kenntnis der einschlägigen Verfahrensanforderungen, die üblicherweise nicht zum „home-turf" der betroffenen Unternehmen gehören. Mit Blick auf die hohe Neigung der streitigen gerichtlichen Auseinandersetzungen, zu denen es auch im Fall von „Security Breaches" kommen kann, und den strengen Anforderungen an die Vorlage von Dokumentation[165] und der Beweisunterdrückung sind klare, vorher festgelegte Anweisungen zum sog. „Litigation Hold"[166] wie auch der Kommunikation mit externen Beratern im Rah-

---

162 *Cencine/Yu/Chan*, Software Vulnerabilities: Full-, Responsible, and Non-Disclosure, S. 12 f., abrufbar unter http://www.cs.washington.edu/education/courses/csep590/05au/whitepaper_turnin/software_vulnerabilities_by_cencini_yu_chan.pdf (02.11.2012). Vgl. zum Grundgedanken der „Responsible Disclosure" im deutschen Recht oben Ziffer 3.2.1.2.

163 So ist etwa im US-Bundesstaat Louisiana eine Benachrichtigung der Betroffenen auch beim Verlust verschlüsselter Daten erforderlich; eine Übersicht der gesetzlichen Regelungen der verschiedenen Bundesstaaten ist abrufbar unter http://www.ncsl.org/issues-research/telecom/security-breach-notification-laws.aspx (02.11.2012).

164 Zur praktischen Umsetzung der Benachrichtigungspflichten vgl. allgemein http://www.privacyrights.org/fs/fs12-infohandling.htm (02.11.2012).

165 Nach den Grundsätzen zu „Discovery"-Verfahren kann dies – im Gegensatz zu deutschen Zivilverfahren, die vom Verhandlungsverfahren und dem Darlegungs- und Beweisgrundsatz geprägt sind – ohne Weiteres auch die verpflichtende Vorlage von internen, der eigenen Rechtspartei nachteiligen Informationen umfassen.

166 Kann ein Unternehmen absehen, dass es in naher Zukunft zu einem Prozess kommen wird, so besteht für das Unternehmen ein Löschungsverbot im Hinblick auf sämtliche in seinem Besitz befindlichen Dokumente, die (potentiell) relevantes Prozessmaterial darstellen. Die routinemäßige Vernichtung der Dokumente muss daher ab Zustellung der Klageschrift ausgesetzt werden und alle relevanten Informationen müssen aufbewahrt, gespeichert und gesammelt werden. Auf diese Weise ist sicherzustellen, dass das jeweilige Unternehmen der Gegenpartei alle für die Rechtsverfolgung erforderlichen Informationen zur Verfügung stellen kann; vgl. dazu *Imberg/Geisl*, CCZ 2009, 190, 193.

men des „attorney client privilege" unabdingbar. Ferner sind die eigentlichen behördlichen Mitteilungen und insbesondere das Ausfindigmachen und die Form der Informationen der Betroffenen mit äußerster Sorgfalt und Blick auf die Steuerung der öffentlichen Wahrnehmung – trotz der kurzen Fristläufe – planvoll und überlegt anzugehen.

Kapitel 10

– Exkurs –
Patentability of Computer Games

1. Introduction

As discussed in the preceding chapter, computer games are implemented using   *1*
computer programs and are thus protected by copyright under the European Directive on the Legal Protection of Computer Programs[1]. More specifically, copyright protection in accordance with the said European Directive applies to the
expression of a computer program, i. e. the originally coded program.

However, it usually takes little effort to implement the functionality inherent in
a computer program/computer game in a different 'expression', i. e. code, and to
thereby circumvent the protection against direct copying afforded by copyright.
A form of protection covering not just the 'expression' of a computer program,
but also the underlying ideas and principles would therefore be desirable. Unfortunately, however, the ideas and principles which underlie (any element of) a
computer program are expressly not protected by copyright under the said European Directive even though such 'ideas and principles' result from considerable
investments and represent valuable intangible assets.

Consequently, the vital problem faced by any developer of computer programs
and, more specifically, computer games is how to (i) effectively prevent competitors from using such ideas and (ii) safeguard those investments and assets.

Patents can provide a solution to this problem provided that the idea for which
patent protection is sought has 'technical character'.

So when does an idea underlying a computer game have technical character? The basic patentability requirement of having technical character has
been the subject of much debate for more than two decades. Recent case law
has now provided substantial clarification as to the assessment of the technical character of computer games and, more generally, computer-implemented
inventions.

Before discussing in detail the patentability requirements to be fulfilled by an   *2*
idea in the field of computer games, an illuminating example shall be given as to
what the European Patent Office deems to be a patentable idea having technical
character. To this end, reference is made to a pertinent European patent[2] granted in 2011 and entitled '*Displacement of a virtual articulated object in a virtual
environment avoiding collisions between the articulated object and the environment*'. This patent thus deals with a typical aspect of a game engine, i. e. collision detection.

More specifically, the patented invention relates to a method of moving a
virtual articulated object in a succession of unit movements in a virtual environment. An illustrative figure from said patent is reproduced below.

---

1   Directive (EC) 24/2009 of 23 April 2009, OJ 2009 no. L111/16 of 5 May 2009.
2   EP 1 528 511 B1.

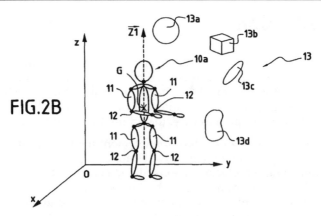

FIG.2B

Patented invention related to collision detection

According to the patented invention, the articulated object (10) is specified in said environment (13) by a global position, a global orientation, and a plurality of joint angles defining the positions of a set of articulated elements (11) making up said articulated object. Moreover, the patented invention refers to method steps such as calculating an interaction distance between the articulated object (10) and its environment (13) and, after each unit movement in a succession of unit movements, determining whether a collision has occurred between the articulated object (10) and its environment (13).

While, on the face of it, the European patent in question predominantly relates to objects in a non-physical environment as well as to conducting various 'mathematical' steps, the competent Examining Division of the European Patent Office held that the subject-matter of said patent has technical character. Consequently, this example shows that the above-mentioned patentability requirement according to which computer-implemented inventions must have technical character in order to be patentable is not to be interpreted too narrowly in practice.

3   Moreover, this example is also a case in point showing why the number of patent applications and granted patents with respect to such computer-implemented inventions has grown substantially over the past years. In fact, according to the European Patent Office, *'patent applications for computer-based inventions have the highest growth rate among all patent categories presented to the European Patent Office over the past few years'*[3].

The increasing open-mindedness of the European Patent Office towards computer-implemented inventions finds further corroboration in the fact that the European Patent Office often defines the so-called 'person skilled in the art', i. e. a fictitious technical expert to whom reference is made when assessing the patentability of an invention, as being a software developer or software engineer[4]. For example, in two particularly pertinent cases, the said technical expert was de-

---

3   http://www.epo.org/news-issues/issues/computers/software.html.
4   T931/95, point 8; downloadable from the European Patent Office's website at http://www.epo.org/law-practice/case-law-appeals/basic-search.html.

fined as a *'software developer specialising in computer games'*[5] and as a *'gaming software engineer skilled in the field of computer games'*[6].

In recent years, the case law developed especially by the Boards of Appeal of the European Patent Office and the German Federal Court of Justice has converged significantly. However, other national jurisdictions in Europe have yet to fully adapt to the European Patent Office's approach of treating computer-implemented inventions on the same footing as inventions in other fields of technology. The UK courts, for instance, are still more critical than the European Patent Office when it comes to assessing the patentability of computer-implemented inventions. As a result, the outcome of this assessment may differ from jurisdiction to jurisdiction across Europe.

The remainder of this chapter aims to elucidate the basic patentability require-   *4* ments to be fulfilled by computer-implemented inventions such as computer games. To this end, we will firstly summarise the legal framework and secondly give an upshot of the interpretation of the said legal framework according to the pertinent case law. In the final section of this chapter, practical hints will be derived and explained.

2. Legal basis

European patents are granted by the European Patent Office under the European   *5* Patent Convention ('EPC'). A granted European patent has, in each of the contracting states for which it is granted, the effect of and is subject to the same conditions as a national patent granted by the national Patent Office of that state[7]. As to the patentability requirements to be met by an invention, the pertinent legal provisions contained in the EPC substantially correspond to those contained in the respective national Patent Acts[8]. Consequently, the ensuing discussion will be limited to the patentability requirements contained in the EPC.

According to Article 52(1) EPC, European patents shall be granted for any inven-   *6* tions, in all fields of technology, provided that they are new, involve an inventive step, and are susceptible of industrial application.

Thus, the first and most basic requirement is that a claimed invention makes a contribution in a field of technology, i.e. that it has technical character. Consequently, the patent claims shall define the subject-matter for which protection is sought in terms of the technical features of the invention[9]. Likewise, the technical problem to be solved by the claimed subject-matter and the technical field to which it relates are to be specified – at least implicitly[10].

---

5   T1793/07, point 3.3 (http://www.epo.org/law-practice/case-law-appeals/basic-search. html).

6   T1543/06, point 5.2 (http://www.epo.org/law-practice/case-law-appeals/basic-search. html).

7   Article 2(2) EPC.

8   See, for example, section 1 of the UK Patents Act 1977 or § 1 of the German Patentgesetz.

9   Rule 43(1) EPC.

10   Rule 42(1)(a) and (c) EPC.

In addition, Article 52(2) EPC expressly sets forth a list of the subject-matter or activities which shall not be regarded as patentable inventions ('list of exclusions'). This non-exhaustive list of exclusions includes mathematical methods, rules for playing games, programs for computers, and presentations of information. However, pursuant to Article 52(3) EPC, the patentability of the subject-matter or activities just mentioned is excluded only to the extent to which the claimed invention relates to such subject-matter or activities 'as such'.

7　Thus, at first glance, the EPC seems to clearly define what is patentable and what is not. Upon closer inspection, however, one finds that the EPC contains various undefined legal terms – such as the terms 'invention', 'technical' or 'as such'. Without further interpretation of those terms it is impossible to ascertain whether an invention is patentable or not under the EPC. This is particularly true with respect to ideas in the field of computer games which typically include aspects relating to the very subject-matters and activities which, at least 'as such', are expressly excluded from patentability, i. e. mathematical methods, rules for playing games, and, above all, programs for computers.

8　The required interpretation of the EPC is ultimately assigned to the Boards of Appeal of the European Patent Office[11]. Consequently, the interpretation of those patentability requirements derived from the pertinent case law of the Boards of Appeal of the EPO will be summarised below in the section entitled 'The EPO's interpretation of the patentability requirements'.

As mentioned above, a granted European patent has, in each of the contracting states for which it is granted, the effect of and is subject to the same conditions as a national patent. The EPC thus leaves it to the national courts of each contracting state to deal with the infringement and revocation of European patents (as far as the European patent in question concerns that contracting state). National courts, however, may interpret the EPC differently. Accordingly, the interpretation arrived at by the German Federal Court of Justice (being the final German court of appeal in infringement as well as revocation matters) will be reviewed and contrasted with the one of the EPO's Boards of Appeal in the section entitled 'Pertinent case law of the German Federal Court of Justice'.

It should be noted in this context that 25 EU/EPC member states have very recently agreed to implement a uniform system of patent protection (as of January 2013). We will touch on this development and its ramifications below, in the section entitled 'Practical advice'.

To begin with, however, a brief discussion of the historical development of and the amendments to the EPC will be given to set the scene for the subsequent interpretation of those patentability requirements.

3. Historical development

9　The European Patent Convention ('EPC') was signed in 1973 and entered into force in 1978. The EPC was not the first to contain a list of exclusions from pa-

---

11　G03/08, points 7.2.5 and 7.3.2 (http://www.epo.org/law-practice/case-law-appeals/basic-search.html).

tentability. Rather, such a list (excluding, amongst others, programs for computers from patentability) was already known from Article 7 of the French Patent Act (1968) as well as Rules 39.1 and 67.1 of the Patent Cooperation Treaty (1970). By contrast, such a list of exclusions was not introduced into most of the other national Patent Acts until after the EPC was signed or even came into force. For instance, as far as the UK Patents Act and the German Patentgesetz are concerned, this took until 1977 and 1980, respectively.

At the Diplomatic Conference convening in Munich in 1973 to prepare the EPC, the examples set by the French Patent Act and the Patent Cooperation Treaty were taken into consideration in the final drafting of the EPC. However, to further clarify and limit the said exclusions from patentability, the above-mentioned 'as such' proviso was added to the EPC. The underlying purpose of this addition was to set a bar limiting the extent to which the subject-matter and activities on the list are to be excluded from patentability. Otherwise, i.e. without this clarification, *'this could lead to the erroneous conclusion that a broad interpretation should be given'* to the subject-matter and activities on the list of exclusions[12].

Subsequently, technical character as the most basic patentability requirement   *10* was expressly confirmed by the Conference of the Contracting States revising the EPC in 2000. To emphasise this point, the original wording of Art. 52(1) EPC 1973 was amended in the EPC 2000 to refer to inventions *'in all fields of technology'*. According to the Proposal for the Revision of the EPC[13] based on which the revised EPC 2000 was eventually approved by the Conference of the Contracting States, *'the point must be made that patent protection is reserved for creations in the technical field. This is now clearly expressed in the new wording of Article 52(1) EPC. In order to be patentable, the subject-matter claimed must therefore have a "technical character" or to be more precise – involve a "technical teaching", i.e. an instruction addressed to a skilled person as to how to solve a particular technical problem using particular technical means. It is on this understanding of the term "invention" that the patent granting practice of the EPO and the jurisprudence of the Boards of Appeal are based.'*

The jurisprudence of the Boards of Appeal has in fact adopted and refined this understanding of the term invention, as will be discussed in the next section.

4. The EPO's interpretation of the patentability requirements

According to the constant jurisprudence of the EPO's Boards of Appeal, the term   *11* invention as used in the EPC is to be construed as 'subject-matter having technical character'[14]. Consequently, for examining patentability of a claimed invention, the claim must, first of all, be construed to determine the technical features

---

12   T154/04, point 6, including further references (http://www.epo.org/law-practice/case-law-appeals/basic-search.html).

13   T154/04, point 8, including further references (http://www.epo.org/law-practice/case-law-appeals/basic-search.html).

14   T154/04, point 5(B); T 931/95, headnote (http://www.epo.org/law-practice/case-law-appeals/basic-search.html).

of the claimed invention, i.e. the features (if any) which contribute to the technical character of the invention[15]. Those features which do not contribute to the technical character are referred to as non-technical features[16]. Taken in isolation, they typically relate to subject-matter or activities on the above-mentioned list of exclusions[17], such as programs for computers, mathematical methods or rules for playing games.

12 As already set forth in some of the earliest decisions[18] dealing with the patentability of computer-implemented inventions, it is admissible to have a mix of technical and non-technical features in a claim as long as the use of non-technical features does not detract from the technical character of the overall teaching. In fact, when construing the features of the claim, it may become apparent to the skilled person that seemingly non-technical features interact with the technical features of the claim to generate a technical effect. In that context, it is decisive what (technical) contribution the claimed invention when considered as a whole makes in a technical field[19].

13 In examining the technical character of computer-implemented inventions, early decisions[20] of the Boards of Appeal often followed the so-called 'contribution approach'. The term 'contribution' encompasses not just technical means (i.e. tangible features), but also technical effects (resulting from the implementation of said features)[21]. According to this approach, in order to have technical character, the claimed subject-matter has to relate to technical means or achieve a technical effect different from the technical means/technical effects known in the prior art. As a result, if no such technical means/effects can be identified, there is no 'technical contribution' and the claimed subject-matter does not have technical character, i.e. the claim is deemed to relate to excluded subject-matter or an excluded activity 'as such'[22]. In a recent decision[23], the EPO's Enlarged Board of Appeal used the following example to illustrate this approach: consider a patent claim directed to a cup carrying a certain picture, wherein no effect beyond information, brand awareness or aesthetic pleasure is ascribed to the picture. While the patent claim clearly refers to technical means (i.e. a cup), those technical means are known, so that the claim is considered to relate to an aesthetic creation or a presentation of information 'as such'.

---

15 T154/04, point 5(E) (http://www.epo.org/law-practice/case-law-appeals/basic-search. html).

16 T1543/06, point 2.1 (http://www.epo.org/law-practice/case-law-appeals/basic-search. html).

17 Article 52(2) EPC.

18 T26/86, headnote; T208/84, point 16 (http://www.epo.org/law-practice/case-law-appeals/basic-search.html).

19 T208/84, point 16 (http://www.epo.org/law-practice/case-law-appeals/basic-search. html).

20 T52/85, point 5; T38/86, point 12 (http://www.epo.org/law-practice/case-law-appeals/basic-search.html).

21 T1543/06, point 2.5 (http://www.epo.org/law-practice/case-law-appeals/basic-search. html).

22 Dai Rees "Patentability of computer-implemented inventions at the EPO", Special Edition 1 of OJ EPO, p. 93 et seq., point 2.3.

23 G3/08, point 10.6 (http://www.epo.org/law-practice/case-law-appeals/basic-search. html).

The Boards of Appeal, however, abandoned this 'contribution approach' in the mid-1990s by stating that determining the technical contribution an invention achieves with respect to the prior art is more appropriate for the purpose of examining novelty and inventive step than for deciding on possible exclusions from patentability[24]. As expressly stated in several of the more recent decisions, there is no basis in the EPC for applying the 'contribution approach' for this purpose[25]. Consequently, according to the more recent case law, the presence of technical character in an invention is an absolute requirement which does not imply any contribution relative to the prior art.

As a result, an invention is now generally considered to have technical character if *14* it relates to a technical teaching providing a solution to a particular technical problem and achieving a technical effect using particular technical means[26]. More specifically, a claimed invention is typically already deemed to have technical character and thus cannot be excluded from patentability if the claims are directed to an apparatus comprising technical means or a method involving technical means[27].

For instance, an apparatus set up to carry out a computer program (such as a computer game) is not excluded from patentability regardless of whether the program is patentable since the apparatus constitutes a physical means having physical (and thus technical) features[28]. In agreement with this approach, a computer-readable medium having computer-executable instructions on it (i. e. a computer program stored on a medium such as a DVD or a USB stick) to cause the computer system to perform certain method steps has technical character since it relates to a technical product involving technical means[29].

Likewise, a method which concerns the use of technical means is not excluded from patentability – regardless of whether the claimed method uses the technical means for a purely non-technical purpose (such as for the implementation of a game rule as such) and/or for processing purely non-technical information[30], whether the claimed method may be put into practice with the help of a computer program[31], or whether the technical means implementing the method relate to a process carried out on a physical entity (which may be a material object or an image stored as an electric signal)[32].

---

24 T1173/97, point 8 (http://www.epo.org/law-practice/case-law-appeals/basic-search. html).

25 G3/08, T931/95, headnote (http://www.epo.org/law-practice/case-law-appeals/basic-search.html).

26 T172/03, point 3; T931/95, point 2 (http://www.epo.org/law-practice/case-law-appeals/basic-search.html).

27 T258/03, points 3 and 4; T424/03, headnote (http://www.epo.org/law-practice/case-law-appeals/basic-search.html).

28 T1543/06, point 4.1; T258/03, point 3; T931/95, point 5 (http://www.epo.org/law-practice/case-law-appeals/basic-search.html).

29 T424/03, headnote (http://www.epo.org/law-practice/case-law-appeals/basic-search. html).

30 T258/03, point 4 (http://www.epo.org/law-practice/case-law-appeals/basic-search. html).

31 T424/03, point 5.1 (http://www.epo.org/law-practice/case-law-appeals/basic-search. html).

32 T208/84, point 5 (http://www.epo.org/law-practice/case-law-appeals/basic-search. html).

In short, according to this more recent approach, technical character may thus result either from the physical features of an apparatus or, for a method, from the use of technical means[33]. Moreover, by having technical character, any apparatus, method, etc., even if formally relating to subject-matter or activities on the list of exclusions, is not excluded from patentability[34].

15 So what does this 'any-technical-means' approach imply for a claim expressly directed to, for example, a computer program, i. e. to subject-matter which, 'as such', would be excluded from patentability? This depends on the particular technical effect (if any) caused by the claimed computer program when run on a piece of hardware. When determining this technical effect, the legal exclusion of computer programs 'as such' is taken into account by assuming that any computer program 'as such', when run, implies a 'normal' technical effect to the extent that certain common physical modifications (e. g., electrical currents) of the hardware on which it is run are caused. Consequently, the required technical effect has to be a 'further' technical effect going beyond this 'normal' technical effect[35]. Put differently, the mere implementation of a computer program on a computer does not constitute a solution to a particular technical problem using particular technical means.

16 Consequently, an invention having technical character is present in the case of an invention where a piece of software manages, by means of a computer, a technical process or the working of a piece of machinery[36]. An invention having technical character is also present in those cases in which a program for a computer is the only means, or one of the necessary means, of obtaining a 'further' technical effect. For example, a 'further' technical effect of this kind is achieved by the internal functioning of a computer itself under the influence of said program[37]. To give another example, if the claimed computer program solves a technical problem by technical means in that functional data structures are used in order to enhance the internal operation of a computer system, then a 'further' technical effect is present so that the claimed computer program has a technical character[38].

Just like inventions in other fields of technology, computer-implemented inventions must provide an inventive technical contribution to the prior art in order to be patentable[39]. In the assessment of inventive step only those features contributing to the technical character – i. e. those features contributing to a technical

---

33 T1543/06, points 2.2 and 4.1; T258/03, points 4.1 and 4.7 (http://www.epo.org/law-practice/case-law-appeals/basic-search.html).

34 T154/04, point 7 (http://www.epo.org/law-practice/case-law-appeals/basic-search.html).

35 G3/08, points 10.3 and 13.5; T1173/97, point 6 (http://www.epo.org/law-practice/case-law-appeals/basic-search.html).

36 T208/84, points 5 and 12 (http://www.epo.org/law-practice/case-law-appeals/basic-search.html).

37 T1173/97, points 6.5 and 6.6 (http://www.epo.org/law-practice/case-law-appeals/basic-search.html).

38 T424/03, points 5.2 and 5.3 (http://www.epo.org/law-practice/case-law-appeals/basic-search.html).

39 T154/04, points 9 and 10 (http://www.epo.org/law-practice/case-law-appeals/basic-search.html).

solution of a technical problem by providing a technical effect – will be considered[40].

In summary, the European Patent Office has thus lowered the 'entrance barrier' in relation to software-related inventions to a level which is comparable with the one applied with respect to inventions in other fields of technology. Due to the clarifying case law discussed above, the patentability requirements to be fulfilled by software-related inventions have become much more transparent.   *17*

5. Pertinent case law of the German Federal Court of Justice

The position of the German Federal Court of Justice is similar to the one developed by the EPO's Boards of Appeal. This holds true both for patents granted under the EPC and for patents granted under the corresponding national provisions.   *18*

To begin with, the German Federal Court of Justice, similar to the EPO, abandoned the so-called 'contribution approach' in the early 1990s[41]. Thus, the question of whether an invention has technical character or not is to be answered without having regard to the prior art. In other words, the two patentability requirements of whether an invention (i) has technical character and (ii) involves an inventive step are two separate requirements. Consequently, the first requirement (i) is an absolute requirement, i. e. it must be answered based solely on the inherent character of the claimed invention, whereas the second requirement (ii) is a relative requirement, i. e. it must be answered relative to what is already known in the pertinent field of technology.

As to the question of whether an invention has technical character or not, the Federal Court of Justice noted already in the early 1990s that a method directed to a computer program has technical character if it affects the operation of the underlying data processing system to thereby facilitate the direct interaction of certain elements of the system[42], controls the operation of an external technical entity[43] or is otherwise based on technical considerations[44]. Moreover, an apparatus is always deemed to have technical character, irrespective of whether the said apparatus is configured to run a computer program or conduct an activity which, as such, is excluded from patentability[45].   *19*

The German Federal Court of Justice recently confirmed and further refined this general approach: when dealing with inventions relating to apparatuses and methods (programs) of electronic data processing, the first question to ask is whether the claimed subject-matter or at least an aspect thereof resides in a   *20*

---

40   T641/00, first headnote and point 6 (http://www.epo.org/law-practice/case-law-appeals/basic-search.html).
41   BGH 11.06.1991 – X ZB 13/88 – BGHZ 115, 11, third headnote and point 5d.
42   BGH 11.06.1991 – X ZB 13/88 – BGHZ 115, 11, first headnote and point 5c.
43   BGH 04.02.1992 – X ZR 43/91 – BGHZ 117, 144, second headnote.
44   BGH 13.12.1999 – X ZB 11/98 – BGHZ 143, 255, headnote and points 4f – h.
45   BGH 11.05.2000 – X ZB 15/98 – BGHZ 144, 282, headnotes.

field of technology, i.e. whether it has technical character[46]. If the claimed subject-matter relates to an apparatus, such as a data processing system, the said apparatus has technical character irrespective of whether it is specially configured to run a certain computer program or not[47]. If the claimed subject-matter relates to a method/program implemented on a data processing system, the said method likewise has technical character if it is directed to the use of technical components of the data processing system[48] or at least implies such a use[49]. Similarly, the said method has technical character if it serves the purpose of processing, storing or transmitting data by means of a technical entity[50].

If the answer to this first question is in the affirmative, the second question to ask will be whether the claimed invention represents a program for computers 'as such' and is thereby excluded from patentability. Consequently, a method/program having technical character may still be excluded from patentability as a 'computer program as such'. According to the Federal Court of Justice, the acid test is whether the claimed method/program includes a teaching providing a solution to a particular technical problem using technical means[51]. For instance, when dealing with a computer program, such a teaching providing a solution to a particular technical problem using technical means is present if components are modified or addressed in a different fashion[52]. It is worth noting that this condition is similar to the one defined by the EPO's Boards of Appeal requiring that a 'further technical effect' be present (see above).

Moreover, according to the German Federal Court of Justice, it even suffices that the operation of a program is determined by external factors or that the solution can be seen in the program being configured to take into account the technical parameters of the data processing system on which it runs[53].

21 Thus, similar to the EPO, the German Federal Court of Justice treats computer-implemented inventions very much like inventions in other fields of technology. Moreover, one can see from the examples given above that it should be possible in many if not most cases to draft the patent claims in such a way that the claimed subject-matter has technical character. Just like any other invention, however, the question then remains as to whether the claimed invention is actually new and involves an inventive step. It is noted that, also according to the German Federal Court of Justice, only those features are to be taken into account when assessing inventive step which determine or at least contribute to a non-obvious solution of a technical problem with technical means[54].

---

46   BGH 24.02.2011 – X ZR 121/09 – GRUR 2011, 610, first headnote.
47   BGH 22.04.2010 – Xa ZB 20/08 – BGHZ 185, 214, point II.4 b.
48   BGH 22.04.2010 – Xa ZB 20/08 – BGHZ 185, 214, headnote and point II.4 b.
49   BGH 24.02.2011 – X ZR 121/09 – GRUR 2011, 610, second headnote.
50   BGH 26.10.2010 – X ZR 47/07 – GRUR 2011, 125, point III.1 a.
51   BGH 24.02.2011 – X ZR 121/09 – GRUR 2011, 610, first headnote.
52   BGH 24.02.2011 – X ZR 121/09 – GRUR 2011, 610, point III.1 c bb)
53   BGH 24.02.2011 – X ZR 121/09 – GRUR 2011, 610, point III.1 c cc); BGH 22.04.2010 – Xa ZB 20/08 – BGHZ 185, 214, point II.4 c cc).
54   BGH 18.12.2012 – X ZR 3/12 – GRUR 2013, 275, second headnote; BGH 26.10.2010 – X ZR 47/07 – GRUR 2011, 125, second headnote.

6. Practical advice

Due to the growing importance of computer-implemented inventions and the   *22*
converging case law regarding their patentability, the number of patent applications and, more importantly, granted patents regarding computer-implemented inventions is rising in Europe. Likewise, the number of contentious proceedings (litigation/nullity) has increased significantly, especially before the German
courts which handle well more than 50 % of all the cases in Europe.

This development implies chances as well as risks for any company active in this
field.

As to the chances, patents protect concepts rather than just 'code' and thus com-   *23*
plement the protection afforded by copyright. Consequently, by building up a
suitable patent portfolio, it is possible to effectively prevent competitors from using identical or even similar concepts. Alternatively, patented technology may
be licensed out or sold to generate additional revenue streams. While patent protection is not 'for free', the cost involved in building up and maintaining a patent
portfolio is money well spent and typically amounts to just a fraction of the total amount spent on developing the underlying ideas and concepts protected by
the patent portfolio.

Moreover, patents and patent applications form intangible, tradable assets contributing to the value of a company. As a case in point, the outcome of the auction
of Nortel Networks' patent portfolio, conducted in 2011, has raised the bar on the
valuation of such intellectual property assets: Google's opening bid of $ 900m
was far exceeded by the winning bid of $4.5bn made by a consortium of Apple,
EMC, Ericsson, Microsoft, RIM, Samsung and Sony. To give another example,
Google announced a $12.5bn takeover of mobile phone company Motorola Mo-
bility in August 2011 with a view to boosting its patent portfolio and better competing with rivals such as Apple, which is in a series of court battles with makers
of Android products. In August 2012, Kodak put up some 1,100 of its digital im-
aging patents for sale seeking more than $2bn for its innovations. Kodak's hope
is that this will help it emerge from bankruptcy in better shape.

Further, it is questionable whether the innovation rate of the gaming industry
or, in fact, of any other software-related industry is such as to make patent protection irrelevant. It rather seems that certain basic concepts (Windows, MPEG,
etc.) have a lifetime spanning several years, if not decades. Thus, being first-to-
market with a specific product is just as important as being the first to seek patent protection for the newly developed (software) technologies incorporated in
said product.

Another point worth mentioning is that is not necessary to disclose the actual
source code when filing a patent application. In fact, while short excerpts from
programs written in commonly used programming languages can be accepted if
they serve to illustrate an embodiment of the invention, submission of an entire
source code is not required and even positively discouraged by the EPO.

As to the risks, any company should be aware of the potential threats posed by   *24*
the patent portfolios of its competitors. More specifically, when developing and
especially before launching a new product or service, it is highly advisable to

conduct a freedom-to-operate analysis in order to identify relevant patents in this field held by third parties. If the relevant patents held by third parties are identified early enough, it should normally be possible either to design around those patents or to obtain a favourable licensing agreement at an early stage without delaying the market entry of the new product/service. It is worth emphasising that even if a certain tool or program forming part of this new product/service is distributed as 'open source' software, it may still infringe third parties' patents.

In addition to conducting an ad-hoc freedom-to-operate analysis for a particular product, it is also possible to monitor a particular competitor's patent activities in a certain field on a more regular basis by installing a suitable patent monitoring process. The resulting insights into a competitor's R&D efforts and, above all, potentially harmful patents may then serve as an invaluable input to one's own product development as well as patent filing activities. Moreover, if the patent monitoring process is conducted on a regular basis, potentially harmful European patents may be identified and attacked, if need be, within the so-called opposition period at relatively small cost.

As already mentioned, there will soon be a unitary system of patent protection in most EU member states. The new unitary European patent will have unitary effect in all of the participating states, whereas a classical European patent has to be separately enforced in every state for which it was validated. The unitary European patent will co-exist with national patents and with classical European patents, so that patent proprietors will in future have an additional route to patent protection in Europe.

Chapter 11

The Law of Video and Computer Games in Belgium

1. Copyright in connection with video and computer games and its components

The main question related to the legal protection of video and computer games in Belgium concerns the applicability of copyright provisions. However, reducing the scope solely to copyright does not fully portray the complexity of the legal reality. Indeed, other legal sources granting protection to video and computer games must be examined in order to acquire a full understanding of the legal framework.

There are no specific rules applicable to the phenomenon of "multimedia". However, certain general rules related to copyright, computer programs, audiovisual works or databases must be jointly addressed. Hence, the panoply of rules that may apply raises many difficulties due to the complex nature of multimedia works.

Video and computer games may be qualified as multimedia products, which are inherently complex, incorporating text, images, sounds, etc., all of which are connected in many ways with the appropriate software. The question that shall therefore be raised is 'which legal protection is applicable to such multimedia works?' How should they be qualified under Belgian law: as audiovisual works, computer programs, databases, giving rise to copyright protection or first fixations of films? This discussion is of utmost importance as each type of work is governed by specific rules in order to determine to whom the rights are assigned[1], in addition to being subject to general copyright rules. In practice, the implementation of such rules is complicated by the fact that multimedia works are often the result of collaborative efforts and sometimes of derivative works.

1.1 Copyright protection

The Belgian Copyright Act of 30 June 1994 ("BCA") grants protection to "literary or artistic works"[2]. Two criteria must be met in order to benefit from copyright protection: (i) the creation must be original[3] and (ii) the creation must be externalised in a concrete form. Even though the BCA does not explicitly present the originality condition, it is commonly accepted by courts and amongst academics that it is the main criterion to be appreciated. In the same vein, the BCA does not clearly impose the second condition, but it is unanimously established by academics and in case law that the work must also be sufficiently externalised in a concrete form to benefit from copyright protection.

The author of a literary or artistic work shall have the right to reproduce his work or to have it reproduced in any manner or form whatsoever; to communicate it to the public by any process; or to authorize adaptation, translation, rental or lending of his work. In other words, a work may not be used without the author's consent. An author may assign his copyright to others, wholly or in part.

1

2

---

1   Van Asbroeck, B., L'œuvre B.D. multimedia – essai comparatif en droit belge et français, in Droit d'auteur et bande dessinée, Bruylant, Brussels, 1997, p. 166.
2   Article 1 BCA.
3   A creation must be original on its own and bear the personal stamp of the author.

However, the author shall enjoy an "inalienable" moral right to his work[4]. According to Article 1 BCA, an author has *inter alia* the right to respect for his work that shall permit him to oppose any distortion, mutilation or any other alteration to his work or any other prejudicial act that may damage his honour or reputation.

3 A video or computer game consists of numerous "works", such as the audio and visual materials. If those aspects meet both conditions of originality and form, they will be protected under copyright provisions as laid down in the BCA, without any requirement of preliminary formalities of registration or filing (subject to evidentiary issues).

1.2 Software

4 Copyright protection of software is governed under Belgian law by the Act of 30 June 1994 ("BSA"). The BSA transposes the Council Directive of 14 May 1991 on the Legal Protection of Computer Programs[5] into national law. The general Belgian Copyright Act is considered as *lex generalis*, while the Belgian Software Act is the *lex specialis*. Therefore, the BCA will apply to software, to the extent that the BSA does not provide any specific provisions.

5 Computer programs (including preparatory materials) are protected by copyright and are equivalent to literary works within the meaning of the Berne Convention for the Protection of Literary and Artistic Works[6]. Contrary to the BCA, the BSA explicitly stipulates that only original computer programs may benefit from copyright protection. According to Article 2 BSA, the originality requirement means that the computer program needs to be the own intellectual creation of the author and no other criteria may be used to determine whether the program can be subject to copyright protection. However, there is no legal definition of the originality requirement. A computer program is only deemed to be the own intellectual creation of the author if the personal stamp[7] of the author is visible in the work[8]. Consequently it is required, but not sufficient, that the author has freedom of choice when creating his work. Belgian doctrine underlines the need for the personal contribution of the author to be sufficiently substantial. However, in practice, this criterion, as applied by courts, constitutes a fairly low threshold[9].

6 In the past two decades, the application and interpretation of the European Directive on the protection of computer programs did not lead to great difficulties.

---

4 *Gotzen, F.*, De algemene beginselen van de vermogensrechten en van de morele rechten van de auteur volgens de wet van 30 juni 1994, in Belgisch auteursrecht van de oud naar nieuw, Bruylant, Brussels, 1996, p. 67.

5 Directive (EC) 91/250 of 14 May 1991, OJ 1991 no L122/42 of 17 May 1991.

6 *Keustermans, J.*, Software, Chips and Databanken, in Belgisch auteursrecht van de oud naar nieuw, Bruylant, Brussels, 1996, p. 457.

7 *Buydens, M.*, "Le génie, l'effort et l'exposition, ou les limites du concept d'originalité en droit d'auteur", Rev. Dr. ULB, 2007, pp. 74–75, 80–81 and 84.

8 Some academics refute the applicability of the personal stamp criterion regarding computer programs, preferring to justify the copyright protection based on the programmer's invested work for the creation of the software (*Buydens, M.*, note under Cass., 3 September 2009, I.R.D.I., 2009, p. 418).

9 *De Visscher, F.* and *Michaux, B.*, Précis du droit d'auteur et des droits voisins, Bruylant, Brussels, 2000, p. 18.

Van Asbroeck/Debussche

The situation is changing however due to recent preliminary rulings of the ECJ[10]. According to its judgment of 22 December 2010[11], while source and object codes of a computer program can be protected as software, the graphical user interface does not enjoy the protection of the BSA, but may be protected by copyright as an artistic work under the general rules of the BCA[12]. Furthermore, in its decision of 2 May 2012[13] the ECJ decided that neither the functionality of a computer program nor the programming language constitute a form of expression, for the purpose of the software copyright provisions. They may nonetheless be protected under the general rules of copyright in accordance with the BCA, provided they fulfil the required conditions.

In light of the above, the BSA is likely to apply to operating systems as well as to   7
application software used to perform specific tasks (e. g. word processing, inventory management, etc.). Moreover, academics consider that "electronic games" may also be protected under the BSA, as computer programs appear to be the essential component of a video or computer game[14]. Accordingly, it is inconceivable that a video game does not include a computer program, since there must be constant instructions, in reaction to the user's commands, to respond to the evolution of the game, to progress through the game in a certain order, and sometimes to create new responses to suit the user's needs. Therefore, video and computer games may in principle benefit from the copyright protection of software (provided that the program is original), but such protection will solely cover part of the work, often the least visible one to the user[15].

1.3 Database

Directive 96/9/EC of the European Parliament and the Council of 11 March   8
1996 on the legal protection of databases[16] has been transposed by the Act of
31 August 1998 on the Legal Protection of Databases, and by specific provisions
introduced in the BCA regarding databases (Articles 20*bis* to 20*quater* of Section 4*bis*). A database is defined as *"a collection of works, data or other independent elements, arranged in a systematic or methodical way and capable of being individually accessed by electronic or other means"*[17]. The Act of 31 August 1998 organizes a *sui generis* right which accrues *ab initio* to the benefit of the producer, meaning the person taking the initiative and investment risks. Furthermore, Article 20*bis* BCA provides that the databases which, by the choice

---

10   See in particular ECJ, 10 December 2010, C-393/09 (Bezpečnostní softwarová asociace
     – Svaz softwarové ochrany vs. Ministerstvo kultury); ECJ, 2 May 2012, C-406/10 (SAS
     Institute Inc. vs. World Proramming Ltd); and ECJ, 3 July 2012, C-128/11, (UsedSoft
     GmbH vs. Oracle International Corp.).
11   ECJ, 10 December 2010, C-393/09.
12   *Janssens, M-Ch.*, "Bescherming van computerprogramma's: oude wijn in nieuwe vaten?, D.A.O.R., 2011, p. 212.
13   ECJ, 2 May 2012, C-406/10.
14   *Strowel, A.* and *Lardinois, J-C.*, Guide juridique de l'entreprise – Traité théorique et
     pratique, 2nd ed., Kluwer, Brussels, 2007, title X, book 100.1, p. 49.
15   *De Visscher, F.*, Quelques considérations premières pour aborder les problèmes de
     propriété intellectuelle à propos du commerce électronique, in X., Le commerce électronique, Bruylant, Brussels, 1999, p. 135–182.
16   Directive (EC) 9/1996 of 11 March 1996, OJ 1996 no L077/20 of 27 March 1996.
17   Article 20bis BCA.

and arrangement of their contents, constitute the author's own creation, are protected as such by copyright. However, neither the *sui generis* right nor the protection of databases by copyright extends to works or data contained in the database.

According to many academics, the definition of a database above, which emphasises the importance for the elements to be independent, excludes audiovisual works, as well as a vast majority of literary works, which are conceived from the outset as indivisible and complete "wholes", in which the different elements are designed linearly[18].

9 The database legal protection will apply to an important part of a video or computer game, namely the one containing the various data, information, graphical, audio and visual elements, which are almost always part of multimedia works (provided that the conditions for database protection are met).

1.4 Audiovisual work and first fixations of films

10 The Belgian legislator did not define the notion of "audiovisual work" in the BCA, but the preparatory works of 1992[19] contain the following definition: "*cinematographic work or work expressed by an analogous process of cinematography that uses the image, or a combination of sound and image, to the exclusion of any reproduction of this work*". If the work can be qualified as an "audiovisual work", it will be governed by the specific provisions of Articles 14 to 20 BCA, in addition to the general provisions of the BCA imposing originality and form. These specific provisions provide, that in addition to the main director, the natural persons who have participated in the creation of an audiovisual work shall be deemed authors (where the author of the screenplay, the author of the adaptation or the words, the graphical authors in case of animated works or sequences and the authors of musical compositions, are presumed to have jointly created the work)[20].

11 In addition to the concept of "audiovisual work", the BCA also defines the notion of "films". "The term "film" shall designate a cinematographic or audiovisual work or moving images, whether or not accompanied by sound"[21]. The producer of the first fixation of a film, holder of a neighbouring right, is any person who, for the first time, operates the fixation of the images. The most important differences between this neighbouring right and copyright rest in the absence of any requirement regarding originality, and the duration of protection[22].

---

18 *De Visscher, F.*, op.cit; *Strowel, A.* and *Triaille, J. P.*, Le droit d'auteur, du logiciel au multimédia, Kluwer-Bruylant, Brussels, 1997, p. 270.

19 Government Bill on copyright, neighbouring rights and fair use of sound and audiovisual works, Parl. Doc., House of Representatives, 22 May 1992, n° 473/1-91/92.

20 Article 14 BCA.

21 Article 3.3 of Directive 2006/116/EC of 12 December 2006, *OJ*, L372 of 27 December 2006; *Strowel, A.* and *Derclaye, E.*, Droit d'auteur et numérique : logiciels, bases de données, multimédia, Bruylant, Brussels, 2001, p. 382.

22 50 years after the fixation is made, as opposed to 70 years after the death of the author for copyright works.

Therefore, the respective protections offered by the BCA regarding audiovisual works or films may apply[23], simultaneously or not, to video and computer games, depending on whether the work is original or not.   12

1.5 Multimedia work

As already indicated above, there exists no legal definition of multimedia works. It is however possible to describe such work as one incorporating various elements[24] such as text, images (animated or not), sounds, computer programs and databases, and which are jointly governed by a software enabling interactivity. Hence, as video and computer games are complex works, including two or more of these elements, they shall be recognised as multimedia works.   13

The combination of different legal qualifications is not forbidden under Belgian law. In fact, the only case regarding this question in Belgium (*Nintendo v. Herelec*) admitted that video games may benefit from multiple protections: "*Video games, consisting of, on the one hand, a computer program which sets the framework within which the game is taking place as well as its rules, and on the other hand, an animated sequence of sounds and images, shall enjoy both protections under audiovisual works and computer programs. The producer of a video game is a 'producer of first fixations of films', in particular of a cinematographic or audiovisual work or sequence of animated images, whether or not with sound*"[25].   14

In conclusion, under Belgian law, the majority of the legal doctrine, based on the scarce case-law, considers that video games may be qualified as computer programs and/or audiovisual works. The potential coexistence of various regimes is clearly adapted to the reality of video games, taking into account all its components, outlining the fact that they are multimedia works. Nonetheless, such a system may pose a certain number of problems relating to (i) the complexity to conciliate the various legal systems; (ii) the complexity due to the division of the protections; and (iii) the difficulty to clearly differentiate the elements composing the video game.   15

1.6 Technical measures of protection for video games

The emergence of technical measures in the field of "copyright" is due to the digitalisation of works, where in our current information society, threats due to piracy (such as illegal copying, infringement, and use without the author's authorisation) are a harsh reality. Therefore, technical measures are increasingly necessary for the protection of works in the digital environment. As to complex works, such as video and computer games, such technical measures shall be examined under two distinct legal instruments: the BCA and the BSA.   16

---

23   *De Visscher, F.*, op.cit.
24   *van Asbroeck*, op.cit, p. 164.
25   Trib. of First Instance of Brussels of 12 December 2005, I.R.D.I., 1996, p. 89; Court of Appeal of Brussels of 11 April 1997, A&M, 1997, p. 265; note *Vanovermeire, V.*, "Erkenning en uitputting van het distributierecht inzake videospelletjes op grond van art. 1 A.W.", A&M, 1997, p. 273.

17 Regarding the use of technical measures in the field of "general" copyright, the Belgian Act of 22 May 2005, transposing the Information Society Directive[26], as inserted in the BCA, recognises the use of technical measures which are defined as *"any technology, device or component that in the normal course of its operation is intended to prevent or restrict acts in respect of works or services, which are not authorized by the holders of copyright and neighbouring rights"*[27]. The legal system laid down under Articles 79*bis* to 79*ter* BCA forbids acts of circumvention of technical measures applied to general literary and artistic works, including therefore audiovisual works which are part of video and computer games.

18 In addition to the BCA, the Belgian Software Act includes provisions concerning the protection of technical measures applicable to computer programs, and provides for a particular criminal offence. Article 11 BSA is aimed on the one hand at *"those who put into circulation or those who, for commercial purposes, possess a copy of a computer program knowing that it is unlawful or having reason to believe that it is an infringing copy"*, but also *"those who put into circulation, or possess for commercial purposes of, any means the sole intended purpose of which is to facilitate the unauthorised removal or circumvention of any technical device which may have been applied to protect a computer program regarding infringement and technical measures"*[28]. Based on Article 11 BSA and the recent case-law, it is clear that mod chips, i.e. chips neutralizing technical measures and therefore allowing the devices (hardware) to read counterfeited games, infringe the right holder's copyright on software. The case-law[29] on this question has indeed sanctioned the act of selling or installing mod chips into video games. Additionally, mod chips are regarded as meeting the acts referred to in Article 11 BSA.

2. Originating the game

2.1 Development agreements

19 Agreements relating to computers and electronics are considered as "ordinary contracts" which are subject to the application of Belgian "general law" and more specifically, to the legal figures they use (such as "service contracts" or "sales contracts"). Therefore, it is indispensable to determine the characteristic elements of the contract and interpret the qualification the parties intended to give to their relationship, in order to apply the appropriate legal figure.

As the video and computer games market is international, it shall be emphasised that development agreements will often follow international outlines and use concepts derived from common law. Nonetheless, some Belgian peculiarities are worth highlighting.

---

26 Directive (EC) 29/2001 of 22 May 2001, OJ 2001 no L167/10 of 22 June 2001.
27 Article 79bis BCA.
28 Which corresponds to article 7 of Directive 24/2009/EC of 23 April 2009, *OJ*, 2009 L111/16 of 5 May 2009.
29 Corr. Charleroi, 23 October 2003; Corr. Termonde, 19 May 2004; Corr. Gent, 23 April 2008; Mons, 4 March 2005, in *Laurent, P.,* "Droits Intellectuels – Protection des programmes d'ordinateur", I.R.D.I., 2009, p. 57.

Development agreements of video and computer games, tailored to the needs *20* of the principal, may be qualified as service contracts. Consequently the subject-matter of the contract shall concern the performance of the work, of an intellectual nature consisting in analysing, designing and programming the video or computer game[30].

Development agreements may also be qualified as sales contracts. In such cas- *21* es, the Belgian Civil Code applies. In particular, Article 1603 of the Civil Code underlines the fact that the seller has two main obligations: to deliver a good or service in conformity with the contract and to offer a commercial guarantee regarding defects. Article 1604 Civil Code specifies that the delivered goods must comply with the contractual specifications agreed on between the parties, and Article 1641 Civil Code, applicable to business-to-business relationships, provides that the seller is liable for any latent defect in the product sold[31].

In both cases, the order generally emanates from a hardware manufacturer - *22* a systems integrator or a company specialised in the selling of software - and there is a business-to-business relationship between the parties, with a "seller" or "service provider" and a "buyer" or "client". The parties should in any case pay particular attention when drafting the specifications and define the development process; specify the delivery schedule, deliverables and milestones; as well as stipulate corresponding testing requirements and procedures, from the beta version to the final version.

In the meantime, the customer often plays an active role in the contractual relationship, even when it concerns the development of a multimedia work such as a video and computer game. In principle, the client must ensure that the development of the project goes according to its requirements, specifications and timeframe, but without interfering in the designer's work. Therefore, in addition to clauses regarding each step of the delivery of the video game, development agreements shall also include provisions organising the procedure which the customer shall follow when ensuring that the project development goes according to his requirements.

2.2 Ownership and assignment of rights

As already laid down above, the discussion regarding the ownership and assign- *23* ment of rights when considering the development process of video and computer games is of utmost importance because games may benefit from several forms of protection, which are each governed by their own specific rules.

The BCA provides that copyright shall belong, as of origin, to the natural person who created the work[32]. Such rule is made more complex when the work is created by several "authors", such as it is the case in many video and compu-

---

30 *Montero, E.*, Les contrats de l'informatique et de l'internet, Larcier, Brussels, 2005, p. 70.
31 Article 1641 Civil Code: *"The vendor is required to guarantee in respect of latent defects of the thing sold which render it unfit for the use for which it was intended, or which so impair that use that the buyer would not have acquired it, or would only have given a lesser price for it, had he known of them"*.
32 Article 6 BCA.

ter games. A work of joint authorship exists whenever the various authors collaborated to a work with a common inspiration. In such case, every single author has a right over the whole work. Therefore, it is advisable to contractualise the relationship between all co-authors. Where the creation of the game is done on a commission basis or within an employment relationship, the author retains all copyrights on the work he has created unless otherwise provided. It is therefore important to stipulate an assignment, ideally through a provision in the employment or services agreement.

As is the case for computer programs, the general rule of the BCA applies where a work is created on a commission basis. However, when the work is developed within an employment relationship, the BSA provides that the employer benefits from a (rebuttable) presumption of being the assignee of rights relating to computer programs created by one or more employees, carrying out their duties or following the instructions of their employer.

Regarding databases, the producer is considered as the owner of the *sui generis* right *ab initio*. With respect to the protection of databases by copyright, the general rule of the BCA applies where a work is created on a commission basis, while in an employment relationship, the employer is presumed to be the assignee of rights relating to databases created in the non-cultural sector, by employees carrying out their duties or following the instructions of their employer.

Pertaining to audiovisual works, the BCA provides that in addition to the main director, the natural persons who have participated in the creation of an audiovisual work shall be deemed authors. Article 14 BCA enumerates those who benefit from the presumption, such as the author(s) of the screenplay, the author(s) of the adaptation or the words, the graphical author(s) in case of animated works or sequences and the author(s) of musical compositions specifically created for the work. However, Article 18 BCA specifies that, unless otherwise provided, the authors of an audiovisual work assign to the producers their exclusive right of exploitation of the work[33].

Lastly, the producer of the first fixation of a film is holder of a neighbouring right *ab initio*. Therefore, the producer is not held to establish ownership of rights based on a presumption or contracts. This is particularly interesting for multimedia works such as video games which are often created by third companies for the benefit of producers-distributors.

24 The situation depicted here above illustrates the complexity when considering the question of ownership and assignment of rights. Hence, it is advised to have recourse to various contracts in order to clarify the situation of the people participating in the development of the video or computer game. This is particularly important as multimedia works are collective works and may integrate existing creative elements.

---

33 This also concerns the authors of a creative element lawfully integrated or used in an audiovisual work, with the exception of authors of musical compositions (Article 18 BCA).

3. Game design: trademarks, personal rights and other protection rights

This section will focus on the one hand on the protection of video and computer games' logos and titles under trademarks and copyrights laws. On the other hand, questions regarding portrait rights will be examined in relation to video and computer games.

3.1 Protection of a video or computer game title or logo by trademarks

A game designer may choose to protect a game's name, logo, or any other sign 25
used to distinguish the said game under trademark law by a Benelux, Community or international trademark.

Article 2.1, Paragraph 1 of the Benelux Convention on Intellectual Property provides that "[n]*ames, designs, stamps, seals, letters, figures, shapes of products or packaging and all other signs able to be represented graphically and used to distinguish the goods or services of a company shall be regarded as individual trademarks"*. Therefore, a title or logo may be registered as an individual trademark at the Benelux Office for Intellectual Property (BOIP). This can obviously be relevant for video and computer games.

Nevertheless, there exist some restrictions as to the signs which may be registered as trademarks, namely: (i) the sign may not be contrary to morality or public policy of one of the Benelux countries; (ii) the sign has to be available and may therefore not infringe previous rights; (iii) the sign must have a distinctive character; and (iv) the sign may not be deceptive regarding the products covered by the trademark[34].

If the sign fulfils all legal requirements and once registration is completed, the video and computer game's title or logo shall benefit from the trademark protection throughout the Benelux territory for a period of ten years, renewable, for the goods or services covered by the registration.

Additionally, a game designer may file the title or logo with the Office of Harmonization for the Internal Market ("OHIM") for a Community trademark or WIPO for an international trademark.

With respect to the question of the use of third party works, and particularly of 26
trademarks, a game designer must obviously be cautious when using a third party's trademark without prior consent. Indeed, the owner of the registered trademark may prevent the designer from reproducing his sign in a video or computer game if such use without due cause would take unfair advantage of or be detrimental to the distinctive character or the reputation of the trademark[35]. It is therefore advisable to conclude agreements and negotiate the payment of royalties or licence fees.

---

34 *Gotzen, F.* and *Janssens M-Ch.*, Handboek Merkenrecht (Benelux, Communautair, Internationaal), Bruylant, Brussels, 2008.
35 Article 2.20 Paragraph 1 sub (d) of the Benelux Convention on Intellectual Property.

3.2 Protection of a video or computer game title under copyright

27 The protection of titles of literary or artistic works under copyright raises many questions and difficulties, thus weakening the protection of titles under copyright.

Unlike French copyright law, the Belgian Copyright Act does not expressly protect titles. Therefore, a title may only be protected under copyright if it has an original character on its own and bears the personal stamp of the author. In other words, it may be protected in the same way as the work itself, as long as it is original. The condition of originality will generally be regarded as satisfied by national judges if the title is made of invented words or if it is not a banal expression. Nevertheless, in most cases the condition of originality may be difficult to fulfil by a title limited to one or a few common words. In addition, as is the case in France, judges are likely to research earlier rights or similar titles to determine whether the title of a work is original, even though novelty is not a condition under copyright.

3.3 Protection granted by unfair competition and parasitism rules

28 In addition to potential protection of video game titles under trademark or copyright laws, a game designer may invoke unfair competition and parasitism rules. Article 95 of the Belgian Market Practices and Consumer Protection Act of 6 April 2010, applicable to relations between an undertaking and its competitors, provides that any act contrary to fair business practices which may adversely affect the professional interests of one or more companies is prohibited. Such provision may cover acts of parasitism, i. e. where a company wrongfully attempts to benefit from investments incurred by another company.

Moreover, acts of parasitism can result in civil liability based on the general provision of Article 1382 of the Belgian Civil Code providing that *"any act whasotever, of man, which causes damage to another, obliges the one by whose fault it occurred to compensate it"*[36].

Such provisions may also apply to titles which are not original enough to enjoy the copyright protection. They shall apply notably when the use of a title already used is likely to cause confusion.

29 In any case, if the video game title is neither original nor distinctive, but is banal and purely descriptive, no legal protection may be sought under Belgian law.

3.4 Personal portrayal rights

30 There are no specific, clear and explicit provisions dedicated to the right of personal portrayal. However, the existence of such a right is not denied but is based on a variety of legal sources such as (i) copyright[37], (ii) property right, (iii) privacy right including Article 8, Paragraph 1 of the Convention for the Protection of

---

36 Article 1382 of the Civil Code.
37 See in particular Article 10 BCA.

Human Rights and Fundamental Freedoms, Article 17 of the International Covenant on Civil and Political Rights, and Article 22 of the Belgian Constitution, (iv) the Copyright Act or (v) the general civil liability principles[38] in order to claim compensation if someone's right has been infringed.

In addition to the above mentioned legal provisions, Belgian Courts acknowledge the existence of a "personality right"[39].

Therefore, individuals have a right over their features and name and may oppose their use without prior consent.

Academics define the term "portrait" as the "*reproduction, on a durable medium, of visual characteristics of a particular and recognizable person*"[40]. Therefore, personal portrayal rights must be taken into account by a game designer, if these cumulative criteria are met.

The consent of the individual must be obtained before using his portrait. The   *31*
authorisation given by individuals is of a contractual nature, but it may be tacit or even presumed[41]. Indeed, consent may be inferred from the individual's conduct, or simply because of his social or professional situation. Hence, public figures also have a right of personal portrayal and have the same personality rights as any other individual but the threshold regarding their consent is lower. It is presumed that professionals (such as athletes, actors, politicians, etc.) have given their implicit authorisation to use their image, as long as it is in connection with the *raison d'être* of their fame.

Consequently, in most cases, there will be a presumption that public figures consented to the use of their image for informative means. However, such presumption shall not exist when such an image is used for commercial or advertising purposes, or when the use clearly infringes their privacy. In addition, it is commonly accepted by courts that the nature of the representation may serve as ground to oppose the communication of a portrait. Indeed, public figures may not be portrayed in undesired ways (ridiculing, demeaning, humiliating, etc.).

3.5 Patentability of video and computer games

In accordance with Article 52, Paragraph 2 of the European Patent Convention   *32*
("EPC"), Article 3, Paragraph 1 of the Belgian Patent Act provides that a "computer program" shall not be regarded as an invention. The reason for such exclusion is that a computer program is merely a set of instructions that will be given to a machine in order to make it work. However, according to Paragraph 3, the exclusion only concerns computer programs "as such".

In practice, the patentability of software has been possible in specific cases. Al-   *33*
though no clear legal framework is provided, the jurisprudential evolution of the cases at the Boards of Appeal of the European Patent Office nowadays enable

---

38   Article 1382 of the Civil Code.
39   Since 1888, the Court of Appeal of Brussels has recognized the right of personal portrayal (Brussels, 26 December 1888).
40   *Isgour, M* and *Vinçotte B.*, Le Droit à l'Image, Larcier, 1998, p. 68.
41   However, a general and unlimited authorization to exploit someone's image is prohibited. Therefore, for the authorization to be valid, it shall be special and cover one or more determined types of use or one or more determined photographs.

the grant of a European Patent on software, provided that certain conditions are fulfilled. This would permit, at least in theory, a partial protection of ideas and concepts underlying the computer program or even certain functionalities of the software.[42]

34 There are three types of "materialisation" of computer creations in the EPO case-law[43]: (i) protection of the hardware support of the software; (ii) complex inventions and; (iii) the physical interactions between the hardware and the software. The third type would certainly allow the protection of a video game console, but *a priori* not the game software as such.

35 Belgian law and case-law will be largely influenced by international (mainly European) developments, leading to the acceptance of computer programs patentability under some conditions. In any case, for software to be patentable, it must meet the general requirements for patentability under Belgian law (novelty, inventive step, industrial applicability and technical character).

4. In-game advertising and other forms of innovative promotion

4.1 Advertising law and video or computer games

36 Belgian law provides general rules regarding advertising which apply regardless of the type of media used, and is therefore applicable to in-game advertisements or more generally to the online environment. Such rules are mostly derived from common European regulations but also additional rules specific to Belgium may apply.

The Belgian Market Practices and Consumer Protection Act contains rules regarding information requirements, misleading and aggressive advertisements and best practices for advertising, applicable to any type of media and sector.

Advertising is also governed by ethical rules established by auto-regulated bodies, governed mainly by the Jury for Ethics in Publicity.

Additionally, various legal and ethical regulations govern certain specific sectors or products, such as alcohol, tobacco, food, etc., or aim at protecting particularly vulnerable consumers such as minors.

4.2 General rules applying to advertising

37 The scope of the Market Practices and Consumer Protections Act regarding "advertising" is broad. An "advertisement" shall mean any form of commercial communication with the aim, or the direct or indirect effect, of promoting the sale of products, regardless of the location or means of communication used. The same Act defines the concept of commercial practices as "*any act, omission, course of conduct or representation, commercial communication including advertising and*

---

42 Please refer to Chapter "Patentability of Computer Games" for detailed elaboration on the patentability of computer-implemented inventions under the EPC.
43 *Remiche, B.*, Droit des brevets d'invention et du savoir-faire, Larcier, Brussels, 2010, p. 157–159.

marketing, by a trader, directly connected with the promotion, sale or supply of a product".

Certain business-to-consumer commercial practices are specifically regulated by the Market Practices and Consumer Protections Act, which transposes the Unfair Commercial Practices Directive[44]. Unfair commercial practices are prohibited. This includes any practice which is contrary to the requirements of professional diligence or one which distorts, or is likely to materially distort, the economic behaviour of consumers. In particular, a commercial practice shall be considered to be unfair if it is misleading or aggressive.

Children are considered to be a particularly vulnerable group due to their age and due to the fact that they can be easily influenced. Therefore, specific provisions of the Belgian Market Practices and Consumer Protection Act relating to unfair practices must be taken into account when advertising is directed towards children. Concretely, they consist of:

1. a prohibition of practices which are likely to materially distort the economic behaviour of consumers who are particularly vulnerable (in a way which the trader could reasonably be expected to foresee) because of their mental or physical infirmity, age or credulity;
2. prohibitions to (i) directly exhort minors to buy a product or a service, or (ii) directly appeal to minors to persuade their parents or other adults to buy advertised products for them.

4.3 Provisions applicable to online advertising/online games

The main rules for operating a business online are laid down in the e-commerce legislation, which is partly harmonized at a European level. This legislation has a broad scope of application and applies to legal and natural persons "providing information society services". Hence, the regulation covers a wide variety of aspects, such as information requirements for online service providers, online liability, advertising and commercial messages, etc. 38

Besides the general rules on advertising as laid out above, the e-commerce legislation provides additional requirements for online advertising, promotional offers, promotional competitions or games through information society services. The main requirement is for the communication, as well as the person on behalf of whom it is made, to be clearly identifiable as such and to be drafted in clear and precise terms.

4.4 User profiling and data protection

Due to the broad definitions of processing and personal data (data used to identify a person, including for instance email addresses, but also IP-addresses, cookies and user profiles), the privacy regulations quickly apply to the users of websites, email databases and online profiles. Hence, the following only reflects the main rules of data protection, but shall nevertheless apply to in-game advertising and user profiling whenever personal data is collected. 39

---

44 Directive (EC) 29/2005 of 11 May 2005, OJ 2005 no L149/22 of 11 June 2005 (concerning unfair business-to-consumer commercial practices in the internal market).

The data protection regulation is generally considered to be the codification of the more fundamental right to privacy. It contains both rights for the individuals involved ("data subjects") as well as obligations for the entities which determine the purposes and means of collection and processing of personal information ("data controllers"). The privacy regulations in Belgium are an implementation of the European directives. The Privacy Directive[45] regulates the processing of personal data and the e-Privacy Directive[46] regulates data protection and privacy in the digital age.

More generally, the privacy regulation involves restrictions on the use of personal data, information requirements and additional rules regarding the transfer of data outside the EEA.

To the extent that the Belgian Data Protection Act applies, the data controller must comply with the Act and in particular the legal conditions and obligations for processing personal data. Hence, the controller must obtain the player's consent; will have to provide information regarding the purposes for which the data is processed; and the person's rights regarding the processing of personal data, such as the right of access, the right to demand rectification, deletion or blocking of data. Moreover, the Act imposes an obligation on the controller of a processing to file a notification with the Belgian Data Privacy Commission (there are however some limited exemptions). The purpose of this notification is only to inform and is not an authorisation to collect and process data. As a general rule, personal data may not be stored any longer than required for the purposes of the processing.

40 Additionally, cookies are often used to target or re-target online computer game players with advertisements. Article 129 of the Belgian Telecommunication Act of 13 June 2005[47] imposes an opt-in system where subscribers or end users shall give their prior consent before the processing of their personal data. Data controllers are still required to provide clear and comprehensive information to data subjects about the purposes of the processing. The new "opt-in" obligation is however subject to restricted exceptions, mainly regarding technical cookies.

5. Lotteries, contests and games of chance

41 The rules applicable to games vary depending on whether games are organised online or not, and if they involve elements of chance or not. As a general rule, Belgian law prohibits games and/or promotional games involving elements of chance unless they are covered by a licence granted by the Belgian Gaming

---

45 Directive (EC) 46/1995 of 24 October 1995, OJ 1995 no L281/31 of 23 November 1995 (on the protection of individuals with regard to the processing of personal data and on the free movement of such data).

46 Directive (EC) 58/2002 of 12 July 2002, OJ 2002 no L201/37 of 31 July 2002 (concerning the processing of personal data and the protection of privacy in the electronic communications sector), as amended by Directive (EC) 136/2009 of 25 November 2009, OJ 2009 no L337/11 of 18 December 2009 (on universal service and users' rights relating to electronic communications networks and services).

47 As amended by the Belgian Act of 10 July 2012, transposing the revised Article 5.3. of the e-privacy Directive which sets out the new rules related to cookies.

Van Asbroeck/Debussche

Commission. Furthermore, as "contests" are neither defined nor regulated by any specific legal provisions, general contract law shall apply.

The various types of "games" regulated under Belgian law are analysed hereinafter by way of a brief review of the differences between "lotteries", "contests" and "games of chance". However, it must be noted that the boundaries between these "games" are not clear cut and are often examined on a case-by-case basis by courts. Such examination must take into account the questions and performances asked of participants and the actual control participants have on the winning possibilities.

5.1 Lotteries and tombolas

Regardless of whether they are provided for free or at a price, where there is no *42* active participation of the participant in the game, lotteries and tombolas fall within the scope of the Criminal Code and the Lottery Act of 31 December 1851. Lotteries and tombolas are forbidden, subject to very narrow exceptions for the National Lottery[48] and for non-profit organisations.

5.2 Contests

Contests are not defined by law and are not regulated by any specific legal pro- *43* vision. Hence, they may be organised without any special gaming licence, where only general contract law applies.

Contests are generally defined by the legal literature as games or operations where the participants or players are able to influence in a predominant way the results by their artistic, physical or intellectual skills. In order to fall under the scope of the definition, a contest where a fee is required may not imply any elements of chance, not even on an ancillary basis, given the definition of games of chance (see below).

Additionally, contests must in any case comply with the Market Practices and Consumer Protections Act, which transposes the Unfair Commercial Practices Directive[49]. Accordingly, a commercial practice shall be considered to be unfair if it is misleading or aggressive. Through its transposition of the Directive, the Act has also implemented practices which are deemed unfair in all circumstances[50].

Finally, whenever the E-commerce Act applies, it requires contests and promotional games to be clearly identifiable as such. The conditions of participation must also be easily accessible and presented in a precise and unequivocal way.

5.3 Games of chance

Gaming is principally ruled in Belgium by the Law of 7 May 1999 on games of *44* chance, bets, game establishments and protection of players, which has been re-

---

48 Governed by the National Lottery Act of 19 April 2002.
49 Directive (EC) 29/2005 of 11 May 2005, OJ 2005 no L149/22 of 11 June 2005 (concerning unfair business-to-consumer commercial practices in the internal market).
50 Idem, Annex I, points 8 and 31 (transposed by the Market Practices and Consumer Protection Act of 6 April 2010, Articles 91, 19° and 8°).

cently amended by the law of 10 January 2010. This law is implemented by various Royal Decrees.

In principle, bets and games of chance are prohibited unless they are covered by a licence granted by the Belgian Gaming Commission. These licences traditionally concern casinos, automatic game rooms, etc.

This law has a very wide scope[51] as it applies, in principle, to *"any game by which a stake of any kind is committed, the consequence of which is either loss of the stake by at least one of the players or a gain of any kind in favour of at least one of the players or organisers of the game and in which chance is a factor, albeit ancillary, for the conduct of the game, determination of the winner or fixing of the gain"*.

45   A new licence regime has been organised for bets, media games and games proposed via new information society services such as online games and games via mobile[52]. Regarding such licences, the law provides for a system of "complementary licence", implying that licences may only be issued to land-based operators already holders of a licence for the exploitation of games in traditional establishments.

The law and its implementing Royal Decrees[53] determine strict conditions that games must comply with, i. e. maximum gain, maximum duration, maximal cost, information to be provided to the players, etc.

46   It must nevertheless be noted that academics are uncertain whether the newly revised Law would pass EU scrutiny, should the matter be raised. However, on 14 July 2011 the Belgian Constitutional Court dismissed claims of violation of the constitutional principles of equality and non-discrimination and the EU principles of freedom of establishment and freedom to provide services within the Union. The Court stated that the restrictions to such principles were legitimate, necessary and legally justified.

6. Content and ownership

6.1 Overview of the types of games and content

47   Virtual universes proliferated incommensurably in the past years. However, it is now possible to distinguish two major types of virtual universes: the Massively Multi-player Online Games (MMOG)[54] which are qualified as "close-ended universes" and the "social" virtual universes which are defined as "open-ended universes".

---

51   The following fields are basically excluded from the scope of this strict legislation: (i) lotteries and tombolas; (ii) games where the sole stake is the right to play again for free maximum 5 times; (iii) sports bets (regulated by the Sports Betting Act of 26 June 1963, which provides a licensing system for competitions and bets on the results of sport events).

52   Regulated by the Law of 7 May 1999 on games of chance, bets, game establishments and protection of players, as amended by the Law of 10 January 2010.

53   The Decrees entered into force on 1 September 2011.

54   Also called "Massively Multiplayers Online Role Playing Games" (MMORPG).

MMOG are online games whose objectives are set by developers. In most cases, the aim is to make an avatar progress into different levels and to discover new worlds. Generally, everything is generated by the computer program, which leaves no room for creativity on the part of the players, as the creations are predefined by the game code. Such universes are "close-ended" as they are not primarily constructed to allow interaction with the real world.

On the other side, "open-ended" universes are focused on social interactions between users, on creation and exchanges. Hence, it allows users to give free rein to their imagination and creation, permitting commercial exchanges of virtual objects or even creating promotions for real goods and services.

6.2 Economic trades and virtual games

In certain virtual games, a genuine economy is created where it is possible to acquire and exchange goods against payment in virtual units. Therefore, in "commodified" and open-ended universes, virtual money serves as a base to economic trades, and is obtained in the first place against real money. Such purchases and sales of virtual goods or virtual services for real money are called "real money trading" (RMT). *48*

In theory, such use of virtual money has no gateway with the real economy in "close-ended universes". In most cases, designers of "close-ended universe" games prohibit real money trading through contractual clauses included in End Users Licence Agreements ("EULA") and in Terms of Service ("ToS").

Several issues have arisen in recent years regarding the use of RMT. By contrast with "open-ended universes", where the content is almost entirely generated by users, "close-ended universes" are almost exclusively created by games designers, and the contribution of players is limited. Consequently, a MMOG is considered as a form of expression by its creator based on the "freedom to design"[55]. In order for this form of expression to be effectively protected, ownership of objects and virtual characters cannot be granted to individual players. Nevertheless, as players have, in theory, not used real money in such games, designers may adapt their games at their sole discretion.

On the other hand, in "open-ended universes", the question is far more delicate because any alteration, evolution or correction made by the game developer may have an impact on users' possessions in the game, for which they have paid "real" money. Hence, the designer will face a situation where he can almost not change the game, which is clearly in opposition with its freedom to design.

Another issue regarding the interaction between the real and the virtual worlds concerns the phenomenon of "gold farming". It consists in having users remunerated to play video or computer games in order to acquire numerous virtual possessions and reselling them for "real" money on a virtual black market outside of the game. Such use of games has an immense impact on what Richard Bartle calls "game conceit"[56] which shall be understood as "fair play" based on

---

55 *Balkin, J.,* "Virtual Liberty: Freedom to Design and Freedom to Play in Virtual Worlds", Virginia Law Review, 2004, vol. 90, pp. 2043 and seq.

56 *Bartles, R.,* "Virtual worldliness: what the imaginary asks for the real", New York Law School, 2004, pp. 19 and seq.

the original spirit of the game. Indeed, if users disrupt the spirit of the game by resorting to RMT, the whole equilibrium of the virtual universe is destabilized.

6.3 Theft of virtual goods

49   Regarding the applicability of criminal law and more specifically the concept of theft to virtual universes, an analysis of the case-law and legislation evolutions shows that there may be, under Belgian law, room for criminal sanctions. Even though there is no pertinent case law in Belgium concluding that theft of virtual goods can be assimilated to traditional theft, it is admitted that "intangible" belongings could be "stolen" (such as electricity or gas), leaving room for the application of Article 461 of the Belgian Criminal Code pertaining to theft. Moreover, the new Article 550bis Criminal Code, inserted by the Belgian Act of 28 November 2008, concerns the offense of "hacking", where an aggravating circumstance consists of taking in any way, the data stored, processed or transmitted by the computer system. Therefore, based on such provision, Belgian academics conclude that it is no longer necessary to rely on the concept of "theft" in order to criminalise the copy of digital data.

6.4 Intellectual property rights

50   One of the many legal questions related to virtual universes concerns intellectual property rights and the assignment of such rights[57]. Indeed, both developers and users "produce" content in video and computer games, raising issues similar that related to the internet and user-generated contents.

In principle, the fictitious figures and objects developed in video games may enjoy copyright protection. However, one may wonder who the owner of such right is. Is it the developer of the game or the user who created the avatar or object? In order to resolve this question, a distinction must be made between traditional and modern crafting. The notion of traditional crafting refers to a system enabling the creation of objects according to limited pre-established possibilities. Whereas in modern crafting, objects are modelled by the user in an autonomous manner using editing tools with endless possibilities made available by the game developer and which result in unique and personalized objects.

Traditional crafting may not be protected under copyright as it does not fulfil the main condition for copyright protection. Indeed, the user's creations are not original as they are exclusively made of predefined objects programmed by the game developer. As for modern crafting, it may fall under the Belgian Copyright Act (as long as it fulfils all required conditions). Indeed, one may claim that an actual intellectual input from the user is needed, where the "line of codes" (the algorithm) is used solely to put in form the original idea of the user.

Whenever a copyright protection is conceivable, the remaining question concerns the ownership of such right. Such issue has been anticipated by games developers who preventively resolve it through their EULA and ToS. Such contractual clauses generally assign intellectual property rights to the developer.

---

57   Other issues such as the avatar's portrayal right, the protection of the avatar itself or the use of "machinimas" (the use of a game's graphics in order to create an animated film) could also be raised.

However, it is not always the case, where for example in *Second Life* - one of the most played virtual games across the world - it is provided that the user retains any and all intellectual property rights in Content submitted to the Service[58].

It shall nevertheless be noted that under Belgian law the assignment of copyright is strictly regulated by Article 3 of the Belgian Copyright Act. Such article provides that "the author's remuneration, the scope and duration of the assignment shall be set out explicitly for each mode of exploitation". Hence, clauses incorporated into EULA and ToS, which typically do not further specify such elements, could be considered as null and void according to Belgian academics[59], as they do not comply with the strict and peremptory provision laid down in the Belgian Copyright Act.

---

[58] Article 7 of the Terms of Service of Second Life, version of 15 December 2010, available at http://secondlife.com/corporate/tos.php#tos7 (25 January 2012).
[59] *Parisel, J.,* and *Quintin, R.,* "Le statut des biens dans les mondes virtuels", R.D.T.I., 2010, n° 40, p. 52.

Chapter 12

The Law of Video and Computer Games in the Czech Republic

1. Copyright protection of video and computer games

Since copyright law is largely governed by the principle of territoriality, the is- *1* sue of copyright protection may arise and become very important also in a jurisdiction that does not typically belong to the largest markets for the gaming industry. Especially the question of copyright ownership and assignment may have vast effects on the gaming business and, despite all harmonisation efforts, tends to be dealt with differently around Europe. This chapter deals with legal aspects of video and computer games in the Czech Republic, a country which produced some of the world's most popular computer games such as *Mafia, Hidden & Dangerous* or *Operation Flashpoint*.

1.1 Copyright protection

The Czech Copyright Act No. 121/2000, Coll. ("CZ Copyright Act") grants pro- *2* tection to "a literary work or any other work of art or a scientific work, which is a unique outcome of the creative activity of the author and is expressed in any objectively perceivable manner including electronic form, permanent or temporary, irrespective of its scope, purpose or significance".[1] Although the CZ Copyright Act includes a list of protected works, such list is non-exhaustive and so any work fulfilling the above definition can be, in theory, considered a protected work.

Not surprisingly, video and computer games are not as such expressly mentioned by the CZ Copyright Act. However, they will comprise of many elements that will be considered separate works and will thus be protected. A computer game in a broader sense may comprise of a collection of individual works which compose the game itself, typically a computer program, graphics, music and sounds, photographs, or text. Besides, packaging of a game may also contain protected graphic and textual elements, and there may be a valid question to what extent the rules of the game can be protected as literary work. It is worth noting though that, similarly to most other copyright laws, the CZ Copyright Act excludes ideas, procedures, principles, methods, etc.,[2] and so the principle or idea of a game will not be protected.

The author has personal (moral) rights comprising the right to decide about pub- *3* lication of the work, the right to claim authorship and the right to integrity of the work (meaning that any modifications or adaptations of a work need to be considered as interference with moral rights and are generally possible only with consent of the author). The author also has economic rights which mainly include the right to use the work and to grant licences to third persons. The CZ Copyright Act exhaustively lists "tangible" uses (reproduction, distribution, rental, lending and exhibition) whereas the list of "non-tangible" uses (including online use) is only demonstrative and falls under one catch-all term: communication to public.

---

1   Section 2(1) of the CZ Copyright Act.
2   Section 2(6) of the CZ Copyright Act.

In the Czech Republic, not only moral but also economic rights cannot be waived and are non-assignable. That may cause many problems in practice especially where common law-based gaming companies contract with Czech developers. They have a natural tendency to impose their standard copyright assignment agreements where it is necessary to either rely on special treatment of employment works (discussed below) or obtain an exclusive and unlimited licence, thereby creating similar effects to that of assignment.

1.1.1 Computer programs

4 Obviously, it is necessary to look at how the Czech copyright law treats computer programs which will usually be the most important underlying asset of any computer or video game. According to the CZ Copyright Act, a computer program is, irrespective of the form in which it is expressed, protected as a literary work on the condition that it satisfies the above mentioned conditions for copyrightability.

However, according to section 2(2) of the CZ Copyright Act, the originality requirement is somewhat lesser in that a computer program does not need to be a unique outcome of the creative activity of the author. It is sufficient if the computer program is original in the sense that it is the author's own intellectual creation.

From the Czech copyright law perspective, we can therefore distinguish (i) computer programs which fulfil the requirements of the uniqueness and originality as copyright work, (ii) computer programs which do not fulfil the requirements of uniqueness but are original in the sense that they are the own intellectual creation of the author, or (iii) simple and routine computer programs which do not fulfil the originality requirement and cannot be protected by copyright at all.

Even if there is no statutory definition of computer program (as for example under Slovak law which says that the computer program is *a set of orders and instructions used directly or indirectly in a computer. Commands and instructions may be written or expressed in source code or computer operating code. The background records necessary for its development shall form an integral part of the computer program; if it fulfils conceptual features of a work, it is protected as a literary work*),[3] the source and object code is deemed by the Czech legal doctrine as the most usual expression form of a computer program.

5 Regarding the relevant case law, the Supreme Administrative Court of the Czech Republic, when deciding the case *Bezpečnostní softwarová asociace v Ministry of Culture of the Czech Republic*, submitted to the ECJ the preliminary question whether the graphical user interface can constitute a form of expression of a computer program. The ECJ decided in its judgement of 22 December 2010[4] that the graphical user interface does not constitute a form of expression of the computer program and as such cannot be protected by software copyright provisions. However, the graphical user interface may be protected by copyright as an artistic work under the general copyright rules if such graphical user interface is a unique creative result of the author. The Supreme Administrative Court

---

3   Section 5(8) of the Slovak Act no. 618/2003 CoPl. on Copyright and Neighbouring Rights.

4   ECJ, 22 December 2010, C-393/09 (*Bezpečnostní softwarová asociace v Ministry of Culture of the Czech Republic*).

Chloupek

of the Czech Republic subsequently decided with the same conclusion in its decision of 2 February 2011.[5] In a later decision *SAS Institute v World Programming Ltd* of 2 May 2012[6] the ECJ decided that neither the functionality of a computer program nor the programming language or the format of data files constitute a form of expression of a computer program and therefore cannot be protected under software copyright provisions, which is in line with the Czech copyright law doctrine.

Copyright in the Czech Republic applies to each individual development phase   6
and to all parts of a computer program – such approach follows from the Directive 2009/24/EC on the Legal Protection of Computer Programs,[7] where within the term computer program is also included "preparatory design work leading to the development of a computer program provided that the nature of the preparatory work is such that a computer program can result from it at a later stage". On the other hand, the CZ Copyright Act makes it explicitly clear that ideas and principles which form basis of any element of a computer program, including those for interoperability with another program, are not protected.[8]

1.1.2 Audiovisual works

Rather unusual, although interesting and certainly not impossible, would be to   7
consider a computer or video game as an audiovisual work. Under section 62 of the CZ Copyright Act, the audiovisual work is defined as *a work created by the arrangement of works used audio-visually, adapted or unadapted, consisting of a number of recorded interlinked images evoking the impression of motion, either accompanied by sound or mute, perceivable by sight and, if accompanied by sound, also perceivable by hearing.* Audiovisual works were typically understood to be cinematographic or television works (movies, television films, etc.) although the legal doctrine currently recognizes that there are other works expressed in an audiovisual form that are similar to films and that contain various multimedia or digital works.[9] A computer game may be exactly such other multimedia work. Besides, most blockbuster games of today contain cinematographic parts known as *"cutscenes"* or *"cinematics"* which will undoubtedly have the character of an audiovisual – cinematographic – work.

The uniqueness and originality requirements under section 2(1) of the CZ Copyright Act apply to the audiovisual work as well. However, the audiovisual work in its complexity is considered an independent kind of work where the rights of the author of the audiovisual work as such are different from the rights of authors of any works used in the audiovisual work. Under these specific rules, the CZ Copyright Act stipulates a legal fiction that the author of an audiovisual work is the director. That only proves the law concerning audiovisual works was drafted primarily with regard to cinematographic works and its application to video and computer games would be very problematic in practice.

---

5   Decision of the Supreme Administrative Court of the Czech Republic Ref. No. 5 As 38/2008 – 288.

6   ECJ, 2 May 2012, C-406/10 (SAS Institute Inc. v World Programming Ltd.).

7   Directive (EC) 24/2009 of 23 April 2009, OJ 2009 no. L111/16 of 5 May 2009.

8   Section 65 of the CZ Copyright Act.

9   Telec, I. Tůma, P. Autorský zákon. Komentář. 1st edition. Prague : C. H. Beck, 2007, p. 589.

1.1.3 Databases

8 For sake of completeness, the CZ Copyright Act protects databases in a similar way to computer programs. The definition of a copyright protected database in section 2(2) says that *a database which by the way of the selection or arrangement of its content is the author's own intellectual creation, and in which the individual parts are arranged in a systematic or methodical way and are individually accessible by electronic or other means, is a collection of works.* No other criteria, such as uniqueness, shall be applied to determine eligibility for copyright protection of databases.

Contrary to computer programs, however, the CZ Copyright Act in its section 88 contains a specific (*sui generis*) right of the maker of a database. This right is a pure economic right being oriented to the protection of investment for creation of such database. Therefore, under Czech law we should distinguish a database (i) which can fulfil the uniqueness and originality requirements and is protected by copyright, (ii) database being original in the sense of the own author's creativity and protected as a collection of works, or (iii) database not protected by copyright. However, all of these three categories can be protected by the *sui generis* right of the maker of the database provided that the formation, verification or presentation of the content of the database represents a contribution, which is substantial in terms of quality or quantity, irrespective of whether the database or the contents thereof are subject to copyright protection or any other type of protection.

1.1.4 Copyright ownership

9 In the Czech Republic, only an individual (e. g. programmer, graphic designer or composer of music) can become the author of a particular work. As discussed above, copyright is not transferable and cannot be waived. Moreover, Czech law does not permit to designate a legal entity as the owner of copyright. Therefore, to a large surprise and dismay of many foreign companies and investors entering the Czech market, it is not possible for a company which develops a computer program or other copyrighted work in the course of its business to acquire "full ownership" of copyright or to become the "author" of such work.

In vast majority of cases, a computer game is a result of cooperation of more authors, or even teams of authors. The approach of Czech law to plurality of authors is that the resulting work will classify as:

– co-authorship work: the work produced as a single work by the creativity of more authors, where the creative contributions to the work by the individual joint authors are not capable of being used independently and such contributions can be distinguished; or
– collective work (a special type of co-authorship work): the work created at the initiative and under the management of a natural person or legal entity and made available to the public under that person's or entity's name provided that the contributions involved in such work are not capable of independent use.[10]

---

10 The CZ Copyright Act explicitly states in section 59(3) that audiovisual works are not to be considered collective works which is due to the special treatment of copyright ownership of audiovisual works.

The important and practical difference is that copyright to co-authorship works must be exereised by all authors together, whereas collective works are treated in the same way as employment works and the investor is considered to be in the legal position of the employer (see below).

When originating a game in the Czech Republic, the most critical issue is to ob- *10*
tain proper rights from particular authors involved in the development process. As a starting point, it is important to analyze the legal relationship between the author and the game development company.

In the event that the work is created within the framework of employment or similar relationship, particularly to fulfil obligations arising from such relationship, the economic rights of the author (e. g. the right to grant a licence) are automatically exercised by the employer in his own name and on his own account whereas the moral rights remain with the author, although they are heavily restricted to the benefit of the employer. According to legal theory, this is a quasi-licence relationship which however does not represent an assignment of rights.[11] Even though the CZ Copyright Act provides that the parties may agree differently, that needs to be interpreted as merely allowing the parties to disapply the automatic exercise of copyright by the employer and keep the copyright with the author.

When entering into employment agreements with the developers and other po- *11*
tential authors, it is crucial to properly specify their scope of work in such a manner that it contains a clear obligation to either develop software or create other works, ideally in connection with a particular computer or video game being developed, according to instructions of the employer. Otherwise, there could be a risk that the employer would not be able to license the computer or video game created by its employee(s), at least not without an additional licence from such employee(s).

It is also worth remembering that section 58(6) of the CZ Copyright Act gives the author the right for reasonable additional remuneration if the compensation already paid to the author is in evident disproportion to the profit from the utilisation of the rights to the work and the importance of such work for the achievement of this profit (which rule does not apply to computer programs and databases though). This right may be excluded by the parties who should make so explicitly in the employment agreement.

Contrary to the copyright as such, the right of the employer to exercise economic rights to the employee work may be assigned to a third party but only with the author's consent.[12] It is therefore practical for game development companies to obtain such consents upfront because it may be helpful for future disposition with rights to the work and for putting the assignee into the position of *quasi-owner* of copyright (despite full assignment of copyright will not be possible).

The CZ Copyright Act contains a useful exemption for computer programs, da- *12*
tabases, cartographic and all collective works saying that these types of work are treated as employment works even if they are created by independent contractors based on a contract for work. However, particularly in the games indus-

11   *Telec, I. Tůma, P.* Autorský zákon. Komentář. 1st edition. Prague: C. H. Beck, 2007, p. 556.
12   Section 58(1) of the CZ Copyright Act.

try, this creates a rather impractical dichotomy between the mentioned types of works and any other works (such as music, graphics, photographs and text) created by independent contractors. The latter will need to be treated in a different way and so a game development company may need to end up with at least two different sets of documentation for different types of works used in a game in order to properly address the issue of copyright ownership.

2. Game design: trademarks, personal rights and other protection rights

13 Over the last two decades, we have witnessed a major change on the global market with video and computer games. Today, video games can reach sales higher than any other entertainment product[13] and are increasingly used as a basis for films or books. Also in the Czech Republic, the gaming market has been steadily growing. According to data published by the Czech and Slovak Association of the Gaming Industry, the video games market in the Czech Republic and Slovakia grew by 15–17 % each year between 2008 and 2010, achieving the total volume of 2,189 billion Kč in 2010. The recently published data suggests further growth to 2,436 billion Kč in 2012.[14]

Therefore, there is no wonder that video and computer games producers seek to protect also other features of the game than the code or the visual appearance, such as the title of the game or the names of its main characters. The other side of the coin is however that, with video games being more and more real, their developers should bear in mind the risk of infringing other parties' trademarks or personal rights.

2.1 Protection of a game title by trademarks

14 According to section 1 of the Act No. 441/2003 Coll. on Trade Marks, as amended ("CZ Trade Marks Act"), a trade mark may consist of any sign capable of being represented graphically, such as words, including personal names, or drawings, provided that such sign is capable of distinguishing goods or services of one undertaking from those of other undertakings.

Although titles of literary or artistic works may face problems with meeting the condition of distinctive character for being perceived as indicating the artistic rather than the commercial origin,[15] titles of software and of video and computer games in particular, are generally registrable as trademarks in the practice of the Czech Industrial Property Office. For example, titles of some of the most famous

---

13 http://www.guardian.co.uk/technology/2011/nov/18/modern-warfare-2-records-775m (10 January 2013).

14 Gaming Industry in 2011. Basic Information about the Video Games Market in the Czech Republic. Association of Gaming Industry of the Czech and Slovak Republic. 2011. available at: http://www.herniasociace.cz/wp-content/themes/AHP/images/AHP_herniprumysl2011.pdf (10 January 2013).

15 ECJ, 30 June 2009, T-435/05 (Danjaq LLC v Office for Harmonisation in the Internal Market (Trade Marks and Designs) (OHIM)).

Czech successful games such as *Mafia, Hidden & Dangerous* or *Operation Flashpoint* are all protected as registered trade marks.

2.2 Protection of a game title by copyright

Titles as such, as well as names of fictional characters, may also be protected by copyright under Czech law without the need of being registered. The CZ Copyright Act protects titles and names on the condition that they meet the requirement of originality. Traditionally, this requirement borders with uniqueness and it will be therefore very difficult for a short game title to attract copyright protection in the Czech Republic.[16]   15

However, the CZ Copyright Act provides some form of protection even to titles which do not themselves constitute a copyright work. Rights to the underlying copyright work may be infringed if another work of the same kind, although itself entirely different, uses the same title and such use could lead to the likelihood of confusion of both works.[17] Therefore, copyright law does not prohibit using an unoriginal game title for a different kind of work, a book for instance, but the use of a game title for a different game, although original as such, could qualify as an infringement, especially where both games are likely to get confused.

2.3 Other protection – unfair competition

In a situation where the game title is used for a different work, such as a novel or a film, protection may be obtained through the law of unfair competition. Unfair competition legislation prohibits any conduct between competitors which conflicts with good morals of the competition and which may be detrimental to other competitors or consumers.[18] Specifically, the CZ Commercial Code provides that an act of unfair competition is any use of a specific designation of a product, if such use is capable of causing likelihood of confusion or a misleading impression about the connection with another undertaking.[19]   16

Although a video game producer is not in direct competition with producer of a film or publisher of a novel, the condition of competitive relation between the parties is interpreted quite broadly by Czech courts.[20] What is decisive is whether the behaviour of one party interferes with the activities of another party,[21] for instance because such party would normally have to obtain a licence and pay royalty fees.

In addition to titles, unfair competition may provide protection also to other features of a computer or video game, which it would be difficult to subsume under the traditional intellectual property rights. Such features may include the overall "look and feel" of the game or its concept or advertising campaign, if sufficiently unique or distinctive.

---

16   Cf. *Šalomoun* M. Ochrana názvů, postav a příběhů uměleckých děl, 2nd edition, Prague C. H. Beck, 2009, p. 150.
17   Section 45 of the CZ Copyright Act.
18   Section 44(1) of the Act No. 513/1991 Coll., the Commercial Code, as amended ("CZ Commercial Code").
19   Section 47 of the CZ Commercial Code.
20   Cf. decision of the High Court in Prague No. Cmo 196/2011.
21   Decision of the Supreme Court of the Czech Republic No. 23 Cdo 1345/2009.

2.4 Use of other parties' trade marks

17 As video game producers are trying to imitate real world as accurately as possible, they sometimes include within the game names or logos of products protected by trade mark rights. Can such use constitute trade mark infringement? According to the CZ Trade Marks Act, a trade mark may be infringed by the use of an identical or similar mark in the course of trade.[22] Use in the course of trade is then defined as affixing the mark to goods or their packaging, offering such goods for sale, importing or exporting the goods, or using the mark on business papers or in advertising.[23] Although this list of uses is only exemplary, it seems that in order to cause trade mark infringement, the use would have to relate to a real product, such as the game itself, not a virtual object within a game.

On the other hand, overusing trade marks of a particular company within a video game or any other use capable of creating the impression of affiliation or endorsement could be qualified as unfair competition. Therefore, video game producers should be generally cautious when using trade marks of other parties in their game. Also, use of a logo may constitute copyright infringement, where the use in the course of trade is not required.

2.5 Personal rights

18 An issue related to the use of another party's trade mark is that of using a name or a portrait of an individual, typically an athlete or a pop star. An individual's name or portrait enjoy protection under the Act No. 40/1964 Coll., the Civil Code, as amended ("CZ Civil Code"),[24] and therefore should not be used without consent of the person. The notion of a name is interpreted quite broadly by Czech courts, including also a pseudonym, first name or even a part of a name, if the circumstances of the use give the impression they relate to a specific individual.[25] Also, an unauthorized use of a name for commercial purposes, which will generally be also a use in a video game, will be usually considered unlawful.[26]

3. Development agreements, licensing and distribution

3.1 Development agreements

19 In the Czech Republic, development agreements relating to computer programs and video games are typically based on standard contracts for work and are usually tailored to the needs of a specific project. These contracts are typically governed by the CZ Commercial Code[27] although it may also be necessary to resort to the CZ Civil Code for certain general aspects of the contract law. As of

---

22 Section 8(2) of the CZ Trade Marks Act.
23 Section 8(3) of the CZ Trade Marks Act.
24 Cf. sections 11 and 12 of the CZ Civil Code. Some exceptions apply which, however, do not relate to use in a computer or video game.
25 Decision of the Supreme Court of the Czech Republic No. 30 Cdo 2304/99.
26 Decision of the Supreme Court of the Czech Republic No. 30 Cdo 181/2004.
27 Especially section 536 et seq. of the CZ Commercial Code.

Chloupek

1 January 2014, this rather unfortunate but long-standing dual regulation of contracts which makes a difference between commercial contracts and civil contracts (e. g. most copyright licence agreements) will be unified by the new Civil Code No. 89/2012 Coll. This new Civil Code will, to a much greater extent than under the current law, support free will of contracting parties and should minimize the risk of invalidity of contracts.

In any case, it is generally advisable that all game development agreements are sufficiently clear, detailed and unambiguous to eliminate any space for any misunderstanding or even the risk of invalidity due to insufficient description of subject matter of the agreement. In particular, it is important to specify the price or include a manner of determination of the price otherwise the respective contract could be held invalid. Especially where the development of work and licence to use it are contained in one single agreement, it is crucial to differentiate the price for development and the licence fee.[28]

Aside from the copyright considerations mentioned in the relevant chapter *20* above, every development agreement should contain provisions regarding confidentiality and, where applicable, non-solicitation of employees/contractors in order to prevent any leakage of valuable information about the game.

From a risk perspective it is also important for the game developer to assess potential liability for copyright infringement resulting from the use of open source software (OSS) while not adhering to the applicable licence terms. Although there has been some historical question marks regarding the validity of open source licences (made with respect to law that is no longer valid),[29] these are no longer relevant under the current CZ Copyright Act.

3.2 Licensing and distribution of games

Typically, the right to use computer or video games is granted by means of a li- *21* cence agreement. The licence could be granted by (i) the programmer, an individual who holds the copyright himself; or more likely (ii) the company which developed the game in the course of its business.

Czech law distinguishes between (i) distribution, which means making the work available in a tangible form by sale or other transfer or property right to the original or to copies of the work – mainly distribution of the package software; and (ii) communication to the public, which means making the work available in an intangible form, in such a way that members of the public may access the work from a place and at a time individually chosen by them, especially by using a computer or similar network – distribution via online platforms (on demand).

The traditional instruments of Czech copyright law are hardly sufficient to appropriately reflect the huge variety of commercialization methods and the related business models. In this connection the UsedSoft v. Oracle case[30] is very relevant, where the ECJ ruled that the principle of exhaustion of rights (previously

---

28 Cf. section 536(3) of the CZ Commercial Code and section 49(1) of the CZ Copyright Act.

29 *Cepl, M.*, Legal Review of Two Free Licences Under the Czech Law. available at http://matej.ceplovi.cz/clanky/oplana.pdf (10 January 2013).

30 ECJ, 3 July 2012, C-128/11 (UsedSoft GmbH v Oracle International Corp.).

being applied only to software distributed in a tangible form) should by applied to all software "sales", including the distribution via download from the Internet. Therefore, all restrictions on the transferability of software licences which are regarded as being "sales" of software may be unenforceable.

22 Several types of electronic contracts evolved in relation with the distribution of software: (i) shrink-wrap agreements, (ii) click-wrap/click-through agreements, and (iii) browse-wrap/browse-through agreements:

- Shrink-wrap agreements generally include licence agreements or other terms and conditions of a contractual nature. The term "shrink-wrap" describes the plastic wrapping used to coat software boxes containing a CD/DVD, as a traditional form of distribution. The legal implications of the shrink-wrap agreements are not very clear – the biggest concern is their binding force, especially the exact moment from which these agreements are considered to be effective. According to contractual principles and interpretational rules of Czech law, it can be concluded that shrink-wrap agreements gain legal force immediately after assenting to the software licence agreement and not by simply purchasing the package.
- Click-wrap/click-through agreements are formed entirely in an online environment and require clicking on an on-screen icon or button to signal a party's acceptance of the contract. It is important to ensure that the contracting party has an opportunity to review the terms and conditions before assenting to them by clicking on the "I agree" or similar button.
- Browse-wrap/browse-through agreements are used in the situation, where the user must agree in exchange for using the site. Sometimes, there does not necessarily need to be a direct way of signalling assent with the terms, but the mere act of browsing a particular website is sufficient to conclude the agreement. The enforceability of the browse/wrap agreements must be analysed on a case-by-case basis as there are no exact rules to identify whether the particular clause can be seen as enforceable.

Since 2006, the CZ Copyright Act explicitly allows for these types of licence agreements which had to be considered invalid before due to traditional rules on formation of contracts. The inserted sections 46(5) and (6) of the CZ Copyright Act recognized that an offer to conclude a contract may be validly made to an indefinite circle of persons and that consent with such an offer may be expressed by a certain act which does not have to be communicated to the other party, considering however the contents of the offer, the previous dealings of the parties or custom. It is still advisable though to use words that clearly indicate acceptance with the terms and conditions such as "I agree"; "I consent"; or "I accept"; and words that clearly indicate rejection such as "I disagree"; "I don't accept"; "I decline". Not suitable would be words that cannot express unambiguous and clear assent or disapproval (e. g. "Continue"; "Submit"; "Download").

4. Content

In the Czech Republic, the content of video and computer games has no speci- *23* fic regulatory framework. The only classification system in place relates to cinematographic works and derives from the Act No. 496/2012 Coll. on audiovisual works and the support of cinematography which became effective law as of 1 January 2013. This classification system is based on age restrictions (12, 15 and 18 years), whereby the decisive factor is whether the respective content may endanger intellectual or moral development of children, and relates basically only to films played in cinemas. The preceding regulation that was valid until the end of 2012 could be (highly theoretically) seen as relating also to video and computer games but only on the condition that a particular game would fall under the definition of audiovisual work pursuant to the CZ Copyright Act (see above). Nevertheless, the market practice did not consider that regulation as relating to computer games and the new law is very clear in that respect.

It is common though that producers and distributors voluntarily use the Pan-European Game Information (PEGI) system on video and computer games distributed and sold in the Czech Republic.[31] However, the PEGI labels are not legally enforceable and there is no specific labelling legislation. The Czech Ministry of Culture carried out an extensive study focused on the possible adoption of a unified classification of audiovisual products based on age groups.[32] According to this study, application of such unified classification system to video and computer games was rather unlikely.

Interestingly, the neighbouring Slovakia adopted its own classification system based on a decree of the Ministry of Culture No. 589/2007 Coll. dated 3 December 2007. According to this legislation, all games sold on the territory of Slovakia must be marked with graphic symbols corresponding to their content and age suitability.[33] In practice, games distributors in Slovakia use both PEGI and Slovak national marking system.

In any case, the above should not be interpreted as meaning that there is no re- *24* gulation of content of computer or video games in the Czech Republic at all. Rather a partial and fragmentary regulation arises from different acts, case law and the Constitution.

For example, if video games are somehow connected with advertising, whether *25* as in-game or just as a supplement contained at the beginning or in the end of the game, the Act No. 40/1995 Coll., on Regulation of Advertising ("CZ Advertising Act") may come into play. Generally, any advertising of goods, services or other performances or values contradicting the legal regulations are forbidden. Advertising on sub-threshold perceptions or hidden advertising and misleading advertising are forbidden as well. Advertisement must not contradict good man-

---

31 http://www.herniasociace.cz/hlavni-stranka/servis-pro-rodice/hodnoceni-pegi/ (10 January 2013).

32 http://www.mkcr.cz/cz/media-a-audiovize/vyhlaseni-verejne-diskuse-k-navrhum-zavedeni-klasifikace-podle-koncepce-klasifikace-audiovizualnich-produktu-podle-vekovych-skupin-23168/ (10 January 2013).

33 http://www.herniasociace.cz/hlavni-stranka/servis-pro-rodice/hodnoceni-her-v-sr/ (10 January 2013).

ners, and especially must not contain any discrimination based on race, sex or nationality or strike at religious convictions or national sentiments, jeopardize morality in a generally unacceptable way, denigrate human dignity, contain elements of pornography, violence or elements based on inducing fear. Advertising must not strike at political conviction. With respect to persons under age of 18, advertisements shall not promote any conduct posing a threat to health, psychological and moral development, recommend purchase of products or services which would take advantage of their lack of experience and trustfulness, encourage them to talk their parents or guardians into purchasing goods and services, misuse their trust towards their parents or guardians and showing such persons inappropriately in dangerous situations. There are also specific regulations on advertising of weapons (which can be advertised only to professionals), pharmaceuticals or alcoholic beverages.

26   Several provisions of the Act No. 40/2009 Coll., Criminal Code ("CZ Criminal Code"), bring more specific view on the matter. For example, public incitement of hatred towards specific group of persons or calling for restriction of their rights and freedoms, as well as racial, national, ethnical or other defamation is punishable under CZ Criminal Code. Other provisions of the CZ Criminal Code might also be of relevance with respect to some video games: it is a crime to support movements aimed at suppressing human rights and freedoms or promoting racial, ethical, national, religious, class or other hatred, expression of sympathies for a movement aiming at suppression of human rights and freedoms, genocide denial, approval, excusing or contest. Typically, producers of World War II games may wish to analyze whether the use of e.g. Nazi symbols in a game could fall within the definition of such criminal offence.

27   In addition, Czech civil law could also have some limited impact on content of video and computer games in connection with possible interference with personality rights. The CZ Civil Code provides for special protection of personal integrity, dignity, name and privacy of individuals.[34] However, this would probably not be a typical issue for most video games.

5. Advertising regulation

28   Over the past decade, in-game advertising has become increasingly important and currently represents an inherent part of most business plans in the gaming industry. Despite certain level of harmonisation at the EU level, there are still important local differences in legal regulation and also generally the approach to advertising.

Similarly to other countries mentioned in this book, there is no advertising regulation relating specifically to computer or video games in the Czech Republic. It is therefore necessary to look at general advertising rules and other laws that may affect the way in which in-game and other advertising associated with computer games is used.

Since rules on advertising are shattered across several laws, we concentrate on chosen topics of a major importance for video and computer games, rather than

---

34   Section 11 of the CZ Civil Code.

on particular pieces of legal regulation. Nonetheless, the main rules regulating advertising are in the CZ Advertising Act and the Act No. 231/2001 Coll., on Radio and Television Broadcasting ("CZ Broadcasting Act"). In addition, there is a Czech initiative of mainly advertising agencies and media, the Czech Advertising Standards Council, which is a self-governing body.[35] Its Code of Advertising Practice sets out the main ethical principles for advertising and despite its nonbinding character it is widely respected in practice. In addition, the Arbitration Committee of the Advertising Standards Council acts as a dispute resolution venue and deals with complaints against advertising that breaches the Code of Advertising Practice.

5.1 Definition of advertising

Under the CZ Advertising Act, advertising is defined as *"any notice, visual or* 29 *other presentation disseminated particularly through communication media (computer networks included), with the aim of promoting entrepreneurial activity, especially supporting the consumption or sale of goods, the development, lease or sale of real estate, the sale or use of rights or obligations, the support of provision of services, the promotion of trade mark, unless stipulated otherwise"*.[36] Somewhat broader definition is contained in the CZ Broadcasting Act: *"any public announcement broadcast in return for payment or a similar consideration, or broadcast for the broadcaster's self-promotion, in order to promote the supply of goods or provision of services, including immovable property, rights and obligations in return for payment"*.[37] Finally, the Code of Advertising Practice defines advertising as *"a process of commercial communication, subject to financial compensation, performed by an entrepreneurial entity, or an entity acting on behalf thereof, the purpose of which is to inform the consumer about goods and services as well as charitable activities and projects"*.[38]

5.2 General rules applying to advertising

There are several general statutory limitations that apply to advertising under 30 Czech law. Firstly, it is forbidden to advertise goods and services whose sale, supply or distribution is illegal, for instance drugs or forbidden weapons. Secondly, advertising based on subliminal perception and hidden advertising is not permitted. Product placement is an example of hidden advertising, although this kind of promotion has been allowed under certain circumstances. Thirdly, unsolicited advertising (spam) cannot be distributed if the recipient is bothered or if it imposes costs on the recipient. Lastly, advertising cannot contradict good morals and therefore may not, among others, contain elements of pornography and violence.

Special regulation applies to certain kinds of advertising, as for instance teleshopping, comparative advertising or advertising disseminated through electronic means. In addition, special statutory provisions provide stricter regulation of advertising which aims at persons younger than 18, advertising concerning the so called "special offers", or promoting products or services of specifically regu-

---

35 See http://www.rpr.cz/cz/en.php (10 January 2013).
36 Section 1(2) of the CZ Advertising Act.
37 Section 2(1)(n) of the CZ Broadcasting Act.
38 Chapter 1 of the Code of Advertising Practice.

lated sectors such as tobacco, alcoholic beverages, human or veterinary medical preparations, food supplements, infant nutrition, firearms, funeral services etc.

5.2.1 Product placement

31   Product placement is regulated by the Act No. 132/2010 Coll. on Audio-Visual Media Services on Demand.[39] The national legal regulation of product placement basically copies the EU law, although there is one interesting deviation: a programme containing product placement does not have to be clearly identified at the start and the end of the programme and when a programme resumes after an advertising break, provided that the programme in question has neither been produced nor commissioned by the media service provider itself or a company affiliated to the media service provider.

5.2.2 User profiling and data protection

32   In case user profiling for advertising purposes is deployed, it means that information relating to an identified or identifiable natural person is systematically collected or otherwise processed. Processing of personal data is regulated by Act No. 101/2000 Coll. on Protection of Personal Data which has transposed the Data Protection Directive[40] into the Czech legal order. If the controller as an entity that carries out the processing is established outside the territory of the EU and if such controller carries out processing in the Czech Republic, unless where it is only the personal data transfer over the EU territory, the Data Protection Act will apply to personal data processing and the controller will be obliged to authorize the processor in the Czech Republic. If the controller carries out processing through its organization units established in the EU, those organization units must process personal data in accordance with national law of a respective member state of the EU.

Since user profiling will hardly ever fall among processing that does not need the consent of data subject under Czech law, the controller will most likely have to obtain such consent and, of course, meet other legal requirements. The controller is, among others things, obliged to specify the purpose, means and manner of personal data processing, process only accurate personal data, collect personal data only in a necessary extent, collect only personal data corresponding to the specified purpose and in accordance with this purpose, preserve personal data only for a necessary period, adopt measures securing personal data against unauthorised processing, notify the Data Protection Authority in advance of the processing, and fulfil its information duties towards the data subject.

33   User profiling is closely connected with cookies, which are of a major importance for online advertising. Since cookies enable to store information on game players' equipment or to gain access to information already stored, customizing of advertisements based on the player's preferences is made possible.

---

39   The Act on Audio-Visual Media Services on Demand implements the Council Directive 89/522/EEC of 3 October 1989 on the coordination of certain provisions laid down by law, regulation or administrative action in member States concerning the pursuit of television broadcasting activities, as amended by the Directive 97/36/EC and by the Directive 2007/65 EC.

40   Directive (EC) 46/1995 of 24 October 1995, OJ 1995 no. L281/31 of 23 November 1995.

Chloupek

The Act No. 127/2005 Coll. on Electronic Communications imposes on the controller obligations to inform subscribers or users about cookies and the scope and purpose of the processing in advance. The subscribers or users have to be offered an option to refuse cookies (opt-out). This does not apply to any technical storage or access for the sole purpose of carrying out the transmission of a communication over an electronic communications network, nor does it apply if cookies are necessary in order to provide an information society service explicitly requested by the subscriber or user.

Despite of the fact that the transposition period is over, the cookie rules contained in the revised e-Privacy Directive[41] have not been properly implemented into Czech legislation. The amended e-Privacy Directive provides that cookies can be only allowed on condition that the subscriber or user concerned has given his or her prior informed consent with the processing. Even though the obligation to obtain the user's prior informed consent is not stipulated by national law, obtaining of such consent is more than advisable due to potential direct effect of the e-Privacy Directive.

5.2.3 Ban on misleading advertisement

In the framework of the CZ Commercial Code, misleading advertising and comparative advertising are explicitly prohibited as unfair competitive conduct, which can be detrimental to other competitors or consumers and is contrary to good manners. Czech regulation of misleading advertising is in line with the Directive 2006/114/EC[42] concerning misleading and comparative advertising and the Directive 2005/29/EC[43] concerning unfair business-to-consumer commercial practices in the internal market.   34

5.2.4 Spam and other forms of illegal commercial harassment

Regulation of spam in the Czech Republic is contained in the Act No. 634/1992 Coll. on Consumer Protection stipulates that persistent and unwanted solicitations by telephone, fax, e-mail or other remote media except in circumstances and to the extent justified under national law to enforce a contractual obligation, qualify as aggressive commercial practices and are forbidden.   35

In addition, the Act No. 480/2004 Coll. on Certain Information Society Services lays down special conditions for dissemination of commercial communication by electronic means. According to this law, a user's electronic contact can be used for dissemination of commercial communication only with his or her consent (opt-in). However, provided that an entrepreneur obtained a customer's electronic contact for electronic mail in connection with the sale of goods or services in compliance with data protection law and the customer has a direct and effective option to deny the consent with such use of his or her electronic contract

---

41   Directive (EC) 58/2002 of 12 July 2002, OJ 2002 no. L 201/37 of 31 July 2002 as amended by Directive (EC) 136/2009 of 25 November 2009, OJ 2009 no. L 337/11 of 18 December 2009.

42   Directive (EC) 114/2006 of 12 December 2006, OJ 2006 no. L 376/21 of 27 December 2006.

43   Directive (EC) 29/2005 of 12 December 2006, OJ 2006 no L 376/21 of 27 December 2006.

free of charge even when a single message has been sent, an entrepreneur may use the electronic contact for dissemination of commercial communication concerning his goods and services (opt-out). In general, commercial communications sent by electronic mail are forbidden, unless three conditions are fulfilled. Firstly, a message must be clearly designated as commercial communication. Secondly, a sender's identity cannot be concealed or hidden. Thirdly, it is necessary to include a valid address on which an addressee could directly, effectively and free of charge send information that he or she disapproves of using his or her electronic contact for commercial communication.

Lastly, the never Cicil Code (mentioned above) will explicitly include unsolicited marketing as a form of unfair competition behaviour, effective from 1 January 2014.

6. Online gambling and games of chance

36 On the Czech national level, gambling in general is regulated mainly by the Act No. 202/1990 Coll. on Lotteries and Other Similar Games ("CZ Lotteries Act"). Gambling or, according to the statutory terminology "lotteries and other similar games", may not be operated unless conditions set in the Lotteries Act are fulfilled. Before getting into a more in-depth description of gambling regulation in the Czech Republic, the reader should be aware that the Czech Government intends to change the current regulation soon and so the following information should be taken with caution.

6.1 Lotteries and other games of chance

37 Under the CZ Lotteries Act, a lottery or other similar game of chance is defined as a game in which any natural person who paid a deposit (a wager) may take part on a voluntary basis. The return of the paid deposit is not guaranteed to the participant. Either a random chance or a circumstance, alternatively an event, which was not known in advance and which has been specified in terms and conditions of the game (the gambling scheme) decides about the win or loss. It is not important whether the game is carried out by mechanical, electromechanical, electronic or other means.

Whoever desires to operate a lottery or other similar game of change in the Czech Republic has to obtain a licence. In case of online gambling, it lies within the competence of the Ministry of Finance to grant such licence. It is absolutely vital for a successful applicant to meet restrictive statutory requirements; the most important are listed below but specific additional requirements may apply depending on the particular game of chance.

Firstly, there are legal constraints relating to the person of the applicant. The applicant has to be either the state or a legal entity having its registered seat on the territory of the Czech Republic. Foreign property participation in the legal entity is not admissible (this barrier does not apply to casinos). With exceptions and deviations concerning especially tombolas, bingos and horse racing betting, the only admissible corporate form of the applicant's legal entity is the joint stock company with registered shares and the registered capital amounting to at least 100,000,000 Kč (approximately 4,000,000 €). The registered capital may not be decreased below the minimum amount during the validity of the licence and the applicant must prove the origin of funds used for the payment of the registered capital in order to prevent money laundering. The applicant, its shareholders, statutory bodies or members need to be persons without a criminal record. Secondly, a deposit securing receivables of the state, communities and winners has to be paid. The amount of the deposit varies depending on the kind of a game of chance from 2,000,000 to 50,000,000 Kč (approximately 80,000 to 2,000,000 €). Thirdly, the applicant has to ensure compliance with requirements concerning the game itself. It means, among other things, that individuals under 18 years cannot participate, all participants must have equal chances to win, public order is not disturbed and the game plan explaining conditions of the game of chance is drawn up and approved. Only a legal entity that was granted the licence is permitted to run the lottery or other similar game of chance.

As far as games of change operated via the Internet are concerned, the CZ Lotteries Act contains a special provision preventing youngsters to participate in online gambling. In line with this, online betters have to register in person in places where wagers are usually accepted (i. e. in premises of the operator) by presenting their ID card.

The CZ Lotteries Act expressly prohibits the operation of foreign lotteries, the sale of foreign lottery tickets included, and also participation in betting abroad if wagers are paid abroad as well as the collection of wagers for betting games operated abroad or the brokering of wagers for betting games operated abroad. The operation of Czech lotteries or other games of chance in which wagers are paid abroad is prohibited too. However, in order to ensure reciprocity, an exemption from these bans can be grated by the Ministry of Finance.

6.2 Consumer competitions

Simultaneously, besides lotteries and other similar games of change, the CZ Lotteries Act applies to consumer competitions whereby consumers must buy products in order to compete for non-pecuniary prizes and winners are determined at random choice. In contrast with lotteries and other similar games, consumer competitions do not require a licence issued by the Ministry of Finance, but notification of the consumer competition to the organizer's local Tax Office no later than 15 days in advance is necessary.   38

As regards consumer competitions, the total value of non-pecuniary prizes distributed to winners cannot exceed 200,000 Kč (approximately 8,000 €) per calendar year and the value of a single prize cannot exceed 20,000 Kč (approximately 800 €).

6.3 Current legislative developments

Following persistent negative opinion of the European Commission as well as other stakeholders on the Czech gambling legislation for its breach of the freedom of establishment and freeedom to provide services, the Czech Government announced that it will change the law so as to allow entities based in other EU member states to legally provide gambling and betting services in the Czech   39

Republuc. Details of the conditions under which foreign entities will be allowed to operate in the Czech Republic are not yet known; however, it can be expected that they will not substantially differ from those described above.

Chapter 13

The Law of Video and Computer Games in Finland

1. Development, distribution and licensing agreements

Agreements concerning the development of a computer game play a crucial role in a computer game development project. The Finnish legal system is based on a strong freedom of contract principle. There are practically no statutory limitations applicable to business-to-business contracts. The crucial contractual factors are fairly similar as in any IT development project. The development contract should contain express provisions regarding the specifications, delivery milestones and acceptance criteria in order for the parties to be able to monitor timely delivery of the agreed results. The most important provisions in the development contract are those that govern the division of intellectual property rights and the license grant. The rights and licenses in the computer game should be explicitly described in the development agreement as there are no implied rights or licenses under Finnish law.

The distribution agreements between the game owner and its resellers are crucial when a computer game is commercialized and launched to the public. The effective distribution of a computer game requires numerous distribution agreements. Such distribution agreements should be entered into with at least the owners of the most predominant distribution channels (i. e. the largest retail store chains, mobile and internet operators and device manufacturers). The most important elements in these contracts are the protection of the intellectual property rights in the computer game, avoidance of too extensive exclusivity provisions and a clear distribution of the acquired revenues. As these agreements are often intended to cover many different jurisdictions and applicable laws, compliance issues are also of great importance. Normally the distributor should have the responsibility of compliance, but often this obligation is imposed on the original rights holder of the computer game. However, if the game is compliant with Finnish laws, which tend to be very strict as regards consumer and data protection, compliance is rarely an issue in other Western jurisdictions. 1

End-user licensing agreements with consumers involve, in addition to the above-mentioned, restrictions which follow from the Finnish consumer protection legislation. Data protection issues concern both business-to-business agreements as well as consumer agreements. Both of these are in Finland quite heavily and strictly regulated fields of law and they are analysed in more detail below.

2. Legal protection of computer games and its components

2.1 Copyright protection

Computer games, including any significant components of a computer game, are protected as computer programs. According to Section 1.2 of the Finnish Copyright Act (404/1961), a computer program (including a computer game) is a literary work and thereby protected by copyright.[1] The provisions on computer programs were added to the Copyright Act through the Amendment 34/1991. As stated in the related Government Proposal (161/1990), the legal definition of a computer program was not deemed necessary, since other types of work are not defined by law either.[2] The preparatory materials of the Proposal define computer programs as "a set of orders that make a computer perform an intended operation."[3] However, games are mentioned in the Government Proposal as an example of other protected material related to computer programs besides the actual program: according to the Government Proposal, the moving images and sounds of a game can be regarded as separate works in the meaning of the Copyright Act.[4]

2   Despite the abovementioned provision, the threshold of what constitutes a *work* is not explicitly defined under Finnish law. According to the Government Proposal, only those computer programs that "reflect the creative and original input of their author" constitute a work and are therefore protected by copyright. More specifically, "the original input of a computer program appears primarily in the programmatic choices that the author makes in solving a data processing problem."[5] Accordingly, the Finnish Copyright Council ("FCC"), an official body appointed by the Finnish Government to assist the Ministry of Education in copyright matters and to issue opinions on the application of Copyright Act, has given opinions relating to the copyright protection of a computer program. In its opinion 2005:7[6], the FCC states that "the threshold of a protected work may differ with regard to different types of works". Concerning computer programs, the "threshold can be considered low, with the notion that even a computer program shall be a result of the intellectual input of the author." According to the preparatory materials, a solution to a data processing problem, which is chosen only because external mechanical factors so require, does not reflect its author's

---

1   Copyright protection of a computer game was considered already in 1990 in the case Helsinki Court of Appeal, 28 August 1990 (R 88/2342). The question as such was not dealt with by the Court of Appeal, but in the judgment of the District Court, the graphics of the computer game were considered the essential part of a game. According to the Court, developing the idea to a game showed such creativity and originality that the game should be protected by copyright.

2   Government Proposal, Hallituksen esitys (161/1990 vp), Detailed commentaries for Section 1.2.

3   Preparatory materials, Komiteanmietintö 1987:8, p. 41.

4   Government Proposal, Hallituksen esitys (161/1990 vp), Detailed commentaries for Section 40.

5   Government Proposal, Hallituksen esitys (161/1990 vp), Detailed commentaries for Section 1.2.

6   Finnish Copyright Council, statement 2005:7, 2 June 2005.

creative and original input. It is further stated that *"simple programs which comprise of a series of actions evident to a professional or of commonly used solutions, do not fulfil the threshold of work,"* and are therefore left outside the copyright protection.[7]

When planning the development of a computer game, Section 40 b of the Copyright Act needs to be taken into account. According to the said section, if a computer program (i. e. the software code in the computer game) and a work directly associated with it (i. e. the relevant documentation) have been created within the scope of employee duties in an employment relation, the copyright in the computer program and the work shall pass automatically to the employer. However, such automatic transfer of copyright is not applicable to any other works of art connected with the computer game, including game sounds, visual effects, music etc. Therefore, the copyright to these elements of the computer game must be transferred to the employer pursuant to separate express agreement, similar to a situation where no employment relationship exists such as when engaging freelancers or independent contractors.

2.2 Patentability of computer programs in Finland

In Finland, the patentability of a game engine is judged on the basis of guidelines concerning the patentability of a computer program or software. The National Board of Patents and Registration in Finland generally follows the same legal practise as the European Patent Office ("EPO"). However, it is a common business practise in Finland to apply patents through the EPO, instead of applying them directly from the National Board of Patents and Registration.

3. Legal protection of the content of a computer game and its components

3.1 Trademark protection

The game design of a computer game can be protected through various types of legal mechanisms, the most commonly used of which are trademarks. In Finland, exclusive rights to a trademark can be acquired through registration, but also when the mark has become established (Trademarks Act (7/1964), Section 2). In the event of a trademark infringement, the protection conferred by a registration is easier to enforce, since referring to an established trademark requires evidence that the mark in question has in fact become established in Finland.

In principle, all visual elements in the game design can be protected through trademarks. However, the most common subject of protection is the name of the computer game. It is also possible to register some of the main characters that appear in the game, but it is somewhat unclear what the scope of this sort of registration is, for example whether it covers a moving, three-dimensional character in different positions or just a stationary character that was originally registered. Furthermore, the packaging to which the game is packed can be registered in order to combat pirate copies of the game.

---

7 Preparatory materials, Komiteanmietintö 1987:8, p. 177.

3.2 Copyright protection

Contents of the computer games are also protected by copyright. All visual, musical and like components of the computer game may constitute a *work* under the Finnish Copyright Act and be thereby protected.

The FCC has also taken a stand in its opinion 1998:19[8] on the copyright protection of the translations that form a part of a computer program. The case concerned an educational program for children that included short and simple phrases and a users' guide for teachers translated into Finnish. The FCC held that the translations were simple and mechanical and did not receive copyright protection as a separate work.

3.3 Protection under Finnish Unfair Business Practices Act

With regard to other forms of protection, it is important to note that business entities in Finland are protected against unfair business practises performed by other business entities. This protection is based on the Finnish Unfair Business Practises Act (1061/1978). Section 1 of the said Act provides that good business practice may not be violated nor may practices that are otherwise unfair to other business entities be used in business.

3 In its decision MT 1986:3, the Finnish Market Court evaluated the applicability of the Finnish Unfair Business Practises Act to a Finnish board game classic "Kimble". For the sake of clarity it must be noted that the case did not involve a computer game, but it lays out some rules to the applicability of the Unfair Business Practises Act to the contents of all games, including computer games, with respect e.g. to their rules, names and appearance. The case was about the production, importation and selling of imitations of a well-known Finnish game "Kimble". The Market Court did not consider the mere marketing of imitations to be in contradiction with good business practices or otherwise improper. The Market Court also paid attention to the fact that the imitations did not cause likelihood of confusion with the original product. The production, importation and selling of the imitations were not found to be in contradiction with good business practices or otherwise improper with regard to the claimant. Therefore, it can be deduced that the threshold for considering imitations of games in contradiction with good business practices is set quite high.

3.4 Theft of virtual goods

4 Quite recently, the Court of Appeal of Kouvola evaluated the scope of the Finnish Criminal Code (19.12.1889/39) with regard to a crime committed on the social networking website "Habbo Hotel".[9] The Court of Appeal did not consider "virtual property", i.e. "pieces of furniture" stolen from the virtual Habbo Hotel, as movable property within the meaning of the Chapter 28, Section 1, Subsection 1 ("Theft"). It held in its decision that the case involved immaterial property with an economic value. Because of the underlying principle of the Finnish Criminal Code that no sanctions can be given unless the offence is described as criminal

---

8   Finnish Copyright Council, statement 1998:19, 8 December 1998.
9   Kouvolan HO 10.3.2011/284.

in the law (*nulla poena sine lege – no penalty without a law*), the Court of Appeal held that the act was not to be evaluated as a theft.

4. Marketing and advertising computer programs

4.1 Consumer protection

Due to Finland's strict legislation regarding the protection of consumers and minors, in-game advertising and all forms of promotion that take place in connection with the computer game shall meet certain requirements. The Finnish Consumer Ombudsman is the authority that evaluates compliance with the consumer protection laws and may ultimately apply for an injunction order from the Market Court to prohibit the actions infringing consumer protection legislation, most notably the Consumer Protection Act (37/1978).

The relevant requirements that need to be complied with are provided in Chapter 2 in the Consumer Protection Act, and include, *inter alia*, the prohibition of marketing that violates good practises or is inappropriate to consumers, the requirement to express the commercial purpose in marketing, the prohibition to convey false or misleading information in marketing and the prohibition to use improper marketing practise.

With regard to in-game advertising, the requirement to express the commercial purpose in marketing should always be taken into account. According to the Finnish Competition and Consumer Agency, an official organ that monitors several acts enacted to protect consumers, the consumer shall always have the right to know when they are influenced commercially. Commercial messages shall not be hidden in other forms of communication, and advertisements shall always be recognisable. Surreptitious advertising is not acceptable.[10]   5

As an example of the international cooperation of the Consumer Ombudsman, the Nordic consumer ombudsmen have given a joint statement on the marketing of mobile content services.[11] The statement gathers the relevant provisions related to marketing of mobile content services and defines the scope of good marketing practices.

In 2011 the Consumer Disputes Board gave a decision concerning software updates to the games console PlayStation 3. Consumer had purchased the games console PlayStation 3 in 2010, into which a software update came available at the day of the purchase. The update was obligatory in order to play games online, but at the same time it disabled the Other OS-support of the console, and

---

10 The Finnish Consumer Agency, "The requirement to show the commercial purpose in marketing". Available only in Finnish at http://www.kuluttajavirasto.fi/fi-FI/yritykselle/markkinointi/tunnistettavuus/ (25 May 2011).

11 Joint statement of the Nordic consumer ombudsmen on the marketing of mobile content services. Available only in Finnish at http://www.kuluttajavirasto.fi/File/ac791ad4-8eb9-44c8-837b-377bc5db9e2f/MobiilisisÃ¤ltÃ¶palvelujen+markkinointi.pdf (27 May 2011).

this weakens the functionality of the games console either if it is updated or not. A warranty of 12 months was given to the games console. Consumer Protection Act protects the rights of the customer regardless of the possible limitations in the licence agreement, should those limitations be regarded to be in violation of the mandatory provisions of the Act. The Consumer Dispute Board recommended notable reduction of price to be given in joint and several liability by the seller and the manufacturer of the games console.[12]

4.2 Direct marketing by electronic means

The Finnish Act on the Protection of Privacy in Electronic Communications (516/2004) includes provisions on direct marketing which may come into question in relation to video and computer games. The Finnish Data Protection Ombudsman supervises the compliance with the provisions on direct marketing.

The Act distinguishes between direct marketing targeting individuals and business entities. With regard to individuals, direct marketing by means of automated calling systems, facsimile machines, or e-mail, text, voice, sound or image messages may only be directed at persons who have given their prior consent, meaning that the opt-in principle is applied. As an exception, direct marketing by electronic means is allowed without prior consent of the recipient, if the service provider or product seller obtains the contact information of the consumer in the context of the sale of a product or service, and the marketing concerns the company's own products of the same product group or of other similar products or services and the marketing is conducted by the same means as the original product was purchased; e. g. an SMS may be used as a means of marketing if the product was bought via SMS. The consumer must be informed in the context of the sales that the company may send electronic marketing and the consumer must be given the opportunity to prohibit, easily and at no charge, the use of contact information at the time when it is collected and in connection with any electronic marketing message. The service provider or product seller shall notify the customer clearly of the possibility of such a prohibition.

The recipient of an e-mail, text, voice, sound or image message sent for the purpose of direct marketing must be able to recognize the marketing nature of such a message clearly and unambiguously. It is prohibited to send a message intended for direct marketing that (i) disguises or conceals the identity of the sender on whose behalf the communication is made; or (ii) is without a valid address to which the recipient may send a request that such communications be ceased.

The restrictions on direct marketing cover the commercial use of advertising, for example, for the purpose of enhancing the sales of a certain product. However, the provisions are not applied to private communication of individuals even if the content of the communication includes promoting, selling or exchanging opinions on a certain product.

6 The Finnish Market Court has dealt with the borderline between direct marketing and other communication in the case MAO:120/03[13]. The case concerned an

---

12 The decision in Finnish: http://www.kuluttajariita.fi/lautakunnan-ratkaisuja/?action=read&id=783 (23 August 2012).

13 It should be noted that the case MAO:120/03 is from the time of the former Act on the Protection of Privacy in Telecommunications (565/1999) and the former provisions on marketing of the Consumer Protection Act.

email service provider Jippii Group that added a promotional sentence in the signature of the emails sent through the service. For example, one of the sentences promoted Jippii's online games service. The Market Court held that the main purpose of the emails is the communication between private individuals, not the promotion of Jippii's services. Therefore, adding the promotional sentence in the signature was not considered direct marketing and hence, it was allowed in accordance with the Consumer Protection Act.

The Data Ombudsman has given a statement on consumer-to-consumer marketing services ("Tell a Friend"), in which a private person forwards a commercial message provided by a company to another private person. According to the Ombudsman, the characteristics of private communication entail that the sender does not benefit from sending the message, that the sender knows of the content of the message and that the message can be regarded as private also when considering the title of the message.

The Act on the Protection of Privacy in Electronic Communications also includes a provision on saving cookies or other data concerning the use of a service in the user's device and on the use of such data. According to a recent amendment to this Act,[14] the saving and using of such data is allowed if the user gives his/her prior consent and if the service provider gives the user comprehensible and complete information on the purpose of saving or using such data. The above mentioned does not apply to any saving or use of data which is intended solely for the purpose of enabling or facilitating the transmission of messages in communications networks or which is necessary for the purpose of providing a service that the subscriber or user has specifically requested. The saving and use of data referred to above is allowed only to the extent required for the service, and it may not limit the protection or privacy any more than is necessary.

4.3 Gambling

As with marketing and promotion of games, the provision of gambling services is strictly regulated in Finland. According to Section 6 of the Finnish Lotteries Act (1047/2001), a gaming license is required to practise gaming activities. Such a license is required for organising money lotteries, pools and betting and keeping slot machines available for use, operating casino games and running casino activities. Each type of gaming activities may be practised by only one company at a time, so in practise, the holders of these licenses are in a monopoly position. There are also rulings from the Finland's Supreme Administrative Court, where some foreign companies have unsuccessfully applied for their own gaming license despite the monopoly position being held by a Finnish company.

In the case of the Finnish Supreme Administrative Court KHO 2007:28, the license application of Ladbrokes Oy, part of Ladbrokes World Wide Betting, was rejected since the application was made for activities that were already covered by a previous gaming license. The ruling is significant in the sense that the Ladbrokes Oy's application was based on the allegation that Finland's gaming monopoly is violating EU legislation and legal practise.

The Finnish Lotteries Act was recently reformed and the monopoly licenses are now enacted more specifically. The Amendments to the Finnish Lotteries Act en- 7

---

14   Amendment 365/2011, 8 April 2011.

tered into force on 1 January 2012 (Government Proposal 207/2010). The past system of formal licences changed to a monopolistic system where the three gaming providers, Veikkaus Oy, Raha-automaattiyhdistys and Fintoto Oy are given a license directly through the Lotteries Act. The licence covers all means of gaming services, including electronic services and services taking place in a virtual environment. In the Government Proposal, the monopoly is justified with a reference to preventing crimes and social and health concerns related to gambling activities and securing the conditions for civic activities.

4.4 Minors

The legal protection of minors (children under the age of 18) and consumers is rather strict in Finland and the Finnish Consumer Ombudsman gives instructions and decisions on how the relevant provisions should be applied. The instructions of the Consumer Ombudsman have concerned, for example, the information given in connection to television games and quizzes.[15]

The legality of promotion or marketing that is directed to minors is assessed more strictly, since minors are considered to be more sensitive to the effects of marketing. The requirement to express the commercial purpose in marketing shall be fulfilled especially carefully and the limited ability to assess the commercial messages is to be taken into account.

An example of this type of protection is a decision of the Finnish Consumer Ombudsman from 2004[16] regarding the virtual world Habbo Hotel and its provision to minors under Finnish law. The decision provides a good example of the applicability of the relevant consumer protection legislation and Consumer Ombudsman's interpretation especially regarding the protection of minors. The age categories specified in the decision are also noteworthy as they are not set out in any law, but are used by the Consumer Ombudsman as the current guidelines.

> Habbo Hotel is a virtual hotel in the Internet where users can create a personalized figure. The figure can hang out and chat in the hotel and get a room and furnish it with different items. Users can also play various games. Registration is free, but furniture and some games cost money. Users pay with Habbo credits, which they can purchase with text messages, credit cards, e-money or through an online banking service.

> The Consumer Ombudsman received numerous complaints from parents concerning the Habbo Hotel. The biggest problem was, according to the Consumer Ombudsman, that children could make unlimited text message purchases without a guardian's consent. The service also encouraged users to order more and more products. In the Consumer Ombudsman's opinion the service did not take into consideration children's special position as marketing targets and contracting parties. According to Section 24 of the Finnish Guardianship

---

15 Consumer Ombudsman, Statement on the information given to a participant of a television game or quiz. Available only in Finnish at http://www.kuluttajavirasto.fi/File/3e014988-10a7-49ab-b1ac-1950926e8390/TV-peleissÄ¤.pdf (27 May 2011).

16 The letter of the Consumer Ombudsman to Sulake Labs Oy, the provider of the Habbo Hotel service, Dnro 2002/40/6905, 5 May 2004.

Services Act (442/1999), minors may, without a guardian's consent, perform only legal acts "*which, in view of the circumstances, are usual and of little significance.*"

According to the Consumer Ombudsman, the purchases within the Habbo Hotel service did not fit into this category. In the Habbo Hotel children could use a mobile phone to pay for services without restrictions. According to the Consumer Ombudsman, mobile service providers cannot automatically expect the person who signed a subscription agreement to pay charges. In spite of call blocks and charge limits, the parents' legal rights are not adequately protected if a child uses a subscription which is in their name to order paid services.

Pursuant to the requirements of the Consumer Ombudsman, the service provider of Habbo Hotel changed the service so that children under age of 10 can no longer use it. In addition, children under age of 15 need a guardian's consent and e-mail address to register. When a child registers, the guardian is sent an e-mail which contains basic information on the service, charges, forms of payment and the handling of personal data. The service must ensure that the e-mail address is not the same as the child's and that it actually works. A guardian can also request that access to the service be denied on their computer.

Users can no longer make unlimited purchases. Instead, a 7 € weekly limit has been set. The Consumer Ombudsman regards this amount of purchases as ordinary for children between the ages of 10 and 15, considering the service as a whole and the possibilities offered by the then present technology.

A number of other changes have also been made in the service at the demand of the Consumer Ombudsman, such as the recognisability of advertising with a notion "advert" in every promotional element of the service, the indication of prices and the collecting of only the necessary personal data.

The provision on the competence of a minor to commit legal acts (Guardianship Services Act, Section 24) is interpreted on a case-by-case basis depending on the age and level of maturity of the minor, and further, the nature, price, and means of purchase of the goods or services.[17] Some guidelines on the position of a minor can be drawn from the relevant decisions of the Consumer Disputes Board. The case 3715/39/07[18] concerned a 8-year old that had bought prepaid cards from a kiosk to be used in the Habbo Hotel service for the value of 65 €. The purchase was not held to be common and of little significance by the Board and the kiosk was ordered to return the money. The cases 565/39/05[19] and 2940/39/05[20]

8

---

17 General guidelines on the interpretation of the provision can be found already from the time of the previous Guardianship Services Act in *Helin, Markku:* Alaikäisten oikeustoimista, Lakimies 1991, p. 16–17, which compiles the decisions of the previous competent authority, the Consumer Complaint Board.

18 Consumer Disputes Board, 3715/39/07, 21 January 2009. Purchase of Habbo prepaid bills. Minor. Usual and of little significance. Request to revoke a contract.

19 Consumer Disputes Board, 565/39/05, 17.7.2007. Television game. SMS sent by a minor.

20 Consumer Disputes Board, 2940/39/05, 19 July 2006. Television game. SMS sent by a minor. Reasonableness of a contractual term.

concerned children (9- and 12-year-olds) that purchased television game services via SMS through a telephone subscription that belonged to the parents. Both of the cases concerned a bill of approximately 3,000 €. The Board stated in both cases that "even though the parents had allowed the child to use the subscription, the child was not competent to a legal act of this kind or of this value on behalf of the parent." Therefore, the service provider did not have the right to invoice the parent.[21]

9   The legislation on audiovisual programmes was renewed and the Act on Audiovisual Programmes entered into force from the beginning of 2012 in order to meet the changes in the media environment. The Act on Audiovisual Programmes applies for video and computer games as well as television programmes and games. Game sellers now have to file a registration to Finnish Centre for Media Education & Audiovisual Media (MEKU). Age limits of games are binding and it is prohibited to provide games to persons under the age of specified age limit. It also is only allowed to sell games in Finland which are marked with the PEGI (Pan European Game Information) rating or with a similar marking provided by the MEKU. MEKU is also the supervising authority of age limits and it can revise the practice of the industry's self-regulation within the boundaries of the Finnish legislation concerning age limits. There will no longer be a preliminary examination of the programs, but instead, the focus lies on subsequent supervision.[22]

4.5 Data protection

Many games and gaming communities collect personal information for various purposes. In this respect, the legal issues that need to be accounted for relate to processing of personal data. The relevant Finnish legislation in this regard is the Personal Data Act (523/1999), which provides regulations for collection, recording, organisation, use, transfer, disclosure, and manipulation of personal data. The numerous guidelines given by the Finland's Data Ombudsman Office are also relevant.

Any user information (such as user logging information) may constitute a personal data file as defined by the Personal Data Act, if it holds identifiable information of an individual person. This means that the responsibilities of the data controller, such as defining the purpose of processing, respecting the data subject's rights and securing the personal data, have to be met.

The Data Ombudsman has given a statement in 2006[23] on the use of the personal identity number while logging into the "IRC-Galleria", which is a social networking website in Finland with over 500,000 registered users at the time. The Ombudsman found the use of the personal identity number in breach of the responsibilities of the data controller as defined by the Personal Data Act.

---

21   Another question was the liability of the parent towards the provider of the telephone subscription, which was decided in accordance with the respective contract.

22   The Finnish Act on Audiovisual Programmes, an unofficial English translation provided by the Finnish Centre for Media Education & Audiovisual Media: http://meku.fi/images/kuvaohjelmalaki_710_2011_en.pdf (23 August 2012).

23   Statement of the Data Ombudsman (2006); Available only in Finnish at http://www.tietosuoja.fi/48525.htm (25 May 2011).

Chapter 14

The Law of Video and Computer Games in France

1. Copyright in connection with computer games

The main issue French law has to face concerning the rules relating to video *1*
games is directly linked to copyright. Indeed, it is important to determine not
only whether a video game is protected by copyright, but also which set of rules
should apply. Possible solutions are to consider a video game as a unitary work
which is subject to a unitary copyright set of rules, or to divide it into its various
components, applying different sets of rules (so-called selective classification or
qualification distributive). This question is of particular importance in relation to
the payment of royalties, as, depending on the agreed set of rules, copyright and
payments might be governed by different sets of rules.

1.1 Copyright protection

Under French law, the protection of a video game by copyright has been recog- *2*
nized since 1986, upon condition that the work is original, as a result of two decisions rendered by the Court of Cassation (Supreme Court).[1] Nevertheless, for
over twenty years, it was not possible to precisely determine the set of rules to
be applied to video games. Being a complex work, with databases, sounds, pictures, a software component and interactivity, different possibilities were considered by the courts and by the scholars before case law recognized that a video
game is a multimedia work.

1.2 Database

The French Intellectual Property Code defines a database as "a collection of in- *3*
dependent works, data or other materials, arranged in a systematic or methodical way, and capable of being individually assessed by electronic or any other
means" (Article L.112-3).

Some components of a video game could be considered as database. For example, a video game may allow a choice amongst different players with particular
features, which could constitute a database. In the same way, a musical video
game containing a list of classified songs to be chosen by the player would contain a database component. However, in light of the typically strong and prevailing level of creativity expressed in a game as a whole, classifying a video game
as a database work is not satisfactory.

1.3 Audiovisual work

It has been suggested classifying video games as audiovisual works under French *4*
law, but this classification is currently not being recognized.

Indeed, French courts have rejected this classification, considering that *"the absence of linear projection of the sequences, the intervention of the user to modify
their order being always possible, and the succession not of animated sequenc-*

---

1   Cass. Ass. Plén., n° 84-93509, 7 March 1986, Atari Inc c/Valadon, and Cass. Ass. Plén.,
     n° 85-91465, 7 March 1986, Williams Electronics Inc. c/Claudie T. and SA Jeutel.

es of pictures but of fixed sequences which can contain animated pictures" 2 led to judge that the aforementioned creations could not be considered as audiovisual productions. Be that as it may, while it remains possible that components of a video game may constitute an audiovisual work, a video game may not be reduced to this sole aspect.

Certain authors consider, however, that, as video games increasingly use cinematic sequences and audiovisual techniques, audiovisual works may become the main component of a video game, making this classification more relevant[3].

1.4 Software

5   One of the prevailing approaches has been to emphasize the software component of a game and to apply the set of rules governing software to a video game. Indeed, software has appeared to be the essential component of a video game.

This is what was provided for by case law, in particular by the *Midway* decision, in which the Court of cassation clearly compared video games with software, stating that the computer programming of a video game is indivisible from the combination of sounds and pictures forming the different stages of the game.[4]

However, even if there is indeed a significant software component in a video game, there is much more to it than that, and consequently the software classification would ultimately not be wholly satisfactory. Thus, some scholars have considered applying a selective classification to video games, rather than a unitary one.

1.5 Recognition of a video game as a multimedia work

6   Finally, in proceedings concerning the payment of copyright on music used in a video game, the Court of cassation rendered the *Cryo c/SESAM* judgement in 2009, in which it clarified the situation: *"Given that a video game is a complex work which cannot be reduced to its sole software dimension, whatever the importance of this dimension, so that to submit each of its components to the set of rules applicable to it, depending on its nature"*.

This judgment, which has been referenced by other French courts since[5], recognized the video game as a multimedia work and hence, inaugurated the principle of applying a selective classification to video games.[6]

Although French law does not provide for a specific definition of a multimedia work, the French High Council on Literary and Artistic Property (*Conseil Supérieur de la Propriété Littéraire et Artistique*, "CSPLA") has proposed a definition of a multimedia work which combines five criteria, in addition to the cri-

---

2   Cass. Civ 1ère, n° 00-20294, 28 January 2003.
3   Parliamentary mission on the video games copyright legal status, Mr. Martin-Lalande, 30 November 2011.
4   Cass. Crim., n° 99-85154, 21 June 2000, Midway.
5   CA Paris, 26 September 2011, SARL Aakro Pure Tronic et a. c/Nintendo.
6   Even if the Court of cassation uses the term of a "complex work", it should be understood as multimedia work. Furthermore, in this case, the Court of cassation confirms a decision of the Court of appeal, which qualifies a video game as a multimedia work.

terion of originality. According to the CSPLA, a multimedia work: (i) brings together elements of different kinds (sounds, texts, fixed or animated images, computer programs etc.); (ii) is indifferent regarding the notion of support or its means of communication; (iii) presumes interactivity with the user; (iv) is a whole work with its own identity, different from the various elements of which it is composed and different from the simple addition of those elements; and (v) implies that its structure and access to it is managed by software.

This definition reflects the complexity of a multimedia work. For a multimedia work, a different set of rules is applied to each component of the video game, putting an end to the unitary classification.

In a judgement rendered in 2011, the Court of appeal specified the applicable set of rules to video games in case of a selective classification: "*The software part is governed by software copyright and other aspects of the video game, notably its audiovisual, graphic and sound aspects, by general rules of copyright*"

On this basis, a video game is clearly protected by copyright and considered as a "complex work" (as the Court of cassation called it), a multimedia work. This classification is not totally satisfactory as there is no legal definition of a multimedia work in the French Intellectual Property Code. The legislator may therefore sooner or later have to precisely determine the definition of a multimedia work or enact legislation specifically concerning video games.

Moreover, although the specifications provided by the Court of appeal are helpful regarding the rules' applicability, it still leaves some doubts on the identification of the author of the video game. This lack of legal or judicial definition is the main cause of the uncertainty surrounding the legal status of video games.

1.6 Technical measures of protection for the video games

In the era of digitalization, and in the information society, video games face a strong risk of being illegally downloaded, counterfeited and used without the authorization of the copyright holder. In response to this risk, the use of technical measures of protection (TMP) has become common standard in many scenarios.

The Information Society Directive[7] recognises the legitimacy of TMP and creates a protective framework for them. Under French law, the European provisions were implemented in the DADVSI law of 1 August 2006[8]. Article L.331-5 of the Intellectual Property Code provides that the term "technical measures of protection" should be understood as any technology which aims to "*impede or limit uses unauthorized by holder of copyright or related rights over any work, other than software, an interpretation, a sound recording, a video recording or a program*".

It should be noted that the legal system protecting the use of TMP does not apply to software, according to the very terms of the DADVSI law and to the Information Society Directive. In the case of a video game, where different components are brought together, the exceptions under the Directive on Computer

---

7   Directive (EC) 29/2001of 22 May 2001, OJ 2001 no. L167/10 of 22 June 2001.
8   Law DADVSI (Droit d'Auteur et Droits Voisins dans la Société de l'Information).

Programs[9], including the interoperability exception, may ultimately enable users to avoid or circumvent the TMP.

Nevertheless, on a practical level, in most scenarios it seems either impossible or pointless to reproduce only the software part of a multimedia work as a video game.[10]

In light of the current uncertainty, a legislative specification on whether the TMP rules are applicable to video games or not, ideally from the European Union, would ultimately be very helpful and welcome.

For this reason, the judgement by the French court of appeal[11] of 26 September 2011 is highly revealing, as it is the first sanctioning of a violation of technical measures of protection, and providing a welcomed clarification regarding video games and such measures. In this case, Nintendo sued distributors of so-called "linkers", devices such as "DS linker" or "R4 – Revolution for DS", enabling any content, including hacked games, to be read and played on DS consoles.

The court considered that the TMP implemented by Nintendo were effective within the meaning of Article L.331-5 of the French Intellectual Property Code. According to the Court, the so-called "linkers" were designed to circumvent the TMP protecting Nintendo DS, for which reason distributors of such devices shall be condemned.

The Court also pointed out that the "linker's" compatibility necessarily relied on a prior decompilation of the video game software, which was not covered by the "exception of decompilation"[12].

By recognizing a violation of the protection mechanisms, the Court clearly positions itself against devices copying video games.

1.7 No patentability of the game engine

8   Under Article 52 of the European Patent Convention of 1973, a patent cannot be granted for an invention constituted by "programs for computer", and therefore, French law adopted the same restriction in Article L.611-10 of the French Intellectual Property Code. A game's engine software is not considered patentable under French law. International developments may however influence French law, in accepting patents on programs for computer under some conditions. In order to be patentable, the software of the game engine would in any event need to match the general requirements for patentability under French law.

---

9   Directive (EC) 24/2009 of 23 April 2009, OJ 2009 no. L111/16 of 5 May 2009.
10   Concerning TMP, see also our developments below concerning decompilation.
11   CA Paris, 26 September 2011, SARL Aakro Pure Tronic et a. c/Nintendo.
12   See also our developments below concerning decompilation.

2. Originating the game: development agreements

As a result of the international character of the gaming sector, the structure and *9* contents of development agreements concluded under French law broadly follow international patterns and are strongly influenced by common law practice. Having said this, a few key issues nevertheless appear worth highlighting.

2.1 Development agreements: warranties

French law subjects business-to-business agreements to a limited statutory war- *10* ranty set of rules. Although less protective than in agreements with consumers, certain statutory warranties remain applicable in development agreements and must be taken into account at each step of the delivery of a video game.

For instance, French law imposes a general obligation on the vendor to deliver goods in compliance with the contractual specifications (Article 1604 Civil Code). French courts accept that this obligation may be subject to restrictions imposed by the parties, as long as such contractual provisions do not contravene the essential purpose of the obligation.

Professional vendors are also liable under the warranty for latent defects which render the product sold *"unfit for the use for which it was intended, or which so impair that use that the buyer would not have acquired it, or would only have given a lesser price for it, had he known of them"*[13]. French law does not consider any provision to be valid which excludes or restricts the vendor's liability, even between professionals, unless both parties are professionals in the same field.

In light of the direct interplay between the contractually owed quality of the game and the scope of the developer's statutory warranties, the parties should give particular attention to the drafting of the specifications as well as corresponding testing requirements.

In the development agreement, the parties should precisely define the development process, specifying delivery schedule, deliverables and milestones, accompanying these steps by test phases. Complex development projects typically comprise (at least) three testing procedures, namely an alpha test, a beta test and a final test.

2.2 The appropriate choice of classification

Considered as a so-called complex work, i.e. a multimedia work, video games *11* as a creation are subject to several sets of rules, depending on (i) the category of creation (software, database, audiovisual creation) and (ii) the process of creation (collaborative or collective work).

(i) Category of the creation

The software part of the video game is protected under the specific rules relating *12* to software copyright transposed from the Directive on Computer Programs. Soft-

---

13   Article 1641 of the French Civil Code.

ware copyright protection constitutes an exception to the philosophy of French copyright law which generally grants the author a rather discretionary power over his creation. Under this specific set of rules, the economic rights attached to the software shall be automatically transferred to the employer under the employment contract[14], while the moral rights are restricted[15]; furthermore, instead of being proportional, the fees owed to the author may be a fixed charge provided for in the employment contract in accordance with Article L.341-1 of the Intellectual Property Code.

The database part of a video game is protected under the set of rules transposed from the Directive on the legal protection of databases[16], providing a specific right to the creator of a database where there has been qualitatively and/or quantitatively a substantial investment in order to obtain, verify or present the content of the database. The components of the database are already covered by copyright and may still be protected independently.

The audiovisual part of the video game is also governed by a specific set of rules providing some participants to the project with a presumption of authorship.[17]

(ii) Creative Process – collaborative or collective?

13 A work created by several authors is deemed to be governed by the set of rules on collaborative work under French law, in particular Article L.113-2 al.1 of the Intellectual Property Code: these rules apply to collaborative work or, sometimes, individual pieces of work forming a unique and indivisible creation. The authors have joint authorship and property over the creation and must therefore agree on the terms of marketing of the work.

When a work is released under the name of one person however, this person, natural or legal, is presumed to be the author of this work and to benefit from all rights of the author (Article L.113-2 al.2 of the French Intellectual Property Code). The work is then considered to be the result of a creative process involving several participants.

The rules on collective works facilitate the marketing of a creation such as a video game, as obtaining the consent of all individuals involved in the development would be quite difficult to organize. Publishers and/or developers therefore tend to classify the creation process as collective, a pragmatic choice made to simplify the marketing process. Publishers strive to document in the development contract that the game will be released under their own, single name. While clauses regarding the classification as a collective work are commonly used, the parties must nevertheless be aware that French courts may reverse such a contractual classification if they consider it to be artificial: As a principle, French judges consider that classification as a collective work constitutes an exception to the general copyright law and as such cannot be considered to be the general rule applicable to video games.

---

14 Article L.113-9 of the French Intellectual Property Code.
15 Article L.121-7 of the French Intellectual Property Code.
16 Directive (EC) 9/1996 of 11 March 1996, OJ 1996 no. L77/20 of 27 March 1996.
17 Article L.113-7 al.2 of the French Intellectual Property Code.

The courts are not bound by the terms of the contract and will evaluate the actual classification of a creation and release process on a case-by-case basis.

The parliamentary mission on the video games copyright legal[18]status comes out clearly in favour of a classification as collaborative work. This position is consistent with the last judgement rendered by a French court [19]on this matter.

The French court recently considered that *"online games are collaborative work within the meaning of article L 113-2 of the French Intellectual Property code, whose contribution through a musical composition can be separated."* The judges rejected the classification as collective work since the music of a video game can be pulled out of such video game. In the case in hand, it must be noted however that the publisher had previously released a CD compilation of the music of the video game.

3. Game design: trademarks, personal rights and other protection rights

A video game title can be protected by both copyright and trademark law. It may also be protected by unfair competition and parasitism rules.

3.1 Protection of a video game title or logo by trademarks

Concerning trademark protection, French law broadly corresponds to other European Union laws. Article L.711-1 of the Intellectual Property Code provides that *"a trademark or service mark is a sign capable of graphic representation which serves to distinguish the goods or services of a natural or legal person. The following, in particular, may constitute such a sign:* 14

a) *Denominations in all forms, such as: words, combinations of words, surnames and geographical names, pseudonyms, letters, numerals, abbreviations;*
b) *Audible signs such as: sounds, musical phrases;*
c) *Figurative signs such as: devices, labels, seals, selvedges, reliefs, holograms, logos, synthesized images; shapes, particularly those of a product or its packaging, or those that identify a service; arrangements, combinations or shades of colour.*

Thus, according to item *a)* of the aforementioned Article, a title may be registered as a trademark. Moreover, even a logo can obtain the protection of trademark law according to item *c)* of the same Article. This can obviously be relevant for video games.

Some conditions have to be respected to obtain the protection as a trademark. First, the sign or denomination may not violate the public order or morality. Second, it has to be available, e.g. not to infringe previous rights (trademarks, copyrights, name etc.). Furthermore, the sign or denomination has to be distinctive,

---

18 Parliamentary mission on the video games copyright legal status, Mr. Martin-Lalande, 30 November 2011.
19 TGI Paris, 3e ch, 30 september 2011 M. F. c/Prizee.com et a.

and lastly, it may not be deceptive regarding the products covered by the trademark.

The protection of the title of a video game or a logo by a French trademark requires the filing of a registration form at the French Institute for Industrial Property (*Institut National de la Propriété Industrielle*, "INPI"). Once registration at the INPI is completed, the title will be protected throughout the French territory for a period of ten years, renewable, for the goods or services covered by the registration.

Beyond the national French trademark protection, it is obviously also possible to register a video game title as a European Community trademark, or as an international trademark.

3.2 Protection of a video game title under copyright

15 A video game title may also be protected under copyright, on condition that it is original. Indeed, Article L.112-4 of the Intellectual Property Code provides that:

"The title of a work of the mind shall be protected in the same way as the work itself where it is original in character.

Such title may not be used, even if the work is no longer protected under Articles L.123-1 to L.123-3, to distinguish a work of the same kind if such use may create confusion".

Nevertheless, the condition of originality may be difficult to fulfil by a title limited to one or a few words to name a work. Moreover, there is a trend in French case law to research earlier rights or similar titles to show that the title of a work is original. However, novelty is not a condition of protection of copyright. Such difficulty to prove the originality of a title shows the weakness of the protection of titles under copyright.

3.3 Protection by unfair competition and parasitism rules

16 To compensate for this weakness, and particularly in a case where a title would not be considered as original, French law has recourse to the notion of unfair competition and parasitism, which is based on Article 1382 of the Civil Code, according to which *"any act whatever of man, which causes damage to another, obliges the one by whose fault it occurred to compensate it"*. Such protection mitigates the limited duration of protection by copyright, and also protects weak titles which would not have enough originality to be covered by copyright.

3.4 Public image and privacy rights

17 Article 9 of the Civil Code provides that *"everyone has the right of respect for his private life"*. This Article concerning the fundamental right to privacy is the basis of the right to public image, which protects individuals from exploitation of their image. In principle, commercial use of a person's identity, *e. g.* in a video game, mandatorily requires that person's written authorization.

The Court of Cassation faced this issue in a case concerning the use of a person's identity in a video game in 1998.[20] In this case, a video game used the identi-

---

20   Cass. 1ère civ, n° 96-15610, 16 July 1998.

ty of a political leader of an extremist party as an enemy. The Court of cassation, confirming the decision handed down by the Court of Appeal[21], judged that according to Article 9 of the Civil Code, everyone has the right to oppose to the reproduction of his/her image, and that the use, in a voluntarily disparaging way, of someone's image justified the judge to take appropriate measures to bring to an end the contempt of individual rights. In the case mentioned, it was then approved by the "*Cour de cassation*" that the Court took measures such as prohibiting the sale of the litigious video game or ordering their seizure.

Moreover, Article 9 also protects the image of a person, as a component of the right of privacy, and even in the case of a non commercial exploitation.

The right to public image and more generally the rights derived from Article 9 of the Civil Code have major significance under French law, and a video game creator will have to be vigilant not to infringe those rights.

3.5 Use of third party works in a video game

Crucial legal issues often arise in the context of the use of third party works in   18
a video game, considering that video games implement music, images, texts, trademarks etc.

There are no specific rules applying to video games, and French law is similar to that of other EU Member States in this regard. Hence, using third party intellectual property rights, such as works or trademarks for instance, requires the conclusion of agreements and the payment of royalties or trademark licence fees. This situation is typical, and it also occurs where a video game title, scenario, characters or other elements of a game are used for another work, for instance in the case of a screen adaptation.

At last, it should be noted that French law also recognizes a right of image over goods, such as architectural works, like a tower, a stadium etc. Indeed, Article 544 of the French Civil Code provides that: "*Ownership is the right to enjoy and dispose of things in the most absolute manner, provided they are not used in a way prohibited by statutes or regulations*". Consequently, if the image of goods subject to ownership is used in a video game, it will be necessary to obtain the owner's authorization to do so.

4. Licensing and distribution

4.1 Distribution channels

Over the last decade, various new forms of distribution and commercialisation of   19
video games have appeared.

Online gaming along with technological measures of protection have allowed games to be divided into several parts that can be bought, unlocked or modified online: revenue arising from the video games is no longer based on a one-shot charge, but may persist through online stores, by-products, add-ons or through subscription to Multiplayer Online Games. Moreover, while professional devel-

---

21   CA Versailles, 8 March 1996.

opers, editors and distributors used to be the main links in the game industry value chain, the player, as another participant in the chain, is becoming more and more important. Indeed, the player is becoming a part of the game development, through online gaming as well as internet communities around a video game: user-generated content, modifications (or "mods") put the player at the centre of the process, expressing requirements and developing them. The interactive model is part of the success of international licences managing such creations, governed by whether open-source or proprietary licences.

The traditional instruments of French copyright law are hardly sufficient to appropriately reflect the huge variety of commercialization methods and the related business models. The French approach of a selective copyright set of rules for video games, reflecting the multiple game components, attempts to take into account the multiple and constantly evolving forms of commercialization and the multiple authors concerned.

4.2 Decompilation

20 Video game distribution channels are deeply impacted by obligations to ensure interoperability, especially in European countries such as France that have transposed almost literally the "exception of decompilation" provided by the Directive on Computer Programs. Under this exception, the reproduction of the software code or the translation of the form of that code does not require the authorization of the author where such actions are *"indispensable to obtain the necessary information to achieve the interoperability of an independently created program with other programs"*[22], provided that:

1. these acts are performed by a person entitled to use a copy of the software or on his/her behalf by a person authorized to do so;
2. the information will not be used for goals other than to achieve the interoperability of the independently created software;
3. the information necessary to achieve interoperability has not previously been readily available;
4. these acts are confined to the parts of the original software which are necessary to achieve interoperability and,
5. the information will not be used for the development, production or marketing of software substantially similar in its expression, or for any other act which infringes copyright.

Notably, the interoperability exception was applied by the Paris Court of First Instance (*Tribunal de Grande Instance*, "TGI") in a case where Nintendo sued the distributors of so-called "linkers", devices such as "DS linker" or "R4 – Revolution for DS", enabling any content, including hacked games, to be read and played on DS consoles. The TGI considered that the exception of decompilation justified any reproduction or translation of the DS code that might have taken place and that the lack of precision on the digital rights management system which was allegedly circumvented prevented any order being made on the basis of counterfeiting.[23]

---

22 Article L.122-6-I, IV of the French Intellectual Property Code.
23 TGI Paris, 3e ch., 3 December 2009: RLDI Janv. 2010, n° 1849, obs. L.C.

However, the French court of appeal rendered a different judgement[24] on the same case. It indeed considered that such decompilation fell outside the scope of exceptions, and notably the "exception of decompilation" provided for by Article L122-6-1 of the French Intellectual Property Code. As a consequence, the distributors of so-called "linkers" were condemned on the grounds of software counterfeiting.

4.3 Payment systems and micro-payment

The French transposition[25] of the Directive on Payment Services[26] allows access *21*
by new operators, payment institutions, to a market traditionally reserved to financial and banking companies. Since the payment services sector was already strictly regulated in France, requiring a credit institution licence, the impact of this transposition is not as significant in France as it is in other European countries.

Before providing a payment service, the provider must be granted an authorization, delivered in France by the CECEI (Credit institutions and investments companies Committee), along with a prior opinion issued by the Banque de France in order to be registered as a payment institution. The application must be issued by the CECEI including all relevant documents and information. Three months from the date of the actual application, after the Banque de France has issued its opinion, the CECEI must notify its decision of authorization or refusal. As a general obligation, the applicant must provide evidence that it will be able to meet all its commitments during the term for which it is authorized, from requirements of own funds[27], including a three-year business plan demonstrating its solvency and balance, and protection of funds received from users or other payment service providers[28].

Among other conditions, the applicant must provide evidence that it holds sufficient initial capital and that it has a strong governance structure, efficient mechanisms of detection, management, control and disclosure of potential risks and adequate internal control mechanisms for all its payment services.

New opportunities are therefore available to video games market operators, such as partnerships with payment service providers, micro-payment solutions for consoles, etc. To that end, the new Electronic Money Directive of 16 September 2009[29] also opens up new markets, enabling innovative services to be developed by alleviating the limitations formerly imposed on electronic money insti-

---

24 CA Paris, pole 5, ch. 12, 26 September 2011.
25 Ordinance n° 2009-866, 15 July 2009 on the supply of payment services and creating payment institutions, codified in Articles L.314-1 et seq., and L512-1 et seq. of the French Monetary and Financial Code; order of 29 October 2009 on prudential regulation for payment institutions; order of 29 July 2009 on relationships between payment service providers and their clients regarding the obligation of information of the users of payment services.
26 Directive (EC) 64/2007 of 13 November 2007, OJ 2007 no. L319/01 of 5 December 2007.
27 Article L.522-14 of the French Monetary and Financial Code.
28 Article L.522-17 of the French Monetary and Financial Code.
29 Directive (EC) 110/2009 of 16 September 2009, OJ 2009 no. L 267/7 of 10 October 2009.

tutions by the previous Directive 2000/46/EC. This Directive should have been transposed by France before 30 April 2011 (law n° 2010-1249 of 22 October 2010 has granted the government the power to carry out this transposition, but no draft has been released yet).

Both those Directives and the transposed dispositions allow a real evolution in the interactive services proposed by video games and consoles.

5. In-game advertising and other forms of innovative promotion

5.1 Advertising law and video games

22 Advertising, understood as any message which aims to promote goods or services in the context of an economic activity, has grown in the gaming sector, the advertising makers constantly looking for new ways to insert their campaigns and directly target potential consumers in the virtual world. Two ways to advertise in a video game may be distinguished: static advertising, which is inserted into the media and does not evolve, and dynamic advertising, which is essentially present in online games and is adapted to the players, their tastes and lifestyles, which is of great interest for the advertisers.

French law does not provide specific legal rules for advertisement in and around games. Thus, the common rules applying to advertising will apply as well to in-game advertising.

5.2 General rules applying to advertising

23 The Consumer Code provides for several obligations that have to be respected when advertising, through the notion of misleading trade practices. Therefore, under Article L.121-1 of the Consumer Code, any advertising which is false or likely to mislead, or which does not clearly identify the person it is carried out for, is considered as a misleading trade practice and prohibited. Moreover, a practice is considered as being misleading if substantial information or the commercial intention is hidden. If comparative advertising is used in a video game, specific dispositions provided by Article L.121-8 et seq. of the Consumer Code will have to be applied.

Furthermore, under French law, advertising is submitted to an obligation to use the French language, according to the law of 4 August 1994 for the use of French language ("Loi Toubon"). This obligation is also applicable to online advertising.

It should also be specified that some sectors are regulated by specific legal provisions. Thus, any kind of advertising for tobacco products is prohibited under French law. Advertising for alcohol products is only allowed in strictly regulated circumstances.[30] Other sectors are subject to specific regulation such as health products, firearms, money loans, gambling and also regulated professions such as lawyers, who are subject to strict regulation, or medical officers, who cannot advertise.

---

30   Articles L.3323-2 et seq. of the French Public Health Code.

The aforementioned rules reflect the general legal rules for advertising under French law and as such are also applicable to in-game advertising.

5.3 Provisions applicable to online advertising/online games

With specific regard to online advertising, the Law for the Confidence in the Digital Economy (*Loi pour la Confiance dans l'Economie Numérique*, "LCEN") provides that advertising must be clearly identified as such and that it has to clearly identify the advertising entity. Moreover, the Forum on Internet Rights (*Forum des Droits sur l'Internet*, "FDI"), published a recommendation in 2007 concerning online video games, in which it dealt with advertising issues.[31]   24

Amongst the recommendations, the FDI firstly suggested respecting a certain coherence between the advertising and the game, and giving the user, prior to any purchase, permanent, clear and legible information on the presence of advertising in the video game. The FDI further suggested adapting the advertising functions of the video game audience by using the PEGI[32] classification in order to protect children from certain types of content as well as adapting and tailoring the advertising to the context of the video game[33]. It also made recommendations to limit the advertising practices and to protect players: e. g., it recommends guaranteeing a reasonable degree of exposure of the players regarding the advertising messages; it also recommends not inserting clickable advertising which opens up a new page etc.

5.4 Product placement

Product placement can be exceptionally efficient for an advertiser in the context of a video game. French law does not contain specific provisions regarding product placement in video games.   25

However, certain guidance can be derived from the French implementation of the Directive on Audiovisual Media Services[34], according to which the audience has to be informed of the existence of the product placement, and the products concerned have to be clearly identified in an appropriate way at the beginning and at the end of the program.

As those rules correspond to the French general rules on advertising, they currently constitute a minimum standard to be respected in the case of a product placement inserted in a video game.

5.5 User profiling and data protection

During the game, whether played online or not[35], personal data may be collected from the players in order to personalize static or dynamic advertising. Poten-   26

---

31 Le Forum des Droits sur l'Internet, Recommendation of 9 November 2007, Jeux vidéo en ligne: quelle gouvernance (Online video games: which governance ?).
32 Pan European Game Information.
33 The FDI gives the example of advertising for a car which could by extremely annoying to the player of a medieval context video game.
34 Directive (EC) 65/2007of 11 December 2007, OJ 2007 no. L.332/27 of 18 December 2007.
35 Many off-line video games have an at least occasional "online dimension" through online actualizations or the registration of user accounts for a players club.

tially, the situations where personal data are collected are very frequent, considering the very broad definition of personal data under French law.

Personal data is defined by Article 2 of the French data protection Law (*Loi Fichiers, Informatique et Libertés36*) as *"any information relating to a natural person who is or can be identified, directly or indirectly, by reference to an identification number or to one or more factors specific to it. In order to determine whether a person is identifiable, all the means that the data controller or any other person uses or may have access to should be taken into consideration"*. Therefore, identity information such as name, last name, and surname is personal data. Also any information which allows indirect identification, such as an IP address, a password, the name of an avatar in a video game etc. is considered to be personal data and consequently subject to data protection law.

As such, any data controller who uses personal data for advertising purposes will have to respect French data protection law, the principles of which are similar to those in other European Union member states which have implemented the Directive on the Protection of Individuals[37]. According to Article 5 of the French data protection Law, French law shall apply when: *"1° the data controller is established on French territory. The data controller who carries out his activity on French territory within an establishment, whatever its legal form, is considered established on French territory; 2° the data controller, although not established on French territory or in any other Member State of the European Community, uses means of processing located on French territory, with the exception of processing used only for the purposes of transit through this territory or that of any other member State of the European Community"*.

To the extent French data protection law applies, the data controller will have to inform the players of the data collection, of the purposes for which the data is processed, and of the person's rights regarding the processing of personal data, i.e. right of access, right of modification, right of suppression etc. Moreover, some formalities prior to the processing of personal data have to be carried out with regard to the French data protection authority (*Commission Nationale de l'Informatique et des Libertés*, "CNIL"), from a simple declaration/notification to an authorization to process the data, depending on the purpose of collection, the data collected and the existence of an international data transfer.[38] As a general rule, personal data may not be stored any longer than required for the purposes of the processing.

While the foregoing may only reflect the main rules of French data protection law, the conclusion is that French data protection law does apply to in-game advertising and user profiling whenever personal data is collected.

---

36   Law n° 78-17 of 6 January on Data Processing, Data Files and Individual Liberties.
37   Directive (EC) 46/1995 of 24 October 1995, OJ 1995 no. L281/31 of 23 November 1995.
38   Transfer to a non-European Union country which has not been considered as offering an adequate protection by the European Commission.

5.6 Direct commercial canvassing

Commercial canvassing requires the prior consent of the person addressed. According to Article L.34-5 of the Code of Posts and Electronic Communications, such consent has to be free, specific and informed in order to be valid.[39]   *27*

6. Community formation in connection with games – web 2.0 – commercialization of communities

6.1 Host providers' liability

The management of online gaming communities typically involves hosting third party content, such as user-generated content designed for gaming, but also forums, blogs or other platforms.   *28*

Third party content may incur certain liabilities of hosting providers, since even though the E-commerce Directive[40] created a set of rules under which host providers are deemed to be mere technical intermediaries and therefore may not be liable for the hosted content[41], this set of rules is clearly still not harmonized. For instance, in the *Google v Louis Vuitton* case[42], the European Court of Justice ("ECJ") had to determine whether Google could benefit from the liability exemption for hosting providers: the Court ruled that Google's AdWords system did not infringe trademarks and stressed that the liability exemption covered cases *"in which the activity of the information society service provider is 'of a mere technical, automatic and passive nature', the host providers having 'neither knowledge of nor control over the information which is transmitted or stored'"*. The ECJ merely provided a negative and general definition, leaving it to the national courts to define the conditions for the application of such exemption.

Firstly, French courts are not reluctant to apply the host providers' classification: several decisions have recognized this classification, even though some providers could have quite an active part in the control of the content.[43] Significant legal uncertainty still remains because of the ambiguity of the reasons of their decisions, which leads to surprising rulings. Numerous Google cases show how courts may apply the rules applying to host providers on a sort of case-by-case

---

39 There is an exception to the obligation to obtain consent, provided by the same article, when the canvassing concerns products analogous to already bought products. However, many strict conditions have to be fulfilled to benefit from this exception.

40 Directive (EC) 31/2000 of 8 June 2000, OJ 2000 no. L178/1 of 17 July 2000.

41 Article 14 (1) of Directive (EC) 31/2000 of 8 June 2000, OJ 2000 no. L178/1 of 17 July 2000.

42 ECJ, 23 March 2010, C-236/08 to C-238/08, (Google France v Louis Vuitton Malletier.l).

43 Cass. Civ. 1, n° 09.67896, 17 February 2011, Nord-Ouest films v. Dailymotion; Cass. Civ. 1, n° 09.13202 17 February 2011, <fuzz.fr>.

basis, recognizing the hosting for some services[44], rejecting it for others[45]. Moreover, in two consecutive decisions, the Paris Court of Appeal stated that Google indeed provided hosting services[46], but giving two different sets of reasoning and grounds.

Secondly, the application of the limited liability rules applying to host providers does not always exclude the liability of the host provider. French courts have often decided that the host provider was liable for content, especially when the host provider had failed to withdraw (or delayed withdrawal of) content previously reported by the right holder to be violating copyright.[47]

The management of online gaming communities must therefore take into account that they may face liability for third party online content.

6.2 Data protection

29 As explained earlier[48], electronic communications services providers are subject to French data protection law, which subjects data processing to the prior notification to, or in some cases, authorization by, the CNIL.

Moreover, pursuant to Article L.34-1-I et seq. of the French Post and Electronic Communications Code, electronic communications services providers have an obligation to delete or render anonymous traffic data, except for the following circumstances and purposes:

1. to collect and retain certain data is permitted for invoicing and payment purposes and for network security purposes; subject to the users' prior consent, traffic data may be retained in order to offer added value services; such data retention may even become mandatory for the purpose of providing public authorities with the necessary information in order to investigate, detect and prosecute criminal offences;
2. online communications operators are obliged to retain the information necessary to identify the authors of any content posted online.

7. Unauthorized gambling

30 For a long time, France did not authorize online gambling and games because of state monopolies. However, in order to comply with the European Union law and in particular the rules governing the freedom to provide services, France recently adopted a law concerning the opening up to competition and the regulation of the online gambling sector (Law n° 2010-476 of 12 May 2010). With this law, France opens up to competition three online gambling sectors: horse betting, sports betting and online gambling (such as poker online). This law also provid-

---

44 CA Paris, 19 November 2010, SFL v. Google (Adwords).
45 CA Paris, 14 January 2011, BAC Films, Films de la Croisade, Compagnie des Phares et des Balises v. Google (Video).
46 CA Paris, 26 January 2011, SAIF v. Google, February 04, 2011, H&K.
47 CA Paris, 14 January 2011, BAC Films, Films de la Croisade, Compagnie des Phares et des Balises v. Google (Video); TGI Paris, 13 January 2011, Calt Production v. Dailymotion.
48 See item above, on data protection rules in the part on in-game advertising.

ed for the creation of an independent administrative authority, the online gambling regulation authority (*Autorité de Régulation des Jeux en Ligne*, "ARJEL").

Firstly, a company that wishes to enter into the French online gambling market 31 will have to obtain authorization from ARJEL. It should be specified that a distinct request for authorization has to be filed for each of the different gaming sectors concerned by the law. For that, the company will have to respect the general specifications provided for by decree. In parallel, the law provides for other obligations to be imposed on such a company, such as an obligation to communicate information relating to its identity (registered office, identity of directors, legal structure etc.) so that ARJEL may check it has the necessary staffing, material and financial means to comply with all the regulatory obligations. Moreover, the company will have to present the detailed rules governing the commercialization of the online gambling website, the means to be employed in order to fight against fraud as well as to specify the conditions for access and registration on its website and the means provided to protect the privacy and personal data of the players.

Once authorization has been obtained from ARJEL, other obligations will have to be respected by the operator, such as tax obligations and obligations to prevent excessive gambling and the participation of the company's own personnel in the gambling offering. The operator will also have to respect obligations concerning the advertising of its website and services and the protection of minors.

Consequently, it is strictly forbidden to propose online gambling other than in one of the three cases above, each of which requires authorization by ARJEL.

8. Content

8.1 Overview of illicit types of contents

First of all, a video game may obviously not contain elements which could violate 32 or infringe third parties' rights, for example a trademark or a copyright. Moreover, a video game cannot violate public order or morality, notions that have to be interpreted by the French Courts.

Furthermore, Article 227-24 of the Penal Code prohibits pornographic and violent content as well as content inciting minors to endanger themselves. According to the first paragraph of this Article, "*the manufacturing, transport, distribution by whatever means and however supported, of a message bearing a pornographic or violent character or a character seriously violating human dignity, or to incite minors to play games that put them physically in danger, or to trade such a message, is punished by three years' imprisonment and a fine of 75,000 €, where the message may be seen or perceived by a minor*".

Considering that many video games concern fights or seem violent, drawing the dividing line between lawful and illicit content is often difficult and particularly sensitive. In any event, video games glorifying violence are illicit.

8.2 Content from the players

33　With the growth of online gaming, interactive users who can communicate with each other increasingly cause legal issues by publishing illicit contents. For example, the justification for crimes against humanity, the provocation to hatred or violence towards a person or a group of persons regarding their origin, or their belonging or not to an ethnic group, a nation, a race or a determined religion, are considered as being detrimental to human dignity and thus justify a limitation of the freedom of expression of the players.[49] Messages exchanged in a strictly private community of interest are covered by the provisions concerning the secrecy of correspondence. The same applies to messages exchanged through private messenger systems existing in online video games. However, the private character of a community of interest is often difficult to determine.

8.3 Protection of minors and age verification systems

34　The PEGI system, supported by the European Commission, classifies video game functions by the age from which they can be used, with the aim of protecting minors. The different classes of ages are: 3, 7, 12, 16 and 18 years.

Moreover, the age can be associated with a logo representing a term like "violence" for example, in order to indicate that the age restriction is due to violent content.

49　Recommendation of the FDI, *Op. Cit.*

Chapter 15

The Law of Video and Computer Games in Italy

1. Copyrights in connection with computer games and its components

Italian Law of 22 April 1941, no. 633 (Italian Copyright Law – "ICL"), Article 1, *1* lists what can be protected through the copyright discipline[1], while Article 2 lists some examples of protected works. While video and computer games are not expressly mentioned in Articles 1 and 2 ICL, this does not exclude copyright protection *per se*. Italian case law and authors, since the early 1980's, have debated what kind of protection can be recognized for such works.

1.1 Protection under the Italian Copyright Law

According to one view, video games might be considered and protected as audio- *2* visual works. According to a different opinion, video games might be copyright protected as multimedia works. In any case, however, the protection would not be due to the copyright protection of software, as the software layer should only be considered as one of the constituent elements used to create video games.

A video game is to be kept separate from software from a conceptual point of view: the first is the expressive outcome of a computer program aimed at realizing an audiovisual game, while the latter is the program *per se*, regardless of the outcome.

The copyright protection of video games was not immediately recognized. Vid- *3* eo games were initially protected under unfair competition rules. In this respect, the first case of importance is Court of Turin, 25 May 1982 (order).[2] This case involved the video game company Atari Inc. and its Italian distributor Soc. F.lli Bertolino against the Italian company Sidam S.r.l., the first author of the renowned video games Centipede, Missile Command, and Asteroids, the latter accused of having "copied" the said games through its releases Magic Worm, Missile Storm and Asterock. In this preliminary injunction proceeding, the plaintiff/applicant Atari claimed the exclusive right to distribute and make available its works, to use them in any form, to reproduce them in copies, to claim the authorship and to oppose any detrimental modification. The Court of Turin excluded copyright protection (only) because of a lack of creative nature. It ascertained, however, remedies under unfair competition law, in particular for slavish imitation.

Later on, the Civil Court of Turin issued its decision of 15 July 1983 in an ordinary *4* proceeding involving the very same parties. For the first time it was affirmed that video games constitute a particular kind of cinematographic work, able to be protected through the copyright discipline:

– the images that appear on the screen of the video game represent an idea, a story;

---

1   Intellectual works of creative character that belongs to the literature, music, figurative arts, architecture, theatre and cinematography, whatever is the expression way or manner. Also, the ICL protects as literary works such computer programs and databases that, due to choice or disposition of the material, constitute an intellectual creation of the author.

2   Published in Giurisprudenza Annotata di Diritto Industriale 1982, 1555, p. 539.

- such story, although showing themes in public domain, like space battles, car races etc., is represented in original and non-trivial terms;
- the creative act occurs through a series of moving images linked by a preordained plot.

More precisely, the Court of Turin literally stated that *"there is no lexical and logical difficulty in defining such realization [of the video game] as a cinematic work; as a work realized according one of the many possible techniques through which the visualization on the screen of moving figures is visualized[...]"* (free translation).

The Court of Turin dealt with the possible problem of different presentations contained in a video game on the one hand, and those contained in a movie on the other hand, by affirming that a video game is a *species* of the *genus* "cinematic work", which is a very wide expression, able to include realizations that the legislator, at the moment of the formulation of the definition, could not even imagine.

In fact, the video game, which obviously is not a movie, is constituted by a cinematic narration, expressed in two ways: one repetitive and foreseeable, the other one variable and open, subject to external influences.

5   In brief, the main points of this decision are the following ones:

- video games are a particular kind of cinematic work, and as such a possible subject matter of protection through copyright law;
- the cinematic work is a *genus* to which not only movies belong, but also other representation forms, regardless of the realization technique and the expression form;
- subject matter of the copyright protection is not only the work of art, but also the intellectual work meeting the objective requirements of the novelty, originality and non-triviality (jointly: creative character).

6   The decision of the Court of Turin has been confirmed by a part of Italian case law and literature which includes video games in the ambit of protectable work that, as audiovisual works, are expressed through a sequence of moving images on the basis of elements that are predetermined by the author. In this last respect, according to this opinion, the fact that the audiovisual show may be variable, due to the interaction of the player, does not regard the creation of video games but their fruition, which is a different moment subsequent to the creation.[3]

7   A recent decision confirmed that video games are not mere computer programs, but a different product, similar to those types of media containing images sequences; they rely on software for the sole purpose of their execution. More precisely, video games as a particular *species* of the *genus* of the cinematic work, are

---

3   Criminal Supreme Court, 6 May 1999 and 16 March 1999; Civil Supreme Court no. 99/1204; Court of Milan, 20 June 1988. *Frignani,* in Il Diritto di Autore 84, 58, *Guglielmetti,* in L'invenzione di software, p. 203 and in Annali Italiani di Diritto d'Autore 98, p. 130; *De Angelis,* in Ubertazzi, in Commentario breve alle leggi su proprietà intellettuale e concorrenza, comment to Article 44 ICL, p. 1618.

here defined as *"complex and multimedia works ..."* (see Italian Supreme Court (decision no. 33768/2007[4])).

In line with the assimilation between video games and audiovisual works, a part of Italian literature affirms the application to video games of the copyright levy provided by Italian copyright law for private copies realized by the end user for personal purposes.[5]

In order to attract copyright protection, video games need to have creative nature. In this respect, general principles on copyright apply. In particular, "creative nature" requires that intellectual work is expressed in the personal way decided by the author. The creativity level of an intellectual work does not have to be necessarily high. In this perspective, with reference to video games, it is sufficient, for the purposes of copyright law, that the author puts professional ability and intellectual elaboration efforts in designing the characters, in finding a plot, in inventing the rules, in transferring the narration to an electronic language and in storing it in the circuits, in finding a synthesis between narration and visual description. In the aforementioned case, the outcome of the intellectual effort was the origination of a game program, the origination of a representation of the plot through images, and the origination of animated characters.

For the sake of completeness, with reference to the protection of video games   8 by intellectual property rights, it has to be pointed out that Article 78 ter ICL might also apply to video games. Article 78 ter ICL, implementing EC Directive 92/100[6], recognizes a neighbouring right to the producer that supports investments necessary for the first fixation of an audiovisual work. In this perspective, a possible consequence following the categorisation of video games as audiovisual work is that they may also be protected by the neighbouring rights recognized to their producer, being reasonable considered as audiovisual producer according to Article 78 ter ICL.[7] In this situation, a video game may be protected both by copyright (as audiovisual work) and by the neighbouring right on the first fixation of an audiovisual works.

1.2 Protection of components of video games

Video games are complex works constituted by multiple contributions, carried   9 out by different people and expressed in different ways: as, for instance, software that allows the fruition of the video game, sound track created for the video game and synchronized with sequences of images, scenario and animated drawings. These contributions may be protected by copyright both *per se* and as a part of the video game.

The authors of these contributions may be considered as co-authors of the video game. As for cinematographic and audiovisual works, Article 44 ICL recognizes

---

4   This decision was then confirmed by Supreme Court, decision no. 1243/2009.
5   *Lavagnini,* in Ubertazzi, in Commentario breve alle leggi su proprietà intellettuale e concorrenza, comment to Article 71 sexies ICL, p. 1703.
6   Directive (EC) 100/1992 of 19 November 1992, OJ 1992 no. L346/61 of 27 November 1992 (Directive on rental right and lending right and on certain rights related to copyright in the field of intellectual property).
7   *Guglielmetti,* in L'invenzione di software, p. 302.

the quality of co-authors to the scenario writer, the scriptwriter, the author of the music and the director. With certain opportune adjustments, the same subjects can be found in the creation process of the video games.[8]

10 According to a part of Italian literature, co-authors of video games might be the scenario writer, the scriptwriter, the composer of the music, the director, the designer and the creator of the software.[9] In this perspective, the assimilation between video games and audiovisual works may facilitate, by the application of Article 44 ICL, the identification of the co-authors of video games. Otherwise, the ownership would need to be identified and verified on a case-by-case basis in accordance with general principles for works created by several authors set forth in Article 10 ICL, according to which the ownership of copyright belongs to any author that creates a creative contribution to the copyrighted work. The assimilation to the audiovisual work may also impact the duration of copyright protection. According to Article 32 ICL the copyright on audiovisual work lasts until 70 years after the death of the person who dies last among the following persons: the scenario writer, the author of the music (specifically created for the audiovisual work) and the director. The application to video games of Articles 44 and 32 ICL may simplify the determination of the duration of copyright protection. Otherwise, the duration of the protection should be calculated according to the general rule for the intellectual work created by several authors, in line with Articles 10 and 26 ICL. In particular, Article 26 ICL states that the 70 years period post mortem shall be calculated on the basis of the life of such co-author that dies last, among all other co-authors. Determining the duration of copyright would turn out complex and often uncertain since it would require the specific identification, case by case, of the actual co-authors of a video game.

1.3 Copy protection measures

11 A consequence of the copyright protection of video games is that the rules against the circumvention of technological means of protections (permitted in Italy by Article 102*quater*[10] ICL) also may apply to video games.

With reference to the complex issue of the technological means of protection, a very recent case decided by the Italian Supreme Court (decision no. 33768/2007[11]) should be mentioned. It was issued in the ambit of a criminal proceeding involving the manager of a retailer of, among other goods, "mod chips" for Sony PlayStation 2 ("PS2") consoles. Those mod chips allowed the user to circumvent the protection measures implemented by Sony on its PS2 consoles, hence enabling users to read and use non-authorized supports.[12]

---

8   *De Angelis*, in Ubertazzi, in Commentario breve alle leggi su proprietà intellettuale e concorrenza, comment to Article 44 ICL, p. 1618.

9   *De Angelis*, in Ubertazzi, in Commentario breve alle leggi su proprietà intellettuale e concorrenza, comment to Article 44 ICL, p. 1620.

10 This rule sets forth that the owners of copyrights or of neighbouring rights [...] can put efficient technological protection measures on works or on protected materials; such measures include all technologies, devices or components that, in their normal working, are aimed at limiting acts not authorized by the rightholders.

11 This decision was then confirmed by Supreme Court, decision no. 1243/2009.

12 Mod chips also allowed users to expand other features of the PS2, which is, *per se*, a licit activity.

De Angelis/Rinaldi

This decision sets forth that the activity of "hacking" the game console, through mod chips in order to make the (in this case) PS2 able to read non-authorised games, infringes copyright and has (also) criminal relevance under the criminal rules of the ICL.

For the sake of completeness, it has to be pointed out that the topic of copy pro-   *12*
tection measures should be analyzed in relation with the assimilation between video games and audiovisual works. More precisely, according to Article 71 sex-ies ICL, the implementation of copy protection measures shall not prevent the end user from carrying out a private copy, even only analog, for personal use.

2. Originating the game: Development agreements

Agreements for the development of video games are fundamental in order to regulate the interests of the parties including the regulation of copyright and warranties and liabilities of the parties.

2.1 Ownership of the video game

Italian Copyright Law (Law 22 April 1941, No. 633 - ICL) does not contain spe-   *13*
cific provisions relating to the creation of video game. In this situation, the gen-eral principles and rules for the creation of intellectual works apply. And thus to the extent a video game is created on demand, the author transfers the copyright in favour of the client, unless contrary willing is expressed by the parties. The transfer occurs without the necessity of any specific further agreement, the cre-ation of the work being sufficient for the copyright transfer. According to a gen-eral principle of copyright, the scope of the transfer (i. e. the modalities of the ex-ploitations as well as the relevant territory) will be determined on the basis of the commissioning agreement, regardless of the fact whether the author is a person or a third company. Same principles apply to video games created under an em-ployment agreement: the employer owns the copyright in the video game cre-ated by his employee. This principle is expressly set forth by Italian copyright law for computer programs, data bases and design material created by employ-ees (Section 12-bis ICL). Beyond this, it applies to any intellectual work, includ-ing video game.

In addition, differently from other jurisdictions[13], under Italian law moral rights in the intellectual work cannot be waived or assigned. This is also applicable to video games. Therefore, the author maintains the right to be acknowledged as such, as well as the right to object to any modification of the video game which might result in a prejudice to his reputation. However, pursuant to Section 22 ICL, if the author has known and accepted certain modifications on his work, he cannot raise any objections in this respect.

---

13   Cf. Section 205J of UK Copyright Designs and Patents Act 1988.

2.2 Warranties and liabilities: the provisions applicable to development agreements

14 The main problem Italian law has been facing with regard to development agreements concerns the *tipizzazione* of such agreements, i. e. determining which of the contractual types regulated by the Italian Civil Code (ICC) and, therefore, which legal provisions, are applicable to these agreements.

15 A preliminary distinction can be drawn in relation as to whether the video game has been created by an independent professional or a third company. In the first case, the agreement can be considered as akin to a contract for the performance of an intellectual activity, and Section 2230 et seq. ICC shall apply. In the second case, the creation of the video game is the object of an outsourcing agreement and Section 1655 et seq. ICC shall apply.

This distinction is relevant with particular regard to the liability regime for non-performance or inexact performance of contractual obligations. In fact, where the contract is defined as an agreement for the performance of an intellectual activity, the creator is required to act with due diligence when performing his obligations and, by default, he shall be liable for damages only when he has acted out of malice or serious negligence (Section 2236 ICC). Should the video game be created by a third company, it shall be responsible for the exact performance of the contract and liability is to arise whenever the results the parties meant to achieve with the contract are not obtained (Section 1655 ICC).

However, the parties usually tend to expressly regulate the liability regime applicable in case of non-performance or imperfect performance of contractual obligations.[14]

16 In any case, independently from what provisions are to apply to the development agreement, there are common principles which the parties have to comply with. For instance, pursuant to Section 1337 ICC, the parties shall behave in good faith at the pre-contractual stage. This is particularly important whenever there is an informational asymmetry between the parties, in that a duty of disclosure of any relevant information subsists upon them. Closely related to that, Section 1341(2) ICC provides that any agreement to insert a clause which favours one party over the other and which may be abusive has to be specifically accepted in writing by such party which shall be affected by such clause.

2.3 Testing and acceptance of the computer program

17 Another aspect which development agreements should regulate in detail is the testing and consequent acceptance of the video game. This is particularly relevant when the contract can be defined as contract work agreement pursuant to Sections 1655 et seq. ICC. In fact, in line with Section 1667(1) ICC, the author of the computer program shall not be responsible for evident bugs and defects which are present in the program allowing the fruition of the video game once the client – *inter alia* – has accepted the work. Pursuant to Section 1665(3) ICC,

---

14 M. *Ricolfi*, 'I contratti dell'informatica', The Cardozo Electronic Law Bulletin, 4(1998), 6, available at http://www.jus.unitn.it/cardozo/review/contract/Ricolfi-1998/sena1.htm (21 December 2012).

the work is considered accepted when the client, following the delivery of the software by its creator, has not – without due cause – tested the work, or has not provided his feedback within a reasonable time.

Should bugs or defects become apparent after the acceptance of the video game,   *18* the client shall have – by default – a short time to inform the creator of the work, i. e. 60 days from their discovery should the author of the video game (or of the software) be a third company (Section 1667(2) ICC), or 8 days from their discovery should the author be an independent author (Section 2226(2) ICC). Furthermore, no action might be brought against the creator of the work after 2 years (Section 1667(3) ICC) or 1 year (Section 2226(2) ICC) from the delivery of the work, should the author be, respectively, a third company or an independent professional.

2.4 Assistance and maintenance agreements

In addition to the development agreement as such, the parties often conclude   *19* further agreements regarding the support and maintenance of the underlying software, as well as possibly the release of new editions or in general further improvement of the video game.

3. Excursion: Patentability of the game engine

In line with Section 52 IPC[15], the Italian legislator excludes that a computer pro-   *20* gram may be considered as an invention if it is taken "as such".

Some authors[16] have argued in favour of patentability of computer programs with similar equations as under Section 45 of the IPC, according to which, if the computer programs are not taken "as such" but include or are related to some other additional features or items, they could be considered as patentable. However, the Italian Patent Office (hereinafter "IPTO"), as well as Italian case law, do not have a clear and univocal position on the issue.

---

15 Legislative Decree 30/2005 (Industrial Property Code), art. 45:
    "1.Patents shall be granted for inventions in any field of technology, provided that they are new, involve an inventive step and are susceptible of industrial application.
    2. The following in particular shall not be regarded as inventions within the meaning of paragraph 1:
      a) discoveries, scientific theories and mathematical methods;
      b) schemes, principles and methods for performing mental acts, playing games or doing business, and programs for computers;
      c) presentations of information (...).
    3. Paragraph 2 shall exclude the patentability of the subject-matter or activities referred to therein only to the extent to which a patent application or patent relates to discoveries, theories, schemes, principles, methods, programs and presentation of information as such."
16 M. *Ranieli,* "Cronache in tema di brevettabilità delle invenzioni software related con particolare riguardo al ruolo dell'EPO e alla più recente giurisprudenza del Regno Unito", in Riv. Dir. Ind., 2009, p. 233; on patentability of software see also G. *Guglielmetti,* "L'invenzione di software", Milan, p. 25 et seq., 1997.

21 It is to be noted that an amendment to the Italian patentability system may have important consequences also in the issue of software patentability in Italy. Since 2008, the research of the novelty requirement of the Italian patents applications filed after 1 July 2008 has to be performed by the EPO.[17] As a result, the involvement of the EPO in the procedure for the granting of the Italian patents application implies that the examination of the novelty step will be based on the general rule and case law of EPO, which admits in many cases the patentability of software.

In any case, the final decision on the patentability of the Italian patent application would be performed by IPTO, which, theoretically, could also decide to take a decision in contrast to the one formulated by the EPO.[18]

22 In case the EPO and IPTO were to reach different positions about the patentability of a computer game (or elements thereof) such outcome would stand in contrast with the objective of the Ministerial Decree.[19]

4. Game Design: Trademarks, personal rights and other protection rights

4.1 Trademark protection

23 Video games are typically also protected under trademark law, commonly including the logo, the title of the video game, as well as the manufacturer's trademarks distinguishing the video games. The success of some video games have led the manufacturers to seek protection for their logo also with respect to merchandising linked to the video game, as t-shirts, hats, etc.

The extent of the protection of video game's logo and video game producer's logo have been considered in the decision between Atari Europe and Atari Italia ("Atari"), one of the first video game producers, and New York s.r.l. and Linea Magica s.r.l. In the decision issued by the Court of Turin on 18 October 2004, Atari claimed that its trademarks "ATARI" had a genuine reputation, thus they can access the extended protection covering also the merchandising related to the video game (clothing, hats, etc), beside class 9 on electronic devices and video games. However, the Court of Turin did not rule on this issue, deciding to dismiss the case due to the lack of active legitimacy to sue, as the trademark enforced was registered by the U.S. parent, Atari Interactive Inc., which was not summoned in the proceeding.

Another case considered whether a distributor of video games was infringing the publisher's trademark ("HASBRO") after the respective distributorship agreement had been terminated, by keeping the branded video games on stock and in

---

17 See the Italian Ministerial Decree of 27 June 2008 no. 32572.
18 In this case, naturally, the applicant could choose to request the European patent on the ground of the positive decision of the EPO.
19 The Italian Legislator, entrusting the EPO with the examination of the validity of the Italian patent applications, wished to reach, in fact, a twofold advantage, i.e. 1) reinforce the consideration of the Italian patent, and 2) speed the process for the granting of European patents arising from Italian applications.

De Angelis/Rinaldi

the relevant catalogues. The Court recognized that this was merely a descriptive use of the trademark to indicate the publisher and it did not constitute infringement. However, the Court adjudicated a non-authorized use of the trademarks by the supplier for breach of contract, based on the post-termination clause of the agreement which provided for the removal of the sign "HASBRO" from the relevant catalogues.[20]

4.2 Third party trademark rights against publishers of computer games

The issue of conflicting third party trademarks with trademarks registered to distinguish video games (class 9) was considered in a dispute before the Court of Milan (Court of Milan, 5 March 2009). Intesa SanPaolo s.p.a., one of the most known Italian banking groups, had challenged the infringement of its Italian and CTM trademark registrations "GRUPPO INTESA", "BANCA INTESA" and "INTESA" by the Italian trademark "INTESA GIOCHI", filed by Intesa Giochi s.r.l., a company active in commercialization, rental of video games (in particular videopoker) and related assistance services. All trademarks concerned were registered for the same products, i.e. electronic devices in class 9 and services in class 41.   24

The Court of Milan found that "INTESA GIOCHI" was valid and did not constitute an infringement of the plaintiff's trademark since, although both trademarks contain the same word "INTESA" and were registered to distinguish products and services in the same classes, the electronic devices and software are "multitasking tools" which can be used in very different activities, i.e. in the case at stake, to provide financial services and to perform the activity of production, sale and assistance for video games. The Court excluded that in the case at stake there was any likelihood of confusion among the public.   25

Finally on this issue, it should be borne in mind that, although no case law has been issued on the topic yet, third parties trademarks may be infringed when used to distinguish products in virtual games, e.g. in the context of virtual worlds such as Second Life, or video games. In fact, many Italian companies, like FIAT, decided to promote their products by using their trademarks in virtual games and video games (e.g. Sims2, video game produced by Electronic Arts where the car FIAT Punto appears in the game). Whenever such activities lack proper authorization by the trademark owner, in-game usage of such trademarks could constitute an infringement. It remains to be seen whether and in which circumstances the courts will recognize a merely descriptive use of trademarks in a game (e.g. the Coca Cola trademarks to distinguish a bottle of Coca Cola in the game) and how they evaluate the relevant public to assess the likelihood of confusion (e.g. video game players who are consumers in the game of a specific product/service).   26

---

20   Court of Milan, 16 May 2006 confirmed also by the Court of Appeal of Milan, 8 November 2007.

4.3 Use of film themes and clips

27 To the extent video games integrate film themes and video clips, they are likely to be using parts of third parties' copyrighted works. With specific reference to film themes, the rules on the so called "synchronization" will apply. "Synchronization" is generally understood as the act of combining music with moving images[21] and is thereby subject to Articles 72 and 73 ICL. Article 72 ICL states that third parties are allowed to reproduce phonograms only upon the authorization of their author, whereas Article 73 ICL states that the phonograms' author (the composer) is entitled to a monetary compensation for the commercial exploitation of the phonograms, unless the relevant use falls within educational or institutional purposes.

28 Article 73 ICL is more specific than Article 72 ICL, as it only applies if the phonograms are not modified but are reproduced in their original version (i.e. when a song contained in a phonogram is communicated to the public in a club).[22] Case law confirms that the author of a phonogram is entitled to receive a monetary compensation if the phonogram is used in a TV serial[23] or in advertisements[24]. The non-authorized use of third parties' phonograms entitles the owners to claim compensation of damages.[25]

Further, any non-authorized reproduction of video clips in a video game will raise concerns in respect of Articles 44 (concerning the definition of the co-authors of a cinematographic work), 78-ter (concerning the exclusive rights of the video producer) and 79 (concerning the exclusive right of broadcasters) of the Italian Copyright Law. It is clear that, similarly to the reproduction of phonograms, any reproduction of third party videos within a video game will need the authorization of the producers and the broadcasters.[26]

4.4 Works title protection

29 The title of a video game may enjoy protection both under copyright law and under trademark law if the respective requirements are fulfilled.

With reference to possible copyright protection, two decisions of the Court of Milan and a decision of the Court of Rome have held that the work title "*is not*

---

21 Court of Rome, 18 July 2006 in *Dir. Autore* 2007, 1, p. 144.

22 See *Bonelli*, "Utilizzazioni 'primarie' e 'secondarie' del disco fonografico", in Dir. Ind. 2000, 2, p. 194, comment to Supreme Court, 23 November 1999, no. 12993. See also comment of *Rampone* "La pubblicità commerciale tra libertà di manifestazione del pensiero e libertà di iniziativa economica", in Giust. civ. 2000, 1, p. 29).

23 Court of Rome, 18 July 2006, in *Dir. Autore* 2007, 1, p. 144 comment FABIANI.

24 Court of Rome, 15 March 2001, in Dir. Autore 2002, p. 87; Court of Rome, 3 May 2002, in Dir. Autore 2003, p. 255; Court of Milan, 6 November 1995, in Riv. Trim. Appalti 1997, 229.

25 Supreme Court, 23 November 1999, no. 12993.

26 See comments by *De Angelis,* in UBERTAZZI, Commentario breve alle leggi su Proprietà Intellettuale e concorrenza – Diritto d'autore, under Article 44 Italian Copyright Law; *P. Galli,* in UBERTAZZI, Commentario breve alle leggi su Proprietà Intellettuale e concorrenza – Diritto d'autore, under Article 78-ter Italian Copyright Law; *Bertani,* in UBERTAZZI, Commentario breve alle leggi su Proprietà Intellettuale e concorrenza – Diritto d'autore, under Article 79 Italian Copyright Law.

De Angelis/Rinaldi

a copyrighted work but it is accessory and it has the function to distinguish the work"[27]. While this statement is correct in principle, some legal writers do not exclude that also the work title could participate in the protection granted to the intellectual work.[28]

Some case law has drawn a line between the protection under Articles 100 and   30
102 ICL, according to which the Article 100 *"would provide a minimal protection only for the sole hypothesis of identical copy of the work title whereas Article 102 would extend the protection to the non-identical imitation of the title "*[29].

4.5 Image protection

Video games may eventually reproduce the features or even the portrait of in-   31
dividuals. This can raise concerns with regard to the protection of image rights.

Generally speaking[30], the right to one's image, understood as its portrait or a reproduction of its image in a video, is protected under Article 10 ICC and Article 97 ICL. Under such rules, an individual whose image has been subject to abuse can obtain from the Judicial Authority a cease and desist order forbidding the abuse of its image, beside a right to claim damages.[31] There is no abuse where the image is used with the authorization of the individual reproduced in the image, or where the individual depicted in the image is a well-known person among the public or holds a public office, or where the disclosure of its image serves public, security or scientific needs.[32] Case law has set limits to the disclosure of the image of individuals, such as prejudice to the reputation and honour of the individual depicted, even if consent has been given.

Any damages would be subject to Article 2059 ICC, which aims at restoring the   32
moral and psychological suffering from the abuse of one's image. The consistent interpretation by the Italian courts, generally, is to award damages only in case the infringement of image rights constitutes a criminal offence.[33]

In the event the abuse is performed against a well-known person among the public, the compensation of damage may involve a patrimonial damage suffered by the "celebrity" for the commercial exploitation of his/her image. In this sit-

---

27 Court of Milan, 22 September 2004, in *AIDA*, 2005, 1046; Court of Milan, 10 March 2005, in *AIDA*, 2005, 1061. This position has been affirmed also in the decision of the Supreme Court, 4 September 2004, no. 17903.
28 *C. Galli,* "Segni distintivi e industrie culturali", in AIDA 2005, p. 223, in particular, p. 240.
29 Court of Rome, 5 February 2003.
30 Court of Genova, December 1999, in Resp. civ. e prev. 2000, p. 705.
31 Kindler, in UBERTAZZI, Commentario breve alle leggi su Proprietà Intellettuale e concorrenza – Diritto d'autore, under Article 97 Italian Copyright Law.
32 *Gaudino,* "Dell'immagine, del 'luogo pubblico' e della tutela del minore", in Resp. civ. e prev. 2007, 4, p. 815; Supreme Court, 29 September 2006, no. 21172; Supreme Court, 5 September 2006, no. 19069.
33 Supreme Court, 10 November 1979, no. 5790, in Foro it., 1980, I, p. 81; Court of Milan, 26 April 1954, in Foro it., 1954, I, p. 1185; Supreme Court, 27 January 1971, in no. 199, in *Giur. It.* 1971, I, 1, p. 1290; Court of Rome, 11 June 1992, in *Foro it.* 1992, I, p. 1958; recently confirmed by Supreme Court, 11 November 2008, no. 26972, in *Giust. Civ. Mass.* 2008, 11, p. 1607.

uation the damages are calculated on the so called "price of the consent", i.e. the payment which the person would have requested for the disclosure of his/her image in public.[34] In fact, a not well known person can request such patrimonial damage if his/her image is used for commercial exploitation, but in this case the individual may be entitled only to monetary compensation equivalent to the sum that would usually be paid for the kind of services where the portrait has been used.[35]

5. Aspects related to "video game" and "in-game" advertising in Italy

33   The Italian video game market is undoubtedly an attractive investment frontier for companies and advertising professionals who are willing to take advantage of in-game advertising and connected cross-marketing activities.

However, this new business field may have multiple legal implications in Italy which should be carefully considered by the interested economic operators. Further to industrial property law (Legislative Decree no. 30/2005), copyright (Law no. 633/1941) and unfair competition law (Article 2598 ICC) related issues, a company intending to promote or advertise video games in Italy will need to properly consider:

- the general ban on misleading advertisement, as well as the other general principles set forth by the Code of Marketing Communication Self-Regulation[36];
- rules on advertising concerning certain categories of products (e.g. the ban on advertising of tobacco related products under the Legislative Decree no. 300/2004);
- the requirements for direct and indirect comparative advertising laid down in the Legislative Decree no. 145/2007;
- the principles and criteria established by the Legislative Decree no. 206/2005 (i.e. Consumer Code: Articles 21–27) with the aim of preventing misleading advertisement and other unfair commercial practices,
- the rules introduced by the Legislative Decree no. 44/2010 on television and audiovisual marketing communication and product placement (amending the Legislative Decree no. 177/2005 according to the Directive on Television Broadcasting Activities[37]);

---

34   *Ziviz*, "Lesione del diritto all'immagine e risarcimento del danno", in Resp. civ. e prev. 2000, p. 3.

35   Court of Milan, 10 July 1991, in Dir. Inf. 1992, p. 89; *Scognamiglio*, "Il diritto all'utilizzazione del nome e dell'immagine delle persone celebri", in Dir. Inf. 1988, p. 1.

36   The Code of Marketing Communication Self-Regulation regulates, *inter alia*, i) the use in advertising of quotations, statistical data, testimonials; ii) the commercial exploitation of the public's superstition, credulity and fear; and iii) the commercial exploitation of violence, vulgarity or indecency. Furthermore, it sets forth a higher level of protection for children and young people who can be reached by advertising.

37   Directive (EC) 65/2001 of 11 December 2007, OJ 2007 no. L332/27 of 18 December 2007 (Directive on Television Broadcasting Activities).

            De Angelis/Rinaldi

- the rules laid down by the Presidential Decree no. 430/2001, which strictly disciplines the performance of premium competitions and operations (e. g. draws at random, instant win competitions, award of prizes through user voting on social networks, proof of purchase collection etc.).

A company planning to sell video games through a website or an on-line order system will need to take particular account of Legislative Decree no. 206/2005 (Consumer Code: Articles 45–67), which implements the EU Distant Selling Directive[38]. The Consumer Code grants customers a specific right of withdrawal (Article 64 of the Consumer Code) which may not be waived, and puts several other information obligations on the seller with reference to, *inter alia*, contract performance, delivery costs and terms, pricing, product characteristics and functioning requirements. Moreover, where a video game reaches users through on-line purchase (e. g. by download), distributors need to follow the requirements set in the Legislative Decree no. 70/2003, which impose specific consumer information obligations, specific obligations as to sales promotions and restrictions on (unsolicited) commercial communication.

Interesting promotional results can be achieved through sponsorship agreements. By way of these agreements, a sponsoring company ("sponsor") supports, financially or through the provision of products or services, another company ("sponsee") involved in the realization of an entertainment product (e. g. video game), against the authorization to couple its trade name and/or trademark to the sponsored product. The Legislative Decree no. 177/2005 (Article 39) provides specific requirements and limitations for sponsorship agreements regarding audiovisual media services (TV programs and other media services, as defined by Article 2 of the Legislative Decree 177/2005) and radio programs[39]. This provision, however, does not directly apply to sponsorship agreements concerning video games. Further, it should be noted that sponsorship presents particu-

34

35

---

38 Directive (EC) 7/1997 of 20 May 1997, OJ 1997 no. L144/19 of 4 June 1997.

39 According to Article 39 Legislative Decree no. 177/2005, as amended by Legislative Decree no. 44/2010, the audiovisual media services or programs that are sponsored shall meet, *inter alia*, the following criteria:
   a) the content and, in the case of television broadcasting, scheduling of sponsored programs can not be influenced by the sponsor in such a way as to affect responsibility and editorial independence of the audiovisual media service providers or the concessionaire public awareness of the programs;
   b) must be clearly identified as such and give the name or logo of the sponsor at the beginning or end of the program;
   c) should not encourage the purchase or rental of goods or services of the sponsor or a third party, especially by making special promotional references to those products or services.
   Moreover, the audiovisual media services or programs can not be sponsored by natural or legal persons whose activities' main purpose is the manufacture or sale of cigarettes and other tobacco products or the manufacture or sale of spirits.
   The sponsorship of audiovisual media services or programs from companies whose activities include the manufacture or sale of medicines and medical treatment can relate to the promotion of the name or image of the company, but can not promote specific medicinal products or medical treatments available only on prescription.
   Finally, the sponsorship of newscasts and radio news and political news and sponsorship logo are prohibited to be shown during children's programs, documentaries and religious programs.

lar risks on the side of advertising law, since the sponsor is directly interested in making public the existence of its commercial relation with the sponsee and thus the promotional purpose is generally clearly recognizable.

36 Things can be different where the sponsorship is not clearly announced, as may be the case with product placement. Product placement is certainly one of the main marketing opportunities "in-game" advertising may offer to companies and professional advertisers. In Italy, as in other European countries, product placement legislation has been recently amended as a consequence of the implementation of the Directive on Television Broadcasting Activities. Article 40-bis of the Legislative Decree no. 177/2005, as recently updated, allows product placement in movies, TV films/serials, sports and entertainment programs, with the express exclusion of programs intended for children. This form of product placement, subject to further requirements, is admissible for both products and services, which either are made available against a consideration or free of charge. The said regime, however, currently does not appear to directly apply to product placement in video games.

In consequence, "in-game" product placement will be subject to the general principles governing the more traditional forms of advertising. The inclusion of a recognizable brand or product carried out for characterizing the characters represented (i. e. inclusion due to the storyline of game) will probably be considered the authors' choice and therefore not be subject to advertising regulations.[40]

However, when a brand or product is placed in a video game for actual advertising purposes, regulations on advertisement will apply. The publisher and distributor must observe the principle laid down in Article 7 of the Code of Marketing Communication Self-Regulation, by which *"advertising must be clearly distinguishable as such"*. In line with this principle, Italian legal literature has generally deemed product placement unlawful for its alleged "surreptitious" and "undisclosed" nature.[41] Following such reasoning, the above transparency requirement could be solved, for instance, by making product placement "recognizable" as advertising (e. g. by means of clear indications and disclaimers).[42] In the field of video games, proper warnings could be added at the start or end of the video game (e. g. in the credits), and/or in any material distributed with the video game itself (on the box, in the manual, etc.); moreover, audio or visual means could be used to alert the player that a product is being displayed.

37 With regard to video games targeting young people, in particular minors, in-game product placement needs to be regarded in a more critical manner. In this respect, for instance, trademarks and brand names can not be used to induce minors to think that a particular product may provide distinctive skills and/or abilities nor to adopt "unbalanced life styles" or "unhealthy eating habits".

---

40 *Fusi-Testa*, Diritto e Pubblicità, Milano, 2006, p. 89.

41 *Carraro*, Media e audiovisivi: novità dall'ultima direttiva europea, in Il Diritto industriale, 2010, p. 484; *Mansani*, Product placement. La pubblicità nascosta negli spettacoli cinematografici e televisivi, in Contratto e impresa, 1998, p. 904.

42 Indeed the Italian Competition Authority has repeatedly stated that product placement is unlawful only if no means are used to make the product placement recognizable for the viewer/user. Similar principles may be found in the decisions of the Giurì dell'Autodisciplina Pubblicitaria (the Italian advertising self-regulation body).

Additional legal issues come up where "in-game" marketing is built on behav- *38*
ioural targeting and gamers profiling. Any related marketing tools will need to
comply with the requirements set forth by the Legislative Decree 196/2003 (i.e.
the Italian Data Protection Code), which, among other things, requires the consent of (properly informed) data subjects for related data processing, grants data
subjects specific rights as to their personal information, sets an opt-in system
with respect to unsolicited commercial communication, allows use of location
data only based on the data subject's previous consent or under anonymity, and
requires an easy opt-out mechanism.

6. Community formation in connection with games – web 2.0 – commercialization of communities

In the last years we have seen an increase of online games. Real communities *39*
and networks created both by the developers of consoles and video games are
connecting players throughout the world and enabling gaming within these
communities. While game networks like the PlayStation Network and the Xbox
Live have since established global online communities, the increasing number
of smartphones has contributed to creating new forms of gaming online, such as
the Game Center developed by Apple which allows the user to invite others to
join into a match, as well as social gaming, where technology implements online
games into established social networks. All these forms of networks effectively
function as social networks in their own right, since they provide a great number
of features which allow gamers to create their own profile, find friends, chat with
them, buy movies, buy and trade games and virtual goods within games, play online with other players around the world, and so on.

It is evident that the owners of these networks, through these forms of communities, collect and massively retain data of their users. In fact, for instance, in order
to become a member of such a community, any user is required to give certain
personal data, such as name, last name, date of birth, gender, e-mail address, etc.
The owners of the networks actually do not collect only data directly given by the
users, but in most cases they collect other data through the users' actual game
play, which may disclose the users' preferences, such as the favourite game, fundamental, of course, for the marketing activities.

In order to evaluate whether the Legislative Decree no. 196 dated 30 June 2003 *40*
(Italian Data Protection Code, hereinafter: "DP Code") applies to such data processing, the definition of "personal data" is important. Pursuant to Section 4
paragraph 1 letter B. of the DP Code, "personal data" means any information
relating to natural or legal persons, bodies or associations that are or can be identified, even indirectly, by reference to any other information including a personal identification number.

Furthermore, according to its Section 5, the DP Code applies to the processing
of personal data, including data held abroad, where the processing is performed
by any entity established in Italy. Moreover, the DP Code also applies to the processing of personal data performed by an entity established in the territory of a

country outside the European Union, where said entity makes use in connection with the processing of equipment situated in the State.

If the DP Code applies, it is necessary to verify which specific obligations related to the specific data processing concerned apply in addition to those applicable to any kind of data processing.

41 With reference to data processing, it should be noted that, in a general perspective, as stated in the Data Protection Directive[43], personal data must be: (i) processed lawfully and fairly; (ii) collected and recorded for specific, explicitly named and legitimate purposes; (iii) accurate and, when necessary, kept up to date; (iv) relevant, complete and not excessive in relation to the purposes for which they are collected or subsequently processed; and (v) kept in a form which permits identification of the data subject for no longer than is necessary for the purposes for which the data were collected or subsequently processed.

In addition to the above, it should be noted, ever under a general perspective, that, among the other obligations upon the data controller, pursuant to Section 13 DP Code, the data controller is required to inform the data subjects regarding the data processing of their data. In some cases, data processing is subject to a prior check with the Italian Data Protection Authority ("Garante"), and in other cases it is subject to a specific notification to the Italian Data Protection Authority ("DPA"). This is required under Section 37 DP Code when the data processing concerns data processed with the help of electronic means aimed at profiling the data subjects' personality, analysing consumption patterns and/or choices, as well as monitoring the use of electronic communications services carried out to profile (except for such processing operations as are technically indispensable to deliver said services).

42 In case of profiling activities, it should be noted that specific restrictions will apply. Pursuant to guidance by the Garante[44] on marketing and profiling database – even though aimed to pursue marketing purposes – specific restrictions and requirements will apply, namely:

– the data subjects must receive detailed information about the processing;
– the consent for profiling must be a separate opt-in;
– there are some data retention restrictions; and
– the database for profiling purposes must be independent and cannot be interconnected with the database for marketing purposes.

43 Under Italian law, the data subject's consent for marketing activities must be issued by a separate opt-in. Annex B of the DP Code requires the data controller to implement specific security measures in order to prevent any kind of data breach.

In case of any ascertained violation of the Italian rules on data protection, the Garante may prohibit, also ex officio, any further processing operations, in whole or in part, or block such processing (Sections 143 and 154 paragraph 1 letter d) DP Code). The potential fines are substantial:

---

43 Directive (EC) 46/1995 of 24 October 1995, OJ 1995 no. L281/31 of 23 November 1995.
44 For more details see: http://www.garanteprivacy.it (21 December 2012).

De Angelis/Rinaldi

(i) in case of incomplete notice (e. g. no mention of the profiling and marketing purposes), pursuant to Section 161 DP Code, the controller can be punished by a fine between 6,000 and 36,000 €;

(ii) failure to notify the processing is punished by an administrative fine ranging between 20,000 and 120,000 € (Section 163 DP Code);

(iii) if data are processed without the consent of the data subjects, or without appropriate security measures, or even failing to submit a formal request for a prior checking of the Garante, a fine can be imposed in the range of 10,000 up to 120,000 € (Section 162(2-bis) DP Code). Additionally, in case of non-compliance with decisions/orders issued by the Garante, a fine between 30,000 and 180,000 € can be imposed (Section 162(2-ter) DP Code).

Finally, in addition to the publication of the decision of the Garante, in case one   *44* or more provisions concerning administrative breaches are violated repeatedly, also on different occasions, in connection with especially important and/or large databases, an administrative sanction is applied under Section 164-bis (2) DP Code, consisting in fines ranging from 50,000 € to 300,000 €. Further, especially in serious cases and/or in the light of the offender's economic status, said fines may be increased, by up to four times (Section 164-bis paragraphs 3 and 4 DP Code).

With reference to the criminal sanctions, it has to be considered that upon certain conditions (e. g. damages incurred to the data subjects) in case of processing of data without the consent of the data subjects, or failing to submit a formal request for a prior checking of the Garante, the offender (e. g. directors of the controllers or the competent data protection officer) might be condemned to imprisonment of up to 2 years (Section 167 DP Code). Moreover, according to Section 169 DP Code, the same criminal sanction may be imposed in case of failure to implement the minimum security measures and to follow the consequent order of the Garante to remedy (Section 169 DP Code).[45]

7. Authorized and unauthorized gambling in Italy

7.1 The Independent Administration of State Monopolies and its role as supervisor

The Independent Administration of State Monopolies ("AAMS" – *Amministrazi-*   *45* *one Autonoma dei Monopoli di Stato*) is the authority in charge of regulating and controlling the entire gaming sector in Italy, ensuring a legal and responsible gaming environment. The AAMS oversees the organization and operation of games of chance such as number games (Lotto, SuperEnalotto, Bingo), lotteries (traditional national lotteries, instant win lotteries, etc.), prediction games and

---

45 The most popular case regarding the application of criminal sanctions is Google's case (Milan Court 12 April 2010): three of Google's executives were convicted by the Court of Milan for violating Italian privacy laws. Roughly summarizing: Google's executives were held liable because Google Video, according to the decision, did not respect its information duties under the DP Code (*art.* 13) toward the users of the Google Video service.

betting on sports events (Totocalcio, Totip, Tris), equipments and devices for entertainment with cash prizes (i. e. machines located at authorized stores) and skill games. In relation to all these games, the AAMS checks the correctness and regularity of public revenue, establishes guidelines and manages the procedures for the award of new concessions through public procurement procedures.

By Decree of 29 April 2011, a State Committee for the prevention and punishment of illegal gambling has been established at the AAMS. This Committee will be responsible for overseeing the development of strategies and guidelines for the prevention and suppression of illegal gambling, the safety of the game and the protection of minors, with particular and specific attention to the activity aimed at preventing illegal online games.

7.2 The legalization of skill games in Italy

46 Remote skill games and card games are obviously an attractive business for companies willing to benefit from the large audience of internet users and players in Italy. The first step towards the legalization of skill games in Italy was made with the Law Decree no. 223/2006 (so called *"Bersani Decree"*), converted into Law no. 223/2006, Article 38 of which provides the regulation, by way of subsequent legislation, of "remote skill games with cash prizes", defined as games characterized by the fact that the outcome depends on the skill of players rather than on the element of chance.

Article 38 of the Bersani Decree further stipulates that the government (i. e. the AAMS) entrusts the exercise of public games to authorized operators or distributors holding a public licence to Italian users. This implies that only companies providing sufficient guarantees in the form of bonds to obtain the concession and which have passed the scrutiny of the AAMS can, for example, operate a virtual poker room.

7.3 Rules governing skill games and games of chance

47 On 17 September 2007, a first Regulation by the Ministry of Economy and Finance specified the requirements of public games that operators could offer to users.

Further legislation has since then been enacted, in particular Law no. 88/2009, which has introduced new general rules on the operation of skill games, as well as of other games (such as fixed quote betting, toting, prediction games in sports and horse, bingo, lotteries with instant or deferred date of draw, etc.).

The recent Decree dated 10 January 2011, issued by the Ministry of Economy and Finance and by the AAMS ("Gambling Decree"), further implements the above Law no. 88/2009 and specifically regulates the exercise of the following two modalities of playing:

(i) remote skill games with cash winnings;

(ii) remote games of chance with cash prizes (with the exception of Lotto and related games) and remote card games with cash winnings in forms different from tournaments.

Under the Gambling Decree, the games described under items (i) and (ii) need *48*
to fulfil a number of requirements in order to be legally organized and managed in Italy. First of all, the projected game must fall within the definition under the above items (i) or (ii). To this purpose, the candidate operator or distributor must file an application with the AAMS explaining the course of the game
(detailed instructions and templates can be found at www.aams.gov.it), together with a plan of the game platform and the certification on the positive outcome
of a technical verification aimed at ensuring the compliance of the game platform and the random number generator to the requirements stated in the guidelines made available by the AAMS on its website. Any subsequent modifications
of the essential features of the draft of the platform shall be subject to prior approval of the AAMS and the possible renewal of certification, as specified in the
said guidelines. The AAMS will then decide whether or not to authorize the operator or distributor.

Moreover, the candidate operator or distributor should bear in mind that the
maximum consideration ("buy-in") for participating in a skill game shall not exceed 250 €, including any subsequent possible increase. As for remote games
of chance with cash prizes and remote card games with cash winnings as specified above under item (ii), the maximum first stake can not exceed 1,000 €, including any subsequent transfer on the player's account or any bonus (Article 5
Gambling Decree).

Another important element to be considered is that the tax on skill games to be *49*
paid to the AAMS is set at 3 % of the entire monies collected in a round of game,
while the tax on the other games indicated under item (ii) is set at 20 % of the
monies that, according to each games rules, are not reimbursed to the player (Article 4 Gambling Decree).

Furthermore, Article 8 Gambling Decree provides further specific requirements *50*
to be implemented when organizing and running remote games, while Article 9
Gambling Decree lists all the information which has to be made publicly available on the website of the operator. Also the gaming account of the players, *inter
alia*, has to comply with specific provisions such as those laid down by Article 24
Gambling Decree and other related regulations issued by the AAMS.

In addition to all points considered above, the operator or distributor must establish a network for connecting with the AAMS. In fact, the gaming platform (e. g.
a virtual poker room) has to be connected to the computer system of state monopolies, so that the AAMS can perform continuous monitoring on the size of games
developed by the platform and collect tax.

7.4 Criminal sanctions

Finally, it has to be noted that when someone participates, advertises or organ- *51*
izes skill games in breach of the above indicated requirements (e. g. running
a poker room without holding the required licence) may constitute a financial
crime under Article 4 Law no. 401/1989 governing the unauthorized practice of
sports betting. In particular, Article 4 paragraph 1 punishes unauthorized operators organizing skill games (or other AAMS games) by imprisonment from three
months up to 1 year and by fines from 500 € up to 5,000 €. Further measures can
be adopted directly by the AAMS.

In general terms, the concept of gambling is addressed under Article 721 Criminal Code and includes those games of chance which have a profit purpose and are characterized by the fact that winning or losing is entirely or almost entirely random. Case law includes in this concept, *inter alia*, games such as roulette (Cass. no. 2231/77), video poker devices (Cass. no. 16501/04), slot-machines (Cass. no. 1598/1999) and poker (Cass. 23 February 1950, the debate is still open in this respect).

Article 718 Criminal Code punishes by imprisonment from three months up to one year and by fines of not less than 206 € anyone organizing or facilitating gambling, with the exception of authorized casinos and cruise ships sailing outside the Mediterranean area. Aggravating circumstances are provided by Article 719 Criminal Code if the offender runs a gambling house, and/or the incriminating act is performed in a public facility, and/or significant monetary amounts are involved in the game, and/or gambling involves minors.

52   Article 720 Criminal Code punishes anyone who without committing an offence under Article 718 is caught participating in a game of chance. The punishment is imprisonment of up to 6 months or, alternatively, a fine up to 516 €. The penalty is increased if the offender is caught in a gambling house, public facility and/or if significant monetary amounts or objects of value are at stake.

8. Content

53   Italian law currently does not provide specific regulations as to illicit content in video games. However, the Minister of Home Affairs has issued a specific Circular Note concerning obscene or violent video games made available in the public business (such as bars, pubs, etc) or in private clubs dated 5 December 2003, no. 557/A/223.420.1 (*"Obscene or violent video games. Prevention activities and law enforcement to protect children"*, hereinafter: "Circular Note"). The Circular Notes suggests identifying illicit content in video games in accordance with the parameters inferable from the principles included in the Self Regulation Code for Minors, as adopted by the public and private television companies, aimed at protecting the rights and the psychic and moral integrity of minors from the dangers arising from indiscriminate perception of television pictures.[46]

The Self Regulation Code provides that the minor shall not be subject to:

i) sequences particularly crude or brutal, or scenes which are able to create confusion in the viewer or instigate acts of emulation;
ii) information that may harm the mental or moral integrity of minors.

54   Pursuant to said Circular Note, protecting minors from playing, in the public practice or in private clubs, games which are considered illicit for their content, any operator needs to be aware that:

(i) Sections 86 and 88 of the so called "TULPS" (i. e. Consolidated Laws of Public Safety – Royal Decree no. 773 18 June 1931) provide that public operations or private clubs – where betting machines, devices or electronic enter-

---

46   See: http://www.agcom.it/default.aspx?message=viewdocument&DocID=3100 (21 December 2012).

tainment can be installed – are subject to a specific licence to be issued by the competent Head of Police (so called "Questore");
and

(ii) Section 110 paragraph 1 TULPS, and the Circular Note provide that each Head of Police has to supervise the content of the games. More precisely, the above mentioned Circular Note requests the Head of Police to draft a black list of games (included video games), which have to be forbidden, since, in the light of their content, they are potentially capable of creating a state of anxiety for minors.

In light of the above, up to date the protection of children from playing any kind   55
of games with an illicit content in public business or a private club is left to the supervision of each Head of Police.

Moreover, such Circular Note expressly states that its provisions can not be enforceable with reference to the stores where such kind of games can be bought or rented by the children.

Furthermore, the Circular Note expressly states that video games containing illicit content must be assessed in light of Section 528 of the Italian Criminal Code. This provision states that whoever, in order to trade or distribute or expose them publicly, introduces in Italy acquires, holds, exports, or puts in circulation writings, drawings, pictures or other obscene objects of any kind, shall be punished with imprisonment up to 3 years and a fine not lower than 103 €.

The Italian Supreme Court[47] has ruled that for "video games" that are explicit-   56
ly intended for children and adolescents, in addition to Section 528 of the Italian Criminal Code, Section 14 of the Law no. 47 dated 8 February 1948 can apply, which states that "*publications intended for children and teenagers which, for the sensitivity and impressionability, are able to offend their moral sense, or constitute incitement to corruption, crime or suicide*" are still punishable under Section 528 of the Italian Criminal Code, but punishment must be higher.

From a practical point of view, it is important to highlight that so far only two video games appear to have been withdrawn from the Italian video games market.[48] The Court of Rome ordered the withdrawal in 1999, considering both games breaching Section 528 of the Italian Criminal Code for containing cruel pictures that were considered dangerous for the people "at risk".[49] It was the first time that the distribution of a video game was blocked in the light of the scenes considered being too cruel.

Finally, in the absence of a specific detailed legal framework protecting minors in the field of video games, it is relevant that, in 2003, European companies involved in this industry which are part of ISFE (Interactive Software Federation of Europe) have created the PEGI (Pan European Game Information), the first system of self-regulation at a European level for the gaming industry, which is recognized also in Italy.

---

47 Cassazione penale sez. III, dated 21 December 1999, no. 4118.
48 This is the case of two well known video games, Resident Evil and the sequel Resident Evil 2.
49 The decision is inedited.

Chapter 16

The Law of Video and Computer Games in the Netherlands

1. Copyrights in connection with computer games and its components

The Dutch Copyright Act ("DCA") grants protection to "works of literature, science or art".[1] This is a flexible, broad definition. Article 10 DCA contains a non-exhaustive list of work categories and states that, for the purposes of the DCA, "literary, scientific or artistic works" includes "generally any creation in the literary, scientific or artistic areas, whatever the mode or form of its expression". In order to enjoy protection, a creation must have an "original character of its own" and bear "the personal stamp of the author".[2] In practice, this test constitutes a fairly low threshold for copyright protection.[3]   *1*

The author of a work has the exclusive right to communicate that work to the public and to reproduce it, subject to the limitations laid down by law. In short, this means that a work may not be used without the author's consent. An author may assign his copyright to others, wholly or in part. After assignment of his copyright the author of a work still has so-called "moral rights". These rights are linked to the personality and reputation of authors. According to Article 25 DCA an author has the right to oppose publication of the work without indication of the author's name, unless such opposition would be unreasonable. The author also has the right to oppose publication of the work under a different name, and the right to object to any alteration in the title of the work or the indication of the author. Furthermore, the author may object to any modification of the work, unless such objection would be unreasonable. Finally, an author may oppose to any deformation, mutilation or other impairment of the work that could be prejudicial to the name or reputation of the author. An author can waive both the right to be identified as author and the right to object to modifications.   *2*

A computer game usually consists of several "works". First of all, there is the audiovisual material. The **animations, texts, characters and/or drawings** which are visible on the screen while playing the game or displayed on the packaging of a game will usually be protected. Also the accompanying **music** will be protected, provided that it is original.[4] **The title** of a computer game may also be protected by copyright if it is original in the sense that it has an individual character and bears the personal stamp of the author.   *3*

When "building" a computer game, it may be desirable/necessary to use pre-existing works – popular music, drawings, characters, dialogues etc. – of other authors, instead of creating everything from scratch. In principle, this is only permitted with the permission of the relevant right holders. One exception to this   *4*

---

1   Article 1 DCA.
2   Supreme Court 4 January 1991, *NJ* 1991, 608, *Van Dale v. Romme*.
3   All forms so banal or trivial that no creative work whatsoever is involved are excluded (Supreme Court 30 May 2008, NJ 2008, 556, *Endstra*); See for an example: District Court Den Bosch, 9 July 2012, IEPT 20120709 (*Bubble v. Betsoft*). The court held that a zoom effect in an online slot machine game did not enjoy protection
4   In addition, the performing artists/producers have so called "neighboring rights".

rule is *"de minimis"* use of a work which is laid down in Article 18 a DCA.[5] The provision stipulates that incidental inclusion of a work as component of a subordinate significance in another work does not constitute a copyright infringement. On these grounds, the District Court of Arnhem considered in 2005 that the use of a wall painting in the computer game "Club Football 2005 Ajax" did not constitute a copyright infringement. The game design company "Codemasters" had created a virtual copy of Ajax' stadium, the "Amsterdam Arena". On one of the walls of the real stadium there is a painting by an artist who objected to the use of his painting in the computer game. The District Court considered that the use of the painting in the computer game did not, or at least not substantially, contribute to the exploitation of the game. Therefore, the artist could not prevent the use of his work in the game.[6]

5   Besides audiovisual expressions, also the **format/rules/storyline** of a game may be protected. While common rules or a general format or storyline of a computer game will lack the required character of originality and, as a result, will not be considered as a copyrighted work, a more detailed format may be protected. Already in 1983, the Court of Appeal of Amsterdam decided that the format of the – by now well-known – Pacman game was protected by copyright.[7] According to the court, the characteristic feature of the Pacman game was *"a central figure who earns points by eating video waffles within a labyrinth, where once in a while a vitamin pill appears. If this figure eats one of these pills he is able to eat the monsters"*. The defendant had to stop selling its Pacman imitation. Whether a game format is protected or not can only be determined on a case-by-case basis. In this respect, besides the level of detail, also the similarity to older works will be a relevant factor.

6   The **underlying source and object code** of computer games and preparatory material may be protected as computer programs under copyright law.[8] Under the Computer Programs Directive, protection is to be granted at the national level to computer programs that constitute the own intellectual creation of the author.[9] In practice, this specific EC threshold for protection does not differ substantially from the general test of originality and personal stamp of the author that is traditionally applied in Dutch law. According to a judgment of the European Court of Justice of 22 December 2010, the object of protection conferred by the Compu-

---

5   Based on Article 5(3) (i) of Directive (EC) 29/2001 of 22 May 2001, OJ 2001 no. L167/10 of 22 June 2001. The DCA also exempts the use of pre-existing, copyrighted material for the purposes of quotations and parody (Articles 15 a and 18 b DCA). These exceptions may also offer breathing space for the unauthorised use of pre-existing material for the creation of a new computer game.

6   District Court Arnhem, 21 September 2005, IER 2005/84 (Tellegen/Codemasters). Also relevant to this decision was the fact that Codemasters had offered the artist, Tellegen, a reasonable alternative (opportunity to raise his public profile). Furthermore the court also took into account the fact that Tellegen had already been paid by Ajax for his original painting.

7   Court of Appeal Amsterdam, 31 March 1983, AMR 1983, p. 56.

8   Council Directive (EC) 24/2009 of 23 April 2009, OJ 2009 no. L111/16 of 5 May 2009 (referred to as the "Computer Programs Directive" and replacing Council Directive 91/250/EEC on the legal protection of computer programs) was implemented into Dutch copyright law in Article 10, sub 12 and Chapter VI DCA.

9   See Article 1(3) of the Computer Programs Directive.

ter Programs Directive, which is implemented into Dutch copyright law[10], is *"the forms of expression of a computer program and the preparatory design work capable of leading, respectively, to the reproduction or the subsequent creation of such a program"*.[11] While source code and object code of a computer game can be protected as a computer program, it follows from the same judgment that the graphical user interface of a computer program will not be considered a computer program. Nevertheless, under Dutch law such a graphical interface can be protected by copyright as an artistic work under the general rules. As indicated above, the threshold for obtaining protection under the general originality test in Dutch copyright law is fairly low.[12]

Besides the protection of audiovisual elements of computer games under the general rules of Dutch copyright law, and the protection of the code in line with the Computer Programs Directive, it may also be argued that a computer game constitutes a cinematographic work, as it consists of a sequence of images with or without sound.[13] This additional option may become relevant with respect to questions of authorship, limitations to exclusive rights granted under copyright law, and the protection of technological measures and anti-circumvention systems.

If a computer game is considered a cinematographic work, then the authors of the game are deemed to have assigned to the "producer" the right to communicate the game to the public.[14] However, as this presumption of a transfer of rights only applies unless otherwise agreed contractually, it does not necessarily become relevant in practice. When contracts concluded with authors contributing to a computer game include stipulations with regard to copyright ownership, there will be no automatic transfer of rights. In the field of limitations, it is important to note that public institutions are not allowed to make computer programs available for use for a limited period of time (lending), while this is permitted with regard to other works.[15] Another difference between general rules and more specific provisions applying to computer programs concerns private copying. While in the Netherlands it is currently allowed to download, from the Internet, copyright protected works, such as drawings or music,[16]

7

---

10 Computer programs have been explicitly added to the list of works of Article 10 DCA and new Articles 45 h–45 n DCA have been incorporated in the DCA.

11 ECJ, 10 December 2010, C-393/09 (Bezpečnostní softwarová asociace – Svaz softwarové ochrany vs. Ministerstvo kultury).

12 See, for instance, District Court of Arnhem, decision of 25 March 2009, *De Roode Roos/ De Rooij*, AMI 2009/3, p. 106 (107) where the court held that the graphical layout of a standard webpage enjoyed copyright protection under the general originality test applied in Dutch law.

13 Article 45 a et seq. DCA.

14 See Article 45 d DCA.

15 Article 12 Paragraph 1 sub 3 in conjunction with Article 15 c Paragraph 1 DCA.

16 Article 16 c DCA states that reproduction of the work or any part thereof shall not be regarded as an infringement of the copyright in a literary, scientific or artistic work provided that the reproduction is carried out without any direct or indirect commercial motivation and is intended exclusively for personal exercise, study or use by the natural person who made the reproduction. However, it is not allowed to upload works. Furthermore it should be mentioned that the Dutch government is planning to make downloading of copyright protected works illegal.

(uploading is not allowed) for personal use, it is not allowed to download computer programs.[17]

8   As to the protection of technological measures and anti-circumvention systems, the District Court of The Hague delivered an important judgment on 21 July 2010.[18] Nintendo argued that various resellers of flash cards and mod-chips – by which unauthorised copies of Nintendo games can be played on the Nintendo DS and Wii – infringed its copyrights. Nintendo based the infringement on two provisions. The first one was Article 29a DCA, which pertains to the circumvention of effective technological measures.[19] Article 29a DCA offers protection with regard to technological measures that are applied to "general" literary and artistic works, such as audiovisual elements of a computer game enjoying protection under the general rules of Dutch copyright law. The second provision was Article 32a DCA. This Article specifically deals with the protection of technological measures that are applied to computer programs. It stipulates that it is illegal to provide means that are solely intended to facilitate the unauthorised removal or circumvention of any technical device applied to a computer program.[20] Since computer games of Nintendo consist of both "general" works (audiovisual elements) and computer programs (source and object code), the court had to decide which of these provisions was applicable. This was an interesting question because Article 32a DCA only forbids means *the sole* intended purpose of which is to facilitate unauthorised circumvention. Since the flashcards *could* also be used to facilitate the use of authorised games of third parties on the Nintendo computers, Nintendo could not necessarily rely on this provision. In deciding between the "general" protection regime for audiovisual game components and the specific protection regime for computer programs, the court considered that the element that had required the most creative effort of the makers was decisive. In this case, the court held that the design of the game – including the concept of the game, storyline, characters, lay-out of the virtual worlds, texts, music, sound effects and the merging of the various elements – was predominant. Accordingly, the court held that, based on Article 29a DCA, Nintendo's rights had been infringed since the resellers had circumvented effective technological measures.

9   Transferring games to new platforms is another interesting topic. Classic games, like Pac-Man, are important cultural material, but classic platforms, like the ATARI system, are disappearing. In order to keep our cultural heritage accessible for future generations, it may be necessary to transfer "classic" games to new platforms that are capable of emulating the original operating system. Therefore, old operating systems need to be analysed to ensure interoperability with new platforms.

For these preservation purposes, concerning cases of disappearance or obsolescence of classic computer systems, Article 16n DCA allows publicly accessible libraries, educational establishments or museums, and non-commercial archives, to copy a classic computer game which they have in their own collection. The

---

17   Article 45n DCA states that Article 16c DCA does not apply to computer programs.
18   District Court The Hague, 21 July 2010, AMI 2011/1, (Nintendo/Webwinkels).
19   Article 29a DCA is based on Article 6 of Directive (EC) 29/2001 of 22 May 2001, OJ 2001 no. L167/10 of 22 June 2001.
20   Article 32a DCA is based on Article 7 Paragraph 1 of the Computer Programs Directive.

moral rights of the authors, particularly the right to prevent deformations and modifications of the work, must be respected in this context.[21]

Besides a copy of the classic game, however, it is necessary to create an emulation platform on which the game can be played. To this end, the old platforms need to be decompiled, if the information necessary to achieve interoperability has not previously been readily made available. In this regard, the EU provisions on decompilation and interoperability become relevant. These provisions have been literally taken over into Dutch law. They are implemented into Article 45 m DCA.[22] Within the limits set by this Article, reproduction of code and translation of its form is permitted without the authorisation of the rightholders. Following a broad interpretation of Article 45 m DCA, the provision can be understood to cover the creation of a new platform, e. g. an emulation platform, which imitates, and therefore substitutes, the operating system of classic computers for which the computer game concerned was created.[23]

2. Trademarks and portrait rights

In 2006, the Dutch newspaper "de Volkskrant" published an article about a com- 10 puter game called "Sensible Soccer 2006".[24] The first sentence of this article was: "*Sensible Soccer could well be a computer game designed by lawyers*". Why could it be designed by lawyers? Because unlike in computer games as "Fifa" by Electronic Arts and "Pro Evolution Soccer" by Konami, the players in this game do not look like real players at all. The characters have big heads, their shirts show no resemblance to the genuine team colours, they have strange names and they play for teams called "Amsterdam" instead of "Ajax". Why? Because the games design company sought not to interfere with portrait rights and trademarks. The director of the game design studio admitted that it was a lot cheaper to do it this way. In this section, we will take a closer look at both trademarks and portrait rights in relation to computer games.

2.1 Trademarks

On the one hand, a game designer has the opportunity to protect his computer 11 games with a trademark. The name of the game, the game studio or a logo, or any other sign used to distinguish the games of the game design company can be protected as individual trademarks by registering such trademark at the Benelux Office for Intellectual Property (BOIP).[25]

---

21 Article 16n DCA is based on Article 5 paragraph 2 sub c of Directive (EC) 29/2001 of 22 May 2001, OJ 2001 no. L167/10 of 22 June 2001.

22 Council Directive (EC) 24/2009 of 23 April 2009, OJ 2009 no. L111/16 of 5 May 2009 (referred to as the "Computer Programs Directive" and replacing Council Directive 91/250/EEC on the legal protection of computer programs).

23 M. *Senftleben*, "Pacman forever – preservering van computergames", AMI 2009-6, p. 221–228.

24 P. *van Ammelrooy*, "Waterhoofden in het strafschopgebied", Volkskrant 31 March 2006.

25 Or through filing with the OHIM for a community trademark or WIPO for an international trademark registration with validity for the Benelux. In this Dutch chapter we will focus on the Benelux trademark.

On the other hand, a game designer has to be careful when using trademarks of third parties without their consent in a computer game. If trademarks appear in a computer game, their appearance is not strictly a trademark use. Players of the computer game are unlikely to perceive the trademarks as an indication that the owners of the trademark produced the computer game. Nevertheless, the owner of a Benelux Trademark may prevent a game developer from using a sign in a computer game where this use without due cause would take unfair advantage of or be detrimental to the distinctive character or the repute of the trademark.[26]

2.2 Portrait rights

12 According to Article 21 DCA, a person may prevent the communication of its portrait to the public, if he has a reasonable interest in opposing its communication. The definition of portrait is broad. According to the Explanatory Memorandum to the Copyright Act, the term "portrait" refers to a representation of the face (with or without other parts of the body). In Dutch case law, however, this definition has been broadened. The Dutch Supreme Court ruled that it was sufficient, if the person portrayed was depicted in such a way that it became recognisable for others knowing the portrayed person. A photograph or other representation of a person may have this effect even though the face is not shown.[27] As long as the person portrayed becomes recognisable, it can be a portrait, even in case of the use of a look-a-like.[28]

The open concept of "reasonable interest" has been further developed in Dutch case law. It follows that certain professionals – such as professional sports players, actors, musicians etc. – may oppose the publication of their portraits, because they have a reasonable commercial interest in exploiting the value of their popularity (so-called "cashable popularity").[29] Since, for example, a professional soccer player can commercialise his popularity, he may oppose the use of his portrait in a soccer computer game. The commercial interest of the popular person, however, will be balanced against competing interests, particularly freedom of (commercial) expression. If a computer game seeks to provide information on a particularly popular person, this defence of freedom of speech may become relevant.[30]

Other reasonable interests to oppose the communication of a portrait, besides the commercial one, relate to personality rights. Anyone, not only certain professionals, may oppose the use of their portrait if it causes a serious breach of that person's privacy.[31] Objections to the use of the portrait may also be raised on the

---

26 Article 2.20 Paragraph 1 sub (d) of the Benelux Convention on Intellectual Property.

27 Dutch Supreme Court, 30 October 1987, NJ 1988, 277 (Naturiste), Dutch Supreme Court, 2 May 2003, NJ 2004, 80 (Niesen & IPA/Storms Factory; Breekijzer).

28 President District Court in Breda, 24 June 2005, LJN: AT8316 (*Katja Schuurman*/i-local).

29 Dutch Supreme Court, 19 January 1979, NJ 1979, 383 ('t Schaep met de Vijf Pooten).

30 With regard to a book publication dealing with the professional achievements of Johan Cruijff during the years he played for Ajax Amsterdam, see in this sense the decision of the Court of Amsterdam, 14 April 2010, *Cruijff/Tirion*.

31 See inter alia Dutch Supreme Court, 21 January 1994, NJ 1994, 473 (Moordenaar G.J. Heijn); European Court of Human Rights, 24 June 2004, no. 59320/00 (Von Hannover/Germany).

grounds that the use may be understood to indicate that the portrayed person supports and promotes the product for which the portrait is used.[32] Furthermore, one can oppose the use of a portrait in a compromising or sexual context. While there is no such case law at the moment, it could well be argued that a person who has been portrayed in a sexual context in a computer game has a reasonable interest to prohibit this use. As with commercial interests, the interest of someone opposing the use on the basis of privacy has to be balanced against other interests, such as freedom of (commercial) expression.

The promotional use of a famous person's name or voice without permission and thereby taking profit from someone's popularity can constitute an unlawful act (Article 6:162 of the Dutch Civil Code) although no portrait is used.[33]

3. Trading with virtual objects

Every hour, users all over the world are trading their virtual gold pieces or credits for shiny armor in World of Warcraft, gifts on Facebook or a virtual computer in Second Life.[34] Concurring with Lawrence Lessig's famous adagium "Code is Law"[35], many feel that the basic principle in virtual worlds should be to solve matters by the laws and code of those virtual worlds.[36] Though many issues can indeed be solved within the realm of World or Warcraft or Second Life, legal scholars soon pointed out that this so-called "Magic Circle" is not absolute:[37] the virtual world is inextricably bound up with the "real world", which is governed by law.

The following exercise will address one of the areas where the virtual and real worlds meet: trading with virtual objects and goods. Viewing this topic from different legal perspectives, this chapter aims to provide a brief overview of the status of virtual objects within the Dutch legal system.

3.1 From a criminal law perspective

Though many *in-game* disputes are solved within the Magic Circle, the theft 13 of a valuable virtual amulet, combined with a real world beating by two classmates, was brought before a Dutch Court to be the first ruling on "virtual theft" in the Netherlands. Although it was argued during the proceedings that the amulet did not qualify as a good in the sense of Article 310 of the Dutch Penal Code ("DPC"), the judge ruled nonetheless that the virtual object met the definition of

---

32 Dutch Supreme Court, 2 May 1997, NJ 1997, 661 (Discodanser).
33 District Court in Rotterdam, 22 June 1995, Pogorelich v. Honda, Pres. District Court in Amsterdam, 7 July 2000, Dutch Queen v. Monsterboard.
34 See respectively http://www.worldofwarcraft.com/, http://secondlife.com/(29 April 2013) and https://apps.facebook.com/freegifts/(29 April 2013) for more information.
35 L. Lessig, *Code 2.0. Code and other laws of cyberspace*, New York: Basic Books 2006; L. Lessig, "Code is Law", *Harvard Magazine*, 2000/01, available on http://harvardmagazine.com/2000/01/code-is-law.html (29 April 2013).
36 J. Fairfield, "The Magic Circle", *Vanderbilt Journal of Entertainment & Technology Law*, 2009.
37 In *J. Balkin, & B.S. Noveck,* The State of Play: Law, Games and Virtual Worlds New York: New York University Press 2005, pp. 31–54.

Article 310 DPC, being *"any good that is taken away with the purpose of unlawful appropriation".*[38] The judge referred to a landmark ruling dating from 1921, where the Dutch Supreme Court (*Hoge Raad*) had ruled that the definition of a good in Article 310 DPC could also comprise of non-material matter, such as electricity.[39] The ruling on the amulet has been reaffirmed on appeal and by the Supreme Court, where the both courts considered that the criterion of "economic value" established by the Supreme Court in earlier cases had grown to be more relative and subjective. The fact that a good (the amulet) was of any value to the owner was of particular relevance in this context.[40] The Supreme Court further considered that it must be possible to individualize the virtual good, meaning that if one person gained ownership of the good, another person lost it. Making a copy of a virtual item can thus not be regarded as stealing. In 2009, the Dutch Criminal Investigation Department investigated a *phishing attack*[41] that resulted in a large scale theft of goods in the virtual world of Habbo Hotel. Unfortunately, the public prosecutor applied Article 138 a DPC (unlawful entry in a computer system) as the basis for the charges, leaving aside the opportunity to further develop the doctrine on theft of virtual goods.

3.2 From a civil law perspective

14 In contrast to the broad definition underlying Article 310 DCC, "any good" in the sense of the Dutch Civil Code ("DCC") has a more narrow definition in Article 2:3 DCC: *"Goods are material objects that can be subject to human control."*

15 This comes down to two criteria. The first criterion, human control, is commonly accepted to be met with regard to virtual goods.[42] For example, as soon as a player or user of a particular platform is able to trade a virtual good, either with another player or perhaps an (automated) bank, the virtual good can well be found to be subject to human control. Ultimately though, human control over virtual goods depends on the (source) code,[43] the actual rules of the game, making it even more a case-by-case matter.

16 The second criterion is that of materiality or substantiality. This criterion gave rise to divergent opinions in legal literature, some of which almost convulsively seek to bypass the requirement of substantiality with regard to virtual goods. One approach reasons, for instance, that virtual goods are composed of data, and

---

38 Rb. Leeuwarden 21 Oktober 2008, LJN BG0939 (RuneScape).

39 HR 23 May 1921, NJ 1921, 564 (Elektriciteitsarrest); also see HR 11 May 1982, NJ 1982, 583 (Giraal geldarrest) on the qualification of electronic demand deposits.

40 Hof Leeuwarden 10 November 2009, LJN BK2773, HR 31 Januari 2012, LJN BQ9251 (RuneScape).

41 See http://en.wikipedia.org/wiki/Phishing (29 April 2013).

42 *P.A. Stein,* "Voor menselijke beheersing vatbaar", in: Jac. Hijma, Groene Serie Vermogensrecht, Algemene bepalingen, Aantekening 4, Deventer: Kluwer 2008; *J.C. van der Steur,* Grenzen van rechtsobjecten, een onderzoek naar de grenzen van objecten van eigendomsrechten en intellectuele eigendomsrechten, Deventer: Kluwer 2003, p. 126.

43 Which is recognized by L. Lessig, Code 2.0. Code and other laws of cyberspace, New York: Basic Books 2006; L. Lessig, "Code is Law", Harvard Magazine, 2000/01, available on http://harvardmagazine.com/2000/01/code-is-law.html (29 April 2013).

that data are substantive because they consist of electronic signals.[44] This, however, seems incorrect. Even though electricity (energy) indeed has some substance from a theoretical and physical point of view, data do not always consist of electronic signals.[45] This approach might be based on the aforementioned Dutch Supreme Court ruling on electricity theft and the broad definition of *"any good"* in criminal law, seeking to reconcile the approaches taken in Dutch criminal and civil law.

Various legal writers have opposed this view, by accentuating a more function-   17
al and legal-philosophical approach rooted in the legal history of the Dutch Civil Code.[46] Their strand of legal doctrine states that the civil definition of "good" should meet a certain demand in the system of civil law, and should be supported by legal instead of physical arguments.[47] Scholars have indeed developed various legal arguments which usually relate to the human perception of goods: they should (i) take up space, (ii) be observable, (iii) be individual and (iv) have value.[48] Others have taken an even more functional approach, stating that the existence of a right on a (virtual) good was justified by the way the entitled parties commonly used the particular goods, making it a *sui generis* property right.[49]

In a way, this approach comes down to ordinary "supply and demand": as soon   18
as there is a commonly shared demand for a legal qualification of virtual goods, Dutch law can potentially (e. g. through Article 3:2 DCC) supply for this. On short term, however, this seems rather unlikely, since it is in fact the virtual environment and the code itself that are obstructing this development. Many situations in real life that cause legal disputes (e. g. default of payment) and, therefore, create a demand for legal qualification, are already solved on the basis of the code by making it e. g. impossible to buy objects without paying. Moreover, the fact that the internal rules of virtual environments differ substantially, makes it hard to establish a general rule regulating the status of virtual objects. For example, as opposed to "real world objects", it is not always possible to waive one's right on an object (*res nullius*), simply because the code of the game does not provide for the option to drop a sword or amulet.

3.3 From an intellectual property perspective

There have also been scholars arguing that virtual goods should be treated as in-   19
tellectual property rights.[50] Putting this into practice results in various legal issues though. First and foremost, not every virtual good is eligible for copyright

---

44 *P. Kleve*, Juridische Iconen in het informatietijdperk, Deventer: Kluwer 2004, p. 189.
45 E. g. a CD contains data, but does not contain electronic signals. Electronic signals are only used by the CD-player to read the data.
46 Parlementaire geschiedenis Boek 3, p. 64.
47 *F. H. J. Mijnssen, P. de Haan, C. C. van Dam, H. D. Ploeger, C.* Asser's Handleiding tot de beoefening van het Nederlands burgerlijk recht. (3-I) Algemeen Goederenrecht, Deventer: Kluwer 2006, nr. 20, 54.
48 *J. C. van der Steur*, Grenzen van rechtsobjecten, een onderzoek naar de grenzen van objecten van eigendomsrechten en intellectuele eigendomsrechten, Deventer: Kluwer 2003, p. 130–138.
49 *W. Snijders*, "Ongeregeldheden in het vermogensrecht", WPNR 6607 2005, p. 81.
50 E. D. C. Neppelenbroek, "Het drakenzwaard of: virtuele goederen als vorderingsrecht uit onlinecontracten", Ars Aequi 55 2006-1, p. 24.

protection under Articles 1 and 10(1) and (12) DCA[51]. Even if the virtual good qualifies as a work, transfer of ownership is problematic, since Dutch law requires a deed for transferring ownership of a work.[52] Although recent amendments of Dutch law that entered into force in May 2011 offer a possibility for electronic deeds,[53] at this moment, the requirements for such deeds make them not suitable in business transactions with virtual goods.[54] Similar requirements, such as informing the licensor or registration of the deed, make the option of transferring of a user-licence on the virtual good also (virtually) impossible.[55]

3.4 Conclusion

20 Overall, Dutch law does not take a consistent approach to the qualification of virtual goods and objects. While theft of virtual goods is possible under Dutch criminal law, they are not necessarily considered goods in the context of civil law. This is also due to the fact that there has not been a ruling by a Dutch Court on virtual goods and Article 3:2 DCC. There have been attempts to arrive at an appropriate qualification under civil law, be it through 3:10 DCC, intellectual property law or otherwise. So far, however, the debate on the status of virtual goods under the DCC is of a more academic nature, characterized by a wide variety of diverging opinions.

4. Online gambling and games of chance

21 According to the Dutch Games of Chance Act 1964[56] ("GCA"), a game of chance is a game providing for *"an opportunity to compete for prizes or free gifts if designation of the winners takes place by chance determination on which the participants in general cannot exercise any overwhelming influence"*. In general, the Dutch legislator maintains a strict policy towards gambling and games of chance, based on consumer protection, suppression of gambling addiction and crime prevention. The Dutch policy can be divided roughly into two areas to which different legal regimes apply: general betting and gambling and promotional games of chance. Both regimes will be addressed hereinafter.

4.1 General betting and gambling

22 Under the GCA, it is prohibited to provide for an opportunity to gamble (e.g. lotteries, casinos), unless a licence has been granted.[57] There are only a limited number of parties in The Netherlands holding a betting and gambling licence.

---

51 See section on copyrights above.
52 See Article 156 Code of Civil Procedure.
53 See Article 156 a Code of Civil Procedure.
54 Inter alia, deeds need to be written, signed by both parties and must be able to be stored for later reading.
55 See Article 3:94 DCC.
56 Wet van 10 December 1964, houdende nadere regelen met betrekking tot kansspelen.
57 Article 1 (a) GCA describes this general prohibition as following: *"it is prohibited to provide an opportunity to compete for prizes or free gifts if designation of the winners takes place by chance determination on which the participants in general cannot exercise any overwhelming influence."*

Rieger-Jansen/van der Eijk/van den Heuvel

This is due to the fact that the GCA generally allows only one licence per category of games.[58] The main licensee is Holland Casino, a non-profit foundation held by the Dutch government, holding the only licence to provide for the vast majority of casino games such as poker, blackjack and roulette.

Since the Dutch government holds such a firm grip on the gambling market, its policy has been tested before the courts several times in recent years, usually through court cases initiated by the assigned licence-holders to shield their monopoly.[59] Generally, the Dutch policy has been considered as legitimate, supported by extensive case law by the European Court of Justice ("ECJ")[60], which allows Member States for greater freedom in gambling regulation as a legitimate exception on the Treaty's single market principle.   *23*

4.2 Online gambling

Vice versa, the Dutch legislator has seen its restrictive policy impaired by a wide array of gambling opportunities on the internet, hosted from neighboring countries, such as the UK, or from rather remote jurisdictions, such as the Seychelles Islands. Since some of these websites are explicitly aimed at Dutch consumers, the Dutch government feels compelled to protect the Dutch consumer and act accordingly. This has, *inter alia*, led to a series of cases between Ladbrokes[61], a UK-based bookmaking site focusing on sports, and the Dutch non-profit foundation Stichting De Nationale Sporttotalisator ("Lotto"), holding the respective Dutch licence for sports betting.[62] In 2008, the Dutch Supreme Court posed several preliminary questions on the compatibility of the Dutch policy with the EU principles of free movement of goods and services.[63] In its decision on these questions, the ECJ also answered the preliminary questions in joint cases with another Dutch gambling procedure[64], hence providing a good overview of the legitimacy of the Dutch policy on online gambling.[65]   *24*

The ECJ generally affirms the Dutch system of restrictive licensing, though rules that the legitimacy depends more on the actual implementation than the system itself (which is used in more member states). In this light, the Dutch Supreme   *25*

---

58 See e.g. Article 16 (1) DGA.
59 E.g. Rechtbank Utrecht 27 February 2003 (Holland Casino/Paramount Holdings NV), LJN AF5121; Voorzieningenrechter Arnhem 1 July 2003 (Lotto/Teltrade), LJN AH8935; Voorzieningenrechter Utrecht 31 July 2003 (Holland Casino/Peak) LJN AI0977; Voorzieningenrechter Zutphen 9 February 2004 (Betfair), LJN AO3551; Voorzieningenrechter Arnhem 27 January 2003 (Toto/Ladbrokes) LJN AF3374; Rechtbank Amsterdam 17 April 2002 (Lotto/LuckySMS) LJN AE2131.
60 ECJ 24 March 1994, C-275/92 (*Schindler I*); ECJ 21 September 1999, C-124/97 (*Läärä*), ECJ 21 October 1999, C-67/98 (*Zenatti*); ECJ 6 December 2003, C-243/01(*Gambelli*).
61 Trade name for The Sporting Exchange Ltd.
62 Rechtbank Arnhem 27 January 2003 (Lotto/Ladbrokes), LJN AF3374; Hof Arnhem 2 September 2003 (Lotto/Ladbrokes), LJN AJ9996; HR 18 February 2005 (Ladbrokes/Lotto), LJN AR4841, with the second line of case being: Rechtbank Arnhem 31 August 2005 (Lotto/Ladbrokes), LJN AU1924; Hof Arnhem 17 October 2006 (Ladbrokes/Lotto), LJN AZ0222; resulting in the decision to refer preliminary questions in HR 13 June 2008 (Ladbrokes/Lotto), LJN BC8970.
63 HR 13 June 2008, LJN BC8970 (Ladbrokes/Lotto).
64 Rechtbank Den Haag 8 December 2006, LJN AZ6335 (Betfair/De Staat).
65 ECJ 3 June 2010, C-203/08 (Betfair/De Staat) And C-258/08 (Ladbrokes/Toto).

Court notes that a repressive regime, aimed to protect citizens, does not generally oppose an "expansion policy" which includes the introduction of new games of chance and advertisement. Such can be allowed, though only based on the actual grounds for the restrictive regime. This can be illustrated by the rise of online poker websites in the Netherlands. A legitimate ground for the introduction of a poker website by Holland Casino (which is being reconsidered after the previous parliament rejected the relevant proposal)[66] would be to channel the demand of Dutch consumers. The ECJ also confirms that, as opposed to the general rule of reciprocity in the EU[67], a licence that is granted in a member state does not need to be accepted in other member states.[68] Hence, the licence granted to Ladbrokes in the UK does not exempt Ladbrokes from the need to obtain a Dutch licence to offer its services in the Netherlands. With the ECJ's answers generally supporting the Dutch restrictive gambling regime, the Supreme Court ruled that Ladbrokes is not allowed to operate a business which revolves around gambling or other games of change and is directed at Dutch consumers.[69]

4.3 Promotional games of chance

26 In advance of an upcoming change in the DGA, an exception on the general gambling prohibition has been made for promotional games of chance through the code of conduct for promotional games of chance ("Code of Conduct").[70] The Code of Conduct offers the possibility to promote a product, service or organization through games of chance. The Code of Conduct makes a distinction between small and regular games of chance.

27 A promotional game of chance is considered small if the total value of the prizes is below 4,500 €, and if there are no additional costs of communication for the participants. Besides more common (consumer protective) requirements, such as a non-biased draw, a clear description of the prizes and non-misleading promotion of the game, the Code of Conduct emphasizes the protection of minors.[71] Promotional games of chance aimed at minors need to take the minor's expectations and limited ability to conceive and fully comprehend the games into account. Furthermore, the provider of the game needs to ensure that a minor who is younger than 16 years has parental consent to participate. This does not necessarily need to be shown during the promotion itself, but can be requested during the draw or prize award ceremony.

28 Regular games of chance have to comply with additional requirements. The Code of Conduct allows for only one regular game of chance per year, per product, service or organization. Furthermore, the game is restricted to a maximum of thirteen draws and a maximum value of 100,000 € (per year). Lastly, it should be pointed out that the Code of Conduct poses additional requirements to the

---

66 *Handelingen I*, 2007/08, nr. 25, p. 1040–1042.

67 ECJ 20 February 1979, C-120/78 (*Cassis de Dijon*).

68 Also see ECJ 8 September 2009, C-42/07 (Liga Portuguesa de Futebol Profissional and Bwin International Ltd.).

69 HR 18 februari 2005, LJN BT6689 (Ladbrokes).

70 The Code of Conduct for promotional games of chance (Gedragscode Promotionele Kansspelen) can be found in English on the website of the Dutch Ministery of Justice, http://english.justitie.nl (3 September 2012).

71 Under Dutch law, a minor is considered to be younger than 18 years.

competition rules or terms and conditions on e. g. the drawing process, the ways of participation and the complaints procedure.

Further to the Code of Conduct and the DGA, promotional games of chance are   29
generally also subject to aspects of the Dutch Data Protection Act[72], tax regulations on games of chance[73], the Dutch Unfair Commercial Practices Act[74], and in case of online games, the Dutch Distant Selling Act which sets certain additional information requirements.[75]

4.4 Conclusion and recent developments

Under the current Dutch regime, it is generally not allowed to operate a busi-   30
ness that revolves around gambling or other games of chances and is directed at Dutch consumers. The majority of the licences that are granted for the various games of chance are in the hands of government controlled bodies. Due to the particular discretion enjoyed by member states with regard to the regulation of gambling, the Dutch authorities are able to effectively prevent foreign gambling businesses from obtaining a licence and offering their services to Dutch consumers. Hence, gambling websites that are directed at Dutch consumers are running a particular risk of being ordered to stop their operations in the Netherlands.

Promotional games of chance are allowed by the Code of Conduct, though the   31
Code of Conduct does include some points of attention when offering promotional games in the Netherlands. For example, regular promotional games have a limit of one single regular game of chance per year, per product, service or organization. Hence, a specific promotion per product should be favored over a general promotion for the enterprise. In addition, further requirements for promotional games of chance are to be fulfilled in the case of games aimed at minors. These additional rules are especially important for the gaming industry (e. g. video games or casual games).[76]

Lastly, it is worth noting that the Dutch legislator took a different approach fol-   32
lowing the elections in 2010. As opposed to the current policy, which was mainly based on the various risks involved in gambling, a letter from the Dutch Minister of Justice indicated a clear shift from the risks to a policy that has a stronger emphasis on a "safe and responsible environment" in which citizens can enjoy games of chance.[77] The Minister expressed his intention to – inter alia – move away from the de facto monopoly imposed by the system of single licences and emphasized the value of a competitive market. The letter coincides with the forthcoming revision of the DCA and the recent institution of a gambling authority (Kansspelautoriteit) in April 2012, which now supervises the Dutch gambling

---

72   Dutch Data Protection Act (Wet bescherming persoonsgegevens).
73   Dutch Gambling Tax Act (Wet op de kansspelbelasting).
74   Article 3:305 d and 6:193 a–j DCC.
75   Article 3:15 d and 3:15 e DCC.
76   Casual games are typically played online in web browsers, although they now are starting to become popular on game consoles and mobile phones as well. See for more information: http://en.wikipedia.org/wiki/Casual_game (29 April 2013).
77   Letter from the Minister of Justice on the Dutch gambling policy, 19 March 2011 (Kamerstukken II 2010/11, 24 557, nr. 124).

market and grant the new licences. Though the Kansspelautoriteit has – *inter alia* – prioritized supervision on both gaming and promotional games of chance, it is at the same time reaching out to the industry and stakeholders to get their input on the upcoming change of the DCA. It is expected that the new legislation will introduce a system in which parties can obtain a licence to offer online gambling.

Chapter 17

The Law of Video and Computer Games in Spain

1. Copyrights in connection with computer games and its components

Video and computer games are protected under the Spanish legislation of co- *1*
pyrights provided they are an original creation. In particular, it is generally accepted that the images of the game and, in general, its appearance are protected as *audiovisual* works (Article 86 of the Spanish Copyright Act[1], the "SCA"),
whereas the software underlying the video game is protected as such, independently of or in combination with the audiovisual work, both within the remit
of copyrights[2].

An audiovisual work is described in Article 86 SCA as a set of related imag- *2*
es (animated or not, but with a certain sequential character forming a thematic
unit) that requires technical means to be perceived as opposed to direct perception such pictures or photographs. To be protected as such, the audiovisual work
has to be original, i.e. it must be the result of an independent creation process
and distinguishable from other existing works.

The copyright thus covers the audiovisual expression of the video game, including the overall appearance, the script and argument, texts, characters, dialogs,
and music (note that the sound is not a requirement for copyright audiovisual
works). It could be that these materials or components were not created specifically for the video games, e.g. the argument was set in a book by which the video game is inspired, or the music was a pre-existing work, etc. Such pre-existing works are protectable under copyright according to its specific content, but
the authorship to new audiovisual work will not correspond to authors of pre-existing works. However, their copyrights will affect the exploitation of the audiovisual work and the *ius standi* in enforcement proceedings. Obviously, the use
of pre-existing works requires the authorization of their respective owners and
right-holders.

The software underlying a video game is protected under specific copyright pro- *3*
visions (Article 95 *et seq.* SCA). The SCA describes software as a sequence of instructions or indications aimed to be used, directly or indirectly, in a computer-
ized system, regardless of the way of its expression. It is therefore the sequence,
the structure and organization of the software what is protected, and not the idea
or the principles underlying it[3]. In terms of copyright protection, the concept of
software comprises the preparatory documentation and written materials relat-
ed/referring to the software. Each subsequent version and derivative software is
also covered by the same specific copyright provisions.

---

1   Royal Legislative-Decree no. 1/1996, of 12 April.
2   *Bouza, A.* "La protección jurídica de los videojuegos". Ed. Marcial Pons. Madrid, 1997,
    p. 65–69, and *Pérez de Castro, N.* "Las obras audiovisuales. Panorámica Jurídica". Ed.
    Reus. Madrid. 2011, p. 27–28, and in *Bercovitz Rodríguez-Cano, R.* (ed) "Comentarios
    a la Ley de Propiedad Intelectual", Ed. Tecnos. Madrid, 2007, p. 1155–1157
3   In a somewhat strict ruling, the Ciudad Real Court of Appeals (Section 1) on 10 Febru-
    ary 2000 judgment no. 71/2000 (AC 2000\1338) established that only who has actually
    written or programmed is deemed to be the author, and not who merely gave the ide-
    as.

Generally the software is developed and published by companies which retain the property (rights of exploitation) and authorship. It is specifically provided that companies are considered authors of the software provided it was marketed under their own name (or trademark) and meets the requisites of a "collective work", i.e. created upon the company's initiative and coordination, and where the programmers' interventions are bundled together anonymously (Article 8 SCA). Otherwise, the company may always retain the ownership of the software created by the employee provided he was specifically (expressly or not) hired to develop computer programs and that the software was created during the employment.

The software can be also created on a work-for-hire basis or any other manner the parties may agree. The assignment of the copyrights is governed in all cases by the specific terms and conditions set forth in the corresponding contract and the applicable provisions of the SCA where the contract remains silent. For example, where the parties have not established the duration or the territory of the assignment, the SCA provides that it shall be limited to 5 years and to the Spanish territory (Article 43.2 SCA). It is a general principle that the assignment shall be construed restrictively. Thus, the scope will be restricted to the modalities of exploitation expressly assigned by the author and, in case of doubt, to what is substantial for the aim of the assignment contract (Article 43.2 SCA). As in other IP categories, an exclusive licence needs to be expressly granted. Otherwise it will be understood that the licence will be non-exclusive and non transferable (Article 50 SCA). In addition, unless stated to the contrary, an exclusive licence extends the exclusivity to third parties as well as the licensor, and permits to sub-license as well as assign of the exclusivity rights without consent from the licensor (however, this will trigger the joint liability of the assignor and the assignee *vis á vis* the licensor). The exclusive licensee is vested with the *ius standi* for enforcing the exclusive rights. Finally, the author always keeps a right to review the original licence fees where the earnings derived from the exploitation of the licensed rights are clearly disproportionate with such fees. This is expressly recognised by the Barcelona Court of Appeals of 21 January 2011 JUR\2012\198825 (and confirmed by the Supreme Court on 16 May 2012 JUR 2012\184518) in respect of a licence granted by a software company to a gambling company for the use of a gaming software in bingo vending machines.

4 Software ownership includes the exclusive rights of exploitation (only limited by moral rights of the author, if this is not the company as mentioned above[4]). These rights of exploitation are set forth – not exhaustively – in the SCA as the rights of, and the right to authorize, reproduction in total or in part, the modification, the reproduction of such modification and the distribution of copies including rental of the software. In case of sale (as opposed to a mere licence of reproduction for using the program), the exhaustion of rights[5] will not affect the owner's right to

---

4   Moral rights are not transferable pursuant to Spanish legislation. The author, as owner of moral rights, authorises *inter alia* the publication of the work and whether this has to be done under his name or alias, and decides whether the work has to be withdrawn from the market. Moral rights of employees participating in the creation of video and computer games are rarely enforced.

5   That applies to the copy of a computer program made available by means of a download from the copyright owner's website, see ECJ, 3 July 2012, C-128/11 (UsedSoft GmbH v Oracle International Corp.).

control rental, including non-profit rental (e.g. made by cultural, scientific or educational non-profit institutions).[6]

Copyright protection has a limited scope since not all unauthorized reproductions and usage can be prohibited by the author or the owner. For example, a security back-up copy necessary for the continued utilization of the software if the original was destroyed or lost does not need authorization (but of course it does for other uses, e.g. distribution through P2P, or even private copies, etc.). Additionally, observing, studying or testing of the software with the aim to establish the ideas and principles inherent to any of its elements (i.e., to become knowledgeable of the software or to make it run) is allowed for the user provided it is done during the authorized loading, visualizing, reproduction, transfer or storing of the software. In other uses of the software, for example modification (for trouble shooting), or decompilation (for interoperability with other software), the owner must comfort the user by providing technical support to allow continued use of the software. Otherwise, the owner may not oppose to such modification or decompilation[7].

In the gaming industry, the exploitation of video and computer games typically consists of selling copies, pay per game, pay per time of game, or free download (based on advertisement) of sponsored distribution models. Consumers are in most cases given a mere licence to use the game for playing purposes, which prohibits, as indicated above, any other use of the software that may imply further exploitation. 5

The duration of the copyright upon the work created collectively following the initiative, coordination and publication under the company's name is 70 years as of 1 January immediately following the agreed publication date or (in case of unauthorized publication) the creation date. 6

2. Trademark, personal rights and other protection rights

Video and computer games often include trademarks, references or pictures of celebrities, film themes or soundtracks and parts of films.[8] Regarding trademarks, there are many examples where these are used in the appearance of a game; the most common are sports video games that reproduce the images of a real playground in which the user can appreciate real-life sponsors' trademarks. 7

To this effect, the producer of a video game must take into account that trademarks, images of people and films are not available freely in the public domain,

---

6   *Aparicio Vaquero, Delgado Echevarría*, in R. Bercovitz (ed), "Comentarios a la Ley de Propiedad Intelectual", Ed. Tecnos. Madrid, 2007, p. 1357–1358. See Article 4 of Directive (EC) 24/2009 of 23 April 2009, OJ 2009 no. L111/16 of 5 May 2009, (Directive on Computer Programs) implemented in article 99 SCA.
7   The limits to the exploitation rights are implemented in Section 100 SCA, based on the Directive on Computer Programs.
8   For example, the video games produced by EA games "The Lord of the Rights: The two towels" and "The Return of the King". In both video games images of the films from Peter Jackson and the soundtrack of the films are used.

but covered by a range of different rights. Further, a video game is protected by copyrights[9] and can additionally be protected by other rights such as trademark rights or unfair competition.

8   Trademarks that appear in a video game do not in all cases necessarily amount to a trademark usage and therefore may not imply a trademark infringement (Article 37 Spanish Trademark Act 17/2001). It may, however, amount to unfair competition if this use takes undue advantage of the trademark's market recognition.

The title of a computer or video game is protected by copyright as part of the computer or video game itself (Article 10.2 SCA), but it can also be protected as a trademark. Trademarks used in connection with computer games are protected under the Spanish legislation of trademarks if they prove to be distinctive and do not fall within the absolute grounds of refusal (for instance, by leading to error to consumers). Trademarks are therefore an additional way to protect copyright protected works of software, and provide exclusive rights on the utilization of the trademark for the products and services listed in the registration.

9   The use of film themes and clips requires the authorization of the respective right-holder. Otherwise, the use can be covered by the parody exception, provided such use does not imply a risk of confusion with the original work and neither the original work nor the author are somehow harmed by the parody. It seems difficult to defend that a parody implies a reputational damage to the author unless defamatory, false or malicious statements are found in the parody (far beyond the mere humoristic criticism which the author has to assume)[10]. In the Judgment of the Madrid Court of Appeal of 2 February 2000 (AC\2000\848), the Court established that a modified version of a song used as a TV program tune to parody famous people did not damage the reputation of the author, as the parody was not directed neither to the song nor to its author.

The parody exception is interpreted restrictively as it constitutes a limitation of a right. In regard to the restrictive interpretation of the parody exception, the Judgment of the Barcelona Court of Appeal of 28 May 2003 in Core Design Limited v. Ediciones Zeta, S.A. (case "Lara Croft"), established that the publication of the naked and semi-naked character named "Lara Croft" of the video game "Tomb Raider" and its association with a naked model infringed the copyrights of Core Design Limited and could not be backed by the parody exception.[11]

10   Other rights in the components of a video game, particularly the characters, are the privacy and publicity rights in the use of the model's likeness (name, image or voice). Privacy and publicity rights reflect separate and distinct interests from copyright interests. While copyright protects the copyright holder's property rights in the work or intellectual creation, privacy and publicity rights protect

---

9   See section above.

10   R. Bercovitz (ed), "Comentarios a la Ley de Propiedad Intelectual", Ed. Tecnos. Madrid, 2007.

11   Ediciones Zeta, editor of the magazine "Interview" in which the character was reproduced, was declared to infringe rights of exploitation (Article 17 SCA), in particular illegal reproduction (Article 18 SCA), public availability (Article 20) and modification (Article 21). Furthermore, the ruling considered that a sexualized use of the character affected the work, as it was originally devised for children and teenagers. Therefore, it established infringement of moral rights resulting in an award of damages of 60,000 €.

the interests of the person(s) who may be the subject(s) of the work or intellectual creation. The privacy and publicity rights are regulated under the Spanish Privacy Law 5/1982.[12]

There is not much case law in Spain regarding the protection of individuals in video games. A reported case dealt with a computer game whose argument was to shoot penitents and icons pertaining to Christian brotherhoods of the city of Seville (Spain), the "Matanza Cofrade" case. The case was initially brought in 2002 by three brotherhoods to the Criminal Court of Utrera (Seville) on grounds of crimes against freedom of religion and intellectual property infringement (as the icons were registered trademarks), but it finally was settled as the creator regretted it publicly and the brotherhoods considered this was sufficient. In another recent case of 2010 – not judicial, though – a Spanish political party launched a computer game in which the player-candidate was rewarded for shooting what the game called "illegal immigrants". After a public scandal it was withdrawn from the party's web portal.

The protection of personal rights in video and computer games is similar to TV programs. The jurisprudence is clear in that the authorization of the person is necessary; otherwise the use of an individual's image (or a transformed image from which the individual can be identified) infringes privacy rights. The content of the consent is to be interpreted in a restrictive way as it is limiting personal rights. The Judgement from the Court of Appeals of Cádiz 83/2005, 22-VI-2005 [JUR\2005\229790] deals with the use of the image of a famous singer in video recording. Even if the singer had authorised the use of his image by a producer for a TV program, it exercised an action against the same for marketing video recordings without his consent and for using his image in the video recording cases. This doctrine could equally be applied to video games, to the effect that authorisations to use images or other features of personality are to be strictly construed, i. e. any uses not expressly mentioned in or clearly derived from the authorisation will not be covered.

3. Patentability of the Game Engine

It has been long discussed in the European *fora* whether software can be protectable by means of patents[13]. The Spanish Patent Act[14] ("SPA") is in line with the rest of the European Members as it expressly provides that software as such is excluded from patentability. However, it is remarked that if the software is a part of a patent or a utility model it will be covered by the protection afforded to the patent/utility model. The apparent contradiction of these two pieces of law may be resolved according to Section 2.3.6. "Programs for computers" of Part C of the Guidelines for Examination of the European Patent Office, "*while 'programs for computers' are included among the items listed in Art. 52(2)* [list of items excluded from patentability], *if the claimed subject-matter has a technical character it is not excluded from patentability by the provisions of Art. 52(2) and (3)*". In

11

---

12   Organic Act no. 1/1982 of 5 May, regarding civil protection of honour, personal and familiar privacy and personal image.
13   See chapter on "Patentability of Computer Games".
14   Act no. 11/1986, of 20 March regarding Patents.

the same part of the Guidelines for Examination of the EPO, it is envisaged that *"A further technical effect which lends technical character to a computer program may be found e.g. in the control of an industrial process or in processing data which represent physical entities or in the internal functioning of the computer itself or its interfaces under the influence of the program and could, for example, affect the efficiency or security of a process, the management of computer resources required or the rate of data transfer in a communication link"*. This solution is applied by the Spanish Patent Office, as derived from its own examination guidelines (Part E, *Computer Programs* p. 130–134), and can be read as if the game engine is able to produce an additional technical effect (beyond those intrinsic to the mere functioning of a software i.e. electronic circuits), and that being part of a process where other elements (a special hardware, for instance) are involved, it may be the subject of a patent.

4. In-game advertising and other forms of innovative promotion

12 Computer games are an attractive field for advertising because they create new marketing opportunities. As it often happens with innovative sectors, the current laws do not provide a specific regulation regarding in-game advertising or other forms of advertising in the game industry. There are a few rules regarding interactive advertising in the Act 34/2002 on Information Society Services and Electronic Commerce. These rules apply to most new methods and practice of advertising and electronic commerce, as well as other means that may involve interactive relations between sellers and consumers.

This regulation is complemented by other relevant provisions, such as the Act 15/1999 on Personal Data Protection ("Data Protection Act") and Royal Decree 1720/2007 approving Data Protection Act implementing regulation.

The in-game advertising, the *advergaming* and the product placement shall comply with the general advertising regulation (Act 34/1988) and the Act 3/1991, on Unfair Competition[15]. Any advertisement that may appear in, or consist of, a game or computer game shall observe this regulation, with special consideration to Articles 3, 4 and 5 of Act 34/1988, which regulate: (i) unlawful advertising (e.g.: contrary to the privacy rights of individuals or to other constitutional rights; advertising addressed to children that incites them to purchase goods or services by taking advantage of their inexperience, which may play a relevant role in *advergaming*, where the game is entirely devoted to the advertised product; etc.); (ii) subliminal advertising (that cannot be consciously perceived by the public); (iii) advertising about specific goods/services (medicines or healthcare products,

---

15 Act 3/1991, of January 10, on Unfair Competition. This Act has been recently amended by the Act 29/2009, of 30 December.

alcoholic beverages, gambling, etc. shall fulfil the requirements that may be imposed by specific rules).[16]

Advertising in the gaming industry is much self-regulated by codes of conduct. **13** The video and computer games advertising and promotion regulations are complemented by the Interactive Software Federation of Europe ("ISFE") Code of Conduct of 1 April 2003, that has created the Pan European Game Information ("PEGI"). The rules provided by these instruments, which primarily consist in a self-evaluation of the contents, age labelling and advertising of video and computer games, were subscribed by the Spanish Association of Distributors and Editors of Entertainment Software[17] ("ADESE") on 3 June 2003, with validity as of 1 September 2003, and promoted by the Spanish Consumer Administration and the ombudsman (minors) of the Madrid Autonomous Region. The ADESE has adopted, along with the Asociación para la Autorregulación de la Comunicación Comercial ("AUTOCONTROL") – the Spanish advertising self-regulation organization, similar to those existing in other EU countries –, the Guidelines of Good Practices for the Advertising of Interactive Software (*"Directrices de buenas practicas en la publicidad de productos de software interactivo"*), applicable to all members of ADESE and those distributors and creators which expressly decide to be bound by these Guidelines. The Guidelines constitute the basic Code of Conduct for the advertisement of video and computer games within the Spanish jurisdiction and establish the principles of advertising and promotion, the criteria for age labelling, channels of advertising, etc. Pursuant to an agreement between ADESE and AUTOCONTROL, signed in 2005, all controversies in regard to advertisement and promotion of video and computer games subject to the Guidelines are to be submitted, prior to any court or tribunal, to an out-of-court dispute settlement system before the "Jurado de la Publicidad", sitting as "Complaints Committee". It also provides for a pre-launch copy advice system, by which AUTOCONTROL will examine the proposed advertisement as to whether it complies with the Guidelines. The result of this advice is appealable to the Complaints Committee, and the submitting member will be bound by its final decision.

---

16 Other than codes of conduct, there are no specific *legal* provisions that regulate in-game advertising under Spanish law. Game publishers may, however, need to consider legal issues around product placement, which is regulated by the Act 7/2010 on Media Communications. Article 17 of this Act 7/2010 (*"The right to place products"*) provides that media producers are entitled to place products in feature films, shorts, documentaries, films and TV series, sport programs and entertainment shows. Notably, the placement shall not directly incite the purchasing or hiring of goods and services. Also, the placement shall not make specific promotion of any good, or confer an improper relevance to the product. Finally, product placement is strictly banned on children's programs. It could be argued that the Act 7/2010 does not apply to games, since they are not included in its scope of protection. Article 2 (Definitions) lists the range of services or activities under the scope of this Act: TV programs, films, shows, radio programs, etc. However, there is at least a risk that the Act 7/2010 could be held applicable by way of analogy to video and computer games.

17 ADESE allegedly represents 90 % of the Spanish Industry. Video and computer games companies like EA, Warner Bros, Sega, Sony, Ubisoft, Nintendo, Bandai Namco, Microsoft, etc. are associates. See http://www.adese.es/.

5. User profiling and data protection. Spam and other forms of illegal commercial harassment

14 Some of the game interactive advertising, such as *advergaming*, may create further links between the companies and players by which personal data are involved (for instance, where the player is requested to fill personal data forms to record game results, so they become target of future advertising campaigns or commercial offers).

The Spanish Data Protection Act applies to all processed personal data (Article 1). This Act applies thus to any personal data collection managed by any natural or legal person, with the exceptions stated in Article 2.2 (private files run by natural persons, files under confidential protection measures, files including terrorism investigation or criminal organizations data).

There are no specific provisions with regard to computer or video games although the Data Protection Act has been conceived broadly so as to cover all situations where personal data can be processed.

Therefore, any recorded personal data shall fulfil the requirements established by this Act. Further, there are specific provisions in order to protect the data right-holders (Articles 5 and 6), so their consent is required and they must have complete information about the data destination and purposes of the persons/entities collecting them.

The *spam* is expressly forbidden by Article 21 of the Act 34/2002 on Information Society Services and Electronic Commerce. Pursuant to this Article, it is forbidden to send promotional or advertising communications by e-mail or any other equivalent means, unless they have been requested by the addressee/user or they have been expressly authorized. However, it is not necessary to have this consent when the communication is preceded by a commercial relationship and if the advertisement relates to goods or services similar to those that have been initially purchased or hired by the user.

6. Community formation in connection with games – web 2.0 – commercialization of communities

15 The traditional market of video and computer games has a strong presence among consumers. However, there is a dynamically growing range of interactive and on-line game modalities, where players located in any place can arrange multi-player games with or against each other, and participate to some extent in the development, amendment or improvement of such games, purchase virtual goods or services, etc.

Despite this fundamental trend, in Spain there are no specific regulations in this regard, and any controversy that may arise in connection therewith shall be solved by applying the general regulations on advertising, information society, unfair competition, data protection, etc. It is thus necessary to adapt the existing law to the particular challenges that these phenomena may involve.

Additionally to the Act 34/1988 on Advertising, the Act 34/2002 on Information   *16* Society Services and Electronic Commerce[18] appears to be highly relevant under this scenario.

The Act 34/2002 shall apply where the services provider is located in Spain. Further, it will also apply where the services are specifically addressed to the Spanish territory (there are some indicia that allow to assert that a service is addressed to the Spanish market: language, servers hosted in Spain, use of ".es" domain names, offices or agents based in Spain, etc.)[19].

Also, every website offering services or goods shall include in a visible place of the webpage the terms and conditions of use that contain the rights and obligations for the users in a clear and understandable language. It is necessary that the user/consumer expressly accepts these conditions. With relation to this obligation, the Royal Decree 1720/2007[20] (Article 13), requires that minors under 14 need their legal representative's consent if they wish to provide any personal data This provision shall be borne in mind when drafting the terms and conditions of use.

Regarding privacy issues, the Spanish Data Protection Act shall apply to every   *17* personal data that may be collected by the services provider or any other person with regard to electronic commerce, data exchange or any other online activity.

The *Study on the personal data privacy and security of the information in the online social networks* lists a series of data protection risks that can affect users in the several phases of profile settings. This document remarks the importance for the users to value the relevance of the data to be made available online, given that they can refer to basic information (name, address, telephone, etc.) but also to sensitive details such as politics, sexual life, incomes, etc. In addition, the Study also points out that legal notices used by online communities or social networks are sometimes written in a way that is hard to understand for the users. Such notices do not fulfil the main purpose of a legal notice (to allow users to understand the content, purpose and deadline for which the personal data are collected).

Further, there are three critical stages with regard to personal data protection in relation with online communities or social networks:

---

18 Pursuant to its Preamble, this Act takes a broad concept of *information society services* that covers, apart from the purchasing and hiring of goods and services electronically, the information providing through this channel, data transfer, downloading of video/audio files, etc.

19 These indicia are reflected in a useful guide called *Study on the personal data privacy and security of the information in the online social networks* that has been published by the Spanish National Institute of Communications Technologies (www.inteco.es) in cooperation with the Spanish Data Protection Agency (www.agpd.es).

20 Royal Decree 1720/2007, of 21 December, that approves the Development Regulation of the Data Protection Act.

1. Initial stage of user profile registration. This refers to the moment in which the user provides necessary personal information to be able to operate in the specific site. In this moment, the main risks for the personal data would be: (a) that the data requested are excessive – even if they are not mandatory. In this regard, it is necessary to bear in mind the content of Article 7 of the Data Protection Act, providing that if the data to be collected refer to sexual life, health or race, it is necessary that the users give their express consent (the express consent shall be also in writing if the information relates to religion, ideology or belief); (b) that the publicity of the user's profile is rather high, which is something common (the networks usually have a very poor default data protection for their profiles); (c) that the purpose of the data collection is not specified accurately.

2. Intermediate stage, in which the user develops the activity within the network, using the services and tools made available therein. The main risks here are: (a) overload of personal information published, including the possibility that the users also publish third parties' personal information[21]; (b) installation of cookies or beacons without the users' consent; (c) use of false identity, which is actually described as a crime in the Criminal Code.

3. Finally, there are several risks when the user intends to cancel the service: (a) impossibility of cancelling the service – sometimes, even though the users have requested the cancellation of the service pursuant to its privacy policies, they cannot drop off accurately, and some personal data remain at disposal of the network managers; (b) the network managers keep the users' data for subsequent use, in particular in order to create user profiles which enable personalized online advertising.

7. Trading with virtual objects

18 The Act 34/2002 on Information Society Services and Electronic Commerce makes no distinction between virtual and physical objects, so the provisions contained in Articles 22 to 29 apply to the market of goods and services of any nature.

The definition of "electronic agreement" contained in Annex *h* of said Act is wide enough so as to cover, in fact, any agreement made by any electronic/telematic means (e-mail, Internet, facsimile, phone, etc.).

The Act 34/2002 includes several obligations to perform prior to any electronic purchase agreement. Pursuant to Article 27, the service provider (in this case the seller) shall make available to the consumers, in a clear, free and easy way, complete information as to: (i) the different steps to be followed in order to perform the agreement; (ii) whether the provider shall record the electronic document of the agreement; (iii) the electronic means made available to the consumer to identify and amend any mistakes regarding the data provided; (iv) the language/s that may be used to perform the agreement. Article 28 states the contents of the information that the services provider shall give to the user once the

---

21   In this regard, the Spanish Data Protection Agency has sanctioned the collection and publication of pictures referred to third parties without their consent (Decision no. PS/00117/2008).

agreement has been executed: (i) acknowledge receipt within 24 hours following the acceptance; (ii) confirmation of the received acceptance in a format the consumer could keep.

As any other electronic deal, the purchase of virtual objects or services faces the same troubles as operations regarding real objects: the validity of the document proving the transaction in a legal proceeding or the proof of the consent e.g. *click-wrap* agreements or downloads[22], which are in general deemed as valid elements to accredit the buyer's consent.

Special reference is the place in which the agreement is deemed to be made. Article 29 of Act 34/2002 presumes that the agreement was concluded in the territory where the consumer has his usual domicile. Otherwise, should the agreement have been entered into between professionals or businessmen, it is presumed that it has been made in the place where the service provider is settled.

8. Special reference to online gambling in Spain

Currently, there is a dynamically growing activity with regard to online gambling targeting the Spanish market (sport betting, bingo and casino games, etc.).   19

Except for the bets run by the State, however, online gambling has been forbidden until very recently in Spain. Historically, the Spanish authorities has not prevented companies located in European countries from offering online gambling services to the Spanish market, if they are permitted to do so in their respective countries, probably due to the European principle of free movement of services, and in contrast to the Judgment of the European Court of Justice (Grand Chamber) of 8 September 2010 Case C46/08 *Carmen Media Group Ltd v Land Schleswig-Holstein and Innenminister des Landes Schleswig-Holstein*[23].

A special characteristic in Spain is that gambling competences have been transferred to the Autonomous Communities that can regulate these activities within their territories.[24] Thus, competences of the central government shall be reduced to the cases of national gambling (such as online gambling and bets).

The Spanish Government has become aware of the importance to guarantee the   20
rights to consumers and to regulate these activities. Also, it is aware of the benefits it could obtain by regulating this activity (tax incomes). For this purpose, it has been recently approved the new Gambling Act (Act 13/2011, of 27 May

---

22 *Llaneza González, P.,* "Aplicación práctica de la LSSI-CE" Ed. Bosch, Barcelona 2003.
23 This ruling has been commented by Spanish legal writers extensively and inspired confidence and joy of the Spanish gambling lobby. As we will see below, the new Spanish Gambling Act seems to be consistent with the ruling in terms of the measures to avoid harmful effects from gambling out of the government monopoly, and the need for foreign companies to validate according to Spanish regulation their national authorisations to operate in the gambling market.
24 The Autonomous Parliament of Madrid passed the Decree 106/2006, of 30 November that approves the Betting Regulation of the Autonomous Community of Madrid. This Decree regulates online sports or competition betting. The companies running this activity are accredited before Madrid government authorities and have tax address in Madrid among other requirements.

2011, on Gambling Regulation), and the first licences have been provisionally granted to a number of online gambling companies, legally operating in Spain as of June 2012.

This new Gambling Act recognises the necessity to open the already existing State monopoly, but always by taking measures to guarantee public interests, avoid crime and protect users and consumers from fraud and other harmful effects. This monitoring function will remain under public control, through the constitution of a National Game Commission, which will be in charge of granting authorisations to the companies that intend to run gambling activities in Spain (Articles 20 *et seq.*).

Consequently, these companies shall need to fulfil the requirements provided in this act and also to obtain an authorisation in order to carry out gambling activities in Spain, even though they are located within the Economic European Area (Article 9.4). In this regard, it is also provided that the Commission shall determine the procedure to validate authorisations obtained by online gambling companies in any of the EEA member states.

In connection with the guarantees provided to make gambling safer for consumers, Article 15 states that consumers are entitled to enforce their personal data protection according to the Data Protection Act, as well as to know the identity of the gambling operator or the staff interacting with them for that purpose. On the other hand, gambling operators shall fulfil the requirements on data protection provided by Spanish law.

Finally, one of the main goals that this Act intends to achieve is the implementation of a tax system for an activity that creates a great income for its operators; and that is why the Act is completed by the creation of a new tax to be paid by the owners of gambling or betting activities.

Chapter 18

The Law of Video and Computer Games in Sweden

1. Copyright in connection with computer games and its components

Under Section 1 of the Swedish Copyright Act (SFS 1960:729) (the "Copyright   1
Act"), anyone who has created a literary or artistic work shall have copyright in
that work. Section 1 of the Copyright Act lists a number of categories of works
which may constitute a literary or artistic work, providing for the following categories: fictional or descriptive representations in writing or speech, computer
programs, musical or dramatic works, cinematographic works, photographic
works or other works of fine arts, and works of architecture or applied art.

The preparatory works to the Copyright Act clarify that the categories of works
in Section 1 serve as examples on works that may be subject to copyright protection under the Copyright Act. Accordingly, Section 1 further states that "a work
expressed in some other manner" can also be a literary or artistic work.

1.1 Categorization of video and computer games under Swedish law

The rapid development of video and computer games in Sweden and elsewhere   2
has brought with it problems of categorizing the products as a whole. In some jurisdictions, the products may be regarded as a cinematographic work, in others
as compilations, and in others again as falling under both headings, or as a computer program.

A computer or video game contains different elements which may enjoy copyright protection under different categories in Section 1 of the Copyright Act.
Swedish law is unsettled in this area. Arguably, it currently entails that the different elements which are part of and underlay a computer program are protected as different categories of works. The images that appear on the computer screen when playing a computer game are essentially of artistic nature, as
they create an illusion of an environment and characters similar to those in feature film or animated film.[1] Thus, protection for these images as cinematographic works seems appropriate, or at least as a "work expressed in some other manner" (c.f. above). In addition, many of today's modern video and computer games
contain real actors or animated film sequences that ought to be defined as cinematographic works under the Copyright Act. Moreover, the images in the video and computer games are often accompanied by music or other sounds which
may be entitled to copyright protection as musical works (in addition to the mas-
ter recordings embodying such works being protected by neighbouring rights).
Furthermore, the software controlling the games is categorized and protected as
computer programs.

The issue of categorization is not only of theoretical significance. The author's   3
exclusive right to his or her work is subjected to limitations (e. g. the right to private copying), which vary for different categories of works and different kinds
of exploitations (e. g., private copying is allowed for all works except computer
programs). Moreover, with respect to technical measures and anti-circumven-

---

1   *Nordell*, Ur svensk rättspraxis, Nordiskt Immateriellt Rättsskydd 2001, p. 319.

tion provisions, different regimes apply to computer games vis-à-vis other works (in brief, the provisions which apply to computer games are less strict than those which apply to other forms of works; Sections 52 c–e versus Section 57 a of the Copyright Act). There have been only two court decisions relating to this subject: one decision that is more than ten years old and arguably obsolete, and one more recent decision that confirms the theory of obsolescence but is made by the Market Court which does not handle copyright issues.

1.2 The Supreme Court Case NJA 2000 s. 580 (Super Mario World)

4 In a Swedish Supreme Court case from 2000, the Supreme Court dealt with the question whether Nintendo's 8 and 16 mega byte video game "Super Mario World" could be entitled to copyright protection both as a cinematographic work and as a computer program.[2]

In its judgment, the Supreme Court turned to the preparatory works to find a definition for cinematographic works. The preparatory works defined a film as "images in motion". The Supreme Court further found that what the legislator had in mind when defining cinematographic works was primarily an artistic or descriptive film which was a result of a recording manoeuvre. However, not any film would reach the "status" of a cinematographic work; only films representing an independent and creative effort were considered cinematographic works by the legislator. The Supreme Court observed that technical developments have set the concept of a cinematographic work, as it is described in the fairly old preparatory works, in a new light. After making this observation, the Court concluded that in asserting whether a work is a cinematographic work or not, the work's medium and technique are irrelevant. The Supreme Court then stated the following with respect to the Nintendo video games in question: The games contain images in motion as well as sound, brought about by a computer program. In the starting position, the images' motions have no independent significance; they are repeated in a monotonous manner until the player gives them a meaning as per his or her directive. Thus, it is the player who decides how the series of moving images will turn out, albeit within a pre-programmed frame, and this varies from playing session to playing session. Without playing the games, they appear meaningless. The Supreme Court found that unlike the typical cinematographic works, video games are not a result of such recording manoeuvre described in the preparatory works. Moreover, the video games are sold in mass circulation in the general commerce. Thus, the specific protection aspects that have warranted special rules for films are not valid with the same strength with respect to video games.

5 Based primarily on the above (as it appears, albeit the additional considerations given below), the Supreme Court concluded that video games differ from films, both with respect to character and use and held that the Nintendo 8 and 16 megabyte video games could not receive copyright protection as cinematographic works. The Supreme Court found that the Nintendo video games were protected as computer programs only. The decision and reasoning as set forth above may be questioned. It is based on the apprehension that the Nintendo 8 and

---

2 The Supreme Court on 22 November 2000, case no. B 4402-97.

16 megabyte video games cannot be considered cinematographic works, because the user of the video game could influence the pattern of movement on the screen.[3] However, such definition exists neither in the Copyright Act, nor in the preparatory works. Traditionally, film has instead been categorized by the technical filming technique. Since then, the preparatory works and the doctrine have expressed a presumption that films should also include cinematographic works.

The Supreme Court presented three other reasons for not considering the video games as cinematographic works. Namely, the recording activity, the games being sold in mass circulation in the general commerce and that the pictures appearing on the screen flow from the underlying computer program.[4] However, how a film is produced or distributed or whether it appears as an outflow of an underlying computer program has nothing to do with the attribute of a cinematographic work.[5]

1.3 The Market Court Case 2011:29 (The Sony Case)

In a Swedish Market Court case from 2011,[6] Sony was granted an injunction   6
against three resellers of so called "jailbreak" devices. These devices circumvented the technical protection measures (e. g. copy protection) applied by Sony to its PlayStation 3 video game console and to the PlayStation 3 video games. The circumvention of these technical protection measures enabled the jailbreak user to play pirated video games on the console.

The Market Court is a specialized court that handles cases related to inter alia   7
the Swedish Marketing Act (SFS 2008:486) (the "SMA") and the proceedings concerned the issue of unfair marketing and not directly the issue of copyright infringement or the legality of the devices per se. However, Swedish marketing legislation includes the Conflict of Law Principle; marketing which is in breach of any other law always constitutes unfair marketing, i. e. is also in breach of the SMA.[7]

Sony claimed that the devices had no lawful area of use and asserted various laws which prohibited the handling and marketing of such products. Since the handling and marketing of the devices were illegal according to these other laws, the marketing was also in breach of the SMA in accordance with the Conflict of Law Principle, Sony claimed.

In order to examine the main issue relating to the marketing of the devices, the   8
Market Court first had to examine whether the devices had any lawful areas of use or not. One of the elements in this examination was to establish if the video games enjoyed copyright protection at all, copyright that was infringed by the use of the devices. In its examination, the Market Court stated that the PlayStation 3 video games were different from the Super Mario World video game examined by the Supreme Court since the PlayStation 3 video games included independent film clips in the form of pre-recorded sequences of moving images

---

3   *Nordell,* Ur svensk rättspraxis, Nordiskt Immateriellt Rättsskydd 2001, p. 321.
4   *Nordell,* Ur svensk rättspraxis, Nordiskt Immateriellt Rättsskydd 2001, p. 321.
5   *Nordell,* Ur svensk rättspraxis, Nordiskt Immateriellt Rättsskydd 2001, p. 321.
6   The Market Court on 29 November 2011, Case no. 2011:29.
7   See e. g. the preparatory works to the SMA 2007/08:115, p. 70.

with sound, i.e. sequences that do not vary from session to session depending on the player's commands. The Market Court found that the PlayStation 3 video games presented in the case[8] enjoyed copyright protection in any event as cinematographic works and as computer programs.

1.4 Conclusions and comments

9 The outcome of the Supreme Court Case may likely be explained by the Supreme Court wanting to, for pragmatic reasons, avoid video games and other similar products to be excluded from the principle of exhaustion.[9] Section 19 of the Copyright Act reads: *"When a copy of a work has been transferred, with the consent of its author, within the European Economic Area, that copy may be further distributed without the author's consent."* Thus, as soon as a computer program has been transferred to the public (i.e. made available to the public), the exclusive right for the author to distribute a work becomes exhausted. However, at the time of the judgment the principle of exhaustion did not apply to the distribution of cinematographic works that have been made public. Before 1 July 2005, the principle of exhaustion only applied to literary works (to which computer programs belong), musical works and artworks. For cinematographic works, the author's exclusive right to distribute a work was unlimited. Thus, as opposed to copies of computer programs, a copy of a film that had been released could not be further distributed without the author's consent. The same would then also apply to video and computer games, should they be classified as cinematographic works, which may not have been intended (or even considered) by the legislator.

More importantly, it should be kept in mind that this judgment is more than ten years old and concerns Nintendo's 8 and 16 megabyte video game "Super Mario World". The structure, contents and visual layout and element of games distributed ten years ago are very simple compared to the elements of a modern video game of today. Unlike Nintendo's 8 and 16 megabyte Super Mario World, the video and computer games of today contain considerably more complex computer graphics in the user interface. Also, in many cases animated film and/or film sequences recorded with real actors are incorporated in the game. These elements should arguably, and in line with the Market Court's findings in the Sony case, be protected as cinematographic works; especially the stand-alone sequences of animated and real films. A modern user-interface should, if not protected as a cinematographic work, at least be protected as a work "expressed in [some other] manner" (c.f. above and Section 1 Item 7 of the Copyright Act). It shall also be emphasized that the Supreme Court did not deal with the question of whether Section 1 Item 7 was applicable to the visual elements of "Super Mario World".

10 A recent decision from the European Court of Justice (the "ECJ")[10] states that the computer program's graphical user interface can enjoy independent protection as a work in accordance with the Information Society Directive[11] while the

---

8   The video games presented in the case were "Heavy Rain" and "EyePet".
9   *Nordell,* Ur svensk rättspraxis, Nordiskt Immateriellt Rättsskydd 2001, p. 321.
10   ECJ, 22 December 2010, C-393/09 (Bezpečnostní softwarová asociace — Svaz softwarové ochrany v Ministerstvo kultury).
11   Directive (EC) 29/2001 of 22 May 2001, OJ 2001 no. L167/10 of 22 June 2001.

computer program is protected under the Computer Programs Directive[12]. Accordingly, it could be argued that the graphical user interface in video games but also the cinematographic and musical works incorporated in video games enjoy copyright protection as other categories of works parallel to the copyright that subsists in the computer program.

With respect to computer programs, the protection should be limited to the program code and the preparatory design materials.[13] A computer program, categorized in copyright law as a literary work, is usually defined as a series of instructions which make the processor work. Since the result of the program code being executed, i. e. the images that appear on the screen, are of an artistic nature their protection should be considered under the copyright principles applicable on these types of expressions (i. e. cinematographic works or "works expressed in some other manner").

11

2. Unauthorized gambling

2.1 Summary of the Swedish gambling monopoly and recent case law

Lotteries are subject to national regulations within the EU. The ECJ has passed several judgements in the matter of lotteries and established that the EU legislation allows member states – under certain specified conditions – to apply special legislation in the field of lotteries.[14] The agreement of the Swedish Lotteries Act (SFS 1994:1000) with EC law has subsequently been questioned in Swedish courts, with the result that Swedish legislation has been considered to be in conformity with the requirements of EC law.[15] Also the Swedish Inquiry on Gambling commissioned by the Swedish Government came to this conclusion in a report from 2008.[16]

12

As in many other countries, the regulations placed onto the Swedish gambling and lottery market are a result of the view that lotteries, i. e. money gambling, can lead to problems for the individual, as well as for the general public. As part of the measures taken as a result of this view, the Swedish parliament has limited the number of actors allowed in the Swedish gambling and lottery market. In principle, commercial actors are excluded, apart from a certain level of en-

---

12 Directive (EC) 24/2009 of 23 April 2009, OJ 2009 no. L111/16 of 5 May 2009.
13 This view has recently been confirmed by C-406/10 Judgment of the Court of 2 May 2012, *SAS Institute Inc. v World Programming Ltd.*
14 See for example C-275/92 Judgment of the Court of 24 March 1994, Her Majesty's Customs and Excise v *Gerhart Schindler* and *Jörg Schindler*; C-124/97 Judgment of the Court of 21 September 1999, *Markku Juhani Läärä*, Cotswold Microsystems Ltd and Oy Transatlantic Software Ltd v Kihlakunnansyyttäjä (Jyväskylä) and Suomen valtio (Finnish State); C- 67/98 Judgment of the Court of 21 October 1999, Questore di Verona v *Diego Zenatti*; and C-243/01 Judgment of the Court of 6 November 2003, Criminal proceedings against Piergiorgio Gambelli and Others.
15 See for example the Swedish Supreme Administrative Court on 26 October 2004 in Case no. 5819-01 (RÅ 2004 ref. 95) and the Swedish Supreme Administrative Court on 23 May 2007 in Case no. 4048-06 (RÅ 2007 not 72).
16 SOU 2008:124.

tertainment gambling which may be carried out by private actors, *i. e.* gaming with low-value bets and low-value prizes. The profit from lotteries and gambling must, in principle, be used for the public benefit.[17]

13 The ECJ has quite recently ruled that the EC Treaty does not preclude Swedish legislation to prohibit advertising to Swedish residents of gambling organised for the purposes of profit by private operators in other Member States.[18] The ruling came in a case where the Swedish Government was arguing against the editors and publishers of Swedish newspapers *Expressen* and *Aftonbladet*, due to their advertisements for online sports betting organised by private operators in other Member States. However, the ECJ also ruled that the EC Treaty does preclude Swedish legislation according to which the promotion of gambling organised in another Member State is subject to stricter penalties than the promotion of gambling operated on national territory without a licence; the Supreme Court found that this was indeed the case with the relevant provisions of the Lotteries Act, why the defendants were acquitted.[19]

14 In two other recent cases, the Supreme Court held that gaming machines located in Sweden but linked to servers located outside Sweden (i. e. the games being operated from abroad), are also covered by the Lotteries Act why they are illegal without a licence.[20]

2.2 The Gaming Board's strict definition of "lottery"

15 The Lotteries Act establishes the general regulation of all lottery operations in Sweden. The Lotteries Act applies to lotteries arranged for the public and is supervised by The National Gaming Board (the "NGB").

The Lotteries Act is based on the principle that a permit is required from the NGB in order to arrange such lotteries and games which fall under the Lotteries Act's definition of a lottery.[21] It is important however, to note that the definition of lottery in the Lotteries Act reaches beyond the generally expected definition of lottery as a game where the outcome is "purely" depending on chance. When assessing whether an activity constitutes a lottery, the *general nature* of the activity shall be taken into account and not only the greater or lesser degree of chance present in the individual case.

2.2.1 Games that constitute a lottery

16 The definition of "lottery" in the Lotteries Act comprises, *inter alia*, drawing of lots, guessing, betting, bingo games, gaming machines, roulette games, dice games and card games. Whether a stake has to be paid or not is of no importance when deciding if an activity is to be defined as a lottery.

---

17 The principal actors on the Swedish gambling and lottery market are AB Svenska Spel (Svenska Spel), AB Trav och Galopp (ATG) and public benefit organisations.

18 Joined cases C-447/08 and C-448/08, Judgment of the Court (Fourth Chamber) of 8 July 2010; *Criminal proceedings against Otto Sjöberg (C-447/08) and Anders Gerdin* (C-448/08); References for a preliminary ruling: Svea hovrätt – Sweden.

19 The Supreme Court on 21 December 2012, Case no. B 3559-11.

20 The Supreme Court on 16 December 2011, Case no. B 2350-10 and B 5881-09.

21 NGB handles permits for lotteries that are arranged in more than one county. If the lottery is of a more local nature, the permits are handled by the county administrative board or the municipal executive board.

An example of a guessing game to which the Lotteries Act applies is when a player shall guess the number of marbles in a box or the weight of an animal. The outcome of such a game is generally considered to depend on guessing rather than on a skill-based estimation. A game may be considered as lottery also if chance is involved only at the final stage. A competition which relies on skill, e. g. a quiz or crossword, but where the winner is drawn from a pool of correct answers, is considered a lottery by the NGB.[22]

Poker is considered as a lottery by the NGB. According to the NGB the outcome of poker is depending on chance since the individual player can not control which cards he gets on his hand. Poker can be played well, by minimizing risks, but risk minimization is not considered as a skill in this context, by the NGB. NGB's position is controversial and was recently examined by the Supreme Court.[23] The Supreme Court found that the outcome of a three-day poker tournament did not depend on chance, since the element of chance deciding the outcome in individual plays was only of minor importance for the outcome in the long run.

A game which included activity where the players competed in picking out the listed companies whose shares had the highest rise in price during the following week, has been considered as a lottery by Swedish courts, which stated that since even experts on the stock market have difficulties in predicting the share price, the outcome of the game did not depend on skill or education.[24]

It is not clear which other games that fall under the Lotteries Act's definition of lottery in addition to the ones expressed in the Lotteries Act. There is unfortunately not much case law regarding this matter and the NGB does not issue legally binding advance decisions. The uncertain legal position regarding the scope of the Lotteries Act will therefore remain until the issue has been decided by a court.

2.2.2 Games that do not constitute a lottery

Games depending entirely on the player's skills are, as the main rule, not a lottery. These types of games are therefore outside the scope of the Lotteries Act. Examples of skill games, to which the Lotteries Act does not apply, are billiards, bridge and chess. Games where the outcomes depend on artistic or literal talent, craftsmanship, physical abilities or on certain education are also not considered as lotteries.

Many games involve both skill and elements of chance. As mentioned above, in such cases the *general nature* of the game will decide whether the Lotteries Act applies or not. The Stockholm Administrative Court of Appeal, to mention one example, decided that the Swedish version of the international TV-game show "Who wants to be a millionaire" included elements of chance[25], but that the gen-

---

22 There is an exception in the Act for certain competitions without monetary stakes in magazines, TV and radio. This exception is not applicable to competitions on the internet.
23 The Supreme Court on 6 April 2011, Case no. B 2760-09.
24 The Stockholm Administrative Court of Appeal on 7 June 2001, Case No. 6764-2000.
25 The participating player was drawn from a pool of applicants.

eral nature was that of a game based on skill[26], rather than on chance, and therefore the game did not constitute a lottery.[27]

Due to this decisive "general nature", in addition to the actual rules of the game, it is also of importance how the specific game is presented, i. e. as based on skill rather than based on chance. The presentation of the game to the players will be taken into account in a possible examination by a court regarding the applicability of the Lotteries Act.

2.3 The need for authorization for network gaming at gaming centres

18 The Act on Arrangements for Certain Gaming Machines (SFS 1982:636) is applicable to so called "amusement games", i. e. games in mechanical or electronic gaming machines that do not provide winnings, or which only provide winnings in the form of free games. Amusement games require a licence if they are placed in areas or locations to which the general public has access, if the number of people with special access thereto reaches a certain level or if the terms for access are so vague that the premises are comparable with areas which are accessible to the general public.

19 In a judgment of 13 September 2007, the Swedish Supreme Administrative Court held that activities with programmed computers for games, which for example are connected in a local area network or via the internet, require a licence under this law.[28] As the law on arrangements for certain gaming machines is legislation aimed at social protection, the conditions for acquiring a licence build upon whether the premises and their location can be considered appropriate, and whether the person making the gaming machines available can be considered suitable.[29] Circumstances such as if the premises are located near schools, recreation centres or sports facilities may for example have a negative effect on the work of the school and the life of such associations, and therefore negatively affect the chance to acquire a licence. The relevant municipality and police authority are also given the opportunity to express their opinion before a decision on a licence for amusement games is made. Furthermore, the party applying for the licence must have the personal requirements to carry out the activities in an environment suitable for the target group, for example have the desire and ability to counteract alcohol and drug abuse, criminality and disturbing behaviour.[30]

---

26 The player's general knowledge, judgement and quickness.
27 The Stockholm Administrative Court of Appeal on 28 September 2000, Case no. 2996-2000.
28 The Swedish Supreme Administrative Court on 13 September 2007, Case no 3975-06 (RÅ 2007 ref 44).
29 Section 4 of the Act on Arrangements for Certain Gaming Machines (SFS 1982:636).
30 Karnov Internet, the Act on Arrangements for Certain Gaming Machines (SFS 1982:636), Section 4, Footnote 10, 2010-10-29.

3. In-game advertising

In Sweden, as in most other countries, there is no specific legislation that gener- *20*
ally regulates in-game advertising. However, the promotional nature of the different kinds of advertising that is seen in connection with games makes these
measures subject to the same regulations as traditional forms of marketing, primarily the Swedish Marketing Act (SFS 2008:486) (the "SMA"). If any information is collected from the individuals playing the games that directly or indirectly is referable to an individual, such gathering is also subject to the provisions of
the Swedish Personal Data Act (SFS 1998:204) (the "PDA").

However, in-game advertising may be seen as more sensitive than other forms
of marketing, since many games are targeted at minors. In-game advertisement targeting minors has recently been subject to injunctions in Market Court
proceedings brought by the Consumer Ombudsman against a Swedish online
gaming community.[31] Although the SMA does not explicitly prohibit marketing directed at children and young people, the Nordic Consumer Ombudsmen[32]
have agreed on a Position Statement for E-commerce and Marketing on the Internet (the "Position Statement"),[33] which contains important rules that need to
be considered in order to satisfy the requirement of "good marketing practice"
under the national marketing regulations. The Position Statement is advisory in
character and is not binding for businesses. Nevertheless, when a court has to
decide what constitutes "good marketing practice", guidelines from trade associations and relevant organisations can be considered, together with applicable
regulations.

3.1 Summary of the relevant data protection provisions

The PDA applies, *inter alia,* to such processing of personal data which is wholly *21*
or partly performed with the aid of computers.[34] Since the term "processing", as
defined in the PDA, refers to for example collection, recording, organisation or
storage of personal data,[35] the rules become highly relevant for gaming companies established in Sweden, or using equipment situated in Sweden,[36] and which
collect any kind of personal data from their players. This is common for example

---

31 The Market Court on 6 December 2012, Case no. 2012:14.
32 The Consumer Agency and the Consumer Ombudsman together comprise the central
governmental body responsible for consumer affairs in Sweden. The Director General
of the Agency has also the role of Consumer Ombudsman, who is responsible for ensuring that companies abide by the laws and rules in the consumer field and ensures
that consumer rights are respected. The Consumer Ombudsman represents consumer
interests in relations to businesses, and pursues legal action in the consumer interest.
33 The Position Statement was subject to revision as late as in 2009/2010 and can be
found on www.konsumentverket.se (pdf document).
34 Section 5 Paragraph 1 of the PDA.
35 Section 3 of the PDA.
36 Section 4 of the PDA.

in connection with the registration of game accounts or when players buy upgrades or virtual items.[37]

22 According to the PDA, processing of personal data is only permitted if the registered person has given his/her consent to the processing, or if the processing can be considered necessary *inter alia*

 - to enable the performance of a contract with the registered person or to enable measures that the registered person has requested to be taken before a contract is entered into, or
 - for the controller of personal data to be able to comply with a legal obligation.[38]

In situations where consent is required, it can be noted that good marketing practices according to the Position Statement, as a starting point, require that personal data about children under 15 years of age can be collected only if their parents have given their prior consent. The consent must be explicit and it must be evident what the consent refers to, *e. g.* which personal data the consent concerns, by whom the data may be processed and for which purpose. The company collecting the data must be able to verify that consent is actually given by the parents, when deemed required.[39] This means that an "opt-in" tick box on the gaming website to consent to the children's personal data being processed will most likely not suffice, unless a telephone number, address etc. is provided so that the consent can be confirmed by the parents. The Position Statement clearly dissuades companies from encouraging children and young people to give out information about themselves, their family or friends and to offer any kinds of rewards to children and young people in order to receive personal data information, or to use competitions or similar in order to collect personal data from children.[40] To reduce the risk for an online game targeting minors to be considered as violating good marketing practices, the collection of personal data should be avoided. If personal data regarding minors is collected, an explicit parental consent must be obtained.

23 Moreover, controllers of personal data must ensure that certain fundamental requirements are fulfilled in order to process the personal data. For example, the controller must ensure that personal data is processed only if it is lawful, that this is done in a correct manner and in accordance with good practice. The controller must also ensure that the data is only collected for specific, explicitly stated and justified purposes, and that the processed personal data is adequate, relevant and necessary in relation to the stated purposes.[41] Personal data may not be processed for the purpose of direct marketing, if the registered person gives no-

---

37 The great majority of the provisions of the PDA need not to be applied if personal data is processed in unstructured material, for example, in running text. This may apply to sounds or images, e-mail messages, texts produced on the internet or produced with word processing software. In order for the simplified regulation to apply, the relevant material must not form part of or be intended to form part of a structured collection of personal data that is available to searches, for example in a document or case management system or any other database.

38 Section 10 of the PDA which also provides further specific justifications.

39 Position Statement for E-commerce and Marketing on the Internet, Section 7.8.

40 Position Statement for E-commerce and Marketing on the Internet, Section 7.9 (2–4).

41 Section 10 of the PDA.

tice in writing to the controller of personal data that he or she opposes such processing (opt-out).[42]

If data concerning a person is collected from the person itself, the controller shall of its own accord provide the registered person with certain information about the processing.[43] Such information shall comprise information regarding the identity of the controller of personal data, information concerning the purpose of the processing, and all other information necessary in order for the registered person to be able to exercise his or her rights in connection with the processing. For example, this may include information about the recipients of the information and the right to obtain rectification.[44]

With regard to advertising in online games, it is worth mentioning that the rules 24 regarding cookies, which are used to provide a visitor with access to different functions on a website, or to monitor the visitor's internet behaviour, have per the 1 July 2011 been changed due to the new e-Privacy Directive 2002/58/EC[45], as amended by Directive 2009/136/EC[46]. The regulations are set out in Chapter 6, Section 18 of the Swedish Electronic Communications Act (SFS 2003:389) and provides, *inter alia*, that the use of cookies is lawful only if the user is informed of the purpose of the use and consents to such use. These regulations has not yet been examined by a court, nor has any clarifying guidance from the supervisory authority been issued, why it remains uncertain what technical solution (e. g. pop-up with tick-box or other) should be used in order for a sufficient consent to be deemed obtained.

3.2 The Swedish Consumer Agency's view on "hidden" advertisement

Section 9 of the SMA contains two fundamental Swedish marketing rules; (i) all 25 marketing must be presented so that it is obvious for the target group that it involves marketing,[47] and (ii) it must be clear who is responsible for the marketing[48]. According to the Position Statement, marketing towards children and young people under 18 years of age, or which to a large extent appeals to children and young people, shall be designed with particular consideration to their natural naivety and lack of experience and consciousness, which make them more susceptible for influence and impression.[49]

In line therewith, according to the Position Statement, advertising companies shall not use, or contribute to others' use of, product placement or other forms

---

42 Section 11 of the PDA. The requirement of "in writing" in Section 11 means that the notice must be expressed in text, either on paper or in electronic form (Government Bill 1997/98:44 s 122).
43 Section 23 of the PDA.
44 Section 25 of the PDA.
45 Directive (EC) 58/2002 of 12 July 2002, OJ 2002 no. L201/37 of 31 July 2002.
46 Directive (EC) 136/2009 of 25 November 2009, OJ 2009 no. L337/11 of 18 December 2009.
47 Section 9 Paragraph 1 of the SMA.
48 Section 9 Paragraph 2 of the SMA.
49 Position Statement for E-commerce and Marketing on the Internet, Sections 7.1 and 7.4.

of *hidden* advertising on their own or others' websites directed towards children and young people, for example in connection with games.[50] In other words, when marketing is made in the form of a game or through product placement it must be made as clear as possible that the competition constitutes or contains marketing. To date, there are no further guidelines in this regard, but to explicitly state on the website that the competition is advertisement for a certain company would probably be an acceptable solution, provided that the target group can be considered generally able to read. In this context, it can be noted that advertising companies may however not directly exhort children to buy advertised products or persuade their parents or other adults to buy advertised products for them. Such exhortations constitute unfair marketing in all circumstances[51] and are regularly scrutinized by the governing authorities. A number of advertisement statements were subject to injunctions in Market Court proceedings brought by the Consumer Ombudsman against a Swedish online gaming community targeting minors.[52]

If there are sponsors involved behind games for children, this should also be made clear, but "in a discrete manner", so that no unnecessary focus is drawn towards such information. The said information should be neutral in character.[53]

3.3 Relevant guidelines regarding spam

26 The user's e-mail address is sometimes obtained by the game provider at the time of purchase or in connection with registration for playing the game. This contact information could be used for game-related communication between the user and the game provider, but could also be used for advertisement towards the user in relation to non-related products or services from the game provider or a third party.

27 According to Section 19 of the SMA, an advertiser may use e-mails or any other similar automatic system for individual communication in the course of marketing only if the receiving individual has given its prior consent thereto.[54] Such consent shall, according to the Position Statement, be active, voluntary, explicit and informed, i. e.:

– the consent shall be the result of an active effort by the individual (the individual can not be bound by passivity for example through a pre-ticked box for consent);
– the opportunity to enter into an agreement may not be conditioned by consent to receive marketing;
– if the consent is only received through standard terms and conditions, it can not be considered to be informed;
– the media used for the marketing must be specified including the content of such marketing;

---

50 Position Statement for E-commerce and Marketing on the Internet, Section 7.6.
51 Directive (EC) 29/2005 of 11 May 2005, OJ 2005 no. L149/22 of 11 June 2005, Annex 1, Paragraph 28.
52 The Market Court on 6 December 2012, Case no, 2012:14.
53 Position Statement for E-commerce and Marketing on the Internet, Section 7.7.
54 The definition of "e-mails" in the SMA is relatively wide, and also comprises for example SMS- and MMS-messages apart from traditional e-mails (Section 3 of the SMA).

Runsten/Svanteson/Agerhäll

– the advertising company may not exhort or reward the individual for forwarding advertising or tip other individuals about their business.[55]

To avoid misuse, and to ensure that the individual only registers itself, a double opt-in should be used, so that the individual receives a message to be confirmed before the consent is activated.[56]

However, if there is an established customer relationship, for example if the individual has previously bought something from a company, the company may send marketing e-mails to this consumer, provided, however, that:

28

– the customer has not objected to the use of its electronic address for the purpose of marketing via electronic mail,
– the marketing relates to the trader's own products, similar to those bought earlier, and
– the customer is clearly and explicitly given the opportunity to object, simply and without charge, to the use of such details for marketing purposes, when they are collected and in conjunction with each subsequent marketing communication.[57]

In addition, e-mails used for marketing must always contain a valid address where an opt-out declaration can be sent.[58]

3.4 The unclear status of viral marketing

Viral marketing, also known as "buzz marketing", is a communication and distribution concept that relies on users transmitting digital content via electronic mail to their contacts, based on the idea that people enjoy sharing entertainment and informative content. Viral marketing by e-mail generally splits into two varieties:

29

1. Marketing through the sending or forwarding of an e-mail to a friend that refers to the advertiser, e. g. through a character as an e-mail footer with a call to action.
2. Marketing where a visitor to a company's website uses a service at the site to "send to a friend".

Viral marketing is often included as an element in social media games and in advertisement games, so called "advergames", the latter which are free online games used to advertise a product, viewpoint or brand. Viral marketing could for example be encouraged by providing users with the function to invite a certain number of friends in order to qualify for a game, gain game credits by inviting friends or sending a message to friends listing the current high score of the game, challenging the friends to register and beat the high score.

There is no specific regulation or case-law on viral marketing in Sweden. However, viral marketing, as described above, will fall under the general provisions in the SMA. Viral marketing generally carries some legal risks as it may be considered as unsolicited marketing without prior consent, which would breach Section 19 of the SMA and therefore be unlawful. It may also be in breach of Sec-

30

55 Position Statement for E-commerce and Marketing on the Internet, Section 2.3.2.
56 Position Statement for E-commerce and Marketing on the Internet, Section 2.3.3.
57 Section 19 of the SMA.
58 Section 20 of the SMA.

tion 9 of the SMA, which states that the party responsible for the marketing must also be clearly indicated, and that it must be made clear when marketing is involved. For e-mails, this means that it should be apparent from the subject line.[59] Furthermore, it should be noted that the collection of e-mail addresses entails processing of personal data. Therefore, the provisions of the PDA may need to be taken into account, *inter alia* the right for the data subject to refuse having his/her personal data processed for direct marketing purposes.

31 Can viral marketing be seen as actually being sent by the gaming company whose marketing is included in the e-mail, and thereby be in breach of Swedish law? Or can it be defended with the simple argument that it is the individual visiting the website who takes the decision and physically forwards the advertising? This question has yet no answer. The lesser the gaming company is involved in the process of users sending e-mails to friends, the smaller is probably the risk of a breach of Section 19 of the SMA. If an e-mail is activated and sent from the user's e-mail browser, or on behalf of the user via the user's e-mail provider, this will probably be seen as a strong indication of the e-mail being sent by the user itself.

---

59   Position Statement for E-commerce and Marketing on the Internet, Section 2.3.6.

Chapter 19

The Law of Video and Computer Games in the UK

1. Introduction

In this chapter we look at some of the legal aspects of the Video and Computer game business that are special to England and Wales. Scotland and Northern Ireland have their own legal systems which admittedly share many of the attributes of England and Wales but are also sufficiently diverse not to be included here. Many of the laws applicable to Video and Computer games are now harmonised across the EU, in particular those that relate to intellectual property, data protection and competition. The United Kingdom[1] and Eire alone in the EU have a system of law based upon Common Law and a law of contract which is not shared elsewhere in the EU.

Although the Video Game business has many common denominators with other aspects of the entertainment business there are factors which render it unique, in particular the relationship between games publishers and console manufactures.

In common with other areas of this work this chapter will look at the creation and development of games, as well as their publishing and aspects of their marketing, distribution and sale. Consideration will also be given to the intellectual property rights protection offered to manufacturers of games and consoles from the threat of grey market imports and video game piracy. There is also a brief review of the position in relation to virtual property in online gaming and the forthcoming changes to the age classification regime within the UK.

2. Development agreements

A significant amount of games development is conducted by independent companies producing games on behalf of larger publishers. The contracts between the developer and the publisher often have common features with variation of commercial terms. In many respects these contracts will have similar terms regardless of the jurisdiction. However, there are aspects of agreements subject to English law which may not be commonly found in other jurisdictions.

These development agreements have as their key features:

1. An obligation on the developer to create a game against a storyboard either developed by them or by the publisher;
2. A payment to the developer of an agreed sum to develop the game and a royalty on sales;
3. A requirement that the developer meet certain milestones;
4. A requirement that the game as it is developed meets not only the testing requirements of the publisher but also of the Console Manufacturer;
5. A transfer of the intellectual property rights to the publisher;
6. A reservation of the developer's pre-existing intellectual property rights, including those in any game engine, to the developer;
7. Boiler plate clauses, including:
   - Warranties, Conditions and Representations
   - Entire agreement/non-reliance

---

1 Scotland has a hybrid system.

- Indemnities
- Limitation of liability
- Third Party rights

Many of the specific clauses (numbered 1 to 6 above) will be familiar to development agreements prepared in all jurisdictions. It is perhaps the boiler plate clauses that represent the greatest challenge for lawyers of other jurisdictions.

2.1 Representations, conditions and warranties

3 Parties are often asked to give warranties in the contract. In many cases these warranties might be representations or conditions and are to be found within the same clause in the agreement, yet these express terms have different objects and remedies.

2.1.1 Representations

4 The law relating to representations is embodied in the Misrepresentation Act 1967; however the law as applied by the courts is a complex mix of statute law, equity and common law. A representation may be a statement made by one party to induce another party to enter into the contract or, in some circumstances, an express term in the contract. It is generally considered that a representation must be a statement of fact and not of opinion or intention[2], although that rule may not apply when that opinion or intention is not honestly held.[3] A representation may be written, by conduct or implied[4] as in a case where the court held that a pop group made an implied representation by continuing to publicise a tour even though they knew that one of the group would leave prior to the tour which would prevent the contract from being carried out. A statement made which is true when made but ceases to be true before a contract is entered into may amount to a misrepresentation.[5] The variety of representations and how they will be interpreted has occupied the courts on numerous occasions; this means that there can be no hard and fast rule as to what constitutes a representation. The law distinguishes between a misrepresentation which is made innocently, negligently or fraudulently. A representation is fraudulent if the person making it did not honestly believe the statement to be true.[6] The other party to the contract must have relied on the representation and that reliance must have been reasonable.[7]

5 Where a misrepresentation is innocent the claimant will have a right to damages only, where negligent a right to damages but with the permission of the court the right to rescind the contract and if fraudulent always the right to rescind the contract.[8] The court allowed the satellite broadcaster, BSkyB, to rescind a devel-

---

2 Hummingbird Motors Ltd v Hobbs [1986] R.T.R 276.
3 Smith v Land and House Property Corp (1884) 28 Ch D 7.; Connolly Ltd v Bellway Homes Ltd [2007] EWHC 895, [2007] All E.R. (D.) 182 (Apr).
4 Spice Girls Ltd v Aprilia World Service BV The Times, April 5, 2000 Ch D.
5 FoodCo UK LLP (t/a Muffin Break) v Henry Boot Developments Ltd [2010] EWHC 358 (Ch).
6 Derry v Peek (1989) 14 App. Cas. 337.
7 Horsfall v Thomas [1862] 1 H&C.
8 S.2 Misrepresentation Act 1967.

Rubin/McMahon

opment agreement for a CRM system (and made an interim damages award of £ 200 million) where it held the developer had fraudulently misrepresented its ability to develop the CRM system within an agreed timescale and found that the developer was liable for negligent misrepresentation when it underestimated the resources it would require for the development project.[9]

2.1.2 Conditions and warranties

Conditions and warranties are terms in a contract and thus can be distinguished **6** from representations, which are essentially promises made to induce a party to enter into a contract. A warranty is an express term in a contract and *"one of the most ill-used expressions in the legal dictionary"*[10] as it is often used in a contract as some sort of promise without any real thought as to the nature of the promise given. In some European jurisdictions it is not normal practice to give warranties in contracts such as a development agreement. Parties to an agreement will often negotiate warranty clauses to the exclusion of many other more important clauses. A 'warranty' as drafted into a contract is a term of that contract, the breach of which gives rise to a claim in damages but does not allow the innocent party to terminate the agreement for breach.[11] Section 61(1) of the Sale of Goods Act 1979 defines a warranty in this way:

> *"'warranty' (as regards England and Wales and Northern Ireland) means an agreement with reference to goods which are the subject of a contract of sale, but collateral to the main purpose of such contract, the breach of which gives rise to a claim for damages, but not to a right to reject the goods and treat the contract as repudiated."*

Terms seen in development contracts are often by their nature 'conditions' al- **7** though described as 'warranties'. Conditions "go so directly to the substance of the contract or, in other words, are so essential to its very nature that their non-performance may fairly be considered by the other party as a substantial failure to perform the contract at all."[12] Thus, by way of example, a term in a development agreement that the "Developer warrants that it has the right to enter into and perform the agreement and to assign the IPR to the publisher" is more likely to be a condition than a warranty as the publisher would wish to terminate the agreement if the developer did not have the rights to develop the game. Where a term is described as a condition then it will give certainty as to how the parties wish to treat the term.[13] It is of course not always possible to determine that a term described as a condition will if breached give rise to an event which is so fundamental to the agreement that it should allow the agreement to be terminated or there may be a warranty the breach of which will mean that further performance of the contract is no longer possible. The courts have therefore adopted a more flexible approach. In Hongkong Fir Shipping Co Ltd v Kawasaki Kisen Kaisha Ltd[14], the Court of Appeal stated:

---

9   BSkyB Ltd and Anor v HP Enterprise Services UK Ltd and Anor [2010] EWHC 86.
10   Finnegan v Allen [1943] 1 K.B. 425, 430.
11   Hongkong Fir Shipping Co Ltd v Kawasaki Kisen Kaisha Ltd [1962] 2 Q.B. 26, 70.
12   Wallis, Son & Wells v Pratt & Haynes [1910] 2 K.B. 1003, 1012.
13   A/S Awilco of Oslo v Fulvia Spa (The Chikuma) [1981] 1 W.L.R. 314, 322.
14   [1962] 2 Q.B. 26.

"There are, however, many contractual undertakings of a more complex character which cannot be categorised as being 'conditions' or 'warranties' ... Of such undertakings all that can be predicated is that some breaches will and others will not give rise to an event which will deprive the party not in default of substantially the whole benefit which it was intended he should obtain from the contract; and the legal consequences of a breach of such undertaking, unless provided for expressly in the contract, depend upon the nature of the event to which the breach gives rise and do not follow automatically from a prior classification of the undertaking, as a "condition' or a 'warranty'."

8 Such terms have been classified as 'intermediate' or 'innominate' terms and have been used by the courts when considering aspects of delay. So where there is delay to a development schedule and there is no express provision as to time then the publisher would not ordinarily be able to terminate the development agreement unless the court infers from the contract or the surrounding circumstances that the parties intended the publisher to be in a position to terminate the agreement where there was such a delay.[15]

2.2 Entire agreement/non-reliance

9 We saw above that representations made by the contracting parties can, if they turn out to be false, render that party liable for damages or put them in a position whereby the innocent party might seek rescission of the agreement. The clauses have developed to attempt to exclude not only representations but also extrinsic evidence and collateral warranties. The use of the 'entire agreement clause' has become ubiquitous. A common form of entire agreement clause might be as follows:

"This Agreement contains the entire and only agreement between the parties and supersedes all previous agreements between the parties respecting the subject-matter hereof; each party acknowledges that in entering into this Agreement it has not relied on any representation or undertaking, whether oral or in writing, save such as are expressly incorporated herein".[16]

This form of clause actually is designed to deal with two quite separate doctrines. The first part of this clause is to negate any collateral warranty (i. e. a warranty that one party may have given to the other but not contained in the actual agreement)[17], although it might still be possible to have a collateral contract even where such a clause exists. It is the second part that is designed to exclude representations, and is better described as a non-reliance clause.

10 A collateral warranty is said to be given where one party makes a promise to the other which is not contained in the contract.

The purpose of an entire agreement clause is to preclude a party to a written agreement from threshing through the undergrowth and finding in the course

---

15 Bunge Corp v Tradax Export SA [1981] 1 W.L.R. 711, 728–729; Universal Bulk Carriers Ltd v André et Cie SA [2000] 1 Lloyd's Rep. 459, 464; B.S. & N. Ltd v Micado Shipping Ltd (The Seaflower) [2001] 1 Lloyd's Rep. 348, 350, 354; MSAS Global Logistics Ltd v Power Packaging Inc [2003] EWHC 1393 (Ch).

16 Chitty on Contracts 30th Ed.

17 McGrath v Shah (1989) 57 P. & C.R. 452.

of negotiations some (chance) remark or statement (often long forgotten or difficult to recall or explain) on which to found a claim [...] to the existence of a collateral warranty. The entire agreement clause obviates the occasion for any such search and the peril to the contracting parties posed by the need which may arise in its absence to conduct such a search. For such a clause constitutes a binding agreement between the parties that the full contractual terms are to be found in the document containing the clause and not elsewhere, and that accordingly any promises or assurances made in the course of the negotiations (which in the absence of such a clause might have effect as a collateral warranty) shall have no contractual force, save insofar as they are reflected and given effect in that document. The operation of the clause is not to render evidence of the collateral warranty inadmissible in evidence [...] it is to denude what would otherwise constitute a collateral warranty of legal effect.[18]

The later part of the clause is the so called 'non-reliance' element the purpose of which is to prevent an aggrieved party from mounting a misrepresentation claim based upon pre-contract representations. The principle is one of contractual estoppel which was elucidated by Moore-Bick LJ in these terms: *11*

"There is no reason in principle why parties to a contract should not agree that a certain state of affairs should form the basis for the transaction, whether it be the case or not."[19]

However, Section 3 of the Misrepresentation Act 1967 provides:
"If a contract contains a term which would exclude or restrict –
(a) any liability to which a party to a contract may be subject by reason of any misrepresentation made by him before the contract was made; or
(b) any remedy available to another party to the contract by reason of such a misrepresentation,
that term shall be of no effect except in so far as it satisfies the requirement of reasonableness as stated in section 11(1) of the Unfair Contract Terms Act 1977; and it is for those claiming that the term satisfies that requirement to show that it does."

Accordingly a non-reliance clause is not a certain safeguard to protect a party from a claim of misrepresentation and as we shall see below will never be effective in the case of fraudulent misrepresentation.

As expressed by Chadwick LJ in Watford Electronics Ltd v Sanderson[20]:
"In order to decide whether the relevant contract term was a fair and reasonable one to be included having regard to the circumstances which were, or ought reasonably to have been, known to or in the contemplation of the parties when the contract was made it is necessary, [...], to determine, first, the scope and effect of that term as a matter of construction. In particular, it is necessary to identify the nature of the liability which the term is seeking to exclude or restrict. Whether or not a contract term satisfies the "requirement of reasonableness" within the meaning of section 11 of the Unfair Contract Terms Act 1977

---

18   Inntrepreneur Pub Co (GL) v East Crown Ltd [2000] All ER (D) 1100pr.
19   Peekay Intermark and Harish Pawani v Australia and New Zealand Banking Group Ltd [2006] EWCA Civ 386.
20   Watford Electronics Ltd v Sanderson CFL Ltd [2001] EWCA Civ 317.

does not fall to be determined in isolation. It falls to be determined where a person is seeking to rely upon the term in order to exclude or restrict his liability in some context to which the earlier provisions of the 1977 Act (or the provisions of section 3 of the Misrepresentation Act 1967) apply."

2.3 Indemnities

12   The measure for damages for breach of contract is to compensate the innocent party for the loss he has suffered by reason of the breach. The leading authority on contract law says:

> *"The law on damages places various conditions and restrictions on the principle that the claimant is generally entitled to recover all he has lost by the breach."*[21]

The difficulty arises when the loss suffered by the innocent party relates to compensation to be paid to a third party unconnected to the contract. The Court of Appeal held in *Biggin & Co. Ltd v Permanite Ltd*[22] that, where the defendant had delivered faulty goods to the Claimant knowing those goods were to be sold onto a third party buyer, the proper measure of damage suffered by the Claimant was the level of compensation the Claimant paid to the third party buyer.

> *"The word 'indemnity' is likewise used in two senses. It may mean simply damages awarded for tort or breach of contract... The indemnity afforded [by this clause] is clearly wide enough to cover loss incurred by reasonable settlement... Alternatively, the word 'indemnity' may refer to all loss suffered which is attributable to a specified cause, whether or not it was in the reasonable contemplation of the parties. There is precious little authority to support such a meaning, but I do not doubt that the word is often used in that sense."*[23]

13   The law relating to indemnity clauses was considered in *Codemasters Software Co Ltd v Automobile Club De L'Ouest*[24]. The Defendant ("ACO") organises the famous Le Mans 24 Hours motor race and is the owner of the intellectual property in the race. It licensed certain rights to Codemasters for use in their video game 'Grid' including the rights to use the track layout, the race name and the teams' names, logos and car images. The agreement stated:

> *"10.3 Each party (the 'Indemnifying Party') will indemnify, defend and hold harmless the other party and its affiliates, parent companies, subsidiaries, and their respective directors, officers and employees, from any and all claims, causes of action, suits, damages or demands whatsoever, arising out of any breach or alleged breach of any agreement or warranty made by the Indemnifying Party pursuant to this Agreement".*

It transpired that ACO did not have the right to grant Codemasters the rights to use images of certain cars, which belonged to Ferrari, Lamborghini and Porsche. Codemasters were obliged to enter into separate agreements with each of Ferrari, Lamborghini and Porsche, the cost of which far exceeded the original fee paid

---

21   Chitty on Contracts 30th Ed.
22   [1951] 2 KB 314.
23   The Euros [1998] 1 Lloyd's Rep 351.
24   [2009] EWHC 2361 (Pat).

to ACO. Codemasters sued to enforce the indemnity. The Court held when giving summary judgment for Codemasters that, although the clause was not perfectly drafted, it was clear that the parties intended ACO to indemnify Codemasters from a breach of third party rights by ACO. Arnold J stated:

"25. In my judgment, the purpose of the clause, read in its context in the Agreement, is reasonably clear. It seems to me that the purpose of the clause is to provide an indemnity against claims and demands arising out of, so far as Codemasters are concerned, its exploitation of the rights granted under the Agreement. In my experience, it is common in intellectual property licence agreements, though by no means universal, for the licensor to indemnify the licensee against claims by third parties that exploitation of the licence rights has the consequence that the licensee has infringed, or is alleged to have infringed, the third party's rights.

26. Not only is such an indemnity commonplace, but also there are good reasons why parties agree to such indemnities. Generally speaking, the licensor of intellectual property rights will be in a better position to assess whether the exploitation will infringe third party intellectual property rights. This is particularly true in the field of copyright. To a lesser extent, it is true of trade marks also. Furthermore, in terms of allocation of risk, generally speaking it will be commercially more acceptable for the risk of a claim of infringement by a third party to be borne by the licensor than by the licensee.

27. Turning back to clause 10.3, much of the difficulty that arises in its interpretation is attributable, in my view, to the fact that it has been sought to make it a bi-lateral or mutual indemnity. I do not see, however, that that detracts from the commercial considerations that I have just outlined. In my judgment, clause 10.3, in so far as it operates as an indemnity in favour of Codemasters, is quite capable of being read as an indemnity against third party claims and it makes commercial sense for it to be read in that way."

In looking at what the indemnified party is entitled to recover;

"the overall exercise which the Court must do is to consider whether the specified eventuality (in the case of an indemnity) or the breach of contract (in a case such as the present) has caused the loss incurred in satisfying the settlement. Unless the claim is of sufficient strength reasonably to justify a settlement and the amount paid in settlement is reasonable having regard to the strength of the claim, it cannot be shown that the loss has been caused by the relevant eventuality or breach of contract. That is not to say that unless it can be shown that the claim is likely to succeed it will be impossible to establish that it was reasonable to settle it. There may be many claims which appear to be intrinsically weak but which common produce suggests should be settled in order to avoid the uncertainties and expenses of litigation. Even the successful defence of a claim in complex litigation is likely to involve substantial irrevocable costs."[25]

---

25 General Feeds Inc (Panama) v Slobodna Plovidba (Yugoslavia) [1999] 1 Lloyd's Rep 688.

2.4 Limitation of liability

14 It is common for the parties to a development agreement to seek to exclude and/
or limit certain types of liability. In particular they might seek to place a financial
cap on their liability to the other party in the event of a breach of contract. The
English courts will in general accept that commercial entities might agree any
terms between them. There are however exceptions. In particular, any clause
which seeks to exclude or limit liability for death or personal injury is void.[26] The
courts will also exclude liability for any clause which is contained on one of the
party's standard terms of contract and seeks to restrict or exclude that party's liability to the other unless such restriction is reasonable; any restriction on a party's liability for fraud is automatically unreasonable.[27]

It is good practice to specifically carve out of any limitation clause the consequences of death, personal injury and fraud since not to do so may render the
whole clause invalid. The English courts will not amend a clause which contains an invalid restriction but will strike out the whole clause, even if part of the
clause is perfectly valid. Failure to reference the segregation of death, personal injury and fraud from an exclusion of liability clause is not always fatal if it is
clear as a matter of construction when reading the exclusion clause that it was
not intended to exclude liability for such events[28].

15 Exclusion clauses often seek to exclude liability for consequential or indirect loss
i. e. the loss which *"may reasonably be supposed to be in the contemplation of
the parties, at the time the made the contract"*[29] as opposed to direct loss which
arises as a natural consequence of the breach.

16 A principal purpose of limitation clauses is to limit the financial liability of one
party to the other. Where the financial cap is disproportionately low the courts
have often excluded the clause under Section 3 of the Unfair Contract Terms
Act 1977.[30] In considering the reasonableness of liability caps and other contractual limitations of liability to a specific financial amount, the courts will take
into account *"(a) the resources which the person seeking to rely on the limitation could expect to be available to him for the purpose of meeting the liability
should it arise, and (b) how far it was open to [that person] to cover himself by in-
surance"*.[31]

2.5 Third party rights

17 The *Contracts (Rights of Third Parties) Act 1999* was enacted to bring English
contract law in line with that of continental Europe. The English principle of priv-
ity of contract meant that a party could not sue on a contract to which he was not
a party.[32]

---

26   S.2(1) Unfair Contract Terms Act 1977.
27   S.3 Unfair Contract Terms Act 1977.
28   Regus(UK) Limited v Epcot Solutions Limited [2008] EWCA Civ 361.
29   Hadley v Baxendale (1854) 156 ER 145.
30   St. Albans City and District Council v ICL [1995] FSR 686; [1996] 4 All ER 481.
31   S.11(4) Unfair Contract Terms Act 1977.
32   Haseldine v Daw [1941] 2 K.B. 343.

Rubin/McMahon

Section 1 of the Act grants important new rights:

Subject to the provisions of this Act, a person who is not a party to a contract (a "third party") may in his own right enforce a term of the contract if –

(a) the contract expressly provides that he may, or

(b) subject to subsection (2), the term purports to confer a benefit on him.

(2) Subsection (1)(b) does not apply if on a proper construction of the contract it appears that the parties did not intend the term to be enforceable by the third party.

Such rights may arise where a developer is relying on third party technology to develop a game and that third party is referred to in the agreement. The benefit to the developer is that the third party can enforce contractual benefits itself without having to go through the developer. Where such a clause exists the third party can enforce his rights against the other parties directly. Section 2 of the Act provides that once the right exists in a contract the parties to the contract cannot rescind the third party's rights without his consent. Although it is normal to specifically exclude the Act in development agreements, the right is only conferred upon someone if they are expressly referred to in the agreement.[33]

3 Publishing agreements

Console manufacturers (such as Nintendo, Sony and Microsoft) use proprietary technology (principally copyright and know-how) in their consoles. To develop games for those consoles games developers need access to the technology owned by the console manufacturers and to specialised development kits created by the manufacturers. The console manufactures license the technology and development kits to the games developers. The developer does not pay for the licence although will have to pay for any development kits. These agreements permit the developers to create the games but not to manufacture or distribute them. Publishers often develop their own games. To have the games manufactured and distributed the games developer needs to contract with a publisher. Publishers enter into a publishing agreement with the console manufacturer; a standard publishing agreement has the following characteristics: 18

- A licence to the publisher:
  - To use IP and know-how;
  - To develop, manufacture and distribute the games;
  - To use certain trade marks.
- The publisher agrees:
  - The usual provisions for licensing, confidentiality etc;
  - To allow the console manufacturer not only to test the game as it is developed but to approve the concept and quality;
  - To either pay the console manufacturer a per manufactured game royalty or in some cases to have the game manufactured by the console manufacturer and pay a price which will include the royalty;
  - Where the console manufacturer does not manufacture the game, to have the game manufactured only by an approved manufacturer;
  - Not to publish games outside of their territory;

---

33 Colwill & Martin v Avraamides [2007] BLR 76.

- To use the console manufacturer's marks in the game and on its packaging in a strictly controlled manner.

19 There is no specific English law point on publishing agreements however it is worth pointing out that the Monopolies and Mergers Commission (now the Competition Commission) reviewed the arrangements for anti-competitive practices and published a full report on 9 March 1995.[34]

The report led to a European Commission inquiry which was settled by the console manufacturers (Sega, Nintendo and Sony) when they notified their agreements to the European Commission. We would suggest that little has changed since the 1995 report, although that is not to criticise the way these agreements operate.

4. Intellectual property rights

20 Computer games designers employed by game developers will usually, through their contract of employment, assign to their employer all intellectual property rights arising in relation to their employment with the developer. The importance of such provisions for developers is well illustrated by the recent case of *Burrows v Smith & Crush Digital Media*[35].

The claimant alleged that a director of Circle, his former employer, had infringed his copyright and breached an obligation of confidence by attempting to exploit a revised version of a game that he had proposed in the course of his previous employment. Mr Burrows had come up with the idea for the game in question in 1998, and had refined it over the following years. In 2005 he was employed as a senior games designer by Circle and, through his employment contract, made the standard assignment of his "*ideas, designs and other matter which is the subject of intellectual property rights made, developed, perfected, devised, conceived or first reduced to practice either solely or in collaboration with others during your employment*" to Circle. There was a schedule provided for him to disclose any prior inventions, which he did not fill in. In May 2006, the claimant put forward a proposal for a game closely based on his 1998 idea and a team of designers were employed by Circle to work on the development of the game. The company went into liquidation and Crush Digital Media (owned by a former director of Circle) acquired all of its assets. When Crush refused to pay the claimant, he sued for copyright infringement and breach of confidence.

The High Court held that the situation in which the information had been imparted (that is, from an employee to an employer in the course of his role) did not import an obligation of confidence. He had not availed himself of the opportunity to include the game idea as a personal invention when signing his employment contract and it appeared obvious that his disclosure of the idea was for the furtherance of the express purpose of his employment.

---

34 http://www.competition-commission.org.uk/rep_pub/reports/1995/fulltext/359c1.pdf (21 November 2011).
35 [2010] EWHC 22 (Ch).

The fact that nobody in Circle knew of the claimant's original idea was also fatal to the success of his claim of copyright infringement. If anyone had copied his 1998 idea, it was Mr Burrows himself. In doing so, his May 2006 proposal had undeniably assigned the copyright in his original idea to Circle, who had therefore quite properly been able to pass it to Crush upon their liquidation.

5. Copyright in computer games

Prior to the implementation of the *Copyright (Computer Software) Amendment* 21
Act 1985[36], the UK did not explicitly protect computer programs as a copyright work. The Act provided for the first time in primary legislation that a computer program is protected as a literary work. Prior to the implementation of the 1985 Act the matter came before the Courts in *Sega Enterprises Limited v Richards*[37] when the court ruled that copyright subsisted in the assembly code program of the game "Frogger". The court was also asked to declare that a game was protected both as a graphic work and as a cinematograph film but declined to do so in an interlocutory application. The Australian Federal Court ruled that the moving images in a video game were protected by copyright as a cinematograph film;[38] although the decision is not binding on English courts it is of persuasive value. However, as it would appear that the program would also need to be copied (since copyright *"in so far as it applies to a film, what is prohibited is the copying of the recording from which the moving image constituting the film has been produced. So it is the recording that is protected from copying and nothing else"*[39]), the matter is perhaps moot.

5.1 'Look and feel'

In *Nova Productions Limited v Mazooma Games Limited & Ors*[40], the Court of 22
Appeal affirmed the position that copyright existed in expression and not in ideas. The decision underlines the difficulty faced by games developers in bringing a claim for copyright infringement based upon similarities in the user interface or the idea embodied by the program rather than an alleged copying of the game's underlying code.

The case involved arcade computer simulation games of pool (a variation on the game of snooker or billiards). It was Nova's case that there were similarities in the Mazooma version of the game that could only have been achieved by copying, although it was not Nova's case that Mazooma had access to or had actually copied the computer code which went up to make the game. In essence, Nova's case was that there was a breach of artistic copyright by looking at a series of graphics in the way the pool cue worked.

---

36 Subsequently incorporated into the Copyright, Designs and Patents Act 1988.
37 [1983] F.S.R. 73.
38 Galaxy Electronics Pty Ltd v Sega Enterprises Federal Court (Australia) (Full court), 23 May 1997.
39 Norowzian v Arks Limited and Others (No. 1) [1999] E.M.L.R. 57.
40 [2007] EWCA Civ 219.

23   The Court held that *"a series of drawings is a series of graphic works, not a single graphic work in itself."* There was an infringement of the literary work in the original designer's design notes and program used to implement the game. The Court held that on existing law[41] it must interpret UK legislation in accordance with the EU Software Directive.[42] Accordingly, under Article 1 of the Directive it is clear that protection is afforded to expression and not ideas. The court held that Nova could not demonstrate that Mazooma had copied the expression of the program but only the ideas. Adopting the findings of *Navitaire v Easyjet*[43] the court rejected the appeal, stating:

> *"the appeal on literary copyright fails on the simple ground that what was found to have inspired some aspects of the defendants' game is just too general to amount to a substantial part of the claimant's game. The Judge's evaluation, far from being wrong in principle, was right when he said: 'They are ideas which have little to do with the skill and effort expended by the programmer and do not constitute the form of expression of the literary works relied upon.'"*

5.2 'Dramatic narrative'

24   One possible remaining issue was whether a computer game with a dramatic narrative could be entitled to protection as a dramatic work, it being well established that copyright in literary or dramatic works extends beyond the actual language to protect the situations and incidents present in the work.[44]

However, the dramatic work copyright claim in *Nova Productions* was rejected, on the basis that the user input determined the way that the game unfolded and there was a lack of any dramatic narrative. It is possible, nevertheless, that a more complex but easily identifiable game containing a predictable plot (not entirely dictated by the player) could be eligible for the same protection as a conventional literary or dramatic work.

25   In *SAS Institute Inc. v World programming Ltd* the ECJ held that the reproduction of certain elements protected by copyright is capable of constituting an infringement if the reproduction is of the expression itself of the intellectual creation.

The case relates to an alleged infringement by World Programming when they created a program similar to one created by SAS albeit in a different programming language. One of the issues referred to the ECJ is *"whether the reproduction, in a computer program or a user manual, of certain elements described in the user manual for another computer program constitutes, under that provision, an infringement of the copyright in the latter manual."* In the opinion of Advocate General Bot the various components of the SAS manuals correspond to the ideas, procedures, methods of operation or mathematical concepts and as such are not eligible for the copyright protection. However, the expression of these ideas, procedures, methods of operation or mathematical concepts is eli-

---

41   Marleasing SA v La Comercial Internacional de Alimentacion SA (C-106/89); [1990] E.C.R. I-4135; [1993] B.C.C. 421; [1992] 1 C.M.L.R. 305.
42   91/250/EEC.
43   [2004] EWHC 1725 (Ch),; [2006] RPC 111.
44   Correlli v Gray [1913] 30 TLR 116.

gible for protection. It is only through the choice, sequence and combination of such elements that the author may express his creativity in an original manner and achieve a result which is an intellectual creation. Accordingly the ECJ held:

> *"Article 2(a) of Directive 2001/29/EC of the European Parliament and of the Council of 22 May 2001 on the harmonisation of certain aspects of copyright and related rights in the information society must be interpreted as meaning that the reproduction, in a computer program or a user manual for that program, of certain elements described in the user manual for another computer program protected by copyright is capable of constituting an infringement of the copyright in the latter manual if – this being a matter for the national court to ascertain – that reproduction constitutes the expression of the intellectual creation of the author of the user manual for the computer program protected by copyright".*

The effect of this is that game design documents created in the development of a game may be infringed by subsequent versions or re-incarnations of the game.

6. Trademark issues – parallel imports

In a series of cases relating to Sony Playstations, the English courts have established the scope of protection afforded to trade mark owners to prevent parallel imports. This occurs where branded goods intended for one market are bought in another, taking advantage of differences in pricing or availability.   26

6.1 Imports from the EEA

The default position on parallel imports from other Member States of the European Community is governed by Section 12 of the Trade Marks Act 1994 (which implements Article 7 of the EC Trade Marks Directive. It states: 27

> *"(1) A registered trade mark shall not be infringed by the use in relation to goods which have been put on the market in the European Economic Area under that trade mark by the proprietor or with his consent".*

In line with the Directive, the ECJ has held that it is incompatible with the free movement of goods to exercise trade mark rights so as to prevent the sale in one Member State of a product that has previously been marketed in another Member State by the trade mark proprietor or with his consent.[45] In another case, the same principle was expressed as the trade mark owner 'exhausting' their rights by placing the product on the market in the Community; the essence of a trade mark right is the ability to use the mark in order to put a product onto the market for the first time and thereby guarantee its origin under the control of the proprietor.[46]   28

However, subsection (2) of Section 12 states:
> *"Subsection (1) does not apply where there exist legitimate reasons for the proprietor to oppose further dealings in the goods (in particular, where the*

---

45 Centrafarm v Winthrop (Case 16/74) [1974] ECR 1183.
46 Hag II (Case C-10/8) [1990] I-ECR 3711.

condition of the goods has been changed or impaired after they have been put on the market)."

29 In *Bristol-Myers Squibb v Paranova*[47], the ECJ held that Article 7 of the Trade Marks Directive must be interpreted in the light of the Treaty rules on the free movement of goods. In relation to parallel imports, it held that the trade mark proprietor may legitimately oppose such imports where the importer has repackaged the goods unless five conditions are met. The 'Paranova guidelines' are that an importer:

– must indicate in an easily visible, external fashion, who had repackaged the product and the original manufacturer;
– must indicate the origin of any additional items so that there is no impression created that the trade mark owner is responsible for it (though there is no general requirement to indicate that the repackaging was without the trade mark owner's authorisation); and
– must give the trade mark owner advance notice and the opportunity to inspect a specimen in advance.

30 Back in 1999, Sony commenced proceedings against Tesco to prevent their sale of Playstations imported from France. The products had been modified in several ways in order to make them appropriate for the UK market. The first modification was a moulded adapter that had been fitted to the original French plug. The second modification was to the SCART cable connecting the Playstation to the television screen. Sony argued that the quality of the Tesco connector cable was inferior, both in terms of protection against interference and the fact that it did not allow multiple connections (in other words, users could not have the television aerial and the Playstation plugged in simultaneously). The packaging bore a notice stating that the product had been opened and repackaged by Tesco Stores UK *"to fit an adaptor to enable use in UK three pin power sockets and to include an optional RFU adaptor."*

The adapter cable was marked "Sony PlayStation". Sony owned two registered trade marks (one in any form, the other in a particular typeface) and alleged trade mark infringement in respect of its use both on the packaging and on the adapter. Tesco contended that the use of the wording was only descriptive and in accordance with Section 11(2) of the Trade Marks Act 1994.

31 In *Loendersloot v George Ballantine & Sons*[48], the ECJ stated that the Paranova guidelines are applicable to all goods, not just pharmaceuticals. Lloyd J confirmed their general applicability in *Sony v Tesco*[49] (though his judgment did not conclusively reject Tesco's contention that the notice provisions were applicable only in the particular context of the pharmaceutical industry), and held that the use of the PlayStation mark on the adapter by Tesco had failed to satisfy the Paranova guidelines. In granting an injunction in respect of the adapter (though not the power socket) he said that it constituted *"the clearest possible breach of trade mark rights"*.

---

47 [1996] I-ECR 3457.
48 [1998] ETMR 10.
49 Lawtel 4 October 1999 (unreported elsewhere).

The basis for this decision was the marking of the adapters as "Sony PlaySta-tion" rather than "for use with Sony PlayStations", which the judge considered would inevitably create the misleading impression that Sony was the source of the adapters. Even in some instances where the trade mark infringement was not so explicit, the judge held that Tesco had failed to sufficiently indicate on the packaging that the additional adapters or plugs were not Sony or Sony-ap-proved components. The failure to give Sony advance notice was a further aspect in which Tesco had failed to comply with the Paranova guidelines.

6.2 Imports from outside the EEA

Parallel imports from outside the European Economic Area, however, are not   32
covered by the exhaustion principle and the Paranova guidelines. It is well es-tablished that importing genuine branded goods into the EEA can infringe regis-tered trade mark rights in the EEA when the trade mark owner has not consent-ed to their being marketed within the EEA.[50]

A series of PlayStation cases midway through the last decade established the   33
extent of the protection that console manufacturers can expect from the Eng-lish courts in the face of parallel imports from outside the EEA. Sony's "PlaySta-tion Portable" was launched in Japan in December 2004 and then in the United States in March 2005. It was due to be launched in Europe at the same time, but supply problems led to the launch being postponed until September 2005.

In the interim period, several online retailers began importing the consoles from Japan and offering them for sale to UK consumers. Following successful 'trap' purchases to prove that the alleged activity was indeed being undertaken, Sony successfully sought summary judgment in three cases.

In *Sony v Nuplayer Ltd*[51], the online retailer contended that there was no trade   34
mark infringement because Sony's trade marks were used only for purely de-scriptive purposes and were not used in the course of trade and, secondly, that they were not seen until the contract was concluded.

Mr Justice Collins rejected the first argument, referring to *Arsenal FC v Reed*[52], in which it was held that where use of a sign took place in the context of sales to consumers, it was obviously not intended for purely descriptive purposes. Nuplayer's use of Sony's trade marks was not for a descriptive purpose and was, in fact, used in the course of trade.

As to Nuplayer's argument that there were no signs visible at the point of sale and that therefore there could be no infringement, Mr Justice Collins was satis-fied that the trade marks on the PlayStation Portables were being used in relation to the goods. It was noted that Section 10(4) of the Trade Marks Act 1994 specifi-cally identified "stocking" products under a trade mark as an infringement. Fur-thermore, in the *Arsenal FC v Reed* case, the ECJ had considered that "use" in-cluded matters arising after sale.

---

50   Zino Davidoff v A&G Imports Ltd [2002] Ch 109.
51   [2005] EWHC 1522 (Ch).
52   [2003] 3 All Er 865.

35 In *Sony v Pacific Game Technology (Holding) Ltd*[53] and *Sony v ElectricBird-Land*[54], the apparent defence of the online retailers was that Sony had, expressly or impliedly, given its consent for the use of its trade marks or that, in the alternative, the goods were not in fact being offered for sale within the EEA.

36 In the *ElectricBirdLand* case, Mr Justice Pumfrey held that where consent on the part of a trade mark owner was asserted in relation to a transaction about which the owner later complained, it was incumbent upon the party asserting consent to provide cogent evidence to support their claim. ElectricBirdLand had provided no such evidence; indeed, such evidence as there was (statements of "For sale in Japan only" on packaging; instruction manual in Japanese) tended to disprove their contention.

37 The implied consent point was dismissed with similar ease in the *Pacific Game Technology* case, which left the court considering the question of where the consoles were being marketed. Following the guidance provided by the High Court in *Euromarket Designs Inc v Peters and Crate & Barrel Ltd*[55], it was held that a pragmatic view would be taken in order to assess whether the website would convey an offer for sale in the EEA to the average consumer. Despite the website being based outside the EEA, it was in English, denominations were in pounds sterling, testimonials from UK consumers were displayed and a 'trap' purchase sent to the UK contained a false EC Certificate of Conformity. On this basis, it was concluded that the website was indeed directed at markets within the EEA and Sony were given summary judgment accordingly.

38 The upshot of this series of cases is a reminder of the strong position of manufacturers and their ability to control the first marketing of their consoles in Europe through the enforcement of their intellectual property rights (Sony's rights in these cases were a combination of national and Community trade marks, registered designs and copyright). The decisions also illustrate the way in which the English courts will take a pragmatic approach to determining whether a website based outside the EEA constitutes an offer to consumers within the UK; importers cannot avoid infringement merely by setting up abroad if the sales are at least partially targeted at consumers within the EEA.

Given the paucity of argument put forward by the online retailers, it seems likely that Sony would have prevailed in any event, but it should be noted that their case was considerably strengthened by the express statement on the PlayStation Portable packaging that the product was only for sale in Japan. The reasoning in the *Pacific Game Technology* case makes it clear that the absence of such a warning cannot, of itself, allow the owner's consent to be inferred, but it is nevertheless a relevant factor for the court's consideration and as such would be good practice on the part of a console manufacturer seeking to protect their brand against grey market importers.

---

53 [2006] EWHC 2509.
54 [2005] EWHC 2296 (Ch).
55 [2001] FSR 20.

7. Modchips

'Modchips' are small electronic devices that can be attached to games consoles   *39*
in order to modify or disable built-in restrictions such as regional coding or digital rights management limitations, essentially by tricking the console into think-
ing that the game being played has the necessary embedded codes and is an
authentic, licensed product. A modchip may therefore enable computer games
players to use their console to play legitimate games from other regions, as well
as pirated games, thereby undermining the measures that manufacturers implement in order to protect their products. It is estimated by the games manufacturers that such piracy costs the industry some £ 750 million per year in lost sales,
though such figures can only ever be imprecise estimates.

In contrast to the position in Spain and Italy, the English courts have used the anti-circumvention provisions of the Copyright, Designs and Patents Act (CDPA)[56]
to consistently take a robust approach to manufacturers and sellers of modchips,
in both the criminal and civil courts.

Between 2002 and 2004, Sony obtained summary judgment against several indi-   *40*
viduals and companies who were advertising and selling the *"Messiah 2"* modchip.[57] These cases established that the silicon chips on which infringing copies of copyright works are briefly stored are articles, and that articles need only
transiently contain a copy in order to infringe. Moreover, it was held that Sections 296ZA-ZE of CDPA create a strict liability tort and so the seller's lack of
knowledge of copyright infringement was irrelevant. Therefore where there is
a 'technological measure' designed to prevent unauthorised use of copyright
works in a way that amounts to infringement of copyright, any act in the UK in
relation to any device or component that has the primary feature of facilitating
the circumvention of that technological measure will be a breach.

This analysis has been confirmed in the more recent case of *Nintendo v Playa-*   *41*
bles[58]. The defendant company imported and sold modchips which were widely used to help people play unlicensed versions of Nintendo games. The devices
fitted into one of the slots on the Nintendo console, and contained either built-
in memory or a further slot of their own which accommodated a micro-SD flash
card. Copies of games were stored on this memory either by connecting the device itself to a computer using an adapter or by extracting the memory card and
connecting it to a computer (again using an appropriate adapter). The devices
also contained circuitry, software and data which enable them to pass the tests
performed by the console to verify that the game card inserted is genuine. In this
way, the modchips enabled unlawful copies of Nintendo games to be played successfully on the console, as well as other material.

After HM Revenue & Customs and Trading Standards officers seized 165,000 of
these devices, Nintendo commenced High Court proceedings against Playables.

---

56   As amended in October 2003 to implement the EC Directive on Copyright and Related
     Rights in the Information Society (Directive 2001/29).
57   Sony v Ball & Others [2004] EWHC 1738 (Ch).
58   [2010] EWHC 1932 (Ch).

A partial settlement was agreed before trial, but Nintendo still sought summary judgment in order to obtain legal vindication of its position.

As well as pure copyright infringement, Nintendo relied on the prohibition on circumventing 'effective technological measures' under Sections 296 and 296ZD of CDPA. Playables argued that it did not know that the devices would be used for this purpose and contended that there were other perfectly legal uses for the modchips, but these arguments were rejected. In relation to liability under Section 296ZD, Mr Justice Floyd stated:

> *"In my judgement, none of these defences has a realistic prospect of success. It is not a requirement in proceedings brought under section 296ZD to show knowledge or reason to believe that the accused devices would be used to make infringing copies. This section creates a tort of strict liability.*
> *"One suggested lawful use is for home-made games. However, such use will still circumvent the effective technological measures, or anti-copying technology, or otherwise the game will not play. The mere fact that the device can be used for a non-infringing purpose is not a defence."*

42 In relation to liability under Section 296, an offence is only committed if the person behind the sale of *"any means the sole intended purpose of which is to facilitate the unauthorised removal or circumvention of the technical device"* knows or has reason to believe that it will be used to make infringing copies of the program. On the evidence before it, the High Court held that Playables did have the knowledge for a breach of that section:

> *"Given the relatively minor proportion of the market represented by lawful use... it is inconceivable that the defendants did not appreciate that the major use to which the device would be put would involve infringement of copyright."*

43 Interestingly, the fact that Section 296ZD does not require someone to know about the likely infringement meant that Mr Justice Floyd felt able to depart from the position taken in *Sony v Ball*[59] and grant summary judgment in respect of export sales. He stated:

> *"If one takes the requirement of section 296ZD(1)(b)(ii) that the device has only a limited commercial purpose other than to circumvent, that is a requirement one can assess at the moment the device is distributed. There is no requirement that circumvention should actually occur. If that is right, then there is equally no requirement that the circumvention should take place in the United Kingdom.*
> *The section is concerned with dealings in the United Kingdom in devices capable of circumvention, wherever they may ultimately end up. It follows that I consider that Nintendo is entitled to summary judgment on export sales under this section."*

44 The approach of Mr Justice Floyd in respect of liability under Sections 296 and 296ZD was recently affirmed in *Nintendo v Console PC Com Ltd & Chairudden Chan*[60], another case relating to games for the Nintendo DS handheld games

---

59 [2004] EWHC 1738 (Ch).
60 [2011] EWHC 1458 (Ch).

console, which arose out of the seizure of some 20,000 modchips by Surrey Trading Standards Officers.

The first conviction in relation to modchips under the criminal provisions of the   45
CDPA was upheld by the Court of Appeal in November 2009[61]. Worcester Crown
Court had found Christopher Gilham guilty of offences under Section 296ZB,
which makes it an offence to sell or distribute *"any device, product or component
which is primarily designed, produced or adapted for the purpose of enabling or
facilitating the circumvention of effective technological measures"*.

Gilham's appeal argued that, even if his modchips did enable data to be
copied from the disc into the RAM of the console, this was merely 'transient'
copying and did not represent a substantial part of the copyright work. At the
time, some support for this proposition could be found in the High Court decision in *FA Premier League Ltd v QC Leisure*[62], where it was held that a broadcaster's copyright in the television coverage of a football match could not be considered on a cumulative basis; the few frames of the broadcast that were held in
the decoding device in question did not therefore constitute a 'substantial part'
of the copyright work.

However, the relevance of this 'little and often' argument in the context of modchips was rejected by Burnton LJ, who held that the constituent parts of the computer games were copyrighted and that when substantial parts of those constituent parts were displayed, infringement occurred. He stated:

> *"The game as a whole is not the sole subject of copyright. The various draw-
> ings that result in the images shown on the television screen or monitor are
> themselves artistic works protected by copyright. The images shown on the
> screen are copies, and substantial copies, of those works. If the game is the
> well-known Tomb Raider, for example, the screen displays Lara Croft, a recog-
> nisable character who has been created by the labour and skill of the original
> artist. It matters not that what is seen on screen is not precisely the drawing,
> because the software may cause her to be seen performing actions that are not
> an exact copy of any single drawing. It is clear that what is on screen is a sub-
> stantial copy of an original."*

He went on to say that:

> *"Even if the contents of the RAM of a games console at any one time is not a
> substantial copy, the image on the screen is such. If the 'pause' button on a
> games console is pressed...there is then displayed a still image, a copy of an
> artistic work, generated by the digital data in the console's memory. The fact
> that players did not normally pause the game is immaterial, since it is suffi-
> cient that a transitory copy is made."*

Burnton LJ considered that failing to take this approach would amount to a failure to confer the protection required by the EC Directive upon copyright owners, which makes the contrary decisions of the courts in Spain and Italy on this
topic (and the pending appeals on them) of great interest to the games console
manufacturers.

---

61   R v Christopher Paul Gilham [2009] EWCA Crim 2293.
62   [2008] EWHC 1411 (Ch).

46 Whilst the twin threats of civil and criminal liability for modchip distributors and users are no doubt a potent deterrent to some, console manufacturers are also looking to contractual methods to protect themselves in this area. In 2009, Microsoft banned a number of UK gamers it had identified as using modchips from its 'Xbox Live' online gaming service on the basis of their infringement of the Terms of Use (which the gamers had signed up to before using the service).[63]

8. Gambling and virtual property

47 There are no laws specifically relating to virtual property in the UK. However, a recent case has highlighted the potential for the distinction between virtual goods and property with real monetary value to cause problems in the context of gambling regulation.

Under the Gambling Act 2005, gambling is defined as *"playing a game of chance for a prize"* and a prize for the purposes of the Act is defined as *"money or money's worth"*[64]. Consequently, an online free-to-play game with virtual-only prize money does not come within the remit of the Gambling Commission.

48 In *R v Ashley Mitchell*[65], an internet entrepreneur hacked an administrator's log-in on Zynga's virtual poker game to fraudulently transfer virtual poker chips with a face value of £ 7.4 million to various Facebook accounts he controlled. He then began re-selling them at a discount to other players of the game, profiting to the tune of £ 55,000 by the time the fraud was discovered.

The true value of the virtual chips was considered at some length by the court. Zynga claimed that their loss was £ 7.4 million, but the defence argued that an infinite number of virtual chips can be created and that therefore the proper value of the fraud was assessed by looking at the profit made by the defendant.

The keenness of Zynga to emphasise the face value of their virtual chips rather than their resale value on the secondary market stems in part from the problems that recognition of the existence of a secondary market would pose for the continuation of their operation outside the gambling legislation. If it were to be accepted that secondary markets in their virtual goods existed, then it could be a short logical step to the conclusion that virtual poker is *"a game of chance for a prize of money or money's worth"*, which would result in the Gambling Commission having jurisdiction over such games played with virtual currency.

There is of course a tenable argument that unauthorised, secondary trade in virtual goods cannot be regulated due to its very nature, but the increased media scrutiny that the success of business models such as Zynga's will bring about could well bring the status quo into question on grounds of public policy.

Nevertheless, at the current time the restrictions on 'cashing out' virtual currency (which are contained within the terms and conditions of the game operators)

---

63 BBC News, 12 November 2009: http://news.bbc.co.uk/1/hi/8354166.stm (21 November 2011)
64 Gambling Act 2005, Section 6(5).
65 R v Ashley Mitchell, The Times, 4 March 2011.

mean that online gambling with virtual currency is not regulated under the Gambling Act.

9. The age classification regime in the UK

As of November 2011, most computer games are exempt from legal classification by the British Board of Film Classification (BBFC) under the Video Recordings Act 1984. However, this exemption will be lost if the game contains or depicts human sexual activity, acts of gross violence towards humans or animals, criminal activity or drug use. *49*

In the event of a game losing its exemption, it will require a BBFC classification before it can be offered for sale or rental in the UK. The categories used in classifying games are the same as for DVD works, namely 'U', 'PG', '12', '15' and '18'. A particular category will be awarded to a game according to its treatment of issues such as bad language, sexual references, violence or horror under the same criteria set out in the BBFC Guidelines for films and DVD works

The BBFC claim that an increasing number of companies are submitting their video games for classification even though such games meet the exemption criteria. An age-rating can also be obtained under the voluntary Pan European Game Information rating system.

However, changes under the Digital Economy Act 2010 mean that, in the near future[66], the role of the BBFC will be replaced by the Video Standards Council (VSC). The VSC will implement the PEGI Code, with the result that the Code will become the sole age rating system for computer games across Europe. The provisions of the Video Recordings Act 1984 will be replaced so that classification becomes a legal requirement for any game amenable to a PEGI 12, PEGI 16 or PEGI 18 rating. *50*

---

66   As of November 2011, the VSC's website states that the enabling legislation is expected in spring 2012.

The classifications of the PEGI code are described on its website[67] as follows:

PEGI 3
The content of games given this rating is considered suitable for all age groups. Some violence in a comical context (typically Bugs Bunny or Tom & Jerry cartoon -like forms of violence) is acceptable. The child should not be able to associate the character on the screen with real life characters, they should be totally fantasy. The game should not contain any sounds or pictures that are likely to scare or frighten young children. No bad language should be heard and there should be no scenes containing nudity nor any reference to sexual activity.

PEGI 7
Any game that would normally be rated at 3 but contains some possibly frightening scenes or sounds may be considered suitable in this category. Some scenes of partial nudity may be permitted but never in a sexual context.

PEGI 12
Videogames that show violence of a slightly more graphic nature towards fantasy character and/or non graphic violence towards human-looking characters or recognisable animals, as well as videogames that show nudity of a slightly more graphic nature would fall in this age category. Any bad language in this category must be mild and fall short of sexual expletives.

PEGI 16
This rating is applied once the depiction of violence (or sexual activity) reaches a stage that looks the same as would be expected in real life. More extreme bad language, the concept of the use of tobacco and drugs and the depiction of criminal activities can be content of games that are rated 16.

PEGI 18
The adult classification is applied when the level of violence reaches a stage where it becomes a depiction of gross violence and/or includes elements of specific types of violence. Gross violence is the most difficult to define since it can be very subjective in many cases, but in general terms it can be classed as the depictions of violence that would make the viewer feel a sense of revulsion.

Descriptors shown on the back of the packaging indicate the main reasons why a game has received a particular age rating. There are eight such descriptors: violence, bad language, fear, drugs, sexual, discrimination, gambling and online gameplay with other people.

51 It is questionable whether or not a game that can only be played online is a "supply" within the meaning of the legislation.[68] There is at least an arguable point that an online game that is stored on RAM is not downloaded in a permanent form and therefore is not actually 'supplied' to anyone in the course of playing it online.

---

67 http://www.pegi.info/en/index/id/33/(21 November 2011).
68 Video Recordings Act 1984, Section 1(4).

Rubin/McMahon

Literaturverzeichnis

Appt, Der Buy-out-Vertrag im Urheberrecht: Urhebervertragsrechtliche Aspekte nach deutscher und britischer Rechtslage, Nomos, Baden-Baden, 2008

Berberich, Virtuelles Eigentum, Mohr Siebeck, Tübingen, 2010
Berger/Wündisch, Urhebervertragsrecht, Nomos, Baden-Baden, 2008
Büchner, Die rechtlichen Grundlagen der Übertragung virtueller Güter, Nomos, Baden-Baden, 2011
Burmeister, Belästigung als Wettbewerbsverstoß, C. H. Beck, München, 2006

Dietlein/Hecker/Ruttig, Glücksspielrecht, C. H. Beck, München, 2. Aufl. 2013
Dreier/Schulze, Urheberrechtsgesetz, C. H. Beck, München, 3. Aufl. 2008

Fezer, Markengesetz, C. H. Beck, München, 4. Aufl. 2009
Fromm/Nordemann, Urheberrecht, Kohlhammer, Stuttgart, 10. Aufl. 2008

Gercke/Brunst, Praxishandbuch Internetstrafrecht, Kohlhammer, Stuttgart, 1. Aufl. 2010
Gola/Schomerus, Bundesdatenschutzgesetz, C. H. Beck, München, 11. Aufl. 2012

Hahn/Vesting, Rundfunkrecht, C. H. Beck, München, 3. Aufl. 2012
Härting, Internetrecht, Otto Schmidt, Köln, 4. Aufl. 2010
Hoeren/Sieber/Holznagel, Handbuch Multimedia-Recht, C. H. Beck, München

Ingerl/Rohnke, Markengesetz, C. H. Beck, München, 3. Aufl. 2010

Kilian/Heussen, Computerrechts-Handbuch, Informationstechnologie in der Rechts- und Wirtschaftspraxis, C. H. Beck, München
Koehler/Bornkamm, Gesetz gegen den unlauteren Wettbewerb, C. H. Beck, München, 31. Aufl. 2013
Kolb, Die Veranstaltung von Glücksspielen, Nomos, Baden-Baden, 2009

Lambrecht, Der urheberrechtliche Schutz von Bildschirmspielen, Nomos, Baden-Baden, 2006
Lehmann, Rechtsschutz und Verwertung von Computerprogrammen, Otto Schmidt, Köln, 2. Aufl. 1993
Leupold/Glossner, Münchner Anwaltshandbuch IT-Recht, C. H. Beck, München, 2. Aufl. 2011
Loewenheim, Handbuch des Urheberrechts, C. H. Beck, München, 2. Aufl. 2010

Marberth-Kubicki, Computer- und Internetstrafrecht, C. H. Beck, München, 2. Aufl. 2010
Marly, Praxishandbuch Softwarerecht, C. H. Beck, München, 5. Aufl. 2009
Moser, Browsergames und clientbasierte Online-Spiele, das Vertragsverhältnis zwischen Betreiber und Spieler, Cuvillier, Göttingen, 2010

Peters/Kersten/Wolfenstetter, Innovativer Datenschutz, Duncker & Humblot, Berlin, 2012

Schack, Urheber- und Urhebervertragsrecht, Mohr Siebeck, Tübingen, 5. Aufl. 2010

Schneider/v. Westphalen, Software-Erstellungsverträge, Otto Schmidt, Köln, 1. Aufl. 2006

Schneider, Handbuch des EDV-Rechts – IT-Vertragsrecht, Datenschutz, Rechtsschutz, Otto Schmidt, Köln, 4. Aufl. 2009

Schricker/Loewenheim, Urheberrecht, C.H. Beck, München, 4. Aufl. 2010

Simitis, Bundesdatenschutzgesetz, Nomos, Baden-Baden, 7. Aufl. 2011

Spindler/Schuster, Recht der elektronischen Medien, C.H. Beck, München, 2. Aufl. 2011

Wandtke/Bullinger, Praxiskommentar zum Urheberrecht, C.H. Beck, München, 3. Aufl. 2009

Bibliography

Balkin/Noveck, The State of Play: Law, Games and Virtual Worlds, New York University Press, New York, 2005

Bercovitz Rodríguez-Cano, Comentarios a la Ley de Propiedad Intelectual, Ed. Tecnos. Madrid, 2007

Bouza, La protección jurídica de los videojuegos, Ed. Marcial Pons. Madrid, 1997

de Visscher/Michaux, Précis du droit d'auteur et des droits voisins, Bruylant, Brussels, 2000

Fusi/Testa, Diritto e Pubblicità, Lupetti, Milan, 2006

Gotzen/Janssens, Handboek Merkenrecht (Benelux, Communautair, Internationaal), Bruylant, Brussels, 2008

Gotzen, Belgisch auteursrecht van de oud naar nieuw, Bruylant, Brussels, 1996

Gugliemetti, L'invenzione di software, Giuffrè, Milan, 1997

Isgour/Vinocotte, Le Droit à l'Image, Larcier, 1998

Kleve, Juridische Iconen in het informatietijdperk, Kluwer, Deventer, 2004

Lessig, Code: And Other Laws of Cyberspace, Version 2.0, Basic Books, New York, 2006

Llaneza González, Aplicación práctica de la LSSI-CE, Ed. Bosch, Barcelona, 2003

Montero, Les contrats de l'informatique et de l'internet, Larcier, Brussels, 2005

Pérez de Castro, Las obras audiovisuales. Panorámica Jurídica, Ed. Reus. Madrid, 2011

Remiche, Droit des brevets d'invention et du savoir-faire, Larcier, Brussels, 2010

Šalomoun, Ochrana názvů, postav a příběhů uměleckých děl, C.H. Beck, Prague, 2nd edition 2009

Strowel/Derclaye, Droit d'auteur et numérique : logiciels, bases de données, multimédia, Bruylant, Brussels, 2001

Šalomoun, Ochrana názvů, postav a příběhů uměleckých děl, C.H. Beck, Prague, 2nd edition 2009

Strowel/Lardinois, Guide juridique de l'entreprise – Traité théorique et pratique, 2nd edition, Kluwer, Brussels, 2007, title X, book 100.1

Strowel/Triaille, Le droit d'auteur, du logiciel au multimédia, Kluwer-Bruylant, Brussels, 1997

Telec, Autorský zákon. Komentář, C. H. Beck, Prague, 1st edition 2007

Ubertazzi, Commentario breve alle leggi su proprietà intellettuale e concorrenza, Cedam, Milan, 5th edition 2012

van der Steur, Grenzen van rechtsobjecten, een onderzoek naar de grenzen van objecten van eigendomsrechten en intellectuele eigendomsrechten, Kluwer, Deventer, 2003

Stichwortverzeichnis / Index

(Die halbfetten Ziffern verweisen auf die Kapitel, die mageren auf die jeweilige Randnummer. *The semibold numbers refer fo the chapters, the regular ones to the respective marginal number. Keywords from the English language chapters are printed in italics.*)